SÉRIE PROVAS & CONCURSOS

DIREITO ADMINISTRATIVO

EDITORA AlfaCon Concursos Públicos

AlfaCon
Concursos Públicos

Diretoria Pedagógica
Evandro Guedes

Diretoria de Operações
Javert Falco

Diretoria de Marketing
Jadson Siqueira

Coordenação Editorial
Wilza Castro

Supervisão de Editorial
Mariana Castro

Supervisão de Editoração
Alexandre Rossa

Analista de Conteúdo
Mateus Ruhmke Vazzoller

Assistente Editorial
Tatiane Zmorzenski

Revisão Ortográfica
Giancarla Bombonato, Janaina Arruda e Suzana Ceccato

Capa
Alexandre Rossa

Projeto Gráfico e Diagramação
Alexandre Rossa e Nara Azevedo

Finalização
Alexandre Rossa

Impressão e acabamento
Renovagraf

G957da

GUEDES, Evandro. Série Provas & Concursos - Direito Administrativo 3ª Edição. Editora AlfaCon: Cascavel/PR, 2018.

512 p. 17 x 24 cm
ISBN: 978-85-8339-390-0

Provas e Concursos. Direito Administrativo. Lei 8.112/90. Lei 8.429/90. Lei 8.666/93. Lei 9.784/99. Art. 37 ao 41 da CF. AlfaCon.

CDU 342

Atualizações e erratas
Esta obra é vendida como se apresenta. Atualizações - definidas a critério exclusivo da Editora AlfaCon, mediante análise pedagógica - e erratas serão disponibilizadas no site www.alfaconcursos.com.br/codigo, por meio do código disponível no final do material didático Ressaltamos que há a preocupação de oferecer ao leitor uma obra com a melhor qualidade possível, sem a incidência de erros técnicos e/ou de conteúdo. Caso ocorra alguma incorreção, solicitamos que o leitor, atenciosamente, colabore com sugestões, por meio do setor de atendimento do AlfaCon Concursos Públicos.

Data de fechamento 17/04/2018

Dúvidas?
Acesse: www.alfaconcursos.com.br/atendimento
Rua: Paraná, nº 3193, Centro - Cascavel/PR
CEP: 85.810-010
SAC: (45) 3037-8888 (Opção 9)

Apresentação da Obra

A série **Provas e Concursos** mais uma vez surpreende e, agora, lança a 3ª edição de um dos seus títulos mais aclamados. A presente obra traz, no que diz respeito ao Direito Administrativo, uma grande variedade de exercícios cuidadosamente selecionados, no que tange aos temas mais recorrentes em provas de concursos públicos. Dispõe de 1.563 questões atualizadas e revisadas, com comentários aprimorados, todas organizadas por temas específicos, de acordo com os editais mais importantes. Essa característica otimiza ainda mais a experiência do aluno no momento de resolver as questões, as quais, majoritariamente, estão em formato CERTO/ERRADO, padrão mais corriqueiramente adotado pela banca CESPE/UnB.

O referido livro dispõe de simplicidade e objetividade na linguagem de seus comentários, cada um deles confeccionado de forma a abranger e sanar o maior número de dúvidas possível que o aluno possa ter.

Convenhamos, a disciplina de Direito Administrativo, ainda que seja uma das mais simples, não pode ser menosprezada, pois uma única questão poderá fazer total diferença para o êxito absoluto da prova.

Para finalizar, o AlfaCon tem o prazer de entregar em suas mãos mais uma ferramenta original, que será de primordial importância para a sua caminhada até o seu sonho.

"Motivação sem ação é ilusão. Ouse fazer, e o poder lhe será dado".

Agora, chega de enrolação! Mãos à obra!

O **AlfaCon Notes** é a ferramenta perfeita para registrar suas **anotações de estudos** com os materiais didáticos e livros do **AlfaCon**, mantendo tudo **organizado e acessível** em sua área do aluno e smartphone. Deixe **seu estudo mais prático** e armazene tudo que puder!

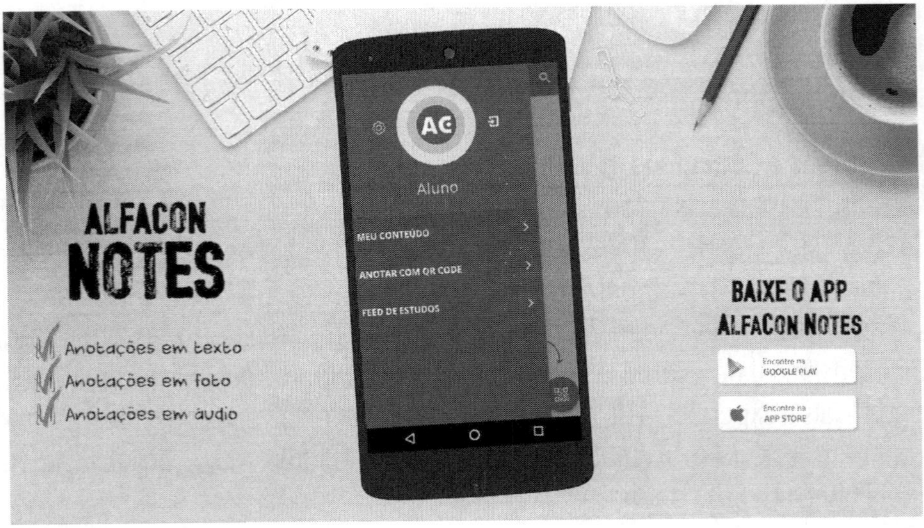

Passo 01: Instale o **Aplicativo AlfaCon Notes** em seu smartphone.

DISPONÍVEL NA Google play

Disponível na App Store

Passo 02: Entre com sua **conta AlfaCon** ou com seu Facebook. Não tem uma conta? **Cadastre-se gratuitamente.**

Passo 03: Você terá acesso ao seu Feed de estudos, no qual poderá encontrar todas as suas anotações.

Passo 04: Cada tópico de seu material didático contém **um Código QR** ao lado.

Continua na próxima página.

Use o AlfaCon Notes. **É incrível!**

Passo 05: Pronto! Agora você poderá escolher o formato de suas anotações:

Texto: basta clicar no campo ***"Escreva sua anotação"*** e digitar seu comentário, **relacionado ao conteúdo** escolhido.

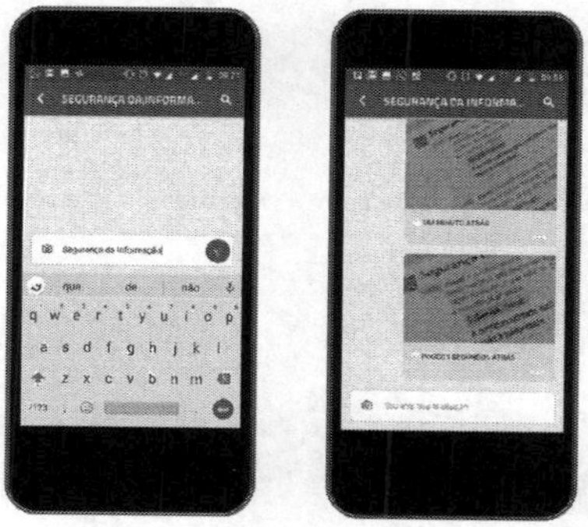

Áudio: clique no ícone ***"microfone"***, na lateral inferior direita, mantenha o ícone pressionado enquanto grava suas considerações de voz sobre o tópico que está estudando.

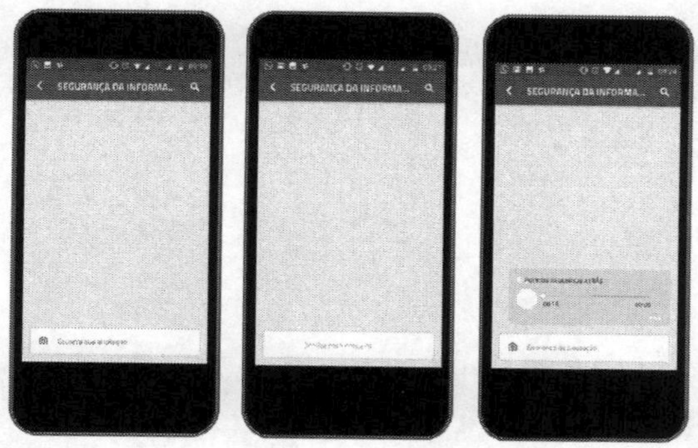

Imagem: 1) Clique no ícone, na lateral **inferior esquerda**. **2)** Fotografe as anotações realizadas durante seu estudo. **3)** Envie no ícone na lateral **inferior direita**.

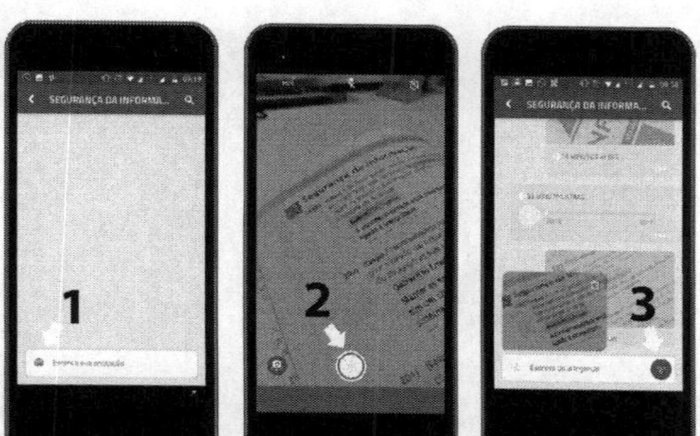

Agora você tem suas **anotações organizadas** e sempre à mão. Elas ficarão **disponíveis** em seu smartphone e em sua **área do aluno.**

Pronto para essa **nova experiência?** Então, baixe o app **AlfaCon Notes** e crie suas anotações, anotou? ;)

Índice

SÉRIE PROVAS & CONCURSOS

QUESTÕES COMENTADAS

Noções de Organização Administrativa

1. **(Cespe)** De acordo com a teoria da imputação, atualmente adotada no ordenamento jurídico brasileiro, a manifestação de vontade de pessoa jurídica dá-se por meio dos órgãos públicos, ou seja, conforme essa teoria, quando o agente do órgão manifesta sua vontade, a atuação é atribuída ao Estado.

Gabarito: Certo.

Segundo a Teoria do Órgão ou da Imputação, a pessoa jurídica manifesta sua vontade por meio dos órgãos, os quais são integrantes da própria estrutura da pessoa jurídica. Desse modo, quando os agentes manifestam sua vontade, considera-se um ato praticado pelo próprio Estado. Falamos aqui em imputação e não em representação.

---

2. **(Cespe)** A criação, pela União, de sociedade de economia mista depende de autorização legislativa. Autorizada, a sociedade deverá assumir a forma de sociedade anônima, e a maioria de suas ações com direito a voto pertencerão à União ou a entidade da administração indireta.

Gabarito: Certo.

De acordo com o Decreto-Lei nº 200/67, Art. 5º, III. *Sociedade de Economia Mista - a entidade dotada de personalidade jurídica de direito privado, criada por lei para a exploração de atividade econômica, sob a forma de sociedade anônima, cujas ações com direito a voto pertençam em sua maioria à União ou a entidade da Administração Indireta.*

---

3. **(Cespe)** Os conselhos profissionais, com exceção da OAB, têm personalidade jurídica de direito privado, detêm poder de polícia e gozam de imunidade tributária.

Gabarito: Errado.

Os conselhos de fiscalização profissional (CRC, CRM, etc) possuem personalidade jurídica de direito público, possuem também a natureza jurídica de autarquia federal, com exceção da OAB como afirma a questão. Possuem suas contas submetidas ao controle do TCU e exercem atividade típica do Estado, com autonomia administrativa e financeira, dotada dos poderes de polícia, de tributar e de punir, que não pode ser delegada (STF RE 713.084 / SP).

---

4. **(Cespe)** Situação hipotética: Foi constatado um superfaturamento para a realização de concurso público para a contratação de empregados de uma sociedade de economia mista. Assertiva: Nessa situação, ainda que possuísse personalidade jurídica de direito privado, a referida sociedade estaria sujeita ao controle pelo respectivo tribunal de contas.

Gabarito: Certo.

As Sociedades de Economia Mista podem ser definidas como: Exploradora de Atividades Econômicas, que são regidas pelo direito privado; e as Prestadora de Serviços Públicos as quais são regidas pelo direito público. Ambas devem seguir os princípios da Administração Pública, consequentemente, estariam sim sujeitas ao controle externo pelo tribunal de contas.

---

5. **(Cespe)** Por ter sido criada mediante lei específica, a OAB possui natureza de autarquia.

Gabarito: Errado.

Segundo o STF, a OAB configura uma entidade ímpar, *sui generis*, um "serviço público independente", não integrante da administração pública, nem passível de ser classificada em categoria alguma prevista em nosso ordenamento jurídico. (STF ADI 3.026/DF)

6. **(Cespe)** É defesa aos Poderes Judiciário e Legislativo a criação de entidades da administração indireta, como autarquias e fundações públicas.

Gabarito: Errado.

Reescrevendo a assertiva temos que: é proibido ao Poder Legislativo e ao Poder Judiciário a criação de Autarquias e Fundações. O que está errado. Pois tanto o Poder Legislativo quanto o Poder Judiciário podem sim criar tais entidades.

7. **(Cespe)** A atividade administrativa pode ser prestada de forma centralizada, em que um único órgão desempenha as funções administrativas do ente político.

Gabarito: Certo.

O instituto da Centralização ocorre quando a atividade administrativa é exercida diretamente pelo próprio governo, que atua diretamente por meio dos seus órgãos, sem criar novas pessoas jurídicas (descentralização).

8. **(Cespe)** O princípio da especialidade na administração indireta impõe a necessidade de que conste, na lei de criação da entidade, a atividade a ser exercida de modo descentralizado.

Gabarito: Certo.

Princípio da Especialidade: Órgãos da Administração Pública devem cumprir a finalidade para a qual foi criada. O Estado ao criar pessoas jurídicas , com o intuito de descentralizar a prestação de serviços púbicos, deve estabelecer legalmente a função a ser desempenhada por essas entidades.

9. **(Cespe)** O simples fato de o poder público passar a deter a maioria do capital social de uma empresa privada a transforma em sociedade de economia mista, independentemente de autorização legal.

Gabarito: Errado.

Para a criação de uma Sociedade de Economia Mista é necessária autorização legislativa, não bastando apenas o Poder Público deter a maioria do capital social de uma empresa privada. Art. 37, XIX. *Somente por lei específica poderá ser criada autarquia e autorizada a instituição de empresa pública, de sociedade de economia mista e de fundação, cabendo à lei complementar, neste último caso, definir as áreas de sua atuação.*

10. **(Cespe)** As fundações governamentais de direito público, embora não tenham de ser criadas por leis específicas, devem ser instituídas, após autorização legal, por meio do registro de seus respectivos atos constitutivos no registro civil de pessoas jurídicas.

Gabarito: Errado.

Fundações Públicas de direito público podem ser chamadas de Autarquias Fundacionais e Fundações Autárquicas e são classificadas, por alguns autores, como espécies de autarquias. Desse modo, seguem o rito de criação das Autarquias - que são criadas diretamente por lei. Sem precisar, portanto, do registro de seus respectivos atos constitutivos.

11. **(Cespe)** A administração pública indireta, na esfera federal, compreende as entidades dotadas de personalidade jurídica de direito público e privado, as quais mantêm relação de subordinação e controle hierárquico com os ministérios com os quais guardam pertinência.

Gabarito: Errado.

O erro da questão está ao afirmar que há relação de subordinação entre a Administração Indireta e os entes que a criaram. O que existe na verdade é o controle finalístico também chamado de supervisão ministerial.

---

12. **(Cespe)** Entre as entidades da administração indireta e os entes federativos que as instituíram ou que autorizaram sua criação inexiste relação de subordinação, havendo entre eles relação de vinculação que fundamenta o exercício do controle finalístico ou tutela.

Gabarito: Certo.

Entre a Administração Direta e Indireta não existe subordinação ou hierarquia, existe apenas uma relação de vinculação. A Administração Direta exerce o controle finalístico, ou tutela administrativa, sobre o ente da Administração Indireta que ela criou.

---

13. **(Cespe)** A Escola Nacional de Administração Pública (ENAP) é uma entidade dotada de personalidade jurídica de direito privado, vinculada ao Ministério do Planejamento, Orçamento e Gestão (MP), órgão integrante da estrutura administrativa da União. Considerando essas informações, julgue o próximo item.

A criação de pessoa jurídica de direito privado integrante da administração pública dá-se por meio da inscrição de seus atos constitutivos no registro público competente, desde que haja autorização legal.

Gabarito: Certo.

Tratando-se de Autarquias, sabe-se que são criadas por lei específica e as mesmas são entidades dotadas de personalidade jurídica de Direito Público, bastando apenas a aprovação da lei para a pessoa jurídica passar a existir. Porém a lei específica AUTORIZA a criação dos demais entes da Adm. Indireta. No caso da Empresa Pública, Sociedade Economia Mista e Fundação Pública é necessário, além da lei autorizando, o registro de seus atos constitutivos no órgão competente.

---

14. **(Cespe)** Por meio da técnica denominada desconcentração, poderá o presidente da República, utilizando-se de decreto, criar dois novos ministérios e repartir entre eles as competências do MP, desde que não haja aumento de despesa.

Gabarito: Errado.

De acordo com o Art. 84. VI, "a" da Constituição Federal *compete privativamente ao Presidente da República dispor mediante decreto sobre "organização e funcionamento da administração pública federal, quando não implicar aumento de despesas nem criação ou extinção de órgãos públicos*. Sendo assim, não poderá o Presidente da República criar Ministério, Órgão por meio de Decreto, pois é vedado expressamente na CF/88.

---

15. **(Cespe)** As fundações públicas de personalidade jurídica de direito público, na área federal, são entidades da administração direta.

Gabarito: Errado.

As Fundações Públicas de Direito Público, são também chamadas de Fundações Autárquicas e Autarquias Fundacionais. A questão erra ao afirmar que são entidades da Adm. Direta. São entidades da Administração Indireta, assim como as Empresas Públicas, as Sociedades de Economia Mista e as Fundações Públicas de Direito Privado.

---

16. **(Cespe)** As secretarias, dentro da administração direta, executam suas tarefas de forma centralizada.

Gabarito: Certo.

Ocorre a chamada centralização administrativa, a qual existe quando o Estado executa suas tarefas diretamente, por meio de seus órgãos e agentes integrantes da Administração Direta.

---

17. **(Cespe)** A criação de autarquia é uma forma de descentralização por meio da qual se transfere determinado serviço público para outra pessoa jurídica integrante do aparelho estatal.

Gabarito: Certo.

A criação de uma autarquia para executar determinado serviço público representa uma descentralização das atividades estatais. Sendo necessária apenas a APROVAÇÃO de lei específica para sua criação. Ocorre a chamada Descentralização por Serviços ou por Outorga Legal, a qual transfere execução e titularidade do serviço público.

---

18. **(Cespe)** Autarquia é entidade dotada de personalidade jurídica própria, com autonomia administrativa e financeira, não sendo possível que a lei institua mecanismos de controle da entidade pelo ente federativo que a criou.

Gabarito: Errado.

A Administração Indireta não é subordinada à Administração Direta. Existe na verdade o chamado Controle Finalístico, conhecido também por Supervisão Ministerial. Esses mecanismos analisam se as entidades estão cumprindo as finalidades para as quais foram criadas.

---

19. **(Cespe)** O instrumento adequado para a criação de autarquia é o decreto, pois o ato é de natureza administrativa e de iniciativa privativa do chefe do Poder Executivo.

Gabarito: Errado.

De acordo com previsão expressa na Constituição Federal, o instrumento adequado e legal para a criação de Autarquia é a lei. Segue o texto legal da CF. Art. 37, XIX. *Somente por lei específica poderá ser criada autarquia e autorizada a instituição de empresa pública, de sociedade de economia mista e de fundação, cabendo à lei complementar, neste último caso, definir as áreas de sua atuação.*

---

20. **(Cespe)** As empresas públicas são pessoas jurídicas de direito público.

Gabarito: Errado.

A questão erra ao afirmar que a Empresa Pública é pessoa jurídica de direito público. Sabemos que as Empresas Públicas juntamente com as Sociedades de Economia Mista são pessoas de Direito Privado. Diferenciando-se, portanto, na forma de forma societária e na constituição do capital social.

---

21. **(Cespe)** Na desconcentração, há divisão de competências dentro da estrutura da entidade pública com atribuição para desempenhar determinada função.

Gabarito: Certo.

A Desconcentração Administrativa consiste na distribuição interna de competências, no âmbito de uma mesma pessoa jurídica, que desempenhará suas funções por meio de seus órgãos. Devemos lembrar que nesse caso existe poder hierárquico, relação de subordinação.

---

22. **(Cespe)** Se determinada atribuição administrativa for outorgada a órgão público por meio de uma composição hierárquica da mesma pessoa jurídica, em uma relação de coordenação e subordinação entre os entes, esse fato corresponderá a uma centralização.

Gabarito: Errado.

A atividade administrativa centralizada é exercida pelo próprio Estado, que atua por meio de seus órgãos. A questão trata de desconcentração.

---

23. **(Cespe)** Uma autarquia federal, desejando comprar um bem imóvel – não enquadrado nas hipóteses em que a licitação é dispensada, dispensável ou inexigível – com valor de contratação estimado em R$ 50.000,00, efetuou licitação na modalidade concorrência.

Gabarito: Certo.

É prerrogativa da referida autarquia, que certamente foi criada por meio de lei específica, a impenhorabilidade dos seus bens.
A criação de autarquias se dá por meio de lei específica, segundo Art. 37, XIX da Constituição Federal, de 1988. Devemos lembrar ainda que os bens das autarquias são impenhoráveis, imprescritíveis e sofrem limitações para fins de alienação.

---

24. **(Cespe)** A criação de autarquia federal depende de edição de lei complementar.

Gabarito: Errado.

Autarquias: são pessoas jurídicas de direito público interno, pertencentes à Administração Pública Indireta, criadas por lei específica para o exercício de atividades típicas da Administração Pública. A lei cria, a lei extingue.

---

25. **(Cespe)** Cria-se empresa pública e autoriza-se seu imediato funcionamento por meio de publicação de lei ordinária específica.

Gabarito: Errado.

Empresas Públicas tem a criação autorizada por lei específica. Porém o erro da questão está ao afirmar que tem o imediato funcionamento por meio da publicação da lei. Funcionamento esse que só ocorre, de fato, depois do registro dos atos de criação da empresa no órgão competente.

---

26. **(Cespe)** Em regra, as sociedades de economia mista devem realizar concurso público para contratar empregados.

Gabarito: Certo.

É regra, o acesso aos empregos públicos se dá mediante concurso público. As autarquias, empresas públicas ou sociedades de economia mista estão sujeitas à regra, que envolve a

Administração Direta, Indireta ou Fundacional de qualquer dos poderes da União, Estados e Municípios.

27. **(Cespe)** A desconcentração de serviços é caracterizada pelas situações em que o poder público cria, por meio de lei, uma pessoa jurídica e a ela atribui a execução de determinado serviço.

Gabarito: Errado.

O erro da questão está ao afirmar que é caso de desconcentração. No entanto, trata-se de descentralização que ocorre entre pessoas jurídicas diversas, enquanto na desconcentração consiste na distribuição de competência no âmbito de uma mesma pessoa jurídica.

28. **(Cespe)** Segundo o STF, os conselhos profissionais são considerados autarquias profissionais ou corporativas.

Gabarito: Certo.

Segundo o entendimento firmado do STF, os conselhos fiscalizadores de profissões, em regra, têm natureza de autarquias.

29. **(Cespe)** As sociedades de economia mista que exploram atividade econômica não estão sujeitas à fiscalização do Tribunal de Contas da União.

Gabarito: Errado.

De acordo com o STF, as empresas públicas e as sociedades de economia mista, integrantes da administração indireta, estão sujeitas à fiscalização do Tribunal de Contas com fundamento na necessidade de se preservar o controle externo.

30. **(Cespe)** Existe relação de hierarquia entre a autarquia e o ministério que a supervisiona.

Gabarito: Errado.

Nesse caso, não há uma relação de hierarquia e sim uma relação de vinculação entre a autarquia e o ministério que a criou, uma vez que a Administração Direta exerce controle sobre a Administração Indireta. Sendo assim, esse controle poderá ser chamado de controle finalístico ou supervisão ministerial.

31. **(Cespe)** A autarquia é uma entidade de competência política, desprovida de caráter administrativo.

Gabarito: Errado.

A autarquia é proveniente de uma descentralização administrativa, diferente da descentralização política a qual é responsável pela criação da Administração Direta. Sendo assim, as autarquias são pessoas jurídicas de direito público, integrantes da Administração Indireta, criadas por lei específica, que possuem capacidade de autoadministração, sendo encarregadas do desempenho descentralizado de atividades administrativas típicas do Poder Público, sujeitando-se a controle pelo ente criador.

32. **(Cespe)** A composição do capital das sociedades de economia mista é o resultado da conjugação de recursos públicos e privados, sendo os recursos privados inadmitidos na composição do capital das empresas públicas.

Gabarito: Certo.

A Empresa Pública é composta por capital 100% público, ou seja, capital integralmente público, sem a participação de particulares. Por outro lado, a Sociedade de Economia Mista é composta por capital misto, parte público e parte privado, devendo a maioria do capital votante estar nas mãos do poder público. Sendo assim, nessas entidades, o Poder Público deve possuir maioria das ações com direito a voto, sendo quem terá poder para definir as atuações da entidade.

---

33. **(Cespe)** As empresas públicas assumem obrigatoriamente a forma de sociedades anônimas, enquanto as sociedades de economia mista podem-se revestir de qualquer das formas admitidas em direito.

Gabarito: Errado.

A questão inverte os conceitos. De acordo com o Decreto-Lei 200/67 a Empresa Pública poderá ter qualquer forma societária admitida em direito. Já as Sociedades de Economia Mista tem forma definida em lei, ou seja, serão necessariamente constituídas pela forma de S/A.

---

34. **(Cespe)** Entidade administrativa, com personalidade jurídica de direito público, destinada a supervisionar e fiscalizar o ensino superior, criada mediante lei específica, possui autonomia e é titular de direitos e obrigações próprios.

Gabarito: Certo.

A questão narra uma autarquia, a qual é uma pessoa jurídica de Direito Público, integrante da Administração Indireta, criada por lei específica, que possui capacidade de autoadministração, sendo encarregada do desempenho descentralizado de atividades administrativas típicas do Poder Público, sujeitando-se a controle pelo ente criador. Sendo assim, pode ser titular de direitos e contrair obrigações em nome próprio.

---

35. **(Cespe)** Órgãos e entidades públicos, tanto da administração direta quanto da indireta, podem aumentar a sua autonomia gerencial, orçamentária e financeira mediante contratos firmados, conforme previsão legal.

Gabarito: Certo.

Está de acordo com o previsto no Art. 37, § 8º, da CF: *A autonomia gerencial, orçamentária e financeira dos órgãos e entidades da administração direta e indireta poderá ser ampliada mediante contrato, a ser firmado entre seus administradores e o poder público, que tenha por objeto a fixação de metas de desempenho para o órgão ou entidade, cabendo à lei dispor sobre: I - o prazo de duração do contrato; II - os controles e critérios de avaliação de desempenho, direitos, obrigações e responsabilidade dos dirigentes; III - a remuneração do pessoal.*

---

36. **(Cespe)** As autarquias são pessoas jurídicas de direito público com autonomia administrativa, beneficiadas pela imunidade recíproca de impostos sobre renda, patrimônio e serviços, cujos bens são passíveis de aquisição por usucapião e cujas contratações são submetidas ao dever constitucional de realização de prévia licitação.

Gabarito: Errado.

As autarquias são pessoas jurídicas de direito público com autonomia administrativa, beneficiadas pela imunidade recíproca de impostos sobre renda, patrimônio e serviços, cujos bens são IMPRESCRITÍVEIS E IMPENHORÁVEIS e cujas contratações são submetidas ao dever constitucional de realização de prévia licitação.

---

37. **(Cespe)** As sociedades de economia mista, cuja criação e cuja extinção são autorizadas por meio de lei específica, possuem personalidade jurídica de direito privado, são constituídas sob a forma de sociedade anônima e aplica-se ao pessoal contratado o regime de direito privado, com empregados submetidos ao regime instituído pela legislação trabalhista.

Gabarito: Certo.

Está de acordo com o previsto no Decreto-Lei 200/67: *Sociedade de Economia Mista - entidade dotada de personalidade jurídica de direito privado, cuja criação é autorizada por lei para a exploração de atividade econômica, sob a forma de sociedade anônima, cujas ações com direito a voto pertençam em sua maioria à União ou a entidade da Administração Indireta.*

---

38. **(Cespe)** As empresas públicas, que possuem personalidade jurídica de direito público, são organizadas sob qualquer das formas admitidas em direito, estão sujeitas à exigência constitucional de contratação mediante licitação e têm quadro de pessoal instituído pela legislação trabalhista, cuja contratação condiciona-se a prévia aprovação em concurso público.

Gabarito: Errado.

O erro da questão está em dizer que a empresa pública é uma pessoa jurídica de direito público, quando na verdade é de direito privado. De acordo com o Decreto-Lei 200/67: *Empresa pública - entidade dotada de personalidade jurídica de direito PRIVADO, com patrimônio próprio e capital exclusivo da União, criado por lei para a exploração de atividade econômica que o Governo seja levado a exercer por força de contingência ou de conveniência administrativa podendo revestir-se de qualquer das formas admitidas em direito.*

---

39. **(Cespe)** Na organização administrativa do poder público, as autarquias públicas são órgãos da administração direta e estão vinculadas a algum ministério.

Gabarito: Errado.

As Autarquias são pessoas jurídicas de direito público interno, pertencentes à Administração Pública INDIRETA, criadas por lei específica para o exercício de atividades típicas da Administração Pública. Além disso, são dotadas de autonomia gerencial, orçamentária e patrimonial.

---

40. **(Cespe)** Segundo a doutrina administrativista, o Direito Administrativo é o ramo do direito privado que tem por objeto os órgãos, os agentes e as pessoas jurídicas administrativas que integram a Administração Pública, a atividade jurídica não contenciosa que esta exerce e os bens de que se utiliza para a consecução de seus fins, de natureza pública.

Gabarito: Errado.

O Direito Administrativo é o ramo do direito que trata do direito público e não do privado, como afirma a questão. O restante é o conceito mais usual em provas que cobram o tema Direito Administrativo, e é o conceito da professora Maria Sylvia Zanella de Pietro.

---

41. **(Cespe)** A União, os Estados, os Municípios e o Distrito Federal são entidades políticas que compõem a Administração Pública Indireta.

Gabarito: Errado.

Segundo o Decreto 200/67 e o Art. 37 da Constituição Federal, a União, os Estados, os Municípios e o Distrito Federal são entes políticos que compõem a Administração Pública Direta. Dessa forma, o rol é taxativo e só comporta essas quatro pessoas, não existindo no nosso ordenamento jurídico outras pessoas da Administração Direta que não essas mencionadas. O rol das pessoas da Administração Pública Indireta também é taxativo e só comporta quatro pessoas: Autarquias, Fundações Públicas, Sociedade de Economia Mista e Empresas Públicas.

---

42. **(Cespe)** No âmbito da União, a Administração Direta compreende os serviços integrados na estrutura administrativa da Presidência da República e dos respectivos ministérios, enquanto a Administração Indireta é exercida por entidades dotadas de personalidade jurídica própria.

Gabarito: Certo.

A questão trata do tema organização da Administração Pública. Dentro da estrutura da Administração, temos os órgãos públicos e sua classificação, segundo a posição estatal. Dessa maneira, a Presidência da República é um órgão independente, sendo os Ministérios órgãos autônomos, ou seja, integram a estrutura administrativa da Administração Pública Direta. Já as pessoas Administrativas (Administração Pública Indireta) são as pessoas jurídicas que possuem autonomia administrativa, gerencial e financeira.

---

43. **(Cespe)** O Distrito Federal é considerado uma entidade administrativa.

Gabarito: Errado.

O Distrito Federal é um ente que compõe a Administração Pública Direta, sendo considerado uma das pessoas políticas do Estado.

---

44. **(Cespe)** A Administração Direta abrange todos os órgãos do Poder Executivo, excluindo-se os órgãos dos Poderes Judiciário e Legislativo.

Gabarito: Errado.

A Administração Pública Direta compreende os poderes Executivo, Legislativo e Judiciário, podendo todos os poderes possuir órgãos públicos em suas estruturas administrativas.

---

45. **(Cespe)** Do ponto de vista orgânico, o TRE integra a Administração Pública Indireta.

Gabarito: Errado.

O Tribunal Regional Eleitora (TRE) é um órgão do Poder Judiciário da Administração Pública Direta.

---

46. **(Cespe)** O Ministério da Saúde faz parte da estrutura da Administração Pública Indireta.

Gabarito: Errado.

O Ministério da Saúde – considerado órgão autônomo – faz parte da estrutura orgânica da Administração Pública Direta. Para facilitar: Ministérios e Secretarias são sempre órgãos autônomos, sendo que os Ministérios estão presentes na estrutura orgânica do Governo Federal e as Secretarias na estrutura orgânica dos Municípios, Estados e Distrito Federal.

---

47. **(Cespe)** As secretarias de estado e as autarquias estaduais fazem parte da Administração Direta.

Gabarito: Errado.

As Secretarias fazem parte da Administração Direta, sendo consideradas órgãos autônomos; já as Autarquias (em todas as esferas) são consideradas pessoas administrativas componentes da Administração Pública Indireta.

---

48. **(Cespe)** A desconcentração consiste na distribuição de competência de uma para outra pessoa física ou jurídica.

Gabarito: Errado.

A desconcentração é a técnica administrativa de repartição de tarefas entre órgãos (divisão de órgãos) para melhor desempenharem a tarefa administrativa. Ocorre sempre dentro do âmbito da mesma pessoa jurídica, ou seja, quando estamos falando de desconcentração, estamos falando "de uma única pessoa jurídica", que possui várias divisões de órgãos.

---

49. **(Cespe)** A criação de um ministério na estrutura do Poder Executivo Federal para tratar especificamente de determinado assunto é um exemplo de administração descentralizada.

Gabarito: Errado.

A criação de um ministério é técnica de desconcentração, ou seja, repartição de tarefas dentro da estrutura da mesma pessoa jurídica. Descentralização é a técnica de transferência de competência entre pessoas jurídicas (outorga legal) ou entre pessoas jurídicas para pessoas jurídicas ou pessoas físicas (delegação por colaboração). Por outorga legal – lei –, temos a criação das pessoas da Administração Pública Indireta; por delegação por colaboração, temos a transferência da atividade administrativa – somente execução para as concessionárias e permissionárias de serviços públicos.

---

50. **(Cespe)** A delegação ocorre quando a entidade da administração, encarregada de executar um ou mais serviços, distribui competências no âmbito da própria estrutura, a fim de tornar mais ágil e eficiente a prestação dos serviços.

Gabarito: Errado.

Esse conceito é de desconcentração. Sempre que tivermos uma só pessoa jurídica "distribuindo" competências dentro de sua própria estrutura, falaremos dessa técnica. Quando falamos em delegação, estamos falando de uma das técnicas da descentralização, ou seja, delegação por colaboração em que o Estado passa a um particular a atividade administrativa – somente execução – por meio de licitação.

---

51. **(Cespe)** Caso o TRE distribua competências no âmbito de sua própria estrutura, é correto afirmar que ocorreu descentralização.

Gabarito: Errado.

O Tribunal Regional Eleitoral (TRE) é órgão da Administração Pública Direta, assim, a distribuição de competência pressupõe desconcentração.

---

52. **(Cespe)** A desconcentração pressupõe a existência de apenas uma pessoa jurídica.

Gabarito: Certo.

Sempre que tratamos de desconcentração, falamos de uma única pessoa jurídica que reparte competência dentro da sua própria estrutura, usando seus órgãos públicos.

---

53. **(Cespe)** A outorga e a delegação são formas de efetivação da desconcentração.

Gabarito: Errado.

A outorga legal – descentralização por serviço – é a transferência de competência de uma pessoa jurídica para outra. Aqui são criadas as pessoas da Administração Indireta. A delegação ocorre quando uma pessoa jurídica do Estado transfere a execução – nunca a titularidade – para outra pessoa jurídica ou física por meio de licitação, ou seja, a atividade administrativa é dada para particulares que desempenham a função pública. Aqui estão presentes os concessionários, permissionários e autorizatários de serviços públicos.

---

54. **(Cespe)** A desconcentração pressupõe a existência de, pelo menos, duas pessoas entre as quais se repartem competências.

Gabarito: Errado.

O conceito de pelo menos duas pessoas diz respeito à descentralização administrativa. A desconcentração é a distribuição de competência sempre dentro da mesma pessoa jurídica.

---

55. **(Cespe)** A descentralização política ocorre quando os entes descentralizados exercem atribuições próprias que não decorrem do ente central. Sendo os estados-membros da Federação tais entes e, no Brasil, também os Municípios, a descentralização política possui os mesmos entes da descentralização administrativa.

Gabarito: Errado.

Realmente a descentralização política decorre da competência de os entes descentralizados terem seus comandos direcionados diretamente do texto constitucional, sem interferência da pessoa da Administração Direta. Contudo, os Estados-membros e os Municípios não constituem uma espécie de descentralização, muito pelo contrário, esses entes políticos são fruto da técnica administrativa de centralização, pois são entidades criadas diretamente no texto constitucional e não receberam delegação de outra pessoa. O final da questão está errado também, pois entes administrativos são as pessoas da Administração Pública Indireta, ou seja, fruto da descentralização administrativa e não política.

---

56. **(Cespe)** A descentralização administrativa ocorre quando se distribuem competências materiais entre unidades administrativas dotadas de personalidades jurídicas distintas.

Gabarito: Certo.

A descentralização ocorre sempre de uma pessoa jurídica para outra pessoa jurídica – no caso da outorga legal –, ou de pessoa jurídica para pessoa jurídica ou pessoa física - no caso da delegação por colaboração. No primeiro caso, surgem as pessoas da Administração Pública Indireta e, no segundo, os particulares que desempenham a função pública por meio de licitação.

---

57. **(Cespe)** A descentralização pode ser feita por qualquer um dos níveis de Estado: União, DF, Estados e Municípios.

Gabarito: Certo.

Todas as pessoas políticas do Estado podem desenvolver a técnica administrativa de descentralização, que é a transferência de competência de uma pessoa jurídica para outra e pode se dar de duas formas: outorga legal e delegação por colaboração.

---

58. **(Cespe)** Por meio do processo de descentralização vertical da Administração Pública, são criadas entidades com personalidade jurídica, às quais são transferidas atribuições conferidas pela Constituição (CF) aos entes políticos.

Gabarito: Errado.

A descentralização política efetivou os entes federados, assim a própria Constituição Federal atribuiu competências (repartição de competências), partindo da União para os Municípios – por esse motivo "vertical", ou seja, do maior (União) para o menor (Municípios). O erro está em dizer que "por meio do processo vertical da Administração", pois a descentralização vertical é dada pela criação da própria Administração Pública Direta e não ela mesmo criando. Assim, descentralização vertical é política e cria entes políticos (União, Estados, Distrito Federal e Municípios). Não podemos confundir com a descentralização horizontal, que é administrativa e cria entidades administrativas (Autarquias, Fundações Públicas, Empresas Públicas e Sociedades de Economia Mista).

---

59. **(Cespe)** A descentralização territorial ou geográfica se verifica quando uma entidade local e geograficamente delimitada, com personalidade jurídica de direito público, exerce a totalidade ou a maior parte dos encargos públicos de interesse da coletividade, sujeitando-se a controle do poder central. No Brasil, os estados e territórios podem ser categorizados como entes de descentralização territorial.

Gabarito: Errado.

A descentralização territorial realmente se verifica da forma descrita na questão. Porém, há quem determine esse tipo de descentralização como sendo uma espécie de autarquia. O erro da questão é que não ocorre o "controle" do ente federativo que a criou e sim uma "subordinação", ou seja, foge totalmente ao conceito da descentralização administrativa. Dessa forma, podemos sintetizar que a descentralização territorial ou geográfica sujeita o ente criado à subordinação e não ao controle. É um tema isolado da forma padrão que tratamos a Administração Pública Indireta.

---

60. **(Cespe)** A descentralização por serviço, técnica ou funcional ocorre quando a União, o Estado ou os Municípios criam, por lei, uma pessoa de direito público ou privado e a ela atribuem a titularidade e a execução de determinado serviço público. Caracteristicamente, essa pessoa legalmente criada denomina-se autarquia. No entanto, é possível incluir, por exemplo, nessa categoria, as fundações governamentais, sociedades de economia mista e empresas públicas, que exerçam serviços públicos.

Gabarito: Certo.

Realmente, a descentralização por outorga legal recebe o nome de descentralização por serviço, técnica ou funcional. Aqui ocorre a criação das pessoas administrativas do Estado ou Administração Pública Indireta. O rol é taxativo e comporta essas quatro espécies mencionadas, ou seja, Autarquias, Fundações Públicas, Sociedades de Economia Mistas e Empresas Públicas.

---

61. **(Cespe)** Segundo a doutrina, na descentralização por serviço, o poder público mantém a titularidade do serviço e o ente descentralizado passa a deter apenas a sua execução.

Gabarito: Errado.

Na descentralização por serviço – ou por outorga legal –, é dada ao ente personalizado a titularidade e a execução do serviço público. Aqui é criada a Administração Pública Indireta.

---

62. **(Cespe)** A descentralização é simples técnica administrativa, utilizada apenas no âmbito da Administração Direta.

Gabarito: Errado.

A descentralização é exatamente ao contrário, ou seja, é utilizada para criar a Administração Direta ou mesmo os delegatários de serviços públicos.

---

63. **(Cespe)** A descentralização administrativa é o fenômeno pelo qual o Estado atua por meio de entes que lhe são juridicamente distintos.

Gabarito: Certo.

Esse é o conceito mais simples, ou seja, a descentralização pressupõe duas pessoas jurídicas distintas. A primeira, um ente da Administração Direta – titular da competência constitucional – e outra pessoa jurídica, (no caso da outorga legal), ou pessoa jurídica ou física no caso dos delegatários de serviços públicos.

---

64. **(Cespe)** As pessoas integrantes da Administração Indireta podem ser autorizadas e instituídas somente por lei, cujo teor deverá abordar a atividade descentralizada a ser exercida, e serão submetidas ao controle da Administração Direta da pessoa política a que são vinculadas.

Gabarito: Certo.

As pessoas administrativas – ou Administração Indireta – são pessoas criadas (Autarquias) ou autorizadas (Fundação Pública, Sociedade de Economia Mista e Empresa Pública) somente por meio de lei. Assim, devem desempenhar as competências estritas determinadas no ato que as instituiu ou autorizou e estão vinculadas – nunca subordinadas – ao ente criador. A esse controle damos o nome de controle finalístico, supervisão ministerial ou tutela administrativa.

---

65. **(Cespe)** Tanto as pessoas públicas quanto as pessoas de direito privado instituídas pelo Estado têm personalidade jurídica própria, capacidade de autoadministração e patrimônio próprio.

Gabarito: Certo.

As pessoas instituídas pelo Estado são as pessoas da Administração Pública Indireta e elas são independentes após sua criação; assim, possuem personalidade jurídica própria, capacidade de autoadministração e patrimônio próprio.

---

66. **(Cespe)** As autarquias e as Fundações Públicas, como entes de direito público que dispõem de personalidade jurídica própria, integram a Administração Direta.

Gabarito: Errado.

As Autarquias e Fundações, assim como as Sociedades de Economia Mista e Empresas Públicas, são entes da Administração Indireta. As Fundações possuem a natureza jurídica de direito privado. Eventualmente, existem Fundações Públicas instituídas como sendo de direito público, mas a doutrina dominante considera-as como sendo Autarquias fundacionais ou Fundações autárquicas.

---

67. **(Cespe)** A criação de uma autarquia para executar determinado serviço público representa uma descentralização das atividades estatais. Essa criação somente se promove por meio da edição de lei específica para esse fim.

Gabarito: Certo.

A autarquia é fruto da descentralização por outorga legal, possui a natureza jurídica de pessoa jurídica de direito público, é criada diretamente por lei e exerce um serviço público especializado, sendo seu ato constitutivo a própria lei que a instituiu.

---

68. **(Cespe)** A autarquia é uma pessoa jurídica criada somente por lei específica para executar funções descentralizadas típicas do Estado.

Gabarito: Certo.

A autarquia é a única das pessoas da Administração Pública Indireta criada diretamente por lei, todas as demais são autorizadas.

---

69. **(Cespe)** A autarquia configura pessoa jurídica de direito público, criada por lei, com capacidade de autoadministração, sujeita ao princípio da especialização, o qual a impede de exercer atividades diversas daquelas para as quais foi constituída.

Gabarito: Certo.

As características estão corretas e ela exerce uma finalidade própria instituída na lei, ou seja, um serviço público especializado determinado no próprio corpo da lei instituidora.

---

70. **(Cespe)** De forma geral, as autarquias corporativas, como a OAB e os demais conselhos de profissões regulamentadas, devem prestar contas ao Tribunal de Contas da União (TCU), fazer licitações e realizar concursos públicos para suas contratações.

Gabarito: Errado.

Os conselhos fiscalizadores realmente são constituídos como Autarquias. Contudo, o Supremo Tribunal Federal (STF) decidiu que a Ordem dos Advogados do Brasil (OAB) - especificamente – é uma exceção, ou seja, não faz parte da Administração Pública Indireta, tampouco se sujeita ao controle do ente político.

---

71. **(Cespe)** As autarquias profissionais de regime especial, como a Ordem dos Advogados do Brasil e as agências reguladoras, submetem-se ao controle do Tribunal de Contas da União.

Gabarito: Errado.

A Ordem dos Advogados do Brasil (OAB) não faz parte da Administração Indireta, assim, não está sob o controle estatal. Já as agências reguladoras são espécies de Autarquias, por isso, estão sob o controle dos entes políticos que as criou.

---

72. **(Cespe)** A OAB, conforme entendimento do STF, é uma autarquia pública em regime especial e se submete ao controle do TCU.

Gabarito: Errado.

Não procede a alegação de que a Ordem dos Advogados do Brasil (OAB) seja parte da Administração Pública Indireta, como decidiu o próprio Supremo Tribunal Federal (STF). Ela é considerada como uma categoria ímpar, ou, *sui generis*.

---

73. (Cespe) A Ordem dos Advogados do Brasil, na qualidade de autarquia profissional, não integra a Administração Indireta e não se submete ao controle do Tribunal de Contas da União.

Gabarito: Certo.

A decisão do Supremo Tribunal Federal (STF) é nesse sentido. Por não consubstanciar uma entidade da Administração Indireta, não se sujeita ao controle ou mesmo qualquer vinculação ao ente estatal político.

---

74. (Cespe) A criação de uma autarquia federal é feita por decreto do Presidente da República.

Gabarito: Errado.

A autarquia somente pode ser criada por lei em sentido estrito.

---

75. (Cespe) Uma autarquia municipal pode litigar em juízo contra o município que a criou.

Gabarito: Certo.

Como são independentes, as Administrações Públicas Indiretas podem litigar sim contra os entes que as criou.

---

76. (Cespe) As agências reguladoras são órgãos da Administração Pública cuja finalidade é fiscalizar e controlar determinada atividade.

Gabarito: Errado.

Agência reguladora não é órgão e sim entidade da Administração Pública Indireta, sendo considerada Autarquia em regime especial.

---

77. (Cespe) O quadro de pessoal das agências reguladoras é vinculado ao regime celetista, conforme expressa disposição legal.

Gabarito: Errado.

Como as agências reguladoras são espécies de Autarquias, seus agentes públicos são regidos por estatuto.

---

78. (Cespe) Segundo jurisprudência do STF, a subordinação da nomeação dos dirigentes das agências reguladoras à prévia aprovação do Poder Legislativo não implica violação à separação e à independência dos poderes.

Gabarito: Certo.

Realmente, a subordinação da nomeação dos dirigentes das agências reguladoras à prévia aprovação do Poder Legislativo não implica violação à separação e à independência dos poderes.

---

79. (Cespe) Considere que João pretenda ingressar como empregado na Petrobras, sociedade de economia mista, integrante da Administração Indireta da União. Nessa situação, João não precisa ser previamente aprovado em concurso público, visto que o regime jurídico dessa empresa é o celetista.

Gabarito: Errado.

Segundo o Art. 37 da CF/88, toda Administração Direta e Indireta de qualquer dos poderes deve realizar concurso de provas ou provas e títulos para inserção em seu quadro de pessoal, ressalvados os casos de livre nomeação e livre exoneração – cargos em comissão. Dessa forma, mesmo sendo uma pessoa jurídica de direito privado deverá ela realizar concurso e seus agentes públicos serão regidos pela Consolidação das Leis do Trabalho (CLT) .

---

80. **(Cespe)** A relação entre uma autarquia e o ente que a criou é de subordinação.

Gabarito: Errado.

A relação é de vinculação, também chamado de controle finalístico, supervisão ministerial ou tutela administrativa.

---

81. **(Cespe)** As autarquias são caracterizadas pela sua subordinação hierárquica a determinada pasta da Administração Pública Direta. Dessa forma, contra a decisão proferida por elas cabe recurso hierárquico próprio para o chefe da pasta.

Gabarito: Errado.

Não existe hierarquia e sim vinculação, dessa forma, não pode haver o recurso hierárquico para o ministério (ou pasta) a que estão vinculadas.

---

82. **(Cespe)** Prevalece o entendimento de que as Fundações Públicas com personalidade jurídica de direito público são verdadeiras autarquias, as quais devem ser criadas por lei e não por ato infralegal.

Gabarito: Certo.

As Fundações Públicas de direito público são espécies de Autarquias, chamadas de Autarquias Fundacionais ou Fundações Autárquicas.

---

83. **(Cespe)** A Fundação instituída pelo Estado com personalidade jurídica de direito privado se sujeita inteiramente a esse ramo do direito.

Gabarito: Errado.

O erro está em que nenhum dos entes da Administração Indireta está livre das normas de direito público. Por esse motivo é que devem licitar, realizar concurso para provimento de cargos e empregos e seguir, no que couber, as normas de licitação, entre outros mandamentos constitucionais.

---

84. **(Cespe)** As Fundações Públicas são entidades integrantes da Administração Direta, e suas respectivas áreas de atuação devem enquadrar-se nas áreas previstas em lei ordinária.

Gabarito: Errado.

Há dois erros na questão. O primeiro é que a Fundação Pública não pertence à Administração Pública Direta, e sim à Administração Pública Indireta. O segundo é que o seu campo de atuação é especificado por Lei Complementar e não por Lei Ordinária.

---

85. **(Cespe)** As empresas públicas e as sociedades de economia mista são criadas e extintas mediante autorização legal, têm personalidade jurídica de direito privado, possuem a mesma forma de organização ou estruturação e, ambas, desempenham atividade de natureza econômica.

Gabarito: Errado.

O erro da questão está no final. As Empresas Públicas e Sociedades de Economia Mista podem ser constituídas tanto para desempenharem atividade de natureza econômica (CF/88 Art. 173) como também podem ser prestadoras de serviços públicos (CF/88 Art. 175).

---

86. **(Cespe)** As empresas públicas têm natureza jurídica de pessoas jurídicas de direito público interno.

Gabarito: Errado.

A natureza jurídica das Empresas Públicas é de direito privado e não público, como afirma a questão.

---

87. **(Cespe)** Empresas públicas são pessoas jurídicas de direito privado, integrantes da Administração Indireta, criadas por lei sob a forma de sociedades anônimas com o objetivo de explorar atividade econômica ou prestar determinado serviço público.

Gabarito: Errado.

O erro da questão é que as Empresas Públicas podem ser constituídas sob qualquer forma admitida em Direito, inclusive sociedade anônima. A questão exclui as outras formas, dando a entender que somente por aquela poderiam ser constituídas.

---

88. **(Cespe)** As empresas públicas são criadas por lei, compostas de capital governamental e dotadas de personalidade jurídica de direito público para explorarem atividade econômica.

Gabarito: Errado.

As Empresas Públicas são autorizadas e não criadas, primeiro erro. O capital tem que ser 100% público em sua constituição. O segundo erro está em que são pessoas jurídicas de direito privado e podem tanto explorar atividade econômica como também prestar serviços públicos.

---

89. **(Cespe)** As Empresas Públicas e as Sociedades de Economia Mista que exploram atividade econômica em regime de monopólio submetem-se ao regime jurídico próprio das empresas privadas.

Gabarito: Errado.

O erro é bem claro e está no monopólio, impossível de acontecer em nosso ordenamento jurídico no que tange a empresas governamentais.

---

90. **(Cespe)** As Empresas Públicas e as Sociedades de Economia Mista Federais submetem-se à fiscalização do TCU, não obstante os seus servidores estarem sujeitos ao regime celetista.

Gabarito: Certo.

Como são partes da Administração Indireta, submetem-se ao controle finalístico ou supervisão ministerial e estão sob a tutela do Tribunal de Contas da União (TCU), a quem tem o dever constitucional de prestar contas.

---

91. **(Cespe)** A única diferença entre Sociedade de Economia Mista e Empresa Pública é a composição do capital.

Gabarito: Errado.

A diferença está em dois pontos: primeiro, na composição do capital – Empresa Pública tem capital 100% público em sua constituição; a Sociedade de Economia Mista tem capital 50% + 1% obrigatoriamente público, ou seja, controle acionário do ente público. O segundo ponto é no que tange à forma societária – Empresa Pública pode ser constituída sob qualquer forma admitida em direito e Sociedade de Economia Mista obrigatoriamente sob a forma de S/A.

---

92. **(Cespe)** A Administração Pública pode instituir Empresas Públicas e Sociedades de Economia Mista mediante autorização legal, as quais estarão inteiramente sujeitas ao regime jurídico de direito privado, por força de lei.

Gabarito: Errado.

Mesmo sendo pessoas jurídicas de direito privado estão sujeitas, no que couber, às normas de direito público. São exemplos: obrigatoriedade de concurso público, licitação, sujeição à lei de improbidade e várias regras do Art. 37 da CF/88.

---

93. **(Cespe)** Se, em processo de indenização por danos materiais que tramite em uma vara cível estadual, uma empresa pública federal passar a compor a lide como assistente, o referido processo será deslocado para a Justiça Federal.

Gabarito: Certo.

Segundo o Art. 109, I, da Constituição Federal, *as causas em que a União, entidade autárquica ou Empresa Pública federal forem interessadas na condição de autoras, rés, assistentes ou oponentes, exceto as de falência, as de acidentes de trabalho e as sujeitas à Justiça Eleitoral e à Justiça do Trabalho*. Assim, a indenização por danos materiais deve ser obrigatoriamente deslocada para a Justiça Federal.

---

94. **(Cespe)** Considere que, há sete anos, Adriano é empregado da Caixa Econômica Federal (CAIXA), que é uma empresa pública federal. Nessa situação hipotética, julgue o item a seguir.

Por força constitucional, o fato de a CAIXA ser uma Empresa Pública impede que Adriano possa ser demitido sem justa causa.

Gabarito: Errado.

Não impede a demissão por justa causa, pois as regras são as da Consolidação das Leis do Trabalho (CLT).

---

95. **(Cespe)** Não colide materialmente com a CF a determinação de que sejam previamente aprovadas, pelo Poder Legislativo, indicações dos presidentes das Entidades da Administração Pública Indireta.

Gabarito: Certo.

Por decisão do STF, não há conflito na prévia aprovação pelo Legislativo. Os dirigentes exercem cargo em comissão.

---

96. **(Cespe)** O consórcio público, mesmo com personalidade jurídica de direito público, não passa a integrar a Administração Indireta de todos os entes da Federação consorciados.

Gabarito: Errado.

A Lei 11.107/2005 instituiu os consórcios públicos e determinou várias regras. As mais importantes são as que estabelecem que os consórcios criados como pessoas jurídicas de direito público são considerados Administração Pública Indireta. Esses consórcios acontecem entre entes federados; contudo, não podem ocorrer entre a União e Municípios diretamente. Podem ocorrer entre União e Estados (alcançando aqui os Municípios) e entre Estados Federados e os Munícipios situados em seu território, não podendo haver consórcios entre um Estado e um Munícipio situado em outro Estado Federado. Por fim, pode o Distrito Federal celebrar consórcio com um Município.

---

97. (Cespe) Os órgãos da Administração pública classificam-se, segundo a função que exercem, em órgãos ativos, órgãos consultivos e órgãos de controle.

Gabarito: Certo.

Esta é a classificação quanto à função. Os ativos são aqueles que desempenham uma atividade administrativa ativa (Ex.: os Ministérios). Os consultivos desempenham uma atividade consultiva (Ex.: Conselho de Defesa Nacional). Os de controle desempenham uma atividade controle sobre outros órgãos ou pessoas jurídicas (Ex.: Tribunal de Contas da União).

---

98. (Cespe) Quando determinada pessoa jurídica de direito público distribui competências internamente, tem-se um exemplo de processo de descentralização.

Gabarito: Errado.

A distribuição interna de competência da mesma pessoa jurídica configura a técnica administrativa de desconcentração. Pode ocorrer desconcentração – mera divisão de órgãos para melhor desempenhar a função pública – tanto na Administração Pública Direta – desconcentração dentro da centralização – como na Administração Pública Indireta – desconcentração dentro da descentralização.

---

99. (Cespe) Segundo a doutrina, no aspecto formal, a Administração Pública é compreendida como a manifestação do poder público mediante a prática de atos jurídico-administrativos dotados da propriedade de autoexecutoriedade.

Gabarito: Certo.

A Administração Pública, em sentido formal, também chamada de subjetiva ou orgânica, é compreendida como o conjunto de órgãos, entidades e agentes públicos que se manifestam pelas práticas de atos administrativos (atos jurídicos administrativos), dotados de presunção de legitimidade, imperatividade e autoexecutoriedade. Esses três últimos são classificados como sendo atributos do ato administrativo.

---

100. (Cespe) A Administração Direta compreende os órgãos e as pessoas jurídicas de direito público que prestam serviços típicos do Estado; no âmbito federal, integram a Administração Direta os Ministérios e as Autarquias.

Gabarito: Errado.

Os Ministérios realmente integram a Administração Pública Direta. Eles recebem a classificação de órgãos autônomos. As Autarquias não pertencem a Administração Pública Direta, sendo elas integrantes da Administração Pública Indireta.

---

101. (Cespe) Tanto a criação quanto a extinção de órgãos públicos dependem da edição de lei específica; contudo, a estruturação e o estabelecimento das atribuições desses órgãos, desde que não impliquem aumento de despesa, podem ser processados por decreto do chefe do Poder Executivo.

Gabarito: Certo.

Esta regra está pautada no Art. 84, VI, da CF/88, são os chamados decretos autônomos, inovação da Emenda Constitucional 32/2001: *a) organização e funcionamento da Administração Federal, quando não implicar aumento de despesa nem criação ou extinção de órgãos públicos*; vale lembrar que isso é competência privativa do Presidente da República.

---

102. **(Cespe)** A ANAC, uma agência reguladora, recebe essa qualificação por força de contrato de gestão, celebrado com órgão da Administração a que se subordina, para melhoria da eficiência e redução de custos.

Gabarito: Errado.

As agências reguladoras no Governo Federal são consideradas Autarquias em regime especial e não estão subordinadas ao Ministério a que estão ligadas: estão, sim, vinculadas. Essa vinculação gera o chamado controle finalístico ou supervisão ministerial. Essas agências, quando assinam os contratos de gestão previstos no Art. 37, § 8, da CF/88, recebem o título de agência executiva, que nada mais é que um título que representa mais eficiência no desempenho de suas funções estatais.

---

103. **(Cespe)** A desconcentração administrativa consiste na distribuição interna de competências, no âmbito de uma mesma pessoa jurídica; a descentralização administrativa pressupõe a distribuição de competência para outra pessoa, física ou jurídica.

Gabarito: Certo.

A desconcentração administrativa é a técnica em que os órgãos se dividem para melhor executar as funções administrativas e pode ocorrer tanto na Administração Direta como na Indireta. A técnica administrativa de descentralização pressupõe duas pessoas jurídicas e ocorre por meio de outorga legal – constituição das pessoas da Administração Pública Indireta – e por delegação por colaboração – constituição por delegação para particulares que desempenham a função administrativa.

---

104. **(Cespe)** A jurisprudência, fonte não escrita do Direito Administrativo, obriga tanto a Administração Pública como o Poder Judiciário.

Gabarito: Errado.

A jurisprudência realmente recebe a classificação de fonte secundária e não escrita. Contudo, não vincula a Administração ou mesmo o Poder Judiciário. Assim, serve somente como fonte de consulta para decisões. Temos que lembrar que as chamadas Súmulas Vinculantes, editadas pelo Supremo Tribunal Federal, são consideradas fontes primárias e escritas e, essas sim, vinculam todas as esferas da Administração e as decisões do Poder Judiciário.

---

105. **(Cespe)** São exemplos de prerrogativas estatais estendidas às autarquias a imunidade tributária recíproca e os privilégios processuais da Fazenda Pública.

Gabarito: Certo.

As Autarquias possuem todos os privilégios da Fazenda Pública, inclusive privilégios processuais, prescrição quinquenal e imunidade tributária.

---

106. **(Cespe)** Denominam-se Fundações Públicas as entidades integrantes da Administração Indireta que não são criadas para a exploração de atividade econômica em sentido estrito.

Gabarito: Certo.

A Fundação Pública é pessoa jurídica de direito privado, autorizada por lei, que depende de uma lei complementar que especifique seu campo de atuação e só pode ser constituída como prestadora de serviços públicos, nunca exploradora de atividade econômica. Devemos observar que algumas Fundações Públicas são criadas por lei e possuem personalidade jurídica de direito público. Assim, para essa última, a doutrina a classifica não como Fundação Pública, mas como uma espécie de Autarquia, sendo chamada de AutarquiaFundacional ou Fundação Autárquica.

---

107. **(Cespe)** As autarquias não podem ampliar sua autonomia gerencial, orçamentária e financeira, pois isso acarretaria prejuízo do controle finalístico realizado pela Administração Pública.

Gabarito: Errado.

As pessoas da Administração Pública Indireta, após sua criação, são independentes, ou seja, possuem autonomia administrativa, financeira e orçamentária. A Administração Direta somente pode se valer do controle finalístico ou supervisão ministerial em caso de fuga da finalidade definida por lei por parte do ente da Administração Indireta.

---

108. **(Cespe)** Embora tanto as empresas públicas quanto as sociedades de economia mista sejam pessoas jurídicas de direito privado, integrantes da Administração Pública Indireta, ambos os tipos de entidades sujeitam-se a controles administrativos diversos.

Gabarito: Errado.

As regras de controle são comuns aos entes da Administração Pública Indireta. Assim, não existe um tratamento diferenciado. O que pode mudar são as regras definidas na lei que as instituiu.

---

109. **(Cespe)** A organização das competências da União em ministérios é exemplo de desconcentração material.

Gabarito: Certo.

A técnica de desconcentração administrativa consiste na delegação de competência sempre dentro da mesma pessoa jurídica. É a chamada mera divisão de órgãos (competências) para melhor desempenhar a função administrativa.

---

110. **(Cespe)** Os bens das autarquias não são passíveis de penhora.

Gabarito: Certo.

Os bens autárquicos são bens públicos. Dessa forma, ela se constitui de uma pessoa jurídica de direito público, tendo como consequência a impenhorabilidade, inalienabilidade e não pode ser objeto de oneração.

---

111. **(Cespe)** O Ministério da Saúde é órgão da Administração Pública Indireta.

Gabarito: Errado.

Os Ministérios recebem a classificação de órgãos autônomos e são pertencentes à Administração Pública Direta da União. Vale lembrar que a Administração Pública Indireta também pode possuir órgão público.

---

112. **(Cespe)** Em regra, o órgão não tem capacidade processual, ou seja, não pode figurar em quaisquer dos polos de uma relação processual.

Gabarito: Certo.

Esta é a regra, contudo, os órgãos independentes e autônomos possuem uma pequena capacidade processual, que é a possibilidade de impetrar mandado de segurança para garantir seus direitos subjetivos.

---

113. **(Cespe)** O Estado é um ente personalizado, apresentando-se não apenas exteriormente, nas relações internacionais, mas também internamente, como pessoa jurídica de direito público capaz de adquirir direitos e contrair obrigações na ordem jurídica.

Gabarito: Certo.

Quando falamos de Estado, temos que ter em mente as relações internacionais e as relações internas relativas ao interesse público. No âmbito externo, o Estado é representado pela República Federativa do Brasil, pessoa jurídica de direito público externo, que exerce a chamada soberania – que é a capacidade de manter relações com outros Estados. Já no âmbito interno, o Estado – segundo o Art. 37 da CF/88 e o Decreto 200/67 – é representado pelas pessoas da Administração Pública Direta e Indireta. Vale lembrar que o Presidente da República exerce dupla função quando falamos em chefia do Estado no âmbito Federal. Quando está trabalhando para a República Federativa do Brasil ele está na figura de chefe de Estado; quando está na chefia da Administração da União, está atuando como chefe de governo.

---

114. **(Cespe)** Por ser órgão do Ministério da Justiça, a PRF é órgão do Poder Executivo, integrante da Administração Direta.

Gabarito: Certo.

Os órgãos não possuem patrimônio próprio, tampouco vontade própria e seus agentes trabalham em imputação à pessoa jurídica a que estão ligados. Assim, o Ministério da Justiça é classificado pela doutrina como órgão autônomo e o Departamento de Polícia Federal um órgão superior. Ambos estão ligados hierarquicamente à entidade da Administração Pública Direta da União.

---

115. **(Cespe)** A entidade paraestatal faz parte da Administração Pública Indireta.

Gabarito: Errado.

A Administração Pública Indireta se compõe de um rol taxativo. Assim, fazem parte da Administração Indireta: Autarquia, Fundação Pública, Empresa Pública e Sociedade de Economia Mista.

---

116. **(Cespe)** As Autarquias são entes da Administração Direta Federal.

Gabarito: Errado.

A Autarquia pertence à Administração Pública Indireta, tendo mera vinculação com a Administração Pública Direta.

---

117. **(Cespe)** A tripartição de funções é absoluta no âmbito do aparelho do Estado.

Gabarito: Errado.

Quando falamos da tripartição do poder, pautado no Art. 2º da Constituição Federal, tratamos os poderes Executivo, Legislativo e Judiciário como sendo independentes e harmônicos entre si.

Contudo, tal separação não é absoluta e sim relativa ou *iuris tantum*. Assim, os poderes do Estado, segundo o âmbito administrativo, podem exercer as chamadas funções atípicas. Como exemplo, podemos citar o Poder Executivo, que tem a função típica de administrar e, em sua função atípica, pode legislar quando o Presidente da República edita Medidas Provisórias com força de lei.

---

118. **(Cespe)** A atividade administrativa centralizada é exercida pelo próprio Estado, que atua por meio de seus órgãos.

Gabarito: Certo.

Estamos falando da técnica administrativa de centralização. Isso ocorre quando a Administração Pública Direta trabalha diretamente por meio de seus órgãos e agentes realizando a atividade administrativa determinada pela Constituição Federal.

---

119. **(Cespe)** A criação de autarquia ocorre pela publicação de lei específica e posterior registro dos estatutos em cartório competente.

Gabarito: Errado.

A Autarquia é uma pessoa jurídica de direito público, criada diretamente por meio de lei específica, e que exerce um serviço público especializado. Contudo, a criação da Autarquia se dá com a própria lei, não depende de registro de seus atos constitutivos em cartório.

---

120. **(Cespe)** As entidades que integram a Administração Direta e Indireta do governo detêm autonomia política, administrativa e financeira.

Gabarito: Errado.

A autonomia política – que é a capacidade de legislar – está presente somente nas pessoas políticas, também denominadas Administração Pública Direta (União, Estados, Distrito Federal e Municípios). A Administração Pública Indireta ou pessoas administrativas possuem somente a autonomia administrativa, financeira e orçamentária.

---

121. **(Cespe)** Os poderes do Estado são independentes e harmônicos entre si e suas funções são reciprocamente indelegáveis.

Gabarito: Certo.

Este é o teor do mandamento do Art. 2º da CF/88. Contudo, temos que diferenciar a indelegabilidade com a possibilidade de exercer as funções atípicas. As funções típicas são indelegáveis; contudo, a própria Constituição Federal determina que em alguns casos um poder exerça atipicamente a função de outro poder.

---

122. **(Cespe)** Na sua acepção formal, entende-se governo como o conjunto de poderes e órgãos constitucionais.

Gabarito: Certo.

Na acepção ou sentido formal, podemos definir como sendo o conjunto de órgãos instituídos para consecução dos objetivos do Governo. Já, em sentido material, é o conjunto das funções necessárias aos serviços públicos em geral.

---

123. **(Cespe)** As Fundações Públicas poderão ser criadas para exercerem atividades de fins lucrativos.

Gabarito: Errado.

As Fundações Públicas somente podem ser instituídas de acordo com o Art. 175 da CF/88, ou seja, para serem prestadoras de serviços públicos.

---

124. **(Cespe)** Sociedades de Economia Mista são pessoas jurídicas de direito privado, instituídas pelo Poder Público, sob qualquer forma jurídica, para exploração de atividades de natureza econômica ou execução de serviços públicos.

Gabarito: Errado.

As Sociedades de Economia Mista são pessoas jurídicas de direito privado, autorizadas por lei, e devem ter seus atos constitutivos registrados na junta comercial. Possuem o capital de, no mínimo, 50% + 1 ação na mão do poder público – controle acionário – e devem ser obrigatoriamente constituídas sob a forma de Sociedade Anônima – S/A.

---

125. **(Cespe)** A Sociedade de Economia Mista, entidade integrante da Administração Pública Indireta, pode executar atividades econômicas próprias da iniciativa privada.

Gabarito: Certo.

Tanto a Sociedade de Economia Mista quanto as Empresas Públicas podem ser constituídas de acordo com o Art. 173 da CF/88, ou seja, podem ser exploradoras de atividade econômica. Art. 173. *Ressalvados os casos previstos nesta Constituição, a exploração direta de atividade econômica pelo Estado só será permitida quando necessária aos imperativos da segurança nacional ou a relevante interesse coletivo, conforme definidos em lei. § 1º. A lei estabelecerá o estatuto jurídico da Empresa Pública, da Sociedade de Economia Mista e de suas subsidiárias que explorem atividade econômica de produção ou comercialização de bens ou de prestação de serviços.*

---

126. **(Cespe)** Considere que o governador do estado do Rio Grande do Sul tenha criado por lei autarquia para a execução de atividades típicas da Administração Pública. Nessa situação, a referida autarquia será responsável pelos danos que seus agentes causarem a terceiro, por ser objetiva a responsabilidade do ente autárquico.

Gabarito: Certo.

A autarquia está sujeita às regras do Art. 37, § 6º da CF/88, que trata da responsabilidade civil do Estado: *As pessoas jurídicas de direito público e as de direito privado prestadoras de serviços públicos responderão pelos danos que seus agentes, nessa qualidade, causarem a terceiros, assegurado o direito de regresso contra o responsável nos casos de dolo ou culpa.*

---

127. **(Cespe)** As entidades políticas são pessoas jurídicas de direito público interno, como a União, os Estados, o Distrito Federal e os Municípios. Já as entidades administrativas integram a Administração Pública, mas não têm autonomia política, como as autarquias e as Fundações Públicas.

Gabarito: Certo.

A questão define a Administração Pública Direta e Indireta. A principal diferença é a capacidade política, que somente as pessoas da Administração Pública Direta possuem. De forma geral, essas pessoas são consideradas Administração Pública em sentido formal, ou seja, são Administração Pública propriamente ditas.

---

128. **(Cespe)** O instituto da desconcentração permite que as atribuições sejam distribuídas entre órgãos públicos pertencentes a uma única pessoa jurídica, com vistas a alcançar uma melhora na estrutura organizacional. Assim, concentração refere-se à Administração Direta e desconcentração, à Indireta.

Gabarito: Errado.

A primeira parte da questão está correta, ou seja, temos o conceito de desconcentração. Contudo, pode ocorrer desconcentração administrativa tanto na Administração Pública Direta – desconcentração dentro da centralização – como desconcentração dentro da Administração Pública Indireta – desconcentração dentro da centralização.

---

129. **(Cespe)** As autarquias são pessoas jurídicas de direito público integrantes da Administração Indireta, tais como o INSS, o Banco Central do Brasil e a Comissão de Valores Mobiliários.

Gabarito: Certo.

Temos exemplos de Autarquias criadas diretamente por meio de lei específica com personalidade jurídica de direito público e patrimônio próprio. São classificadas como pessoas administrativas do Estado.

---

130. **(Cespe)** Fundação Pública é a pessoa jurídica de direito público, criada por lei, com capacidade de autoadministração, para o desempenho de serviço público descentralizado, mediante controle administrativo exercido nos limites da lei.

Gabarito: Errado.

A Fundação Pública é pessoa jurídica de direito privado. As Fundações que forem constituídas como pessoas jurídicas de direito público tomarão a forma de Autarquias, sendo classificadas como Autarquias Fundacionais ou Fundações Autárquicas.

---

131. **(Cespe)** A atuação das autarquias está sujeita ao irrestrito controle judicial, quanto a sua legalidade e legitimidade, em caso de provocação por algum legitimado.

Gabarito: Certo.

O Poder Judiciário sempre tem a prerrogativa de avaliar o critério de legalidade e legitimidade de qualquer ato emanado da Administração Pública. Somente os atos discricionários legais – critério de mérito – estão fora do controle judiciário.

---

132. **(Cespe)** A figura do instituidor, que faz a doação patrimonial; o objeto, consistente em atividades de interesse social; e a ausência de fins lucrativos constituem elementos essenciais no conceito de fundação pública.

Gabarito: Certo.

Estão descritas as características primordiais da Fundação – que é pertencente à Administração Pública Indireta. Vale lembrar que a Fundação Pública somente pode ser constituída como prestadora de serviços públicos.

---

133. **(Cespe)** As autarquias, as empresas públicas e as sociedades de economia mista são categorias de entidades que integram a Administração Indireta, ainda que não prestem serviço público ou exerçam atividade econômica de natureza empresarial.

Gabarito: Errado.

As Autarquias, as Fundações Públicas, as Sociedades de Economia Mistas e as Empresas Públicas são as pessoas jurídicas da Administração Pública Indireta. As Autarquias e as Fundações Públicas obrigatoriamente devem ser prestadoras de serviços públicos. As Sociedades de Economia Mista e as Empresas Públicas podem ser constituídas para serem prestadoras de serviços públicos ou exploradoras de atividade econômica.

---

134. **(Cespe)** As autarquias são consideradas fazenda pública, razão pela qual, nos processos judiciais em que sejam partes, elas têm os mesmos prazos que a fazenda pública para contestar e recorrer.

Gabarito: Certo.

As Autarquias são consideradas como sendo Fazenda Pública; assim, nos processos em que são parte, possuem prazo em quádruplo para contestar e, em dobro, para recorrer – previsão no Art. 188 do Código de Processo Civil (CPC). As Autarquias estão sujeitas ao duplo grau de jurisdição.

---

135. **(Cespe)** Toda pessoa integrante da Administração Indireta é submetida a controle pela Administração Direta do ente a que seja vinculada, a exemplo das escolas e universidades, que, pela natureza de sua função, ficam sob o controle do Ministério da Educação.

Gabarito: Certo.

Esta é a regra geral, ou seja, todas as pessoas administrativas (Administração Pública Indireta) estão sujeitas ao controle finalístico ou supervisão ministerial do ente da Administração Pública Direta.

---

136. **(Cespe)** Considere que um órgão público contrate pessoa jurídica de direito privado para executar determinado serviço público. Considere, ainda, que esse órgão conserve a titularidade da prestação desse serviço. Nessa situação, ocorreu a descentralização por serviços.

Gabarito: Errado.

A descentralização por serviço ou por outorga legal pressupõe obrigatoriamente duas pessoas jurídicas. Uma sendo as pessoas da Administração Pública Direta e outra uma das pessoas da Administração Pública Indireta.

---

137. **(Cespe)** Sociedade de economia mista é pessoa jurídica de direito público, integrante da Administração Indireta, instituída pelo poder público, mediante autorização de lei específica.

Gabarito: Errado.

A Sociedade de Economia Mista é pessoa jurídica de direito privado, autorizada por lei e tem que ter seus atos constitutivos registrados na junta comercial.

---

138. **(Cespe)** As empresas públicas são compostas por capital unicamente de origem governamental.

Gabarito: Certo.

As Empresas Públicas possuem duas características que as diferenciam das Sociedades de Economia Mista. Essa diferença está no capital (100% capital público) e na forma societária (qualquer forma admitida em direito). Em contrapartida, as Sociedades de Economia Mista possuem o capital 50% + 1 ação na mão do poder público (controle acionário Público) e a forma societária é obrigatoriamente sociedade anônima (S/A).

---

139. **(Cespe)** O Banco Central do Brasil é uma autarquia federal e compõe a Administração Pública Direta da União.

Gabarito: Errado.

O Banco Central é uma Autarquia Federal. Contudo, ela faz parte da Administração Pública Indireta – pessoa administrativa do Estado.

---

140. **(Cespe)** As empresas públicas têm personalidade de direito privado; suas atividades são regidas pelos preceitos comerciais, mas seu capital é exclusivamente público.

Gabarito: Certo.

As Empresas Públicas representam o chamado Estado empresário ou empresas governamentais. Seu preceito é comercial, contudo, seu capital inicial é 100% público.

---

141. **(Cespe)** A sociedade de economia mista é pessoa jurídica de direito privado que pode tanto executar atividade econômica própria da iniciativa privada quanto prestar serviço público.

Gabarito: Certo.

Tanto as Sociedades de Economia Mista quanto as Empresas Públicas podem ser constituídas como prestadoras de serviços públicos ou mesmo exploradoras de atividade econômica. Tanto uma como a outra serão – de qualquer forma – consideradas Administração Pública Indireta.

---

142. **(Cespe)** As sociedades de economia mista são pessoas jurídicas de direito privado e podem ser constituídas sob qualquer forma jurídica.

Gabarito: Errado.

As Sociedades de Economia Mista – pessoa pertencente à Administração Pública Indireta - são pessoas jurídicas de direito privado, autorizadas por lei específica e necessitam de registro na junta comercial de seus atos constitutivos. O capital é de 50% + 1 ação na mão do poder público e podem ser constituídas sob qualquer forma de sociedade anônima (S/A). As Empresas Públicas podem ser constituídas sob qualquer forma admitida em direito.

---

143. **(Cespe)** As empresas públicas exploradoras da atividade econômica não estão sujeitas à responsabilidade civil objetiva.

Gabarito: Certo.

Esse é o teor do Art. 37 da CF/88, *§ 6º. As pessoas jurídicas de direito público e as de direito privado, prestadoras de serviços públicos, responderão pelos danos que seus agentes, nessa qualidade, causarem a terceiros, assegurado o direito de regresso contra o responsável nos casos de dolo ou culpa.* Note que o texto constitucional menciona somente as prestadoras de serviço público, excluindo as exploradoras de atividade econômica.

---

144. **(Cespe)** Ao criar uma entidade e a ela transferir determinado serviço público, o Estado realiza descentralização mediante delegação.

Gabarito: Errado.

Quando tratamos de entidades, falamos nas pessoas políticas e pessoas administrativas do Estado. Quando uma entidade da Administração Pública Direta cria ou autoriza uma entidade da

Administração Pública Indireta, dizemos que ocorre uma descentralização por outorga legal ou descentralização por serviço. A delegação por colaboração pode ocorrer quando a Administração Direta transfere a execução de determinado serviço público por meio de licitação a particulares, gerando, assim, os concessionários, permissionários e autorizatários de serviços públicos.

---

145. **(Cespe)** As empresas públicas, por serem pessoas jurídicas de direito privado, estão sujeitas à falência.

Gabarito: Errado.

O posicionamento atual quanto à falência das Empresas Públicas e Sociedades de Economia Mista, qualquer que seja o seu objeto (prestadoras de serviços públicos ou exploradoras de atividade econômica), é de que não estão sujeitas à falência, ou seja, não podem falir. Isso ocorre porque a Lei 11.101/205 – Lei de Falência – determina em seu Art. 2º, I, que essa lei não se aplica às Empresas Públicas e Sociedades de Economia Mista, sem fazer qualquer menção ao objeto de atuação. Essa é a orientação em provas de concursos, isso até o STF se pronunciar sobre a questão.

---

146. **(Cespe)** Não é necessária a autorização legislativa para a criação de empresa pública subsidiária se houver previsão para esse fim na própria lei que instituiu a empresa matriz.

Gabarito: Certo.

As subsidiárias são pessoas jurídicas distintas das pessoas da Administração Pública Indireta. Elas podem ser subsidiárias integrais ou controladas. No primeiro caso, ela é integralmente composta pelo capital do ente instituidor e, no segundo caso, o ente instituidor tem o controle acionário. Temos de ter em mente que a doutrina majoritária entende que somente as Empresas Públicas e Sociedades de Economia Mista podem ter subsidiárias, pois isso é inerente à estrutura empresarial. Contudo, a doutrina majoritária entende que as subsidiárias não são Administração Pública, pois não integram o rol taxativo do Decreto 200/67, inclusive o Supremo Tribunal Federal (STF), em 2004, decidiu – mesmo que isoladamente – que as subsidiárias são empresas privadas. No entanto, mesmo sendo elas de regime privado, a Constituição, por força do termo – instituídas pelo poder público – determina a vedação à acumulação de cargos, empregos e funções, sujeição ao controle do Tribunal de Contas da União (TCU), sujeição à licitação, sujeição à improbidade e concurso público, entre outras regras inerentes à Administração Pública. Por fim, segundo o STF, para a criação das subsidiárias basta a autorização genérica na mesma lei que autorizou a criação da Empresa Pública ou Sociedade de Economia Mista.

---

147. **(Cespe)** Os bens de uma autarquia não podem ser penhorados como garantia dos credores nem podem ser adquiridos por terceiros por meio de usucapião.

Gabarito: Certo.

Os bens das Autarquias são considerados bens públicos e, por esse motivo, não são passivos de penhora em ações judiciais tampouco serem adquiridos por usucapião, ou seja, existe a imprescritibilidade dos bens.

---

148. **(Cespe)** As Fundações Públicas são entidades integrantes da Administração Direta e podem ser criadas para a exploração de atividade econômica.

Gabarito: Errado.

Dois erros clássicos. Primeiro, que as Fundações Públicas são entidades administrativas do Estado, ou seja, são partes integrantes da Administração Pública Indireta. Segundo, que só podem ser constituídas como prestadoras de serviços públicos.

---

149. **(Cespe)** A Petrobras é exemplo de sociedade de economia mista.

Gabarito: Certo.

A Petrobras é o clássico exemplo de Sociedade de Economia Mista, ao lado do Banco do Brasil. Ambos são pessoas jurídicas de direito privado, autorizados por lei específica e devem ter seus registros na junta comercial. Possuem o controle acionário e somente podem ser constituídas como Sociedades Anônimas – S/A.

---

150. **(Cespe)** A criação de uma sociedade de economia mista pode ser autorizada, genericamente, por meio de dispositivo de lei cujo conteúdo específico seja a autorização para a criação de uma empresa pública.

Gabarito: Errado.

As pessoas da Administração Pública Indireta devem ser criadas ou autorizadas – em cada caso – por lei específica (entendendo aqui como lei ordinária), não podendo, assim, em uma lei que autorizou um ente ser incluído genericamente outro ente da Administração Pública Indireta.

---

151. **(Cespe)** São pessoas jurídicas de direito público as Autarquias, as Fundações Públicas e as Empresas Públicas.

Gabarito: Errado.

As Autarquias possuem personalidade jurídica de direito público; contudo, os demais entes da Administração Pública Indireta possuem personalidade jurídica de direito privado, inclusive as Fundações Públicas. Vale lembrar que, segundo a doutrina majoritária, as Fundações Públicas que possuírem personalidade jurídica de direito público são, na verdade, uma espécie de autarquia, sendo chamadas de Fundações autárquicas ou Autarquias fundacionais.

---

152. **(Cespe)** O ministro da saúde não tem poder hierárquico sobre o presidente da ANS.

Gabarito: Certo.

A questão simplesmente pedia que o candidato soubesse que o ministro é um agente público pertencente à Administração Pública Direta, uma vez que trabalha em um órgão autônomo da Administração Direta, ou seja, um Ministério. E que a ANS é a Agência Nacional de Saúde Suplementar e é a Agência rReguladora vinculada ao Ministério da Saúde, ou seja, uma Autarquia, tendo em vista que todas as Agências Reguladoras no Governo Federal são constituídas como Autarquias. Dessa forma, não ocorre hierarquia entre Administração Pública Direta e Indireta e sim vinculação que gera o chamado controle finalístico ou supervisão ministerial!

---

153. **(Cespe)** Considere que a diretoria colegiada da ANS determine que a concessão de afastamento para a participação em programa de pós-graduação ***stricto sensu*** no país só pode ser dada, simultaneamente, para, no máximo, cinco servidores. Nessa situação, a determinação da diretoria colegiada da ANS é compatível com a legislação.

Gabarito: Certo.

A ANS é uma Agência Reguladora do Governo Federal, sendo considerada uma Autarquia. Assim, está sujeita às normas da Lei 8.112/90 – Estatuto dos Servidores Públicos Civis da União. Assim, de acordo com o Art. 96-A, § 1º.

Ato do dirigente máximo do órgão ou entidade definirá, em conformidade com a legislação vigente, os programas de capacitação e os critérios para participação em programas de pós-graduação no País, com ou sem afastamento do servidor, que serão avaliados por um comitê constituído para este fim.

Dessa forma, as regras da concessão ficam por conta do comitê constituído para esse fim.

---

154. **(Cespe)** Nas empresas públicas e sociedades de economia mista, não existem cargos públicos, mas somente empregos públicos.

Gabarito: Certo.

Os cargos públicos são direcionados à Administração Pública Direta, Autarquias e Fundações Públicas, por força da Lei 8.112/90 – no Governo Federal. As Empresas Públicas e Sociedades de Economia Mista são regidas pelas CTL, e seus agentes públicos são considerados empregados públicos.

---

155. **(Cespe)** Entidades paraestatais, pessoas jurídicas de direito privado que integram a Administração Indireta, não podem exercer atividade de natureza lucrativa.

Gabarito: Errado.

As entidades paraestatais não são pertencentes da Administração Pública Indireta. Dessa forma, as entidades paraestatais são pessoas jurídicas de direito privado que não pertencem a estrutura da Administração Pública, mas colaboram com o Estado no desempenho de atividades não lucrativas. Por fim, vale ressaltar que o Estado dispensa especial proteção a essas pessoas com regras próprias.

---

156. **(Cespe)** Empresas públicas são pessoas jurídicas de direito privado que integram a Administração Indireta, constituídas por capital público e privado.

Gabarito: Errado.

As Empresas Públicas são pessoas jurídicas de direito privado, autorizadas por lei, necessitam de seus atos registrados na junta comercial, podem ser constituídas sob qualquer forma admitida em direito e o capital de constituição deve ser 100% público.

---

157. **(Cespe)** A transferência pelo poder público, por meio de contrato ou ato administrativo unilateral, apenas da execução de determinado serviço público a pessoa jurídica de direito privado corresponde à descentralização por serviços, também denominada descentralização técnica.

Gabarito: Errado.

Esse tipo de descentralização é chamado de delegação por colaboração. Assim, quando a Administração Pública Direta transfere a execução – nunca a titularidade – para pessoas jurídicas ou físicas privadas, por meio de licitação, ocorre a constituição das concessionárias, autorizatárias e permissionárias de serviços públicos. Vale lembrar que as permissionárias e autorizatárias podem ser tanto pessoas físicas quanto jurídicas; já as concessionárias obrigatoriamente devem ser pessoas jurídicas.

---

158. **(Cespe)** Verifica-se a existência de hierarquia administrativa entre as entidades da Administração Indireta e os entes federativos que as instituíram ou autorizaram a sua criação.

Gabarito: Errado.

Não existe hierarquia entre a Administração Direta (ente instituidor) e a Administração Indireta, o que existe é o chamado controle finalístico ou supervisão ministerial derivado da vinculação entre os entes.

---

159. **(Cespe)** Quando o Estado cria uma entidade e a ela transfere, por lei, determinado serviço público, ocorre a descentralização por meio de outorga.

Gabarito: Certo.

A descentralização por outorga legal – criação ou autorização por lei – também chamada de descentralização por serviço institui as pessoas da Administração Pública Indireta. A chamada descentralização por delegação se verifica quando a Administração Pública Direta transfere somente a execução da atividade administrativa por licitação a particulares.

---

160. **(Cespe)** A respeito dos princípios da administração pública e da organização administrativa, julgue o item a seguir.

Uma autarquia é entidade administrativa personalizada distinta do ente federado que a criou e se sujeita a regime jurídico de direito público no que diz respeito a sua criação e extinção, bem como aos seus poderes, prerrogativas e restrições.

Gabarito: Certo.

As autarquias são entidades administrativas autônomas, criadas por lei específica, com personalidade jurídica de direito público, patrimônio próprio e atribuições estatais determinadas. A autarquia adquire sua personalidade com a vigência da lei que a institui. Sendo assim, a lei de criação e extinção de autarquia é de iniciativa privativa do chefe do Poder Executivo do respectivo ente federado. Elas integram a Administração Indireta e representam uma forma de descentralização administrativa mediante a personificação de um serviço retirado da administração centralizada.

---

161. **(Cespe)** A respeito dos princípios da administração pública e da organização administrativa, julgue o item a seguir.

Embora sejam entidades dotadas de personalidade jurídica de direito privado, as empresas públicas, como regra geral, estão obrigadas a licitar antes de celebrar contratos destinados à prestação de serviços por terceiros.

Gabarito: Certo.

A questão está de acordo com a Lei 8.666/93, Art. 1º, Parágrafo único: *Subordinam-se ao regime desta Lei, além dos órgãos da administração direta, os fundos especiais, as autarquias, as fundações públicas, as empresas públicas, as sociedades de economia mista e demais entidades controladas direta ou indiretamente pela União, Estados, Distrito Federal e Municípios.*

---

162. **(Cespe)** João, servidor público ocupante do cargo de motorista de determinada autarquia do DF, estava conduzindo o veículo oficial durante o expediente quando avistou sua esposa no carro de um homem. Imediatamente, João dolosamente acelerou em direção ao veículo do homem, provocando uma batida e, por consequência, dano aos veículos. O homem, então, ingressou com ação judicial contra a autarquia requerendo a reparação dos danos materiais sofridos. A autarquia instaurou procedimento administrativo disciplinar contra João para apurar suposta violação de dever funcional.

No que se refere à situação hipotética apresentada, julgue o item a seguir.

João é servidor de entidade integrante da administração indireta.

Gabarito: Certo.

Questão correta, pois o texto deixa claro que João é motorista de uma autarquia. Sendo assim, os entes federados da Administração Pública Direta são a União, Estados, Distrito Federal e Municípios. Já os entes descentralizados da Administração Pública Indireta são as Autarquias, Fundações Públicas, Empresas Públicas e Sociedades de Economia Mista.

---

163. **(Cespe)** Em relação aos princípios da administração pública e à organização administrativa, julgue o item que se segue.

Por terem personalidade jurídica de direito privado, as sociedades de economia mista não se subordinam hierarquicamente ao ente político que as criou. Exatamente por isso elas não sofrem controle pelos tribunais de contas.

Gabarito: Errado.

A primeira parte da questão, que afirma que as sociedades de economia mista não se subordinam hierarquicamente, está correta, pois elas possuem uma relação de vinculação, cooperação, independência. Porém, a questão torna-se errada ao citar que elas não sofrem controle do Tribunal de Contas, pois elas estão submetidas à fiscalização contábil, financeira e orçamentária exercida pelos Tribunal de Contas, ou seja, sofrem o controle do TC.

---

164. **(Cespe)** Em relação aos princípios da administração pública e à organização administrativa, julgue o item que se segue.

Quando a União cria uma nova secretaria vinculada a um de seus ministérios para repassar a ela algumas de suas atribuições, o ente federal descentraliza uma atividade administrativa a um ente personalizado.

Gabarito: Errado.

O erro da questão é que ela desconcentra uma atividade administrativa a um ente despersonalizado e não descentraliza uma atividade a um ente personalizado. Sendo assim, lembre-se de que na Descentralização cria-se uma entidade da Administração Indireta, isto é, não há hierarquia, mas estão sujeitos ao controle finalístico. Já na Desconcentração cria-se um órgão público que não possui personalidade jurídica e está hierarquicamente subordinado.

---

165. **(Cespe)** O prefeito de determinado município utilizou recursos do Fundo de Manutenção e Desenvolvimento da Educação Básica e de Valorização dos Profissionais da Educação (FUNDEB) para pagamento de professores e para a compra de medicamentos e insumos hospitalares destinados à assistência médico-odontológica das crianças em idade escolar do município.

Mauro, chefe do setor de aquisições da prefeitura, propositalmente permitia que o estoque de medicamentos e insumos hospitalares chegasse a zero para justificar situação emergencial e dispensar indevidamente a licitação, adquirindo os produtos, a preços superfaturados, da empresa Y, pertencente a sua sobrinha, que desconhecia o esquema fraudulento.

A respeito da situação hipotética apresentada e de aspectos legais e doutrinários a ela relacionados, julgue o item a seguir.

A criação de um órgão denominado setor de aquisições na citada prefeitura constitui exemplo de desconcentração.

Gabarito: Certo.

A questão está correta, pois a desconcentração administrativa consiste na distribuição interna de competências, no âmbito de uma mesma pessoa jurídica. Na Desconcentração criam-se órgãos.

166. **(Cespe)** Julgue o item subsequente, relativos à organização administrativa.

Não existe hierarquia entre o Ministério da Saúde e a ANVISA.

Gabarito: Certo.

Questão correta. Sabemos que não existe hierarquia entre Administração Pública Direta e Indireta. O que existe é uma supervisão ministerial também conhecida como controle finalístico.

167. **(Cespe)** A administração direta da União inclui a Casa Civil.

Gabarito: Certo.

A Administração Direta é composta por entes federados (União, Estados, Municípios e DF). A Casa Civil é um órgão atrelado à Presidência da República, ou seja, da União.

168. **(Cespe)** Em relação à organização administrativa e às concessões e permissões do serviço público, julgue o item a seguir.

O Tribunal Regional Federal é órgão descentralizado da União que possui personalidade jurídica própria, portanto compõe a administração pública indireta.

Gabarito: Errado.

Dois erros bem visíveis na questão. O Tribunal Regional Federal, de fato, é órgão. No entanto, não é fruto de descentralização, mas de Desconcentração Administrativa. Outro erro bem pontual é afirmar que órgão público tem personalidade jurídica, quando na verdade não possui.

169. **(Cespe)** Com base em lei específica estadual, foi autorizada a instituição da empresa X, pessoa jurídica sob a forma de sociedade anônima, com controle acionário pertencente ao ente federativo estadual, para fins de exploração de determinada atividade econômica de interesse coletivo.

Nessa situação hipotética, a empresa X submeter-se-á ao controle do tribunal de contas no que concerne aos bens, valores e dinheiros públicos provenientes diretamente do ente público controlador.

Gabarito: Certo.

Pelo comando da questão, percebe-se que foi autorizada a criação de Sociedade de Economia Mista, sabemos que seu capital é constituído de forma mista, ou seja, capital público e privado. Assim, por conter dinheiro público, submeter-se-á ao controle do tribunal de contas. Segue texto legal para melhor entendimento.

Constituição Federal, Art. 71, *II - julgar as contas dos administradores e demais responsáveis por dinheiros, bens e valores públicos da administração direta e indireta, incluídas as fundações e sociedades instituídas e mantidas pelo Poder Público federal, e as contas daqueles que derem causa a perda, extravio ou outra irregularidade de que resulte prejuízo ao erário público;*

170. **(Cespe)** A respeito das autarquias, fundações públicas, sociedades de economia mista e empresas públicas.

A extinção das empresas públicas e das sociedades de economia mista somente pode ocorrer por meio de lei autorizadora.

Gabarito: Certo.

Estamos diante do chamado paralelismo das formas. Da mesma maneira que ela foi criada ela será extinta. Sabemos que na Administração Indireta apenas as Autarquias são criadas diretamente por lei, enquanto que as Fundações Públicas, Empresas Públicas e Sociedades de Economia Mista são autorizadas por lei. Dessa forma, para serem extintas, necessitam de autorização de lei.

171. **(Cespe)** Com base em lei específica estadual, foi autorizada a instituição da empresa X, pessoa jurídica sob a forma de sociedade anônima, com controle acionário pertencente ao ente federativo estadual, para fins de exploração de determinada atividade econômica de interesse coletivo.

Nessa situação hipotética, a pessoa federativa a que estará vinculada a empresa X será solidariamente responsável pela solvência dos débitos dessa empresa.

Gabarito: Errado.

O erro da assertiva está em afirmar que a pessoa federativa estará vinculada à empresa de forma solidária, quando na verdade o correto seria de forma SUBSIDIÁRIA.

172. **(Cespe)** A respeito das autarquias, fundações públicas, sociedades de economia mista e empresas públicas.

Poderá o Estado instituir fundações públicas quando pretender intervir no domínio econômico.

Gabarito: Errado.

As Fundações Públicas não possuem fins lucrativos, possuem apenas fins de cunho social. Diferentemente das Empresas Públicas e das Sociedades de Economia Mista, as quais possuem fins lucrativos.

173. **(Cespe)** Com base em lei específica estadual, foi autorizada a instituição da empresa X, pessoa jurídica sob a forma de sociedade anônima, com controle acionário pertencente ao ente federativo estadual, para fins de exploração de determinada atividade econômica de interesse coletivo.

Nessa situação hipotética, a empresa X deverá ser constituída como sociedade de economia mista, com personalidade jurídica de direito privado, pertencente à administração indireta, à qual é delegada a titularidade de atividade típica do Estado.

Gabarito: Errado.

Com base no comando da questão não podemos ter a certeza de que deveria ser criada uma Sociedade de Economia Mista, poderíamos ter uma Empresa Pública sem problemas, desde que o Poder Público mantenha o controle acionário. Outro erro bem mais gritante, e o que a banca de fato quis cobrar, é a possibilidade de uma entidade de direito privado receber a titularidade de atividade típica do Estado. Pois sabemos que apenas recebe a titularidade, na descentralização, uma pessoa jurídica de Direito Público.

174. **(Cespe)** No que se refere à administração pública direta e indireta.

As pessoas administrativas que formam a administração pública indireta são aquelas dotadas de personalidade jurídica de direito público (como as autarquias e as fundações públicas).

Gabarito: Errado.

Como sabemos, compõem a Administração Indireta as Autarquias, Fundações Públicas, Sociedades de Economia Mista e as Empresas Públicas. Desse rol, taxativo, apenas as Autarquias são pessoas de Direito Público. As Fundações Públicas, Sociedades de Economia Mista e Empresas Públicas são pessoas jurídicas de Direito Privado.

---

175. **(Cespe)** A respeito das autarquias, fundações públicas, sociedades de economia mista e empresas públicas.

Cabe às autarquias a execução de serviços públicos de natureza social, de atividades administrativas e de atividades de cunho econômico e mercantil.

Gabarito: Errado.

O erro da questão está em afirmar que as Autarquias executam serviços públicos de atividades de cunho econômico e mercantil. Quando na verdade só executam serviços de cunho social, ou seja, fins públicos.

---

176. **(Cespe)** Com relação à organização administrativa e às licitações, julgue o próximo item.

Em razão da complexidade das atividades incumbidas à administração pelas normas constitucionais e infralegais, existem, nos estados, diversas secretarias de estado com competências específicas, notadamente em função da matéria. Essa distribuição de atribuições denomina-se descentralização administrativa.

Gabarito: Errado.

Secretarias são consideradas órgãos públicos. Sabemos que os órgãos são frutos de Desconcentração Administrativa. A assertiva erra ao afirmar que é fruto da Descentralização.

---

177. **(Cespe)** Com base em lei específica estadual, foi autorizada a instituição da empresa X, pessoa jurídica sob a forma de sociedade anônima, com controle acionário pertencente ao ente federativo estadual, para fins de exploração de determinada atividade econômica de interesse coletivo.

Por se tratar de pessoa jurídica que exercerá atividade econômica, a empresa X submeter-se-á ao regime jurídico próprio das empresas privadas, salvo em relação a obrigações trabalhistas e tributárias.

Gabarito: Errado.

Essa assertiva cobra o conhecimento do Art. 173, II, CF. *Art. 173. Ressalvados os casos previstos nesta Constituição, a exploração direta de atividade econômica pelo Estado só será permitida quando necessária aos imperativos da segurança nacional ou a relevante interesse coletivo, conforme definidos em lei.*

§ 1º A lei estabelecerá *o estatuto jurídico da empresa pública, da sociedade de economia mista e de suas subsidiárias que explorem atividade econômica de produção ou comercialização de bens ou de prestação de serviços, dispondo sobre:*

I – sua função social e formas de fiscalização pelo Estado e pela sociedade;

II – a sujeição ao regime jurídico próprio das empresas privadas, inclusive quanto aos direitos e obrigações civis, comerciais, trabalhistas e tributários;

III – licitação e contratação de obras, serviços, compras e alienações, observados os princípios da administração pública;

IV – a constituição e o funcionamento dos conselhos de administração e fiscal, com a participação de acionistas minoritários;

V – os mandatos, a avaliação de desempenho e a responsabilidade dos administradores.

Logo, em relação às obrigações trabalhistas e tributárias, a empresa que foi criada também deverá seguir o regime próprio das empresas privadas.

---

178. **(Cespe)** No que se refere à administração pública direta e indireta.

Na esfera municipal, a administração direta é formada pelos órgãos que compõem a prefeitura e a câmara municipal, além das fundações e das empresas públicas de âmbito local.

Gabarito: Errado.

A Administração Direta corresponde aos órgãos que integram a estrutura das pessoas federativas (pessoas políticas, entes políticos), que exercem a atividade administrativa de forma centralizada. No entanto, as Fundações Públicas e das Empresas Públicas integram a Administração Indireta e não a Administração Direta.

---

179. **(Cespe)** A respeito das autarquias, fundações públicas, sociedades de economia mista e empresas públicas.

As empresas públicas, as sociedades de economia mista e as autarquias têm personalidade jurídica de direito privado.

Gabarito: Errado.

As autarquias, integrantes da Administração Indireta, são Pessoas Jurídicas de Direito Público. Enquanto que as empresas públicas eas sociedades de economia mista são Pessoas Jurídicas de Direito Privado.

---

180. **(Cespe)** A respeito da administração direta e indireta e da centralização e da descentralização administrativa, julgue o item seguinte.

Compõem a administração indireta os órgãos públicos internos, as autarquias, as empresas públicas, as sociedades de economia mista e as fundações públicas.

Gabarito: Errado.

O erro da questão está em dizer que a administração indireta é composta por órgãos internos. O correto seria dizer que a administração indireta é composta por entes como Autarquias, Fundações, Empresas Públicas e Sociedades de Economia Mista.

---

181. **(Cespe)** Com base em lei específica estadual, foi autorizada a instituição da empresa X, pessoa jurídica sob a forma de sociedade anônima, com controle acionário pertencente ao ente federativo estadual, para fins de exploração de determinada atividade econômica de interesse coletivo.

A empresa X não poderá realizar contratações e licitações em regime diverso daquele previsto para a administração direta.

Gabarito: Errado.

A Constituição Federal em seu Art. 37, inciso XXI, trata da obrigatoriedade da licitação, ao tempo em que excepciona as hipóteses previstas na Lei 8.666/93 que, ao traçar as normas gerais para as licitações e contratos da Administração Pública, aperfeiçoa o princípio da competência

privativa da União conforme Art. 22 c/c 37, XXI da Lei Maior. Assim, o legislador consagrou a licitação como regra para contratação por parte da Administração Pública Direta ou Indireta com particulares, neste caso, tratando do contrato administrativo os casos de dispensa e inexigibilidade devem ser considerados como exceções de contratações, sendo estas pactuadas de formas diretas, desde que estejam autorizadas.

---

182. **(Cespe)** No que se refere à administração pública direta e indireta.

Tanto a administração direta quanto a indireta são compostas por órgãos e por pessoas jurídicas administrativas, com a diferença de que todas as que integram a administração indireta estão submetidas a regime de direito privado.

Gabarito: Errado.

O erro está em afirmar que todas que integram a administração indireta são pessoas de direito privado, pois as Autarquias possuem personalidade jurídica de direito público.

---

183. **(Cespe)** A respeito das autarquias, fundações públicas, sociedades de economia mista e empresas públicas.

Tanto as sociedades de economia mista quanto as empresas públicas devem ter a forma de sociedades anônimas.

Gabarito: Errado.

Conforme o Art. 5º do Decreto-Lei 200/67 determina que a estrutura organizacional das Empresas Públicas pode adotar qualquer forma admitida pelo direito empresarial. Já as Sociedades de Economia Mista, por determinação legal, devem ter obrigatoriamente a estrutura de sociedade anônima (S.A).

---

184. **(Cespe)** A respeito da administração direta e indireta e da centralização e da descentralização administrativa, julgue o item seguinte.

A centralização consiste na execução das tarefas administrativas pelo próprio Estado, por meio de órgãos internos integrantes da administração direta.

Gabarito: Certo.

A centralização é definida pela técnica de cumprimento de competências administrativas por uma única pessoa jurídica governamental. É o que ocorre, por exemplo, com as atribuições exercidas diretamente pela União, Estados, DF e Municípios.

---

185. **(Cespe)** O Congresso Nacional aprovou uma reforma administrativa proposta pelo presidente da República que reduziu o número de ministérios. Nesse contexto, o Ministério do Trabalho e Emprego e o Ministério da Previdência Social foram fundidos, tornando-se Ministério do Trabalho e Previdência Social. A partir dessa situação hipotética, julgue o item a seguir.

A fusão do Ministério do Trabalho e Emprego com o Ministério da Previdência Social mencionada é exemplo de concentração administrativa.

Gabarito: Certo.

Concentração é a técnica de cumprimento de competências administrativas por meio de órgãos públicos despersonalizados e sem divisões internas. É uma situação raríssima de acontecer, pois pressupõe a ausência completa de distribuição de tarefas entre repartições públicas internas.

---

186. **(Cespe)** No que se refere à administração pública direta e indireta.

O aspecto mais relevante que caracteriza a administração indireta é o fato de ela ser, ao mesmo tempo, titular e executora de serviço público.

Gabarito: Errado.

Não é o aspecto mais relevante em relação à administração indireta, pois a administração direta também pode ser ao mesmo tempo detentora dessas prerrogativas. E também, nem todas as entidades que compõem a administração indireta executam serviços públicos, por exemplo, uma sociedade de economia mista criada por meio de autorização com a finalidade de explorar atividade econômica.

---

187. **(Cespe)** Considerando os princípios e fundamentos teóricos do direito administrativo,

As empresas públicas e as sociedades de economia mista, se constituídas como pessoa jurídica de direito privado, não integram a administração indireta.

Gabarito: Errado.

As empresas públicas e as sociedades de economia mista são pessoas jurídicas de direito privado e sempre pertencerão à administração indireta.

---

188. **(Cespe)** Com referência à administração pública direta e indireta.

A fundação pública não tem capacidade de autoadministração.

Gabarito: Errado.

As fundações públicas têm autonomia administrativa e patrimônio próprio gerido pelos órgãos de direção.

---

189. **(Cespe)** Considerando os princípios e fundamentos teóricos do direito administrativo,

Desconcentração é a distribuição de competências de uma pessoa física ou jurídica para outra, ao passo que descentralização é a distribuição de competências dentro de uma mesma pessoa jurídica, em razão da sua organização hierárquica.

Gabarito: Errado.

A questão inverteu os conceitos. Na desconcentração, as atribuições são repartidas entre órgãos públicos pertencentes a uma única pessoa jurídica, mantendo a vinculação hierárquica. Já na descentralização, as competências administrativas são distribuídas a pessoas jurídicas autônomas, criadas pelo Estado para tal finalidade.

---

190. **(Cespe)** Com referência à administração pública direta e indireta.

A sociedade de economia mista tem personalidade jurídica de direito público e destina-se à exploração de atividade econômica.

Gabarito: Errado.

Existem dois erros na questão. O primeiro erro está em dizer que tem personalidade jurídica de direito público, pois as sociedades de economia mista têm personalidade jurídica de direito privado. O outro está em generalizar que sua atividade destina-se apenas à exploração de atividade econômica, isto é, ela também poderá prestar serviço púbico.

---

191. **(Cespe)** No que se refere à administração pública direta e indireta.

A administração indireta compreende as pessoas administrativas que, vinculadas à respectiva administração direta, desempenham atividades administrativas de forma descentralizada.

Gabarito: Certo.

Correto, de modo que também pode ser chamada de administração descentralizada.

192. **(Cespe)** Conforme o Decreto n.º 7.556/2011, o INSS é uma autarquia federal vinculada ao MPS e tem por finalidade promover o reconhecimento de direito ao recebimento de benefícios administrados pela previdência social, assegurando agilidade e comodidade aos seus usuários e ampliação do controle social.

Considerando essa informação, julgue o item seguinte, acerca da administração direta e indireta.

O INSS integra a administração direta do governo federal, uma vez que esse instituto é uma autarquia federal vinculada ao MPS.

Gabarito: Errado.

O erro está em afirmar que pertence à administração direta, pois todas as Autarquias fazem parte da administração INDIRETA.

193. **(Cespe)** Em relação aos consórcios públicos, aos princípios do direito administrativo e à organização da administração pública, julgue o item a seguir.

Seria constitucional lei estadual que previsse que todo contrato celebrado entre o estado e empresa particular dependa de prévio registro e análise perante o tribunal de contas estadual.

Gabarito: Errado.

Conforme o Art. 71, da CF, não está inserida na competência do TCU a aptidão para examinar, previamente, a validade de contratos administrativos celebrados pelo Poder Público, ou seja, a atividade está inserida no acervo de competência da Função Executiva. E, segundo o STF, baseado no princípio da simetria, na ADI 916/MT, reconheceu a inconstitucionalidade de norma local que obrigava o Tribunal de Contas estadual a examinar previamente a validade de contratos firmados pela Administração.

194. **(Cespe)** Com referência à administração pública direta e indireta,

Como pessoa jurídica de direito público, a autarquia realiza atividades típicas da administração pública.

Gabarito: Certo.

Segundo Meirelles, a autarquia, criada por lei, pessoa jurídica de Direito Público, realiza um serviço destacado da Administração direta, exercendo, assim, atividades típicas da Administração Pública que requeiram, para seu melhor funcionamento, gestão administrativa e financeira descentralizada, ou seja, as autarquias são serviços autônomos, criados por lei, com personalidade jurídica, patrimônio e receita próprios, para executar atividades típicas da Administração Pública.

195. **(Cespe)** Considerando os princípios e fundamentos teóricos do direito administrativo,

A administração pública, em sentido estrito e subjetivo, compreende as pessoas jurídicas, os órgãos e os agentes públicos que exerçam função administrativa.

Gabarito: Certo.

Isso mesmo, a administração Pública em sentido subjetivo, formal ou orgânico ou estrito é definida como o conjunto de órgãos, entidades e agentes públicos que desempenham a atividade administrativa do Estado, ou seja, são considerados os sujeitos que desempenham a atividade administrativa. Tem uma grande diferença para a administração Pública em sentido objetivo, material ou funcional que corresponde ao conjunto de atividades finalísticas e instrumentais que o Estado, por meio de seus órgãos, entidades e agentes públicos, desempenha quando exerce a função administrativa. Portanto, o que se leva em consideração não seria mais os sujeitos que desempenham as atividades administrativas do Estado, mas a própria função administrativa em si.

---

196. **(Cespe)** A respeito da administração direta, indireta e fundacional, julgue o item a seguir.

Agências reguladoras federais, como a Agência Nacional de Energia Elétrica, a Agência Nacional de Vigilância Sanitária e a Agência Nacional de Petróleo, Gás Natural e Biocombustíveis, embora possuam características especiais conferidas pelas leis que as criaram, são consideradas autarquias.

Gabarito: Certo.

As agências reguladoras são autarquias com poderes especiais, integrantes da administração pública indireta, que se dispõem a fiscalizar e regular as atividades de serviços públicos executados por empresas privadas, e ocorre mediante prévia concessão, permissão ou autorização.

---

197. **(Cespe)** A respeito da administração direta, indireta e fundacional, julgue o item a seguir.

As autarquias e as empresas públicas integram a administração indireta e assemelham-se quanto ao modo de criação e ao regime jurídico, pois a criação de ambas depende de autorização legislativa e ambas submetem-se tanto ao regime público como ao regime privado.

Gabarito: Errado.

As autarquias e as empresas públicas integram a administração indireta, mas são diferenciadas tanto ao regime jurídico quanto ao modo de criação. Em primeiro lugar, a autarquia é criada diretamente por lei específica e seu regime jurídico é de direito público. Já as empresas públicas são autorizadas por lei específica e seu regime jurídico é de direito privado.

---

198. **(Cespe)** Julgue o próximo item, relativo à legislação administrativa.

As empresas públicas, entidades dotadas de personalidade jurídica de direito privado, cuja criação é autorizada por lei, possuem patrimônio próprio e podem ser unipessoais ou pluripessoais.

Gabarito: Certo.

As empresas públicas são pessoas jurídicas de direito privado, que integram a Administração Indireta do Estado, são criadas por autorização legal, sob qualquer forma jurídica adequada a sua natureza. A doutrina cita que mesmo uma sociedade de economia mista, cujo capital é parcialmente privado, poderia participar da formação do capital de uma empresa pública, pois é instituição da Administração Pública. Desse modo, uma empresa pública pode ser unipessoal quando 100% do capital pertencer à pessoa instituidora ou pluripessoal quando houver a participação de outras pessoas políticas ou administrativas.

---

199. **(Cespe)** Julgue o próximo item, relativo à legislação administrativa.

Como é uma autarquia do tipo especial, a Agência de Regulação e Controle de Serviços Públicos do Estado do Pará (ARCON–PA), criada por lei para fiscalizar e regular a prestação dos serviços públicos concedidos, não possui autonomia financeira nem administrativa.

Gabarito: Errado.

Conforme Maria Sylvia Zanella Di Pietro, a autarquia é "pessoa jurídica de direito público, criada por lei, com capacidade de autoadministração, para o desempenho de serviço público descentralizado, mediante controle administrativo exercido nos limites da lei".

---

200. **(Cespe)** A respeito da administração direta e indireta e da centralização e da descentralização administrativa, julgue o item seguinte.

A descentralização administrativa pressupõe a transferência, pelo Estado, da execução de atividades administrativas a determinada pessoa, sempre que o justificar o princípio da eficiência.

Gabarito: Certo.

A descentralização pode ocorrer mediante outorga ou delegação. A descentralização administrativa por delegação ocorre quando o Estado transfere a <u>execução</u> dessas atividades a particulares ou a outras pessoas jurídicas, de direito público ou privado. Já a descentralização por outorga significa a transferência da própria <u>titularidade</u> e <u>execução</u> do serviço da pessoa política para a pessoa administrativa, que o desenvolve em seu próprio nome e não no de quem transferiu.

---

201. **(Cespe)** Considerando os princípios e fundamentos teóricos do direito administrativo,

No Brasil, por não existir o modelo da dualidade de jurisdição do sistema francês, o ingresso de ação judicial no Poder Judiciário para questionar ato do poder público é condicionado ao prévio exaurimento da instância administrativa.

Gabarito: Errado.

A questão torna-se incorreta, pois como regra o ingresso no Poder Judiciário para questionar ato do poder público não é condicionado ao prévio exaurimento da instância administrativa. Todavia, existem exceções como: Justiça Desportiva, reclamação contra o descumprimento de Súmula Vinculante, habeas data, mandado de segurança e ações judiciais contra o INSS relativas à concessão de benefícios previdenciários.

---

202. **(Cespe)** Com referência à administração pública direta e indireta,

A empresa pública tem personalidade jurídica de direito privado e controle acionário majoritário da União ou outra entidade da administração indireta.

Gabarito: Errado.

A empresa pública é uma entidade dotada de personalidade jurídica de direito privado, com patrimônio próprio e capital exclusivo da União, criada por lei para a exploração de atividade econômica que o Governo seja levado a exercer por força de contingência ou de conveniência administrativa podendo revestir-se de qualquer das formas admitidas em direito.

---

203. **(Cespe)** Conforme o Decreto n.º 7.556/2011, o INSS é uma autarquia federal vinculada ao MPS e tem por finalidade promover o reconhecimento de direito ao recebimento de benefícios administrados pela previdência social, assegurando agilidade e comodidade aos seus usuários e ampliação do controle social.

Considerando essa informação, julgue o item seguinte, acerca da administração direta e indireta. Os institutos da desconcentração e da descentralização, essenciais à organização e repartição de competências da administração pública, podem ser exemplificados, respectivamente, pela relação entre o MPS e a União e pela vinculação entre o INSS e o MPS.

Gabarito: Certo.

A desconcentração é a criação de órgãos, ou seja, há hierarquia e subordinação, há apenas uma pessoa jurídica a União. Ex: União (PJ) e MPS (Órgão). Já na descentralização ocorre a criação de entes, ou seja, há um controle finalístico ou ministerial, pois neste caso há uma vinculação entre a União e Adm. Indireta, Autarquias, FP, SEM e empresas públicas. Ex: MPS (Órgão) – Adm. Direta e INSS – Adm. Indireta (Autarquia).

Princípios da Administração Pública

204. **(Cespe)** O princípio da moralidade administrativa torna jurídica a exigência de atuação ética dos agentes públicos e possibilita a invalidação dos atos administrativos.

Gabarito: Certo.

O princípio da moralidade pautado no Art. 37 *caput* da CF/88 determina que o administrador público tem a obrigação de ser ético, moral em suas ações. Essa obrigação decorre diretamente do princípio expresso da moralidade. Quando ferido esse princípio, o ato administrativo passa a ser ilegal e passível de anulação.

205. **(Cespe)** Em razão do princípio da legalidade, previsto em Art. do texto constitucional, apenas a lei é fonte do Direito Administrativo.

Gabarito: Errado.

Existem quatro fontes do Direito Administrativo, a saber: a lei, a jurisprudência, a doutrina e os costumes. A primeira é considerada a fonte primária e principal, as demais são consideradas fontes secundárias do Direito Administrativo.

206. **(Cespe)** Segundo o princípio da legalidade, a Administração Pública vincula-se, em toda sua atividade, aos mandamentos da lei, tanto em relação aos atos e às funções de natureza administrativa quanto em relação às funções legislativa e jurisdicional.

Gabarito: Certo.

A Administração Pública – segundo o princípio da legalidade do Art. 37 *caput* da CF/88 – somente pode agir quando a Lei determina ou autoriza sua atuação. Agir fora desse mandamento enseja a anulação do ato, por ser considerado ilegal.

207. **(Cespe)** Em consequência do princípio da legalidade, pode-se concluir que, havendo discordância entre determinada conduta e a lei, deverá a conduta ser corrigida para eliminar-se a ilicitude.

Gabarito: Certo.

Quando falamos em ilicitude, referimo-nos a um ato ilegal (todo ato contra a lei é ilegal e deve ser anulado). Quando a Administração Pública ou mesmo o Poder Judiciário tomarem conhecimento de uma conduta contra a lei, essa deve ser imediatamente corrigida. Além disso, por meio do princípio da legalidade, a Administração somente pode fazer aquilo que a lei determina ou autoriza.

---

208. **(Cespe)** A vedação da prática do nepotismo no âmbito da Administração Direta e Indireta de qualquer dos poderes da União, dos Estados, do Distrito Federal e dos Municípios está relacionada aos princípios da moralidade e da impessoalidade administrativa.

Gabarito: Certo.

A vedação ao nepotismo foi inserida pelo STF com a Súmula vinculante 13 e tem por base os princípios expressos da moralidade e impessoalidade administrativa.

---

209. **(Cespe)** A atribuição do nome de determinado prefeito em exercício a escola pública municipal constitui infringência ao princípio constitucional da impessoalidade, mesmo que tenha caráter educativo, informativo ou de orientação social.

Gabarito: Certo.

Essa é a vedação expressa do Art. 37 da CF/88, em seu § 1º: *A publicidade dos atos, programas, obras, serviços e campanhas dos órgãos públicos deverá ter caráter educativo, informativo ou de orientação social, dela não podendo constar nomes, símbolos ou imagens que caracterizem promoção pessoal de autoridades ou servidores públicos*.

---

210. **(Cespe)** Não viola o princípio da legalidade a exoneração de ofício de servidor público por abandono de cargo.

Gabarito: Errado.

O abandono de cargo de servidor público é apenado com a demissão. De acordo com a Lei 8.112/90, o servidor que não comparecer ao serviço por mais de 30 dias consecutivos deve ficar sujeito a Processo Administrativo Federal e posteriormente à pena de demissão. Devemos lembrar também que exoneração jamais deve ser usada como meio de punição.

---

211. **(Cespe)** O princípio da isonomia pode ser invocado para a obtenção de benefício, ainda que a concessão deste a outros servidores tenha-se dado com a violação ao princípio da legalidade.

Gabarito: Errado.

Não existe a isonomia (igualdade) para ato ilegal. O ato ilegal deve ser sempre anulado. No caso concreto o correto é anular o benefício ilegal concedido aos outros servidores e não ampliar a ilegalidade.

---

212. **(Cespe)** O princípio da publicidade vincula-se à existência do ato administrativo, mas a inobservância desse princípio não invalida o ato.

Gabarito: Errado.

O princípio da publicidade não é elemento ou requisito do ato e sim pressuposto de sua eficácia, ou seja, o ato é composto de competência, finalidade, forma, motivo e objetivo. Assim, na constituição do ato, não existe a publicidade, mas ela é necessária em regra para que o ato tenha sua eficácia e sua validade.

---

213. **(Cespe)** Determinado prefeito, que é filho do deputado federal em exercício José Faber, instituiu ação político-administrativa municipal que nomeou da seguinte forma: Programa de Alimentação Escolar José Faber.

Nessa situação hipotética, embora o prefeito tenha associado o nome do próprio pai ao referido programa, não houve violação do princípio da impessoalidade, pois não ocorreu promoção pessoal do chefe do Poder Executivo municipal.

Gabarito: Errado.

Nessa situação ocorreu a quebra do princípio da impessoalidade pautado no Art. 37, § 1º: *A publicidade dos atos, programas, obras, serviços e campanhas dos órgãos públicos deverá ter caráter educativo, informativo ou de orientação social, dela não podendo constar nomes, símbolos ou imagens que caracterizem promoção pessoal de autoridades ou servidores públicos.*

---

214. **(Cespe)** Fere a moralidade administrativa a conduta do agente que se vale da publicidade oficial para autopromover-se.

Gabarito: Certo.

A publicidade dos atos não pode ser usada como promoção pessoal, isso por determinação expressa do Art. 37, § 1º, da CF/88.

---

215. **(Cespe)** A nomeação, pelo presidente de um tribunal de justiça, de sua companheira para o cargo de assessora de imprensa desse tribunal violaria o princípio constitucional da moralidade.

Gabarito: Certo.

Esse é o teor da Súmula Vinculante 13 do STF: *A nomeação de cônjuge, companheiro ou parente em linha reta, colateral ou por afinidade, até o terceiro grau, inclusive, da autoridade nomeante ou de servidor da mesma pessoa jurídica, investido em cargo de direção, chefia ou assessoramento, para o exercício de cargo em comissão ou de confiança, ou, ainda, de função gratificada na Administração Pública Direta e Indireta, em qualquer dos Poderes da União, dos Estados, do Distrito Federal e dos municípios, compreendido o ajuste mediante designações recíprocas, viola a Constituição Federal.*

---

216. **(Cespe)** Os princípios constitucionais da Administração Pública se limitam à esfera do Poder Executivo, já que o Poder Judiciário e o Poder Legislativo não exercem função administrativa.

Gabarito: Errado.

Os poderes podem – segundo a Constituição Federal – desempenhar funções típicas e atípicas. As funções típicas de cada poder estão previstas no Art. 2º da CF/88. Assim, o Poder Executivo administra, o legislativo cria as leis e fiscaliza o Poder Executivo, e o Poder Judiciário julga. Contudo, os poderes podem – segundo o próprio Texto Constitucional – desempenhar suas funções atípicas, como, por exemplo, as mesas da Câmara e do Senado que funcionam como órgãos administrativos quando estão desempenhando funções internas ou mesmo os juízes quando estão desempenhando as funções de presidentes de fóruns. Nessas situações descritas, as ações do Poder Legislativo e Judiciário estão sujeitas a todas as regras da Administração Pública.

---

217. **(Cespe)** A administração está obrigada a divulgar informações a respeito dos seus atos administrativos, ressalvadas aquelas cujo sigilo seja imprescindível à segurança da sociedade e do Estado e à proteção da intimidade das pessoas.

Gabarito: Certo.

A regra é que a Administração deve divulgar informações a respeito dos seus atos administrativos, isso é requisito de eficácia do ato. Contudo, alguns atos não podem sequer ser divulgados, como os atos que firam a segurança nacional, os sujeitos ao segredo de justiça e os que interfiram ou desrespeitem a intimidade das pessoas.

---

218. **(Cespe)** Em decorrência do princípio da legalidade, a lei é a mais importante de todas as fontes do direito administrativo.

Gabarito: Certo.

O Direito Administrativo é composto de quatro fontes principais: a lei, a jurisprudência, a doutrina e os costumes. A lei é considerada a fonte principal e escrita e dentre todas elas é a fonte mais importante.

---

219. **(Cespe)** O princípio da moralidade e o da eficiência estão expressamente previstos na CF, ao passo que o da proporcionalidade constitui princípio implícito, não positivado no texto constitucional.

Gabarito: Certo.

Os princípios da moralidade e da eficiência estão expressos no *caput* do Art. 37 da CF/88. Já o princípio da proporcionalidade não está expressamente escrito no Texto Constitucional, mas, segundo o STF e a doutrina, deve ser considerado como princípio constitucional implícito e fundamental.

---

220. **(Cespe)** Por força do princípio da legalidade, a administração pública não está autorizada a reconhecer direitos contra si demandados quando estiverem ausentes seus pressupostos.

Gabarito: Certo.

Quando falamos em pressupostos, referimo-nos a todos os requisitos legais que compõem um direito ou mesmo uma obrigação. Segundo o Art. 37 *caput* da Constituição, mais precisamente no que diz respeito ao princípio da legalidade, a Administração somente pode fazer aquilo que a lei determina ou autoriza. Assim, se estiver ausente qualquer pressuposto que compõe o ato legal, a Administração deve rechaçá-lo de pronto e considerá-lo como ato a ser anulado por vício de legalidade.

---

221. **(Cespe)** O princípio da impessoalidade nada mais é do que o clássico princípio da finalidade, que impõe ao administrador público que só pratique o ato para o seu fim legal.

Gabarito: Certo.

O princípio da impessoalidade deve ser entendido como sinônimo do princípio da finalidade. O Texto Constitucional, no Art. 37 *caput,* trouxe expressamente o nome "impessoalidade". Contudo, em provas devemos considerar o princípio da finalidade como sendo também um princípio expresso.

---

222. **(Cespe)** A CF estabeleceu regras gerais e preceitos específicos destinados à atuação dos agentes administrativos. No que se refere à administração pública, o princípio da publicidade, no direito administrativo, relaciona-se à publicidade, diretamente ligada à eficácia do ato, bem como à transparência, derivada, por sua vez, do princípio da indisponibilidade do interesse público.

Gabarito: Certo.

O importante aqui é saber que o princípio da publicidade está previsto como princípio constitucional expresso e que ele não compõe a existência do ato, que tem seus requisitos bem definidos. Assim, o princípio da publicidade é ligado à eficácia do ato, tornando-o legal ou ilegal, dependendo da forma como o ato foi ou não publicado. Por fim, a transparência do ato está realmente ligada ao princípio constitucional implícito e fundamental da indisponibilidade do interesse público.

223. **(Cespe)** Ao servidor público deve ser dada a possibilidade de decidir quanto ao que é legal ou ilegal, mas também quanto ao o que é justo ou injusto, estabelecendo uma distinção entre o honesto e o desonesto, de modo a respeitar o princípio da moralidade.

Gabarito: Certo.

Essa é a definição clássica do princípio da moralidade administrativa. Vale ressaltar que a inobservância desse princípio pode levar o administrador a responder por improbidade administrativa.

224. **(Cespe)** A legalidade do ato praticado pelo agente público pode subsistir ainda que não exista lei prévia que autorize a sua prática.

Gabarito: Errado.

A ação do administrador público está intimamente ligada à existência prévia de lei que determine ou autorize a realização do ato administrativo. Esse é o mandamento do princípio constitucional expresso e fundamental da legalidade.

225. **(Cespe)** Como o direito administrativo disciplina, além da atividade do Poder Executivo, as atividades administrativas do Poder Judiciário e do Poder Legislativo, os princípios que regem a administração pública, previstos na CF, aplicam-se aos três poderes da República.

Gabarito: Certo.

Toda vez que falamos em funções atípicas do Poder Legislativo e do Poder Judiciário, estamos considerando-os como Administração Pública e como tal devem respeitar os princípios e as regras da atividade administrativa.

226. (Cespe) De acordo com a CF, a medida provisória, o estado de defesa e o estado de sítio constituem exceção ao princípio da legalidade na Administração Pública.

Gabarito: Certo.

Esses institutos são regras da própria Constituição Federal e, como tanto, são considerados como exceção ao princípio da legalidade contido no Art. 37 *caput* da CF/88, pois não existe quebra de princípio em decorrência de outro princípio constitucional. O que existe na verdade é preponderância de um princípio sobre o outro.

227. **(Cespe)** O princípio da impessoalidade em relação à atuação administrativa impede que o ato administrativo seja praticado visando a interesses do agente público que o praticou ou, ainda, de terceiros, devendo ater-se, obrigatoriamente, à vontade da lei, comando geral e abstrato em essência.

Gabarito: Certo.

O princípio da impessoalidade determina que o administrador público deve agir sempre com a finalidade pública e sem a utilização da promoção pessoal. A atuação do administrador deve sempre estar ligada aos ditames de lei que a determine ou autorize.

---

228. **(Cespe)** O princípio da legalidade está relacionado ao fato de o gestor público agir somente de acordo com a lei.

Gabarito: Certo.

O princípio da legalidade está previsto no *caput* do Art. 37 da CF/88 e emana seu comando para todos que estão sujeitos às regras da atividade administrativa. Tal comando determina que o administrador somente pode fazer aquilo que a lei determina ou autoriza, de tal forma que temos a ideia do poder vinculado e discricionário respectivamente.

---

229. **(Cespe)** O princípio da impessoalidade trata da incapacidade da administração pública em ofertar serviços públicos a todos os cidadãos.

Gabarito: Errado.

A Administração Pública deve oferecer serviços públicos de qualidade aos cidadãos de forma objetiva (princípio da eficiência). Já o princípio da impessoalidade determina que o administrador público deve agir sempre com a finalidade pública e proíbe também a promoção pessoal do agente público.

---

230. **(Cespe)** O princípio da eficiência não está expresso no texto constitucional, mas é aplicável a toda atividade da administração pública.

Gabarito: Errado.

O princípio da eficiência foi inserido no *caput* do Art. 37 da CF/88 pela Emenda Constitucional 19/1998, chamada reforma administrativa. Dessa forma, o princípio da eficiência deve ser considerado como um princípio constitucional expresso e fundamental.

---

231. **(Cespe)** O concurso público para ingresso em cargo ou emprego público é um exemplo de aplicação do princípio da impessoalidade.

Gabarito: Certo.

A obrigatoriedade da realização de concurso público para cargo efetivo e empregos públicos decorre diretamente do princípio da impessoalidade previsto no *caput* do Art. 37 do Texto Constitucional.

---

232. **(Cespe)** Contraria o princípio da moralidade o servidor público que nomeie o seu sobrinho para um cargo em comissão subordinado.

Gabarito: Certo.

A nomeação de sobrinho fere a Súmula vinculante 13 do STF, que trata do nepotismo, pois ela prevê a proibição de nomeação para cargos de comissão até o terceiro grau em linha reta. Devemos nos atentar em provas de concursos caso o examinador troque sobrinho por "primo". Primo deve ser considerado em quarto grau e não fere – segundo o STF – a regra da Súmula Vinculante.

---

233. **(Cespe)** Os princípios elencados na Constituição Federal, tais como legalidade, impessoalidade, moralidade, publicidade e eficiência, aplicam-se à administração pública direta, autárquica e fundacional, mas não às empresas públicas e sociedades de economia mista que explorem atividade econômica.

Gabarito: Errado.

Os princípios expressos da Constituição aplicam-se a toda Administração Pública Direta e Indireta de qualquer dos poderes da União, dos Estados, do DF e dos Municípios, incluindo as Empresas Públicas e Sociedades de Economia Mista que explorem atividade econômica.

---

234. **(Cespe)** Uma das manifestações do princípio da eficiência está nas rotinas de controle de resultados a que se submete o Poder Executivo.

Gabarito: Certo.

O princípio da eficiência trouxe a noção de administração gerencial, que consiste na obrigatoriedade de controles e redução de custos, incluindo mais eficiência na prestação de obras e serviços públicos.

---

235. **(Cespe)** Tanto na Administração Pública quanto na particular, o administrador, para que órgão público ou a empresa alcance os objetivos pretendidos, goza de liberdade para fazer o que for necessário, desde que a lei não proíba.

Gabarito: Errado.

Independente dos resultado alcançados, a Administração Pública deve obrigatoriamente respeitar a determinação do princípio da legalidade, que determina que a Administração somente pode fazer aquilo que a lei determina ou autoriza.

---

236. **(Cespe)** Em atenção ao princípio da publicidade, os contratos celebrados pela administração devem ser publicados em veículo oficial de divulgação; na esfera federal, a publicação deve ser no Diário Oficial da União; nos Estados, no Distrito Federal e nos Municípios, no veículo que for definido nas respectivas leis.

Gabarito: Certo.

Uma das vertentes do princípio da publicidade é a regra de publicação meio oficial, principalmente no que tange à celebração de contratos pela Administração. Dessa forma, a questão está correta pela simplicidade do assunto ali tratado. Contudo, devemos nos atentar ao fato de que existe um desdobramento do princípio da publicidade, o qual diz que não basta publicar, mas também tornar público (transparente) os atos administrativos. No caso concreto, tornar público é publicar via internet em sites oficiais.

---

237. **(Cespe)** O princípio da moralidade administrativa tem existência autônoma no ordenamento jurídico nacional e deve ser observado não somente pelo administrador público, como também pelo particular que se relaciona com a administração pública.

Gabarito: Certo.

O princípio da moralidade – pautado no Art. 37 *caput* da CF/88 – tem sua existência de forma autônoma e suas prerrogativas próprias – não obstante a obrigatoriedade de conjugação com os demais princípios para a legalidade do ato. Dessa forma, todo administrador público e as pessoas que se relacionam com a Administração Pública estão obrigados a observar tal princípio, sob pena de ilegalidade e anulação do ato.

---

238. **(Cespe)** De acordo com o princípio da legalidade, a Administração Pública somente pode fazer o que a lei lhe permite.

Gabarito: Certo.

O princípio da legalidade é divido em duas formas: a primeira vertente está prevista no Art. 5º, inciso II, da CF e diz respeito ao princípio da legalidade para os particulares, ou seja, o particular pode fazer tudo que a lei não proíba; a segunda vertente diz respeito ao princípio da legalidade para toda Administração Pública. Nessa vertente, a Administração Pública somente pode fazer aquilo que a lei permita fazer, seja autorizando ou determinando alguma ação do agente público. Em caso de omissão legislativa, o administrador simplesmente não pode agir.

---

239. **(Cespe)** A aplicação do princípio da proporcionalidade na Administração Pública envolve a análise do mérito administrativo (conveniência e oportunidade). Diante disso, o Poder Judiciário não pode se valer do referido princípio para fundamentar uma decisão que analise a legitimidade do ato administrativo.

Gabarito: Errado.

O Poder Judiciário "deve" sempre analisar a proporcionalidade e a razoabilidade para verificação da legalidade de um ato discricionário, para evitar o chamado abuso de poder administrativo. Assim, os atos discricionários sempre serão alvo do controle judicial quando extrapolarem seus limites, pois nesse caso se tornam verdadeiros atos ilegais passíveis de anulação tanto pelo Poder Judiciário quanto pela própria Administração Pública.

---

240. **(Cespe)** Motivação é um princípio que exige da Administração Pública indicação dos fundamentos de fato e de direito de suas decisões.

Gabarito: Certo.

O ato administrativo é composto pelos seguintes elementos ou requisitos: competência, finalidade, forma, motivo e objeto. A motivação, por sua vez, é a declaração dos fundamentos de fato e de direito de o porquê o ato foi expedido. A motivação constitui um princípio do Direito Administrativo, mas não deve ser confundida com o princípio constitucional expresso e fundamental da moralidade, que determina a ética, a moral do administrador público em suas ações nas atividades administrativas.

---

241. **(Cespe)** O princípio da supremacia do interesse público é, ao mesmo tempo, base e objetivo maior do direito administrativo, não comportando, por isso, limites ou relativizações.

Gabarito: Errado.

O princípio da supremacia do interesse público sobre o privado é considerado o princípio norteador do Direito Administrativo e é ele que traz as prerrogativas de direito de que os agentes públicos dependem para a realização da atividade administrativa. Contudo, essas prerrogativas devem obedecer aos demais princípios constitucionais relativos à Administração Pública e não podem fugir à razoabilidade e proporcionalidade, do contrário tais atos serão exorbitantes e devem ser considerados ilegais, ensejando assim sua anulação por vício de ilegalidade.

---

242. **(Cespe)** Segundo o princípio da continuidade do serviço público, os órgãos da Administração Pública são estruturados de forma a criar uma relação de coordenação e subordinação entre eles, cada qual com suas atribuições previstas em lei.

Gabarito: Errado.

O que determina essa estrutura hierarquizada é o poder hierárquico, em nada tem a ver o conceito com o princípio da continuidade do serviço público. Esse princípio determina que os serviços públicos são prestados sempre com o interesse público, não podendo sofrer interrupções, pois, do contrário, isso afetaria diretamente o interesse coletivo, que depende desses mesmos serviços para a satisfação de seus interesses e necessidades. Devemos ter em mente que, quando falamos em serviços públicos, referimo-nos a uma forma estrita, sendo revertido em utilidades fruíveis diretamente pela população. Esses serviços podem ser prestados diretamente ou por delegação. Por fim, devemos lembrar que a função do Estado como agente econômico fica excluída desse conceito, como, por exemplo, quando o Estado atua como Estado empresário ou mesmo as atividades políticas de governo e a atividade legislativa, assim como a atividade jurisdicional.

---

243. **(Cespe)** O princípio da supremacia do interesse público vincula a Administração Pública no exercício da função administrativa, assim como norteia o trabalho do legislador quando este edita normas de direito público.

Gabarito: Certo.

O princípio da supremacia do interesse público sobre o privado – considerado princípio norteador do Direito Administrativo – determina a obrigação de agir do agente público frente à lei (poder dever de agir). Dessa forma, o agente público fica obrigado a exercer a função administrativa com todas as suas prerrogativas (poderes administrativos) sob pena de cometer o chamado abuso de poder. Por outro lado, o legislador – que elabora leis de caráter vinculante para toda a administração – fica também vinculado segundo esse princípio quando edita as chamadas normas de direito público.

---

244. **(Cespe)** Do princípio da supremacia do interesse público decorre a posição jurídica de preponderância do interesse da Administração Pública.

Gabarito: Certo.

Quando falamos de preponderância, estamos tratando da própria supremacia que a administração possui sobre o particular. Logicamente, temos que ter em mente que essa preponderância (poder e dever de agir) precisa vir recheada dos princípios constitucionais e as regras de não abuso, do contrário fica o agente público sujeito às sanções que suportam quem comete o chamado "abuso de poder", que pode ser exteriorizado como desvio do poder ou excesso de poder.

---

245. **(Cespe)** O princípio da autotutela não é absoluto, devendo ser ponderado pelo princípio da segurança jurídica ou da proteção da confiança, de forma que alguns atos administrativos poderão ser convalidados ainda que inquinados de vício de legalidade, desde que sejam julgados à luz do tempo e da boa fé.

Gabarito: Errado.

Realmente o princípio da autotutela não é absoluto, contudo os atos para serem convalidados necessitam de alguns requisitos. Hoje, a corrente majoritária, chamada dualista, admite dois tipos de atos eivados de vício de ilegalidade: os atos nulos (com vício insanável e sem possibilidade de convalidação) e os chamados atos administrativos anuláveis, que portam por sua vez o vício sanável, os quais são passíveis de convalidação. Essa questão foi anulada pela banca examinadora à época de sua aplicação, mas vale entender que nem todos os atos podem ser convalidados. Essa diferença básica entre ato nulo e anulável é requisito primeiro para solução de questões que versam sobre o tema.

246. **(Cespe)** Segundo o princípio da indisponibilidade, o agente público não dispõe livremente dos bens e do interesse público, devendo geri-los da forma que melhor atenda à coletividade.

Gabarito: Certo.

O princípio da indisponibilidade do interesse público proíbe ao administrador público o uso e gozo dos bens públicos sem sua destinação com fins públicos. Assim, fica o agente público afetado aos requisitos legais e aos princípios que norteiam as atividades administrativas.

247. **(Cespe)** A Administração Pública é regida pelo princípio da autotutela, segundo o qual o administrador público está obrigado a denunciar os atos administrativos ilegais ao Poder Judiciário e ao Ministério Público.

Gabarito: Errado.

O princípio da autotutela não determina que a Administração tem a obrigação de denunciar os atos ilegais. Ele determina que a Administração pode por si só anular seus próprios atos quando eivados de vício de legalidade que os tornem ilegais. Esse princípio, sendo considerado um princípio constitucional, implícito e fundamental dá autonomia à Administração para agir diretamente sem pedir autorização ao Poder Judiciário em caso de análise de legalidade. Vale lembrar que o Poder Judiciário também pode agir diretamente sempre que houver ilegalidade, devendo ambas as partes anularem os atos ilegais.

248. **(Cespe)** De acordo com o princípio da autotutela, a administração pública pode exercer o controle sobre seus próprios atos, com a possibilidade de anular os ilegais e revogar os inconvenientes ou inoportunos.

Gabarito: Certo.

Esse é o teor da Súmula 473 do STF, que determina o seguinte: *a Administração pode anular seus próprios atos, quando eivados de vícios que os tornam ilegais, porque deles não se originam direitos; ou revogá-los, por motivo de conveniência ou oportunidade, respeitados os direitos adquiridos, e ressalvada, em todos os casos, a apreciação judicial.*

249. **(Cespe)** Se um servidor administrativo estadual tiver um pedido administrativo negado pela administração pública, a admissibilidade de recurso administrativo que vier a ser oferecido por esse servidor estará condicionada ao depósito prévio da taxa recursal.

Gabarito: Errado.

Não pode haver em nenhum caso o prévio condicionamento de admissibilidade de recurso por meio de taxa recursal. Essa é decisão do STF que passou a entender, em 2007, no sentido da inconstitucionalidade da "exigência de depósito prévio como condição de admissibilidade de recurso na esfera administrativa".

250. **(Cespe)** O princípio da legalidade administrativa impõe que a administração pública fundamente a sua atuação no direito, razão por que, para se realizar exame psicotécnico em concurso público, é necessária prévia autorização em ato normativo do chefe do Poder Executivo.

Gabarito: Errado.

O princípio da legalidade prevê a exigência de lei em sentido formal para que ato seja legal. Dessa forma, o exame psicotécnico deve ter previsão em ato legislativo em sentido estrito, ou seja, lei e não em ato normativo.

---

251. **(Cespe)** Caso o presidente de autarquia estadual pretenda nomear seu sobrinho para o cargo de diretor administrativo dessa entidade, não haverá óbice jurídico para a nomeação, já que a vedação ao nepotismo depende da edição de lei formal.

Gabarito: Errado.

O impeditivo não está em lei em sentido formal e sim na Súmula Vinculante 13 do STF, que tem a seguinte redação: *A nomeação de cônjuge, companheiro ou parente em linha reta, colateral ou por afinidade, até o terceiro grau, inclusive, da autoridade nomeante ou de servidor da mesma pessoa jurídica, investido em cargo de direção, chefia ou assessoramento, para o exercício de cargo em comissão ou de confiança, ou, ainda, de função gratificada na Administração Pública Direta e Indireta, em qualquer dos Poderes da União, dos Estados, do Distrito Federal e dos municípios, compreendido o ajuste mediante designações recíprocas, viola a Constituição Federal.*

---

252. **(Cespe)** O princípio da publicidade exige que a Administração Pública dê ampla divulgação dos seus atos, inclusive fornecendo, gratuitamente, certidões para a defesa de direitos e o esclarecimento de situações de interesse pessoal quando solicitadas.

Gabarito: Certo.

O princípio da publicidade apresenta dupla acepção em face do sistema constitucional decorrente da CF/88, sendo a primeira a exigência de publicação em órgão oficial como requisito de eficácia do ato e também a exigência de transparência da atuação administrativa. Essa última deriva também do princípio da indisponibilidade do interesse público. Importante citar a garantia para assegurar a exigência de transparência da Administração Pública por meio do direito de petição aos poderes públicos e o direito de obter certidões em repartições públicas (CF, Art. 5º, XXXIV, A e B, respectivamente).

---

253. **(Cespe)** O STF entende, com base no princípio da ampla defesa, que, em processo administrativo disciplinar, é obrigatório que a defesa técnica seja promovida por advogado.

Gabarito: Errado.

O STF editou a 5ª Súmula Vinculante para estabelecer que, em PAD (processo administrativo-disciplinar), é dispensável a defesa técnica por advogado. Dessa forma, a redação desta Súmula é a seguinte: *A falta de defesa técnica por advogado no processo administrativo disciplinar não ofende a Constituição.* Devemos nos atentar ao fato de que esse posicionamento válido, mesmo indo de encontro à decisão anterior do STJ.

---

254. **(Cespe)** A moralidade administrativa é um dos conceitos abrangidos pelo princípio da legalidade, razão por que não constitui propriamente um princípio a que se sujeita a Administração Pública.

Gabarito: Errado.

A moralidade administrativa tem vida autônoma no ordenamento constitucional e difere por completo em seu objetivo do princípio da legalidade. O princípio da legalidade determina que o agente público (administrador público) só pode fazer aquilo que a lei determina ou mesmo autoriza, limitando o administrador a não agir quando houver omissão legislativa. Já o princípio da moralidade administrativa diz que o administrador deve ter ética, moral e sua não observância enseja a responsabilidade do administrador na Lei de Improbidade Administrativa (Lei 8.429/92).

---

255. **(Cespe)** A continuidade do serviço público, embora seja desejável, não constitui princípio da Administração Pública.

Gabarito: Errado.

A continuidade do serviço público está presente na Constituição Federal como princípio constitucional implícito e fundamental.

---

256. **(Cespe)** A observância do princípio da razoabilidade implica considerar razoável a solução que se conforma à norma jurídica pertinente, independentemente de ponderação entre os interesses e direitos afetados pelo ato praticado pela administração.

Gabarito: Errado.

A razoabilidade é a análise da adequação e da necessidade do ato administrativo em sua atuação. Assim, não basta somente que o ato seja legal, ele tem que ser adequado aos fins públicos e deve ser usado independentemente de ponderações ou mesmo de direitos afetados, uma vez que seguindo todas as normas legais ele está "a serviço" da coletividade.

---

257. **(Cespe)** O princípio da eficiência refere-se tanto à atuação do agente público quanto à organização da Administração Pública.

Gabarito: Certo.

O princípio da eficiência, incluído com princípio constitucional expresso e fundamental na EC/19, de 1998, tem dupla finalidade no ordenamento jurídico constitucional, sendo utilizado para melhor desempenho na atuação do agente público como para melhor organizar os órgãos da Administração Pública.

---

258. **(Cespe)** O dever de motivação restringe-se aos atos vinculados.

Gabarito: Errado.

O dever de motivação em regra deve ser utilizado nos atos vinculados. No entanto, os atos administrativos discricionários que gerarem despesas ou tiverem caráter punitivo devem ser obrigatoriamente motivados.

---

259. **(Cespe)** Os dispositivos legais que concedem tratamentos diferenciados a candidatos em concursos públicos são considerados inconstitucionais pelo STF, pois vão de encontro ao princípio da isonomia.

Gabarito: Certo.

O princípio da impessoalidade ou finalidade determina que a isonomia deve existir quando falamos em certame de concurso público. Os direitos devem ser expressos, previstos em lei e devem trazer igualdade de condições a todos os participantes.

---

260. **(Cespe)** Ofende o princípio da moralidade o governador de estado que utiliza as propagandas institucionais custeadas pelo estado para autopromover-se, apresentando os atos praticados durante sua gestão.

Gabarito: Errado.

Essa atitude fere o princípio da impessoalidade, que prevê em seu Art. 37 a proibição de promoção pessoal do administrador público: *§ 1º. A publicidade dos atos, programas, obras, serviços e campanhas dos órgãos públicos deverá ter caráter educativo, informativo ou de orientação social, dela não podendo constar nomes, símbolos ou imagens que caracterizem promoção pessoal de autoridades ou servidores públicos.*

---

261. **(Cespe)** A nomeação de cidadão para cargo público em comissão deverá ser feita por autoridade competente, que é obrigada a apresentar os motivos dessa nomeação por escrito, conforme o princípio da motivação.

Gabarito: Errado.

A nomeação de cargos em comissão, quando feita por autoridade competente e quando segue os requisitos legais, é ato de caráter discricionário, dispensando a motivação. São os chamados cargos de livre nomeação e livre exoneração previstos em lei.

---

262. **(Cespe)** A necessidade de autorização legal para que a administração pública possa agir, apesar de decorrer do princípio da legalidade, dificulta o andamento das atividades administrativas.

Gabarito: Errado.

A obrigação de agir somente quando a lei determina ou autoriza é um mandamento da própria Constituição Federal para o controle efetivo das ações administrativas do agente público e em nada dificulta o andamento das atividades administrativas.

---

263. **(Cespe)** Ao deliberar pela prática ou não de ato vinculado, o servidor deve observar o princípio da supremacia do interesse público, sob pena de se caracterizar o desvio de finalidade, se o ato favorecer particular específico.

Gabarito: Errado.

A observância no caso concreto para definir se o ato é vinculado ou discricionário decorre do princípio da legalidade e não da supremacia do interesse público sobre o privado.

---

264. **(Cespe)** Ao ser promulgada, a CF inovou ao incluir o princípio da eficiência entre os princípios que regem a administração pública.

Gabarito: Errado.

Na promulgação da Constituição Federal de 1998 – constituição primitiva – não havia a previsão expressa do princípio da eficiência. Esse importante princípio só ganhou destaque expresso com a EC/19 de 1998, chamada de reforma administrativa. Vale salientar que, mesmo não constante antes de 1998, expressamente no *caput* do Art. 37, já era considerado como princípio constitucional implícito e fundamental. Assim, esse princípio é expressamente previsto no Art. 37 da CF/88.

---

265. **(Cespe)** Em decorrência dos princípios da impessoalidade e da boa-fé, reconhecem-se como válidos os atos praticados por agente de fato, ainda que este tivesse ciência do ilícito praticado.

Gabarito: Certo.

Agente de fato é aquele que foi inserido irregularmente no serviço público. Todo ato ilegal não gera direitos adquiridos e é sempre passível de anulação. Nesse caso concreto o ato é nulo e não passível de convalidação. No entanto, pela teoria do órgão público, os agentes estão em imputação à pessoa jurídica à qual estão ligados e sua atuação não pode ser pessoalizada. Dessa forma, o agente que entra irregularmente – agente ou funcionário de fato – não está trabalhando na figura da pessoa, mas sim como se um agente público impessoal fosse, sendo suas ações válidas para os terceiros de boa fé. Para exemplificar: imagine que um técnico de tribunal tenha fraudado certame de concurso e trabalhado por 2 anos antes de ser descoberto. Nesse período todos os atos por ele praticados devem ser considerados lícitos, pois ele não agiu como a pessoa e sim em imputação à pessoa jurídica à qual estava ligado.

---

266. **(Cespe)** O princípio da presunção de legalidade gera para o prejudicado o ônus de provar a ilegalidade do ato administrativo, tendo em vista a natureza *jure et de jure* da presunção formada.

Gabarito: Errado.

O erro da questão é que a natureza não é *jure et de jure*, ou seja, absoluta, ela é *iuris tatum* ou relativa. Contudo, a presunção de legalidade ou veracidade efetivamente gera ao prejudicado o ônus de provar a ilegalidade do ato administrativo.

---

267. **(Cespe)** A despeito de não ser positivado na legislação brasileira, o princípio da segurança jurídica reconhecidamente aplica-se no âmbito do direito administrativo.

Gabarito: Errado.

O princípio da segurança jurídica possui seu fundamento legal insculpido no Art. 5º, XXXVI, da Constituição Federal, e está intimamente ligado à confiança que o cidadão possui em um ordenamento que está sempre em mutação.

---

268. **(Cespe)** O desvio de poder, conduta que viola o princípio da moralidade administrativa, submete-se ao controle interna corporis da Administração Pública, sendo vedada sua apreciação pelo Poder Judiciário, cuja atuação é admitida apenas para controle de atos legais e de improbidade.

Gabarito: Errado.

Quando falamos de desvio de poder ou mesmo excesso de poder, que são modalidades do abuso de poder administrativo, estamos tratando de ato ilegal, o qual sempre pode ser apreciado pelo Poder Judiciário, que caso identifique de fato a ilegalidade, deve proceder com sua anulação. Vale destacar que, pelo princípio da autotutela, a própria Administração também pode anular os seus próprios atos quando eivados de vício de legalidade que os tornem ilegais.

---

269. **(Cespe)** O princípio da publicidade assegura a divulgação ampla dos atos praticados pela Administração Pública, quer tratem eles de assuntos de interesse particular, quer tratem de assuntos de interesse coletivo ou geral, ressalvadas as hipóteses de sigilo previstas em lei.

Gabarito: Certo.

O princípio da publicidade traz insculpido a regra geral da publicação em meio oficial, salvo quando houver ofensa à segurança do Estado, à intimidade do indivíduo e aos casos legais de segredo de justiça.

---

270. **(Cespe)** Nenhuma situação jurídica pode perdurar no tempo se estiver em confronto com a CF, sendo fundamental a observância dos princípios constitucionais. A Administração Pública, em especial, deve nortear a sua conduta por certos princípios. Na atual CF, estão expressamente informados os princípios da eficiência, publicidade, impessoalidade e moralidade.

Gabarito: Certo.

Esses são efetivamente princípios constitucionais expressos e fundamentais. Devemos notar que a questão não trouxe o princípio da legalidade, mas isso não torna a questão errada, pois não excluiu esse princípio. O que a questão afirmou foi que esses quatros princípios estão efetivamente expressos no Texto Constitucional.

---

271. **(Cespe)** A autoridade administrativa pode, em determinadas situações, renunciar, total ou parcialmente, aos interesses públicos, prescindindo de autorização expressa em lei para tal, visto que o princípio da finalidade pública não é absoluto.

Gabarito: Errado.

O princípio da impessoalidade ou finalidade determina que os fins públicos são indisponíveis por força do agente, sendo aceitos somente em caso de lei expressa que a determine, isso em obediência ao princípio da legalidade e em conformidade com os demais princípios expressos e implícitos no próprio Texto Constitucional.

---

272. **(Cespe)** A licitação e o concurso público são, no Brasil, os dois principais instrumentos de impessoalidade, eficiência e, ao mesmo tempo, de igualdade de condições na garantia da profissionalização da atividade administrativa.

Gabarito: Certo.

A licitação e a obrigatoriedade de realização de concurso público são dois exemplos clássicos do reflexo direto do princípio da impessoalidade e a eles estão ligados; representam também um reflexo secundário do princípio da eficiência determinados no *caput* do Art. 37 da CF/88.

---

273. **(Cespe)** O princípio da impessoalidade implica, para a administração pública, o dever de agir segundo uma racionalidade comunicativa.

Gabarito: Errado.

O dever de agir, segundo uma racionalidade comunicativa, diz respeito ao princípio constitucional implícito e fundamental da razoabilidade, em que o administrador público deve observar não somente o mandamento legal, mas sim sua real necessidade e sua condição de aplicação ao caso concreto.

---

274. **(Cespe)** O princípio da impessoalidade, se aplicado de forma indiscriminada, provocará disfuncionalidade administrativa.

Gabarito: Errado.

O princípio da impessoalidade deve ser aplicado de forma objetiva e regular. A questão usou a palavra indiscriminada somente para confundir o candidato, devendo ser entendida como "de qualquer forma". Assim, toda a atuação administrativa deve observar o princípio da impessoalidade, em qualquer caso.

---

275. **(Cespe)** A aplicação do princípio da impessoalidade pode redundar em desigualdade e(ou) discriminação por não considerar as especificidades de cada caso.

Gabarito: Errado.

O princípio da impessoalidade traz insculpido em seu dever constitucional a obrigação de atuação – em qualquer caso – com a finalidade pública (coletiva) e também a proibição de promoção pessoal do administrador público. Dessa forma, a aplicação desse importante princípio impede a desigualdade nas relações jurídico-administrativas.

---

276. **(Cespe)** A Administração Pública Direta e Indireta de qualquer dos Poderes da União, dos Estados, do Distrito Federal e dos Municípios obedecerá aos princípios de legalidade, impessoalidade, motivação, publicidade e eficiência.

Gabarito: Errado.

O princípio correto é o da moralidade administrativa. Esses princípios estão previstos no Art. 37 *caput* da CF de 1988.

---

277. **(Cespe)** Após a edição da CF, havia controvérsia sobre a obrigatoriedade de concurso público para o provimento de cargos nas empresas públicas e sociedades de economia mista. A questão foi pacificada pelo STF, no ano de 1993, em decisão que confirmou a obrigatoriedade do concurso público. Posteriormente, avaliando contratações sem concurso público ocorridas no período entre 1988 e 1993, o STF assim decidiu: "(...) A existência de controvérsia, à época das contratações, quanto à exigência de concurso público no âmbito das empresas públicas e sociedades de economia mista, questão dirimida somente após a concretização dos contratos, não tem o condão de afastar a legitimidade dos provimentos, realizados em conformidade com a legislação então vigente". Nessa decisão, fica evidenciada a aplicação do princípio da segurança jurídica.

Gabarito: Certo.

A questão se refere ao período em que ocorreram várias contratações para Empresas Públicas e Sociedades de Economia Mista – pessoas administrativas da Administração Pública Indireta – sem a realização de concurso público. A decisão do STF foi clara em legitimar os contratos assinados antes de 1993, pois à época a lei vigente autorizava a contração sem concurso, devido à má interpretação legislativa. De qualquer modo, a interpretação foi solucionada pelo STF em 1993. Dessa forma, toda a Administração Pública Direta e Indireta de qualquer dos poderes está obrigada à realização de concurso público para nomeação ou contratação de seus servidores e empregados, salvo os cargos declarados de livre nomeação e livre exoneração, os chamados cargos em comissão, como se vê no próprio Texto Constitucional: Art. 37, II. *A investidura em cargo ou emprego público depende de aprovação prévia em concurso público de provas ou de provas e títulos, de acordo com a natureza e a complexidade do cargo ou emprego, na forma prevista em lei, ressalvadas as nomeações para cargo em comissão declarado em lei de livre nomeação e exoneração.*

---

278. **(Cespe)** A observância do princípio da legalidade — limitação imposta ao Estado, que só pode fazer o que a lei permite — não impede que a administração, por simples ato administrativo, conceda direitos, crie obrigações ou imponha vedações aos administrados em benefício da coletividade.

Gabarito: Errado.

Qualquer ato de limitação ou extensão de direitos, no que tange à Administração Pública, deve estar respaldado por lei em sentido estrito, ou seja, antes de qualquer ato administrativo é necessário lei que o ampare, sob pena do cometimento de abuso de poder e posterior responsabilização do administrador público.

---

279. **(Cespe)** A meritocracia, empregada na Administração Pública como forma de avaliação de desempenho, é incompatível com a impessoalidade administrativa.

Gabarito: Errado.

A meritocracia, empregada nos requisitos de avaliação de desempenho para ganho de estabilidade no serviço público ou para avaliações periódicas de desempenho, é totalmente compatível com o princípio da eficiência e em consonância com os demais princípios constitucionais.

---

280. **(Cespe)** O rol dos princípios administrativos, estabelecido originariamente na CF, foi ampliado para contemplar a inserção do princípio da eficiência.

Gabarito: Certo.

O rol primitivo de 1998 somente previa os princípios constitucionais da legalidade, impessoalidade, moralidade e publicidade. Mais tarde, em 1998, foi inserido o princípio constitucional da eficiência. Essa reforma ficou conhecida com reforma administrativa.

---

281. **(Cespe)** É ilegítima a verificação pelo Poder Judiciário de regularidade de ato discricionário, mesmo no que se refere às suas causas, motivos e finalidade.

Gabarito: Errado.

Não podemos confundir ato discricionário legal com ato discricionário ilegal. O primeiro fica fora do campo de atuação do Poder Judiciário, somente podendo ser desfeito pela própria Administração Pública por força do princípio da autotutela e em respeito à separação dos poderes. Contudo, qualquer que seja o ato – mesmos os discricionários – quando eivado de vício de legalidade, deve ser obrigatoriamente fruto de verificação e posterior anulação pelo Poder Judiciário. Vale lembrar que a própria Administração pode além de revogar os atos legais anular seus próprios atos ilegais.

---

282. **(Cespe)** O princípio da legalidade, por seu conteúdo generalizante, atinge, da mesma forma e na mesma extensão, os particulares e a Administração Pública.

Gabarito: Errado.

O princípio constitucional da legalidade tem dupla acepção no que tange ao Texto Constitucional. O Art. 5º, inciso II, prevê o princípio da legalidade para os particulares, chamado de princípio da legalidade em *latu sensu*. Já no Art. 37 *caput* ele é previsto como o princípio da legalidade em *estrictu sensu*. Assim, enquanto o particular pode fazer tudo aquilo que a lei não proíbe, o administrador público somente pode fazer aquilo que a lei determina ou autoriza.

---

283. **(Cespe)** Embora vigente o princípio da publicidade para os atos administrativos, o sigilo é aplicável em casos em que este seja imprescindível à segurança da sociedade e do Estado.

Gabarito: Certo.

O princípio da publicidade não é absoluto, uma vez que sua obrigatoriedade sofre exceções, como no caso da segurança da sociedade e do Estado, quando afeta a intimidade e a vida privada do indivíduo ou mesmo em casos de segredo de justiça determinados em lei.

---

284. **(Cespe)** Ainda que muito discutido na doutrina brasileira, o princípio da proteção à confiança legítima do administrado não é adotado pelo STF, que privilegia o princípio da legalidade.

Gabarito: Errado.

O chamado princípio da proteção à confiança ou segurança jurídica é tido como princípio constitucional implícito e fundamental .

---

285. **(Cespe)** O princípio da indisponibilidade objetiva a igualdade de tratamento que a administração deve dispensar aos administrados que se encontrem em idêntica situação jurídica.

Gabarito: Errado.

O princípio em tela diz respeito ao princípio da impessoalidade ou finalidade pública e não ao princípio da indisponibilidade objetiva ou indisponibilidade do interesse público.

---

286. **(Cespe)** O núcleo do princípio da publicidade é a procura da economicidade e da produtividade, o que exige a redução dos desperdícios do dinheiro público, bem como impõe a execução dos serviços com presteza e rendimento funcional.

Gabarito: Errado.

O núcleo mencionado na questão diz respeito ao princípio da eficiência e não ao princípio da publicidade. O princípio da eficiência – inserido pela EC/19-98 – traz a ideia de administração gerencial, ou seja, administração com mais eficácia para redução dos desperdícios do dinheiro público e rendimento funcional satisfatório na realização da atividade administrativa e do serviço público.

---

287. **(Cespe)** O princípio da supremacia do interesse público tem como objetivo impor ao administrador público não dispensar os preceitos éticos que devem estar presentes em sua conduta, pois além de verificar os critérios de conveniência e oportunidade, deve distinguir o que é honesto do que é desonesto.

Gabarito: Errado.

O conceito tratado na questão diz respeito ao princípio constitucional expresso da moralidade administrativa e não o da supremacia do interesse público. O princípio da supremacia do interesse público sobre o privado possibilita as prerrogativas de direito público aos agentes para melhor executarem a atividade administrativa e o serviço público.

---

288. **(Cespe)** Pelo princípio da autotutela, a Administração Pública controla seus próprios atos, com a possibilidade de revogar os inconvenientes ou inoportunos, independentemente de recursos ao Poder Judiciário.

Gabarito: Certo.

O princípio da autotutela determina que a Administração Pública pode revogar seus próprios atos por conveniência e oportunidade, bem como anular os atos ilegais sem passar pelo Poder Judiciário. Além de ser considerado um princípio constitucional implícito e fundamental, também está pautado na Súmula 473 do STF.

---

289. **(Cespe)** A respeito dos princípios da administração pública e da organização administrativa, julgue o item a seguir.

Se uma autoridade pública, ao dar publicidade a determinado programa de governo, fizer constar seu nome de modo a caracterizar promoção pessoal, então, nesse caso, haverá, pela autoridade, violação de preceito relacionado ao princípio da impessoalidade.

Gabarito: Certo.

Segundo o Art. 37, §1º da Constituição Federal: "A publicidade dos atos, programas, obras, serviços e campanhas dos órgãos públicos deverá ter caráter educativo, informativo ou de orientação social, dela não podendo constar nomes, símbolos ou imagens que caracterizem promoção pessoal de autoridades ou servidores públicos". Sendo assim, não pode ser feita a promoção pessoal do agente público.

---

290. **(Cespe)** Em relação aos princípios da administração pública e à organização administrativa, julgue o item que se segue.

O administrador, quando gere a coisa pública conforme o que na lei estiver determinado, ciente de que desempenha o papel de mero gestor de coisa que não é sua, observa o princípio da indisponibilidade do interesse público.

Gabarito: Certo.

O princípio da indisponibilidade do interesse público juntamente com o princípio da supremacia do interesse público formam os pilares do regime jurídico administrativo. O supraprincípio da indisponibilidade do interesse público enuncia que os agentes públicos não são donos do interesse por eles defendido. Assim, no exercício da função administrativa, os agentes públicos estão obrigados a atuar, não segundo sua própria vontade, mas do modo determinado pela legislação. Como decorrência dessa indisponibilidade, não se admite tampouco que os agentes renunciem aos poderes legalmente conferidos ou que transacionem em juízo. Sendo assim, o administrador exerce o papel de mero gestor de coisa que não é sua.

---

291. **(Cespe)** Considerando os princípios e fundamentos teóricos do direito administrativo,

Em decorrência do princípio da legalidade, é lícito que o poder público faça tudo o que não estiver expressamente proibido pela lei.

Gabarito: Errado.

O poder público só pode fazer aquilo que a lei mandar. Diferentemente do particular, o qual pode fazer tudo que a lei não proíba. Foi o que trouxe a assertiva, narrou a possibilidade do particular, mas trouxe que o poder público pode fazer tudo que não for proibido, portanto, item errado.

---

292. **(Cespe)** Quando a União firma um convênio com um estado da Federação, a relação jurídica envolve a União e o ente federado e não a União e determinado governador ou outro agente. O governo se alterna periodicamente nos termos da soberania popular, mas o estado federado é permanente. A mudança de comando político não exonera o estado das obrigações assumidas. Nesse sentido, o Supremo Tribunal Federal (STF) tem entendido que a inscrição do nome de estado-membro em cadastro federal de inadimplentes devido a ações e(ou) omissões de gestões anteriores não configura ofensa ao princípio da administração pública denominado princípio da intranscendência.

Gabarito: Certo.

O princípio da intranscendência subjetiva impede que sanções e restrições superem a dimensão estritamente pessoal do infrator e atinjam pessoas que não tenham sido as causadoras do ato ilícito. Assim, o princípio da intranscendência subjetiva das sanções proíbe a aplicação de sanções às administrações atuais por atos de gestão praticados por administrações anteriores.

---

293. **(Cespe)** Julgue o próximo item, a respeito dos atos administrativos.

Em decorrência do princípio da autotutela, não há limites para o poder da administração de revogar seus próprios atos segundo critérios de conveniência e oportunidade.

Gabarito: Errado.

Muito cuidado com esse tipo de afirmação. Pois sabemos que o poder de revogação não é absoluto, ilimitado. Existem alguns atos que são insuscetíveis de revogação, são eles: atos consumados; atos vinculados; atos que geraram direitos adquiridos; integrantes de um procedimento administrativo; meros atos administrativos. Logo, item errado.

---

294. **(Cespe)** Julgue o item que se segue, acerca da administração pública.

Em decorrência do princípio da impessoalidade, as realizações administrativo-governamentais são imputadas ao ente público e não ao agente político.

Gabarito: Certo.

Questão correta. Faz alusão à Teoria do Órgão, a qual diz que os atos praticados pelos agentes públicos são imputados à pessoa jurídica em nome da qual atua. Há aqui uma relação de imputação. Caso viesse trazendo teoria da representação, teoria do mandatário, estaria errado, pois a teoria que impera, nesse caso, é a Teoria da Imputação.

---

295. **(Cespe)** Em relação aos consórcios públicos, aos princípios do direito administrativo e à organização da administração pública, julgue o item a seguir.

De acordo com a jurisprudência do STF, em exceção ao princípio da publicidade, o acesso às informações referentes às verbas indenizatórias recebidas para o exercício da atividade parlamentar é permitido apenas aos órgãos fiscalizadores e aos parlamentares, dado o caráter sigiloso da natureza da verba e a necessidade de preservar dados relacionados à intimidade e à vida privada do parlamentar.

Gabarito: Errado.

Todos sabemos que a regra é a transparência. O próprio Supremo Tribunal Federal já decidiu que as verbas indenizatórias para exercício da atividade parlamentar têm natureza pública não havendo razões de segurança ou de intimidade que justifiquem o caráter sigiloso da verba. Portanto, item errado.

---

296. **(Cespe)** O princípio da proteção à confiança da administração pública é um dos princípios expressamente arrolados no art. 37 da Constituição Federal de 1988.

Gabarito: Errado.

O princípio da proteção à confiança não é um dos princípios expressos no Art. 37 da Constituição Federal de 1988. Temos expressos no Art. 37, da CF, os princípios da Legalidade, Impessoalidade, Moralidade, Publicidade e Eficiência o famoso LIMPE.

297. **(Cespe)** O Tribunal de Contas de determinado estado da Federação, ao analisar as contas prestadas anualmente pelo governador do estado, verificou que empresa de publicidade foi contratada, mediante inexigibilidade de licitação, para divulgar ações do governo. Na campanha publicitária promovida pela empresa contratada, constavam nomes, símbolos e imagens que promoviam a figura do governador, que, em razão destes fatos, foi intimado por Whatsapp para apresentar defesa. Na data de visualização da intimação, a referida autoridade encaminhou resposta, via Whatsapp, declarando-se ciente. Ao final do procedimento, o Tribunal de Contas não acolheu a defesa do governador e julgou irregular a prestação de contas.

A partir da situação hipotética apresentada, julgue o item a seguir.

Dado o teor da campanha publicitária, é correto inferir que, na situação, se configurou ofensa aos princípios da impessoalidade e da moralidade.

Gabarito: Certo.

Questão correta, pois, devido ao teor da campanha publicitária a qual constavam nomes, símbolos e imagens que promoviam a figura do governador, fica clara a violação aos princípios da impessoalidade e ao princípio da moralidade. A própria Constituição Federal veda expressamente, Art. 37, § 1º, A publicidade dos atos, programas, obras, serviços e campanhas dos órgãos públicos deverá ter caráter educativo, informativo ou de orientação social, dela não podendo constar nomes, símbolos ou imagens que caracterizem promoção pessoal de autoridades ou servidores públicos.

298. **(Cespe)** Acerca da administração pública.

A possibilidade que tem a administração pública de, nos termos da lei, constituir terceiros em obrigações mediante atos unilaterais constitui aplicação do princípio da supremacia do interesse público.

Gabarito: Certo.

Correto, umas das prerrogativas do princípio da supremacia do interesse público é a possibilidade de criar unilateralmente obrigações aos particulares, entre outros.

299. **(Cespe)** O diretor-geral da polícia civil de determinado estado exarou um ato administrativo e, posteriormente, revogou-o, por entender ser inconveniente sua manutenção.

Nessa situação hipotética, o princípio em que se fundamentou o ato de revogação foi o princípio da autotutela.

Gabarito: Certo.

É o princípio que consagra o controle interno que a administração pública exerce sobre seus próprios atos, como consequência da sua independência funcional. A administração não precisa recorrer ao judiciário para anular seus atos ilegais e revogar os atos inconvenientes.

300. **(Cespe)** No que se refere aos princípios da administração pública, julgue o item subsequente.

O princípio da eficiência norteia essencialmente a prestação de serviços públicos à coletividade, sem impactar, necessariamente, rotinas e procedimentos internos da administração.

Gabarito: Errado.

O erro da questão está em dizer que NÃO IMPACTA, pois o princípio da eficiência interfere diretamente na rotina da administração. Economicidade, redução de desperdícios, qualidade, rapidez, produtividade e rendimento funcional são valores encarecidos por esse princípio.

301. **(Cespe)** O princípio da proteção à confiança da administração pública determina que a administração pública atenda apenas ao que a lei impõe.

Gabarito: Errado.

Está errado, pois o princípio que impõe à administração pública atender apenas ao que a lei determina é o princípio da legalidade.

302. **(Cespe)** Acerca dos servidores públicos, dos poderes da administração pública e do regime jurídico--administrativo, julgue o item que se segue.

A supremacia do interesse público sobre o interesse particular, embora consista em um princípio implícito na Constituição Federal de 1988, possui a mesma força dos princípios que estão explícitos no referido texto, como o princípio da moralidade e o princípio da legalidade.

Gabarito: Certo.

Correto, pois não existe hierarquia entre os princípios da administração pública, independentemente de ele ser explícito ou implícito.

303. **(Cespe)** Acerca de função administrativa e atos administrativos, julgue o item a seguir.

Em razão do princípio da indisponibilidade do interesse público, o Estado somente poderá exercer sua função administrativa sob o regime de direito público.

Gabarito: Errado.

Está errado porque o Estado poderá também exercer sua função administrativa sob o regime de direito privado, exemplo: Empresa Pública.

304. **(Cespe)** O princípio da proteção à confiança da administração pública dá à administração pública o poder da execução imediata das decisões administrativas, possibilitando a criação de obrigações para o particular.

Gabarito: Errado.

O princípio da segurança jurídica se divide em dois aspectos:

a) Objetivo: É a garantia da estabilidade das relações jurídicas. Tendo em vista o respeito ao direito adquirido, ao ato jurídico perfeito e à coisa julgada.

b) Subjetivo: Relaciona-se com a crença dos indivíduos de que os atos praticados pela administração pública são dotados de legitimidade e veracidade. Portanto, o princípio da proteção à confiança constitui o aspecto subjetivo do princípio da segurança jurídica.

305. **(Cespe)** Sem ter sido aprovado em concurso público, um indivíduo foi contratado para exercer cargo em uma delegacia de polícia de determinado município, por ter contribuído na campanha política do agente contratante.

Nessa situação hipotética, ocorreu, precipuamente, violação do princípio da impessoalidade.

Gabarito: Certo.

Fere principalmente o princípio da impessoalidade, pois esse princípio está intimamente ligado à finalidade pública. Logo, a administração pública não pode atuar com vista a prejudicar ou beneficiar pessoas determinadas, uma vez que é sempre o interesse público que deve nortear o seu comportamento.

---

306. **(Cespe)** No que se refere aos princípios da administração pública, julgue o item subsequente.

O princípio da precaução impõe à administração, diante de situações e ações que envolvam risco, a adoção de medidas preventivas contra a ocorrência de dano para a coletividade.

Gabarito: Certo.

Segundo o doutrinador José dos Santos Carvalho Filho, "se determinada ação acarreta risco para a coletividade, deve a administração pública adotar postura de precaução para evitar que eventuais danos se concretizem". Esse princípio teve origem no direito ambiental, a fim de se prevenir danos ao meio ambiente. Atualmente, porém, também é avocado para a tutela do interesse público.

---

307. **(Cespe)** O princípio da proteção à confiança da administração pública corresponde ao aspecto subjetivo do princípio da segurança jurídica.

Gabarito: Certo.

O princípio da segurança jurídica pode ser analisado em duas acepções. Em sentido objetivo, estabelece limites à retroatividade dos atos estatais, ou seja, garante a segurança do direito adquirido, do ato jurídico perfeito e a coisa julgada. Pode ser invocado tanto pela administração pública quanto pelo particular. Já em sentido subjetivo, é compreendido como uma exigência de atuação legal e coerente do Estado, de modo a proibir comportamentos administrativos contraditórios. Também é conhecido como o princípio da proteção à confiança legítima e só pode ser invocado pelo particular, nunca pelo Estado.

---

308. **(Cespe)** No que se refere aos princípios da administração pública, julgue o item subsequente.

O princípio da publicidade viabiliza o controle social da conduta dos agentes administrativos.

Gabarito: Certo.

O princípio da publicidade determina o dever de divulgação dos atos oficiais, a fim de permitir o controle de legalidade por parte do administrador. Os agentes públicos atuam na defesa dos interesses da coletividade, a proibição de condutas sigilosas e atos secretos é um corolário da natureza funcional das suas atividades.

---

309. **(Cespe)** O princípio da proteção à confiança da administração pública é considerado uma imposição da limitação à discricionariedade da administração pública.

Gabarito: Errado.

Errado, pois o princípio da segurança jurídica determina que seja garantida a estabilidade, a ordem, a paz social e a previsibilidade das atuações estatais. Alinha-se à finalidade de evitar mudanças abruptas, sobressaltos e surpresas decorrentes de ações governamentais. Portanto, não é uma imposição de limitação à administração pública.

310. **(Cespe)** Tendo como referência a jurisprudência majoritária do STF acerca dos princípios expressos e implícitos da administração pública e do regime jurídico-administrativo,

De acordo com o princípio da eficiência, a administração pode revogar seus próprios atos, quando eivados de vícios que os tornem ilegais, porque deles não se originam direitos. Também pode anulá-los, por motivo de conveniência ou oportunidade, hipótese na qual devem ser respeitados os direitos adquiridos.

Gabarito: Errado.

O princípio que versa sobre esses fundamentos é o princípio da autotutela.

Poderes da Administração Pública

311. **(Cespe)** Há excesso de poder quando o agente público decreta a remoção de um servidor não como necessidade do serviço, mas como punição.

Gabarito: Errado.

Nesse caso ocorreu o chamado desvio de poder. Isso se dá porque a atuação do agente – mesmo dentro de sua esfera de competência – foi de encontro ao princípio da finalidade pública (a remoção é forma de deslocamento e não de punição).

Já o excesso de poder acontece quando o agente atua fora dos limites de sua competência. Podemos citar como exemplo um agente que multa sem ter essa competência descrita na lei.

312. **(Cespe)** Caso autoridade administrativa deixe de executar determinada prestação de serviço a que por lei está obrigada e, consequentemente, lese o patrimônio jurídico individual, a inércia de seu comportamento constitui forma omissiva do abuso de poder.

Gabarito: Certo.

O abuso de poder (excesso ou desvio) pode ocorrer tanto por ação (ato comissivo) como por omissão (inércia quando deveria agir).

313. **(Cespe)** O poder vinculado não existe como poder autônomo; em realidade, ele configura atributo de outros poderes ou competências da Administração Pública.

Gabarito: Certo.

O "poder vinculado" não é propriamente um poder, vindo a ser considerado um verdadeiro dever, já que está associado a outros poderes para o desempenho das funções constitucionais da Administração Pública. Um bom exemplo são os três primeiros requisitos do ato administrativo (competência, finalidade e forma), que, mesmo nos atos discricionários, são sempre vinculados, ou seja, todo ato tem sua parcela de vinculação.

314. **(Cespe)** Forma de conferir liberdade ao administrador público, o poder discricionário permite que a autoridade, mediante os critérios de conveniência e oportunidade, opte pela ação que melhor propicie a consecução do interesse público, atuação que se sobrepõe aos limites da lei.

Gabarito: Errado.

Segundo o princípio da legalidade contido no Art. 37 da CF/88, o administrador público só pode fazer aquilo que a lei determina ou autoriza. Assim, o poder discricionário só pode agir quando embasado por lei.

---

315. **(Cespe)** No exercício do poder hierárquico, os agentes públicos têm competência para dar ordens, rever atos, avocar atribuições, delegar competência e fiscalizar.

Gabarito: Certo.

Sobre as competências do poder hierárquico, vale ressaltar o Art. 13 da Lei 9.784/99 – processo administrativo federal, em que não é passível de delegação.

Art. 13. Não podem ser objeto de delegação:

I. A edição de atos de caráter normativo;

II. A decisão de recursos administrativos;

III. As matérias de competência exclusiva do órgão ou autoridade.

---

316. **(Cespe)** Do poder hierárquico decorre a possibilidade de os agentes públicos delegarem suas competências, devendo haver sempre responsabilização do delegante pelos atos do delegado, por agirem em seu nome.

Gabarito: Errado.

A delegação é um ato discricionário e revogável a qualquer tempo em que é transferida. Porém, somente no mero exercício da função, já que a titularidade não pode ser transferida. Contudo, os ato são imputados ao delegado e não ao delegante.

---

317. **(Cespe)** O poder disciplinar consiste em distribuir e escalonar as funções, ordenar e rever as atuações e estabelecer as relações de subordinação entre os órgãos públicos, inclusive seus agentes.

Gabarito: Errado.

Essa é a função do poder hierárquico e não do poder disciplinar.

---

318. **(Cespe)** A hierarquia é atribuição exclusiva do Poder Executivo, que não existe na esfera do Poder Judiciário e do Poder Legislativo, pois as funções atribuídas a esses últimos poderes são apenas de natureza jurisdicional e legiferante.

Gabarito: Errado.

Os poderes Judiciários e Legislativos podem desempenhar as funções "atípicas" de administrar. Assim, quando estão nessa função, agem como Administração Pública e possuem todas as suas prerrogativas, entre as quais o poder hierárquico. Bom exemplo é o Juiz que está na função de presidente de um tribunal e comanda a massa de servidores do Poder Judiciário.

---

319. **(Cespe)** No exercício do poder regulamentar, a administração não pode criar direitos, obrigações, proibições, medidas punitivas, devendo limitar-se a estabelecer normas sobre a forma como a lei vai ser cumprida.

Gabarito: Certo.

De acordo com a doutrina tradicional, o poder regulamentar se concretiza nas competências dos Chefes do Poder Executivo em editar os chamados atos de caráter normativo.

Esses atos são os chamados decretos. Um decreto não pode criar direitos, obrigações, proibições ou mesmo punições, deve estar sempre embasado por uma lei que o ampare.

---

320. **(Cespe)** Poder regulamentar é a prerrogativa conferida à Administração Pública de editar atos de caráter geral que visam complementar ou alterar a lei, em face de eventuais lacunas e incongruências.

Gabarito: Errado.

O poder regulamentar não se presta a "completar" ou mesmo alterar a lei. Ele somente pode explicar o conteúdo de uma lei já existente.

---

321. **(Cespe)** De acordo com o entendimento do Supremo Tribunal Federal (STF), quando o Poder Executivo expede regulamento, ato normativo de caráter não legislativo, não o faz no exercício de função legislativa, mas no de função normativa, sem que haja derrogação do princípio da divisão dos poderes.

Gabarito: Certo.

Essa é a função do chamado "poder regulamentar" e realmente não fere a separação ou independência dos poderes.

---

322. **(Cespe)** As sanções impostas aos particulares pela Administração Pública são exemplos de exercício do poder disciplinar.

Gabarito: Errado.

Esse é um exemplo do poder de polícia. O poder disciplinar somente punirá particular se este mantiver o chamado vínculo jurídico específico com a Administração Pública.

---

323. **(Cespe)** O poder de a Administração Pública impor sanções a particulares não sujeitos à sua disciplina interna tem como fundamento o poder disciplinar.

Gabarito: Errado.

Esse é o poder de polícia. Sempre que a Administração estiver punindo particulares que infringiram dever legal, teremos o uso do poder de polícia.

---

324. **(Cespe)** O ato de aplicação de penalidade disciplinar deverá ser sempre motivado.

Gabarito: Certo.

Em regra todos os atos devem ser motivados, mas existem exceções: quando a lei expressamente dispensar a motivação, como é o caso dos cargos de comissão, que são de livre nomeação e exoneração; e quando o ato ou decisão administrativa fizer mera referência a parecer de consultoria jurídica.

De toda sorte, o certo é que o ato de aplicação de penalidade deverá sempre ser motivado.

---

325. **(Cespe)** Segundo entendimento do Superior Tribunal De Justiça (STJ), o poder disciplinar é sempre vinculado, não havendo qualquer espaço de escolha para o administrador, quer quanto à ocorrência da infração, quer quanto à pena a ser aplicada, razão pela qual o ato pode ser revisto em todos os aspectos pelo Poder Judiciário.

Gabarito: Certo.

Esse é o entendimento do Superior Tribunal de Justiça (STJ), que vai de encontro à doutrina, que considerada o ato punitivo como sendo ato discricionário.

---

326. **(Cespe)** Decorre do poder disciplinar do Estado a multa aplicada pelo poder concedente a uma concessionária do serviço público que tenha descumprido normas reguladoras impostas pelo poder concedente.

Gabarito: Certo.

Essa é a exceção do poder disciplinar, pois a competência para punir particulares que possuem um vínculo jurídico específico com a Administração Pública é do poder disciplinar e não do poder de polícia. Além disso, o poder de polícia visa punir particulares – com exceção dos que possuem o vínculo jurídico – que cometem infrações determinadas em lei.

---

327. **(Cespe)** No exercício do poder disciplinar, cabe à administração apurar e aplicar penalidades aos servidores públicos e às demais pessoas sujeitas à disciplina administrativa.

Gabarito: Certo.

Essa é a regra de competência para o poder disciplinar. Assim, o poder disciplinar tem a competência primeira de aplicar penalidades aos agentes públicos e às demais pessoas ligadas à disciplina interna da Administração Pública.

---

328. **(Cespe)** O poder disciplinar, que confere à Administração Pública a tarefa de apurar a prática de infrações e de aplicar penalidades aos servidores públicos, não tem aplicação no âmbito do Poder Judiciário e do MP, por não haver hierarquia quanto ao exercício das funções institucionais de seus membros e quanto ao aspecto funcional da relação de trabalho.

Gabarito: Errado.

O Poder Judiciário e o MP, quando estão em suas funções atípicas, funcionam como Administração Pública e como tal possuem prerrogativas e poderes inerentes à Administração Pública. Dessa forma, o poder disciplinar confere a competência para punições aos agentes que cometam infrações disciplinares na função administrativa.

---

329. **(Cespe)** O poder disciplinar é aquele pelo qual a Administração Pública apura infrações e aplica penalidades aos servidores públicos e a pessoas sujeitas à disciplina administrativa, sendo o processo administrativo disciplinar obrigatório para a hipótese de aplicação da pena de demissão.

Gabarito: Certo.

O poder disciplinar possui duas finalidades precípuas: apurar e aplicar penalidades à própria Administração Pública; e punir particulares que possuam um vínculo jurídico específico com a Administração. Todo e qualquer ato administrativo que gere penalidade deve sofrer prévio processo administrativo disciplinar, em que são garantidos o contraditório e a ampla defesa.

---

330. **(Cespe)** Atividade da Administração Pública, expressa em atos normativos ou concretos, de condicionar, com fundamento em sua supremacia geral e na forma da lei, a liberdade e a propriedade dos indivíduos, mediante ação ora fiscalizadora, ora preventiva, ora repressiva, impondo coercitivamente aos particulares um dever de abstenção (non facere), a fim de conformar-lhes os comportamentos aos interesses sociais consagrados no sistema normativo.

(Celso Antônio Bandeira de Mello. Editora Malheiros. 20.ª ed., p. 787).

A definição objeto do fragmento de texto acima se refere ao poder de polícia.

Gabarito: Certo.

O poder de polícia pode ser tanto preventivo como repressivo e tem a finalidade precípua de fiscalizar e punir particulares que cometam infração contida em lei. Não podemos confundir a ideia de polícia com poder de polícia. As forças policiais estão previstas no Art. 144 da CF/88. Como todas podem fiscalizar e limitar direitos dos particulares, possuem o poder de polícia. Contudo, nem todos que possuem o poder de polícia devem ser considerados estritamente como polícia. Como exemplo, podemos mencionar um fiscal municipal que possui o poder de fiscalizar, assim, ele possui o poder de polícia administrativa, contudo não deve ser considerado polícia em sentido estrito.

---

331. **(Cespe)** O poder de polícia, considerado como a atividade do Estado limitadora do exercício dos direitos individuais em benefício do interesse público, é atribuído com exclusividade ao Poder Executivo.

Gabarito: Errado.

O Poder Legislativo quando edita leis de medida sancionadora ou fiscalizadora age no exercício do poder de polícia, não obstante essa característica ser regra na função administrativa. Vale lembrar que todos os poderes podem desempenhar atividades atípicas a suas funções constitucionais, assim, podem a qualquer momento exercer as atividades e prerrogativas administrativa, entre as quais os poderes administrativos.

---

332. **(Cespe)** A atividade do Estado que condiciona a liberdade e a propriedade do indivíduo aos interesses coletivos tem por fundamento o denominado poder hierárquico.

Gabarito: Errado.

Quando a questão menciona limitação a direito e à relação de fiscalização e punição do indivíduo ela está diretamente falando do poder de polícia. Vale lembrar que as questões costumam confundir os poderes. Dessa forma, o importante é saber a função originária de cada um deles.

---

333. **(Cespe)** No exercício do poder de polícia, a Administração Pública está autorizada a tomar medidas preventivas e não apenas repressivas.

Gabarito: Certo.

O poder de polícia pode atuar de modo preventivo ou repressivo de acordo com o caso concreto. Dessa forma, na atuação preventiva serão estabelecidas normas e outorgados alvarás para que os particulares possam exercer seus direitos de acordo com o interesse público. O alvará pode se reverter em uma licença – como a liberação para a construção de um prédio - ou uma autorização – como a liberação para o porte de arma de fogo.

---

334. **(Cespe)** O poder de polícia manifesta-se apenas por meio de medidas repressivas.

Gabarito: Errado.

O poder de polícia pode ser também preventivo quando a Administração Pública concede uma licença (ato vinculado e definitivo) ou mesmo um alvará (ato precário e temporário) a um indivíduo que tenha cumprido os requisitos de lei. Além disso, a licença é ato sempre vinculado, gerando direito subjetivo ao administrado, e a autorização é ato discricionário, podendo a qualquer momento sofrer revogação por conveniência e oportunidade da Administração Pública.

335. **(Cespe)** A administração exerce o poder de polícia por meio de atos e operações materiais de aplicação da lei ao caso concreto, compreendendo medidas preventivas e repressivas. A edição, pelo Estado, de atos normativos de alcance geral não pode ser considerada meio adequado para o exercício do poder de polícia.

Gabarito: Errado.

A edição pelo Estado de atos normativos gerais de alcance amplo é uma das formas de atuação do poder de polícia.

336. **(Cespe)** O poder de polícia administrativa manifesta-se por meio de atos concretos e específicos, mas não de atos normativos, pois estes não constituem meios aptos para seu adequado exercício.

Gabarito: Errado.

O poder de polícia tem como meio de atuação uma classificação que considera os meios de atuação como atos normativos, ou seja, a lei cria limitações ao exercício de direitos e o Executivo, por meio de decretos, portarias, instruções, disciplina a aplicação da lei nos casos concretos.

337. **(Cespe)** O poder de polícia administrativa consubstancia-se por meio de determinações de ordem pública, de modo a gerar deveres e obrigações aos indivíduos. Nesse sentido, os atos por intermédio dos quais a administração consente o exercício de determinadas atividades não são considerados atos de polícia.

Gabarito: Errado.

Quando a Administração Pública concede o exercício de certas atividades, está atuando no poder preventivo de polícia, como no caso de uma licença ou autorização.

338. **(Cespe)** Em regra, os atributos do poder de polícia do Estado incluem-se executoriedade, finalidade, presunção de legitimidade e tipicidade.

Gabarito: Errado.

São atributos do poder de polícia a discricionariedade, autoexecutoriedade e coercibilidade.

339. **(Cespe)** No exercício do poder de polícia, a administração age sempre com autoexecutoriedade, não dependendo de outro poder para torná-lo efetivo.

Gabarito: Errado.

A atuação da Administração Pública por meio do poder de polícia necessita de certos atributos para que seja eficaz. Assim, a Administração, no uso desse poder, age com discricionariedade, autoexecutoriedade e coercibilidade.

340. **(Cespe)** A autoexecutoriedade, atributo do poder de polícia, consiste na possibilidade de a administração executar suas decisões sem prévia autorização do Poder Judiciário e sem a necessidade de observância de procedimento em todas as denominadas medidas de polícia.

Gabarito: Errado.

A autoexecutoriedade é o atributo do poder de polícia, que consiste na possibilidade de a Administração executar suas decisões sem prévia autorização do Poder Judiciário. Contudo, deve estar sempre pautada nos ditames da lei e observar sempre os procedimentos administrativos das medidas de polícia, como são exemplos a garantia do contraditório e ampla defesa na aplicação das penalidades no caso concreto.

341. **(Cespe)** O poder de polícia administrativo se confunde com a discricionariedade.

Gabarito: Errado.

Não ocorre qualquer confusão, pois a discricionariedade é um atributo do próprio poder de polícia. Não podemos, no entanto, confundir discrionariedade (que é a conveniência e oportunidade da Administração) com arbitrariedade, que sempre deve ser considerada como ato ilegal passível assim de anulação.

342. **(Cespe)** Mesmo sem autorização legal expressa, o atributo da autoexecutoriedade do poder de polícia autoriza o exercício desse poder quando necessária a prática de medida urgente, sem a qual poderá ocorrer prejuízo maior aos bens de interesse público.

Gabarito: Certo.

Segundo a doutrina, a autoexecutoriedade deve ser usada em caso de lei expressa ou quando surgirem situações de emergência que possam vir a causar prejuízo aos interesses públicos.

343. **(Cespe)** Quando um fiscal apreende remédios com prazo de validade vencido, expostos em prateleiras de uma farmácia, tem-se exemplo do poder disciplinar da Administração Pública.

Gabarito: Errado.

Clássico exemplo do poder de polícia repressiva, que consiste na fiscalização e punição a particulares que cometeram algum tipo de infração prevista em lei.

344. **(Cespe)** Do objeto do poder de polícia exige-se tão somente a licitude. A discussão acerca da proporcionalidade do ato de poder de polícia é matéria que escapa à apreciação de sua legalidade.

Gabarito: Errado.

Do objeto exige-se tanto a licitude quando a finalidade pública. A discussão sobre a proporcionalidade, ou seja, a gradação da penalidade imposta frente à falta cometida, tem sempre que ser apreciada sobre o prisma legal. Ser proporcional e razoável é condição necessária para a legalidade do ato administrativo discricionário, que é uma característica entendida como uma atributo do poder de polícia.

345. **(Cespe)** Todas as medidas de polícia administrativa são autoexecutórias, o que permite à Administração Pública promover, por si mesma, as suas decisões, sem necessidade de recorrer previamente ao Poder Judiciário.

Gabarito: Errado.

Nem todos os atos de poder de polícia possuem o atributo da autoexecutoriedade. Segundo a doutrina, a autoexecutoriedade se divide em: exigibilidade e executoriedade. Todos os atos possuem a exigibilidade, pois o Estado deve exigir que as medidas sancionatórias ou de fiscalização sejam cumpridas. Contudo, a executoriedade não está presente em todos os atos, como, por exemplo, a aplicação de uma multa. Assim, o Estado multa o indivíduo e exige que ele pague – exigibilidade. Contudo, caso o indivíduo não pague, o Estado não pode cobrar diretamente essa multa – executoriedade. Nesse caso, o Estado colocará o indivíduo na dívida ativa e socorrerá ao Poder Judiciário para que o pagamento compulsório ocorra.

---

346. **(Cespe)** Além dos atos que provêm de autoridade pública, caracterizam-se, também, como atividades de polícia administrativa as providências tomadas por particulares para prevenir prejuízos ou ameaças a seus direitos ou patrimônios.

Gabarito: Errado.

O poder de polícia administrativo é exclusivamente prerrogativa de direito público, jamais extensiva a particulares. Desse forma, somente o Estado é detentor do chamado poder de império, que autoriza o uso do poder de polícia.

---

347. **(Cespe)** O Estado pode delegar o exercício do poder de polícia a uma empresa privada.

Gabarito: Errado.

O poder de polícia pode ser originário (prerrogativa da Administração Pública Indireta) ou mesmo delegado (prerrogativa da Administração Pública Indireta). Contudo, nunca pode ser delegado a particulares na execução, pois essa prerrogativa necessita do chamado poder de império da administração.

---

348. **(Cespe)** Conforme entendimento do Supremo Tribunal Federal (STF), o poder de polícia não pode ser delegado a pessoas ou instituições privadas, mesmo que haja lei nesse sentido.

Gabarito: Certo.

O poder de polícia é derivado do poder de império da Administração Pública e isso é possível pelo princípio constitucional da supremacia do interesse público, que possibilita essa prerrogativa. Dessa forma, o Supremo Tribunal Federal (STF) é unânime em proibir qualquer tipo de delegação a particulares.

---

349. **(Cespe)** É possível a delegação do poder de polícia a particular mediante celebração de contratos administrativos, em especial nos locais em que a presença do poder público seja deficiente.

Gabarito: Errado.

O poder de polícia não pode ser delegado segundo entendimento do Supremo Tribunal Federal (STF). Contudo, em casos excepcionais, pode ser delegada a iniciativa de fiscalizar em nome do Estado por meio de contrato administrativo.

---

350. **(Cespe)** Segundo entendimento majoritário na doutrina e na jurisprudência, admite-se a delegação do poder de polícia a pessoa da iniciativa privada prestadora de serviços de titularidade do estado.

Gabarito: Errado.

O entendimento do Supremo Tribunal Federal (STF) é no sentido da proibição expressa de delegação do poder de polícia, sendo essa uma prerrogativa do poder de império.

---

351. **(Cespe)** A fiscalização realizada em locais proibidos para menores retrata o exercício de polícia administrativa.

Gabarito: Certo.

Esse é um exemplo de poder repressivo de polícia. Além disso, o poder de polícia pode atuar tanto de forma repressiva como de forma preventiva.

352. **(Cespe)** Considere que uma lei federal tenha determinado a proibição da venda de bebidas alcoólicas em postos e bares localizados às margens de rodovias federais. Nessa situação, a fiscalização do cumprimento dessa determinação configura exercício de poder de polícia administrativa.

Gabarito: Certo.

A edição da lei com a proibição configura o exercício do poder preventivo de polícia exercido pelo Poder Legislativo. Além disso, a fiscalização do cumprimento da ordem é uma expressão do poder repressivo de polícia exercido pela Administração.

353. **(Cespe)** Programa de restrição ao trânsito de veículos automotores, em esquema conhecido como rodízio de carros, é ato que se insere na conceituação de poder de polícia, visto ser uma atividade realizada pelo Estado com vistas a coibir ou limitar o exercício dos direitos individuais em prol do interesse público.

Gabarito: Certo.

Exemplo contemporâneo do poder preventivo de polícia, ou seja, edição de ato de caráter normativo que visa limitar um direito em prol da finalidade pública.

354. **(Cespe)** Na esfera da Administração Pública Federal, Direta ou Indireta, a ação punitiva, quando se tratar do exercício do poder de polícia, prescreve em cinco anos contados a partir da data da prática do ato ou, em se tratando de infração permanente ou continuada, a partir do dia em que esta tiver cessado.

Gabarito: Certo.

A prescrição (perda do poder de punir do Estado) é dada, no caso do poder de polícia na esfera federal, em cinco anos contados a partir da data da ação do indivíduo. Quando constituir prática de infração permanente (ou sejam, que se protrai no tempo) ou continuada, é dada a partir do dia em que a prática cessar.

355. **(Cespe)** O Ministério da Saúde firmou convênio com uma instituição privada, com fins lucrativos, que atua na área de saúde pública municipal. O objeto desse convênio era a instalação de uma UTI neonatal no hospital por ela administrado. Conforme esse convênio, a referida instituição teria o encargo de, utilizando-se de subvenções da União, instalar a UTI neonatal e disponibilizar, para a comunidade local hipossuficiente, pelo menos 50% dos leitos dessa nova UTI. No entanto, essa instituição acabou por utilizar parte desses recursos públicos na reforma de outras áreas do hospital e na aquisição de equipamentos médico-hospitalares de baixíssima qualidade. Maria, que ali foi atendida, viu sua filha recém-nascida falecer nesse hospital. Apurou-se, por meio de perícia, que a morte da recém-nascida ocorreu por falha técnica na instalação e devido à baixa qualidade dos equipamentos ali instalados. Em face dessa constatação e visando evitar novas mortes, o município suspendeu provisoriamente o alvará de funcionamento da referida UTI, notificando-se o hospital para ciência e eventual

impugnação no prazo legal. Considerando a situação hipotética, a suspensão temporária do alvará de funcionamento da referida UTI neonatal, que decorreu do exercício de poder de polícia, poderia ocorrer mesmo sem o prévio contraditório e a ampla defesa na esfera administrativa.

Gabarito: Certo.

O poder de polícia é autoexecutório e coercitivo. Devemos nos atentar que a suspensão é uma medida de urgência e, segundo a doutrina, habilita a autoexecutoriedade. Contudo, para a aplicação definitiva da penalidade, deve ser garantida a ampla defesa e o contraditório. Dessa forma, todos os atos que possam gerar penalidades devem ser objeto de motivação expressa e deve ser garantido o devido processo legal.

---

356. **(Cespe)** Segundo entendimento dos TRF, a Polícia Rodoviária Federal pode apreender veículo utilizado no transporte irregular de passageiros ou de madeira e, independentemente de previsão expressa em lei, condicionar a sua devolução ao pagamento da multa aplicada.

Gabarito: Errado.

A Administração Pública somente pode agir quando estiver amparada por lei que autorize ou determine. Essa regra está estampada no Art. 37 *caput* da CF/88 no princípio constitucional expresso e fundamental da legalidade.

---

357. **(Cespe)** De acordo como o Supremo Tribunal Federal (STF), o exercício do poder de polícia deve ser necessariamente presencial e depende da existência de órgão de controle estruturado para a fiscalização do exercício dos direitos individuais.

Gabarito: Errado.

O poder de polícia pode ser preventivo e exercido por meio de atos normativos de caráter geral e concreto. Nessa situação, terá sua atuação sem a necessidade presencial do agente fiscalizador ou sancionador.

---

358. **(Cespe)** O poder de polícia no ordenamento jurídico brasileiro é tratado, exclusivamente, no âmbito infraconstitucional.

Gabarito: Errado.

O poder de polícia é tratado dentro do próprio Texto Constitucional quando dá à Administração Pública a faculdade da limitação dos direitos dos indivíduos com a finalidade pública.

---

359. **(Cespe)** O prazo prescricional para que a Administração Pública Federal, Direta e Indireta, no exercício do poder de polícia, inicie ação punitiva, cujo objetivo seja apurar infração à legislação em vigor, é de cinco anos, contados da data em que o ato se tornou conhecido pela administração, salvo se se tratar de infração dita permanente ou continuada, pois, nesse caso, o termo inicial ocorre no dia em que cessa a infração.

Gabarito: Errado.

Não se começa a contar da data em que se tornou conhecida e sim da data da prática da infração. Não podemos confundir a prescrição do poder de polícia – que começa a contar da

data da infração – com a prescrição do poder disciplinar – que começa a contar da data em que a infração se tornou conhecida.

Assim, a Lei 9.873/99 prevê que a Administração Pública tem cinco anos para, no exercício do poder de polícia, apurar a ocorrência de infrações administrativas. Esse mesmo prazo é o limite para a aplicação das penas cominadas no processo administrativo. Contudo, quando a infração administrativa também corresponder a um crime, o prazo prescricional será aquele previsto no Código Penal, pois conta-se o mesmo prazo da prescrição do crime.

---

360. **(Cespe)** No âmbito federal, prescreve em cinco anos a ação punitiva da Administração Federal, Direta e Indireta, no exercício do poder de polícia, para apurar infração à legislação em vigor, prazo não passível de interrupção ou suspensão.

Gabarito: Errado.

A Lei 9.873/99 prevê que a Administração Pública tem cinco anos para, no exercício do poder de polícia, apurar a ocorrência de infrações administrativas. Esse mesmo prazo é o limite para a aplicação das penas cominadas no processo administrativo. Contudo, quando a infração administrativa também corresponder a um crime, o prazo prescricional será aquele previsto no Código Penal, pois conta-se o mesmo prazo da prescrição do crime. Por fim, pode ocorrer a prescrição durante o processo, desde que ele fique paralisado por um prazo superior a três anos.

---

361. **(Cespe)** Os atributos da autoexecutoriedade e da coercibilidade são exclusivos dos atos decorrentes do poder de polícia. O atributo da discricionariedade, apesar de verificado nos atos praticados no exercício de outros poderes da administração, é um atributo marcante do poder de polícia, pois todos os atos decorrentes desse poder são necessariamente discricionários.

Gabarito: Errado.

Os atributos da autoexecutoriedade e da coercibilidade estão presentes em regra nos atos administrativos de uma forma geral; e os atos do poder de polícia são predominantemente discricionários, contudo alguns são vinculados, como no caso do poder preventivo de polícia em que é dada uma licença. Ademais, o ato administrativo de licença é vinculado e a princípio permanente, gerando direito subjetivo ao administrado quando satisfeitos os requisitos legais.

---

362. **(Cespe)** Com fundamento no poder disciplinar, a Administração Pública, ao ter conhecimento de prática de falta por servidor público, pode escolher entre a instauração ou não de procedimento destinado a promover a correspondente apuração de infração.

Gabarito: Errado.

Quando a Administração Pública tomar conhecimento da infração praticada por agente público, deverá ela obrigatoriamente instaurar procedimento administrativo para aplicação da penalidade, sob o risco da omissão ser tratada como abuso do poder e como tal sujeita às penalidades administrativas.

---

363. **(Cespe)** A proporcionalidade é elemento essencial à validade de qualquer atuação da Administração Pública, salvo nos atos de polícia.

Gabarito: Errado.

A proporcionalidade e a razoabilidade são considerados os princípios constitucionais implícitos que determinam a proibição do excesso na atuação administrativa. O poder de polícia é predominantemente discricionário e como tal deve observar essa regra constitucional.

---

364. **(Cespe)** O poder normativo, no âmbito da Administração Pública, é privativo do chefe do Poder Executivo.

Gabarito: Errado.

Não podemos confundir o poder normativo, que é mais amplo, com o poder regulamentar, que é mais estrito e tratado pela doutrina como a capacidade que os chefes do executivo têm para editar – em caráter exclusivo – os decretos de execução. Assim, o poder normativo pode ser exercido por outras autoridades, como no caso da edição de portarias e regulamentos.

---

365. **(Cespe)** Conforme entendimento do Supremo Tribunal Federal (STF), o poder de polícia pode ser exercido pela iniciativa privada.

Gabarito: Errado.

O poder de polícia com fundamento no poder de império não pode – segundo o Supremo Tribunal Federal (STF) – ser delegado a particulares.

---

366. **(Cespe)** Embora a autoexecutoriedade seja atributo do poder de polícia, a cobrança de multa imposta pela administração traduz exceção a tal regra, pois, considerado que tal atributo pode ser dividido nos elementos executoriedade e exigibilidade, falta à sanção pecuniária este último elemento.

Gabarito: Errado.

Não falta a sanção pecuniária. No caso concreto da multa, ela existe, pois a penalidade foi aplicada. O que falta nesse caso é a executoriedade no sentido de coercitivamente obrigar o penalizado a efetivamente pagar, ou seja, a aplicação da sanção é feita (exigibilidade), mas a posterior execução dependerá de determinação por parte do Poder Judiciário.

---

367. **(Cespe)** Atos administrativos decorrentes do poder de polícia gozam, em regra, do atributo da autoexecutoriedade, haja vista a administração não depender da intervenção do Poder Judiciário para torná-los efetivos. Entretanto, alguns desses atos importam exceção à regra, como, por exemplo, no caso de se impor ao administrado que este construa uma calçada. A exceção ocorre porque tal atributo se desdobra em dois, exigibilidade e executoriedade, e, nesse caso, falta a executoriedade.

Gabarito: Certo.

Esse é um exemplo clássico para tratar o assunto autoexecutoriedade quando falamos de poder de polícia; outro bom exemplo é a multa, pois esta possui a exigibilidade, mas ocorre a impossibilidade de a Administração forçar o particular coercitivamente a pagar. Assim, deve a Administração colocar o particular em dívida ativa e pedir ao Poder Judiciário que determine o pagamento por parte do particular.

---

368. **(Cespe)** O poder regulador insere-se no conceito formal de Administração Pública.

Gabarito: Errado.

O conceito formal, subjetivo ou orgânico, de Administração Pública determina quem são as pessoas políticas e administrativas do Estado, ou seja, quem é propriamente Administração Pública no Brasil. São assim considerados a União, os Estados o Distrito Federal e os Municípios, bem como as Autarquias, Fundações Públicas, Sociedades de Economia Mista e Empresas Públicas. Nada tem a ver com o poder regulador do Estado.

---

369. **(Cespe)** A sanção administrativa é consectário do poder de polícia regulado por normas administrativas.

Gabarito: Certo.

Efetivamente a sanção administrativa é decorrência do poder regulado por normas administrativas; mas precisamente quando falamos da aplicação de sanção aos particulares, estamos falando do poder de polícia.

---

370. **(Cespe)** A Administração Pública, no exercício do *ius imperii*, subsume-se ao regime de direito privado.

Gabarito: Errado.

O poder de império, decorrente do princípio da supremacia do interesse público sobre o privado, submete-se a normas de direito público, nunca do direito privado.

---

371. **(Cespe)** Como decorrência do poder hierárquico, o agente público pode editar atos regulamentares.

Gabarito: Errado.

O poder hierárquico tem como objetivo dar graus de subordinação e hierarquia dentro da Administração Pública e decorre diretamente desse poder a delegação e a avocação. A decorrência do poder de editar atos regulamentares decorre de institutos diversos. A doutrina prevê que o poder regulamentar dá a competência exclusiva para a edição de decretos de execução para os Chefes do Poder Executivo, entendidos assim o Presidente da República, os governadores e os prefeitos.

---

372. **(Cespe)** O poder regulamentar é a faculdade de que dispõe o chefe do Poder Executivo de explicar a lei para a sua correta execução, podendo restringir ou ampliar suas disposições.

Gabarito: Errado.

O poder regulamentar gera a edição dos chamados decretos de execução, que devem se basear em leis e nunca inovam o ordenamento jurídico, ou seja, o poder regulamentar da Administração Pública explica o conteúdo de uma lei, contudo não pode alterá-la.

---

373. **(Cespe)** Poder de polícia é a faculdade de que dispõe a Administração Pública de condicionar ou restringir o uso e gozo de bens, atividades e direitos individuais em benefício do próprio Estado ou do administrador.

Gabarito: Errado.

Não pode haver benefícios particulares no uso do poder de polícia ou de qualquer poder inerente à Administração Pública. Assim, todas as ações dos agentes públicos devem ser pautadas pela impessoalidade. O erro está quando se menciona benefício do administrador.

---

374. (Cespe) O poder disciplinar é a relação de subordinação entre os vários órgãos e agentes públicos, com a distribuição de funções e gradação da autoridade de cada um, conforme as competências legais.

Gabarito: Errado.

Esse é o conceito do poder hierárquico. O poder disciplinar tem a função de punir agentes que cometeram infração no dever funcional, bem como aplicar penalidade a particulares que mantenham um vínculo jurídico específico com a Administração Pública.

---

375. (Cespe) O poder vinculado é aquele conferido à administração de forma expressa e explícita, com a norma legal já trazendo nela mesma a determinação dos elementos e requisitos para a prática dos respectivos atos.

Gabarito: Certo.

O poder vinculado é aquele que não dá margem de escolha ao administrador, ou seja, os requisitos ou elementos, competência, finalidade, forma, motivo e objeto estão todos pré-definidos em lei, não dando qualquer margem para o mérito administrativo agir.

---

376. (Cespe) Nenhum dos aspectos do poder de polícia pode ser exercido por agente público sujeito ao regime celetista.

Gabarito: Errado.

Nesse ponto a doutrina não é unânime. Assim, parte da doutrina diz que somente as pessoas jurídicas de direito público podem agir utilizando o poder de polícia e parte diz que toda a Administração Pública, em sentido formal, poderá utilizar esse poder. A questão está seguindo orientação pautada na segunda posição, ou seja, as Empresas Públicas e Sociedades de Economia Mista – agentes celetistas – podem exercer o poder de fiscalização, que é a vertente do poder repressivo de polícia.

---

377. (Cespe) Diz-se originário o poder de polícia conferido às pessoas políticas da Federação que detêm o poder de editar as leis limitativas da liberdade e da propriedade dos cidadãos. Poder de polícia delegado é aquele outorgado a pessoa jurídica de direito privado, desprovida de vinculação oficial com os entes públicos.

Gabarito: Errado.

O conceito de poder de polícia originário está correto, ou seja, efetivamente é conferido às pessoas políticas do Estado. Contudo, o conceito de poder de polícia delegado é outorgado – segundo parte da doutrina – às pessoas jurídicas de direito público da Administração Pública Indireta. Assim, somente as Autarquias – segundo essa conceituação – teriam o poder de polícia delegado. O importante aqui é não confundir o termo delegado, pois a delegação nesse caso é dada por outorga legal, ou seja, lei em sentido estrito e em nada tem a ver com a chamada descentralização por delegação, que confere a execução por meio de licitação a particulares que desempenham atividade administrativa, como é o caso das concessionárias, permissionárias e autoritárias de serviços públicos.

---

378. (Cespe) A coercibilidade é a característica do poder de polícia que possibilita à administração praticar atos, modificando imediatamente a ordem jurídica.

Gabarito: Errado.

A coercibilidade é um atributo que permite o uso da força com a finalidade pública com observância obrigatória da razoabilidade e proporcionalidade. Em nada tem a ver a possibilidade de modificar ordem judicial, pois existe a separação constitucional dos poderes.

---

379. **(Cespe)** Os atos de polícia podem constituir-se em consentimentos, ou seja, quando a administração responde afirmativamente a um pedido para o exercício de atividade econômica em via pública, está praticando um ato de polícia. Nesse caso, apesar de consentir, o Estado impõe condicionantes de forma a limitar a liberdade do agente econômico.

Gabarito: Certo.

Esse é o caso do poder preventivo de polícia, como no caso da concessão de uma licença, que é um ato vinculado e a princípio definitivo, que afirmativamente concede o direito ao particular de desenvolver certa atividade ou até mesmo a construção de um imóvel, contudo essa concessão pode ser cassada em caso de não cumprimento das normas estipuladas no ato concessório.

---

380. **(Cespe)** Considere que o Congresso Nacional edite determinada lei, sancionada pelo presidente da República, que estabeleça o prazo de cento e oitenta dias para sua regulamentação pelo Poder Executivo. Considere, ainda, que, ao exercer seu poder regulamentar, o Poder Executivo o faça extrapolando os limites previstos nessa lei. Nessa situação, o controle desse ato regulamentar pode ser realizado pelo Poder Judiciário e pelo Poder Legislativo.

Gabarito: Certo.

Quando o ato do Poder Executivo extrapola suas competências constitucionais, pode o Poder Legislativo (na figura do congresso nacional) e também o Poder Judiciário fazerem o controle. Aqui estamos falando de controle de legalidade, pois extrapolou os limites da determinação legal.

---

381. **(Cespe)** Considere que um servidor público, no exercício de suas atribuições, abuse do poder a ele conferido. Nessa situação, a invalidação dos atos por ele praticados pode ocorrer na própria esfera administrativa ou por meio de ação judicial, podendo, ainda, sua conduta configurar ilícito penal.

Gabarito: Certo.

Tanto a Administração Pública, utilizando-se da autotutela, quanto o Poder Judiciário poderão fazer o controle de legalidade através da anulação. Essa previsão legal está na Súmula 473 do Supremo Tribunal Federal (STF).

Administração Pública - Anulação ou Revogação dos Seus Próprios Atos

A administração pode anular seus próprios atos, quando eivados de vícios que os tornam ilegais, porque deles não se originam direitos; ou revogá-los, por motivo de conveniência ou oportunidade, respeitados os direitos adquiridos, e ressalvada, em todos os casos, a apreciação judicial.

---

382. **(Cespe)** O poder administrativo disciplinar consiste na possibilidade de a Administração Pública aplicar punições aos agentes públicos e aos particulares em geral que cometam infrações.

Gabarito: Errado.

Na prerrogativa do poder disciplinar, a Administração pune seus próprios agentes e somente os particulares que mantiverem um vínculo jurídico específico com a Administração. Um bom exemplo são os concessionários que assinam contrato administrativo com a Administração Pública. Consiste na chamada descentralização por delegação, por colaboração.

---

383. **(Cespe)** Decorre da hierarquia administrativa o poder de dar ordens aos subordinados, que implica o dever de obediência aos superiores, mesmo para ordens consideradas manifestamente ilegais.

Gabarito: Errado.

Ordens manifestamente ilegais nunca devem ser cumpridas, sob pena de responsabilização tanto da autoridade que determinou a ordem quanto do subordinado que a cumpriu. Não podemos confundir ordem manifestamente ilegal com ordens manifestamente não ilegais. No primeiro caso a ordem sai com ideia de ilegalidade da cabeça do superior e chega ao subordinado com clareza da ilegalidade, ou seja, todos responderão. Já no segundo caso existe somente a ilegalidade por parte do superior, pois a ordem manifestamente não ilegal é a ordem que sai com ilegalidade da cabeça do superior e chega com ideia de legalidade na cabeça do subordinado, ou seja, o subordinado não sabe da ilegalidade da ordem.

---

384. **(Cespe)** A edição de normas pertinentes à prevenção de incêndios compete à esfera estadual, sendo o poder de polícia relativo ao cumprimento dessas normas desempenhado pelos estados, por meio da realização de vistorias, por exemplo.

Gabarito: Certo.

A fiscalização é inerente ao poder de polícia administrativo na forma de poder repressivo de polícia. Esse é o exemplo clássico do poder de polícia.

---

385. **(Cespe)** A avocação é o ato discricionário mediante o qual um superior hierárquico solicita para si o exercício temporário de determinada competência atribuída por lei a subordinado, não sendo possível a avocação em caso de competência exclusiva do subordinado.

Gabarito: Certo.

Previsão legal no Art. 15 da Lei 9.784/99, que trata do processo administrativo federal. *Art. 15. Será permitida, em caráter excepcional e por motivos relevantes devidamente justificados, a avocação temporária de competência atribuída a órgão hierarquicamente inferior.* Vale lembrar que as competência exclusivas nunca podem ser delegadas ou mesmo avocadas.

---

386. **(Cespe)** Em razão do poder regulamentar da Administração Pública, é possível estabelecer normas relativas ao cumprimento de leis e criar direitos, obrigações, proibições e medidas punitivas.

Gabarito: Errado.

Quando falamos em poder regulamentar, estamos falando estritamente na competência que os chefes do Poder Executivos possuem para editar os decretos de execução, que são de competência exclusiva, ou seja, não podem ser delegados. Contudo, o decreto não pode inovar o sistema legal. Dessa forma, os decretos não podem existir legalmente sem o apoio de uma lei, não podendo criar direito, obrigações, proibições e medidas punitivas.

---

387. **(Cespe)** A Administração Pública exercerá o poder regulamentar ao multar determinado contratado que esteja construindo um imóvel público em área urbana e que atrase sucessivamente etapas da obra.

Gabarito: Errado.

Quando a Administração multa um particular, que mantêm um vínculo jurídico específico, está utilizando o seu poder disciplinar. Esse poder se presta para punir os agentes públicos que cometem infração no dever funcional e também os particulares que mantêm um vínculo jurídico específico com a Administração, como é o caso de um contrato administrativo.

---

388. **(Cespe)** A Administração não pode estabelecer, unilateralmente, obrigações aos particulares, mas apenas aos seus servidores e aos concessionários, permissionários e delegatários de serviços públicos.

Gabarito: Errado.

O conceito do professor Hely Lopes Meirelles resolve perfeitamente essa questão: "Poder de Polícia é a faculdade de que dispõe a Administração Pública para condicionar e restringir o uso, o gozo de bens, atividades e direitos individuais, em benefício da coletividade ou do próprio Estado". Nessa situação, afirmamos que, pelo poder de império da Administração Pública, o poder de polícia é unilateral, sendo a representação da vontade da Administração.

---

389. **(Cespe)** Dentre os poderes afetos à Administração Pública, destaca-se o poder regulamentar, que é a prerrogativa que lhe é conferida para complementar as leis e permitir a sua efetiva aplicação, não se inserindo dentro dela a aptidão para alterar a lei sob o pretexto de estar regulamentando-a, pois, caso assim o faça, estará invadindo a competência do Poder Legislativo, o que configura abuso de poder regulamentar, podendo o Congresso Nacional sustar os atos normativos do Poder Executivo Federal que exorbitem do poder regulamentar ou dos limites de delegação legislativa.

Gabarito: Certo.

O poder regulamentar não se presta a inovar o ordenamento jurídico. A função precípua desse poder é explicar o conteúdo de uma lei, ou seja, deve estar por esse instituto legal amparado. Vale lembrar que os decretos de execução são de competência exclusiva dos Chefes do Poder Executivo, assim, não podem ser objetos de delegação.

---

390. **(Cespe)** Para que a Administração Pública execute a demolição de uma construção irregular, é necessária autorização judicial prévia.

Gabarito: Errado.

A Administração, quando efetua uma demolição de um imóvel irregular, faz amparado no poder de polícia. Esse poder possui o atributo da autoexecutoriedade, que é a prerrogativa de agir sem passar pelo Poder Judiciário.

---

391. **(Cespe)** A inércia da autoridade administrativa, que é configurada como a inexecução de determinada prestação de serviço obrigatória em lei, constitui abuso de poder.

Gabarito: Certo.

Tanto as ações desrespeitando as leis quanto a omissão quando a lei determina a execução constituem formas de abuso de poder; pode ser por excesso ou mesmo desvio de poder, ambas modalidades do chamado abuso.

---

392. **(Cespe)** É denominado regulamento executivo o decreto editado pelo chefe do Poder Executivo Federal para regulamentar leis.

Gabarito: Certo.

Regulamento executivo configura-se em ato normativo do Poder Executivo, que tem por finalidade desdobrar ou detalhar um ato normativo superior. No poder regulamentar se reverte na competência dos chefes do executivo para editarem os decretos de execução. Contudo, esses decretos não podem mudar o ordenamento jurídico, sob pena de ilegalidade e posterior anulação do ato.

---

393. **(Cespe)** O abuso do poder se configura apenas quando a autoridade pratica o ato, embora não possua competência para tal.

Gabarito: Errado.

Abuso de poder configura a chamada conduta ilegal do administrador público. Dessa forma, pode ser configurado pela ausência de competência legal ou mesmo pela ofensa ao interesse público e também pela omissão quando a lei determina sua execução. Assim, de acordo com a doutrina, é gênero das espécies excesso de poder e desvio de poder. Dessa forma, temos o chamado excesso de poder, que é espécie do gênero abuso de poder, que, nesse sentido, consiste na atuação do agente público sem competência ou ultrapassa seu limite de competência. Aqui o ato sempre será ilegal em razão de vício de competência. Outra forma é o desvio de poder ou desvio de finalidade. Essa espécie do gênero abuso de poder corresponde ao ato exercido por agente público competente, contudo que não atende ao interesse público. Aqui o ato é ilegal por ofensa à finalidade.

---

394. **(Cespe)** A atribuição conferida a autoridades administrativas com o objetivo de apurar e punir faltas funcionais, ou seja, condutas contrárias à realização normal das atividades do órgão e irregularidades de diversos tipos traduz-se, especificamente, no chamado poder hierárquico.

Gabarito: Errado.

Quando falamos em faltas funcionais, estamos dizendo faltas cometidas no exercício da função administrativa, ou seja, relacionadas aos agentes públicos. Nesse caso, o poder utilizado é o poder disciplinar e não o poder hierárquico. O poder disciplinar se presta também a punir os particulares que mantenham um vínculo jurídico específico com a Administração Pública.

---

395. **(Cespe)** A aplicação de multa e a interdição da fábrica pelo IBAMA decorrem do poder hierárquico de que o órgão dispõe como ente da Administração Pública indireta.

Gabarito: Errado.

Quando uma Autarquia – IBAMA – está aplicando uma multa e interditando um estabelecimento privado que não cumpriu as normas legais, está ela utilizando-se do poder de polícia. Além disso, a Autarquia tem o chamado poder de polícia delegado, que é outorgado mediante lei.

---

396. **(Cespe)** Considere que determinado agente público detentor de competência para aplicar a penalidade de suspensão resolva impor, sem ter atribuição para tanto, a penalidade de demissão, por entender que o fato praticado se encaixaria em uma das hipóteses de demissão. Nesse caso, a conduta do agente caracterizará abuso de poder, na modalidade denominada excesso de poder.

Gabarito: Certo.

Excesso de poder, que é espécie do gênero abuso de poder, consiste na atuação do agente público sem competência ou que ultrapassa seu limite de competência. No caso concreto o agente ultrapassou o limite de sua compentência e deverá responder por abuso de poder.

---

397. **(Cespe)** No que se refere ao exercício do poder de polícia, denomina-se exigibilidade a prerrogativa da administração de praticar atos e colocá-los em imediata execução, sem depender de prévia manifestação judicial.

Gabarito: Errado.

A exigibilidade é somente um desdobramento da autoexecutoriedade, que possui também outro desdobramento, a executoriedade. Assim, somente quando ambas estão presentes é que a autoexecutoriedade estará completa e essa é a prerrogativa da administração de praticar atos e colocá-los em imediata execução, sem depender de prévia manifestação judicial.

---

398. **(Cespe)** Um dos efeitos do sistema hierárquico na administração é a avocação de competência, possível somente entre órgãos e agentes do mesmo nível hierárquico ou entre os quais haja relação de subordinação, em razão de circunstâncias de índole técnica, social, econômica, jurídica ou territorial.

Gabarito: Errado.

A avocação possui previsão legal no Art. 15 da Lei 9.784/99 e está assim descrita com seus elementos específicos: *Art. 15. Será permitida, em caráter excepcional e por motivos relevantes devidamente justificados, a avocação temporária de competência atribuída a órgão hierarquicamente inferior.*

---

399. **(Cespe)** O objeto do poder de polícia administrativa é todo bem, direito ou atividade individual que possa afetar a coletividade ou pôr em risco a segurança nacional.

Gabarito: Certo.

O poder de polícia visa à fiscalização e punição dos particulares que desobedecerem normas legais que possuem a finalidade de proteger a coletividade ou mesmo pôr em risco a segurança nacional. Além disso, pode ser exercido de forma preventiva ou repressiva.

---

400. **(ESAF)** O poder hierárquico e o poder disciplinar, pela sua natureza, guardam entre si alguns pontos característicos comuns, que os diferenciam do poder de polícia, eis que entre os dois primeiros pode haver implicações onerosas de ordem tributária, o que não pode decorrer deste último.

Gabarito: Errado.

O poder que possui implicação onerosa de ordem tributária é o poder de polícia.Para tanto, o Art. 78 do CTN traz a previsão legal do conceito de poder de polícia, que é o fato gerador de taxa. Segue o texto do Art. 78 do CTN: *Considera-se poder de polícia a atividade da Administração Pública que, limitando ou disciplinando direito, interesse ou liberdade, regula a prática de ato ou abstenção de fato, em razão de interesse público concernente à segurança, à higiene, à ordem, aos costumes, à disciplina da produção e do mercado, ao exercício de atividades econômicas dependentes de concessão ou autorização do Poder Público, à tranquilidade pública ou ao respeito à propriedade e aos direitos individuais ou coletivos.*

---

401. **(ESAF)** A autoridade administrativa, que no exercício da sua competência funcional, cassa a autorização dada a um administrado, a qual era necessária, para legitimar determinada atividade por ele desempenhada, pratica ato compreendido, especificamente, nos seus poderes discricionários, hierárquico e de polícia.

Gabarito: Errado.

Quando a administração cassa a autorização que expediu, ela o faz com base no poder discricionário, que é a conveniência e oportunidade da Administração Pública. O ato de cassação de uma autorização é tipicamente discricionário e não vinculado.

402. **(ESAF)** O princípio da razoabilidade é o único meio para se verificar a extensão da discricionariedade no caso concreto.

Gabarito: Errado.

A razoabilidade e também a proporcionalidade são os meios para que se verifique a legalidade de um ato discricionário, por isso os chamamos de princípio que controla o excesso por parte do administrador público no uso do poder discricionário.

403. **(ESAF)** A esfera discricionária nos regulamentos de organização é maior do que aquela nos regulamentos normativos.

Gabarito: Certo.

Nos chamados regulamentos jurídicos ou normativos, os comandos são de dentro para fora, ou seja, é a função normativa de comando geral para os particulares que estão sob a proteção do Estado, como, por exemplo, no uso do poder de polícia, em que a discricionariedade é menor. Já no uso dos regulamentos de organização ou administrativos, os comandos são direcionados aos particulares que mantenham um vínculo jurídico específico com a Administração Pública, como é o caso dos concessionários, autorizatários e permissionários de serviços públicos.

404. **(ESAF)** A discricionariedade manifesta-se, exclusivamente, quando a lei expressamente confere à administração competência para decidir em face de uma situação concreta.

Gabarito: Errado.

A discricionariedade ocorre quando o administrador público possui a chamada conveniência e oportunidade para decidir, ou seja, há o chamado mérito administrativo. Ela pode estar presente quando houver lei determinando ou quando houver os chamados conceitos jurídicos indeterminados.

405. **(ESAF)** O poder discricionário pode ocorrer em qualquer elemento do ato administrativo.

Gabarito: Errado.

O ato administrativo é composto por cinco elementos ou requisitos, a saber: competência, finalidade, forma, motivo e objeto. Os três primeiros elementos são sempre vinculados, sendo o motivo e o objeto os núcleos que separam um ato vinculado de um ato discricionários. Por esse motivo, afirmamos que qualquer ato administrativo, seja ele vinculado ou discricionário, possui uma margem de vinculação obrigatória.

406. **(ESAF)** É possível o controle judicial da discricionariedade administrativa, respeitados os limites que são assegurados pela lei à atuação da administração.

Gabarito: Certo.

O ato discricionário tem que estar revestido de todos os princípios constitucionais expressos e também pelos implícitos, mais especificamente da razoabilidade e proporcionalidade. Sempre que a atuação do agente foge a qualquer desses princípios, o ato se torna um ato discricionário ilegal, sendo passível de controle por parte do Poder Judiciário.

---

407. **(ESAF)** O mérito administrativo, na atuação do administrador público, cujo controle jurisdicional sofre restrições, condiz em particular com o exercício regular do seu poder discricionário.

Gabarito: Certo.

O ato discricionário é prerrogativa do chamado mérito administrativo, assim, os atos discricionários quando revertidos de legalidade não são passíveis do controle jurisdicional, salvo quando se tornarem ilegais na execução.

---

408. **(ESAF)** O poder regulamentar ou normativo é uma das formas pelas quais se expressa a função normativa do Poder Executivo.

Gabarito: Certo.

O poder regulamentar ou normativo da Administração se traduz na prerrogativa que possuem os chefes do executivo para editarem de forma exclusiva os chamados decretos de execução, para fiel execução de lei. Aqui não pode existir a inovação dos ordenamentos jurídicos e não é passível de delegação segundo o Art. 13 da Lei 9.784/99.

---

409. **(ESAF)** A Emenda Constitucional nº 32, de 2001, à Constituição Federal, autorizou o presidente da República, mediante Decreto, a dispor sobre extinção de cargos e funções públicas, quando ocupados por servidores não estáveis.

Gabarito: Errado.

O Art. 84, VI, trouxe uma inovação, que é a possibilidade da edição dos chamados decretos autônomos, mas somente nos seguintes casos: *a) organização e funcionamento da administração federal, quando não implicar aumento de despesa nem criação ou extinção de órgãos públicos; (b) extinção de funções ou cargos públicos, quando vagos.*

A competência, quanto à alínea "a", limita-se à organização e funcionamento, pois a criação e a extinção de Ministérios e órgãos da Administração Pública continuam a depender de lei, conforme Art. 88, alterado pela Emenda Constitucional nº 32. *É importante se atentar para os detalhes do dispositivo: vedada criação de órgão e aumento de despesa.* Quanto à alínea "b", não se trata de função regulamentar, mas de típico ato de efeitos concretos, porque a competência do Presidente da República se limitará a extinguir cargos ou funções somente quando vagos."

---

410. **(Cespe)** Configura-se abuso de poder por desvio de poder no caso de vício de finalidade do ato administrativo, e abuso de poder por excesso de poder quando o ato administrativo é praticado por agente que exorbita a sua competência.

Gabarito: Certo.

O desvio de finalidade do ato administrativo verifica-se quando o agente pratica o ato visando a fim diverso daquele previsto, explícita ou implicitamente, na regra de competência. Já o excesso de poder relaciona-se à competência, uma vez que resta configurado quando o agente público extrapola os limites de sua atuação ou pratica ato que é atributo legal de outra pessoa.

---

411. **(Cespe)** O rodízio de automóveis estabelecido pela administração pública configura exercício do poder de polícia.

Gabarito: Certo.

Programa de restrição ao trânsito de veículos automotores, em esquema conhecido como rodízio de carros, é ato que se insere na conceituação de poder de polícia, visto ser uma atividade realizada pelo Estado com vistas a coibir ou limitar o exercício dos direitos individuais em prol do interesse público.

---

412. **(Cespe)** Pelo poder hierárquico, são possíveis a apuração de faltas funcionais e a aplicação de punições ao agente infrator.

Gabarito: Errado.

As sanções impostas pela administração a servidores públicos ou a pessoas que se sujeitem à disciplina interna da administração derivam do poder disciplinar e não do poder hierárquico como afirmado na assertiva.

---

413. **(Cespe)** O âmbito de incidência do poder disciplinar da administração pública está restrito aos servidores públicos.

Gabarito: Errado.

O Poder Disciplinar autoriza à Administração Pública a apurar infrações e aplicar penalidades aos servidores públicos e às demais pessoas sujeitas à disciplina administrativa. Dessa forma, somente está sujeito ao poder disciplinar aquele que possui algum vínculo específico com a Administração, seja de natureza funcional ou contratual. Sendo assim, caso um particular vinculado à Administração Pública por meio de um contrato descumpra as obrigações contratuais que assumiu, a administração pode, no exercício do Poder Disciplinar, punir o particular.

---

414. **(Cespe)** Decorrente do poder hierárquico, a avocação, por um órgão, de competência não exclusiva atribuída a outro órgão que lhe seja subordinado é excepcional e exige motivos relevantes e devidamente justificados.

Gabarito: Certo.

Em decorrência do poder hierárquico, é permitida a avocação temporária de competência atribuída a órgão hierarquicamente inferior, devendo-se, entretanto, adotar essa prática em caráter excepcional e por motivos relevantes devidamente justificados.

---

415. **(Cespe)** O exercício do poder de polícia é delegável a pessoas jurídicas de direito privado.

Gabarito: Errado.

De acordo com o STF, os atos da polícia administrativa, não podem ser delegados aos particulares, sob pena de colocar em risco o equilíbrio social.

---

416. **(Cespe)** A hierarquia é uma característica encontrada exclusivamente no exercício da função administrativa, que inexiste, portanto, nas funções legislativa e jurisdicional típicas.

Gabarito: Certo.

Em questões como essa é preciso ficar atento para as funções descritas, pois a hierarquia NÃO é encontrada nas funções TÍPICAS judiciais e legislativas. No entanto, ela EXISTE tanto no âmbito do Poder Executivo quanto no âmbito dos Poderes Legislativo e Judiciário com relação às suas funções de NATUREZA ADMINISTRATIVA.

---

417. **(Cespe)** O poder de polícia dispõe de certa discricionariedade, haja vista o poder público ter liberdade para escolher, por exemplo, quais atividades devem ser fiscalizadas para que se proteja o interesse público.

Gabarito: Certo.

De acordo com Marcelo Alexandrino e Vicente de Paulo, a administração pode, em princípio, determinar, dentro dos critérios de oportunidade e conveniência, quais atividades irá fiscalizar em um determinado momento e, dentro dos limites estabelecidos na lei, quais sanções deverão ser aplicadas e como deverá ser feita a graduação dessas sanções. De qualquer forma, a sanção sempre deverá estar prevista em lei e deverá guardar correspondência e proporcionalidade com a infração verificada.

---

418. **(Cespe)** O desvio de finalidade é uma espécie de abuso de poder em que o agente público, apesar de agir dentro dos limites de sua competência, pratica determinado ato com objetivo diverso daquele pautado pelo interesse público.

Gabarito: Certo.

O desvio de finalidade do ato administrativo verifica-se quando o agente pratica o ato visando a fim diverso daquele previsto, explícita ou implicitamente, na regra de competência.

---

419. **(Cespe)** Para o administrador público, a ação é um dever, não sendo possível a renúncia de seus poderes administrativos.

Gabarito: Certo.

O dever de agir é o poder conferido à Administração para o atendimento do fim público. Decorrem deste poder-dever que os poderes administrativos são irrenunciáveis, devendo ser obrigatoriamente exercido pelos titulares e a omissão do agente, diante de situações que exigem sua atuação, caracteriza abuso de poder, que poderá ensejar, até mesmo, responsabilidade civil da Administração.

---

420. **(Cespe)** O poder de polícia administrativa, que incide sobre as atividades, os bens e os próprios indivíduos, tem caráter eminentemente repressivo.

Gabarito: Errado.

O erro da questão está em afirmar que o poder de polícia administrativa tem caráter eminentemente repressivo, quando na verdade é eminentemente preventivo. Sendo assim, o poder de polícia administrativa objetiva a manutenção da ordem pública geral, impedindo preventivamente possíveis infrações das leis. Assim, tanto pode agir preventivamente, como repressivamente.

---

421. **(Cespe)** O servidor responsável pela segurança da portaria de um órgão público desentendeu-se com a autoridade superior desse órgão. Para se vingar do servidor, a autoridade determinou que, a partir daquele dia, ele anotasse os dados completos de todas as pessoas que entrassem e saíssem do imóvel. Com referência a essa situação hipotética, julgue o item que se segue. O ato da autoridade superior foi praticado no exercício de seu poder disciplinar.

Gabarito: Errado.

Nesse caso ocorreu o poder hierárquico, o qual não se confunde com poder disciplinar. Por decorrência do poder hierárquico a autoridade superior referida na questão decidiu dar tal ordem ao subordinado, de maneira ilegal, caracterizando-se abuso de poder na modalidade desvio de finalidade.

---

422. **(Cespe)** Poder disciplinar é aquele que permite à administração pública disciplinar, de forma concreta, a aplicação de leis gerais e abstratas.

Gabarito: Errado.

O poder narrado é o Poder Regulamentar, também chamado de Normativo, o qual consiste na possibilidade de os Chefes do Poder Executivo editarem atos gerais e abstratos, ou gerais e concretos, expedidos para dar fiel execução à lei. Já o poder disciplinar consiste na possibilidade de a Administração aplicar punições aos agentes públicos que cometem infrações funcionais. Sendo assim, esses dois institutos não se confundem.

---

423. **(Cespe)** O excesso de poder, espécie de abuso de poder, ocorre quando o agente público ultrapassa os limites impostos a suas atribuições.

Gabarito: Certo.

O excesso de poder relaciona-se à competência, uma vez que resta configurado quando o agente público extrapola os limites de sua atuação ou pratica ato que é atributo legal de outra pessoa.

---

424. **(Cespe)** O poder hierárquico é aquele que confere à administração pública a capacidade de aplicar penalidades.

Gabarito: Errado.

A questão trata do poder disciplinar o qual possibilita à administração pública punir internamente infrações funcionais de seus servidores e infrações administrativas cometidas por particulares a ela ligados mediante algum vínculo jurídico específico.

---

425. **(Cespe)** A multa, como sanção resultante do exercício do poder de polícia administrativa, não possui a característica da autoexecutoriedade.

Gabarito: Certo.

De acordo com Marcelo Alexandrino e Vicente Paulo, nem toda atuação de polícia administrativa pode ser levada a termo de forma autoexecutória. Exemplo consagrado de ato não autoexecutório é a cobrança de multas administrativas de polícia, quando resistida pelo particular. Nesse caso, a imposição da multa decorrente do exercício do poder de polícia é efetuada pela administração pública sem necessidade de qualquer participação do Poder Judiciário. Entretanto, a cobrança forçada dessa multa não paga pelo administrado somente pode ser efetivada por meio de uma ação judicial de execução.

---

426. **(Cespe)** Constitui manifestação do poder disciplinar da administração pública a aplicação de sanção a sociedade empresarial no âmbito de contrato administrativo.

Gabarito: Certo.

O Poder Disciplinar da administração pública decorre da relação de hierarquia o que possibilita a administração aplicar punições aos agentes públicos que cometam infrações funcionais.

Poder exercido somente sobre agentes e particulares que mantenham algum vínculo com a Administração.

---

427. **(Cespe)** A interdição de restaurante por autoridade administrativa de vigilância sanitária constitui exemplo de manifestação do exercício do poder de polícia.

Gabarito: Certo.

De acordo com Hely Lopes Meirelles, Poder de Polícia é a faculdade de que dispõe a Administração Pública para condicionar e restringir o uso e gozo de bens ou direitos individuais, em benefício da coletividade ou do próprio Estado. Sendo assim, ao executar um ato de interdição de estabelecimento comercial, a Administração Pública está exercendo o seu poder de polícia em relação ao particular.

---

428. **(Cespe)** O poder de polícia, decorrente da supremacia geral do interesse público, permite que a administração pública condicione ou restrinja o exercício de atividades, o uso e gozo de bens e direitos pelos particulares, em nome do interesse público.

Gabarito: Certo.

Celso Antonio Bandeira de Mello define o poder de polícia como a atividade da Administração Pública, expressa em atos normativos ou concretos, de condicionar, com fundamento em sua supremacia geral e na forma da lei, a liberdade e propriedade dos indivíduos, mediante ação ora fiscalizadora, ora preventiva, ora repressiva, impondo coercitivamente aos particulares um dever de abstenção a fim de conformar-lhes os comportamentos aos interesses sociais consagrados no sistema normativo.

---

429. **(Cespe)** Configura-se desvio de poder ou de finalidade quando o agente atua fora dos limites de suas atribuições, ou seja, no caso de realizar ato administrativo não incluído no âmbito de sua competência.

Gabarito: Errado.

Nesse caso configura o excesso de poder, o qual se relaciona à competência, uma vez que resta configurado quando o agente público extrapola os limites de sua atuação ou pratica ato que é atributo legal de outra pessoa.

---

430. **(Cespe)** A autoexecutoriedade inclui-se entre os poderes da administração.

Gabarito: Errado.

São poderes administrativos: Poder Vinculado, Poder Discricionário, Poder Hierárquico, Poder Disciplinar, Poder Regulamentar e Poder de Polícia. Dessa forma, a autoexecutoriedade não é um poder da administração, mas sim um atributo do ato administrativo.

---

431. **(Cespe)** A existência de níveis de subordinação entre órgãos e agentes públicos é expressão do poder discricionário.

Gabarito: Errado.

A existência de níveis de subordinação entre órgãos e agentes públicos é expressão do poder hierárquico e não do poder discricionário como afirmado na assertiva.

---

432. **(Cespe)** Poder disciplinar da administração pública e poder punitivo do Estado referem-se à repressão de crimes e contravenções tipificados nas leis penais.

Gabarito: Errado.

Nesse caso trata-se de Poder de Polícia Judiciária, o qual tem como objetivo a repressão de crimes e contravenções tipificados nas leis penais. Já o poder disciplinar da administração pública e punitivo do Estado referem-se às infrações funcionais e administrativas de seus servidores e demais particulares com vínculo específico. Sendo assim, o conceito de polícia administrativa não se confunde com o Poder de Polícia Judiciária.

433. **(Cespe)** Determinada autoridade sanitária, após apuração da infração, em processo administrativo próprio, aplicou a determinada farmácia a pena de apreensão e inutilização de medicamentos que haviam sido colocados à venda, sem licença do órgão sanitário competente, por violação do disposto nas normas legais e regulamentares pertinentes. Nessa situação hipotética, a autoridade sanitária exerceu o poder de polícia, em razão de ter limitado o exercício de direito individual em benefício do interesse público.

Gabarito: Certo.

No caso em tela, a autoridade sanitária utilizou-se do poder de polícia, uma vez que se expressou por meio de medidas repressivas, que têm por objetivo coagir o infrator ao cumprimento da lei.

434. **(Cespe)** Determinado agente público, valendo-se de sua função e no exercício do poder de polícia, aplicou multa manifestamente descabida a um desafeto pessoal. Nessa situação, o ato administrativo atenta contra a moralidade administrativa, se conhecidos os verdadeiros motivos subjacentes à sua prática.

Gabarito: Certo.

A moralidade administrativa pode ser definida como o conjunto de regras de conduta tiradas da disciplina interna da Administração, logo constitui requisito de validade do ato administrativo. Sendo assim, ao se aplicar uma multa fora das regras de condutas da Administração, essa atentará contra os seus princípios, pois o ato se torna ilegal e o agente age em abuso de poder.

435. **(Cespe)** O poder regulamentar refere-se às competências do chefe do Poder Executivo para editar atos administrativos normativos.

Gabarito: Certo.

De acordo com Alexandre Mazza, o poder regulamentar consiste na possibilidade de os Chefes do Poder Executivo editarem atos administrativos gerais e abstratos, ou gerais e concretos, expedidos para dar fiel execução à lei.

436. **(Cespe)** O poder de polícia não se inclui entre as atividades estatais administrativas.

Gabarito: Errado.

Entre os poderes conferidos à Administração Pública, temos o Poder de Polícia, que se inclui entre as atividades estatais administrativas.

437. **(Cespe)** O pagamento de multa aplicada em decorrência do poder de polícia não pode configurar condição para que a administração pratique outro ato em favor do interessado.

Gabarito: Errado.

O pagamento de multa aplicada em decorrência do Poder de Polícia pode configurar condição para que a administração pratique outro ato em favor do interessado, desde que haja expressa previsão legal para tal. Como exemplo, podemos citar o caso da aplicação de uma multa por desrespeito a normas sanitárias. Nesse caso, uma vez realizada a regularização, a administração pode praticar ato favorável ao interessado, como por exemplo, benefícios fiscais e creditícios.

---

438. **(Cespe)** O poder restritivo da administração, consubstanciado no poder de polícia, não se limita pelos direitos individuais.

Gabarito: Errado.

Sempre que o Poder Público exerce atividades, na defesa do interesse público, dispõe de certas prerrogativas que o colocam em posição jurídica de superioridade perante o particular, desde que atuando sempre em conformidade com a lei, e respeitadas as garantias individuais consagradas pela Constituição Federal.

---

439. **(Cespe)** O poder vinculado refere-se à faculdade de agir atribuída ao administrador.

Gabarito: Errado.

A questão inverteu os conceitos de atos vinculados e de atos discricionários. Sendo assim, nas situações em que a lei confere uma possibilidade de escolha ao agente, configurase um ato discricionário. Por outro lado, quando a lei estipula todos os elementos do ato a ser praticado, sem conferir a esse ato margem de escolha, está-se diante de uma atuação vinculada.

---

440. **(Cespe)** Entre os poderes administrativos incluem-se o poder disciplinar, o poder regulamentar e o poder jurídico.

Gabarito: Errado.

Entre os poderes administrativos, não se inclui o poder jurídico. De acordo com a doutrina moderna, existem quatro espécies de poderes a serem exercidos pela Administração Pública, quais sejam, o Poder Normativo (ou Regulamentar), o Poder Disciplinar, o Poder Hierárquico e o Poder de Polícia.

---

441. **(Cespe)** Poder regulamentar é a prerrogativa concedida à administração pública de editar atos gerais para complementar as leis e permitir a sua efetiva aplicação.

Gabarito: Certo.

O Poder Normativo, também conhecido como regulamentar, se traduz no poder conferido à Administração Pública de expedir normas gerais, ou seja, atos administrativos gerais e abstratos com efeitos erga omnes. Não se trata de poder para a edição de leis, mas apenas um mecanismo para a edição de normas complementares à lei. Trata-se de prerrogativa dada à Administração Pública de editar esses atos e permitir sua efetiva aplicação sempre limitada pela lei.

---

442. **(Cespe)** De acordo com a legislação e a doutrina pertinentes, o poder de polícia administrativa é poder de natureza vinculada, uma vez que o administrador não pode valorar a oportunidade e conveniência de sua prática, estabelecer o motivo e escolher seu conteúdo.

Gabarito: Errado.

O erro da questão é que o poder de polícia não é de natureza vinculada, pois tem como uma de suas características a discricionariedade que pode se manifestar no motivo ou no objeto dos atos de polícia.

---

443. **(Cespe)** De acordo com a legislação e a doutrina pertinentes, o poder de polícia administrativa pode ser exercido por órgão que também exerça o poder de polícia judiciária.

Gabarito: Certo.

A questão está correta, pois a Polícia Federal faz parte da polícia judiciária da União, assim, também atua com fiscalizações nas fronteiras, nesse caso, possui características do poder de polícia administrativa. Além disso, a Polícia Militar desempenha tanto atividade de polícia judiciária como de polícia administrativa, neste, quando, por exemplo, aplica multas de trânsito ou apreende mercadorias irregulares.

---

444. **(Cespe)** De acordo com a legislação e a doutrina pertinentes, o poder de polícia administrativa é de natureza preventiva, não se prestando o seu exercício, portanto, à esfera repressiva.

Gabarito: Errado.

A questão torna-se errada ao restringir a esfera repressiva, pois a polícia administrativa pode ser preventiva ou repressiva.

---

445. **(Cespe)** De acordo com a legislação e a doutrina pertinentes, o poder de polícia administrativa é poder administrativo que consiste na possibilidade de a administração aplicar punições a agentes públicos que cometam infrações funcionais.

Gabarito: Errado.

O correto seria poder disciplinar, pois consiste na possibilidade de a administração aplicar punições a agentes públicos que cometam infrações funcionais, bem como às pessoas de direito privado (particulares) quando exercem algum vínculo com a administração pública por meio, por exemplo, de um contrato ou convênio.

---

446. **(Cespe)** A respeito dos poderes e deveres da administração, assinale a opção correta, considerando o disposto na CF.

A lei não pode criar instrumentos de fiscalização das finanças públicas, pois tais instrumentos são taxativamente listados na CF.

Gabarito: Errado.

É possível que a legislação crie outros instrumentos, por exemplo, canais de denúncia e competências para os órgãos de controle, sendo necessário que haja respeito ao equilíbrio entre os poderes.

---

447. **(Cespe)** A respeito dos poderes e deveres da administração, assinale a opção correta, considerando o disposto na CF.

A eficiência, um dever administrativo, não guarda relação com a realização de supervisão ministerial dos atos praticados por unidades da administração indireta.

Gabarito: Errado.

A supervisão ministerial chamada de tutela ou controle finalístico, é o meio de controle da Administração direta sobre o a indireta. Sendo assim, já que é um instrumento de controle, é possível afirmar que existe relação da supervisão ministerial com o princípio da eficiência.

448. **(Cespe)** A respeito dos poderes e deveres da administração, assinale a opção correta, considerando o disposto na CF.

O abuso de poder consiste em conduta ilegítima do agente público, caracterizada pela atuação fora dos objetivos explícitos ou implícitos estabelecidos pela lei.

Gabarito: Certo.

A questão está correta, pois o exercício ilegítimo do agente público das prerrogativas conferidas pelo ordenamento jurídico à administração pública caracteriza, genericamente, o denominado abuso de poder. Ademais, o exercício ilegítimo pode ser por meio do excesso de poder ou desvio de poder. Lembre-se de que mesmo estando incompleta a questão, para o Cespe, não é considerada incorreta.

449. **(Cespe)** A respeito dos poderes e deveres da administração, assinale a opção correta, considerando o disposto na CF.

A capacidade de inovar a ordem jurídica e criar obrigações caracteriza o poder regulamentar da administração.

Gabarito: Errado.

O poder normativo materializa-se por meio do decreto regulamentar, em regra, é exercido mediante decretos regulamentares, cujo objetivo é dar fiel execução às leis. Logo, o decreto regulamentar é ato primário que não inova no ordenamento jurídico.

450. **(Cespe)** A respeito dos poderes e deveres da administração, assinale a opção correta, considerando o disposto na CF.

As consequências da condenação pela prática de ato de improbidade administrativa incluem a perda dos direitos políticos e a suspensão da função pública.

Gabarito: Errado.

A questão está errada, ao trocar as penas, pois, na verdade, a condenação acarreta a suspensão dos direitos políticos e perda da função pública.

451. **(Cespe)** No que se refere aos poderes administrativos, aos atos administrativos e ao controle da administração, julgue o item seguinte.

A avocação se verifica quando o superior chama para si a competência de um órgão ou agente público que lhe seja subordinado. Esse movimento, que é excepcional e temporário, decorre do poder administrativo hierárquico.

Gabarito: Certo.

De acordo com o Art. 15 da Lei 9.784/99: ***Será permitida, em caráter excepcional e por motivos relevantes devidamente justificados, a avocação temporária de competência atribuída a órgão hierarquicamente inferior.***

452. (Cespe) No que se refere aos poderes administrativos, aos atos administrativos e ao controle da administração, julgue o item seguinte.

O poder de polícia administrativo é uma atividade que se manifesta por meio de atos concretos em benefício do interesse público. Por conta disso, a administração pode delegar esse poder a pessoas da iniciativa privada não integrantes da administração pública.

Gabarito: **Errado.**

Segundo entendimento da doutrina majoritária, não é possível delegar o exercício do poder de polícia aos particulares. Sendo assim, não é possível atribuir essas competências às pessoas jurídicas de direito privado integrantes da administração indireta, ou seja, não cabe delegação para uma empresa pública ou uma sociedade de economia mista.

---

453. (Cespe) No que se refere aos poderes administrativos, aos atos administrativos e ao controle da administração, julgue o item seguinte.

A administração, ao editar atos normativos, como resoluções e portarias, que criam normas estabelecedoras de limitações administrativas gerais, exerce o denominado poder regulamentar.

Gabarito: **Errado.**

O erro da questão está em dizer que o poder regulamentar cria normas, pois tal poder apenas complementa ou regulamenta os atos normativos, com o objetivo de dar fiel execução.

---

454. (Cespe) José, chefe do setor de recursos humanos de determinado órgão público, editou ato disciplinando as regras para a participação de servidores em concurso de promoção.

A respeito dessa situação hipotética, julgue o item seguinte.

A edição do referido ato é exemplo de exercício do poder regulamentar.

Gabarito: **Certo.**

Questão correta, pois, quando a administração expede normas de caráter geral e impessoal, ela está desempenhando o poder regulamentar e a função normativa simultaneamente.

---

455. (Cespe) Maurício, chefe imediato de João (ambos servidores públicos distritais), determinou que este participasse de reunião de trabalho em Fortaleza – CE nos dias nove e dez de janeiro. João recebeu o valor das diárias. No dia oito de janeiro, João sofreu um acidente de carro e, conforme atestado médico apresentado para Maurício, teve de ficar de repouso por três dias, razão pela qual não pôde viajar. Essa foi a primeira vez no bimestre que João teve de se afastar do serviço por motivo de saúde.

Acerca dessa situação hipotética e de aspectos legais e doutrinários a ela relacionados, julgue o item a seguir.

A competência de Maurício para determinar que João participasse da reunião de trabalho decorre do poder hierárquico.

Gabarito: **Certo.**

Questão correta, pois o poder hierárquico é exercido quando a administração faz a distribuição das funções de seus órgãos, ordena e revê a atuação de seus agentes. Portanto, estabelece a relação de subordinação entre os servidores públicos de seu quadro de pessoal, em que, ao exercer seu exercício, não só é dado ordem, como, também, ocorre a fiscalização, delegação e avocação.

---

456. **(Cespe)** No que se refere aos poderes administrativos, aos atos administrativos e ao controle da administração, julgue o item seguinte.

O fato de a administração pública internamente aplicar uma sanção a um servidor público que tenha praticado uma infração funcional caracteriza o exercício do poder de polícia administrativo.

Gabarito: Errado.

Na realidade, é caracterizado o PODER DISCIPLINAR, pois as sanções impostas pela administração a servidores públicos ou a pessoas que se sujeitem à disciplina interna da administração derivam do poder disciplinar. Diversamente, as sanções aplicadas a pessoas que não se sujeitem à disciplina interna da administração decorrem do poder de polícia.

---

457. **(Cespe)** O teto de um imóvel pertencente à União desabou em decorrência de fortes chuvas, as quais levaram o poder público a decretar estado de calamidade na região. Maria, servidora pública responsável por conduzir o processo licitatório para a contratação dos serviços de reparo pertinentes, diante da situação de calamidade pública, decidiu contratar mediante dispensa de licitação. Findo o processo de licitação, foi escolhida a Empresa Y, que apresentou preços superiores ao preço de mercado, mas, reservadamente, prometeu, caso fosse contratada pela União, realizar, com generoso desconto, uma grande reforma no banheiro da residência de Maria. Ao final, em razão da urgência, foi firmado contrato verbal entre a União e a Empresa Y e executados tanto os reparos contratados quanto a reforma prometida.

Com referência a essa situação hipotética, julgue o item que se segue.

Maria agiu com excesso de poder ao escolher a Empresa Y.

Gabarito: Errado.

Maria agiu com abuso de poder na modalidade DESVIO DE PODER.

---

458. **(Cespe)** Com relação aos poderes administrativos e ao uso e abuso desses poderes,

Insere-se no âmbito do poder hierárquico a prerrogativa que os agentes públicos possuem de rever os atos praticados pelos subordinados para anulá-los, quando estes forem considerados ilegais, ou revogá-los por conveniência e oportunidade, nos termos da legislação respectiva.

Gabarito: Certo.

Essa questão traz exatamente o conceito do poder hierárquico.

---

459. **(Cespe)** Um agente de determinada autarquia estadual, em fiscalização de rotina, autuou estabelecimento comercial em razão de infração administrativa verificada. Procedeu ainda, naquela mesma ocasião, à interdição cautelar do estabelecimento em questão.

Acerca dessa situação hipotética, do poder de polícia e da disciplina dos atos administrativos, Na hipótese apresentada, a aplicação de punição administrativa ao estabelecimento comercial submete-se ao princípio da legalidade, uma vez que somente lei pode instituir sanções administrativas.

Gabarito: Certo.

A aplicação de sanções administrativas ao particular que não possui vínculo com a Administração é decorrente do poder de polícia. O qual somente se torna legítimo quando existe prévia definição pela lei.

---

460. **(Cespe)** Acerca dos poderes e deveres da administração pública,

A autoexecutoriedade é considerada exemplo de abuso de poder: o agente público poderá impor medidas coativas a terceiros somente se autorizado pelo Poder Judiciário.

Gabarito: Errado.

Está errada porque a autoexecutoriedade é um dos atributos do poder de polícia, que permite à Administração Pública aplicar medidas restritivas aos seus administrados, independentemente de autorização judicial. Ex.: interdição, apreensão.

---

461. **(Cespe)** Com relação aos poderes administrativos e ao uso e abuso desses poderes,

Poder regulamentar é a competência atribuída às entidades administrativas para a edição de normas técnicas de caráter normativo, executivo e judicante.

Gabarito: Errado.

O poder regulamentar é competência exclusiva dos chefes do poder executivo, o qual permite decretar atos normativos a fim de proporcionar a fiel execução da lei, sendo VEDADO inovar no ordenamento jurídico.

---

462. **(Cespe)** Acerca dos poderes da administração pública.

Embora nem toda ilegalidade decorra de conduta abusiva, todo abuso de poder se reveste de ilegalidade.

Gabarito: Certo.

Correto, pois a ilegalidade poderá decorrer de outras condutas. Porém, toda conduta exercida com abuso de poder é ILEGAL, independentemente da modalidade.

---

463. **(Cespe)** Um agente de determinada autarquia estadual, em fiscalização de rotina, autuou estabelecimento comercial em razão de infração administrativa verificada. Procedeu ainda, naquela mesma ocasião, à interdição cautelar do estabelecimento em questão.

Acerca dessa situação hipotética, do poder de polícia e da disciplina dos atos administrativos, Se, na situação hipotética em questão, o administrador público tivesse agido motivado por vingança pessoal contra o proprietário do estabelecimento comercial, estaria configurada a nulidade do ato por abuso de poder na modalidade excesso de poder.

Gabarito: Errado.

Errado. O abuso de poder é um gênero que se divide em duas espécies: EXCESSO DE PODER e DESVIO DE PODER. Este ocorre quando o agente atua dentro de sua competência, porém age com finalidade diversa do interesse público previsto em lei. Aquela se caracteriza quando o agente atua fora de sua esfera de competência. Acerca da situação apresentada, o agente agiu com abuso de poder na modalidade DESVIO DE PODER (DESVIO DE FINALIDADE).

---

464. **(Cespe)** A respeito dos agentes públicos e dos poderes da administração pública, julgue o item que se segue.

Quando um servidor detentor de cargo de chefia assina expediente em concordância com o conteúdo de ato elaborado por servidor subordinado, está caracterizada uma expressão do poder hierárquico.

Gabarito: Certo.

Segundo Hely Lopes Meirelles, o poder hierárquico "É o de que dispõe o Executivo para distribuir e escalonar as funções de seus órgãos, ordenar e rever a atuação de seus agente, estabelecendo a relação de subordinação entre os servidores do seu quadro de pessoal".

---

465. **(Cespe)** Acerca dos poderes e deveres da administração pública,

Poder vinculado é a prerrogativa do poder público para escolher aspectos do ato administrativo com base em critérios de conveniência e oportunidade; não é um poder autônomo, devendo estar associado ao exercício de outro poder.

Gabarito: Errado.

O poder vinculado é quando a lei define todos os aspectos da conduta a ser adotada, SEM ATRIBUIR MARGEM DE ESCOLHA, ou seja, não existe discricionariedade. O agente público é mero executor da vontade legal. Os atos praticados por meio desse poder serão denominados ato vinculado.

---

466. **(Cespe)** Acerca dos poderes da administração pública.

O poder regulamentar consiste na prerrogativa conferida à administração pública para alterar a legislação vigente sempre que o interesse público assim o exigir.

Gabarito: Errado.

O poder regulamentar não tem o condão de alterar a lei, apenas de regulamentar a fiel execução da lei.

---

467. **(Cespe)** Com relação aos poderes administrativos e ao uso e abuso desses poderes,

A invalidação, por motivos de ilegalidade, de conduta abusiva praticada por administradores públicos ocorre no âmbito judicial, mas não na esfera administrativa.

Gabarito: Errado.

Segundo a Súmula 473, *A administração pode anular seus próprios, quando eivados de vícios que os tornam ilegais, porque deles não se originam direitos; ou revogá-los, por motivos de conveniência ou oportunidade, respeitados os direitos adquiridos, e ressalvada, em todos os casos, a apreciação judicial.*

---

468. **(Cespe)** Com relação à improbidade administrativa, julgue o próximo item.

O abuso de poder é considerado crime de administração pública e é julgado na esfera cível.

Gabarito: Errado.

Conforme o Art. 121 da Lei 8.112, *O servidor responde civil, penal e administrativamente pelo exercício irregular de suas atribuições*. Portanto, esse artigo abrange o excesso de poder e o desvio de poder.

---

469. **(Cespe)** Acerca dos poderes e deveres da administração pública,

Faz parte do poder regulamentar estabelecer uma relação de coordenação e subordinação entre os vários órgãos, incluindo o poder de delegar e avocar atribuições.

Gabarito: Errado.

A avocação e a delegação são atribuições concedidas ao poder hierárquico.

---

470. **(Cespe)** Um agente de determinada autarquia estadual, em fiscalização de rotina, autuou estabelecimento comercial em razão de infração administrativa verificada. Procedeu ainda, naquela mesma ocasião, à interdição cautelar do estabelecimento em questão.

Acerca dessa situação hipotética, do poder de polícia e da disciplina dos atos administrativos, e, na situação hipotética em apreço, fosse aplicada pena de multa ao estabelecimento comercial, sua cobrança poderia ser executada diretamente pela administração pública.

Gabarito: Errado.

O poder de polícia é composto pela discricionariedade, autoexecutoriedade e pela coercibilidade. Porém, nem todos os atos do poder de polícia terá a autoexecutoriedade como um de seus atributos. Um exemplo disso é a própria multa.

---

471. **(Cespe)** A respeito dos poderes da administração pública e dos serviços públicos, julgue o item que se segue.

A prerrogativa da administração de impor sanções a seus servidores, independentemente de decisão judicial, decorre imediatamente do poder disciplinar e mediatamente do poder hierárquico.

Gabarito: Certo.

De fato, a aplicação de determinada sanção a servidor público decorre imediatamente do Poder Disciplinar e mediatamente do Poder Hierárquico. Lembrando que o Poder Disciplinar é a prerrogativa de a Administração Pública apurar e aplicar penalidades a servidores e particulares com vínculo e o Poder Hierárquico é caracterizado pela existência de níveis de subordinação entre órgãos e agentes públicos no interior de uma pessoa jurídica.

---

472. **(Cespe)** Julgue o item subsequente, acerca dos atos e dos poderes administrativos.

A discricionariedade administrativa fundamenta-se, entre outros elementos, na incapacidade da lei de prever todas as situações possíveis e regular minuciosamente a maneira de agir do agente público diante de cada uma delas. Assim, confere-se ao agente a prerrogativa de eleger, entre as condutas viáveis, a que se apresentar mais conveniente e oportuna à luz do interesse público.

Gabarito: Certo.

Celso Antônio Bandeira de Mello define em sua obra a discricionariedade administrativa. Discricionariedade, portanto, é a margem de liberdade que remanesça ao administrador para eleger, segundo critérios consistentes de razoabilidade, um, dentre pelo menos dois comportamentos cabíveis, perante cada caso concreto, a fim de cumprir o dever de adotar a solução mais adequada à satisfação da finalidade legal, quando, por força da fluidez das expressões da lei ou da liberdade conferida no mandamento, dela não se possa extrair, objetivamente, uma solução unívoca para a situação vertente.

Discricionariedade e Controle jurisdicional. 2ª ed. São Paulo: Malheiros, 2006. p. 48.

---

473. **(Cespe)** A fiscalização ambiental de determinado estado da Federação verificou que a água utilizada para o consumo dos hóspedes de um hotel era captada de poços artesianos. Como o hotel não tinha a outorga do poder público para extração de água de aquífero subterrâneo, os fiscais lavraram o auto de infração e informaram ao gerente do hotel que lacrariam os poços artesianos, conforme a previsão da legislação estadual. O gerente resistiu à ação dos fiscais, razão pela qual policiais militares compareceram ao local e, diante do impasse, o gerente, acompanhado do advogado do hotel, e os fiscais foram conduzidos à delegacia local. O advogado alegou que os fiscais teriam agido com abuso de autoridade, uma vez que o poder público estadual não teria competência para fiscalizar poços artesianos, e requereu ao delegado de plantão a imediata liberação do gerente e o registro, em boletim de ocorrência, do abuso de poder por parte dos fiscais.

A partir dessa situação hipotética, considerando as regras e princípios do direito administrativo.

Não é necessária a outorga do ente público para o simples uso de poço artesiano. Logo, a conduta dos fiscais foi intempestiva e abusiva.

Gabarito: Errado.

As águas subterrâneas são bens públicos, devido a isso, para o particular fazer uso por meio de poço artesiano, é imprescindível outorga do ente público que se dará mediante autorização.

---

474. **(Cespe)** Acerca dos poderes da administração pública.

Em razão do poder-dever de agir do administrador público, toda omissão da administração pública é ilegal.

Gabarito: Errado.

A questão se torna errada ao generalizar e afirmar que toda omissão da Administração é ilegal. Porém, há dois tipos de omissão: omissão genérica; omissão específica. De acordo com José dos Santos Carvalho Filho, nesta há ilegalidade, uma vez que a lei prevê determinada conduta para o administrador e ele se omite não cumprindo com a obrigação. Enquanto que naquela não há ilegalidade, o Estado não tem o dever de agir. Podendo o administrador público valer-se da escassez de recursos financeiros ou orçamentários para não cumprir determinadas obrigações decorrentes de seu poder-dever de agir.

---

475. **(Cespe)** Um agente de determinada autarquia estadual, em fiscalização de rotina, autuou estabelecimento comercial em razão de infração administrativa verificada. Procedeu ainda, naquela mesma ocasião, à interdição cautelar do estabelecimento em questão.

Acerca dessa situação hipotética, do poder de polícia e da disciplina dos atos administrativos, e, Na hipótese em apreço, a interdição cautelar do estabelecimento comercial não poderia prescindir da observância do devido processo legal e somente poderia ser efetivada após o exercício do direito de defesa por parte do interessado.

Gabarito: Errado.

Sabemos que o Poder de Polícia possui como atributo a autoexecutoriedade a qual permite que a Administração Pública execute suas ações sem necessitar da intervenção do Poder Judiciário. Dessa forma, não há o que se falar em observância do devido processo legal para a devida execução de suas medidas decorrentes desse poder.

---

476. **(Cespe)** Com relação aos poderes administrativos e ao uso e abuso desses poderes,

O poder de polícia refere-se às relações jurídicas especiais, decorrentes de vínculos jurídicos específicos existentes entre o Estado e o particular.

Gabarito: Errado.

O Poder de Polícia é baseado no princípio da supremacia do interesse público. Nesse poder não há vínculos jurídicos específicos existentes entre o Estado e o particular.

---

477. **(Cespe)** A fiscalização ambiental de determinado estado da Federação verificou que a água utilizada para o consumo dos hóspedes de um hotel era captada de poços artesianos. Como o hotel não tinha a outorga do poder público para extração de água de aquífero subterrâneo, os fiscais lavraram o auto de infração e informaram ao gerente do hotel que lacrariam os poços artesianos, conforme a previsão da legislação estadual. O gerente resistiu à ação dos fiscais, razão pela qual policiais militares compareceram ao local e, diante do impasse, o gerente, acompanhado do advogado do hotel, e os fiscais foram conduzidos à delegacia local. O advogado alegou que os fiscais teriam agido com abuso de autoridade, uma vez que o poder público estadual não teria competência para fiscalizar poços artesianos, e requereu ao delegado de plantão a imediata liberação do gerente e o registro, em boletim de ocorrência, do abuso de poder por parte dos fiscais.

A partir dessa situação hipotética, considerando as regras e princípios do direito administrativo. As águas subterrâneas e em depósito são bens públicos da União, razão pela qual a fiscalização estadual não teria competência para atuar no presente caso.

Gabarito: Errado.

Art. 26. Incluem-se entre os bens dos Estados:

I – as águas superficiais ou subterrâneas, fluentes, emergentes e em depósito, ressalvadas, neste caso, na forma da lei, as decorrentes de obras da União;

De acordo com o texto legal da Constituição Federal, observa-se que as águas subterrâneas são bens dos Estados, dessa forma, a fiscalização estadual tem competência para atuar no presente caso.

---

478. **(Cespe)** Julgue o item subsequente, acerca dos atos e dos poderes administrativos.

Os atos decorrentes do poder regulamentar têm natureza originária e visam ao preenchimento de lacunas legais e à complementação da lei.

Gabarito: Errado.

Os atos decorrentes do Poder Regulamentar são de natureza derivada, secundária, com vistas à complementação de uma norma já existente. Afirmar que tem natureza originária é o mesmo que falar que é fonte primária do direito o que está errado, pois, como vimos, trata-se de fonte secundária do direito.

---

479. **(Cespe)** Após investigação, foi localizada, no interior da residência de Paulo, farta quantidade de Cannabis sativa, vulgarmente conhecida por maconha, razão por que Paulo foi preso em flagrante pelo crime de tráfico de drogas. No momento de sua prisão, Paulo tentou resistir, motivo pelo qual os policiais, utilizando da força necessária, efetuaram sua imobilização.

Nessa situação hipotética, foi exercido o poder administrativo denominado poder discricionário, mas houve abuso no exercício desse poder, caracterizado pela utilização da força para proceder à prisão.

Gabarito: Errado.

A questão erra ao afirmar que se trata do poder discricionário. Quando na verdade se trata do poder de polícia, que corresponde ao direito do Estado em limitar o exercício dos direitos individuais em benefício do interesse público.

---

480. **(Cespe)** Acerca dos poderes da administração pública.

Configura-se excesso de poder no caso em que o agente, embora no âmbito da sua competência, não considera o interesse público, que deve nortear a atuação administrativa.

Gabarito: Errado.

O gênero abuso de poder comporta duas espécies: excesso de poder e desvio de poder. Este se configura quando o agente, embora dentro de sua competência, pratica um ato com fins diversos ao interesse público, ou seja, pratica um ato com vício no elemento finalidade. Enquanto que naquele o agente pratica um ato com vício no elemento competência praticando um ato fora de sua competência.

---

481. **(Cespe)** Com base no disposto nas súmulas do Supremo Tribunal Federal relativas a direito administrativo, julgue o item subsequente.

Insere-se na esfera de poder discricionário da administração pública a decisão de incluir o exame psicotécnico como fase de concurso para provimento de cargos públicos, o que pode ser feito mediante previsão em edital.

Gabarito: Errado.

A Administração Pública, a fim de incluir o exame psicotécnico como fase de concurso, não pode fazer somente mediante previsão em edital. É imprescindível a existência de lei. Segundo a Súmula Vinculante 44: *Só por lei se pode sujeitar a exame psicotécnico a habilitação de candidato a cargo público.*

---

482. **(Cespe)** A fiscalização ambiental de determinado estado da Federação verificou que a água utilizada para o consumo dos hóspedes de um hotel era captada de poços artesianos. Como o hotel não tinha a outorga do poder público para extração de água de aquífero subterrâneo, os fiscais lavraram o auto de infração e informaram ao gerente do hotel que lacrariam os poços artesianos, conforme a previsão da legislação estadual. O gerente resistiu à ação dos fiscais, razão pela qual policiais militares compareceram ao local e, diante do impasse, o gerente, acompanhado do advogado do hotel, e os fiscais foram conduzidos à delegacia local. O advogado alegou que os fiscais teriam agido com abuso de autoridade, uma vez que o poder público estadual não teria competência para fiscalizar poços artesianos, e requereu ao delegado de plantão a imediata liberação do gerente e o registro, em boletim de ocorrência, do abuso de poder por parte dos fiscais.

A partir dessa situação hipotética, considerando as regras e princípios do direito administrativo.

A fiscalização estadual agiu corretamente ao aplicar o auto de infração: o hotel não poderia fazer uso de poço artesiano sem a outorga do poder público estadual. Contudo, os fiscais somente poderiam lacrar os poços se dispusessem de ordem judicial, razão pela qual ficou evidente o abuso de poder.

Gabarito: Errado.

A Administração utilizou-se do poder de polícia o qual possui o atributo da autoexecutoriedade. Tal atributo permite que a Adm. Pública excute suas medidas sem a interferência do Poder Judiciário. Portanto, os fiscais poderiam lacrar os poços, independentemente de ordem judicial.

---

483. **(Cespe)** Após investigação, foi localizada, no interior da residência de Paulo, farta quantidade de Cannabis sativa, vulgarmente conhecida por maconha, razão por que Paulo foi preso em flagrante pelo crime de tráfico de drogas. No momento de sua prisão, Paulo tentou resistir, motivo pelo qual os policiais, utilizando da força necessária, efetuaram sua imobilização.

Nessa situação hipotética, foi exercido o poder administrativo denominado poder hierárquico, devido ao fato de o Estado, representado na ocasião pelos policiais, ser um ente superior ao particular.

Gabarito: Errado.

A questão erra ao afirmar que se trata do poder hierárquico. Quando na verdade se trata do poder de polícia, que corresponde ao direito do Estado em limitar o exercício dos direitos individuais em benefício do interesse público.

---

484. **(Cespe)** Acerca dos poderes e deveres da administração pública,

À administração pública cabe o poder disciplinar para apurar infrações e aplicar penalidades a pessoas sujeitas à disciplina administrativa, mesmo que não sejam servidores públicos.

Gabarito: Certo.

O poder disciplinar representa a possibilidade de que a administração pública tem de aplicar sanções aos agentes públicos que cometam infrações funcionais. Trata-se de um poder interno, vinculado ao dever de punir e discricionário quanto à seleção da pena aplicável exercida, em regra, sobre os servidores públicos. Porém, poderá ser aplicado aos particulares, quando estes forem vinculados à Administração Pública.

---

485. **(Cespe)** Com relação aos poderes administrativos e ao uso e abuso desses poderes,

O poder disciplinar, mediante o qual a administração pública está autorizada a apurar e aplicar penalidades, alcança tão somente os servidores que compõem o seu quadro de pessoal.

Gabarito: Errado.

O erro da questão foi restringir o poder disciplinar apenas aos servidores públicos, pois poderá ser exercido sobre particulares quando estes forem contratados da Administração Pública.

---

486. **(Cespe)** Acerca dos poderes e deveres da administração pública,

O dever de prestar contas aos tribunais de contas é específico dos servidores públicos; não é aplicável a dirigente de entidade privada que receba recursos públicos por convênio.

Gabarito: Errado.

Quando a entidade privada receber recursos públicos por meio de convênios, o dirigente tem o dever de prestar contas aos tribunais de contas da União.

---

487. **(Cespe)** Após investigação, foi localizada, no interior da residência de Paulo, farta quantidade de Cannabis sativa, vulgarmente conhecida por maconha, razão por que Paulo foi preso em flagrante pelo crime de tráfico de drogas. No momento de sua prisão, Paulo tentou resistir, motivo pelo qual os policiais, utilizando da força necessária, efetuaram sua imobilização.

Nessa situação hipotética, foi exercido o poder administrativo denominado poder regulamentar, que corresponde ao poder estatal de determinar quais práticas serão penalizadas no caso de o particular as cometer.

Gabarito: Errado.

O poder exercido é o poder de polícia, que corresponde ao direito do Estado em limitar o exercício dos diretos individuais em benefício do interesse público.

---

488. **(Cespe)** A fiscalização ambiental de determinado estado da Federação verificou que a água utilizada para o consumo dos hóspedes de um hotel era captada de poços artesianos. Como o hotel não tinha a outorga do poder público para extração de água de aquífero subterrâneo, os fiscais lavraram o auto de infração e informaram ao gerente do hotel que lacrariam os poços artesianos, conforme a previsão da legislação estadual. O gerente resistiu à ação dos fiscais, razão pela qual policiais militares compareceram ao local e, diante do impasse, o gerente, acompanhado do advogado do hotel, e os fiscais foram conduzidos à delegacia local. O advogado alegou que os fiscais teriam agido com abuso de autoridade, uma vez que o poder público estadual não teria competência para fiscalizar poços artesianos, e requereu ao delegado de plantão a imediata liberação do gerente e o registro, em boletim de ocorrência, do abuso de poder por parte dos fiscais.

A partir dessa situação hipotética, considerando as regras e princípios do direito administrativo.

Agentes de fiscalização não possuem poder de polícia, que é exclusivo dos órgãos de segurança pública. Por essa razão, os fiscais não poderiam entrar no hotel, propriedade privada, sem o acompanhamento dos policiais militares.

Gabarito: Errado.

O poder de polícia não é prerrogativa exclusiva das entidades de segurança pública. Logo, os agentes de fiscalização dos órgãos públicos podem exercer esse poder. Por essa razão, os agentes fiscalizadores poderiam entrar na propriedade privada sem o acompanhamento dos policiais militares, em virtude dos atributos da autoexecutoriedade e da coercibilidade presentes no poder de polícia.

---

489. **(Cespe)** O Congresso Nacional aprovou uma reforma administrativa proposta pelo presidente da República que reduziu o número de ministérios. Nesse contexto, o Ministério do Trabalho e Emprego e o Ministério da Previdência Social foram fundidos, tornando-se Ministério do Trabalho e Previdência Social. A partir dessa situação hipotética, julgue o item a seguir.

A referida reforma administrativa poderia ter se materializado com a edição de decreto autônomo, em decorrência do poder regulamentar do presidente da República.

Gabarito: Errado.

De acordo com a Constituição Federal Art. 84, compete privativamente ao Presidente da República dispor mediante decreto sobre a organização e funcionamento da administração federal, quando não implicar aumento de despesa nem EXTINÇÃO ou CRIAÇÃO de órgãos públicos. O decreto autônomo pode ser usado, no entanto, para extinguir cargos públicos desde que estejam vagos.

---

490. **(Cespe)** Após investigação, foi localizada, no interior da residência de Paulo, farta quantidade de Cannabis sativa, vulgarmente conhecida por maconha, razão por que Paulo foi preso em flagrante pelo crime de tráfico de drogas. No momento de sua prisão, Paulo tentou resistir, motivo pelo qual os policiais, utilizando da força necessária, efetuaram sua imobilização.

Nessa situação hipotética, foi exercido o poder administrativo denominado poder disciplinar, o qual permite que se detenham todos quantos estejam em desconformidade com a lei.

Gabarito: Errado.

O conceito do poder disciplinar traduz a possibilidade de a administração pública aplicar aos agentes públicos ou aos particulares contratados sanções quando eles praticarem algum tipo de infração. Diante da situação apresentada, o poder estabelecido foi o poder de polícia, que consiste na possibilidade de a administração restringir o uso e gozo dos bens e direitos individuais em prol da coletividade.

---

491. **(Cespe)** Acerca dos servidores públicos, dos poderes da administração pública e do regime jurídico-administrativo, julgue o item que se segue.

Situação hipotética: O proprietário de determinado restaurante recebeu notificação na qual constava a determinação de que a obra que havia sido irregularmente realizada na calçada do referido estabelecimento, para a colocação de mesas, teria de ser demolida. Assertiva: Nesse caso, decorrendo o prazo sem cumprimento da ordem, a administração poderá promover a demolição sob o manto da autoexecutoriedade dos atos administrativos e do poder de polícia.

Gabarito: Certo.

A autoexecutoriedade é uns dos atributos do poder de polícia que consiste na faculdade de a Administração Pública de decidir e executar diretamente suas decisões, independentemente de autorização do poder judiciário. Portanto, a administração poderá promover a demolição quando for de interesse público. Porém, nada impede que o particular recorra ao poder judiciário quando julgar-se prejudicado.

---

492. **(Cespe)** A fiscalização ambiental de determinado estado da Federação verificou que a água utilizada para o consumo dos hóspedes de um hotel era captada de poços artesianos. Como o hotel não tinha a outorga do poder público para extração de água de aquífero subterrâneo, os fiscais lavraram o auto de infração e informaram ao gerente do hotel que lacrariam os poços artesianos, conforme a previsão da legislação estadual. O gerente resistiu à ação dos fiscais, razão pela qual policiais militares compareceram ao local e, diante do impasse, o gerente, acompanhado do advogado do hotel, e os fiscais foram conduzidos à delegacia local. O advogado alegou que os fiscais teriam agido com abuso de autoridade, uma vez que o poder público estadual não teria competência para fiscalizar poços artesianos, e requereu ao delegado de plantão a imediata liberação do gerente e o registro, em boletim de ocorrência, do abuso de poder por parte dos fiscais.

A partir dessa situação hipotética, considerando as regras e princípios do direito administrativo.

Os estados membros da Federação possuem domínio das águas subterrâneas e poder de polícia para precaver e prevenir danos ao meio ambiente. Assim, a fiscalização estadual não só tinha o poder, mas também, o dever de autuar.

Gabarito: Certo.

De acordo com a Constituição Federal, *Art. 26, incluem-se entre os bens dos Estados:*

I - as águas superficiais ou subterrâneas, fluentes, emergentes e em depósito, ressalvadas, neste caso, na forma da lei, as decorrentes de obras da União;

Art. 23. É competência comum da União, dos Estados, do Distrito Federal e dos Municípios:

VI - proteger o meio ambiente e combater a poluição em qualquer de suas formas;

---

493. **(Cespe)** Após investigação, foi localizada, no interior da residência de Paulo, farta quantidade de Cannabis sativa, vulgarmente conhecida por maconha, razão por que Paulo foi preso em flagrante pelo crime de tráfico de drogas. No momento de sua prisão, Paulo tentou resistir, motivo pelo qual os policiais, utilizando da força necessária, efetuaram sua imobilização.

Nessa situação hipotética, foi exercido o poder administrativo denominado poder de polícia, que corresponde ao direito do Estado em limitar o exercício dos direitos individuais em benefício do interesse público.

Gabarito: Certo.

O poder de polícia é a atividade da Administração Pública, representada em atos normativos, de restringir, com fulcro em sua supremacia geral e na forma da lei, os direitos à liberdade e à propriedade dos indivíduos, mediante ações preventivas ou repressivas a fim de se garantir a ordem social.

---

494. **(Cespe)** Acerca da administração pública.

O poder discricionário é aquele que é concedido à administração, de modo explícito ou implícito, para a prática de atos administrativos com liberdade na escolha de sua conveniência, oportunidade, conteúdo, forma e finalidade.

Gabarito: Errado.

O erro da questão está em dizer que os aspectos da FORMA e da FINALIDADE são passíveis de discricionariedade. Pois a doutrina majoritária considera somente o Mérito (Motivo e Objeto) discricionário, os demais são vinculados, ou seja, delimitados por lei.

---

495. **(Cespe)** Com base na doutrina e nas normas de direito administrativo, julgue o item que se segue.

Situação hipotética: Diante da ausência de Maria, servidora pública ocupante de cargo de nível superior, João, servidor público ocupante de cargo de nível médio, recém-formado em Economia, elaborou determinado expediente de competência exclusiva do cargo de nível superior ocupado por Maria. Assertiva: Nessa situação, o servidor agiu com abuso de poder na modalidade excesso de poder.

Gabarito: Certo.

Essa modalidade de abuso de poder ocorre quando o agente atua fora de sua esfera de competência. Por isso o servidor foi enquadrado nessa modalidade, pois não tinha a competência para elaborar tal expediente.

---

496. **(Cespe)** Julgue o próximo item, a respeito de atos administrativos e poderes administrativos.

O abuso de poder administrativo pode assumir tanto a forma comissiva quanto omissiva.

Gabarito: Certo.

O abuso de poder se divide em: excesso de poder; desvio de poder e omissão de poder, este ocorre quando o agente tinha o dever legal de agir, mas permaneceu inerte.

---

497. **(Cespe)** Julgue o próximo item, a respeito dos atos administrativos.

A autoexecutoriedade é atributo restrito aos atos administrativos praticados no exercício do poder de polícia.

Gabarito: Errado.

A valer, a autoexecutoriedade é um dos atributos do poder de polícia. Acontece que esse atributo, que confere a prerrogativa de a Administração Pública executar suas próprias decisões, não se limita apenas ao poder de polícia, é inerente aos atos administrativos em geral. Ainda vale ressaltar que alguns atos não são dotados desse atributo, por exemplo, as multas aplicadas a particulares.

Agentes Públicos e Lei nº 8.112/1990

498. **(Cespe)** A conduta de atender ao público com presteza, embora não esteja expressamente inserida no rol dos deveres do servidor, é uma imposição ética e moral a qualquer servidor público.

Gabarito: Errado.

De acordo com a previsão expressa do Art. 116, da Lei 8.112/90 é dever fundamental dos servidores públicos atender com presteza ao público em geral, prestando as informações requeridas, ressalvadas as protegidas por sigilo.

499. **(Cespe)** As sanções penais, civis e administrativas são independentes entre si, o que justifica a eventual responsabilização civil e administrativa do servidor, mesmo quando absolvido criminalmente pela ausência de autoria.

Gabarito: Errado.

De acordo com o Art. 125, da Lei 8.112/90, as sanções penais, civis e administrativas são independentes entre si. Sendo assim, o erro da questão está em afirmar que a responsabilização civil ou administrativa ocorre mesmo quando exista uma absolvição criminal que negue a existência do fato ou da autoria.

500. **(Cespe)** O servidor em estágio probatório pode exercer quaisquer cargos de provimento em comissão ou funções de direção, chefia ou assessoramento no órgão ou entidade de lotação.

Gabarito: Certo.

Está de acordo com o previsto no Art. 20, § 3º, da Lei 8112/90:

Art. 20. Ao entrar em exercício, o servidor nomeado para cargo de provimento efetivo ficará sujeito a estágio probatório por período de 24 (vinte e quatro) meses, durante o qual a sua aptidão e capacidade serão objeto de avaliação para o desempenho do cargo, observados os seguinte fatores:

§ 3º. O servidor em estágio probatório poderá exercer quaisquer cargos de provimento em comissão ou funções de direção, chefia ou assessoramento no órgão ou entidade de lotação, e somente poderá ser cedido a outro órgão ou entidade para ocupar cargos de Natureza Especial, cargos de provimento em comissão do Grupo-Direção e Assessoramento Superiores - DAS, de níveis 6, 5 e 4, ou equivalentes.

501. **(Cespe)** A servidora gestante tem garantido seu direito de afastamento das operações e locais considerados penosos, insalubres ou perigosos durante os períodos da gestação e da lactação.

Gabarito: Certo.

Essa previsão encontra-se na Lei 8.112/90:

Art. 69. Haverá permanente controle da atividade de servidores em operações ou locais considerados penosos, insalubres ou perigosos.

Parágrafo único. A servidora gestante ou lactante será afastada, enquanto durar a gestação e a lactação, das operações e locais previstos neste Art. exercendo suas atividades em local salubre e em serviço não penoso e não perigoso.

---

502. **(Cespe)** Se, de processo administrativo disciplinar, resultar decisão de demissão, caberá pedido de reconsideração e recurso administrativo. O direito de recorrer administrativamente nesses casos prescreverá em até cento e vinte dias e o de ajuizar ação judicial questionando a legalidade do ato, em cinco anos.

Gabarito: Errado.

O erro da questão refere-se ao prazo para interposição de recurso, o qual é de 30 dias e não de 120 dias como afirma a assertiva. Art. 108 da Lei 8.112/1990

---

503. **(Cespe)** Uma empregada terceirizada acusou seu superior hierárquico, servidor de órgão público, de que ele lhe teria tocado por trás e dado um beijo em sua nuca. Com base nessa afirmação, abriu-se uma sindicância investigativa para apurar o fato, mas a comissão sindicante concluiu que a situação não se enquadrava em qualquer falha funcional.

Acerca dessa situação hipotética e de aspectos diversos a ela correlatos, bem como de direitos e deveres e responsabilização administrativa de agentes públicos, julgue o item a seguir. Ordinariamente, a sindicância é procedimento administrativo inquisitório e nela não cabe contraditório nem ampla defesa, desde que não se converta em processo disciplinar principal que fundamente a aplicação de penalidade de advertência ou de suspensão.

Gabarito: Certo.

A sindicância prevista na Lei nº 8.112/1990, da qual pode resultar tão somente a aplicação de penalidade de advertência ou suspensão de até trinta dias, constitui procedimento preliminar e inquisitório que dispensa a observância do princípio da ampla defesa e do contraditório.

---

504. **(Cespe)** A teoria do órgão, segundo a qual os atos e provimentos administrativos praticados por determinado agente são imputados ao órgão por ele integrado, é reflexo importante do princípio da impessoalidade.

Gabarito: Certo.

As ações dos entes políticos - como União, Estados, Municípios e DF - concretizam-se por intermédio de pessoas físicas, e, segundo a teoria do órgão, os atos praticados por meio desses agentes públicos devem ser imputados à pessoa jurídica de direito público a que pertencem.

---

505. **(Cespe)** A absolvição de servidor público na esfera administrativa por negativa de autoria de fato que configure simultaneamente falta disciplinar e crime repercute na esfera criminal para afastar a possibilidade de condenação.

Gabarito: Errado.

O erro da questão foi inverter os conceitos, uma vez que a responsabilidade do servidor público pode se dar na esfera civil, penal e administrativa, sendo afastada esta última no caso de absolvição criminal que negue a existência do fato ou de sua autoria.

---

506. **(Cespe)** A possibilidade de autoridade superior de órgão da Administração direta revogar ou anular atos praticados por seus subordinados, nos termos da lei, é exteriorização do poder disciplinar.

Gabarito: Errado.

Trata-se de poder hierárquico, por outro lado o poder disciplinar é ligado a aplicação de penalidades.

---

507. **(Cespe)** A aplicação da penalidade de demissão não poderá ser delegada pelo presidente da República a ministro de Estado, sob pena de ineficácia do ato.

Gabarito: Errado.

Art. 84, Parágrafo único. *O Presidente da República poderá delegar as atribuições mencionadas nos incisos VI, XII e XXV, primeira parte, aos Ministros de Estado, ao Procurador-Geral da República ou ao Advogado-Geral da União, que observarão os limites traçados nas respectivas delegações*. Ou seja, o Presidente da República pode delegar não só a competência para prover cargos públicos federais, mas também a competência para desprovê-los.

---

508. **(Cespe)** É vedada a imposição de quaisquer outros requisitos ao acesso a cargos públicos que não os constantes na Constituição Federal de 1988.

Gabarito: Errado.

De acordo com o §1º da Lei 8.112/1990, as atribuições do cargo podem justificar a exigência de outros requisitos estabelecidos em lei.

---

509. **(Cespe)** Um agente público poderá ser responsabilizado por abuso de poder ainda que atue em conformidade com os limites legais e regulamentares de sua competência.

Gabarito: Certo.

No caso ocorreu abuso de poder na modalidade desvio de poder ou finalidade, no qual o agente age dentro de sua competência, porém com finalidade diversa ao interesse público.

---

510. **(Cespe)** Se, em uma operação da Polícia Federal, um agente público for preso em flagrante devido ao recebimento de propina, e se, em razão disso, houver ajuizamento de ação penal, um eventual processo administrativo disciplinar deverá ser sobrestado até o trânsito em julgado do processo criminal.

Gabarito: Errado.

Sobrestado é o mesmo que interrompido, suspenso. Sabe-se que os processos tramitam separadamente não havendo a necessidade de, por exemplo, aguardar o fim do processo da esfera penal para poder tomar uma decisão na esfera civil ou administrativa.

---

511. **(Cespe)** O diploma ou habilitação legal exigido para o exercício do cargo deve ser apresentado pelo candidato no ato de inscrição do concurso público pleiteado.

Gabarito: Errado.

Questão baseada na seguinte Súmula do STJ, Súmula 266: *o diploma ou habilitação legal para o exercício do cargo deve ser exigido na posse e não na inscrição para o concurso público*.

---

512. **(Cespe)** A acumulação lícita de um cargo efetivo com um cargo comissionado é possível, desde que declarada a compatibilidade de horário e local do exercício de ambos os cargos.

Gabarito: Certo.

De acordo com o Art. 120, da Lei 8.112/1990. Para que um servidor público possa acumular cargos, mesmo de forma permitida por lei, é necessário que ele comprove a compatibilidade de horários entre esses cargos.

---

513. **(Cespe)** A recondução é o retorno do servidor estável ao cargo anteriormente ocupado em decorrência de inabilitação em estágio probatório relativo a outro cargo.

Gabarito: Certo.

O Art. 29, da Lei 8.112/1990, trata do instrumento da recondução *Art. 29. Recondução é o retorno do servidor estável ao cargo anteriormente ocupado e decorrerá de: I. Inabilitação em estágio probatório relativo a outro cargo; II. Reintegração do anterior ocupante. Parágrafo único. Encontrando-se provido o cargo de origem, o servidor será aproveitado em outro, observado o disposto no Art. 30.*

---

514. **(Cespe)** Caso tenha sido afastado do exercício como medida cautelar para ser evitada uma possível influência na apuração de uma irregularidade, o servidor investigado deixará de receber remuneração.

Gabarito: Errado.

O erro da questão foi afirmar que o servidor investigado deixará de receber remuneração. O Art. 147, da Lei 8.112/1990, traz que a autoridade poderá determinar o afastamento do servidor pelo prazo de até 60 (sessenta) dias, sem prejuízo da remuneração.

---

515. **(Cespe)** No que se refere à responsabilidade do servidor público civil no tocante às sanções civis, penais e administrativas, estas não poderão cumular-se, mesmo sendo independentes entre si.

Gabarito: Errado.

Questão torna-se errada ao afirmar que as sanções penais não poderão cumular-se. O Art. 125, da Lei 8.112/1990, diz que as sanções civis, penais e administrativas poderão cumular-se, sendo independentes entre si.

---

516. **(Cespe)** De acordo com a Lei Federal nº 8.112/1990, vencimento e remuneração consistem na retribuição pecuniária pelo exercício do cargo.

Gabarito: Errado.

Existe uma diferença entre vencimento e remuneração. Este é a soma do vencimento (valor previsto em lei) mais as vantagens (gratificações, adicionais e as indenizações). Enquanto aquele é a retribuição pecuniária pelo exercício de cargo público, com valor fixado em lei.

---

517. **(Cespel)** A vedação ao acúmulo remunerado de cargos, empregos ou funções públicas não se estende aos empregados das sociedades de economia mista.

Gabarito: Errado.

De acordo com a Constituição Federal, Art. 37, XVII, a proibição de acumular estende-se a empregos e funções e abrange autarquias, fundações, empresas públicas, sociedades de economia mista, suas subsidiárias, e sociedades controladas, direta ou indiretamente, pelo poder público.

---

518. **(Cespe)** Além do vencimento, poderão ser pagos ao servidor indenizações, gratificações e adicionais, vantagens que serão incorporadas ao seu vencimento.

Gabarito: Errado.

As indenizações nunca se incorporam aos vencimentos. Para melhor compreensão, segue abaixo o texto legal: Lei 8.112/90: *Art. 40. Vencimento é a retribuição pecuniária pelo exercício de cargo público, com valor fixado em lei. Art. 49. Além do vencimento, poderão ser pagas ao servidor as seguintes vantagens: I. Indenizações; II. Gratificações; III. Adicionais. § 1º. As indenizações não se incorporam ao vencimento ou provento para qualquer efeito. § 2º. As gratificações e os adicionais incorporam-se ao vencimento ou provento, nos casos e condições indicados em lei.*

---

519. **(Cespe)** Situação hipotética: Carlos trabalha em atividade considerada insalubre e perigosa e faz jus ao recebimento dos adicionais de insalubridade e de periculosidade. Assertiva: Nesse caso, Carlos deverá optar por um deles, sendo-lhe vedado acumular os dois adicionais.

Gabarito: Certo.

Na hipótese de o servidor trabalhar em local insalubre e em contato permanente com substâncias radioativas, a lei determina a obrigatoriedade de o servidor optar por apenas um dos adicionais: insalubridade ou periculosidade.

---

520. **(Cespe)** O tempo de serviço público prestado a estado, a município ou ao Distrito Federal será contado, para todos os efeitos, no âmbito federal.

Gabarito: Errado.

A questão erra ao falar que o tempo será contado para todos os feitos, uma vez que somente contar-se-á para efeito de aposentadoria e disponibilidade.

Lei 8.112/90, Art. 103. Contar-se-á apenas para efeito de aposentadoria e disponibilidade: I. O tempo de serviço público prestado aos Estados, Municípios e Distrito Federal.

---

521. **(Cespe)** Caso o servidor público tenha causado danos ao poder público, a obrigação de reparar tais danos estende-se aos seus sucessores e contra eles será executada, até o limite do valor da herança recebida.

Gabarito: Certo.

Os sucessores da pessoa que causar lesão ao patrimônio público ou enriquecer-se ilicitamente poderão sofrer as consequências das sanções patrimoniais previstas na Lei de Improbidade Administrativa até o limite do valor da herança.

---

522. **(Cespe)** Em face da garantia da estabilidade, o servidor público estável só perderá o cargo por força de decisão judicial.

Gabarito: Errado.

A questão erra ao restringir a perda do cargo somente aos casos de decisão judicial. Sendo assim, à exceção dos magistrados, os servidores públicos efetivos estatutários do Poder Judiciário, após aquisição de estabilidade, apenas podem perder seus cargos por decisão em sentença judicial transitada em julgado; em processo administrativo disciplinar; por decorrência de avaliação de desempenho insatisfatória e por necessidade de redução de despesas com pessoal.

---

523. **(Cespe)** O cargo público, definido como o conjunto de atribuições e responsabilidades incumbidas ao servidor, é criado por lei para provimento em caráter efetivo ou em comissão.

Gabarito: **Certo.**

Os cargos públicos para provimento em caráter efetivo ou em comissão somente podem ser criados por lei.

---

524. **(Cespe)** Situação hipotética: Giorgio, de quarenta anos de idade, é cidadão italiano e não tem nacionalidade brasileira. Foi aprovado, dentro do número de vagas, em concurso público para prover cargo do professor de ensino superior de determinada universidade federal, tem o nível de escolaridade exigido para o cargo e aptidão física e mental. Assertiva: Nessa situação, por não ter a nacionalidade brasileira, Giorgio não poderá tomar posse no referido cargo.

Gabarito: **Errado.**

A Constituição Federal de 1988 não restringe o acesso aos cargos públicos a brasileiros que gozam de direitos políticos, admitindo que cargos, empregos e funções públicas sejam preenchidos por estrangeiros, na forma da lei. Além disso, segundo a Lei nº 8.112/1990, as instituições federais de pesquisa científica e tecnológica podem prover seus cargos com professores, técnicos e cientistas estrangeiros, de acordo com os procedimentos e as normas nela previstos.

---

525. **(Cespe)** Ascensão e reintegração são formas de provimento de cargo público.

Gabarito: **Errado.**

A ascensão não é forma de provimento. De acordo com a Lei 8.112/90, em seu *Art. 8º: São formas de provimento em cargo público: I. Nomeação; II. Promoção; V. Readaptação; VI. Reversão; VII. Aproveitamento; VII. Reintegração; IX. Recondução.*

---

526. **(Cespe)** Servidor do Instituto Nacional do Seguro Social que agir como procurador de seu cônjuge na obtenção de benefício previdenciário violará proibição estabelecida no regime disciplinar dos servidores públicos federais.

Gabarito: **Errado.**

Ao servidor público federal é proibido atuar, como procurador ou intermediário, junto a repartições públicas, salvo quando se tratar de benefícios previdenciários ou assistenciais de parentes até o segundo grau, e de cônjuge ou companheiro.

---

527. **(Cespe)** É permitido o exercício de mais de um cargo em comissão, desde que seja na condição de interino.

Gabarito: **Certo.**

Conforme a Lei 8.112, em seu Art. 9º, Parágrafo único: *O servidor ocupante de cargo em comissão ou de natureza especial poderá ser nomeado para ter exercício, interinamente, em outro cargo de confiança, sem prejuízo das atribuições do que atualmente ocupa, hipótese em que deverá optar pela remuneração de um deles durante o período da interinidade.*

---

528. **(Cespe)** Com referência ao servidor público federal, a responsabilidade administrativa e a penal são independentes entre si, podendo cumular-se, salvo no caso de absolvição criminal que negue a ocorrência do fato ou a sua autoria.

Gabarito: Certo.

A responsabilidade do servidor público pode se dar na esfera civil, penal e administrativa, sendo afastada esta última no caso de absolvição criminal que negue a existência do fato ou de sua autoria.

---

529. **(Cespe)** O servidor que for nomeado para cargo de provimento efetivo será submetido, após entrar em exercício, a estágio probatório de três anos, no qual será avaliado com base na assiduidade, disciplina, capacidade de iniciativa, produtividade e responsabilidade.

Gabarito: Certo.

O atual entendimento do STJ é no sentido de que o estágio probatório compreende o período entre o início do exercício do cargo e a aquisição de estabilidade no serviço público, que tem a duração de três anos. Além disso, durante esse período, o servidor público tem seu desempenho avaliado com base em fatores, como disciplina, assiduidade, produtividade, responsabilidade e capacidade de iniciativa.

---

530. **(Cespe)** Somente nos casos previstos em lei poderá haver a prestação gratuita de serviços ao poder público.

Gabarito: Certo.

De acordo com o Art. 4 da Lei 8.112/1990, é proibida a prestação de serviços gratuitos, salvo os casos previstos em lei.

---

531. **(Cespe)** A inassiduidade habitual será apurada mediante procedimento sumário, cabendo, nesse caso, a penalidade de remoção ou de advertência.

Gabarito: Errado.

A questão acerta ao afirmar que o procedimento adotado será o sumário. Porém erra ao falar que a penalidade cabível é a remoção ou advertência. Quando na verdade a correta penalidade seria a demissão.

---

532. **(Cespe)** A proibição de acumular cargos não alcança cargos dos quadros de entidades da administração indireta.

Gabarito: Errado.

De acordo com o Art. 118, § 1º, a proibição de acumular estende-se a cargos, empregos e funções em autarquias, fundações públicas, empresas públicas, sociedades de economia mista da União, do Distrito Federal, dos Estados, dos Territórios e dos Municípios.

---

533. **(Cespe)** Conforme a Lei nº 8.112/1990, o servidor que sofrer acidente que limite sua capacidade física de forma a inviabilizar o exercício pleno das atribuições do cargo por ele ocupado deverá desempenhar suas funções como excedente em cargo de atribuições afins, com mesmo nível de escolaridade e equivalência de vencimentos, até a ocorrência de vaga disponível.

Gabarito: Certo.

O instituto em tela é o da readaptação - Art. 24, § 2º da Lei 8.112/1990, o qual será efetivada em cargo de atribuições afins, respeitada a habilitação exigida, nível de escolaridade e equivalência de vencimentos e, na hipótese de inexistência de cargo vago, o servidor exercerá suas atribuições como excedente, até a ocorrência de vaga.

---

534. **(Cespe)** O deslocamento de cargo de provimento efetivo, ocupado ou vago, no âmbito do quadro geral de pessoal para outro órgão ou entidade do mesmo poder denomina-se remoção.

Gabarito: Errado.

Remoção é o deslocamento do servidor, a pedido ou de ofício. O deslocamento de cargo é denominado redistribuição. Cargo de provimento efetivo, ocupado ou vago no âmbito do quadro geral de pessoal.

---

535. **(Cespe)** A reversão não se aplica ao servidor aposentado que já tiver completado setenta anos de idade.

Gabarito: Certo.

Segundo o Art. 27, da Lei 8.112/1990, não poderá reverter o aposentado que já tiver completado 70 (setenta) anos de idade.

---

536. **(Cespe)** Situação hipotética: Cláudio, servidor público federal, foi demitido após ter respondido a processo administrativo pela suposta prática de ato de improbidade administrativa. Inconformado, Cláudio ingressou com ação judicial e conseguiu anular a demissão, tendo sido reinvestido no cargo. Assertiva: Nesse caso, a reinvestidura de Cláudio no cargo público se dará por meio da reversão.

Gabarito: Errado.

Nesse caso ocorreu a reintegração, a qual é a reinvestidura do servidor estável no cargo anteriormente ocupado, ou no cargo resultante de sua transformação, quando invalidada a sua demissão por decisão administrativa ou judicial.

---

537. **(Cespe)** Caso o servidor público pratique mais de uma infração funcional, cada qual objeto de um processo administrativo disciplinar, pode a administração pública, com base no seu poder-dever de apurar condutas faltosas de seus servidores, aplicar a respectiva pena de demissão em cada processo administrativo, se for o caso.

Gabarito: Certo.

Caso o servidor público pratique mais de uma infração funcional, e que cada uma seja objeto de um processo administrativo disciplinar, pode a Administração Pública, se for o caso, com base no seu poder-dever de apurar condutas faltosas de seus servidores, aplicar a respectiva pena de demissão em cada processo administrativo.

---

538. **(Cespe)** Não pode a administração pública, ainda que fundada nos poderes de autotutela e disciplinar, promover investigação preliminar para averiguar a materialidade dos fatos e a veracidade de denúncia anônima apresentada contra servidor público.

Gabarito: Errado.

A Administração Pública pode promover investigação preliminar conforme previsto no Art. 143, da Lei 8.112/90:

Art. 143. A autoridade que tiver ciência de irregularidade no serviço público é obrigada a promover a sua apuração imediata, mediante sindicância ou processo administrativo disciplinar, assegurada ao acusado ampla defesa.

---

539. **(Cespe)** Os empregados públicos, contratados sob o regime da legislação trabalhista e ocupantes de emprego público, não estão sujeitos às regras constitucionais relativas à acumulação de cargos e de vencimentos estabelecidas para os servidores da administração pública direta.

Gabarito: Errado.

Os empregados públicos, contratados sob o regime da legislação trabalhista e ocupantes de emprego público, ESTÃO SUJEITOS às regras constitucionais relativas à acumulação de cargos e de vencimentos estabelecidas para os servidores da Administração Pública Direta.

---

540. **(Cespe)** O regime jurídico-administrativo brasileiro está fundamentado em dois princípios dos quais todos os demais decorrem, a saber: o princípio da supremacia do interesse público sobre o privado e o princípio da indisponibilidade do interesse público.

Gabarito: Certo.

O regime jurídico-administrativo fundamenta-se, conforme entende a doutrina, nos princípios da supremacia do interesse público sobre o privado e na indisponibilidade do interesse público.

---

541. **(Cespe)** De acordo com o entendimento do STF, atende ao princípio da publicidade a divulgação, em sítio eletrônico mantido pelo poder público, do valor dos vencimentos e das vantagens pecuniárias referentes a cargo na administração pública, porém não é legítima a publicação dos nomes dos servidores ocupantes dos referidos cargos, sob pena de ofensa à intimidade e à privacidade.

Gabarito: Errado.

De acordo com o entendimento do STF, atende ao princípio da publicidade a divulgação, em sítio eletrônico mantido pelo poder público, do valor dos vencimentos e das vantagens pecuniárias referentes a cargo na Administração Pública, sendo LEGÍTIMA a publicação dos nomes dos servidores ocupantes dos referidos cargos, sob pena de ofensa à intimidade e à privacidade.

---

542. **(Cespe)** O princípio da segurança jurídica informa a atividade jurisdicional, mas é irrelevante à atividade administrativa.

Gabarito: Errado.

O princípio da segurança jurídica orienta tanto a atividade Judiciária quanto a Administrativa. Dessa forma, a Segurança Jurídica é descrita como uma garantia de estabilidade nas relações jurídicas a qual traz consigo a ideia de preservar a coisa julgada, o ato jurídico perfeito e o direito adquirido. Sendo assim, uma vez que a Administração Pública tem como fonte primária a CF/88, não há que se falar em não aplicação do preceito de Segurança Jurídica em relações administrativas.

---

543. **(Cespe)** O princípio da autotutela da administração dispensa o contraditório, ainda que tenham decorrido efeitos concretos do ato a revogar.

Gabarito: Errado.

De acordo com o princípio da autotutela, a Administração Pública está vinculada à lei, o que permite o controle legal de seus próprios atos. Dessa forma, ao exercer o controle de legalidade, a Administração Pública pode anular os ilegais e revogar os inoportunos. Além disso, tal princípio refere-se também ao poder da administração de zelar pelos bens que integram seu patrimônio, sem a necessidade de intervenção do poder Judiciário. Sendo assim, o princípio da autotutela, além de respeitar o direito adquirido o ato jurídico perfeito, tem que respeitar outros parâmetros entre os quais o contraditório e a ampla defesa.

---

544. **(Cespe)** O interesse privado sobrepõe-se ao interesse público.

Gabarito: Errado.

O erro da questão é inverter os conceitos, uma vez que de acordo com o Princípio da Supremacia do Interesse Público o interesse público deve prevalecer sobre o interesse do particular.

---

545. **(Cespe)** À administração é assegurada a livre disponibilidade dos interesses públicos.

Gabarito: Errado.

Toda a Administração Pública está fundamentada em dois princípios: a Supremacia do Interesse Público sobre o Privado e a INDISPONIBILIDADE do Interesse Público. Sendo assim, a Administração Pública não pode dispor dos interesses públicos, pois essa é apenas mera gestora da coisa pública.

---

546. **(Cespe)** A legalidade na administração significa conformidade com a lei e autorização da lei como condição da ação administrativa.

Gabarito: Certo.

De acordo com o princípio da Legalidade, a Administração Pública só pode realizar o que lhe é expressamente autorizado em lei.

---

547. **(Cespe)** As prerrogativas do poder público sobre os particulares, decorrentes da supremacia do interesse público, são integralmente afastadas quando a administração, eventualmente, se nivela, sob algum aspecto, a entidade sob regime de direito privado.

Gabarito: Errado.

O poder público deve atuar com a finalidade de buscar a satisfação dos interesses públicos, seja de forma direta ou indireta. Dessa forma, não é correto dizer que quando a atuação do poder público se desenvolve no âmbito privado, ou seja, através de uma entidade de direito privado, o princípio da supremacia do interesse publico será INTEGRALMENTE afastado. Sendo assim, mesmo quando o Estado atua no domínio econômico por intermédio de uma sociedade de economia mista ou de uma empresa pública, ainda sim, em certas situações, as normas de direito público afastarão PARCIALMENTE as normas de direito privado. Como exemplo, podemos citar as Empresas Públicas e as Sociedades de Economia Mista, as quais, em razão do ordenamento constitucional, devem LICITAR, a fim de escolher a proposta mais vantajosa para o poder público, gerando assim redução dos gastos e satisfação do interesse público.

---

548. **(Cespe)** Em um Estado democrático de direito, deve-se assegurar o acesso amplo às informações do Estado, exigindo-se, com amparo no princípio da publicidade, absoluta transparência, sem espaço para excepcionalidades no âmbito interno.

Gabarito: Errado.

Se for imprescindível à segurança da sociedade e do Estado, será permitido o sigilo dos atos administrativos.

CF, Art. 5º, XXXIII. *Todos têm direito a receber dos órgãos públicos informações de seu interesse particular, ou de interesse coletivo ou geral, que serão prestadas no prazo da lei, sob pena de responsabilidade, ressalvadas aquelas cujo sigilo seja imprescindível à segurança da sociedade e do Estado.*

549. **(Cespe)** A impessoalidade é princípio que norteia a administração e está intimamente afeta às licitações públicas.

Gabarito: Certo.

De acordo com a legislação brasileira, a licitação deve seguir, obrigatoriamente, os princípios básicos da legalidade, da impessoalidade, da moralidade, da igualdade, da publicidade, da probidade administrativa, da vinculação ao instrumento convocatório, do julgamento objetivo e dos que lhes são correlatos.

550. **(Cespe)** Administração Pública, em sentido amplo, abrange o exercício da função política e da função administrativa, estando ambas as atividades subordinadas à lei.

Gabarito: Certo.

Administração pública em sentido amplo abrange os órgãos de governo, que exercem função política, e também os órgãos e pessoas jurídicas que exercem função meramente administrativa. Em sentido estrito, só inclui os órgãos e pessoas jurídicas que exercem função meramente administrativa, de execução dos programas de governo.

551. **(Cespe)** Se for imprescindível à segurança da sociedade e do Estado, será permitido o sigilo dos atos administrativos.

Gabarito: Certo.

A administração está obrigada a divulgar informações a respeito dos seus atos administrativos, ressalvadas aquelas cujo sigilo seja imprescindível à segurança da sociedade e do Estado e à proteção da intimidade das pessoas.

552. **(Cespe)** Ofenderá o princípio da impessoalidade a atuação administrativa que contrariar, além da lei, a moral, os bons costumes, a honestidade ou os deveres de boa administração.

Gabarito: Errado.

Na verdade o princípio mencionado na questão trata do princípio da MORALIDADE. O princípio da moralidade está relacionado com a exigência de atuação do agente público de acordo com a moral, ética, honestidade e boa-fé. Além de a atuação administrativa ter de obedecer aos ditames legais, deve-se levar em consideração o fato de que a atuação administrativa deve obedecer aos princípios da justiça e da honestidade. Portanto, pelo fato de moralidade ser um preceito ético subjetivo e desejado ela sociedade, a atuação da administração deve ir além do que está estipulado pela lei, deve ser mais exigente do que o simples cumprimento do que está estipulado legalmente, deve separar o justo do injusto, o lícito do ilícito, o conveniente do inconveniente. Pode ser considerado como sendo um dever da administração e um direito público subjetivo.

553. **(Cespe)** A ação administrativa tendente a beneficiar ou a prejudicar determinada pessoa viola o princípio da isonomia.

Gabarito: Errado.

A ação administrativa tendente a beneficiar ou a prejudicar determinada pessoa viola o princípio da impessoalidade e não o da isonomia como afirma a questão.

---

554. **(Cespe)** O agente público só poderá agir quando houver lei que autorize a prática de determinado ato.

Gabarito: Certo.

Por força do princípio da legalidade, o administrador público tem sua atuação limitada ao que estabelece a lei, aspecto que o difere do particular, a quem tudo se permite se não houver proibição legal.

---

555. **(Cespe)** Os atos administrativos se aperfeiçoam pela publicidade, sendo possível, em alguns casos, que sejam praticados sob sigilo.

Gabarito: Certo.

O princípio da publicidade, no direito administrativo, relaciona-se à publicidade, diretamente ligada à eficácia do ato, bem como à transparência, derivada, por sua vez, do princípio da indisponibilidade do interesse público.

---

556. **(Cespe)** A pretexto de atuar eficientemente, é possível que a administração pratique atos não previstos na legislação.

Gabarito: Errado.

De acordo com o princípio da Legalidade, a Administração Pública só poderá agir dentro dos limites que a Lei determina, ao contrário do particular que pode fazer tudo que não lhe é proibido em lei. Sendo assim, mesmo quando age com discricionariedade, que é faculdade de decidir por aquilo que é conveniente e oportuno, a Administração Pública não tem liberdade absoluta e deve agir de maneira adstrita às determinações, imposições e limites firmados pela lei.

---

557. **(Cespe)** Apesar de o princípio da moralidade exigir que os atos da administração pública sejam de ampla divulgação, veda-se a publicidade de atos que violem a vida privada do cidadão.

Gabarito: Errado.

O princípio descrito na questão corresponde ao princípio da publicidade. Em atendimento a esse princípio, a Administração Pública deve proporcionar ampla divulgação dos seus atos, e a lei regular o acesso dos usuários de serviço público a registros administrativos e a informações sobre atos de governo, observadas, no entanto, as restrições estabelecidas constitucionalmente quanto ao direito à intimidade e à segurança da sociedade e do Estado.

---

558. **(Cespe)** O regime jurídico-administrativo caracteriza-se pelas prerrogativas e sujeições a que se submete a administração pública.

Gabarito: Certo.

A Administração Pública não pode atuar da mesma forma que o particular no desempenho de suas atividades. Isso ocorre porque o Estado atua com a finalidade de alcançar o interesse público, que é indisponível. Sendo assim, a expressão regime jurídico é utilizada para designar, em sentido amplo, os regimes de direito público e de direito privado a que pode submeter-se a Administração Pública. Já a expressão regime jurídico administrativo é reservada tão somente para abranger o conjunto de traços, de conotações, que tipificam o Direito Administrativo, colocando a Administração Pública numa posição privilegiada, vertical, na relação jurídico-administrativa. Segundo Maria Sylvia Zanella Di Pietro, pode-se dizer que o regime administrativo resume-se a duas palavras apenas: prerrogativas e sujeições.

---

559. **(Cespe)** A garantia do contraditório e da ampla defesa no processo administrativo disciplinar relaciona-se à segurança jurídica.

Gabarito: Certo.

Está de acordo com o que prevê o Art. 2º da Lei 9.784/99: *A Administração Pública obedecerá, dentre outros, aos princípios da legalidade, finalidade, motivação, razoabilidade, proporcionalidade, moralidade, ampla defesa, contraditório, segurança jurídica, interesse público e eficiência.*

---

560. **(Cespe)** A administração pública em sentido formal, orgânico ou subjetivo, compreende o conjunto de entidades, órgãos e agentes públicos no exercício da função administrativa. Em sentido objetivo, material ou funcional, abrange um conjunto de funções ou atividades que objetivam realizar o interesse público.

Gabarito: Certo.

Em sentido subjetivo, a administração pública compreende o conjunto de órgãos e de pessoas jurídicas ao qual a lei confere o exercício da função administrativa do Estado. Do ponto de vista objetivo, a expressão administração pública se confunde com a própria atividade administrativa exercida pelo Estado.

---

561. **(Cespe)** Decorre do princípio da hierarquia uma série de prerrogativas para a administração, aplicando-se esse princípio, inclusive, às funções legislativa e judicial.

Gabarito: Errado.

O princípio da hierarquia somente existe quando se fala em funções administrativas, de modo que no caso de funções típicas de outros poderes, tais como as funções legislativa e judicial, não há o que se falar em hierarquia, uma vez que se trata de poderes independentes e harmônicos entre si.

---

562. **(Cespe)** Decorre do princípio da continuidade do serviço público a possibilidade de preencher, mediante institutos como a delegação e a substituição, as funções públicas temporariamente vagas.

Gabarito: Certo.

Por esse princípio entende-se que o serviço público, sendo a forma pela qual o Estado desempenha funções essenciais ou necessárias à coletividade, não pode parar. Sendo assim, de acordo com Maria Sylvia Zanella Di Pietro, desse princípio decorrem consequências importantes, tais como: necessidade de institutos como a suplência, a delegação e a substituição para preencher as funções públicas temporariamente vagas.

---

563. **(Cespe)** O princípio do controle ou tutela autoriza a administração a realizar controle dos seus atos, podendo anular os ilegais e revogar os inconvenientes ou inoportunos, independentemente de decisão do Poder Judiciário.

Gabarito: Errado.

O princípio em questão é o da AUTOTUTELA, o qual autoriza a administração pública a realizar o controle dos seus atos, podendo anular os ilegais e revogar os inconvenientes ou inoportunos, independentemente de decisão do Poder Judiciário.

564. **(Cespe)** Dado o princípio da autotutela, a administração exerce controle sobre pessoa jurídica por ela instituída, com o objetivo de garantir a observância de suas finalidades institucionais.

Gabarito: Errado.

É através do princípio da TUTELA que a administração exerce controle sobre pessoa jurídica por ela instituída, com o objetivo de garantir a observância de suas finalidades institucionais.

565. **(Cespe)** Em decorrência do princípio da publicidade, a administração pública deve indicar os fundamentos de fato e de direito de suas decisões.

Gabarito: Errado.

É em decorrência do princípio da MOTIVAÇÃO que a Administração Pública deve indicar os fundamentos de fato e de direito de suas decisões.

566. **(Cespe)** Em decorrência do princípio da autotutela, apenas o Poder Judiciário pode revogar atos administrativos.

Gabarito: Errado.

De acordo com a Súmula 472 STF: *A administração pode anular seus próprios atos, quando eivados de vícios que os tornam ilegais, porque deles não se originam direitos; ou revogá-los, por motivo de conveniência ou oportunidade, respeitados os direitos adquiridos, e ressalvada, em todos os casos, a apreciação judicial.*

567. **(Cespe)** O princípio da indisponibilidade do interesse público e o princípio da supremacia do interesse público equivalem-se.

Gabarito: Errado.

Tais princípios não se equivalem. O princípio da supremacia do interesse público fundamenta a existência das prerrogativas ou dos poderes especiais da Administração Pública, dos quais decorre a verticalidade nas relações administração-particular. Já a indisponibilidade do interesse público trata de restrições impostas ao poder público, uma vez que a administração não dispõe da coisa pública, sendo apenas mera gestora da coisa pública.

568. **(Cespe)** Estão expressamente previstos na CF o princípio da moralidade e o da eficiência.

Gabarito: Certo.

Está de acordo com o previsto no Art. 37 da CF: *a Administração Pública direta e indireta de qualquer dos Poderes da União, dos Estados, do Distrito Federal e dos Municípios obedecerá aos princípios de legalidade, impessoalidade, moralidade, publicidade e eficiência.*

569. **(Cespe)** O princípio da legalidade visa garantir a satisfação do interesse público.

Gabarito: Errado.

Nesse caso trata-se do princípio da impessoalidade, o qual tem como finalidade a satisfação do interesse público.

---

570. **(Cespe)** A exigência da transparência dos atos administrativos decorre do princípio da eficiência.

Gabarito: Errado.

Tal exigência decorre do princípio da publicidade, o qual proíbe a edição de atos secretos pelo poder público, definindo a ideia de que a Administração deve atuar de forma plena e transparente.

---

571. **(Cespe)** A administração deve, em caso de incompatibilidade, dar preferência à aplicação do princípio da supremacia do interesse público em detrimento do princípio da legalidade.

Gabarito: Errado.

No caso de conflitos entre princípios da administração pública, leva-se em consideração a importância relativa de cada princípio para que seja determinado qual deles prevalecerá no caso concreto, já que, assim como os demais princípios, o princípio da supremacia do interesse público não é absoluto.

---

572. **(Cespe)** A publicidade, princípio basilar da administração pública, não pode sofrer restrições.

Gabarito: Errado.

O princípio da publicidade, assim como qualquer outro princípio, pode sofrer restrições no caso concreto. Como exemplo, podemos citar o Art. 5º, inciso XXXIII, da CF, que estabelece que todos têm direito a receber dos órgãos públicos informações de seu interesse particular, ou de interesse coletivo ou geral, que serão prestadas no prazo da lei, sob pena de responsabilidade, ressalvadas aquelas cujo sigilo seja imprescindível à segurança da sociedade e do Estado.

---

573. **(Cespe)** A ofensa ao princípio da moralidade pressupõe afronta também ao princípio da legalidade.

Gabarito: Errado.

Existem atos que, embora dentro da lei, violam o princípio da moralidade. Sendo assim, pode-se concluir que nem todo ato que é legal é moral.

---

574. **(Cespe)** O princípio da eficiência deve ser aplicado prioritariamente, em detrimento do princípio da legalidade, em caso de incompatibilidade na aplicação de ambos.

Gabarito: Errado.

Não existe no direito administrativo princípio mais importante que outro. Sendo assim, caso existam conflitos entre princípios da administração pública, leva-se em consideração o peso ou a importância relativa de cada princípio para que seja determinado qual deles prevalecerá no caso concreto.

---

575. **(Cespe)** Determinada autoridade administrativa deixou de anular ato administrativo ilegal, do qual decorriam efeitos favoráveis para seu destinatário, em razão de ter decorrido mais de cinco anos desde a prática do ato, praticado de boa-fé. Nessa situação hipotética, a atuação da autoridade administrativa está fundada no princípio administrativo da segurança jurídica.

Gabarito: Certo.

O Princípio da Segurança Jurídica, preceituado no Art. 5º XXXVI da CF, garante a integridade do ato jurídico perfeito, da coisa julgada e do direito adquirido, ou seja, após o trânsito em julgado da decisão ou decurso do tempo para o direito de ação não será viável nova resolução sobre tais matérias. Lei 9.784/99: *Art. 54. O direito da Administração de anular os atos administrativos de que decorram efeitos favoráveis para os destinatários decai em cinco anos, contados da data em que foram praticados, salvo comprovada má-fé. Art. 2º, XIII. Interpretação da norma administrativa da forma que melhor garanta o atendimento do fim público a que se dirige, vedada aplicação retroativa de nova interpretação.*

---

576. **(Cespe)** A ausência de previsão de acesso de estrangeiros a cargos públicos coaduna-se com a política de soberania do Estado brasileiro, que restringe as funções públicas aos brasileiros que gozam de direitos políticos.

Gabarito: Errado.

A própria Constituição Federal em seu Art. 37, inciso I, faz a previsão legal dos cargos públicos para estrangeiros e a Lei 8.112/90 – Estatuto dos Funcionários Públicos Civis Federais faz a previsão legal de tais cargos. Segue os apontamentos legais.

Art. 37, I, CF. Os cargos, empregos e funções públicas são acessíveis aos brasileiros que preencham os requisitos estabelecidos em lei, assim como aos estrangeiros, na forma da lei.

Art. 5º, §3º. As universidades e instituições de pesquisa científica e tecnológica federais poderão prover seus cargos com professores, técnicos e cientistas estrangeiros, de acordo com as normas e os procedimentos desta lei.

---

577. **(Cespe)** Senadores, deputados e vereadores são considerados agentes políticos.

Gabarito: Certo.

Essa é a classificação dos agentes inseridos mediante eleição. Devemos nos atentar que alguns cargos inseridos por meio de livre nomeação e livre exoneração – cargos em comissão – também são considerados agentes políticos. Como exemplo temos os Ministros de Estado e os secretários estaduais, distritais e municipais.

---

578. **(Cespe)** A aprovação em concurso público é condição necessária para que o servidor público seja investido em cargo ou função pública.

Gabarito: Errado.

Os cargos – de acordo com a Constituição Federal – podem ser providos mediante concurso de provas ou provas e títulos ou mediante livre nomeação e livre exoneração, como são os casos dos cargos em comissão.

---

579. **(Cespe)** O dever de obediência impõe ao servidor a obrigação de cumprir as ordens de seus superiores e de, caso suspeite da legalidade dessa ordem, provocar novo pronunciamento da autoridade que a expediu. Nesse caso, se confirmada, a ordem deverá ser cumprida sem que isso gere qualquer responsabilidade para o servidor.

Gabarito: Errado.

O agente público é proibido de cumprir "ordem manifestamente ilegal", ou seja, caso o servidor suspeite da legalidade de ordem não poderá cumpri-la, do contrário responderá juntamente com o autor da ordem ilegal.

---

580. **(Cespe)** Os servidores públicos regidos pela Lei 8.112/90 recebem por seus trabalhos o chamado retorno pecuniário em forma de salário.

Gabarito: Errado.

A Lei 8.112/90 – Estatuto dos Servidores Públicos Federais, traz a previsão legal do recebimento em forma de remuneração, subsídio e proventos de acordo com o caso concreto. Salários somente para os regidos pela CLT.

---

581. **(Cespe)** Os agentes políticos cujos atos puderem configurar crimes de responsabilidade não se submetem ao regime da Lei de Improbidade Administrativa.

Gabarito: Certo.

Segundo os tribunais, configura *bis in idem*, ou seja, por ter a mesma natureza, não pode ser aplicada a lei dos crimes de responsabilidade e improbidade ao mesmo tempo pelo mesmo fato. Assim, a lei dos crimes de responsabilidade é mais específica e determina sua aplicação aos agentes políticos que estejam nela descrita. Vejam que não é qualquer agente político, além de ser agente político tem que ter expressa previsão. Um bom exemplo é o Presidente da República, este responderá pela Lei dos Crimes de Responsabilidade, pois além de ser agente público, está com seu cargo previsto na lei.

---

582. **(Cespe)** Segundo entendimento firmado pelo STJ, o candidato aprovado fora das vagas previstas originariamente no edital, mas classificado até o limite das vagas surgidas durante o prazo de validade do concurso, possui direito líquido e certo à nomeação se o edital dispuser que serão providas, além das vagas oferecidas, as outras que vierem a existir durante a validade do certame.

Gabarito: Certo.

O entendimento do Superior Tribunal de Justiça (STJ) nesse sentido é bem definido. O candidato aprovado e classificado dentro do número de vagas tem direito subjetivo à nomeação, ou seja, direito adquirido. O candidato aprovado fora do número de vagas tem somente exceptiva de direito a nomeação. Contudo, caso o edital preveja que durante o prazo de validade poderão surgir novas vagas, e se essas surgirem, o candidato terá direito adquirido à nomeação.

---

583. **(Cespe)** Considere que Joana, advogada do IBAMA, foi eleita deputada estadual pelo estado do Espírito Santo. Nessa situação, apesar de afastada do cargo de advogada até o fim do seu mandato, segundo a Constituição Federal, Joana continuará percebendo a remuneração do seu cargo no IBAMA, cumulada com o subsídio do cargo eletivo.

Gabarito: Errado.

Regra do Art. 38 da CF/88. *Ao servidor público da Administração Direta, autárquica e fundacional, no exercício de mandato eletivo, aplicam-se as seguintes disposições: I - tratando-se de mandato eletivo federal, estadual ou distrital, ficará afastado de seu cargo, emprego ou função.* Desse forma, não existe acumulação legal de cargo na situação descrita, sendo a exceção quando o cargo é de vereador e tiver compatibilidade de horários.

---

584. **(Cespe)** O agente público, pessoa física, distingue-se da figura do órgão administrativo, centro de competência despersonalizado; nesse sentido, pode o Estado suprimir cargo, função ou órgão sem ofender direitos de seus agentes.

Gabarito: Certo.

Os órgãos públicos, segundo a teoria do órgão, são considerados meros centros de competência despersonalizados e não possuem patrimônio próprio. Os agentes são pessoas físicas que trabalham em imputação à pessoa jurídica do Estado ao qual está ligado. Assim, os órgãos e cargos são inerentes ao Estado e não ao agente, podendo por meio de lei serem extintos, sem que isso gere direito adquirido.

---

585. **(Cespe)** Os magistrados, agentes políticos investidos para o exercício de atribuições constitucionais, têm plena liberdade funcional no desempenho de suas funções, bem como prerrogativas próprias e legislações específicas.

Gabarito: Certo.

Segundo parte da doutrina, os cargos constitucionais de alto grau são considerados agentes políticos, são exemplos: Magistrados, Defensores Públicos, Promotores de Justiça.

---

586. **(Cespe)** O dispositivo constitucional que admite o afastamento do servidor do cargo, do emprego ou da função para o exercício de mandato é aplicável ao servidor contratado para atender a necessidade temporária de excepcional interesse público, já que exerce função pública.

Gabarito: Errado.

O instituto que admite o afastamento do servidor do cargo está pautado no Art. 38 da Constituição Federal e prevê essa prerrogativa ao servidor público da Administração Direta, autárquica e fundacional, não sendo extensivos aos contratados temporários ou mesmo empregados públicos.

---

587. **(Cespe)** É condição necessária e suficiente para a aquisição da estabilidade no serviço público o exercício efetivo no cargo por período de três anos.

Gabarito: Errado.

A condição é necessária, contudo não é suficiente, pois o servidor para ganhar a estabilidade deve passar antes pelo estágio probatório, ou seja, deve ele passar pela avaliação de desempenho.

---

588. **(Cespe)** Não constitui ofensa à CF a acumulação remunerada de dois empregos públicos em duas sociedades de economia mista estaduais, dado que a proibição constitucional se aplica somente à acumulação dos cargos públicos da administração direta e das Fundações Públicas e Autarquias.

Gabarito: Errado.

A acumulação irregular se estende a toda Administração Pública Direta e Indireta de qualquer esfera da federação seja ela da União, dos Estados, do Distrito Federal ou dos Municípios como verificamos no Art. 37, XVII, da CF/88 - *a proibição de acumular estende-se a empregos e funções e abrange Autarquias, Fundações, Empresas Públicas, Sociedades de Economia Mista, suas subsidiárias, e sociedades controladas, direta ou indiretamente, pelo poder público*.

---

589. **(Cespe)** Os atos praticados pelos agentes públicos da PRF estão sujeitos ao controle contábil e financeiro do Tribunal de Contas da União.

Gabarito: Certo.

O Tribunal de Contas da União (TCU) – órgão vinculado ao Poder Legislativo – tem a competência de controlar tanto contábil como financeiramente as contas do Poder Executivo. Vale lembrar que a Polícia Rodoviária Federal é um órgão da Administração Pública Direita da União que exerce um serviço público de forma direta. No Direito Administrativo recebe o nome de serviço público centralizado.

---

590. **(Cespe)** Os ocupantes de cargo ou função em comissão são considerados agentes honoríficos.

Gabarito: Errado.

Os agentes públicos recebem determinadas classificações de acordo com suas características. Assim, quem possui cargo público está ligado à Administração Direta, Autarquia ou fundacional quando estamos tratando da Administração Pública Direta e Indireta da União. Os cargos em comissão são aqueles de livre nomeação e livre exoneração determinados pelo próprio texto constitucional. Já os agentes honoríficos são aqueles que exercem função sem, no entanto, terem cargos ou empregos públicos. Trabalham sem remuneração e não possuem direito adquirido à função, visto que a exercem de forma temporária. São exemplos os mesários e os jurados.

---

591. **(Cespe)** A extinção de cargo público preenchido somente pode ser efetivada mediante lei. No entanto, nos casos de cargo vago, essa extinção pode ser efetivada mediante decreto autônomo.

Gabarito: Certo.

O Art. 84, VI, da Constituição Federal autorizou expressamente a utilização dos chamados decretos autônomos; essa previsão só vale para as alíneas "a" e "b" do referido Art. Assim, os cargos públicos podem ser extintos de duas formas a saber: quando preenchidos somente por lei; quando vagos diretamente pelo Presidente da República mediante decreto.

---

592. **(Cespe)** Agente público é aquele que exerce emprego ou função pública mediante remuneração.

Gabarito: Errado.

O erro da questão foi generalizar, pois existem os chamados agentes honoríficos que exercem função pública sem, no entanto, receberem remuneração ou salário. Vale lembrar que quem trabalha – na esfera federal – na Administração Direta, Autarquia ou fundacional recebe remuneração ou subsídio e quem trabalha em uma Sociedade de Economia Mista ou Empresa Pública recebe salário.

---

593. **(Cespe)** Um secretário estadual de educação é considerado um agente político.

Gabarito: Certo.

Segundo a melhor doutrina, quem exerce suas funções constitucionais em órgãos independentes ou autônomos é considerado agente político. Assim, devemos considerar as secretarias estaduais e municipais e também os ministérios no Governo Federal como sendo órgãos autônomos. Dessa forma, tanto os secretários quanto os ministros devem ser considerados agentes políticos.

---

594. **(Cespe)** Na Constituição Federal de 1988 (CF), é vedada a acumulação de cargo de diretor da ANS com cargo de professor de Universidade Federal em regime de 40 horas semanais de trabalho.

Gabarito: Certo.

Não existe acumulação legal de cargo em comissão e o diretor da ANS exerce cargo em comissão. Acumulação legal somente nos casos do Art. 37, VXI, e em cargos efetivos.

---

595. **(Cespe)** Admite-se a realização, pela Administração Pública, de processo seletivo simplificado para contratar profissionais por tempo determinado para atender à necessidade temporária de excepcional interesse público.

Gabarito: Certo.

Previsão legal no Art. 37, IX – *a lei estabelecerá os casos de contratação por tempo determinado para atender a necessidade temporária de excepcional interesse público*.

---

596. **(Cespe)** Os ministros de estado são considerados agentes políticos, dado que integram os mais altos escalões do poder público.

Gabarito: Certo.

Tanto os Ministros de Estado, quanto os secretários estaduais, municipais e distritais são considerados agentes políticos.

---

597. **(Cespe)** É permitida a acumulação remunerada de cargo de professor de Universidade Pública Estadual com o de Procurador da República, ainda que não haja compatibilidade de horários.

Gabarito: Errado.

O erro da questão está na compatibilidade de horários, que é obrigatória para eficácia da norma constitucional prevista no Art. 37, VXI.

---

598. **(Cespe)** A proibição de acumulação de cargos, funções e empregos públicos não se aplica às sociedades controladas indiretamente pelo poder público.

Gabarito: Errado.

A proibição de acumular estende-se a empregos e funções e abrange Autarquias, Fundações, Empresas Públicas, Sociedades de Economia Mista, suas subsidiárias e sociedades controladas direta ou indiretamente pelo poder público.

---

599. **(Cespe)** A CF assegura a reserva de percentual de cargos públicos para pessoas portadoras de necessidades especiais.

Gabarito: Certo.

A previsão Constitucional está no Art. 37, VIII – a lei reservará percentual dos cargos e empregos públicos para as pessoas portadoras de deficiência e definirá os critérios de sua admissão. Na esfera federal a Lei 8.112/90 regulamentou e trouxe a previsão de que até 20% das vagas serão reservadas aos portadores de deficiência física.

---

600. **(Cespe)** André foi aprovado em concurso público para provimento de cargo de escrivão de polícia federal, tendo sido recentemente nomeado. Porém, André não tem interesse em assumir imediatamente o cargo porque atualmente exerce cargo comissionado que lhe confere rendimento maior. Nessa situação, a legislação garante a André o direito de abdicar de sua nomeação e assumir a posição do último colocado entre os candidatos aprovados no referido concurso.

Gabarito: Errado.

A nomeação é o ato de provimento que chama o candidato para assumir o cargo mediante a posse. Na esfera federal o prazo para posse, previsto na Lei 8.112/90, é de 30 dias improrrogáveis. Perdendo esse prazo, a nomeação do servidor fica sem efeito, não gerando qualquer tipo de direito adquirido.

---

601. **(Cespe)** Nelson foi recentemente contratado pela União para exercer função pública mediante contrato por tempo determinado para atender a necessidade temporária de excepcional interesse público. Nessa situação, Nelson ocupa emprego público.

Gabarito: Errado.

Os contratados temporários previstos no Art. 37, IX, não possuem cargos ou empregos públicos, somente exercem suas funções públicas por tempo determinado, ou seja, não são servidores tampouco empregados públicos, mas possuem – enquanto estiverem a serviço da administração – função pública.

---

602. **(Cespe)** A investidura em cargo ou emprego público, incluindo-se os cargos em comissão, depende, de acordo com disposição expressa da CF, da aprovação prévia em concurso público de provas ou provas e títulos.

Gabarito: Errado.

Os cargos em comissão, previstos no Art. 37, II, não necessitam de prévia aprovação em concursos públicos, bem como nunca ganham estabilidade ou mesmo passam pelo estágio probatório. Assim está a previsão constitucional: *II. A investidura em cargo ou emprego público depende de aprovação prévia em concurso público de provas ou de provas e títulos, de acordo com a natureza e a complexidade do cargo ou emprego, na forma prevista em lei, ressalvadas as nomeações para cargo em comissão declarado em lei de livre nomeação e exoneração.*

---

603. **(Cespe)** A exoneração de servidor que ocupe cargo comissionado caracteriza-se como ação de caráter punitivo, sendo necessário prévio processo administrativo, garantindo-se o contraditório e a ampla defesa.

Gabarito: Errado.

A exoneração de servidor em comissão é de natureza discricionária, ou seja, mera conveniência e oportunidade por parte do administrador público. Não existe o caráter punitivo, pois a exoneração é forma de vacância de cargo e não forma de punição.

---

604. **(Cespe)** Visando suprir necessidade urgente, a administração poderá realizar concurso público para provimento de cargo efetivo com base em entrevistas, análise curricular e testes psicotécnicos.

Gabarito: Errado.

Cargo efetivo, segundo o Art. 37, II, da CF/88, somente pode ser exercido por meio de investidura com aprovação prévia em concurso público de provas ou de provas e títulos, de acordo com a natureza e a complexidade do cargo ou emprego, na forma prevista em lei.

---

605. **(Cespe)** As sociedades de economia mista, por possuírem caráter de direito privado, não precisam realizar concurso público para provimento de seus cargos e empregos de provimento efetivo.

Gabarito: Errado.

A obrigatoriedade de concurso público para cargo efetivo e emprego público estende-se para toda a Administração Pública Direta e Indireta, ressalvados os cargos de livre nomeação e livre exoneração, assim chamados de cargos em comissão.

---

606. **(Cespe)** Alguns agentes políticos, a exemplo dos terceiros colaboradores, como os notários — titulares de registro e ofícios de notas —, sujeitam-se a regime semelhante ao dos servidores públicos, aplicando-se-lhes a necessidade de aprovação em concurso público, o benefício da estabilidade e a aposentadoria compulsória aos setenta anos de idade.

Gabarito: Errado.

Os particulares que colaboram com o Estado não possuem as prerrogativas dos servidores estatutários e dos empregados públicos e não necessitam de concurso público. A exceção na última parte são os notários, que necessitam prestar concurso público, sem, no entanto, exercer após a aprovação um cargo ou mesmo emprego público. Essa situação no nosso ordenamento jurídico constitui uma exceção à regra. A previsão está no Art. 236 da CF/88, que determinou que *os serviços notariais e de registro seriam exercidos em caráter privado, por delegação do Poder Público*, e logo em seguida, em seu § 3º, estatuiu que *o ingresso na atividade notarial e de registro depende de concurso público de provas e títulos, não se permitindo que qualquer serventia fique vaga, sem abertura de concurso de provimento ou remoção, por mais de seis meses*. Na regra geral devemos considerá-los como sendo delegatários de serviços públicos inseridos por meio de concurso público.

---

607. **(Cespe)** Em 2000, João ingressou no serviço público federal como médico concursado de um hospital público. Desde 2008, João é o diretor desse hospital e, em 2010, ele foi aprovado em concurso e nomeado para o cargo de professor em uma Universidade Federal. Em virtude do grande volume de trabalho nos dois cargos, João sai, habitualmente, da universidade, durante as aulas, para atender chamados urgentes do hospital. Nos momentos em que se ausenta da universidade, João comunica a ausência a um colega professor, que, então, o substitui. A filha de João ocupa cargo de confiança, como sua assessora, na direção do hospital, o que o deixa à vontade para se ausentar do hospital com frequência, pois sabe que o deixa em boas mãos.

Com referência à situação hipotética acima, e considerando as normas aplicáveis aos servidores públicos federais, julgue o item a seguir.

João somente poderá perder o cargo público de médico em razão de sentença judicial transitada em julgado.

Gabarito: Errado.

O caso configura improbidade administrativa e, de acordo com o Art. 132 da Lei 8.112/90, isso determina a demissão do servidor a bem do serviço público federal. Não podemos confundir, pois temos duas situações distintas: a primeira é a condenação na esfera administrativa baseada na Lei 8.112/90; isso pode ocorrer a qualquer momento, pois a própria lei prevê a demissão nesse caso; a segunda é a condenação na Lei 8.429/92 – que é a Lei de Improbidade Administrativa – aqui a demissão somente poderia existir com o trânsito em julgado. Contudo, as esferas são independentes, assim, fica o servidor submetido às esferas de forma independente.

---

608. **(Cespe)** Cargo público é o conjunto de atribuições e responsabilidades que, previstas na estrutura organizacional, devem ser cometidas a um servidor.

Gabarito: Certo.

Mero texto de lei previsto no Estatuto dos Servidores Civis Federais – Lei 8.112/90 *Art. 3º. Cargo público é o conjunto de atribuições e responsabilidades previstas na estrutura organizacional que devem ser cometidas a um servidor.*

---

609. **(Cespe)** É vedada ao servidor público, em qualquer situação, a acumulação remunerada de cargos, empregos ou funções públicas nas administrações direta, indireta e fundacional e em sociedades controladas direta ou indiretamente pelo poder público.

Gabarito: Errado.

A previsão constitucional está no Art. 37, XVI. *É vedada a acumulação remunerada de cargos públicos, exceto quando houver compatibilidade de horários, observado em qualquer caso o disposto no inciso XI: a) a de dois cargos de professor; b) a de um cargo de professor com outro técnico ou científico; c) a de dois cargos ou empregos privativos de profissionais de saúde, com profissões regulamentadas.*

---

610. **(Cespe)** O recrutamento do pessoal a ser contratado temporariamente para atender a necessidade temporária de excepcional interesse público será feito mediante concurso público. Nos casos de contratação para atender às necessidades decorrentes de calamidade pública ou de emergência ambiental, será dispensado o processo seletivo.

Gabarito: Errado.

A contratação temporária está prevista no Art. 37, IX. *A lei estabelecerá os casos de contratação por tempo determinado para atender a necessidade temporária de excepcional interesse público.* Dessa forma, a CF/88 determina a contração de forma simplificada e não a obrigatoriedade de concurso público.

---

611. **(Cespe)** Apesar de cargo, emprego e função designarem realidades diversas, a investidura, em qualquer uma dessas hipóteses, depende da aprovação em concurso público.

Gabarito: Errado.

Os cargos públicos ocupados por servidores estatutários e os empregos públicos regidos pela Consolidação das Leis do Trabalho (CLT) e ocupados por empregados públicos devem ser providos por meio de concurso, com exceção dos cargos em comissão de livre nomeação e livre exoneração. Contudo, todos os cargos e empregos possuem funções, mas nem todas as funções possuem cargos ou empregos, como no caso dos agentes honoríficos – mesários e jurados. Dessa forma, temos os cargos em comissões e os agentes honoríficos que exercem funções públicas sem a obrigatoriedade do concurso público.

---

612. **(Cespe)** Além da responsabilidade civil e penal, o servidor responde administrativamente pela prática de ilícitos administrativos definidos na legislação de regência, situação em que a infração deve ser apurada pela própria Administração Pública, por intermédio de procedimento adequado.

Gabarito: Certo.

O servidor pode responder em três esferas: Administrativa, Civil e Penal. As esferas são independentes, mas podem cumular-se em situações específicas. Na esfera Administrativa é obrigatória a instituição do processo administrativo federal, regulado tanto pela Lei 8.112/90 – regula o Estatuto dos Servidores Públicos Civis Federais – como pela Lei 9.784/99 – regula o processo administrativo federal.

---

613. **(Cespe)** De acordo com a classificação doutrinária, empregado público e empregado particular em colaboração com o poder público integram a mesma categoria.

Gabarito: Errado.

O empregado público é uma espécie do gênero agente administrativo, que por sua vez é uma espécie de agente público. Os empregados públicos são regidos pela Consolidação das Leis do Trabalho (CLT), mas para o provimento é necessário concurso público. Os empregados particulares não são considerados agentes públicos.

---

614. **(Cespe)** Na Administração Pública, admite-se a contratação, sem concurso público e por tempo determinado, de servidores temporários para atender à necessidade passageira de excepcional interesse público, sendo que esse tipo de servidor exerce função sem estar vinculado a cargo ou emprego público.

Gabarito: Certo.

Os contratados temporários regulados pelo Art. 37, IX, da CF/88 não possuem cargos ou empregos públicos, são espécies de agentes administrativos que exercem somente função pública e possuem os direitos do Art. 7º da CF/88 inerente a todos os trabalhadores.

---

615. **(Cespe)** A CF veda a acumulação ilegal de cargos públicos. No entanto, permite que um servidor venha a acumular um cargo efetivo com uma função de confiança.

Gabarito: Certo.

Essa previsão está pautada no Art. 37, V, da CF/88. *As funções de confiança, exercidas exclusivamente por servidores ocupantes de cargo efetivo, e os cargos em comissão, a serem preenchidos por servidores de carreira nos casos, condições e percentuais mínimos previstos em lei, destinam-se apenas às atribuições de direção, chefia e assessoramento.*

---

616. **(Cespe)** As nomeações para provimento de cargo público comissionado são atos exclusivos do Poder Executivo.

Gabarito: Errado.

Os cargos em comissão são inerentes a todos os poderes, dependendo apenas de lei que os regulamente. No Governo Federal temos a Lei 8.112/90, que é o Estatuto dos Servidores Púbicos Civis Federais.

---

617. **(Cespe)** Entre as diversas espécies de agentes públicos, os servidores vinculados às empresas públicas e às sociedades de economia mista são classificados como particulares em colaboração com o Estado.

Gabarito: Errado.

Os empregados públicos vinculados às Empresas Públicas e às Sociedades de Economia Mista são considerados agentes públicos na espécie agentes administrativos, são regidos pela Consolidação das Leis do Trabalho (CLT), mas obrigatoriamente devem prestar concursos públicos.

618. **(Cespe)** A categoria denominada servidores públicos celetistas está prevista na CF e caracteriza-se por abranger todos aqueles servidores contratados por prazo determinado para atender necessidade temporária de excepcional interesse público.

Gabarito: Errado.

Não podemos confundir os contratados temporários, previstos no Art. 37, IX, com os empregados públicos vinculados às Empresas Públicas e Sociedades de Economia Mista. Os primeiros não são regidos pelas Consolidação das Leis do Trabalho (CLT) e somente possuem os direitos inerentes aos trabalhadores em geral previsto no Art. 7º da CF/88, enquanto os empregados públicos são regidos pela CLT.

---

619. **(Cespe)** A destituição de cargo em comissão, especificamente contemplada na Lei nº 8.112/1990, ocorre nos casos em que o servidor comete falta grave, mas não detém cargo efetivo.

Gabarito: Certo.

A destituição é penalidade especialmente determinada em lei para os cargos em comissão e função de confiança e não é destinada aos cargos efetivos; para esses são previstas as penalidades de advertência, suspensão e demissão.

---

620. **(Cespe)** O mandato eletivo municipal exercido por servidor público é considerado afastamento de efetivo exercício, que não computa tempo para promoção por merecimento.

Gabarito: Certo.

O afastamento para exercer o mandado eletivo está previsto na própria Constituição Federal no Art. 38 e vem reproduzido na Lei 8.112/90; conta como efetivo exercício, contudo não é computado o tempo para promoção por merecimento.

---

621. **(Cespe)** Servidor público, no exercício de suas atividades, não pode responder perante a Fazenda Pública, mesmo no caso de causar dano a terceiros, pois a responsabilidade, nessas ocorrências, pertence ao Estado.

Gabarito: Errado.

A responsabilidade civil do Estado pautada no Art. 37, § 6º, determina: *As pessoas jurídicas de direito público e as de direito privado prestadoras de serviços públicos responderão pelos danos que seus agentes, nessa qualidade, causarem a terceiros, assegurado o direito de regresso contra o responsável nos casos de dolo ou culpa*. Dessa forma, o prejuízo a terceiro deve ser indenizado pelo Estado, que posteriormente entrará com uma ação regressiva contra o servidor, que deverá pagar ao Estado caso seja provado o dolo ou a culpa do servidor.

---

622. **(Cespe)** Tendo em vista que a nacionalidade é um dos requisitos para investidura em cargos públicos, é correto afirmar que estrangeiro não pode exercer qualquer atividade de natureza pública.

Gabarito: Errado.

A Constituição Federal determina em seu Art. 37 o seguinte: *I. Os cargos, empregos e funções públicas são acessíveis aos brasileiros que preencham os requisitos estabelecidos em lei, assim como aos estrangeiros, na forma da lei*; e a Lei 8.112/90 regulamentou a situação do estrangeiro no Art. 5º, § 3º: *As universidades e instituições de pesquisa científica e tecnológica federais poderão prover seus cargos com professores, técnicos e cientistas estrangeiros, de acordo com as normas e os procedimentos desta lei.*

623. **(Cespe)** A comissão responsável pela apuração de fatos em processo disciplinar não pode ultrapassar, ordinariamente, seus trabalhos em mais de sessenta dias, contados a partir da publicação do ato constitutivo da referida comissão.

Gabarito: Certo.

O prazo para o processo administrativo federal é de 60 dias originalmente, podendo – conforme o caso – ser prorrogado por igual período. A previsão legal está pautada na Lei 8.112/90 no Art. 152: *O prazo para a conclusão do processo disciplinar não excederá 60 (sessenta) dias, contados da data de publicação do ato que constituir a comissão, admitida a sua prorrogação por igual prazo, quando as circunstâncias o exigirem.*

624. **(Cespe)** Aos servidores públicos civis da União são assegurados alguns dos direitos sociais garantidos aos trabalhadores em geral, como a licença-paternidade.

Gabarito: Certo.

A licença paternidade pautada na Lei 8.112/90 determina o prazo de 5 dias.

625. **(Cespe)** São requisitos básicos indispensáveis para investidura em cargo público idade mínima de dezoito anos, nível de escolaridade exigido para o exercício do cargo e ausência de condenação penal.

Gabarito: Errado.

Não existe no Art. 5º da Lei 8.112/90 a previsão de ausência de condenação penal. Seguem os requisitos legais: *Art. 5º São requisitos básicos para investidura em cargo público: I. A nacionalidade brasileira; II. O gozo dos direitos políticos; III. A quitação com as obrigações militares e eleitorais; IV. O nível de escolaridade exigido para o exercício do cargo; V. A idade mínima de dezoito anos; VI. Aptidão física e mental.*

626. **(Cespe)** Julgue a situação hipotética a respeito do regime jurídico dos servidores públicos e da responsabilidade dos servidores na emissão de pareceres.

Carlos, servidor público federal desde abril de 2000, jamais gozou o benefício da licença para capacitação. Nessa situação, considerando-se que ele faz jus ao gozo desse beneficio por três meses, a cada quinquênio, Carlos poderá gozar dois períodos dessa licença a partir de abril de 2010.

Gabarito: Errado.

O parágrafo único do Art. 87 prevê que o prazo não pode ser acumulado. Dessa forma, quando vence o segundo prazo sem que o primeiro seja gozado, esse perde a eficácia sem que gere qualquer direito ao servidor.

627. **(Cespe)** Para os efeitos da Lei nº 8.112/1990, servidor público é o ocupante de cargo público, conceituação que abrange os ocupantes de cargo em comissão e função de confiança.

Gabarito: Certo.

Os cargos públicos estão determinados no próprio texto da Lei 8.112/90 e englobam os cargos efetivos e os cargos em comissão. Segundo a Constituição Federal, as funções de confiança devem ser exercidas exclusivamente por servidores de caráter efetivo. Dessa forma, todos possuem seus cargos, sejam eles efetivos ou em comissão.

628. **(Cespe)** Não há qualquer previsão legal para inserção em cargo público no que tange a idade mínima.

Gabarito: Errado.

O Art. 5º da Lei 8.112/90 prevê a idade mínima de 18 anos.

629. **(Cespe)** Com referência ao processo administrativo e a Lei 8.112/1990, o próximo item apresenta uma situação hipotética, seguida de uma assertiva que deve ser julgada à luz do entendimento do STJ.

Um servidor público federal foi demitido após o devido processo administrativo. Contra o ato de demissão ele ajuizou ação judicial, na qual obteve decisão favorável à sua reintegração no cargo, em decorrência da nulidade do ato de demissão. Nessa situação, o servidor reintegrado não terá direito ao tempo de serviço, aos vencimentos e às vantagens que lhe seriam pagos no período de afastamento.

Gabarito: Errado.

De acordo com o Art. 28 da Lei 8.112/90 o servidor reintegrado tem direito de ter de volta todas as vantagens inerentes ai seu cargo, segue dispositivo legal: *Art. 28. A reintegração é a reinvestidura do servidor estável no cargo anteriormente ocupado, ou no cargo resultante de sua transformação, quando invalidada a sua demissão por decisão administrativa ou judicial, com ressarcimento de todas as vantagens.*

630. **(Cespe)** Determinado servidor público federal, que responde a processo administrativo disciplinar, requereu sua aposentadoria voluntária, e a Administração Pública indeferiu-lhe o pedido. Nessa situação, o indeferimento do pleito está de acordo com a legislação de regência, pois o servidor que responde a processo disciplinar somente poderá ser aposentado voluntariamente após a conclusão do processo e o cumprimento da penalidade eventualmente aplicada.

Gabarito: Certo.

Essa previsão está na Lei 8.112/90 no Art. 172: *O servidor que responder a processo disciplinar só poderá ser exonerado a pedido, ou aposentado voluntariamente, após a conclusão do processo e o cumprimento da penalidade, acaso aplicada.*

631. **(Cespe)** Conforme decisão recente do STJ, o adicional noturno previsto na Lei nº 8.112/1990 será devido ao servidor público federal que preste serviço em horário compreendido entre 22 horas de um dia e 5 horas do dia seguinte. Entretanto, esse adicional não será devido se o serviço for prestado em regime de plantão.

Gabarito: Errado.

Segundo o Superior Tribunal de Justiça (STJ) o adicional noturno previsto no Art. 75 da Lei 8.112/1990 será devido ao servidor público federal que preste o seu serviço em horário compreendido entre 22 horas de um dia e 5 horas do dia seguinte, ainda que o serviço seja prestado em regime de plantão.

632. **(Cespe)** Segundo a Lei nº 8.112/1990, são consideradas formas de provimento e de vacância de cargo público a promoção e a readaptação.

Gabarito: Certo.

Segundo o Art. 8º da Lei 8.112/90, *são formas de provimento: Nomeação, promoção, readaptação, reintegração e reversão, aproveitamento e recondução. Dessa forma, sete são as formas expressas de provimento de cargo público segundo a lei. A promoção e a readaptação, além de forma de provimento, constituem formas de vacância de acordo com o Art. 33 da referida lei.*

633. **(Cespe)** Se um servidor público federal tiver realizado despesas com a utilização de meio próprio de locomoção para a execução de serviços externos por força das atribuições próprias do cargo, ele terá direito ao recebimento de indenização de transporte, que se incorporará ao seu vencimento.

Gabarito: Errado.

O transporte, uma das vantagens da Lei 8.112/90 conferidas ao servidor, é considerado indenização. Dessa forma, jamais se incorporará ao vencimento ou remuneração para qualquer fim.

634. **(Cespe)** Ao servidor público federal é vedado participar de sociedade privada que explore atividade econômica.

Gabarito: Errado.

Segundo o Art. 117, X, da Lei 8.112/90, *ao servidor é proibido participar de gerência ou administração de sociedade privada, personificada ou não personificada, exercer o comércio, exceto na qualidade de acionista, cotista ou comanditário*. Dessa forma, o servidor federal poderá exercer somente na qualidade de acionista, cotista ou comandatário.

635. **(Cespe)** Anulado o ato de demissão, o servidor estável será reintegrado ao cargo por ele ocupado anteriormente, exceto se o cargo estiver ocupado, hipótese em que ficará em disponibilidade até aproveitamento posterior em cargo de atribuições e vencimentos compatíveis.

Gabarito: Errado.

Segundo o § 2º do Art. 28 da Lei 8.112/90, encontrando-se provido o cargo, o seu eventual ocupante será reconduzido ao cargo de origem, sem direito à indenização ou aproveitado em outro cargo, ou, ainda, posto em disponibilidade. Nessa situação, estando o cargo ocupado, o servidor que estiver nesse cargo será reconduzido ao cargo de origem ou posto em disponibilidade e o reintegrado assume sua vaga regularmente.

636. **(Cespe)** O servidor público federal investido em mandato eletivo municipal somente será afastado do cargo se não houver compatibilidade de horário, sendo-lhe facultado, em caso de afastamento, optar pela sua remuneração.

Gabarito: Errado.

No caso de cargo eletivo municipal, temos duas regras distintas, uma para o cargo de vereador outra para o cargo de prefeito. Investido no mandato de Prefeito, será afastado do cargo, emprego ou função, sendo-lhe facultado optar pela sua remuneração. Investido no mandato de Vereador, havendo compatibilidade de horários, perceberá as vantagens de seu cargo, emprego ou função, sem prejuízo da remuneração do cargo eletivo.

637. **(Cespe)** Não é possível a aplicação de penalidade a servidor inativo, ainda que a infração funcional tenha sido praticada anteriormente à sua aposentadoria.

Gabarito: Errado.

Ao servidor inativo poderá ser aplicada a penalidade de cassação da aposentadoria ou cassação da disponibilidade dependendo da situação em que se encontre o servidor.

638. **(Cespe)** A nomeação para cargo de provimento efetivo será realizada mediante prévia habilitação em concurso público de provas ou de provas e títulos ou, em algumas situações excepcionais, por livre escolha da autoridade competente.

Gabarito: Errado.

A nomeação é forma de provimento originário previsto no Art. 8º da Lei 8.112/90 e ocorrerá nos casos de provimento de cargo efetivo – mediante concurso público – ou cargo em comissão – determinados por lei de livre nomeação e livre exoneração. Não pode ocorrer nomeação em cargo público por livre escolha da autoridade competente, que deve seguir os casos e situações previstas em lei.

639. **(Cespe)** A aplicação da sanção disciplinar de advertência em decorrência de apuração sumária de falta funcional, denominada verdade sabida, viola o princípio do devido processo legal.

Gabarito: Certo.

A aplicação de qualquer penalidade deve se submeter ao processo administrativo disciplinar, em que será garantido ao servidor a ampla defesa e o contraditório.

640. **(Cespe)** Um sargento que contava com 12 anos de serviço no Exército, quando conseguiu aprovação em concurso público e tomou posse em outro cargo como servidor civil no Ministério do Planejamento, terá o tempo de serviço anterior como militar computado para fins de aposentadoria como funcionário público civil.

Gabarito: Certo.

O tempo para aposentadoria será contada no serviço público federal, estadual e municipal.

641. **(Cespe)** Considere que determinado técnico do MPU tenha cometido infração disciplinar e que seu chefe imediato tenha dela tomado conhecimento no dia seguinte ao da prática do ato. Nesse caso, deve o chefe do servidor promover a apuração imediata da irregularidade, mediante sindicância ou processo administrativo disciplinar.

Gabarito: Certo.

A sindicância deve ser instituída em caso de infrações que prevejam advertência ou suspensão até 30 dias. Já o processo administrativo disciplinar deve ser aplicado aos casos do suspensão por mais de trinta dias, demissão, destituição, cassação e qualquer penalidade, ou seja, é o procedimento mais complexo.

642. **(Cespe)** A posse de um candidato aprovado em concurso público somente poderá ocorrer pessoalmente.

Gabarito: Errado.

A posse do servidor público federal segundo a Lei 8.112/90 pode ocorrer por procuração específica para esse fim.

643. **(Cespe)** A investidura no cargo público ocorre com a nomeação, sendo de trinta dias o prazo para o nomeado tomar posse.

Gabarito: Errado.

O prazo da nomeação realmente é de 30 dias, contudo a investidura se dará com a posse e não com a nomeação.

644. **(Cespe)** Ao servidor público é vedado promover manifestação de apreço ou desapreço no recinto da repartição.

Gabarito: Certo.

Previsão legal nas proibições da Lei 8.112/90 no Art. 117, V, que prevê a proibição expressa de promover manifestação de apreço ou desapreço no recinto da repartição.

645. **(Cespe)** A inabilitação em estágio probatório e o abandono do cargo por mais de trinta dias consecutivos são situações que acarretam a exoneração do servidor ocupante de cargo efetivo.

Gabarito: Errado.

A inabilitação em estágio probatório gera exoneração do servidor. O abandono do cargo por mais de trinta dias consecutivos gera demissão do servidor.

646. **(Cespe)** Os vencimentos dos servidores públicos podem ser objeto de arresto, sequestro e penhora para pagamento de dívidas comerciais.

Gabarito: Errado.

A previsão legal do assunto está prevista na Lei 8.112/90 no Art. 48: *O vencimento, a remuneração e o provento não serão objeto de arresto, sequestro ou penhora, exceto nos casos de prestação de alimentos resultante de decisão judicial.*

647. **(Cespe)** Considere que um servidor público federal estável, submetido a estágio probatório para ocupar outro cargo público após aprovação em concurso público, desista de exercer a nova função. Nessa situação, o referido servidor terá o direito de ser reconduzido ao cargo ocupado anteriormente no serviço público.

Gabarito: Certo.

A Lei 8.112/90 prevê somente o retorno ao servidor inabilitado em estágio probatório. Contudo, o Superior Tribunal de Justiça (STJ) determinou que o servidor que pedir também terá direito ao retorno.

648. **(Cespe)** Uma vez aplicadas ao servidor faltoso, as penalidades de advertência e de suspensão ficarão permanentemente registradas em seu assentamento funcional.

Gabarito: Errado.

A pena de advertência e suspensão terá seus registros cancelados – retirados da ficha funcional – em três e cinco anos respectivamente.

649. **(Cespe)** Aplica-se a penalidade disciplinar de demissão a servidor público por abandono de cargo, caracterizado pela ausência intencional do servidor ao serviço por mais de trinta dias consecutivos ou por sessenta dias não consecutivos, em um período de um ano.

Gabarito: Errado.

Em ambos os casos, a penalidade é a demissão que ocorrerá depois do processo sumário. Contudo, a ausência intencional do servidor ao serviço por mais de trinta dias consecutivos configura abandono de cargo, e a ausência intencional não consecutiva – interpolada – por 60 dias ou mais no prazo de 12 meses configura inassiduidade habitual.

---

650. **(Cespe)** A posse do servidor público nomeado, que pode ocorrer mediante procuração específica, deve acontecer no prazo de trinta dias contados da publicação do ato de provimento, sendo, ainda, conferidos ao servidor mais trinta dias para entrar em exercício no cargo.

Gabarito: Errado.

Após a nomeação o prazo para a posse é de 30 dias, sendo conferido ao servidor mais 15 dias para entrar em exercício. Os prazos podem ser prorrogados.

---

651. **(Cespe)** As empresas públicas são submetidas ao regime jurídico instituído pela Lei nº 8.112/1990.

Gabarito: Errado.

Os empregados públicos que são vinculados às Empresas Públicas e Sociedades de Economia Mista são regidos pela CLT e não pela Lei 8.112/90, que é um estatuto.

---

652. **(Cespe)** No que se refere à ética no serviço público, o servidor deve tão somente saber decidir entre o que é legal e o que é ilegal, visto que essa decisão se refletirá no exercício da vocação do próprio poder estatal.

Gabarito: Errado.

Segundo o Código de Ética do Servidor Público Federal, o servidor público não poderá jamais desprezar o elemento ético de sua conduta. Assim, não terá que decidir somente entre o legal e o ilegal, o justo e o injusto, o conveniente e o inconveniente, o oportuno e o inoportuno, mas principalmente entre o honesto e o desonesto, consoante as regras contidas no Art. 37, *caput*, e § 4º, da Constituição Federal.

---

653. **(Cespe)** Embora o servidor público e o empregado público sejam obrigados ao cumprimento de estágio probatório, apenas o empregado público estará sujeito a demissão imotivada a qualquer tempo, ou seja, tanto durante o cumprimento do referido estágio quanto após a sua integralização.

Gabarito: Errado.

Os empregados públicos vinculados às Empresas Públicas e sociedades de economia não são regidos por estatuto e sim pela Consolidação das Leis do Trabalho (CLT). Dessa forma, os empregados públicos não estão sujeitos ao estágio probatório. A demissão imotivada não deve ser utilizada de forma alguma, assim, todos os agentes públicos que sofrerem penalidade deverão ter o direito garantido à ampla defesa e ao contraditório.

---

654. **(Cespe)** O servidor público deve informar as irregularidades de que tiver conhecimento, em razão do cargo que ocupa, à sua autoridade superior para a devida apuração.

Gabarito: Certo.

Essa regra está prevista no Art. 116, inciso VI, da Lei 8.112/90. Esse artigo regulamenta os deveres do servidor público federal.

---

655. **(Cespe)** Considere que um servidor público, em débito com o erário, foi exonerado do cargo que ocupava. Nesse caso, ele terá o prazo de sessenta dias para quitar seu débito, sob pena de ter sua inscrição em dívida ativa.

Gabarito: Certo.

Essa regra está prevista no Art. 47 da Lei 8.112/90. Questão típica de mero texto de lei, em que o servidor terá o prazo de 60 dias para quitar o débito com a Fazenda Pública.

---

656. **(Cespe)** É assegurado, ao servidor público, o direito de acompanhar seu processo administrativo disciplinar pessoalmente, sendo obrigatória a defesa por um advogado devidamente inscrito na OAB.

Gabarito: Errado.

Não é obrigatório o acompanhamento por advogado e, segundo o Superior Tribunal de Justiça (STJ), a falta de advogado não fere o direito garantido à ampla defesa e ao contraditório.

---

657. **(Cespe)** A perda da função pública e a suspensão dos direitos políticos do servidor acusado de improbidade administrativa só se efetivam com o trânsito em julgado da sentença condenatória, não podendo, assim, ser o agente público afastado de seu cargo, emprego ou função durante a instrução processual.

Gabarito: Errado.

Realmente a perda da função pública e a suspensão dos direitos políticos somente devem se efetivar com o trânsito em julgado da sentença. Contudo, o servidor poderá sofrer o afastamento preventivo, que é medida cautelar, a qualquer momento no processo administrativo.

---

658. **(Cespe)** A acumulação lícita de cargos públicos por parte do servidor é condicionada à demonstração de compatibilidade de horários.

Gabarito: Certo.

São formas de acumulação legal de cargo, emprego ou função pública; essa regra está no Art. 37, XVI, da CF/88 – *É vedada a acumulação remunerada de cargos públicos, exceto, quando houver compatibilidade de horários, observado em qualquer caso o disposto no inciso XI: a) a de dois cargos de professor; b) a de um cargo de professor com outro técnico ou científico; c) a de dois cargos ou empregos privativos de profissionais de saúde, com profissões regulamentadas.*

---

659. **(Cespe)** Considere que determinado servidor público aposentado tenha se candidatado a deputado estadual. Nessa situação hipotética, caso seja eleito, ele poderá perceber simultaneamente os proventos de sua aposentadoria e os vencimentos de deputado.

Gabarito: Errado.

A regra da eletividade do servidor, pautada no Art. 38 da CF/88, vale tanto para a atividade quanto para inatividade. Dessa forma, o servidor aposentado pode assumir o cargo de deputado e receber os vencimentos (subsídios) do cargo eletivo. Quando a candidatura terminar, volta a receber os proventos da aposentadoria.

---

660. **(Cespe)** Considere que determinado servidor público, dentro de suas atribuições, tenha se afastado do interesse público e atuado abusivamente. Nessa situação hipotética, esta conduta estará sujeita à revisão judicial ou administrativa, podendo, inclusive, o servidor responder por ilícito penal.

Gabarito: **Certo.**

Qualquer falta de finalidade pública fere o princípio da impessoalidade pautado no Art. 37 da CF/88. Essa ação poderá gerar efeitos administrativos, civis e penais, caso a ação do servidor seja capitulada como crime no último caso.

661. **(Cespe)** Além do vencimento, o servidor público pode receber vantagens, como indenizações, gratificações e adicionais, sendo que as duas primeiras vantagens citadas incorporam-se ao vencimento ou provento.

Gabarito: **Errado.**

As indenizações jamais se incorporam ao vencimento ou à remuneração. Já as gratificações e os adicionais podem ou não se incorporar, dependo de lei que determine.

662. **(Cespe)** São penalidades disciplinares a advertência, a suspensão e a destituição de cargo em comissão.

Gabarito: **Certo.**

São sete as penalidades descritas na Lei 8.112/90, a saber: advertência, suspensão, cassação da aposentadoria, cassação da disponibilidade, destituição da função de confiança e destituição do cargo em comissão.

663. **(Cespe)** Em caso de afastamento ou impedimento legal do servidor titular superior a quinze dias consecutivos, o servidor substituto terá direito a retribuição pelo exercício do cargo ou função de direção ou chefia ou de cargo de natureza especial, paga na proporção dos dias de efetiva substituição que excederem o referido período.

Gabarito: **Errado.**

Regra prevista no Art. 38, § 2º, da Lei 8.112/90: *O substituto fará jus à retribuição pelo exercício do cargo ou função de direção ou chefia ou de cargo de Natureza Especial, nos casos dos afastamentos ou impedimentos legais do titular, superiores a trinta dias consecutivos, paga na proporção dos dias de efetiva substituição, que excederem o referido período.*

664. **(Cespe)** Ao servidor é facultado abater de suas férias as faltas injustificadas, de modo a preservar a remuneração referente aos dias em que deixar de comparecer ao serviço.

Gabarito: **Errado.**

Segundo regras da Lei 8.112/90, é proibido abater qualquer tipo de falta para fins de férias.

665. **(Cespe)** O servidor público civil que fizer jus aos adicionais de insalubridade e periculosidade acumulará ambos os acréscimos sobre seu vencimento.

Gabarito: **Errado.**

Quando o servidor tiver direito a ambos os adicionais (insalubridade e periculosidade), deverá optar por um deles.

666. **(Cespe)** A promoção constitui investidura derivada, enquanto a nomeação traduz investidura originária do servidor público.

Gabarito: Certo.

A única forma de investidura originária na Lei 8.112/90 é a nomeação. Todas as demais formas são consideradas secundárias ou derivadas.

---

667. **(Cespe)** A anulação do ato de demissão de servidor, por decisão judicial, com a respectiva reintegração, tem como consequência lógica a recomposição integral dos direitos do servidor demitido, em respeito ao princípio da ***restitutio in integrum***, salvo no que se refere ao ressarcimento dos vencimentos que seriam pagos no período em que foi indevidamente desligado do serviço público.

Gabarito: Errado.

Segundo o Art. 28 a reintegração é a reinvestidura do servidor estável no cargo anteriormente ocupado, ou no cargo resultante de sua transformação, quando invalidada a sua demissão por decisão administrativa ou judicial, com ressarcimento de todas as vantagens, inclusive as que seriam pagas no período em que foi indevidamente desligado do serviço público.

---

668. **(Cespe)** De acordo com recente pronunciamento do Supremo Tribunal Federal, é inconstitucional qualquer prazo de estágio probatório inferior a três anos.

Gabarito: Certo.

O estágio probatório é um instituto legal diferente da estabilidade, pois refere-se ao cargo público, enquanto a estabilidade diz respeito ao serviço público. O Art. 20 da Lei 8.112/90 prevê no texto legal 2 anos como prazo para o estágio probatório. Contudo, esse dispositivo legal encontra-se sem eficácia por decisão do Superior Tribunal de Justiça (STJ) e pronunciamento do Supremo Tribunal Federal (STF). Assim, o prazo para o estágio probatório é de 3 anos.

---

669. **(Cespe)** É permitido à Administração Pública exonerar o servidor público que esteja em estágio probatório por motivos de conveniência administrativa.

Gabarito: Errado.

O servidor público em estágio probatório somente pode ser exonerado se for inabilitado nos requisitos legais. Mesmo a exoneração não tendo medida punitiva, é garantida ao servidor – segundo o Superior Tribunal de Justiça STJ – a ampla defesa por meio de processo administrativo.

---

670. **(Cespe)** Havendo conveniência para o serviço, a pena de suspensão pode ser convertida em multa correspondente à metade por dia do vencimento ou remuneração, ficando o servidor obrigado a permanecer no desempenho de suas atribuições.

Gabarito: Certo.

A pena de suspensão pode ser revertida em 50% de multa sob a remuneração do servidor público.

---

671. **(Cespe)** Se o ato praticado pelo servidor justificar a imposição de penalidade de suspensão por mais de trinta dias, será obrigatória a instauração de processo administrativo disciplinar.

Gabarito: Certo.

O processo administrativo disciplinar é o procedimento mais complexo e para as maiores penalidades, entre as quais a suspensão por mais de 30 dias. As penalidades com suspensão por menos de trinta dias poderão ser apuradas por meio de sindicância.

---

672. **(Cespe)** Aquele que será empossado em cargo público deve estar presente, perante a autoridade competente, no momento da posse, que é considerada ato pessoal.

Gabarito: Errado.

A posse não é considerada personalíssima, uma vez que o Art. 13 da Lei 8.112/90 prevê o seguinte: *§ 3º. A posse poderá dar-se mediante procuração específica.*

---

673. **(Cespe)** A licença para tratar de interesses particulares não poderá ser concedida ao servidor que estiver em estágio probatório.

Gabarito: Certo.

A licença para tratar de interesses particulares, prevista no Art. 91 da Lei 8.112/90, prevê a seguinte regra: *A critério da Administração, poderão ser concedidas ao servidor ocupante de cargo efetivo, desde que não esteja em estágio probatório, licenças para o trato de assuntos particulares pelo prazo de até três anos consecutivos, sem remuneração. Parágrafo único. A licença poderá ser interrompida, a qualquer tempo, a pedido do servidor ou no interesse do serviço.* Essa licença somente poderá ser dada ao servidor público que não esteja no estágio probatório.

---

674. **(Cespe)** Os servidores contratados para atender a necessidade temporária de excepcional interesse público estão sujeitos ao mesmo regime jurídico aplicável aos servidores estatutários.

Gabarito: Errado.

Os servidores contratados para atender necessidade temporária de excepcional interesse público são considerados agentes públicos. Contudo, não são regidos pela Consolidação das Leis do Trabalho (CLT) como empregados públicos, tampouco regidos por estatuto, como os servidores públicos. Assim, os servidores temporários somente exercem função pública e possuem os direitos dos trabalhadores em geral previstos no Art. 7º da CF/88.

---

675. **(Cespe)** Das vagas de qualquer concurso público, 20% delas devem sempre ser asseguradas aos portadores de necessidades especiais.

Gabarito: Errado.

A Lei 8.112/90 traz a previsão de que até 20% das vagas são reservadas para os deficientes. Contudo, essas vagas dependem de compatibilidade da deficiência do candidato com as exigências do cargo. A previsão legal está no Art. 5º, § 2º: *Às pessoas portadoras de deficiência é assegurado o direito de se inscrever em concurso público para provimento de cargo cujas atribuições sejam compatíveis com a deficiência de que são portadoras; para tais pessoas serão reservadas até 20% (vinte por cento) das vagas oferecidas no concurso.*

---

676. **(Cespe)** Pessoas portadoras de deficiência física não podem concorrer a cargo público.

Gabarito: Errado.

Aos deficientes é garantido o direito a cargos e empregos públicos pelo próprio texto constitucional; essa previsão vem expressa no Art. 37, VIII: *a lei reservará percentual dos cargos e empregos públicos para as pessoas portadoras de deficiência e definirá os critérios de sua admissão.* A Lei 8.112/90 (estatuto dos funcionários públicos civil federais) garante, em seu Art. 5º, § 2º, a vaga aos deficientes além de estipular os limites. Assim está previsto no Art.: *Às pessoas portadoras de deficiência é assegurado o direito de se inscrever em concurso público para provimento de cargo cujas atribuições sejam compatíveis com a deficiência de que são portadoras; para tais pessoas serão reservadas até 20% (vinte por cento) das vagas oferecidas no concurso.*

---

677. **(Cespe)** Mesmo não havendo mudança de sede, considera-se removido o servidor deslocado no âmbito do mesmo quadro.

Gabarito: Certo.

De acordo com o Art. 36, remoção é o deslocamento do servidor, a pedido ou de ofício, no âmbito do mesmo quadro, com ou sem mudança de sede.

---

678. **(Cespe)** As pessoas com qualquer tipo de deficiência física têm garantido o direito de se inscrever em concurso público para provimento de cargo cujas atribuições sejam compatíveis com a deficiência de que são portadoras, além da reserva de, pelo menos, 25% das vagas oferecidas no concurso.

Gabarito: Errado.

O correto é afirmar que o tipo de deficiência deve ser compatível com as exigências do cargo. Além disso, são reservadas até 20% das vagas, e não 25% como é afirmado na questão. Ademais, vale lembrar que o mínimo legal de 5% não está previsto na Lei 8.112/90, mas sim na lei específica que trata das vagas para portadores de deficiência.

---

679. **(Cespe)** Os cargos públicos são acessíveis apenas aos brasileiros natos ou naturalizados.

Gabarito: Errado.

Existe na Constituição a previsão legal para vagas a estrangeiros, e a Lei 8.112/90 regulamenta essa situação no Art. 5º, § 3º: as universidades e instituições de pesquisa científica e tecnológica federais poderão prover seus cargos com professores, técnicos e cientistas estrangeiros, de acordo com as normas e os procedimentos desta Lei.

---

680. **(Cespe)** Ter a nacionalidade brasileira não é um dos requisitos básicos para a investidura em cargo público.

Gabarito: Errado.

Ter a nacionalidade brasileira é um dos requisitos do Art. 5º da Lei 8.112/90 – Estatuto dos servidores públicos civis federais. Devemos ter o cuidado de observar de que a questão não está dizendo brasileiro nato ou naturalizado, pois a lei não pode reservar ou excluir qualquer que seja a condição do candidato, até porque tanto o brasileiro nato quanto o naturalizado possuem a nacionalidade brasileira.

---

681. **(Cespe)** Constitui requisito básico para a investidura em cargo público a nacionalidade brasileira, não se admitindo, portanto, o provimento de cargos com cidadãos estrangeiros, independentemente da instituição.

Gabarito: Errado.

A Constituição garante, em seu Art. 37, que na forma da lei estrangeiros poderão prover cargos públicos no Brasil, e a Lei 8.112/90, no seu Art. 5º, garante assim esse direito constitucional: *§ 3º. As universidades e instituições de pesquisa científica e tecnológica federais poderão prover seus cargos com professores, técnicos e cientistas estrangeiros, de acordo com as normas e os procedimentos desta Lei.*

---

682. **(Cespe)** O regime de trabalho do servidor se sujeita ao limite mínimo de 6 horas diárias.

Gabarito: Certo.

O regime do servidor, descrito na Lei 8.112/90, determina o seguinte: ***Art. 19. Os servidores cumprirão jornada de trabalho fixada em razão das atribuições pertinentes aos respectivos cargos, respeitada a duração máxima do trabalho semanal de quarenta horas e observados os limites mínimo e máximo de seis horas e oito horas diárias, respectivamente.***

---

683. **(Cespe)** É garantido a todo servidor público o exercício do direito de greve.

Gabarito: Errado.

O exercício do direito de greve dos servidores públicos segue o que determina a Lei 7.783/1989, que regulamenta a greve na iniciativa privada. Em outubro de 2007, o Superior Tribunal Federal (STF) decidiu que o Direito de Greve no Funcionalismo Público deve seguir as regras do Setor Privado enquanto o Congresso Nacional não aprovar lei específica sobre o tema.

---

684. **(Cespe)** O concurso de títulos, mediante seleção por currículos, para provimento de cargo isolado, terá validade de um ano, prorrogável por igual período.

Gabarito: Errado.

Na Lei 8.112/902, não se admite concurso de títulos para inserção estatutária, sendo a única forma possível a nomeação. Essa nomeação pode acontecer por meio de concurso público (cargo efetivo) ou mesmo por livre nomeação (cargos em comissão). Além disso, o prazo de validade do concurso público é de até 2 anos podendo ser prorrogado por igual período.

---

685. **(Cespe)** O concurso público tem validade de três anos, podendo ser prorrogado uma única vez, por igual período.

Gabarito: Errado.

Segundo a Lei 8.112/90 – que replica o Texto Constitucional – em seu Art. 12. O concurso público terá validade de até 2 (dois) anos, podendo ser prorrogado uma única vez, por igual período.

---

686. **(Cespe)** O edital do concurso público é o instrumento idôneo para o estabelecimento do limite mínimo de idade para a inscrição no concurso.

Gabarito: Errado.

O edital do concurso por si só não pode estabelecer limite mínimo de idade, precisando do suporte de uma lei que o ampare; isso ocorre, por exemplo, no Art. 5º da Lei 8.112/90, que prevê a idade de mínima de 18 anos para posse em cargo público federal.

---

687. **(Cespe)** Observadas às garantias constitucionais, a elaboração de novos planos de carreira e a inovação no regime jurídico dos agentes administrativos estão sujeitas à valoração de conveniência e oportunidade da Administração Pública, não possuindo o servidor a ela estatutariamente vinculado qualquer sorte de direito adquirido a enquadramento diverso daquele determinado legalmente, segundo os critérios discricionariamente normatizados.

Gabarito: Certo.

O plano de carreira dos servidores é determinado por ato administrativo discricionário, ou seja, vem da conveniência e oportunidade da própria Administração Pública. Além disso, as associações de classes participam da elaboração desses mesmos planos.

---

688. **(Cespe)** A posse é o contrato por meio do qual os servidores públicos vinculam-se ao Estado.

Gabarito: Errado.

A posse não é um contrato e sim um termo: Art. 13. A *posse dar-se-á pela assinatura do respectivo termo, no qual deverão constar as atribuições, os deveres, as responsabilidades e os direitos inerentes ao cargo ocupado, que não poderão ser alterados unilateralmente, por qualquer das partes, ressalvados os atos de ofício previstos em lei.*

---

689. **(Cespe)** A investidura em cargo público ocorre com a posse.

Gabarito: Certo.

Efetivamente, a investidura do cargo ocorre com a posse. Não podemos confundir com o ato de provimento, que é a nomeação. Além disso, temos 30 dias improrrogáveis para posse e mais 15 dias improrrogáveis para o exercício.

---

690. **(Cespe)** Caso um candidato, aprovado em concurso público, esteja realizando tratamento de saúde no exterior e, por isso, não possa comparecer ao órgão no dia marcado para a posse, ele poderá outorgar procuração pública a seu irmão com poderes tanto para tomar posse quanto para entrar para exercício.

Gabarito: Errado.

A posse pode se dar por procuração específica, contudo o exercício é personalíssimo, ou seja, somente o próprio servidor pode entrar em exercício.

---

691. **(Cespe)** Não se admite que a posse no cargo público ocorra mediante procuração específica.

Gabarito: Errado.

O Art. 13 da Lei 8.112/90, em seu § 3º, diz que a posse poderá dar-se mediante procuração específica.

---

692. **(Cespe)** A impossibilidade física de entrar em exercício acarreta a possibilidade de fazê-lo por meio de procuração pública.

Gabarito: Errado.

Quando tomar posse, o servidor – mesmo que por procuração específica – tem que conseguir provar que está apto a assumir o cargo. Nesse caso, o servidor tem que apresentar laudo provando sua plena capacidade física e mental para o exercício do cargo.

---

693. **(Cespe)** O servidor tem trinta dias para entrar em exercício, contados da data da nomeação.

Gabarito: Errado.

Da nomeação ao exercício decorrem 45 dias, ou seja, o servidor tem 30 dias improrrogáveis para tomar posse e mais 15 dias para entrar em exercício.

---

694. **(Cespe)** Após a publicação do ato de provimento, o servidor tem até o décimo quinto dia para tomar posse no cargo público.

Gabarito: Errado.

Quando falamos em ato de provimento, estamos referindo-nos ao ato de provimento originário, ou seja, o único ato de provimento originário, segundo a Lei 8.112/90, é a nomeação. Assim, temos 30 dias improrrogáveis para tomar posse entre o ato de provimento (nomeação) e a posse do servidor.

---

695. **(Cespe)** O cidadão que, tendo sido nomeado para ocupar cargo público efetivo no prazo de 30 dias e que, passado esse prazo, não tenha tomado posse, será exonerado do cargo, para que se possa nomear o próximo candidato.

Gabarito: Errado.

O servidor nomeado que não toma posse do cargo tem sua nomeação declarada sem efeito e não recebe o ato de exoneração, que se dá se o servidor tomar posse e não entrar em exercício. Assim, nomeado e não empossado no prazo, torna-se sem efeito o ato de nomeação.

---

696. **(Cespe)** A promoção, a reintegração e a recondução estão entre as formas de provimento de cargo público.

Gabarito: Certo.

Todas essas formas estão previstas no Art. 8º da Lei 8.112/90 e são consideradas como formas de provimento derivadas. A promoção é a troca de nível sempre dentro do mesmo cargo; a reintegração é a volta do servidor irregularmente demitido; e a recondução se dá por inabilitação em estágio probatório ou pelo retorno do legítimo dono da vaga que foi reintegrado.

---

697. **(Cespe)** A nomeação é forma de provimento originário, por meio da qual o indivíduo ingressa no serviço público, sendo cabível tanto para cargos efetivos quanto para cargos em comissão.

Gabarito: Certo.

A nomeação é a única forma originária para o ingresso em serviço público e se dá tanto em cargos efetivos – em que o concurso é obrigatório – como para cargos em comissão – cargos de livre nomeação e livre exoneração.

---

698. **(Cespe)** Viola a Constituição a ascensão de um servidor que ocupe o cargo de técnico judiciário, para o qual se exige o nível médio de formação, ao cargo de analista, de nível superior, como forma de provimento derivado, mesmo se assim for previsto em lei.

Gabarito: Certo.

A ascensão foi declarada inconstitucional para o STF. Assim, de acordo com nosso ordenamento jurídico atual, não existe troca de cargo sem concurso público.

---

699. **(Cespe)** A ascensão funcional é forma de provimento de cargo público atualmente vigente.

Gabarito: Errado.

A ascensão ou o acesso foram declarados inconstitucionais pelo STF. Não devemos confundir a promoção – que é a troca de nível sempre dentro do mesmo cargo – com o instituto inconstitucional da ascensão.

---

700. **(Cespe)** A nomeação é forma originária de provimento de cargo público.

Gabarito: Certo.

A nomeação é a única forma originária de cargo público, todas as demais previstas na Lei 8.112/90 são consideradas formas secundárias ou derivadas.

---

701. **(Cespe)** Reversão e readaptação são formas de provimento de cargo público.

Gabarito: Certo.

A reversão e a readaptação são formas de provimento derivado previstas no Art. 8º da Lei 8.112/90. A reversão diz respeito à volta do servidor aposentado e pode se dar de ofício ou a pedido, e a readaptação se dá quando o servidor sofre alguma limitação física ou mental e tem que ser readaptado em outro cargo.

---

702. **(Cespe)** A reintegração é o retorno do servidor estável ao cargo anteriormente ocupado em decorrência de inabilitação em estágio probatório relativo a outro cargo.

Gabarito: Errado.

A reintegração é a reinvestidura do servidor estável no cargo anteriormente ocupado, ou no cargo resultante de sua transformação, quando invalidada a sua demissão por decisão administrativa ou judicial, com ressarcimento de todas as vantagens.

---

703. **(Cespe)** Paulo, em função da reintegração de um colega, será reconduzido ao cargo que anteriormente ocupava, cabendo-lhe devolver ao erário os emolumentos percebidos no período. Nessa situação, caso Paulo não faça a devolução dos referidos emolumentos no prazo de noventa dias, ele estará sujeito à suspensão e ao pagamento de multa diária.

Gabarito: Errado.

No caso da recondução, não há que se falar em indenização de qualquer espécie, seja para o servidor, seja para a Administração. O servidor, enquanto estava trabalhando na função, deve receber legalmente por ela e, quando reconduzido, volta a receber a remuneração do cargo anterior.

---

704. **(Cespe)** Em caso de reintegração, encontrando-se provido o cargo de origem, o servidor reintegrado será aproveitado em outro, ou colocado em disponibilidade.

Gabarito: Errado.

O servidor reintegrado deve assumir as funções que exercia antes de ser demitido. Aquele que antes ocupava o lugar é quem deve ser aproveitado em outro cargo ou colocado em disponibilidade.

---

705. **(Cespe)** O servidor readaptado e, em seguida, considerado incapaz para o serviço público será colocado em disponibilidade.

Gabarito: Errado.

O servidor readaptado é considerado incapaz e será aposentado por invalidez.

---

706. **(Cespe)** Será reconduzido ao cargo de origem o servidor cuja demissão tenha sido anulada por decisão judicial ou ato administrativo.

Gabarito: Errado.

O servidor que tiver sua demissão anulada por decisão administrativa ou judicial deve ser reintegrado ao cargo que tinha antes da demissão.

---

707. **(Cespe)** João, servidor público da ANEEL, teve sua demissão invalidada por decisão administrativa. Nessa situação, João deverá ser reintegrado ao cargo anteriormente ocupado, estando sua aposentadoria automaticamente sujeita a cassação.

Gabarito: Errado.

A questão engloba vários assuntos e não tem a ver a reintegração com a cassação da aposentadoria. Caso o servidor tenha sua demissão invalidada, deve sim ser reintegrado e cumprir seu tempo de serviço para depois poder regularmente se aposentar.

---

708. **(Cespe)** Adriana ocupou por dois anos um cargo comissionado no TST, tendo sido esse o seu primeiro vínculo com o serviço público. Posteriormente, ela foi aprovada e nomeada em concurso público para provimento de cargo de analista judiciário no referido tribunal, motivo pelo qual pediu exoneração do cargo comissionado que ocupava. Caso Adriana venha a ser reprovada no estágio probatório referente ao cargo de analista judiciário, ela não poderá ser reconduzida ao cargo que ocupava anteriormente no TST.

Gabarito: Certo.

Não pode haver em hipótese alguma recondução para cargo em comissão. Para ser reconduzido ao cargo anterior, o servidor deve ser estar estável no serviço público federal.

---

709. **(Cespe)** A estabilidade diz respeito ao cargo público, e o estágio probatório, ao serviço público. Dessa forma, a estabilidade, em regra, é adquirida uma única vez pelo servidor na Administração Pública de um mesmo ente federado; por outro lado, o servidor pode submeter-se a vários estágios probatórios, se entrar em exercício em diferentes cargos públicos.

Gabarito: Errado.

A questão inverteu os conceitos. A estabilidade (Art. 41 CF/88) diz respeito ao serviço público e o estágio probatório (Art. 20 da Lei 8.112/90) diz respeito ao cargo público.

---

710. **(Cespe)** A reversão no interesse da administração ocorre por determinação da própria administração e atinge ex-servidor que, quando em atividade, era detentor de cargo efetivo e tenha sido aposentado voluntariamente nos últimos cinco anos.

Gabarito: Errado.

A reversão pode ocorrer tanto de ofício (por vontade da Administração, com requisitos) como também a pedido do próprio servidor (com requisitos). Assim, a questão está errada, pois não existe somente reversão por vontade da administração, existe também a chamada reversão a pedido. Esse é o teor do Art. 25 da Lei 8.112/90.

---

711. **(Cespe)** A reversão é o retorno à atividade do servidor público aposentado, no interesse da administração, como forma de provimento em cargo público.

Gabarito: Certo.

A reversão é o retorno à atividade de servidor aposentado: *I. Por invalidez, quando junta médica oficial declarar insubsistentes os motivos da aposentadoria; ou II. No interesse da administração, desde que: a) tenha solicitado a reversão; b) a aposentadoria tenha sido voluntária; c) estável quando na atividade; d) a aposentadoria tenha ocorrido nos cinco anos anteriores à solicitação; e) haja cargo vago.*

---

712. **(Cespe)** O servidor público civil da União aposentado por invalidez pode retornar à atividade quando apresentar à administração atestado médico, emitido por junta médica oficial ou por médico particular, declarando insubsistentes os motivos da aposentadoria.

Gabarito: Errado.

Por invalidez somente quando junta médica oficial declarar insubsistentes os motivos da aposentadoria. Não pode ser utilizado laudo de médico particular.

---

713. **(Cespe)** Considere a seguinte situação hipotética. João, servidor público estável e detentor de cargo efetivo, aposentou-se voluntariamente em 5/10/2006, quando tinha 68 anos de idade, e, em 10/6/2009, requereu a sua reversão a cargo vago no serviço público, visto que era estável e sua aposentadoria havia ocorrido nos últimos cinco anos.

Nessa situação hipotética, João não poderá retornar à atividade no interesse da administração.

Gabarito: Certo.

Isso se dá porque não pode haver reversão do servidor que houver completado 70 anos, quando legalmente se dá a aposentadoria compulsória.

---

714. **(Cespe)** A remoção é forma de provimento derivado mediante a qual o servidor é deslocado para quadro diverso, somente podendo ocorrer de ofício, no interesse da administração.

Gabarito: Errado.

O instituto da remoção não gera provimento tampouco vacância e é considerado, segundo a Lei 8.112/90, como forma de deslocamento do servidor.

---

715. **(Cespe)** A redistribuição caracteriza-se quando o servidor é deslocado de lugar, o que pode ocorrer a pedido ou de ofício.

Gabarito: Errado.

A redistribuição ocorrerá ex ofício para ajustamento de lotação e da força de trabalho às necessidades dos serviços, inclusive nos casos de reorganização, extinção ou criação de órgão ou entidade.

---

716. **(Cespe)** Pela redistribuição, o servidor é deslocado do cargo que antes ocupava para cargo diverso situado no âmbito do quadro de pessoal do mesmo órgão ou entidade.

Gabarito: Errado.

A redistribuição é o deslocamento de cargo de provimento efetivo, ocupado ou vago, no âmbito do quadro geral de pessoal, para outro órgão ou entidade do mesmo Poder.

---

717. **(Cespe)** A remoção a pedido ocorre apenas se houver interesse da administração.

Gabarito: Errado.

A remoção a pedido pode ocorrer no interesse ou sem o interesse da Administração. O segundo caso ocorre nas seguintes circunstâncias: a) para acompanhar cônjuge ou companheiro,

também servidor público civil ou militar, de qualquer dos Poderes da União, dos Estados, do Distrito Federal e dos Municípios, que foi deslocado no interesse da Administração; b) por motivo de saúde do servidor, cônjuge, companheiro ou dependente que viva às suas expensas e conste do seu assentamento funcional, condicionada à comprovação por junta médica oficial; c) em virtude de processo seletivo promovido, na hipótese em que o número de interessados for superior ao número de vagas, de acordo com normas pré-estabelecidas pelo órgão ou entidade em que aqueles estejam lotados.

---

718. **(Cespe)** O servidor público removido de ofício, no interesse da administração, pode alegar a garantia da inamovibilidade para permanecer no local onde exerce suas funções.

Gabarito: Errado.

A Lei 8.112/90 não garante a inamovibilidade ao servidor público federal, tampouco o instituto da vitaliciedade.

---

719. **(Cespe)** A substituição é hipótese excepcional na qual o servidor, ao ocupar a vaga do titular, poderá acumular, temporariamente, a remuneração de seu próprio cargo e do cargo que assumiu cumulativamente, independentemente do número de dias de efetiva substituição.

Gabarito: Errado.

O substituto fará jus à retribuição pelo exercício do cargo ou função de direção ou chefia ou de cargo de Natureza Especial nos casos dos afastamentos ou impedimentos legais do titular, superiores a trinta dias consecutivos. O valor a ser pago será calculado proporcionalmente aos dias de efetiva substituição que excederem o referido período.

---

720. **(Cespe)** Astrogildo foi aprovado no concurso público para provimento de cargo de analista judiciário de determinado tribunal, que foi homologado em 24 de novembro de 1997. Astrogildo, que estava doente, tomou posse por meio de procuração, mas só iniciou o seu trabalho efetivamente dez dias depois da posse, o que ocorreu em janeiro de 1998. Em 14 de março de 2005, foi descoberto, pela autoridade competente, que Astrogildo aplicou R$ 30.000,00 na compra de um veículo popular para o referido tribunal, quando essa despesa não estava prevista no orçamento, sendo aquele recurso destinado à compra de material de informática. A autoridade competente determinou, na mesma oportunidade, a abertura de processo administrativo e a portaria de instauração foi publicada no dia 16 de março de 2005. Astrogildo se aposentou em 24 de abril de 2004. O processo administrativo disciplinar foi concluído com a publicação do ato punitivo em 20 de março de 2007. Pelo mesmo fato, Astrogildo foi processado criminalmente, na forma do Art. 315 do CP, mas foi absolvido por falta de provas. A alegação de prescrição penal foi rechaçada pela sentença, já que a mesma seria de 2 anos, na forma do Art. 109 do CP. Com base na situação hipotética apresentada acima e de acordo com o regime jurídico dos servidores públicos, julgue:

Para que Astrogildo obtivesse a estabilidade, conforme o texto constitucional, bastariam o transcurso do prazo de 2 anos, a contar da data em que entrou em exercício, e, ainda, a aprovação em avaliação especial de desempenho por comissão instituída para essa finalidade.

Gabarito: Errado.

A estabilidade, de acordo com o Art. 41 da CF/88, deve obedecer a certos critérios. Primeiro o efetivo exercício por um prazo mínimo de 03 anos, segundo que seja feita avaliação periódica de desempenho para avaliar se o servidor é apto a exercer a função pública. Assim, não existe ganho de estabilidade por mero decurso de prazo, ou seja, não basta passar os 03 anos, ainda assim é necessária a avaliação de desempenho para esse fim.

---

721. **(Cespe)** Considere que servidor estável do TST, que nunca solicitou qualquer licença, teve indeferido pedido de licença para tratar de interesses particulares porque a administração considerou que o seu afastamento seria incompatível com o interesse público. Nessa situação, o indeferimento é inválido porque o motivo apresentado pela administração está em desacordo com o regime jurídico dos servidores civis da União.

Gabarito: Errado.

A licença para tratamento de assuntos particulares – segundo a Lei 8.112/90 – tem o prazo de três anos, prorrogáveis por igual período. É um ato administrativo discricionário, ou seja, a administração concede se quiser (conveniência e oportunidade).

---

722. **(Cespe)** Vacância é o ato administrativo pelo qual o servidor é destituído do cargo, emprego ou função. Decorre de demissão ou de aposentadoria, mas não de exoneração, pois esta só existe para os cargos em comissão.

Gabarito: Errado.

Ser destituído constitui punição segundo a Lei 8.112/90 e não forma de vacância. Além disso, não existe vacância no caso de emprego público, pois o instituto da vacância é norma aplicada dentro do estatuto dos servidores públicos, ou seja, que rege a União, Autarquias e Fundações Públicas federais. E por fim, a exoneração constitui expressamente forma de vacância.

---

723. **(Cespe)** A referida lei estabeleceu, para algumas carreiras específicas, denominadas carreiras de Estado, o direito à vitaliciedade e à inamovibilidade.

Gabarito: Errado.

A Lei 8.112/90 não garante as carreiras de Estado, tampouco os institutos de vitaliciedade e inamovibilidade, que são institutos conferidos a alguns agentes públicos pelo próprio Texto Constitucional.

---

724. **(Cespe)** A administração pode deferir pedido de licença sem remuneração, por até três anos consecutivos, a servidor público ocupante de cargo efetivo que esteja no segundo ano do estágio probatório, se a licença for para tratar de interesses particulares.

Gabarito: Errado.

Licença para tratamento de assuntos particulares não pode ser dada a servidor em estágio probatório, ou seja, o servidor tem que ser estável no serviço público federal.

---

725. **(Cespe)** A vacância do cargo público pode decorrer de promoção.

Gabarito: Certo.

A promoção é uma das formas chamadas de híbridas, ou seja, constitui tanto forma de provimento como forma de vacância.

---

726. **(Cespe)** É cabível a exoneração de ofício quando não satisfeitas às condições do estágio probatório.

Gabarito: Certo.

O servidor, quando entra em exercício, é obrigado a passar por uma avaliação de desempenho quatro meses antes de findo o prazo do estágio probatório. Quando não satisfeitos os requisitos legais, o servidor deve ser exonerado de ofício.

---

727. **(Cespe)** A exoneração não se caracteriza como uma penalidade administrativa disciplinar aplicável aos servidores públicos.

Gabarito: Certo.

A exoneração, dentro da Lei 8.112/90, é um instituto que recebe a classificação expressa de forma de vacância, não sendo possível seu uso como punição.

---

728. **(Cespe)** A vacância do cargo público, segundo a Lei nº 8.112/1990, pode ser ocasionada por: exoneração e reversão.

Gabarito: Errado.

A exoneração constitui realmente forma de vacância, no entanto a reversão constitui forma de provimento de cargo público segundo o Art. 8º do Estatuto dos Servidores Públicos Civis Federais.

---

729. **(Cespe)** O vencimento é a retribuição pecuniária pelo exercício do cargo público, acrescida as vantagens pecuniárias permanentes estabelecidas em lei.

Gabarito: Errado.

Esse conceito disposto na questão diz respeito à remuneração, segundo o Art. 40 da Lei 8.112/90. O vencimento é a retribuição pecuniária pelo exercício de cargo público, com valor fixado em lei.

---

730. **(Cespe)** Podem ser concedidas ao servidor público, além do vencimento, gratificações e indenizações, as quais não se incorporam ao vencimento para qualquer feito.

Gabarito: Errado.

As indenizações jamais se incorporam, para qualquer fim, ao vencimento ou remuneração, já as gratificações ou indenizações podem ou não se incorporar, dependendo de lei que as determine.

---

731. **(Cespe)** As vantagens pecuniárias não são computadas nem acumuladas para efeito de concessão de quaisquer outros acréscimos pecuniários ulteriores, sob o mesmo título ou idêntico fundamento.

Gabarito: Certo.

Esse é o texto do Art. 50 da Lei 8.112/90, muito comum em provas de concursos. Vale lembrar que é atípica questão que cobra a lei seca.

---

732. **(Cespe)** Somente lei pode impor a incidência de desconto sobre remuneração ou provento do servidor.

Gabarito: Errado.

Podem ocorrer duas formas de desconto: a primeira é o desconto em folha consignado por pedido do próprio servidor, e a segunda é para pagamento de pensão alimentícia.

---

733. **(Cespe)** O vencimento pode ser objeto de penhora apenas nos casos de prestação de alimentos resultante de decisão judicial.

Gabarito: Certo.

Essa é a única forma de penhora do vencimento do servidor público, ou seja, é a única forma de desconto compulsório.

---

734. **(Cespe)** Considere que Maria, servidora pública civil da União, não tenha comparecido ao seu local de trabalho na quinta e na sexta-feira após o carnaval, tampouco tenha apresentado justificativa pela ausência a Paulo, seu superior. Nessa situação hipotética, Paulo pode cortar o ponto de Maria, uma vez que o servidor público perde a remuneração do dia em que faltar ao serviço sem motivo justificado.

Gabarito: Certo.

O superior, além de cortar o ponto, pode pedir a instauração de procedimento disciplinar para apurar falta cometida, uma vez que a falta foi sem motivo justificado.

---

735. **(Cespe)** O servidor público que faltar ao serviço injustificadamente estará sujeito à pena de censura, aplicável pela comissão de ética, mas não à perda da remuneração do dia não trabalhado.

Gabarito: Errado.

Não podemos confundir as regras do Estatuto dos Servidores Públicos Civis Federais com o Estatuto de Ética do Servidor Público Federal, pois são institutos diferentes. A falta ao serviço, seja justificada ou injustificada – se não compensada – gera a perda da remuneração correspondente ao dia não trabalhado. A diferença é que a falta justificada não gera procedimento administrativo e a não justificada gera. Não existe a punição de censura na Lei 8.112/90, somente no Código de Ética do Servidor Público Federal.

---

736. **(Cespe)** O chefe imediato do servidor tem a faculdade de autorizar ou não a compensação de horário. Não havendo tal compensação, o servidor perderá a parcela da remuneração correspondente ao atraso, sem que, nessa hipótese, se caracterize violação ao princípio da irredutibilidade de vencimentos.

Gabarito: Certo.

Essa é regra do Estatuto dos Servidores Públicos Civis Federais. Não trabalhou, perde o dia da remuneração, salvo se autorizada compensação – dentro do mesmo mês da falta – pelo chefe imediato.

---

737. **(Cespe)** O adicional de serviço extraordinário está limitado a duas horas semanais.

Gabarito: Errado.

Não são duas horas semanais e sim duas horas diárias.

---

738. **(Cespe)** O servidor público não faz jus ao adicional pela prestação de serviço extraordinário.

Gabarito: Errado.

Essa previsão existe nos seguintes Art. da Lei 8.112/90: Art. 73. *O serviço extraordinário será remunerado com acréscimo de 50% (cinquenta por cento) em relação à hora normal de trabalho. Art. 74. Somente será permitido serviço extraordinário para atender a situações excepcionais e temporárias, respeitado o limite máximo de 2 (duas) horas por jornada.*

---

739. **(Cespe)** Considere a seguinte situação hipotética. Joana, servidora pública do INCRA, derramou café na CPU do computador que utilizava para trabalhar, causando-lhe danos. Instaurado processo administrativo, a administração determinou que a servidora ressarcisse o Erário. Joana concordou e dividiu o valor correspondente em doze vezes, pagando-o mediante desconto em seu contracheque. Ao final do quarto mês, a servidora pediu exoneração para tomar posse no cargo de procuradora do estado do Pará. Nessa situação, Joana deve arcar com as oito parcelas restantes, mediante o pagamento de oito boletos bancários expedidos mensalmente pelo INCRA.

Gabarito: Errado.

Após o desligamento do serviço público federal, o servidor em débito com o erário deve quitá-lo integralmente em 60 dias sob pena de inscrição em dívida ativa.

---

740. **(Cespe)** As diárias são devidas ao servidor que se ausenta a serviço da sede da repartição para outro ponto do território nacional em caráter eventual ou transitório. Se o deslocamento em caráter eventual ou transitório se der para o exterior, o servidor fará jus ao recebimento de ajuda de custo.

Gabarito: Errado.

O servidor que, a serviço, afastar-se da sede em caráter eventual ou transitório para outro ponto do território nacional ou para o exterior, fará jus a passagens e diárias destinadas a indenizar as parcelas de despesas extraordinárias com pousada, alimentação e locomoção urbana, conforme dispuser em regulamento.

---

741. **(Cespe)** Considere a seguinte situação hipotética. Um servidor público civil da União, lotado no Ministério da Saúde em Brasília, afastou-se de sua sede, por três dias, para realizar serviços extraordinários na cidade de Unaí - MG. O transporte foi realizado por meio de carro oficial e as alimentações e a pousada foram pagas antecipadamente pelo ministério. Nessa situação, o servidor não receberá as diárias, uma vez que a União custeou as despesas extraordinárias do trabalho fora da sede.

Gabarito: Errado.

Independente do deslocamento em carro oficial ou pagamento das despesas, as diárias são devidas por força do Art. 58 da Lei 8.112/90. Não fará jus às diárias os casos previstos nos § 2º e § 3º. Nos casos em que o deslocamento da sede constituir exigência permanente do cargo, o servidor não fará jus a diárias. Também não fará jus a diárias o servidor que se deslocar dentro da mesma região metropolitana, aglomeração urbana ou microrregião, constituídas por municípios limítrofes e regularmente instituídas, ou em áreas de controle integrado mantidas com países limítrofes, cuja jurisdição e competência dos órgãos, entidades e servidores brasileiros considera-se estendida, salvo se houver pernoite fora da sede, hipóteses em que as diárias pagas serão sempre as fixadas para os afastamentos dentro do território nacional.

---

742. **(Cespe)** O serviço extraordinário será remunerado com acréscimo de 25% em relação à hora normal de trabalho.

Gabarito: Errado.

O valor de 25% é o percentual para o adicional noturno; o percentual para o serviço extraordinário é acrescimento de 50% da hora normal.

---

743. **(Cespe)** O servidor tem direito a adicional de tempo de serviço, devido à razão de 5% para cada período de 5 anos de serviço público efetivo.

Gabarito: Errado.

O adicional por tempo de serviço – dentro da Lei 8.112/90 – foi revogado pela Medida Provisória nº 2.225/45, de 2001.

---

744. **(Cespe)** A realização de trabalhos, com habitualidade, em locais em contato permanente com substâncias tóxicas autoriza a percepção cumulativa dos adicionais de insalubridade e de periculosidade.

Gabarito: Errado.

Quando verificada a ocorrência de ambos os direitos, apenas um deverá ser pago ao servidor, proibida a acumulação em qualquer caso.

---

745. **(Cespe)** A realização de serviço noturno autoriza a majoração em 50% do valor hora de trabalho, incidente sobre os vencimentos.

Gabarito: Errado.

O serviço noturno, prestado em horário compreendido entre 22 (vinte e duas) horas de um dia e 5 (cinco) horas do dia seguinte, terá o valor-hora acrescido de 25% (vinte e cinco por cento), computando-se cada hora como cinquenta e dois minutos e trinta segundos.

---

746. **(Cespe)** A gratificação natalina corresponde a um doze avos da remuneração a que o servidor fizer jus no mês de dezembro, por mês de exercício no respectivo ano e será paga no mês de aniversário do servidor.

Gabarito: Errado.

A gratificação natalina corresponde a 1/12 (um doze avos) da remuneração a que o servidor fizer jus no mês de dezembro, por mês de exercício no respectivo ano. A fração igual ou superior a 15 (quinze) dias será considerada como mês integral. A gratificação será paga até o dia 20 (vinte) do mês de dezembro de cada ano.

---

747. **(Cespe)** Suponha que um servidor público apresente ao setor de recursos humanos do órgão em que seja lotado atestado médico particular para comprovar que seu pai é portador de doença grave e informar que necessita assisti-lo durante a realização de tratamento em cidade distante do local de trabalho. Nesse caso, o referido servidor fará jus a licença por motivo de doença.

Gabarito: Errado.

Para que o servidor tenha o direito ao atestado médico particular, isso deve ser oficialmente homologado por junta médica oficial. Esse é o teor da Lei 8.112/90 em seu Art. 83. *Poderá ser concedida licença ao servidor por motivo de doença do cônjuge ou companheiro, dos pais, dos filhos, do padrasto ou madrasta e enteado, ou dependente que viva a suas expensas e conste do seu assentamento funcional, mediante comprovação por perícia médica oficial.*

---

748. **(Cespe)** O servidor público é proibido de ausentar-se do serviço sem prévia autorização do chefe imediato.

Gabarito: Certo.

Esse é o teor do Art. 117 da Lei 8.112/90: *Ao servidor é proibido: I. Ausentar-se do serviço durante o expediente, sem prévia autorização do chefe imediato.*

---

749. **(Cespe)** Claudius, servidor público federal, foi acusado de ter praticado ato considerado infração administrativa cuja sanção prevista é a demissão do serviço público. Além disso, esse ato é também capitulado como crime, cuja pena é de 6 meses a 2 anos de detenção. A Administração Pública teve ciência da prática desse ato por meio de denúncia anônima. Imediatamente após essa denúncia, foi aberta sindicância investigativa sigilosa, em 12/4/2004, a qual acabou por demonstrar a materialidade do fato e os indícios de participação de Claudius no evento. Em 4/3/2005, publicou-se a portaria instaurando-se o processo administrativo disciplinar, com prazo de conclusão de 60 dias, prorrogáveis por mais 60 dias, o que acabou acontecendo. Claudius se negou a participar da instrução, sendo nomeado defensor dativo. Somente em 30/7/2007, foi publicada a portaria de demissão de Claudius, fundada nas provas produzidas no processo administrativo disciplinar. Paralelamente, Claudius respondeu a ação penal, tendo sido condenado à pena de reclusão de 6 meses, que foi substituída por uma pena restritiva de direito. Com referência a essa situação hipotética e ao regime disciplinar dos servidores públicos, a denúncia anônima, na espécie, poderia justificar a instauração da sindicância investigativa sigilosa, com vistas a identificar a sua procedência, mas não poderia, por si só, justificar a imediata abertura de processo administrativo disciplinar, dado o princípio constitucional que veda o anonimato.

Gabarito: Certo.

Qualquer denúncia anônima pode ser averiguada, mas a abertura de processo administrativo disciplinar necessita da autoria e materialidade do fato para que se proceda legalmente.

---

750. **(Cespe)** A sindicância investigativa é uma fase necessária do processo administrativo disciplinar.

Gabarito: Errado.

O Art. 143 prevê o seguinte: *A autoridade que tiver ciência de irregularidade no serviço público é obrigada a promover a sua apuração imediata, mediante sindicância ou processo administrativo disciplinar, assegurada ao acusado ampla defesa.* Dessa forma, sindicância e processo administrativo disciplinar são peças distintas e a sindicância não é fase necessária ao Processo Administrativo, que pode começar de forma independente.

---

751. **(Cespe)** Na hipótese de um servidor ser acusado de irregularidade, a fim de que ele não venha a influir na apuração dos fatos, poderá ser determinado pela autoridade instauradora do processo disciplinar, como medida cautelar, o seu afastamento do exercício do cargo, pelo prazo de até sessenta dias, sem prejuízo da remuneração.

Gabarito: Certo.

Como medida cautelar e a fim de que o servidor não venha a influir na apuração da irregularidade, a autoridade instauradora do processo disciplinar poderá determinar o seu afastamento do exercício do cargo, pelo prazo de até 60 (sessenta) dias, sem prejuízo da remuneração.

---

752. **(Cespe)** Afasta-se a responsabilidade penal do servidor público que pratique fato previsto, na legislação, como contravenção penal, dada a baixa lesividade da conduta, subsistindo a responsabilidade civil e administrativa.

Gabarito: Errado.

Persiste a responsabilidade, pois tanto crime como contravenção penal são espécies de infração penal, gerando a responsabilidade do servidor.

---

753. **(Cespe)** Uma das hipóteses de aplicação da pena de suspensão é a reincidência em faltas punidas com a pena de advertência.

Gabarito: Certo.

A suspensão será aplicada em caso de reincidência das faltas punidas com advertência e de violação das demais proibições que não tipifiquem infração sujeita à penalidade de demissão, não podendo exceder de 90 (noventa) dias. Também será punido com suspensão de até 15 (quinze) dias o servidor que, injustificadamente, recusar-se a ser submetido à inspeção médica determinada pela autoridade competente, cessando os efeitos da penalidade uma vez cumprida a determinação.

---

754. **(Cespe)** A conversão da penalidade de suspensão em multa, na base de 50% por dia de vencimento ou remuneração, poderá ocorrer na hipótese de o servidor permanecer obrigatoriamente na repartição e quando houver conveniência para a prestação do serviço.

Gabarito: Certo.

Quando houver conveniência para o serviço, a penalidade de suspensão poderá ser convertida em multa, na base de 50% (cinquenta por cento) por dia de vencimento ou remuneração, ficando o servidor obrigado a permanecer em serviço.

---

755. **(Cespe)** É cabível a aplicação da pena de demissão ao servidor que receber propina, comissão, presente ou vantagem de qualquer espécie.

Gabarito: Certo.

Esse é o teor do Art. 117, XII, da Lei 8.112/90. É a previsão de demissão expressamente prevista no Art. 117. Vale acrescentar que existem outras no próprio artigo e também no Art. 132 da Lei.

---

756. **(Cespe)** A responsabilidade administrativa de servidor acusado será afastada, caso ele seja absolvido criminalmente por falta de provas.

Gabarito: Errado.

A responsabilidade administrativa do servidor será afastada no caso de absolvição criminal que negue a existência do fato ou sua autoria, não valendo para o afastamento a absolção por falta de provas.

---

757. **(Cespe)** As sanções civis, penais e administrativas podem cumular-se e são independentes entre si, razão pela qual, ainda que haja absolvição criminal que negue a existência do fato ou sua autoria, poderá restar configurada a responsabilidade administrativa do servidor público.

Gabarito: Errado.

A responsabilidade administrativa do servidor será afastada no caso de absolvição criminal que negue a existência do fato ou sua autoria.

---

758. **(Cespe)** É proibido ao servidor retirar, sem prévia anuência da autoridade competente, qualquer documento ou objeto da sua repartição.

Gabarito: Certo.

Esse é o teor do Art. 117 da Lei 8.112/90: *Ao servidor é proibido: II. Retirar, sem prévia anuência da autoridade competente, qualquer documento ou objeto da repartição.*

---

759. **(Cespe)** Considere que a autoridade competente de um órgão público tome conhecimento da ocorrência de infração disciplinar cometida por um ex-servidor público federal que ocupava, exclusivamente, cargo em comissão. Nessa situação, deve-se proceder à instauração de processo administrativo disciplinar contra o referido ex-servidor.

Gabarito: Certo.

O procedimento deve ser instaurado, pois o fato ocorreu "no exercício na função pública". Mesmo tomando conhecimento posterior, o processo administrativo disciplinar deve ser instaurado.

---

760. **(Cespe)** O rito sumário do processo administrativo disciplinar aplica-se apenas à apuração das irregularidades de acumulação ilícita de cargos públicos, abandono de cargo e inassiduidade habitual.

Gabarito: Certo.

Esse é o teor do Art. 113 da Lei 8.112/90: *detectada a qualquer tempo a acumulação ilegal de cargos, empregos ou funções públicas, a autoridade a que se refere o Art. 143 notificará o servidor, por intermédio de sua chefia imediata, para apresentar opção no prazo improrrogável de dez dias, contados da data da ciência e, na hipótese de omissão, adotará procedimento sumário para a sua apuração e regularização imediata, cujo processo administrativo disciplinar.*

---

761. **(Cespe)** Em processo administrativo disciplinar, a remoção de ofício de um servidor pode ser utilizada como forma de punição.

Gabarito: Errado.

A remoção constitui forma de deslocamento e não de punição. Caso isso ocorra, a autoridade deverá responder por abuso de poder por desvio de finalidade.

---

762. **(Cespe)** A comissão de sindicância não é pré-requisito para a instauração do processo administrativo disciplinar.

Gabarito: Errado.

O processo disciplinar será conduzido por comissão composta de três servidores estáveis designados pela autoridade competente, observado o disposto no § 3º do Art. 143, que indicará, dentre eles, o seu presidente, que deverá ser ocupante de cargo efetivo superior ou de mesmo nível, ou ter nível de escolaridade igual ou superior ao do indiciado.

---

763. **(Cespe)** Para o STF, viola o direito constitucional à ampla defesa e ao contraditório a nomeação de defensor dativo no processo administrativo disciplinar que não seja advogado ou formado no curso superior em Ciências Jurídicas (Direito).

Gabarito: Errado.

O STF se posicionou na Súmula Vinculante 5: *A falta de defesa técnica por advogado no processo administrativo disciplinar não ofende a Constituição.*

---

764. **(Cespe)** Na fase do inquérito, a comissão de processo administrativo disciplinar promoverá a tomada de depoimentos, acareações, investigações e diligências cabíveis, sendo assegurados ao acusado o contraditório e a ampla defesa.

Gabarito: Certo.

Esse é o teor da Lei 8.112/90 em seu Art. 155: *Na fase do inquérito, a comissão promoverá a tomada de depoimentos, acareações, investigações e diligências cabíveis, objetivando a coleta de prova, recorrendo, quando necessário, a técnicos e peritos, de modo a permitir a completa elucidação dos fatos.*

---

765. **(Cespe)** A autoridade julgadora poderá decidir em desconformidade com o relatório elaborado pela comissão responsável pela condução do processo disciplinar quando reputá-lo contrário às provas dos autos.

Gabarito: Certo.

Quando o relatório da comissão contrariar as provas dos autos, a autoridade julgadora poderá, motivadamente, agravar a penalidade proposta, abrandá-la ou isentar o servidor de responsabilidade.

---

766. **(Cespe)** No que se refere ao julgamento do processo administrativo disciplinar, na hipótese de o relatório da comissão contrariar as provas dos autos, a autoridade julgadora poderá, motivadamente, agravar a penalidade proposta.

Gabarito: Certo.

Esse é o teor do Art. 168, parágrafo único, da Lei 8.112/90 que trata do julgamento do processo administrativo disciplinar.

---

767. **(Cespe)** Um empregado público submetido a procedimento administrativo disciplinar do qual resultou punição interpôs recurso administrativo dirigido ao superior hierárquico do agente público que lhe aplicara a sanção. Nessa situação, o servidor deve estar ciente de que a administração, ao conhecer do recurso interposto, poderá aplicar, no exercício da autotutela, sanção mais grave, assim como deve estar ciente de que não incide na esfera administrativa, por este fundamento, a vedação do *reformatio in pejus*.

Gabarito: Certo.

O que devemos nos atentar é que o recurso administrativo admite a reforma para piorar a situação do agente (*reformatio in pejus*), e a revisão administrativa não, como consta no Art. 182, parágrafo único, da Lei 8.112/90. Da revisão do processo não poderá resultar agravamento de penalidade.

---

768. **(Cespe)** A ação disciplinar prescreverá em cinco anos quanto às infrações puníveis com demissão, suspensão, cassação de aposentadoria ou destituição de cargo em comissão, contados da data da consumação do fato.

Gabarito: Errado.

Os prazos de prescrição são contados da data em que a Administração Pública toma conhecimento dos fatos e não da data da consumação.

---

769. **(Cespe)** Em 6/6/1994, Paulo, servidor público federal, praticou determinada infração disciplinar, descoberta em 10/5/2000. Em 5/5/2005, foi instaurado o processo administrativo disciplinar para a apuração do fato, no prazo de sessenta dias, prorrogáveis por mais sessenta dias, o que efetivamente ocorreu. Em 10/9/2010, foi publicada a penalidade de demissão de Paulo. Nessa situação, não ocorreu a prescrição da pretensão punitiva da Administração Pública.

Gabarito: Certo.

A prescrição não ocorreu, porque começa a contar na data em que a Administração Pública toma conhecimento do fato, que ocorreu em 10/05/2000. A administração tem 05 anos para dar início ao processo administrativo que, por sua vez, interrompe o prazo prescricional.

---

770. **(Cespe)** Qualquer pessoa da família de servidor falecido poderá, a qualquer tempo, requerer a revisão de decisão punitiva que tenha a ele sido aplicada, quando houver fatos novos ou circunstâncias suscetíveis de justificar a inocência ou a inadequação da penalidade aplicada.

Gabarito: Certo.

Esse é o teor do Art. 174: *o processo disciplinar poderá ser revisto, a qualquer tempo, a pedido ou de ofício, quando se aduzirem fatos novos ou circunstâncias suscetíveis de justificar a inocência do punido ou a inadequação da penalidade aplicada. § 1º. Em caso de falecimento, ausência ou desaparecimento do servidor, qualquer pessoa da família poderá requerer a revisão do processo.*

---

771. **(Cespe)** A revisão do processo administrativo disciplinar é cabível quando se apresentarem novos fatos ou circunstâncias suscetíveis de justificar a inocência do punido ou a inadequação das penalidades aplicadas, podendo ocorrer de ofício ou a pedido, a qualquer tempo.

Gabarito: Certo.

O processo disciplinar poderá ser revisto, a qualquer tempo, a pedido ou de ofício, quando se aduzirem fatos novos ou circunstâncias suscetíveis de justificar a inocência do punido ou a inadequação da penalidade aplicada.

---

772. **(Cespe)** Se um servidor público federal for punido, após o devido processo administrativo disciplinar, com suspensão, e, após atividade de correição, entenda-se que a penalidade a ser aplicada na espécie seria a de demissão, a Controladoria-Geral da União poderá avocar o processo e aplicar a penalidade que entender adequada.

Gabarito: Errado.

Para a reforma da penalidade, deve ser instaurado novo processo administrativo federal que garanta nos prazos a ampla defesa e o contraditório.

---

773. **(Cespe)** Com relação a acúmulo remunerado de cargo público, emprego ou função pública, Por observância do princípio constitucional da eficiência, o STJ tem entendido que seja vedada a acumulação de dois cargos públicos quando a jornada de trabalho semanal ultrapassar o limite máximo de sessenta horas.

Gabarito: Certo.

Sabe-se que a Constituição Federal veda a acumulação remunerada de cargo ou emprego público. No entanto, a própria CF traz exceções à regra. Pois, o servidor pode acumular, quando houver compatibilidade de horários, dois cargos de professor; um cargo de professor com outro técnico ou científico e dois cargos de profissional de saúde. Porém a acumulação de cargo deve atender ao princípio constitucional da eficiência. Devido a isso, o STJ decidiu ser vedada a acumulação de dois cargos públicos quando a soma da carga horária referente aos dois cargos ultrapassar o limite máximo de 60 horas semanais. *No caso concreto, a servidora acumulava dois cargos públicos privativos de profissionais de saúde e a soma da carga horária semanal de ambos era superior a 60 horas. A servidora foi notificada para optar por um dos dois cargos, tendo se mantido inerte. Diante disso, foi demitida de um deles por acumulação ilícita de cargos públicos. A servidora impetrou mandado de segurança, mas o STJ reconheceu que a demissão foi legal*. STJ. 1ª Seção. MS 19.336-DF, Rel. originária Min. Eliana Calmon, Rel. para acórdão Min. Mauro Campbell Marques, julgado em 26/2/2014 (Info 548).

---

774. **(Cespe)** Com base no disposto nas súmulas do Supremo Tribunal Federal relativas a direito administrativo, julgue o item subsequente.

Insere-se na esfera de poder discricionário da administração pública a decisão de incluir o exame psicotécnico como fase de concurso para provimento de cargos públicos, o que pode ser feito mediante previsão em edital.

Gabarito: Errado.

De acordo com o STF, o exame psicotécnico pode ser estabelecido para concurso público desde que por lei, ou seja, insere-se na esfera do poder vinculado, tendo por base critérios objetivos de reconhecido caráter científico, devendo existir, inclusive, a possibilidade de reexame.

Súmula 686 - Só por lei se pode sujeitar a exame psicotécnico a habilitação de candidato a cargo público.

---

775. **(Cespe)** Com relação a acúmulo remunerado de cargo público, emprego ou função pública, Não é permitida a acumulação de proventos de duas aposentadorias relativas a cargos de professor que tenham sido exercidos pelo servidor em escolas públicas.

Gabarito: Errado.

Para saber se poderá acumular as duas aposentadorias, basta ver se, na ativa, as duas funções poderiam ser cumuláveis licitamente. Como a questão afirma que as aposentadorias eram relativas a cargos de professor, percebe-se que para é possível cumular as respectivas aposentadorias, pois, de acordo com a CF, é possível que o servidor acumule, observando a compatibilidade de horários, dois cargos de professor; um cargo de professor com outro técnico ou científico e dois cargos de profissional de saúde.

XVI – é vedada a acumulação remunerada de cargos públicos, exceto, quando houver compatibilidade de horários, observado em qualquer caso o disposto no inciso XI: a) a de dois cargos de professor;

---

776. **(Cespe)** Em relação ao regime jurídico dos cargos, empregos e funções públicas e às disposições da Lei nº 8.112/1990, julgue o item que se segue.

De acordo com a jurisprudência do Supremo Tribunal Federal, é válida a exigência de exame psicotécnico em concursos públicos desde que esteja a exigência prevista no edital do certame.

Gabarito: Errado.

O atual entendimento da Suprema Corte é de que é válida a exigência de exame psicotécnico em concurso público. Porém, deve ser feito de acordo com a lei e não com a simples previsão no edital do concurso público.

Súmula 686 - Só por lei se pode sujeitar a exame psicotécnico a habilitação de candidato a cargo público.

---

777. **(Cespe)** Com relação a acúmulo remunerado de cargo público, emprego ou função pública, A proibição de acumular não se estende aos empregos públicos das sociedades de economia mista.

Gabarito: Errado.

De acordo com o Art. 37 da CF, a proibição de acumular estende-se para toda a Administração Pública, inclusive para empregos públicos das sociedades de economia mista. Art. 37, XVII da CF - *a proibição de acumular estende-se a empregos e funções e abrange autarquias, fundações, empresas públicas, sociedades de economia mista, suas subsidiárias, e sociedades controladas, direta ou indiretamente, pelo poder público*. Portanto, alternativa errada.

---

778. **(Cespe)** Com base no disposto nas súmulas do Supremo Tribunal Federal relativas a direito administrativo, julgue o item subsequente.

Tratando-se de processo administrativo disciplinar, se o acusado não tiver advogado, deve ser providenciado um ad hoc para formulação da sua defesa técnica, sob pena de nulidade do procedimento, por cerceamento de defesa.

Gabarito: Errado.

A falta de defesa técnica ou de advogado não invalida o Processo Administrativo Federal, ou seja, não é inconstitucional. Acerca desse tema, o STF editou a Súmula Vinculante Nº 5 - *A falta de defesa técnica por advogado no processo administrativo disciplinar não ofende a Constituição.*

---

779. **(Cespe)** Com relação a acúmulo remunerado de cargo público, emprego ou função pública, Segundo o entendimento do STJ, não é possível a cumulação de proventos de aposentadoria de emprego público com remuneração proveniente de exercício de cargo temporário, contratado para atender a necessidade temporária de excepcional interesse público.

Gabarito: Errado.

De acordo o informativo do STJ, *é possível a cumulação de proventos de aposentadoria de emprego público com remuneração proveniente de exercício de "cargo" temporário*. STJ. 2ª Turma. REsp 1.298.503-DF, Rel. Min. Humberto Martins, julgado em 7/4/2015 (Info 559).

---

780. **(Cespe)** Em conformidade com a Lei n.º 8.112/1990 e suas alterações, julgue o item que se segue.

Não se admite que a posse em cargo público seja realizada mediante procuração específica.

Gabarito: Errado.

De acordo com a Lei 8.112/1990, *a posse mediante procuração é admita e está prevista no Art. 13, §3º. A posse poderá dar-se mediante procuração específica.*

---

781. **(Cespe)** Ainda de acordo com a Lei n.º 8.112/1990 e suas alterações, julgue o item subsequente.

É vedada a acumulação remunerada de cargos públicos, salvo os casos previstos na Constituição Federal de 1988, condicionados à comprovação de compatibilidade de horários.

Gabarito: Certo.

Sabemos que a regra trazida pela nossa Constituição é a vedação quanto à acumulação remunerada de cargos públicos. Entretanto, a própria CF traz exceções à essa regra previstas no Art. 37, XVI, as quais ficam condicionadas à comprovação de compatibilidade de horários. Art. 37, XVI é *vedada a acumulação remunerada de cargos públicos, exceto, quando houver compatibilidade de horários, observado, em qualquer caso, o disposto no inciso XI. a) a de dois cargos de professor; b) a de um cargo de professor com outro técnico ou científico; c) a de dois cargos ou empregos privativos de profissionais de saúde, com profissões regulamentadas;*

---

782. **(Cespe)** Com relação a acúmulo remunerado de cargo público, emprego ou função pública,

Segundo o STJ, o conceito de cargo técnico ou científico previsto na Constituição Federal de 1988 (CF) remete, essencialmente, a um cargo de nível superior.

Gabarito: Errado.

Entendeu o STJ, que "*Na exceção prevista na alínea b do inciso XVI do art. 37 da CF, o conceito de "cargo técnico ou científico" não remete, essencialmente, a um cargo de nível superior, mas pela análise da atividade desenvolvida, em atenção ao nível de especificação, capacidade e técnica necessários para o correto exercício do trabalho*". Portanto item errado.

---

783. **(Cespe)** Ainda de acordo com a Lei n.º 8.112/1990 e suas alterações, julgue o item subsequente.

As sanções civis, penais e administrativas não podem ser cumuladas.

Gabarito: Errado.

De acordo com o Art. 125, da Lei 8.112/1990, as sanções civis, penais e administrativas podem ser cumuladas, ao contrário do que afirmou a assertiva. Art. 125. *As sanções civis, penais e administrativas poderão cumular-se, sendo independentes entre si.* Logo, item errado.

---

784. **(Cespe)** Em conformidade com a Lei n.º 8.112/1990 e suas alterações, julgue o item que se segue.

A estabilidade do servidor habilitado em concurso público é garantida imediatamente após sua posse, haja vista a sua aprovação em concurso público.

Gabarito: Errado.

De acordo com a Lei 8.112/1990, a estabilidade do servidor não se dá imediatamente após a sua posse e sim ao completar 2 (dois) anos de efetivo exercício. No entanto, MUITA ATENÇÃO com essa questão. Pois, o Art. 41 da Constituição Federal traz que é de 3 (três) anos. Art. 41. *São estáveis após três anos de efetivo exercício os servidores nomeados para cargo de provimento efetivo em virtude de concurso público*. Na hora da prova, ficar atento ao comando da questão.

---

785. **(Cespe)** Julgue o item seguinte, acerca de agentes públicos.

Situação hipotética: Dalila, de cinquenta e três anos de idade, é professora e trabalha há vinte e cinco anos na mesma escola pública de educação infantil. Como professora, ela atuou, efetivamente, em sala de aula, por quinze anos, e, no tempo remanescente, atuou como coordenadora e diretora. Assertiva: Nessa situação, Dalila não tem direito a aposentadoria por idade e tempo de contribuição como professora, já que, conforme jurisprudência pacificada do STF, os professores que exercem atividades administrativas em estabelecimentos de ensino não têm direito a aposentadoria por tempo reduzido.

Gabarito: Errado.

Segundo o STF, ao julgar Ação Direta de Inconstitucionalidade – 3.772, decidiu que aos professores é garantido o direito à aposentadoria especial, utilizando na contagem o tempo de exercício também prestado fora da sala de aula, nos cargos de diretor, coordenador e assessor pedagógico.

---

786. **(Cespe)** Cláudio, servidor público federal lotado na capital federal, pediu remoção para o estado de São Paulo. O pedido foi deferido pelo órgão ao qual ele pertence. Imediatamente, Cíntia, sua esposa, também servidora pública federal lotada em Brasília, solicitou remoção para acompanhar o cônjuge. O pedido de Cíntia foi negado. Quinze dias depois da data de ciência da decisão, Cíntia apresentou recurso, que não foi conhecido, por ter sido apresentado fora do prazo. Diante disso, Cíntia, sem prévia autorização do chefe imediato, se ausentou do serviço durante o expediente para auxiliar na mudança de Cláudio.

Considerando essa situação hipotética, julgue o item que se segue com fundamento na Lei n.º 8.112/1990 — Regime Jurídico dos Servidores Públicos Civis da União — e na Lei n.º 9.784/1999, que dispõe sobre o processo administrativo na administração pública federal.

Por ter se ausentado do serviço durante o expediente e sem prévia autorização do chefe imediato, Cíntia está sujeita à penalidade de demissão.

Gabarito: Errado.

Ausentar-se do serviço durante o expediente e sem prévia autorização do chefe imediato é proibido ao agente, conforme previsão legal: Art. 117. *Ao servidor é proibido: I - ausentar-se do serviço durante o expediente, sem prévia autorização do chefe imediato. No entanto, o agente estará sujeito à penalidade de advertência e não de demissão como afirmou a assertiva. Art. 129. A advertência será aplicada por escrito, nos casos de violação de proibição constante do art. 117, incisos I a VIII e XIX, e de inobservância de dever funcional previsto em lei, regulamentação ou norma interna, que não justifique imposição de penalidade mais grave.*

---

787. **(Cespe)** Com base nas disposições da Lei n.º 8.112/1990, julgue o item seguinte, a respeito de provimento de vagas no serviço público e direitos e vantagens do servidor público.

A posse no serviço público ocorrerá no prazo máximo de quinze dias, contados da publicação do ato de provimento.

Gabarito: Errado.

De acordo com a Lei 8.112/1990 a posse ocorrerá no prazo de 30 dias. Art. 13 § 1º *A posse ocorrerá no prazo de trinta dias contados da publicação do ato de provimento.* Assertiva tentou enganar o candidato trocando os prazos da posse com o da entrada em exercício. Uma vez que o prazo para entrar em exercício é de 15 dias. Art. 15 §1º *É de quinze dias o prazo para o servidor empossado em cargo público entrar em exercício, contados da data da posse.*

---

788. **(Cespe)** Rafael, médico de um tribunal de justiça, foi submetido a processo administrativo disciplinar devido a denúncias de que ele estaria acumulando mais de dois cargos públicos. Na ocasião, foi-lhe dada a oportunidade de optar por duas de três ocupações médicas e, como não se manifestou, o servidor foi demitido. Rafael recorreu do processo administrativo que resultou em sua demissão e solicitou o seu retorno ao serviço público, com base no argumento de que não era razoável a aplicação da referida penalidade. Em sua defesa, alegou, ainda, que atuava como médico nas três instituições e havia compatibilidade de horários, pois a carga horária combinada não ultrapassava sessenta horas semanais; que ocupava apenas dois cargos públicos, no tribunal e em hospital municipal; e que o exercício da sua terceira atividade, em uma fundação pública de saúde, era legítimo, uma vez que o vínculo com a fundação de saúde era celetista e a vedação legal estaria restrita à acumulação de cargos públicos estatutários.

Considerando essa situação hipotética e as regras relativas ao processo administrativo e aos agentes públicos, julgue o item que se segue.

A alegação de Rafael de que a acumulação das três ocupações, no caso, seria legítima está em desacordo com o estabelecido na CF, que estende a proibição à acumulação remunerada de cargos a empregos e funções, além de abranger autarquias, fundações, empresas públicas, sociedades de economia mista, suas subsidiárias, e sociedades controladas, direta ou indiretamente, pelo poder público.

Gabarito: Certo.

A regra trazida pela nossa Constituição é a vedação quanto à acumulação remunerada de cargos públicos. Entretanto, a própria CF traz exceções à essa regra, previstas no Art. 37, XVI, as quais ficam condicionadas à comprovação de compatibilidade de horários. *Art. 37, XVI é vedada a acumulação remunerada de cargos públicos, exceto, quando houver compatibilidade de horários, observado, em qualquer caso, o disposto no inciso XI. a) a de dois cargos de professor; b) a de um cargo de professor com outro técnico ou científico; c) a de dois cargos ou empregos privativos de profissionais de saúde, com profissões regulamentadas; Tal proibição abrange toda a Administração Pública, XVII - a proibição de acumular estende-se a empregos e funções e abrange autarquias, fundações, empresas públicas, sociedades de economia mista, suas subsidiárias, e sociedades controladas, direta ou indiretamente, pelo poder público;*

---

789. **(Cespe)** Ainda de acordo com a Lei nº 8.112/1990 e suas alterações, julgue o item subsequente.

O servidor público, mediante prévia autorização do chefe imediato, pode ausentar-se do serviço durante o expediente.

Gabarito: Certo.

Ausentar-se do serviço durante o expediente e sem prévia autorização do chefe imediato é proibido ao agente. Porém, se houver a devida autorização da chefia imediata não há problema. Conforme previsão legal Art. 117. *Ao servidor é proibido: I - ausentar-se do serviço durante o expediente, sem prévia autorização do chefe imediato.*

---

790. **(Cespe)** Rafael, médico de um tribunal de justiça, foi submetido a processo administrativo disciplinar devido a denúncias de que ele estaria acumulando mais de dois cargos públicos. Na ocasião, foi-lhe dada a oportunidade de optar por duas de três ocupações médicas e, como não se manifestou, o servidor foi demitido. Rafael recorreu do processo administrativo que resultou em sua demissão e solicitou o seu retorno ao serviço público, com base no argumento de que não era razoável a aplicação da referida penalidade. Em sua defesa, alegou, ainda, que atuava como médico nas três instituições e havia compatibilidade de horários, pois a carga horária combinada não ultrapassava sessenta horas semanais; que ocupava apenas dois cargos públicos, no tribunal e em hospital municipal; e que o exercício da sua terceira atividade, em uma fundação pública de saúde, era legítimo, uma vez que o vínculo com a fundação de saúde era celetista e a vedação legal estaria restrita à acumulação de cargos públicos estatutários.

Considerando essa situação hipotética e as regras relativas ao processo administrativo e aos agentes públicos, julgue o item que se segue.

A penalidade de demissão aplicada a Rafael é a prevista em lei para os casos de acumulação ilegal de cargos, empregos ou funções públicas.

Gabarito: Certo.

De acordo com o artigo 132 da Lei 8.112/1990, a penalidade de demissão é prevista para os cargos de acumulação ilegal de cargos, empregos ou funções públicas. Art. 132. *A demissão será aplicada nos seguintes casos: XII - acumulação ilegal de cargos, empregos ou funções públicas;*

---

791. **(Cespe)** Com base nas disposições da Lei n.º 8.112/1990, julgue o item seguinte, a respeito de provimento de vagas no serviço público e direitos e vantagens do servidor público.

Ajuda de custo, diárias, transporte e auxílio-moradia constituem indenizações ao servidor.

Gabarito: Certo.

De fato, constituem indenizações ao servidor: ajuda de custo; diárias; transporte e auxílio--moradia, segundo a Lei 8.112/1990.

***Art. 51. Constituem indenizações ao servidor: I - ajuda de custo; II - diárias; III – transporte; IV - auxílio-moradia.* Lembrando que as indenizações não serão incorporadas, diferentemente, das gratificações e adicionais que podem incorporar, a depender da lei.**

---

792. **(Cespe)** Ainda de acordo com a Lei n.º 8.112/1990 e suas alterações, julgue o item subsequente.

O servidor público, fora do serviço, poderá emprestar dinheiro a outrem e cobrar-lhe juros superiores a 15% ao ano.

Gabarito: Errado.

O capítulo II, do título IV da Lei 8.112, trata das proibições que o servidor público está submetido. Dentre elas, no Art. 117, XIV, elenca-se a proibição da prática de usura, agiotagem, emprestar dinheiro com a cobrança de juros.

Art. 117, XIV - praticar usura sob qualquer de suas formas;

---

793. **(Cespe)** Com base nas disposições da Lei n.º 8.112/1990, julgue o item seguinte, a respeito de provimento de vagas no serviço público e direitos e vantagens do servidor público.

Nos concursos para provimento de vagas no serviço público, no mínimo, 25% das vagas oferecidas são reservadas às pessoas portadoras de deficiência.

Gabarito: Errado.

Com base no §2º do Art. 5º da lei 8.112, o máximo que é reservado às pessoas com deficiência, para provimento de vagas no serviço público é de 20%. Art. 5º §2º *Às pessoas portadoras de deficiência é assegurado o direito de se inscrever em concurso público para provimento de cargo cujas atribuições sejam compatíveis com a deficiência de que são portadoras; para tais pessoas serão reservadas até 20% (vinte por cento) das vagas oferecidas no concurso.*

---

794. **(Cespe)** Eduardo, servidor público em estágio probatório, frequentemente se ausentava de seu local de trabalho sem justificativa e, quando voltava, se apresentava nitidamente embriagado. Em razão desses fatos, a comissão de ética, tendo apreciado a conduta do servidor, decidiu aplicar a ele a penalidade de advertência. Eduardo foi, então, reprovado no estágio probatório e, por isso, foi demitido, sem que a administração pública tenha observado o contraditório e a ampla defesa.

Considerando essa situação hipotética, julgue o item a seguir.

A atuação da administração pública obedeceu a todos os princípios do processo administrativo.

Gabarito: Errado.

Questão errada, pois a Administração Pública não obedeceu a uma garantia constitucional prevista no Art. 5º *Todos são iguais perante a lei, sem distinção de qualquer natureza, garantindo-se aos brasileiros e aos estrangeiros residentes no País a inviolabilidade do direito à vida, à liberdade, à igualdade, à segurança e à propriedade, nos termos seguintes: LV - aos litigantes, em processo judicial ou administrativo, e aos acusados em geral são assegurados o contraditório e ampla defesa, com os meios e recursos a ela inerentes;*

---

795. **(Cespe)** Cláudio, servidor público federal lotado na capital federal, pediu remoção para o estado de São Paulo. O pedido foi deferido pelo órgão ao qual ele pertence. Imediatamente, Cíntia, sua esposa, também servidora pública federal lotada em Brasília, solicitou remoção para acompanhar o cônjuge. O pedido de Cíntia foi negado. Quinze dias depois da data de ciência da decisão, Cíntia apresentou recurso, que não foi conhecido, por ter sido apresentado fora do prazo. Diante disso, Cíntia, sem prévia autorização do chefe imediato, se ausentou do serviço durante o expediente para auxiliar na mudança de Cláudio.

Considerando essa situação hipotética, julgue o item que se segue com fundamento na Lei n.º 8.112/1990 — Regime Jurídico dos Servidores Públicos Civis da União — e na Lei n.º 9.784/1999, que dispõe sobre o processo administrativo na administração pública federal.

A administração pública agiu corretamente ao indeferir o pedido de remoção para acompanhar o cônjuge formulado por Cíntia, uma vez que Cláudio foi removido no seu interesse, e não no interesse da administração.

Gabarito: Certo.

A remoção é dividida em duas modalidades: a concedida de ofício e a concedida a pedido. A de ofício é dada de acordo com a necessidade da Administração. Enquanto que a concedida a pedido pode ser dada no interesse da Administração, que é um ato discricionário e também independentemente do interesse da Administração, que será um ato vinculado. Nessa última hipótese poderá ocorrer em três situações: acompanhar cônjuge; saúde; processo seletivo. De acordo com a Lei 8.112/1990, a Administração agiu corretamente. Art. 36. *a) para acompanhar cônjuge ou companheiro, também servidor público civil ou militar, de qualquer dos Poderes da União, dos Estados, do Distrito Federal e dos Municípios, que foi deslocado no interesse da Administração*. Se observamos no início do texto, o servidor que pede para ser transferido e não é transferido de ofício.

---

796. **(Cespe)** Em conformidade com a Lei n.º 8.112/1990 e suas alterações, julgue o item que se segue.

O valor referente ao pagamento de ajuda de custo, diárias, transporte e auxílio-moradia incorpora-se ao vencimento do servidor público para todos os efeitos.

Gabarito: Errado.

De acordo com a Lei 8.112, além do vencimento, poderão ser pagas ao servidor as seguintes vantagens: indenizações, gratificações e adicionais. Porém, muita atenção! As indenizações nunca se incorporam ao vencimento, já nos casos das gratificações e adicionais, elas podem incorporar-se ao vencimento, dependendo de lei.

---

797. **(Cespe)** Rafael, médico de um tribunal de justiça, foi submetido a processo administrativo disciplinar devido a denúncias de que ele estaria acumulando mais de dois cargos públicos. Na ocasião, foi-lhe dada a oportunidade de optar por duas de três ocupações médicas e, como não se manifestou, o servidor foi demitido. Rafael recorreu do processo administrativo que resultou em sua demissão e solicitou o seu retorno ao serviço público, com base no argumento de que não era razoável a aplicação da referida penalidade. Em sua defesa, alegou, ainda, que atuava como médico nas três instituições e havia compatibilidade de horários, pois a carga horária combinada não ultrapassava sessenta horas semanais; que ocupava apenas dois cargos públicos, no tribunal e em hospital municipal; e que o exercício da sua terceira atividade, em uma fundação pública de saúde, era legítimo, uma vez que o vínculo com a fundação de saúde era celetista e a vedação legal estaria restrita à acumulação de cargos públicos estatutários.

Considerando essa situação hipotética e as regras relativas ao processo administrativo e aos agentes públicos, julgue o item que se segue.

Caso a demissão seja invalidada por decisão administrativa ou judicial, o retorno ao serviço público solicitado por Rafael corresponderá à recondução do servidor efetivo ao cargo anteriormente ocupado.

Gabarito: Errado.

Na situação de o agente ter invalidada a demissão por decisão judicial ou administrativa, o retorno do agente é caso de reintegração e não de recondução como afirmou a questão.

---

798. **(Cespe)** Em conformidade com a Lei n.º 8.112/1990 e suas alterações, julgue o item que se segue.

É lícito ao servidor público requerer licença por motivo de doença do seu enteado, desde que este conste de seu assentamento funcional, mediante comprovação por perícia médica oficial.

Gabarito: Certo.

Questão puro texto legal. Está correta de acordo com o Art. 83 da Lei 8.112/1990. Art. 83. *Poderá ser concedida licença ao servidor por motivo de doença do cônjuge ou companheiro, dos pais, dos filhos, do padrasto ou madrasta e enteado, ou dependente que viva a suas expensas e conste do seu assentamento funcional, mediante comprovação por perícia médica oficial.*

---

799. **(Cespe)** Em conformidade com a Lei nº 8.112/1990 e suas alterações, julgue o item que se segue.

Para a investidura em cargo público, exige-se, entre outros requisitos, a nacionalidade brasileira originária ou nata.

Gabarito: Errado.

A Lei 8.112/1990 traz como requisito, entre outros, a nacionalidade brasileira, somente, sem especificar se é originária ou nata. Entende-se que abrange tanto os brasileiros natos quanto os brasileiros naturalizados. Lembrem-se de que os estrangeiros também podem ingressar em cargo público, desde que cargos de professor, técnico e científico de universidades e institutos de pesquisas federais.

---

800. **(Cespe)** Ainda de acordo com a Lei n.º 8.112/1990 e suas alterações, julgue o item subsequente.

Sem qualquer prejuízo, o servidor público poderá se afastar do serviço por oito dias consecutivos em razão de licença gala e licença nojo.

Gabarito: Certo.

Termos estranhos, mas questão correta e de acordo com a Lei 8.112/1990. Art. 97. *Sem qualquer prejuízo, poderá o servidor ausentar-se do serviço: por 8 (oito) dias consecutivos em razão de: a) casamento; b) falecimento do cônjuge, companheiro, pais, madrasta ou padrasto, filhos, enteados, menor sob guarda ou tutela e irmãos*. Licença gala = casamento; licença nojo = morte de um parente.

---

801. **(Cespe)** Com relação aos agentes públicos, a luz das disposições constitucionais, da jurisprudência e da doutrina a eles aplicáveis.

Para o caso em que o ordenamento jurídico do estado da Federação seja omisso acerca do direito à recondução, o STJ entende que não é possível a aplicação, por analogia, do instituto da recondução previsto na lei federal.

Gabarito: Certo.

Questão correta e cobra o conhecimento de um julgado do STJ. *Segundo a jurisprudência do STJ, somente é possível aplicar, por analogia, a Lei n.° 8.112/90 aos servidores públicos estaduais e municipais se houver omissão, na legislação estadual ou municipal sobre direito de cunho constitucional e que seja autoaplicável e desde que tal situação não gere o aumento de gastos.*

STJ. 2ª Turma. RMS 46.438-MG, Rel. Min. Humberto Martins, julgado em 16/12/2014

Acontece que a recondução não se trata de um direito de cunho constitucional, dessa forma, não é possível a aplicação da analogia.

---

802. **(Cespe)** Com base nas disposições da Lei n.º 8.112/1990, julgue o item seguinte.

Somente nos casos de provimento de cargo por nomeação haverá posse.

Gabarito: Certo.

Há 7 (sete) formas de provimento, somente essas sete. A única originária é a nomeação, as demais são derivadas. De acordo com o Art. 13 §4º da Lei 8.112/1990, *Só haverá posse nos casos de provimento de cargo por nomeação. Portanto, alternativa correta.*

---

803. **(Cespe)** Com base nas disposições da Lei n.º 8.112/1990, julgue o item seguinte.

Será exonerado de ofício o servidor que, tendo tomado posse, não entrar em exercício no prazo estabelecido em lei.

Gabarito: Certo.

Muito cuidado para não confundir com a situação de o agente ser nomeado e não comparecer em 30 dias para tomar posse, caso aconteça não tem efeito algum. Diferentemente se ele toma posse e não entra em exercício em 15 dias, nessa situação, será exonerado.

---

804. **(Cespe)** Com relação aos agentes públicos, a luz das disposições constitucionais, da jurisprudência e da doutrina a eles aplicáveis.

Caso seja ajuizada ação penal destinada a apurar criminalmente atos praticados por determinado servidor e que estejam sendo investigados administrativamente, o curso de processo administrativo disciplinar pertinente deverá ser paralisado.

Gabarito: Errado.

As esferas administrativa e penal são independentes, não há que se falar em suspensão do processo administrativo durante o trâmite do processo penal.

---

805. **(Cespe)** Com base nas disposições da Lei n.º 8.112/1990, julgue o item seguinte.

Servidor que se encontre em estágio probatório não poderá exercer cargo em comissão no órgão em que esteja lotado.

Gabarito: Errado.

O servidor em estágio probatório pode exercer quaisquer cargos de provimento em comissão ou funções de direção, chefia ou assessoramento no órgão ou entidade de lotação. O que é vedado ao servidor que se encontra em estágio probatório é: exercer mandato classista, tirar licença para tratar de assuntos pessoais e participar de curso de capacitação.

---

806. **(Cespe)** José, servidor público estável de órgão do Poder Executivo federal, durante o período de doze meses, faltou intencionalmente ao serviço por cinquenta dias consecutivos, sem causa justificada. A administração pública, mediante procedimento disciplinar sumário, enquadrou a conduta de José como abandono de cargo.

A respeito dessa situação hipotética, julgue o item que se segue.

José somente poderia ser demitido por abandono de cargo caso tivesse se ausentado por mais de sessenta dias consecutivos.

Gabarito: Errado.

O abandono de cargo se configura com a ausência por 30 dias consecutivos, portanto, José será demitido por abandono de cargo, pois ausentou-se por mais de 30 dias consecutivos. Art. 138. *Configura abandono de cargo a ausência intencional do servidor ao serviço por mais de trinta dias consecutivos.*

---

807. **(Cespe)** O teto de um imóvel pertencente à União desabou em decorrência de fortes chuvas, as quais levaram o poder público a decretar estado de calamidade na região. Maria, servidora pública responsável por conduzir o processo licitatório para a contratação dos serviços de reparo pertinentes, diante da situação de calamidade pública, decidiu contratar mediante dispensa de licitação. Findo o processo de licitação, foi escolhida a Empresa Y, que apresentou preços superiores ao preço de mercado, mas, reservadamente, prometeu, caso fosse contratada pela União, realizar, com generoso desconto, uma grande reforma no banheiro da residência de Maria. Ao final, em razão da urgência, foi firmado contrato verbal entre a União e a Empresa Y e executados tanto os reparos contratados quanto a reforma prometida.

Com referência a essa situação hipotética, julgue o item que se segue.

A autoridade que tiver ciência da conduta de Maria será obrigada a promover a sua apuração imediata, mediante sindicância ou processo administrativo disciplinar.

Gabarito: Certo.

Art. 143. *A autoridade que tiver ciência de irregularidade no serviço público é obrigada a promover a sua apuração imediata, mediante sindicância ou processo administrativo disciplinar, assegurada ao acusado ampla defesa.*

---

808. **(Cespe)** Julgue o item subsequente, acerca dos atos e dos poderes administrativos.

O advogado-geral da União e o defensor público-geral da União são classificados como agentes políticos, pois sua atuação possui fundamento constitucional.

Gabarito: Errado.

Os agentes políticos são aqueles que exercem típicas atividades de governo. Incluem- se nessa categoria os chefes do Poder Executivo federal, estadual e municipal, bem como seus auxiliares diretos - Ministros e Secretários de Governo- e os membros do Poder Legislativo - Senadores, Deputados e Vereadores. Vale instar que a banca Cespe entende que também se encaixa nessa classificação os membros da Magistratura e do Ministério Público

---

809. **(Cespe)** No que concerne aos agentes públicos, julgue o próximo item.

A definição de servidor público, em sentido amplo, engloba os empregados públicos e servidores temporários.

Gabarito: Certo.

O conceito de agentes públicos é amplo e abarca: agentes políticos, servidores públicos, agentes honoríficos. A questão veio trabalhando o conceito de servidor público, do qual fazem parte, além dos empregados públicos e servidores temporários, os servidores estatutários. Como a assertiva não restringiu, encontra-se correta.

---

810. **(Cespe)** Julgue o item seguinte, acerca de agentes públicos.

As pessoas que exercem cargo em comissão em órgão do Poder Judiciário devem ser vinculadas ao regime próprio de previdência dos servidores públicos, o qual é mantido pelos entes públicos da Federação e assegurado tanto aos servidores titulares de cargo efetivo quanto aos detentores de cargo em comissão.

Gabarito: Errado.

De acordo com a Constituição Federal, Art. 40 § 13 - *Ao servidor ocupante, exclusivamente, de cargo em comissão declarado em lei de livre nomeação e exoneração bem como de outro cargo temporário ou de emprego público, aplica-se o regime geral de previdência social.*

Somente os servidores públicos titulares de cargos efetivos são submetidos ao regime próprio.

---

811. **(Cespe)** João, após aprovação em concurso público, foi nomeado em 2015 para integrar o quadro de uma entidade da administração indireta dotada de personalidade jurídica de direito privado.

Acerca dessa situação hipotética, julgue o item seguinte.

A partir das informações apresentadas na situação hipotética em apreço, é correto concluir que João foi nomeado para ocupar emprego público.

Gabarito: Certo.

Servidor, ao integrar o quadro de uma entidade da administração indireta dotada de personalidade jurídica de direito privado, ocupará um emprego público em uma fundação pública, empresa pública ou sociedade de economia mista.

---

812. **(Cespe)** João, após aprovação em concurso público, foi nomeado em 2015 para integrar o quadro de uma entidade da administração indireta dotada de personalidade jurídica de direito privado.

Acerca dessa situação hipotética, julgue o item seguinte.

Na situação descrita, após três anos de efetivo exercício, João adquirirá a estabilidade estatutária, própria dos servidores públicos, desde que seja aprovado em estágio probatório.

Gabarito: Errado.

Questão narrou uma regra aplicada aos servidores ocupantes de cargo público efetivo. Lembrem-se de que os ocupantes de emprego público não têm estabilidade e nem passam por estágio probatório.

---

813. **(Cespe)** João, após aprovação em concurso público, foi nomeado em 2015 para integrar o quadro de uma entidade da administração indireta dotada de personalidade jurídica de direito privado.

Acerca dessa situação hipotética, julgue o item seguinte.

Com a aprovação no referido concurso, João passará a ocupar cargo público efetivo regido pelo regime jurídico único dos servidores públicos civis.

Gabarito: Errado.

Servidor, ao integrar o quadro de uma entidade da administração indireta dotada de personalidade jurídica de direito privado, ocupará um emprego público em uma fundação pública, empresa pública ou sociedade de economia mista e não um cargo público efetivo regido pelo regime jurídico único dos servidores públicos civis.

---

814. **(Cespe)** Acerca das exigências posteriores à nomeação em cargo público,

Ao tomar posse em cargo público na PMSP, o indivíduo está dispensado de declarar ser ocupante de outro cargo público, se os horários de trabalho forem compatíveis.

Gabarito: Errado.

De acordo com a Lei 8112/90 – Artigo 13 § 5º *No ato da posse, o servidor apresentará declaração de bens e valores que constituem seu patrimônio e declaração quanto ao exercício ou não de outro cargo, emprego ou função pública.*

---

815. **(Cespe)** Com relação aos agentes públicos, a luz das disposições constitucionais, da jurisprudência e da doutrina a eles aplicáveis.

Segundo recente entendimento do STF, o limite de idade, quando regularmente fixado em lei e no edital de determinado concurso público, há de ser comprovado no momento da data da posse no cargo.

Gabarito: Errado.

De acordo com o informativo 791, STF, o limite de idade deve ser comprovado no momento da INSCRIÇÃO DO CERTAME.

---

816. **(Cespe)** Julgue o item subsecutivo conforme o disposto na Lei n.º 8.112/1990.

Em conformidade com a Lei n.º 8.112/1990, o servidor público poderá ser afastado do Brasil para missão oficial por tempo indeterminado.

Gabarito: Errado.

Conforme a Lei 8112/90 Art. 95. *O servidor não poderá ausentar-se do País para estudo ou missão oficial, sem autorização do Presidente da República, Presidente dos Órgãos do Poder Legislativo e Presidente do Supremo Tribunal Federal.*

§ 1º A ausência não excederá a 4 (quatro) anos, e finda a missão ou estudo, somente decorrido igual período, será permitida nova ausência.

---

817. **(Cespe)** Com base na doutrina e nas normas de direito administrativo, julgue o item que se segue.

O servidor público ocupante exclusivamente de cargo em comissão adquire a estabilidade após três anos de efetivo exercício.

Gabarito: Errado.

Errado, porque o cargo em comissão é de livre exoneração e livre nomeação. Portanto não há que se falar em estabilidade.

---

818. **(Cespe)** Com relação aos agentes públicos, assinale a opção correta à luz das disposições constitucionais, da jurisprudência e da doutrina a eles aplicáveis.

Segundo entendimento do STF e o STJ, não é vedada a contratação por tempo determinado para atender à necessidade temporária de excepcional interesse público para o exercício de atividades permanentes do órgão ou entidade, mesmo na hipótese de haver crescente número de demandas e elevado passivo de processos parados junto ao órgão administrativo.

Gabarito: Errado.

O erro está em dizer que são atividades permanentes. A contratação temporária de funcionários, amparado pelo artigo 37 inciso IX da Constituição Federal, somente é cabível em caráter excepcional, temporário e nas hipóteses previstas em lei.

---

819. **(Cespe)** Acerca das exigências posteriores à nomeação em cargo público,

Para tomar posse em cargo público, em regra, o indivíduo deve comprovar a idade mínima de vinte e um anos completos antes da data da inscrição no concurso.

Gabarito: Errado.

Uns dos requisitos básicos para investidura em cargo público é a IDADE MÍNIMA DE 18 ANOS.

---

820. **(Cespe)** A respeito de reparação de danos, sindicância e processo administrativo, e controle interno da administração pública, julgue o item seguinte.

Uma das razões para que o servidor público sofra processo administrativo é o recebimento, em razão de suas atribuições, de propina, comissão, presente ou vantagem de qualquer espécie.

Gabarito: Certo.

É vedado ao servidor público, conforme previsão legal, receber propina, comissão, presente ou vantagem de qualquer espécie, em razão de suas atribuições. Nesses casos existe a previsão da aplicação da penalidade de demissão, portanto a instauração do processo administrativo disciplinar prévio será necessária.

---

821. **(Cespe)** Acerca dos servidores públicos, dos poderes da administração pública e do regime jurídico-administrativo, julgue o item que se segue.

Situação hipotética: A autoridade competente de determinado TCE da Federação foi informada de que um dos servidores do órgão foi preso em flagrante, devido à prática de crime, e liberado em seguida para responder ao processo em liberdade. Assertiva: Nessa situação, caberá à autoridade aguardar o trânsito em julgado da condenação para determinar que o servidor seja afastado de suas funções.

Gabarito: Errado.

A resposta da questão encontra-se errada, tendo em vista o seguinte: uma conduta pode ser classificada ao mesmo tempo como ilícito penal, civil e administrativo. Nesse caso poderá ocorrer a condenação em todas as esferas ou não, ou seja, na ação civil a pessoa poderá ser condenada e na ação penal absolvida, pois vale a regra da independência e autonomia entre as instâncias. Porém, há exceções, nas quais haverá vinculação entre as instâncias, o que significa que não poderá ser condenada na esfera civil ou administrativa quando for absolvida na esfera penal por inexistência de fato ou negativa de autoria. Vide artigos 125 e 126 da Lei 8.112/90:

Art. 125. As sanções civis, penais e administrativas poderão cumular-se, sendo independentes entre si.

Art. 126. A responsabilidade administrativa do servidor será afastada no caso de absolvição criminal que negue a existência do fato ou sua autoria.

Ainda vale ressaltar, que o agente poderá ser afastado da função, quando for imprescindível pra as investigações.

---

822. **(Cespe)** Julgue o item subsequente, relativos aos agentes públicos, à responsabilidade civil do Estado e à licitação.

Conforme a jurisprudência do STJ, no setor público, a deflagração do movimento grevista suspende o vínculo funcional e, por conseguinte, desobriga o poder público ao pagamento referente aos dias não trabalhados, podendo haver compensação dos dias de greve.

Gabarito: Certo.

O entendimento majoritário, nos Tribunais Superiores, é o de que o exercício do direito de greve implica suspensão do contrato de trabalho (Art. 7º da Lei 7.783/89), com isso, a princípio, não há que se invocar direito subjetivo do servidor a receber pelos dias em que permaneceu em greve; o que há, sim, é um legítimo âmbito de discricionariedade da Administração em promover esse corte do ponto ou permitir a compensação dos dias parados (sem descontar, portanto, da remuneração do servidor).

---

823. **(Cespe)** Acerca das exigências posteriores à nomeação em cargo público,

Nomeado para um cargo público na PMSP, o indivíduo tem até vinte dias corridos para tomar posse e iniciar suas atividades relativas ao cargo.

Gabarito: Errado.

A posse ocorrerá no prazo de trinta dias contados da publicação do ato de provimento. Após a posse o servidor terá quinze dias para entrar em exercício.

---

824. **(Cespe)** Com base no disposto no Decreto nº 6.029/2007 e na Lei nº 8.112/1990, julgue o item subsequente, que versam sobre direitos e deveres de servidores públicos.

É proibido ao servidor público atuar como intermediário junto a repartições públicas, salvo quando se tratar de benefícios previdenciários ou assistenciais de parentes até o segundo grau e de cônjuge ou companheiro.

Gabarito: Certo.

Segundo a Lei 8112/90 Art. 117 Inciso XI - Ao servidor é proibido atuar como procurador ou intermediário, junto à repartições públicas, salvo quando se tratar de benefícios previdenciários ou assistências de parentes até o segundo grau, e de cônjuge ou companheiro.

---

825. **(Cespe)** Considerando que determinado servidor público federal tenha sido removido para outra sede, situada em outro município, para acompanhar sua esposa, que também é servidora pública federal e foi removida no interesse da administração, julgue o item seguinte à luz do disposto na Lei nº 8.112/1990.

Ainda que o servidor e sua esposa sejam integrantes de órgãos pertencentes a poderes distintos da União, a remoção do servidor poderia ser concedida.

Gabarito: Certo.

Na remoção a pedido, independentemente do interesse da Administração, que deverá ser sempre para outra localidade, isto é, com mudança de sede, a Lei 8.112/1990 estabelece 3 hipóteses em que ela deve ser concedida, mas apenas uma é relevante para a questão.

a) **para acompanhar cônjuge ou companheiro**, também servidor público civil ou militar, de QUALQUER DOS PODERES DA UNIÃO, dos Estados, do Distrito Federal e dos Municípios, **que foi deslocado no interesse da Administração.**

---

826. **(Cespe)** Considerando que determinado servidor público federal tenha sido removido para outra sede, situada em outro município, para acompanhar sua esposa, que também é servidora pública federal e foi removida no interesse da administração, julgue o item seguinte à luz do disposto na Lei n.º 8.112/1990.

É correto inferir que houve interesse da administração na remoção do servidor, pois esse é um dos requisitos para sua concessão.

Gabarito: Errado.

Quando a remoção ocorre **para acompanhar cônjuge ou companheiro**, também servidor público civil ou militar, de qualquer dos poderes da União, dos Estados, do Distrito Federal e dos Municípios, a remoção acontecerá, independentemente do interesse da administração.

---

827. **(Cespe)** Acerca das exigências posteriores à nomeação em cargo público,

É vedado à administração pública municipal solicitar do indivíduo aprovado em concurso, no ato da posse ou posteriormente ao início do exercício, a entrega da Declaração de Bens e Valores que compõem seu patrimônio.

Gabarito: Errado.

No ato da posse, o servidor deverá apresentar uma declaração de bens e valores que constituem seu patrimônio e declaração quanto ao exercício ou não de função, emprego ou cargo público.

---

828. **(Cespe)** Considerando que determinado servidor público federal tenha sido removido para outra sede, situada em outro município, para acompanhar sua esposa, que também é servidora pública federal e foi removida no interesse da administração, julgue o item seguinte à luz do disposto na Lei n.º 8.112/1990.

A referida remoção pressupõe o deslocamento do cargo ocupado pelo servidor para outro órgão ou entidade do mesmo poder.

Gabarito: **Errado.**

A Remoção é o deslocamento do servidor, a pedido ou de ofício, no âmbito do mesmo quadro, com ou sem mudança de sede. Já a Redistribuição é o deslocamento de cargo de provimento efetivo, ocupado ou vago no âmbito do quadro geral de pessoal, para outro órgão ou entidade do mesmo poder. Perceba que o deslocamento do CARGO é a redistribuição. A remoção, por sua vez, refere-se ao deslocamento do SERVIDOR. Portanto, a banca inverteu os conceitos.

---

829. **(Cespe)** Considerando que determinado servidor público federal tenha sido removido para outra sede, situada em outro município, para acompanhar sua esposa, que também é servidora pública federal e foi removida no interesse da administração, julgue o item seguinte à luz do disposto na Lei n.º 8.112/1990.

O período de afastamento do servidor para o deslocamento e para a retomada do exercício do cargo no novo município, observados os limites legais, é considerado como de efetivo exercício.

Gabarito: **Certo.**

De acordo com a Lei 8112/90, o tempo cedido para que o servidor possa se organizar continuará sendo contado como de efetivo exercício.

---

830. **(Cespe)** Julgue o item subsecutivo conforme o disposto na Lei n.º 8.112/1990.

Como medida que contribui para a melhoria da qualidade de vida do servidor público, é-lhe facultado optar pela acumulação de períodos de licença-capacitação, caso não seja possível usufruí-los após cada período aquisitivo.

Gabarito: **Errado.**

Vamos a leitura do artigo 87 da lei 8112/90.

"Art. 87 Após cada quinquênio de efetivo exercício, o servidor poderá, no interesse da Administração, afastar-se do exercício do cargo efetivo, com a respectiva remuneração, por até três meses, para participar de curso de capacitação profissional".

Parágrafo único. Os períodos de licença de que trata o caput não são acumuláveis. Portanto o servidor poderá ter licença capacitação, ou seja, é um ato discricionário da administração pública. Atualmente, é vedado acumulação de licença capacitação.

---

831. **(Cespe)** Julgue o item que se segue, acerca da administração pública.

No cômputo do limite remuneratório (chamado de teto constitucional), devem ser consideradas todas as parcelas percebidas pelo agente público, incluídas as de caráter indenizatório.

Gabarito: **Errado.**

As parcelas de caráter indenizatório não poderão ser computadas para efeitos dos limites remuneratórios do servidor.

---

832. **(Cespe)** Acerca das exigências posteriores à nomeação em cargo público,

Para entrar em exercício, o indivíduo deverá apresentar documentos comprobatórios do grau de escolaridade exigido para o cargo em questão.

Gabarito: **Certo.**

De acordo com a Lei 8112/90, uns dos requisitos básicos para investidura em cargo público é a apresentação de comprovante de escolaridade exigido para o exercício do cargo.

Atos Administrativos

833. **(Cespe)** O desvio de finalidade do ato administrativo verifica-se quando o agente pratica o ato visando a fim diverso daquele previsto, explícita ou implicitamente, na regra de competência.

Gabarito: Certo.

O administrador público só pode fazer o que a lei determina ou autoriza. A competência é o primeiro elemento (requisito) do ato e somente por lei pode ser instituído. Assim, caso o administrador pratique ato visando a um fim diverso ao estabelecido por lei em sua competência, estará ele no desvio de finalidade, configurando consequente abuso de poder.

---

834. **(Cespe)** De acordo com a teoria dos motivos determinantes, os atos administrativos, quando tiverem sua prática motivada, ficam vinculados aos motivos expostos, para todos os efeitos jurídicos. Havendo desconformidade entre os motivos e a realidade, ou quando os motivos forem inexistentes, a administração deve revogar o ato.

Gabarito: Errado.

Realmente esse é o conceito trazido pela teoria dos motivos determinantes. Contudo, o erro da questão está em que, havendo desconformidade entre os motivos e a realidade, ou mesmo quando os motivos forem inexistentes, o ato deve ser anulado e não revogado.

---

835. **(Cespe)** Mesmo nos atos discricionários, não há margem para que o administrador atue com excessos ou desvio de poder, competindo ao Poder Judiciário o controle cabível.

Gabarito: Certo.

Os atos discricionários – mesmo com margem de liberdade de atuação pelo administrador público – devem estar respaldados dentro dos limites da lei. Em caso de excesso de poder, estará o administrador público agindo fora dos limites de sua competência e, em caso de desvio, estará ele agindo dentro dos limites e fora da finalidade pública. E, em ambos os casos, estará o administrador no chamado abuso de poder.

---

836. **(Cespe)** Se um secretário de Estado praticar um ato de competência do governador, o governador pode ratificar o ato do secretário, caso a matéria não seja de sua competência exclusiva.

Gabarito: Certo.

Os atos de competência privativa podem ser delegados ou, se previstos em lei, podem ser ratificados pela autoridade superior.

---

837. **(Cespe)** Os atos praticados sob o manto da delegação imputam-se ao delegante e ao delegado, de forma concorrente.

Gabarito: Errado.

O ato de delegação é derivado do poder hierárquico e somente pode ser feito se a competência for de natureza privativa, nunca exclusiva. Após a delegação, os atos praticados imputam-se ao agente que os praticou, ou seja, ao agente delegado (que recebeu a delegação).

---

838. **(Cespe)** A revogação do ato administrativo tem efeitos *ex tunc*.

Gabarito: Errado.

A revogação de um ato legal gera efeitos *ex nunc* (prospectivos) e a anulação gera os chamados efeitos *ex tunc* (retroativos).

---

839. (Cespe) A edição de atos de caráter normativo, a decisão de recursos administrativos e as matérias de competência exclusiva do órgão ou da entidade não são objeto de delegação.

Gabarito: Certo.

Essa previsão está na Lei 9.784/99 no seu Art. 13 – processo administrativo federal. São as chamadas situações em que o ato administrativo não pode ser delegado.

---

840. (Cespe) Como requisito do ato administrativo, a competência é, em princípio, intransferível, só podendo ser objeto de delegação se estiver estribada em lei.

Gabarito: Certo.

A competência é intransferível, pois, mesmo após a delegação, a competência pode ser retomada a qualquer tempo pelo titular do poder-dever, por meio da figura da revogação e mesmo assim só pode ser efetivada se estiver pautada em lei.

---

841. (Cespe) Atos administrativos enunciativos são aqueles em que a administração certifica ou atesta um fato ou emite um juízo de valor acerca de determinado assunto, como, por exemplo, as certidões e os atestados.

Gabarito: Certo.

Os atos enunciativos são aqueles que declaram um fato ou emitem uma opinião sem que tal manifestação produza por si só efeitos jurídicos. Declara um fato (certidão ou atestado), emite uma opinião (parecer).

---

842. (Cespe) Somente a Administração Pública possui competência para revogar os atos administrativos por ela praticados.

Gabarito: Certo.

É o que preceitua o princípio constitucional implícito da autotutela baseado na Súmula nº 473 *a administração pode anular os seus próprios atos, quando eivados de vícios que os tornem ilegais, porque deles não se originam direitos, ou revogá-los, por motivo de conveniência ou oportunidade, respeitados os direitos adquiridos, e ressalvada, em todos os casos, a apreciação judicial.*

---

843. (Cespe) A anulação de ato administrativo está inserida no poder de autotutela da administração, não sendo imprescindível que haja contraditório e ampla defesa.

Gabarito: Errado.

A anulação deriva do critério de legalidade e é obrigatória a garantia da ampla defesa e do contraditório nos procedimentos administrativos ou judiciais.

---

844. (Cespe) O Poder Judiciário poderá exercer amplo controle sobre os atos administrativos discricionários quando o administrador, ao utilizar-se indevidamente dos critérios de conveniência e oportunidade, desviar-se da finalidade de persecução do interesse público.

Gabarito: Certo.

Essa possibilidade ocorre, pois o desvio de finalidade gera o chamado abuso de poder nos atos discricionários, sendo assim critério de legalidade e não de mérito, pois, quando ocorre o poder, o ato se transforma em um ato ilegal, devendo ser obrigatoriamente anulado. Essa anulação pode ocorrer tanto pela Administração Pública como também pode Poder Judiciário.

---

845. **(Cespe)** Em decorrência do atributo da presunção de veracidade, não pode o ato administrativo ter sua validade apreciada de ofício pelo Poder Judiciário.

Gabarito: Certo.

Presume-se, em caráter relativo, que os atos da administração foram produzidos em conformidade com a lei, e os fatos deles para os administrados são obrigatórios. Ocorre, aqui, a inversão do ônus da prova (cabe ao administrado provar que o ato é vicioso) e o Poder Judiciário tem que ser obrigatoriamente provocado para poder agir contra a ilegalidade (não age de ofício).

---

846. **(Cespe)** O Poder de polícia é a faculdade discricionária de que dispõe a Administração Pública, para condicionar e restringir o uso e gozo de bens ou direitos individuais, em benefício da coletividade ou do próprio Estado.

Gabarito: Certo.

O poder de polícia é a faculdade de manter os interesses coletivos e de assegurar os direitos individuais feridos pelo exercício de direitos individuais de terceiros. Visa à proteção dos bens, dos direitos, da liberdade, da saúde, do bem-estar econômico. Constitui limitação à liberdade e aos direitos essenciais do homem.

---

847. **(Cespe)** A possibilidade da análise de mérito dos atos administrativos, ainda que tenha por base os princípios constitucionais da Administração Pública, ofende o princípio da separação dos poderes e o estado democrático de direito.

Gabarito: Errado.

O princípio constitucional implícito da autotutela e também a Súmula 473 do Supremo Tribunal Federal (STF) possuem a previsão da possibilidade da análise de mérito do ato e posterior revogação dos atos inconvenientes e inoportunos, sem, no entanto, infringir o princípio da separação dos poderes e o Estado democrático de direito.

---

848. **(Cespe)** Cada vez mais a doutrina e a jurisprudência caminham no sentido de admitir o controle judicial do ato discricionário. Essa evolução tem o propósito de substituir a discricionariedade do administrador pela do Poder Judiciário.

Gabarito: Errado.

Não existe o propósito de substituir a discricionariedade do administrador público. A finalidade do controle judicial sobre os atos é garantir a legalidade da atuação administrativa, pautada no princípio da autotutela, que garante ao Poder Judiciário o controle dos atos ilegais.

---

849. **(Cespe)** Do ponto de vista do controle judiciário, o ato administrativo é chamado de vinculado quando está restrito às condições e aos requisitos da lei, enquanto o ato denominado discricionário não está vinculado à lei.

Gabarito: Errado.

Tanto os atos discricionários como os atos vinculados estão obrigatoriamente pautados na lei. A única diferença é que nos atos discricionários o administrador público tem liberdade de agir dentro dos parâmetros da lei.

---

850. **(Cespe)** O Poder Judiciário pode revogar ato administrativo por ele editado, desde que o considere inconveniente e inoportuno ao serviço.

Gabarito: Certo.

Esse é o teor da Súmula 473: *a Administração pode anular os seus próprios atos, quando eivados de vícios que os tornem ilegais, porque deles não se originam direitos, ou revogá-los, por motivo de conveniência ou oportunidade, respeitados os direitos adquiridos, e ressalvada, em todos os casos, a apreciação judicial.*

---

851. **(Cespe)** Atos compostos são aqueles cuja vontade final da administração exige a intervenção de agentes ou órgãos diversos, havendo certa autonomia, ou conteúdo próprio, em cada uma das manifestações.

Gabarito: Errado.

O ato composto é aquele cujo conteúdo depende da manifestação de um só órgão, contudo, para funcionar, depende de outro ato que o aprove. Exemplo é a nomeação de um servidor de cargo em comissão que depende de mais de uma assinatura para funcionar. As partes devem estar no mesmo sentido de decisão e com conteúdo único.

---

852. **(Cespe)** O poder de polícia é inexato, pois a lei, as vezes, possui brechas que permitem a livre interpretação e apreciação sobre alguns elementos, o que é aceitável, uma vez que o legislador é incapaz de conhecer previamente todas as situações de aplicação da lei.

Gabarito: Certo.

A discricionariedade é a abertura da norma legal à Administração, de maior liberdade de atuação, permitindo-lhe que escolha seus próprios caminhos de atuar, na oportunidade que lhe convenha, pelos motivos que entender relevantes.

---

853. **(Cespe)** A imperatividade é atributo presente em todos os atos administrativos, inclusive naqueles que conferem direitos solicitados pelos administrados e nos atos enunciativos.

Gabarito: Errado.

Para Hely Lopes Meirelles: "Tem que haver previsão legal; a exceção é em casos de emergência". Incide em todos os atos, com exceção dos atos enunciativos e negociais.

A administração não goza de autoexecutoriedade e imperatividade naqueles que conferem direitos solicitados pelos administrados e nos atos enunciativos.

---

854. **(Cespe)** O ato administrativo se sujeita ao regime jurídico de direito público ou de direito privado.

Gabarito: Errado.

Ato administrativo está enraizado nos princípios constitucionais e fundamentado em normas de direito público.

---

855. **(Cespe)** A competência é requisito de validade do ato administrativo e se constitui na exigência de que a autoridade, órgão ou entidade administrativa que pratique o ato tenha recebido da lei a atribuição necessária para praticá-lo.

Gabarito: Certo.

A competência é sempre requisito vinculado ao ato e necessariamente depende de lei que a respalde. São poderes que a lei confere aos agentes públicos para exercer funções com o mínimo de eficácia. A competência tem caráter instrumental, ou seja, é um instrumento outorgado (previsão em lei) para satisfazer interesses públicos – finalidade pública.

856. **(Cespe)** O poder de polícia possui a característica da autoexecutoriedade.

Gabarito: Certo.

A autoexecutoriedade é a possibilidade que tem a Administração Pública de, com os próprios meios, pôr em execução as suas decisões sem precisar recorrer previamente ao Poder Judiciário.

857. **(Cespe)** Na delegação de competência, a titularidade da atribuição administrativa é transferida para o delegatário que prestará o serviço.

Gabarito: Errado.

A competência é intransferível. Contudo, essa característica é relativa, pois os atos podem ser delegados. Essa delegação transfere somente a execução e nunca a titularidade, que pode ser retomada a qualquer tempo pela autoridade delegante.

858. **(Cespe)** Para que haja a avocação não é necessária a presença de motivo relevante e justificativa prévia, pois esta decorre da relação de hierarquia existente na Administração Pública.

Gabarito: Errado.

A Lei 9.784/99 prevê o processo administrativo federal: *Art. 15: Será permitida, em caráter excepcional e por motivos relevantes devidamente justificados, a avocação temporária de competência atribuída a órgão hierarquicamente inferior.*

859. **(Cespe)** A Administração pode anular os próprios atos, quando eivados de vícios que os tornem ilegais, porque deles não se originam direitos, ou revogá-los, por motivo de conveniência ou oportunidade, respeitados os direitos adquiridos. A anulação ou a revogação do ato pela administração impede a apreciação judicial da situação por falta de interesse do administrado.

Gabarito: Errado.

O início da questão é o teor do princípio constitucional da autotutela. Contudo, a anulação do ato sempre pode ensejar a apreciação do poder judicial, pois é caraterizado como critério de legalidade.

860. **(Cespe)** A coercibilidade é a imposição coativa das medidas adotadas pela Administração, para a garantia do cumprimento do ato de polícia.

Gabarito: Certo.

Todo ato de polícia é imperativo e obrigatório, admitindo até o emprego da força pública para o seu cumprimento, quando resistido pelo administrado. Desta forma, não há ato de polícia facultativo para o particular, pois todos eles admitem a coerção estatal para torná-lo efetivo, e essa coerção também independe da autorização judicial.

---

861. **(Cespe)** Os atos administrativos gozam de presunção *iuris et de iure* de legitimidade.

Gabarito: Errado.

Os atos administrativos gozam de presunção *iuris tantun*, ou seja, relativa, pois nascem somente com presunção de veracidade e podem ser anulados em caso de vícios que os tornem ilegais e não *iuris et de iure*, ou seja, absolutos.

---

862. **(Cespe)** Existe liberdade de opção para a autoridade administrativa quanto ao resultado que a Administração quer alcançar com a prática do ato.

Gabarito: Errado.

O resultado do ato é sempre o fim público e o administrador não tem liberdade sobre esse atributo do ato.

---

863. **(Cespe)** Para se chegar ao mérito do ato administrativo, não basta a análise da norma jurídica, é preciso o confronto in abstrato desta com as situações fáticas para se aferir se a prática do ato enseja dúvida sobre qual a melhor decisão possível. É na dúvida que compete ao administrador, e somente a ele, escolher a melhor forma de agir.

Gabarito: Certo.

Esse é o entendimento e a função do ato administrativo discricionário, lembrando que deve estar pautado sempre nos limites da lei para evitar o chamado abuso de poder administrativo.

---

864. **(Cespe)** No que tange ao ato administrativo a motivação do ato não se confunde com o seu motivo.

Gabarito: Certo.

O motivo é a causa legal do objeto, sendo a motivação a demonstração da existência do motivo, ou seja, é a prova da existência do motivo.

---

865. **(Cespe)** Pela teoria dos motivos determinantes os motivos apontados como suportes para o ato são determinantes. Se não existirem, o ato será inválido. Essa teoria aplica-se inclusive nos atos em que o administrador não é obrigado a motivar, mas o fez.

Gabarito: Certo.

Nos atos em que a lei exige a motivação, como os previstos no Art. 50 da Lei 9.784, a motivação também é vinculante. Se os motivos enunciados para a realização do ato não existirem, o ato será inválido, pois o objeto só existe se houver o motivo.

---

866. **(Cespe)** Com a publicação da Lei nº 9.784/1999, que regula o processo administrativo no âmbito da Administração Pública Federal, houve significativa melhoria na proteção dos direitos dos administrados e na execução dos fins da Administração Pública. A lei mencionada estabelece normas básicas acerca do processo administrativo somente na administração federal e estadual direta.

Gabarito: Errado.

A Lei 9.784/99 regula o processo administrativo no âmbito da Administração Pública Federal. Não existe previsão legal para a Administração Estadual.

---

867. **(Cespe)** Nos processos administrativos, busca-se a adequação entre meios e fins, até mesmo com a imposição de obrigações, restrições e sanções em medida superior àquelas estritamente necessárias ao atendimento do interesse público, visando à prevenção das irregularidades.

Gabarito: Errado.

Pelo princípio da legalidade do Art. 37 *caput* da CF/88, ao Administrador só é dado fazer o que a lei determina ou autoriza e, ainda assim, dentro dos estritos limites de sua determinação legal, não podendo haver medida superior. O excesso ou desvio de finalidade acarreta o chamado abuso de poder administrativo.

---

868. **(Cespe)** Antônio José moveu, na justiça comum, ação para responsabilização civil contra o cônjuge de Sebastião. Nesse mesmo período, no órgão federal da administração direta em que trabalha, surgiu a necessidade de Antônio José presidir processo administrativo contra Sebastião. Nessa situação, Antônio José está impedido de atuar nesse processo administrativo.

Gabarito: Certo.

O Art. 18 da Lei 9.784/99 prevê: *É impedido de atuar em processo administrativo o servidor ou autoridade que:*

I. Tenha interesse direto ou indireto na matéria;

II. Tenha participado ou venha a participar como perito, testemunha ou representante, ou se tais situações ocorrem quanto ao cônjuge, companheiro ou parente e afins até o terceiro grau;

III. Esteja litigando judicial ou administrativamente com o interessado ou respectivo cônjuge ou companheiro.

---

869. **(Cespe)** Pedro Luís, servidor público federal, verificou, no ambiente de trabalho, ilegalidade de ato administrativo e decidiu revogá-lo para não prejudicar administrados que sofreriam efeitos danosos em consequência da aplicação desse ato. Nessa situação, a conduta de Pedro Luís está de acordo com o previsto na Lei nº 9.784/1999.

Gabarito: Errado.

O ato de revogação somente se presta a invalidar atos legais. Em caso de atos ilegais, o correto seria anulação.

---

870. **(Cespe)** O que fundamenta a anulação (ou invalidação) do ato administrativo é a inconveniência ou inoportunidade do ato ou da situação gerada por ele.

Gabarito: Errado.

O fundamento da anulação é a ilegalidade. Conveniência e oportunidade são chamadas de critério de mérito, ou seja, o mecanismo correto nesse caso é a revogação.

---

871. **(Cespe)** A revogação, possível de ser feita pelo Poder Judiciário e pela Administração, não respeita os efeitos já produzidos pelo ato administrativo.

Gabarito: Errado.

A revogação é somente feita pela Administração Pública (Poder Judiciário não revoga ato de outro poder). E os atos que geraram efeitos (exauridos) não podem ser revogados.

872. **(Cespe)** O direito adquirido, regra geral, é causa suficiente para impedir o desfazimento do ato administrativo que contém vício de nulidade insanável.

Gabarito: Errado.

Ato com vício insanável é ato ilegal e não gera direito adquirido, podendo ser anulado a qualquer tempo.

873. **(Cespe)** Não compete ao Poder Judiciário revogar atos administrativos do Poder Executivo, sob pena de ofensa ao princípio da separação dos poderes.

Gabarito: Certo.

O Poder Judiciário não pode avaliar o mérito, por esse motivo não revoga ato de outro poder.

874. **(Cespe)** O ato administrativo pode ser revogado por ter perdido sua utilidade.

Gabarito: Certo.

É o chamado mérito, ou seja, conveniência e oportunidade da Administração Pública.

875. **(Cespe)** A revogação do ato gera, em regra, eficácia desde a prolação do ato ilegal.

Gabarito: Errado.

A revogação é para ato legal e os efeitos da revogação são *ex nunc*, ou seja prospectivos (do desfazimento para frente, não retroagem).

876. **(Cespe)** Carlos, servidor da Justiça Federal, responde a processo administrativo nesse órgão e requereu a aplicação da Lei nº 9.784/1999 no âmbito desse processo. Nessa situação, é correto afirmar que tal aplicação é cabível.

Gabarito: Certo.

O processo administrativo é norma geral de aplicação do processo administrativo, vindo a complementar as regras dos estatutos próprios de cada órgão.

877. **(Cespe)** O ato de delegação não retira a atribuição da autoridade delegante, que continua competente cumulativamente com a autoridade delegada para o exercício da função.

Gabarito: Certo.

A competência é intransferível, contudo ela é relativa, pois possibilita a delegação. Nesse caso, passa-se somente a execução, ficando sempre a titularidade com a autoridade delegante.

878. **(Cespe)** Os atos do processo administrativo dependem de forma determinada apenas quando a lei expressamente a exigir.

Gabarito: Certo.

A forma é o terceiro elemento do ato e é sempre vinculado à lei. Além disso, temos cinco elementos ou requisitos: competência, finalidade, forma, motivo e objeto.

879. **(Cespe)** Interposto recurso administrativo, a autoridade julgadora federal, que não pode ter recebido essa competência por delegação, pode, desde que o faça de forma necessariamente fundamentada, agravar a situação do recorrente.

Gabarito: Certo.

O recurso administrativo pode agravar a penalidade; a revisão administrativa não.

---

880. **(Cespe)** No processo administrativo, eventual recurso deve ser dirigido à própria autoridade que proferiu a decisão, podendo essa mesma autoridade exercer o juízo de retratação e reconsiderar a sua decisão.

Gabarito: Certo.

É o teor do Art. 56. *Das decisões administrativas cabe recurso, em face de razões de legalidade e de mérito.*

§ 1º. O recurso será dirigido à autoridade que proferiu a decisão, a qual, se não a reconsiderar no prazo de cinco dias, o encaminhará à autoridade superior.

---

881. **(Cespe)** A revogação de atos pela Administração Pública, por motivos de conveniência e oportunidade, possui limitação de natureza temporal, como, por exemplo, o prazo quinquenal previsto na Lei nº 9.784/1999, no entanto não possui limitação de natureza material.

Gabarito: Errado.

A limitação de natureza material diz respeito à matéria, que só pode ser tratar de ato legal que será revogado por mérito administrativo, ou seja conveniência e oportunidade.

---

882. **(Cespe)** A competência é delegável, mas não é passível de avocação.

Gabarito: Errado.

A avocação está prevista no Art. 15 da Lei 9.784/99: *Será permitida, em caráter excepcional e por motivos relevantes devidamente justificados, a avocação temporária de competência atribuída a órgão hierarquicamente inferior.*

---

883. **(Cespe)** A edição de atos de caráter normativo é um dos objetos de delegação.

Gabarito: Errado.

Segundo a previsão legal do Art. 13 da Lei 9.784/99.

Art. 13. Não podem ser objeto de delegação:

I. A edição de atos de caráter normativo;

II. A decisão de recursos administrativos;

III. As matérias de competência exclusiva do órgão ou autoridade.

---

884. **(Cespe)** Conforme afirma à doutrina prevalente, o ato administrativo será sempre vinculado com relação à competência e ao motivo do ato.

Gabarito: Errado.

O ato será sempre vinculado nos três primeiros requisitos ou elementos, ou seja, competência, finalidade e forma. O motivo e o objeto podem ser vinculados (em um ato vinculado) ou discricionários, em um ato discricionário. O certo é que todo ato, mesmo os discricionários, possuem uma margem de vinculação, que são os três primeiros elementos.

---

885. **(Cespe)** O princípio da presunção de legitimidade ou de veracidade retrata a presunção absoluta de que os atos praticados pela Administração Pública são verdadeiros e estão em consonância com as normas legais pertinentes.

Gabarito: Errado.

O princípio da presunção de legitimidade ou de veracidade é relativo, ou seja, *iuris tantun*, pois pode ser invalidado em caso de vício que o torne ilegal.

---

886. **(Cespe)** Os atos administrativos são presumidamente verdadeiros e conformes ao direito, militando em favor deles uma presunção juris et de jure de legitimidade. Trata-se, assim, de uma presunção absoluta, que não depende de lei expressa, mas que deflui da própria natureza do ato administrativo, como ato emanado de agente integrante da estrutura do Estado.

Gabarito: Errado.

Os atos administrativos nascem com aparência de legalidade: é o chamado atributo da presunção de legitimidade do ato administrativo e são *iures tantum* ou relativos.

---

887. **(Cespe)** Segundo a doutrina, a presunção de legitimidade é atributo do ato administrativo e se caracteriza pelo reconhecimento de que os fatos alegados pela administração são verdadeiros e são aptos a produzir seus efeitos.

Gabarito: Errado.

Não ocorre o reconhecimento absoluto e sim relativo, os atos nascem com simples "aparência de legalidade".

---

888. **(Cespe)** Segundo a jurisprudência dos tribunais superiores, o princípio de que a administração pode revogar seus próprios atos, por motivos de conveniência ou oportunidade, encontra empecilho diante da ocorrência de situação jurídica definitivamente constituída e do direito adquirido.

Gabarito: Certo.

É o teor da Súmula 473 do STF: *A Administração pode anular seus próprios atos, quando eivados de vícios que os tornam ilegais, porque deles não se originam direitos; ou revogá-los, por motivo de conveniência ou oportunidade, respeitados os direitos adquiridos, e ressalvada, em todos os casos, a apreciação judicial.*

---

889. **(Cespe)** O ato administrativo é nulo quando o motivo se encontrar dissociado da situação de direito ou de fato que determinou ou autorizou a sua realização. A vinculação dos motivos à validade do ato é representada pela teoria dos motivos determinantes.

Gabarito: Certo.

Em caso de motivação do ato administrativo, fica o administrador público preso aos motivos que determinaram o ato.

---

890. **(Cespe)** A garantia de instância (caução) para a interposição de todo e qualquer recurso administrativo está prevista em lei.

Gabarito: Errado.

Previsão da Lei 9.784/99: Art. 56, § 2º: *Salvo exigência legal, a interposição de recurso administrativo independe de caução.*

891. **(Cespe)** A exigência do depósito prévio como pressuposto de admissibilidade do recurso administrativo é uma exigência compatível com a CF.

Gabarito: Errado.

É ilegal a cobrança de depósito prévio para interposição de recurso.

892. **(Cespe)** É pacífico o entendimento de que os decretos não são considerados atos administrativos, pois são, em verdade, atos normativos secundários.

Gabarito: Errado.

Os decretos são considerados atos administrativos decorrentes do poder regulamentar e estão dispostos de duas formas: Decreto de execução; Exceção (Art. 84, VI, 'a e 'b) chamados de decretos autônomos, esses últimos autorizados pela EC 32/2001.

893. **(Cespe)** A licença é definida como ato discricionário por meio do qual a Administração Pública consente ao particular o desempenho de certa atividade.

Gabarito: Errado.

Licença é ato vinculado e definitivo.

894. **(Cespe)** Na hipótese de decisão administrativa contrariar enunciado da Súmula vinculante, caberá à autoridade prolatora da decisão impugnada, se não a reconsiderar, explicitar, antes de encaminhar o recurso à autoridade superior, as razões da aplicabilidade ou inaplicabilidade da súmula, conforme o caso.

Gabarito: Certo.

Segue a referência legal dentro da Lei 9.784/99:

Art. 64-A. Se o recorrente alegar violação de enunciado da Súmula vinculante, o órgão competente para decidir o recurso explicitará as razões da aplicabilidade ou inaplicabilidade da súmula, conforme o caso.

Art. 64-B. Acolhida pelo Supremo Tribunal Federal a reclamação fundada em violação de enunciado da Súmula vinculante, dar-se-á ciência à autoridade prolatora e ao órgão competente para o julgamento do recurso, que deverá adequar as futuras decisões administrativas em casos semelhantes, sob pena de responsabilização pessoal nas esferas cível, administrativa e penal.

895. **(Cespe)** Suponha que um servidor público tenha recebido uma delegação de poderes e, com base nela, tenha editado determinado ato. Nessa situação, como houve delegação, eventual impugnação judicial ao ato deve ser feita contra a autoridade delegante.

Gabarito: Errado.

O ato impugnado deverá ser contra o delegado, pois a responsabilidade do servidor é subjetiva, havendo a necessidade de comprovação de dolo ou culpa do agente.

896. **(Cespe)** O princípio da oficialidade, aplicável ao processo administrativo, encontra-se presente no poder da administração de instaurar e instruir o processo, bem como de rever suas decisões.

Gabarito: Certo.

O princípio da oficialidade (ou impulso oficial) determina que, depois de iniciado o processo pelo administrado, a competência para movimentá-lo até a decisão final cabe à administração.

---

897. **(Cespe)** A Administração Pública pode, independentemente de provocação do administrado, instaurar processo administrativo, como decorrência da aplicação do princípio da oficialidade.

Gabarito: Certo.

Essa é uma das funções do princípio da oficialidade, ou do impulso oficial, ou seja, a administração pode iniciar sem a representação do administrado ou, depois de representado, seguir até a decisão final proferida.

---

898. **(Cespe)** Em razão do atributo da autoexecutoriedade dos atos administrativos, é possível a execução dos efeitos da pena imposta a servidor público antes do trânsito em julgado da decisão condenatória em processo administrativo disciplinar, ou seja, ainda que esteja pendente julgamento de recurso administrativo.

Gabarito: Certo.

Para resolver essa questão devemos recorrer para a o informativo 559/STJ - É possível o cumprimento imediato da penalidade imposta ao servidor logo após o julgamento do PAD e antes do julgamento do recurso administrativo cabível. Atos administrativos autoexecutórios possibilitam que a Administração Pública execute, por meios próprios, suas atividades independentemente de autorização judicial ou de decisão transitada e julgada. Devemos lembrar que não são todos os Atos Administrativos que possuem em essa característica, exemplo no caso da multa.

---

899. **(Cespe)** É passível de revogação, por motivos de conveniência e oportunidade, o ato administrativo consistente em emissão de certidão que ateste, em favor de um administrado, determinada situação fática.

Gabarito: Errado.

Atos Enunciativos são atos por meio dos quais a Administração atesta ou reconhece uma situação de fato ou de direito. Exemplos: certidões, atestados, pareceres, apostilas. Atos Enunciativos NÃO admitem revogação, pois são atos meramente de conteúdo declaratório.

---

900. **(Cespe) O poder hierárquico, na administração pública, confere à administração capacidade para se auto-organizar, distribuindo as funções dos seus órgãos. Já o poder administrativo disciplinar consiste na possibilidade de a administração pública aplicar punições aos agentes públicos e aos particulares em geral que cometam infrações.**

Gabarito: Errado.

O erro está em afirmar que o Poder Disciplinar justifica a penalização dos administrados em geral. A sanção aplicada ao particular em geral decorre do Poder de Polícia, por outro lado, caso o penalizado seja um administrado que possua vínculo com a Administração, teremos uma sanção decorrente do poder disciplinar.

---

901. **(Cespe)** Os atos administrativos negociais são também considerados atos de consentimento, uma vez que são editados a pedido do particular como forma de viabilizar o exercício de determinada atividade ou a utilização de bens públicos.

Gabarito: **Certo.**

Atos negociais chamados também de atos de consentimento, são aqueles que contêm uma declaração de vontade da Administração visando concretizar negócios jurídicos, conferindo certa faculdade ao particular nas condições impostas ou consentidas por ela. Segundo Hely Lopes, os atos negociais são atos destituídos de imperatividade, eis que seus efeitos são desejados pelo administrado. Exs.: licença, autorização, admissão, permissão, nomeação, exoneração a pedido.

---

902. **(Cespe)** O parecer é ato administrativo em espécie que, quando obrigatório, vincula a decisão a ser proferida pela autoridade competente.

Gabarito: **Errado.**

O Parecer tem caráter meramente opinativo. Consiste quando um órgão consultivo emite uma opinião técnica sobre determinado assunto. Exs.: certidões, atestados e pareceres.

---

903. **(Cespe)** De acordo com a jurisprudência dominante do Supremo Tribunal Federal, o parecer meramente opinativo não atrai a responsabilidade de seu emitente por eventuais danos oriundos da decisão nele pautada, salvo se houver dolo ou culpa grave.

Gabarito: **Certo.**

Apesar de o parecer ser opinativo, os quais não produzem efeitos jurídicos, o STF tem admitido a responsabilização de consultores jurídicos quando o parecer for vinculante para a autoridade administrativa, desde que proferido com má-fé ou culpa. A doutrina divide o Parecer em: parecer facultativo: quando fica a critério da administração solicitá-lo ou não, além de não ser vinculante para quem o solicitou; o parecer obrigatório: quando a lei exige como pressuposto para a prática do ato final. a obrigatoriedade diz respeito à solicitação do parecer(o que não lhe imprime caráter vinculante) e por fim parecer vinculante: quando a administração é obrigada a solicitá-lo e a acatar a sua conclusão.

---

904. **(Cespe)** Um ato administrativo praticado por pessoa que não tenha competência para tal não poderá ser convalidado, pois, assim como os vícios de motivo e objeto, o vício de competência é insanável.

Gabarito: **Errado.**

A questão erra ao afirmar que um ato com vício na competência não pode ser convalidado. Segundo Alexandre Mazza, o objeto da convalidação é um ato administrativo, vinculado ou discricionário, possuidor de vício sanável. Atos inexistentes, nulos ou irregulares nunca podem ser convalidados. São passíveis de convalidação os atos com defeito na competência ou na forma. Defeitos no objeto, motivo ou na finalidade são insanáveis, obrigando a anulação do ato.

---

905. **(Cespe)** Segundo o STF, por força do princípio da presunção da inocência, a administração deve abster-se de registrar, nos assentamentos funcionais do servidor público, fatos que não forem apurados devido à prescrição da pretensão punitiva administrativa antes da instauração do processo disciplinar.

Gabarito: **Certo.**

De acordo com a Lei 8.112/1990 Art. 170, o dispositivo determina o registro, nos assentamentos do servidor, de eventuais transgressões cometidas mesmo que os fatos tenham sido alcançados pela prescrição. Porém tal dispositivo viola o princípio da presunção da inocência e da razoabilidade, foi, portanto, declarado inconstitucional, pelo STF. A prescrição tem a finalidade de eliminar qualquer possibilidade de punição do Servidor pelos fatos apurados, inclusive as anotações funcionais em seus assentamentos, já que, extinta a punibilidade, não há como subsistir os seus efeitos reflexos.

---

906. **(Cespe)** O atributo da tipicidade do ato administrativo impede que a administração pratique atos sem previsão legal.

Gabarito: Certo.

O atributo da Tipicidade diz que a Administração somente pode praticar atos definidos em lei, porque para cada finalidade pública existe um ato determinado para alcançá-la. Segundo Maria Sylvia Zanella Di Pietro, representa uma garantia para o administrado, pois impede que a administração pratique um ato, unilateral e coercitivo, sem prévia previsão legal e afasta a possibilidade de ser praticado ato totalmente discricionário, pois a lei, ao prever o ato, já define os limites em que a discricionariedade poderá ser exercida.

---

907. **(Cespe)** Agirá de acordo com a lei o servidor público federal que, ao verificar a ilegalidade de ato administrativo em seu ambiente de trabalho, revogue tal ato, para não prejudicar administrados, que sofreriam efeitos danosos em consequência da aplicação desse ato.

Gabarito: Errado.

Bastante atenção para esse tipo de questão. Tem que estar bastante atento às palavras chaves. Lembrem-se que ato ilegal é anulado e ato legal, porém inoportuno e inconveniente, é revogado. Foi isso que trouxe a questão, disse que ato ILEGAL seria REVOGADO o que está errado.

---

908. **(Cespe)** Conforme a teoria dos motivos determinantes, a validade do ato administrativo vincula-se aos motivos que o determinaram, sendo, portanto, nulo o ato administrativo cujo motivo estiver dissociado da situação de direito ou de fato que determinou ou autorizou a sua realização.

Gabarito: Certo.

A questão nos traz o conceito da Teoria dos motivos determinantes, a qual diz que toda vez que o ato administrativo for motivado, sua validade ficará vinculada à existência dos motivos expostos. Assim, ainda que a lei não exija a motivação, se o ato administrativo for motivado, ele só será válido se os motivos declarados forem verdadeiros.

---

909. **(Cespe)** Ao delegar a prática de determinado ato administrativo, a autoridade delegante transfere a titularidade para sua prática.

Gabarito: Errado.

O ato de delegação de competência para a prática de determinado ato administrativo não transfere a competência para o delegante transfere apenas a execução.

---

910. **(Cespe)** Decretos não são considerados atos administrativos.

Gabarito: Errado.

Decretos são atos administrativos normativos. Segundo Alexandre Mazza, são atos administrativos, em regra, gerais e abstratos, privativos do Poder Executivo e expedidos para dar fiel execução à lei (Art. 84,IV, da CF).

---

911. **(Cespe)** Um ato administrativo editado pela administração pública não requer provas de sua validade, visto que a presunção de legitimidade é inerente a esse ato.

Gabarito: Certo.

Os atos administrativos presumem-se verdadeiros, até que se prove o contrário. É o atributo da presunção de legitimidade. Lembrando que a legitimidade é juris tantum (relativa), ou seja, o ato pode ter sua legitimidade contestada e nesse caso inverte-se o ônus da prova.

---

912. **(Cespe)** Competência, finalidade, forma, motivo e objeto são requisitos fundamentais do ato administrativo, sem os quais este se torna nulo.

Gabarito: Certo.

Para um ato ser válido tem que ter os elementos (requisitos) fundamentais conhecidos por CO FI FO MO OB, os quais são: competência, finalidade, forma, motivo e objeto. A ausência de qualquer um deles tornará o ato nulo.

---

913. **(Cespe)** Quanto ao aspecto subjetivo, o sujeito poderá ser tanto a pessoa jurídica de direito público, quanto o agente público que efetivamente execute o ato administrativo.

Gabarito: Certo.

O conceito de Administração Pública se divide em dois. Conceito subjetivo e o objetivo. O subjetivo compreende a estrutura: agentes públicos, órgãos públicos, entidades públicas. O objetivo trata-se das atividades típicas da Administração: serviço público, fomento, a intervenção administrativa.

---

914. **(Cespe)** Os atos praticados pelos servidores do MPU possuem presunção de legitimidade, não sendo possível, por isso, questionar-se, administrativamente, a veracidade dos fatos expostos em declaração por eles exarada.

Gabarito: Errado.

Os atos administrativos gozam da presunção de legitimidade, o que significa que são considerados válidos até que sobrevenha prova em contrário. É a chamada presunção *juris tantum* (relativa), nesse caso inverte-se o ônus da prova.

---

915. **(Cespe)** A administração pode anular os próprios atos, por motivo de conveniência ou oportunidade, respeitados os direitos adquiridos e ressalvada a apreciação judicial, bem como pode revogá-los quando eles estiverem eivados de vícios que os tornem ilegais.

Gabarito: Errado.

De acordo com a Súmula 473 STF: *A administração pode anular seus próprios atos, quando eivados de vícios que os tornam ilegais, porque deles não se originam direitos; ou revogá-los, por motivo de conveniência ou oportunidade, respeitados os direitos adquiridos, e ressalvada, em todos os casos, a apreciação judicial.* Lembre-se que anula-se ato ilegal e revoga-se ato inconveniente ou importuno.

---

916. **(Cespe)** A presunção de legitimidade e veracidade dos atos administrativos é absoluta.

Gabarito: Errado.

A presunção de legitimidade de que gozam os atos administrativos constitui presunção juris tantum (relativa), nesse caso inverte-se o ônus da prova.

---

917. **(Cespe)** Os atos da administração que apresentarem vício de legalidade deverão ser anulados pela própria administração. No entanto, se de tais atos decorrerem efeitos favoráveis a seus destinatários, o direito da administração de anular esses atos administrativos decairá em cinco anos, contados da data em que forem praticados, salvo se houver comprovada má-fé.

Gabarito: Certo.

Segundo a Lei 9.784/99, em seu Art. 54, traz que: *O direito da Administração de anular os atos administrativos de que decorram efeitos favoráveis para os destinatários decai em cinco anos, contados da data em que foram praticados, salvo comprovada má-fé.*

---

918. **(Cespe)** Tanto os atos administrativos constitutivos quanto os negociais e os enunciativos têm o atributo da imperatividade.

Gabarito: Errado.

Imperatividade é o atributo pelo qual os atos administrativos se impõem a terceiros, independentemente de sua concordância. É atributo presente apenas nos atos administrativos que imponham restrições de direitos. Não é o caso dos atos negociais e enunciativos. Neste a Administração Pública apenas declara um fato ou emite uma opinião, enquanto naquele manifestam a vontade da administração em concordância com interesse do particular.

---

919. **(Cespe)** O servidor responsável pela segurança da portaria de um órgão público desentendeu-se com a autoridade superior desse órgão. Para se vingar do servidor, a autoridade determinou que, a partir daquele dia, ele anotasse os dados completos de todas as pessoas que entrassem e saíssem do imóvel. Com referência a essa situação hipotética, julgue o item que se segue. Na situação apresentada, a ordem exarada pela autoridade superior é ilícita, por vício de finalidade.

Gabarito: Certo.

Ocorreu abuso de poder na modalidade desvio de finalidade. É considerado desvio de poder quando o agente busca uma finalidade alheia ou contraria ao interesse público.

---

920. **(Cespe)** Autorização é ato unilateral e vinculado por meio do qual a administração faculta ao particular o exercício de uma atividade.

Gabarito: Errado.

O erro da questão está em afirmar que autorização é um ato vinculado, uma vez que essa é um ato unilateral e DISCRICIONÁRIO pelo qual a Administração faculta ao particular o desempenho de atividade material ou a prática de ato que, sem esse consentimento, seriam legalmente proibidos.

---

921. **(Cespe)** Licença é ato unilateral e vinculado por meio do qual a administração reconhece ao particular o direito à prestação de um serviço público.

Gabarito: Errado.

De acordo com Maria Sylvia Zanella Di Pietro, licença é o ato administrativo unilateral e vinculado pelo qual a Administração faculta àquele que preencha os requisitos legais o exercício de uma atividade.

---

922. **(Cespe)** A competência, a finalidade, a forma, a proporcionalidade e a legalidade dos meios empregados pela administração são atributos do poder de polícia.

Gabarito: Errado.

De acordo com a doutrina majoritária, são atributos do Poder de Polícia: Discricionariedade, Coercibilidade e Autoexecutoriedade.

---

923. **(Cespe)** O poder de polícia, quanto aos fins, pode ser exercido para atender a interesse público ou particular.

Gabarito: Errado.

O Poder de Polícia somente deverá atender ao interesse público, sob pena de incorrer em abuso de poder, na modalidade desvio de finalidade.

---

924. **(Cespe)** O exercício do poder de polícia pode ser delegado a entidades privadas.

Gabarito: Errado.

De acordo com o entendimento do STF, os atos da polícia administrativa, não podem ser delegados aos particulares, sob pena de colocar em risco o equilíbrio social.

---

925. **(Cespe)** A atuação do poder de polícia restringe-se aos atos repressivos.

Gabarito: Errado.

De acordo com Alexandre Mazza, o Poder de Polícia não se reduz à atuação estatal de oferecimento de segurança pública. Ao contrário, representa uma atividade estatal restritiva dos interesses privados, limitando a liberdade e a propriedade individual em favor do interesse público. Sendo assim, a atuação do Poder de Polícia abrange tanto atos preventivos como atos repressivos.

---

926. **(Cespe)** São elementos dos atos administrativos a competência, a finalidade, a forma, o motivo e o objeto.

Gabarito: Certo.

Os elementos ou requisitos dos atos administrativos são: a competência, a finalidade, a forma, o motivo e o objeto. Para facilitar a memorização lembre-se do mnemônico CO FI FO MO OB.

---

927. **(Cespe)** Apenas o Poder Executivo, no exercício de suas funções, pode praticar atos administrativos.

Gabarito: Errado.

Embora os atos administrativos sejam os atos típicos do Poder Executivo no exercício de suas funções próprias, os poderes Judiciário e Legislativo também editam atos administrativos. Como exemplo podemos citar os atos praticados no exercício de suas atividades de gestão interna, como atos relativos à contratação de pessoal e à aquisição de material de consumo.

---

928. **(Cespe)** Mesmo quando atua no âmbito do domínio econômico, a administração pública reveste-se da qualidade de poder público.

Gabarito: Errado.

Quando a Administração Pública atua no âmbito do domínio econômico, ela se submete ao regime jurídico predominantemente de direito privado, praticando atos caracterizados como atos de gestão.

---

929. **(Cespe)** Para a formação do ato administrativo simples, é necessária a manifestação de dois ou mais diferentes órgãos ou autoridades.

Gabarito: Errado.

A questão narrou o ato complexo, o qual necessita da manifestação de mais de um órgão público para que o ato seja válido. Por outro lado, no ato administrativo simples a manifestação de apenas um único órgão já é suficiente para a formação do ato.

930. **(Cespe)** Define-se ato nulo como ato em desconformidade com a lei ou com os princípios jurídicos, passível de convalidação.

Gabarito: Errado.

O erro da questão é quanto ao ato, uma vez que o ato narrado é o ato anulável e não o ato nulo como afirma a assertiva. Sendo assim, o ato nulo é aquele cuja convalidação é impossível, pois possuem vícios insanáveis. Já o ato anulável é aquele que, embora em desconformidade com a lei, possui vícios sanáveis e admite a convalidação, uma vez que essa convalidação não acarretará lesão ao interesse público nem prejuízo a terceiros.

931. **(Cespe)** Decreto é ato exclusivamente geral emanado do chefe do Poder Executivo.

Gabarito: Errado.

De acordo com o Art. 84, Parágrafo Único, da CF, o Decreto Autônomo pode ser delegado pelo Chefe do Poder Executivo aos Ministros de Estado, ao Procurador-Geral da República ou ao Advogado-Geral da União, que observarão os limites traçados nas respectivas delegações.

932. **(Cespe)** Licença é o ato administrativo bilateral e vinculado por meio do qual a administração pública faculta ao particular o exercício de determinada atividade.

Gabarito: Errado.

A questão torna-se errada pois troca os conceitos e afirma ser um ato bilateral. Uma vez que a assertiva traz a narração da autorização, a qual é um ato unilateral e discricionário pelo qual a administração, analisando aspectos de conveniência e oportunidade, faculta ao particular o exercício de atividade de caráter material ou a utilização de um bem público.

933. **(Cespe)** A competência para a edição de atos normativos poderá ser delegada.

Gabarito: Errado.

De acordo com a Lei 9.784, em seu Art. 13: *Não podem ser objeto de delegação: I. A edição de atos de caráter normativo; II. A decisão de recursos administrativos; III. As matérias de competência exclusiva do órgão ou autoridade.*

934. **(Cespe)** O ato de exoneração do servidor público ocupante de cargo em comissão e os atos administrativos que decidam recursos administrativos dispensam motivação.

Gabarito: Errado.

De acordo com a Lei 9.784, Art. 50, XII: *Os atos administrativos deverão ser motivados, com indicação dos fatos e dos fundamentos jurídicos, quando: V. Decidam recursos administrativos.*

935. **(Cespe)** Autorização é o ato pelo qual a administração concorda com um ato jurídico já praticado por particular em interesse próprio.

Gabarito: Errado.

De acordo com Alexandre Mazza, a autorização é um ato unilateral, discricionário, constitutivo e precário expedido para a realização de serviços ou a utilização de bens públicos no interesse predominatemente do particular.

---

936. **(Cespe)** O objeto dos atos administrativos normativos é equivalente ao dos atos administrativos enunciativos.

Gabarito: Errado.

Esses atos não se equivalem, uma vez que deles decorrem efeitos análogos. Dessa forma, os atos normativos são aqueles de caráter geral e abstrato que geram obrigações a uma quantidade indeterminada de pessoas, dentro dos limites da lei. Sendo assim, o ato normativo enseja a produção de normas gerais, ou seja, não inova o ordenamento jurídico. Por outro lado, os atos enunciativos são aqueles que estabelecem opiniões e conclusões do ente estatal como, por exemplo, os pareceres e aqueles atos que verificam e atestam situação de fato ocorrida que afeta a atuação estatal.

---

937. **(Cespe)** Motivação e motivo são juridicamente equivalentes.

Gabarito: Errado.

Esses dois institutos não se confundem, uma vez que o motivo é a situação de fato e o fundamento jurídico que autoriza a prática de determinado ato. Já a motivação é a explicação por escrito das razões que levaram à prática do ato, ou seja, é a exteriorização do ato.

---

938. **(Cespe)** Caso seja necessário, a administração pública poderá revogar ato administrativo válido e legítimo.

Gabarito: Certo.

De acordo com o Art. 53 da Lei 9.784, a revogação é a forma de desfazer um ato válido, legítimo, mas que não é mais conveniente ou oportuno. Sendo um ato perfeito e que não mais interessa à Administração Pública, somente por ela poderá ser revogado, não cabendo, nesse caso, intervenção judicial.

---

939. **(Cespe)** André recebeu auto de infração de trânsito, lavrado presencialmente por policial militar, em razão de conduzir o seu veículo sem cinto de segurança. No prazo legal, apresentou defesa prévia, alegando que houve equívoco na abordagem policial. O consentimento expresso do condutor autuado não é exigível, mas há impossibilidade da administração pública impor obrigações ao condutor sem a intervenção do Poder Judiciário.

Gabarito: Errado.

A questão se torna errada ao afirmar que há necessidade de intervenção do poder judiciário nas aplicações de penalidades ao particular. De acordo com Alexandre Mazza, a exigibilidade, atributo inerente ao ato administrativo, permite à Administração Pública aplicar punições aos particulares por violação da ordem jurídica, não necessitando de intervenção judicial.

---

940. **(Cespe)** Após o término de estágio probatório, a administração reprovou servidor público e editou ato de exoneração, no qual declarou que esta se dera por inassiduidade. Posteriormente, o servidor demonstrou que nunca havia faltado ao serviço ou se atrasado para nele chegar.

Nessa situação hipotética, o ato administrativo de exoneração é nulo por ausência de motivo.

Gabarito: Certo.

Fica claro na situação hipotética que o servidor foi exonerado sem motivo e devido a isso o ato de exoneração deve ser anulado por ausência de motivo. Muito cuidado para não confundir motivo com a motivação. O motivo é elemento obrigatório, essencial do ato administrativo, é a situação de fato ou de direito que serve de base para a prática do ato, enquanto que a motivação é a exposição escrita dos motivos, é a exteriorização. Importante destacar sobre a motivação é que ela não está ligada ao elemento motivo e sim ao elemento forma e a motivação não constitui elemento do ato.

---

941. **(Cespe)** José, chefe do setor de recursos humanos de determinado órgão público, editou ato disciplinando as regras para a participação de servidores em concurso de promoção.

A respeito dessa situação hipotética, julgue o item seguinte.

O veículo normativo adequado para a edição do referido ato é o decreto.

Gabarito: Errado.

O veículo normativo decreto serve para regulamentar a fiel execução de uma lei. Podemos citar, como exemplo, o decreto regulamentar do Art. 84, IV da Constituição Federal. Porém, no caso em tela, José, ao editar um ato disciplinando regras para a participação de servidores em concurso de promoção, pratica um ato que se restringe ao âmbito interno da Administração e só alcança os servidores subordinados, hierarquizados à chefia que expediu tal ato, ou seja, não obrigam os particulares. São os chamados atos ordinatórios, que se incluem entre eles: os avisos, ofícios, despachos, portarias entre outros.

---

942. **(Cespe)** No que se refere aos poderes administrativos, aos atos administrativos e ao controle da administração, julgue o item seguinte.

Ato praticado por usurpador de função pública é considerado ato irregular.

Gabarito: Errado.

A atuação de pessoa que usurpa função pública não é imputada ao estado, ou seja, não é considerada atuação do órgão público. Dessa forma, os atos praticados pelo usurpador de função pública são considerados inexistentes e não irregular.

---

943. **(Cespe)** No que se refere aos poderes administrativos, aos atos administrativos e ao controle da administração, julgue o item seguinte.

Situação hipotética: Antônio, servidor que ingressou no serviço público mediante um ato nulo, emitiu uma certidão negativa de tributos para João. Na semana seguinte, Antônio foi exonerado em função da nulidade do ato que o vinculou à administração. Assertiva: Nessa situação, a certidão emitida por Antônio continuará válida.

Gabarito: Certo.

Questão correta. Assertiva trata da teoria do "funcionário de fato", teoria da aparência. A qual fala que os atos praticados perante o particular de boa – fé são considerados válidos, mesmo que o agente tenha sido investido de forma irregular no cargo e tenha sido exonerado posteriormente por isso.

---

944. **(Cespe)** No que se refere aos poderes administrativos, aos atos administrativos e ao controle da administração, julgue o item seguinte.

Presunção de legitimidade é atributo universal aplicável a todo ato administrativo.

Gabarito: Certo.

O atributo da presunção de legitimidade é inerente a todo ato administrativo, o qual faz com que o ato produza efeitos imediatos. Pelo fato de estar presente em todos os atos da Administração, pode-se afirmar que a presunção de legitimidade é um atributo universal.

---

945. **(Cespe)** À luz da legislação que rege os atos administrativos, a requisição dos servidores distritais e a ética no serviço público, julgue o seguinte item.

A competência — ou sujeito —, a finalidade, a forma, o motivo e o objeto — ou conteúdo — são elementos que integram os atos administrativos.

Gabarito: Certo.

São elementos ou requisitos do ato administrativo: competência, finalidade, forma, motivo e objeto. Um mnemônico que ajuda a lembrar é o do CO FI FO MO OB.

---

946. **(Cespe)** Com relação aos poderes e atos administrativos,

Ato administrativo declaratório é aquele que implanta uma nova situação jurídica ou modifica ou extingue uma situação existente.

Gabarito: Errado.

Os atos declaratórios são aqueles que declaram algo. Atestam um fato. Esclarece uma situação jurídica entre o estado e o particular. A assertiva fez menção aos atos constitutivos. Portanto, questão errada.

---

947. **(Cespe)** Maurício, chefe imediato de João (ambos servidores públicos distritais), determinou que este participasse de reunião de trabalho em Fortaleza – CE nos dias nove e dez de janeiro. João recebeu o valor das diárias. No dia oito de janeiro, João sofreu um acidente de carro e, conforme atestado médico apresentado para Maurício, teve de ficar de repouso por três dias, razão pela qual não pôde viajar. Essa foi a primeira vez no bimestre que João teve de se afastar do serviço por motivo de saúde.

Acerca dessa situação hipotética e de aspectos legais e doutrinários a ela relacionados, julgue o item a seguir.

A concessão de diária é ato vinculado da administração pública.

Gabarito: Certo.

É um direito do servidor e não há margem de discricionariedade para o Administrador. Por isso, é um ato vinculado da Administração. Inclusive tais diárias devem ser antes do deslocamento do servidor, o que na prática não é bem o que ocorre.

---

948. **(Cespe)** Acerca do regime jurídico-administrativo e do controle da administração pública, julgue o próximo item.

A administração pública pode revogar seus atos por motivos de conveniência ou oportunidade, competindo, no entanto, exclusivamente ao Poder Judiciário a anulação de atos administrativos eivados de vícios de legalidade.

Gabarito: Errado.

Questão erra ao afirmar que compete exclusivamente ao poder judiciário a anulação de atos administrativos eivados de vícios de ilegalidade. Pois a própria Administração pode anular os atos com vício de ilegalidade. SÚMULA 473 - A administração pode anular seus próprios atos, quando eivados de vícios que os tornam ilegais, porque dêles não se originam direitos; ou revogá-los, por motivo de conveniência ou oportunidade, respeitados os direitos adquiridos, e ressalvada, em todos os casos, a apreciação judicial.

---

949. **(Cespe)** Um agente de determinada autarquia estadual, em fiscalização de rotina, autuou estabelecimento comercial em razão de infração administrativa verificada. Procedeu ainda, naquela mesma ocasião, à interdição cautelar do estabelecimento em questão.

Acerca dessa situação hipotética, do poder de polícia e da disciplina dos atos administrativos,

Se, na situação hipotética em apreço, fosse aplicada pena de multa ao estabelecimento comercial, sua cobrança poderia ser executada diretamente pela administração pública.

Gabarito: Errado.

Assertiva trata do Poder de Polícia da Administração, o qual possui como atributo, dentre outros, a autoexecutoriedade. Atributo este que permite que a Administração Pública execute suas decisões sem a intervenção do Poder Judiciário, por exemplo, em uma interdição a um estabelecimento. Todavia, nem todos os atos possuem esse atributo, a exemplo disso, temos a multa. Além disso, todos os atos gozam de exigibilidade (meios indiretos de coerção), mas nem todos possuem a executoriedade (meios diretos de coerção). A multa, por exemplo, possui exigibilidade, mas não executoriedade. Portanto, a Administração pode multar diretamente, porém não pode executar a multa, dependendo assim do judiciário.

---

950. **(Cespe)** O ato que concede aposentadoria a servidor público classifica-se como ato complexo.

Gabarito: Certo.

Ao se falar em ato complexo devemos lembrar do sexo, uma única ação, mas que envolve dois órgãos. É um mnemônico que ajuda a lembrar. O ato complexo é formado pela vontade de dois órgãos diferentes, cujas vontades se conjugam para formar um só ato.

---

951. **(Cespe)** Situação hipotética: Lúcio, indivíduo de boa-fé, logrou a manutenção dos efeitos já produzidos por ato administrativo posteriormente declarado nulo. Assertiva: Nessa situação, por força da isonomia, aquele que detiver situação jurídica idêntica à de Lúcio terá direito à extensão dos mesmos efeitos jurídicos produzidos pelo ato anulado.

Gabarito: Errado.

A decisão tomada pelo órgão julgador gerou efeitos erga partes, apenas para aquela parte envolvida. Desse modo, ao afirmar de forma generalizada que todos que detiverem situação jurídica idêntica à do agente terá direito aos efeitos jurídicos produzidos pela anulação a questão equivoca-se. Torna, assim, a decisão erga omnes. Portanto, item errado.

---

952. **(Cespe)** Os atos administrativos cujos efeitos já se tenham exaurido integralmente são insuscetíveis de revogação.

Gabarito: Certo.

São insuscetíveis de revogação: os atos vinculados; atos consumados que exauriram seus efeitos; atos que geram direito adquirido; atos enunciativos. Logo, assertiva correta.

---

953. **(Cespe)** Um ato administrativo pode ser anulado em decorrência de pressupostos de conveniência e oportunidade da administração ou devido à ilegalidade do ato. Nesse caso, será desnecessária a instauração de processo administrativo para a oitiva de interessados.

Gabarito: Errado.

Um ato administrativo para ser anulado deve ser feito em decorrência da ilegalidade do ato. Por outro lado, cabe a revogação dos atos administrativos decorrentes de pressupostos de conveniência e oportunidade, ou seja, a assertiva equivoca-se ao afirmar que seria anulado em decorrência de pressupostos de conveniência e oportunidade. Portanto, item errado.

---

954. **(Cespe)** A respeito da invalidação, anulação e revogação de atos administrativos,

Atos administrativos, por serem discricionários, somente podem ser anulados pela própria administração pública.

Gabarito: Errado.

Os atos administrativos, independentemente de serem discricionários, podem ser anulados tanto pela própria Administração quanto pelo poder judiciário, quando eivados de vícios de ilegalidade. Por outro lado, só podem ser revogados pela própria Administração.

---

955. **(Cespe)** A revogação do ato administrativo é a supressão de um ato legítimo e eficaz, seja por oportunidade, seja por conveniência, seja por interesse público; entretanto, o poder de revogar da administração pública não é absoluto, pois há situações insuscetíveis de modificação por parte da administração.

Tendo as considerações apresentadas como referência inicial, o que apresenta ato suscetível de revogação é o ato administrativo praticado pelo Poder Judiciário.

Gabarito: Certo.

De acordo com a Súmula 473 – STF "A administração pode anular seus próprios atos, quando eivados de vícios que os tornam ilegais, porque deles não se originam direitos; ou revogá-los, por motivo de conveniência ou oportunidade, respeitados os direitos adquiridos, e ressalvada, em todos os casos, a apreciação judicial".

---

956. **(Cespe)** O ato que concede aposentadoria a servidor público classifica-se como ato simples.

Gabarito: Errado.

O ato complexo é o ato administrativo formado pela manifestação de vontade de órgãos diversos. Portanto o ato de aposentadoria se configura como ato complexo, pois é necessário, para sua perfeição, a manifestação do órgão ao qual o servidor é vinculado, somado à aprovação do Tribunal de Contas.

---

957. **(Cespe)** A revogação do ato administrativo é a supressão de um ato legítimo e eficaz, seja por oportunidade, seja por conveniência, seja por interesse público; entretanto, o poder de revogar da administração pública não é absoluto, pois há situações insuscetíveis de modificação por parte da administração.

Tendo as considerações apresentadas como referência inicial, apresenta ato suscetível de revogação o ato de concessão de licença funcional já gozada pelo servidor.

Gabarito: Errado.

A doutrina majoritária considera insuscetíveis de revogação: os atos consumados que exauriram seus efeitos; Ex.: Um ato que concedeu licença ao servidor; se este já gozou a licença, o ato já exauriu seus efeitos, não há que se falar em revogação.

---

958. **(Cespe)** Um agente de determinada autarquia estadual, em fiscalização de rotina, autuou estabelecimento comercial em razão de infração administrativa verificada. Procedeu ainda, naquela mesma ocasião, à interdição cautelar do estabelecimento em questão.

Acerca dessa situação hipotética, do poder de polícia e da disciplina dos atos administrativos,

Os atos administrativos praticados são dotados de presunção de veracidade e legitimidade, bem como de presunção absoluta de conformidade à lei.

Gabarito: Errado.

O atos administrativos realmente são dotados de presunção veracidade e legitimidade, porém essa PRESUNÇÃO é RELATIVA "Juris Tantum". Cabe ao particular provar o ônus probatório.

---

959. **(Cespe)** A respeito da invalidação, anulação e revogação de atos administrativos,

A administração, em razão de conveniência, poderá revogar ato administrativo próprio não eivado de qualquer ilegalidade, o que produzirá efeitos ex nunc.

Gabarito: Certo.

A administração, em razão de conveniência e oportunidade, poderá revogar atos administrativos próprios não eivados de qualquer ilegalidade, o que produzirá efeitos "ex nunc" (não retroage). O ato de revogação tem natureza discricionária e poderá ser feito a qualquer momento. Percebe-se aqui o princípio da autotutela de ofício ou provocado.

---

960. **(Cespe)** Acerca da extinção dos atos administrativos.

A invalidação fulmina todas as relações jurídicas decorrentes do ato inválido, resguardados os direitos de terceiros de boa-fé que não tenham contribuído para a invalidação do ato.

Gabarito: Certo.

O desfazimento de todas as relações jurídicas que se originaram do ato inválido, com o que as partes que nelas figuraram hão de retornar ao statu quo ante (o estado em que as coisas estavam antes). Para evitar a violação do direito de terceiros, que de nenhuma forma contribuíram para a invalidação do ato, resguardam-se tais direitos da esfera de incidência do desfazimento, desde que, se tenham conduzido com boa-fé.

---

961. **(Cespe)** A respeito da invalidação, anulação e revogação de atos administrativos,

São anuláveis e passíveis de convalidação os atos que violem regras fundamentais atinentes à manifestação de vontade, ao motivo, à finalidade ou à forma, havidas como de obediência indispensável pela sua natureza, pelo interesse público que as inspira ou por menção expressa da lei.

Gabarito: Errado.

Os vícios sanáveis por meio da convalidação serão os vícios na COMPETÊNCIA (não exclusiva à matéria) e na FORMA (não essencial à matéria). Os vícios no Motivo, Finalidade e no Objeto não comportam convalidação.

---

962. **(Cespe)** O ato que concede aposentadoria a servidor público classifica-se como ato declaratório.

Gabarito: Errado.

O ato complexo, decorre da manifestação de vontade de dois ou mais órgãos ou autoridades diferentes, somente assim, ele alcança a perfeição (completo, concluído e formado). Destarte a concessão do ato de aposentadora é ato complexo, razão pela qual cabe falar em prazo decadencial pra a Administração revisar o benefício antes da manifestação do Tribunal de Contas.

---

963. **(Cespe)** Quanto às espécies de atos administrativos,

A licença pode ser concedida de ofício pela administração.

Gabarito: Errado.

A licença é um ato administrativo vinculado e definitivo, cuja função é conferir direitos ao particular, quando este preenche todas as condições legais. Trata-se de um direito subjetivo; logo, não pode ser negado pela Administração. Isto é, uma vez atendidas todas as exigências legais e regulamentares pelo interessado, deve a administração concedê-la.

---

964. **(Cespe)** O ato que concede aposentadoria a servidor público classifica-se como ato discricionário.

Gabarito: Errado.

A jurisprudência firmou-se no sentido de que aposentadoria de servidor público, por ser ATO COMPLEXO, somente se aperfeiçoa com a sua confirmação pelo respectivo Tribunal de Contas, iniciando-se, então, o prazo decadencial para a Administração rever a concessão do benefício.

---

965. **(Cespe)** Acerca da extinção dos atos administrativos.

Por ser a revogação um ato discricionário, ao se revogar um ato revogado, ocorrerá, por consequência lógica, a repristinação do ato originário.

Gabarito: Errado.

A repristinação é um fenômeno legislativo no qual há a entrada novamente em vigor de uma norma efetivamente revogada, pela revogação da norma que a revogou. No entanto, por força do artigo 2º, 3º, do Decreto-Lei n. 4657, de 4-9-1942 (Lei de Introdução ao Código Civil) a norma só voltará a valer se isso estiver explícito na outra norma, ou seja, não há repristinação automática (implícita).

---

966. **(Cespe)** Quanto às espécies de atos administrativos,

A permissão pode ser concedida de ofício pela administração.

Gabarito: Errado.

A permissão é um ato administrativo discricionário e precário pelo qual a Administração Pública faculta ao particular o uso do bem público.

---

967. **(Cespe)** A respeito da invalidação, anulação e revogação de atos administrativos,

O ato administrativo viciado pela falta de manifestação de vontade do administrado deverá ser anulado, não podendo essa ilegalidade ser sanada por posterior manifestação de vontade do interessado.

Gabarito: Errado.

A manifestação da vontade (motivação) previsto no elemento forma, que por sua vez, pode ser convalidada (desde que não esteja descrita em lei), ou seja, pode ser corrigido por posterior manifestação de vontade do interessado.

---

968. **(Cespe)** O ato que concede aposentadoria a servidor público classifica-se como ato composto.

Gabarito: Errado.

Classificado como ato COMPLEXO pois envolve dois órgãos para um único ato. CF. Art. 71. O controle externo, a cargo do Congresso Nacional, será exercido com o auxílio do Tribunal de Contas da União, ao qual compete: III - concessões de aposentadorias.

---

969. **(Cespe)** Quanto às espécies de atos administrativos,

A permissão de uso de bens públicos é ato unilateral, discricionário e precário.

Gabarito: Certo.

A permissão de uso comum de bem público é um ato negocial, unilateral e discricionário, pela qual a administração consente que o particular se utilize de bem público no interesse próprio e também coletivo.

---

970. **(Cespe)** A respeito da invalidação, anulação e revogação de atos administrativos,

A anulação de ato administrativo ocorre por questões de conveniência e produz efeitos retroativos à data em que o ato foi emitido.

Gabarito: Errado.

Súmula 473A administração pode anular seus próprios atos, quando eivados de vícios que os tornam ilegais, porque deles não se originam direitos; ou revogá-los, por motivo de conveniência ou oportunidade, respeitados os direitos adquiridos, e ressalvada, em todos os casos, a apreciação judicial.

---

971. **(Cespe)** Quanto às espécies de atos administrativos,

Autorização é ato pelo qual a administração consente que o particular exerça atividade ou utilize bem público que vise ao interesse público.

Gabarito: Errado.

A autorização é necessária para o exercício de atividade, atendendo o interesse de um particular, potencialmente prejudicial à coletividade ou de atividade de interesse social, razão pela qual a lei exige a chancela do Estado (DESCRICIONARIO) para fins de proteção ao interesse público.

---

972. **(Cespe)** A revogação do ato administrativo é a supressão de um ato legítimo e eficaz, seja por oportunidade, seja por conveniência, seja por interesse público; entretanto, o poder de revogar da administração pública não é absoluto, pois há situações insuscetíveis de modificação por parte da administração.

Tendo as considerações apresentadas como referência inicial, apresenta ato suscetível de revogação o ato de posse de candidato nomeado após aprovação em concurso público.

Gabarito: Errado.

Súmula 16 do STF- funcionário público nomeado por concurso tem direito à posse. Portanto não pode ser ato suscetível de revogação.

---

973. **(Cespe)** Acerca da extinção dos atos administrativos.
A cassação é ato discricionário do agente público.

Gabarito: Errado.

A cassação é o desfazimento do ato administrativo decorrente do descumprimento dos requisitos que permitem a manutenção do ato. Logo não é DISCRICIONÁRIO e sim um ato VINCULADO.

---

974. **(Cespe)** Um agente de determinada autarquia estadual, em fiscalização de rotina, autuou estabelecimento comercial em razão de infração administrativa verificada. Procedeu ainda, naquela mesma ocasião, à interdição cautelar do estabelecimento em questão.
Acerca dessa situação hipotética, do poder de polícia e da disciplina dos atos administrativos,
Na hipótese apresentada, a aplicação de punição administrativa ao estabelecimento comercial submete-se ao princípio da legalidade, uma vez que somente lei pode instituir sanções administrativas.

Gabarito: Certo.

Segundo o STJ, a aplicação de sanções administrativas, decorrente do exercício do poder de polícia, somente se torna legítima quando o ato praticado pelo administrado estiver previamente definido pela lei como infração administrativa. Ninguém será obrigado a fazer ou deixar de fazer se não em virtude de lei (Princípio da legalidade).

---

975. **(Cespe)** A revogação do ato administrativo é a supressão de um ato legítimo e eficaz, seja por oportunidade, seja por conveniência, seja por interesse público; entretanto, o poder de revogar da administração pública não é absoluto, pois há situações insuscetíveis de modificação por parte da administração.
Tendo as considerações apresentadas como referência inicial, apresenta ato suscetível de revogação o ato de concessão de licença para exercer determinada profissão, segundo requisitos exigidos na lei.

Gabarito: Errado.

É um ato vinculado e definitivo que reconhece um direito subjetivo do particular se por requerimento preencher os requisitos exigidos em lei. Portanto, a licença não comporta a revogação, mas podendo ser anulada ou cassada.

---

976. **(Cespe)** Quanto às espécies de atos administrativos,
Licença é ato discricionário por meio do qual a administração confere ao interessado consentimento para o desempenho de determinada atividade.

Gabarito: Errado.

Ato vinculado em que a administração pública reconhece o direito subjetivo do particular mediante um requerimento comprovando os requisitos exigidos pela lei, a Administração é obrigada a praticar o ato. Ex: CNH- Licença para dirigir.

---

977. **(Cespe)** Julgue o próximo item, relativo à legislação administrativa.
São três os requisitos para que um ato administrativo seja dito perfeito: competência, finalidade e objeto.

Gabarito: Errado.

Os elementos de validade de um ato são: COmpetencia, FInalidade, FOrmalidade, MOtivação e OBjeto.

978\. **(Cespe)** Um agente de determinada autarquia estadual, em fiscalização de rotina, autuou estabelecimento comercial em razão de infração administrativa verificada. Procedeu ainda, naquela mesma ocasião, à interdição cautelar do estabelecimento em questão.

Acerca dessa situação hipotética, do poder de polícia e da disciplina dos atos administrativos,

Se, na situação hipotética em questão, o administrador público tivesse agido motivado por vingança pessoal contra o proprietário do estabelecimento comercial, estaria configurada a nulidade do ato por abuso de poder na modalidade excesso de poder.

Gabarito: Errado.

Estaria configurada a nulidade do ato por vicio INCONVÁLIDAVEL em razão do abuso de poder na modalidade DESVIO DE FINALIDADE, em que o administrador atua dentro das suas competências, mas com outras finalidade, satisfazer um interesse pessoal.

979\. **(Cespe)** Acerca da extinção dos atos administrativos.

São passíveis de revogação os chamados atos meramente administrativos, tais como pareceres e certidões.

Gabarito: Errado.

Pareceres e certidões são atos administrativos enunciativos que têm por finalidade declarar um juízo de valor, opinião ou fato. Por não serem discricionários são insuscetíveis à REVOGAÇÃO.

980\. **(Cespe)** Considerando que servidor público de determinada autarquia federal tenha solicitado ao setor técnico daquela entidade a emissão de parecer para subsidiar sua tomada de decisão, julgue o item a seguir, acerca dos atos administrativos.

Quanto aos seus efeitos, tal parecer classifica-se como ato administrativo enunciativo.

Gabarito: Certo.

Atos administrativos enunciativos são aqueles que tem por finalidade declarar um juízo de valor, uma opinião ou fato entre esses atos estão os pareceres e certidões.

981\. **(Cespe)** A revogação do ato administrativo é a supressão de um ato legítimo e eficaz, seja por oportunidade, seja por conveniência, seja por interesse público; entretanto, o poder de revogar da administração pública não é absoluto, pois há situações insuscetíveis de modificação por parte da administração.

Tendo as considerações apresentadas como referência inicial, apresenta ato suscetível de revogação o parecer emitido por órgão público consultivo.

Gabarito: Errado.

Por ser um ato enunciativo, o parecer não está suscetível a revogação pelo administrador uma vez que é uma opinião emitida por órgão a respeito de um assunto técnico.

982\. **(Cespe)** Acerca dos atos administrativos, julgue o item subsequente.

O ato administrativo somente poderá ser realizado de forma válida se o agente responsável pela sua elaboração tiver poder legal para praticá-lo.

Gabarito: Certo.

De acordo com Hely Lopes Meirelles "Entende-se por competência administrativa o poder atribuído ao agente da Administração para o desempenho específico de suas funções. A competência resulta da lei e por ela é delimitada. Todo ato emanado de agente incompetente, ou realizado além do limite de que dispõe a autoridade incumbida de sua prática, é inválido por lhe faltar um elemento básico de sua perfeição, qual seja, o poder jurídico para manifestar a vontade da Administração".

---

983. **(Cespe)** Um agente de determinada autarquia estadual, em fiscalização de rotina, autuou estabelecimento comercial em razão de infração administrativa verificada. Procedeu ainda, naquela mesma ocasião, à interdição cautelar do estabelecimento em questão.

Acerca dessa situação hipotética, do poder de polícia e da disciplina dos atos administrativos,

Na hipótese em apreço, a interdição cautelar do estabelecimento comercial não poderia prescindir da observância do devido processo legal e somente poderia ser efetivada após o exercício do direito de defesa por parte do interessado.

Gabarito: Errado.

Os atos referentes ao poder de polícia são autoexecutórios, isto é, não precisam da apreciação do poder judiciário para poder produzir seus efeitos. Por conseguinte, o poder público deve atuar dentro dos limites da lei, ou seja, a interdição deve ser plenamente cabível no caso concreto.

---

984. **(Cespe)** Acerca da extinção dos atos administrativos.

A convalidação por ratificação somente pode ser realizada pelo superior hierárquico do agente que praticou o ato anterior.

Gabarito: Errado.

A convalidação é o suprimento da invalidade de um ato com efeitos ex tunc (retroage). Uma das espécies da convalidação é a RATIFICAÇÃO; a convalidação precede da MESMA AUTORIDADE QUE PRATICOU O ATO.

---

985. **(Cespe)** Considerando que servidor público de determinada autarquia federal tenha solicitado ao setor técnico daquela entidade a emissão de parecer para subsidiar sua tomada de decisão, julgue o item a seguir, acerca dos atos administrativos.

Caso seja adotado como fundamento para a decisão, o referido parecer passará a integrar o ato administrativo decisório.

Gabarito: Certo.

O parecer é um documento técnico, com caráter opinativo, emitido por órgão especializado. Portanto não produz efeitos jurídicos. É imprescindível um outro ato administrativo, com conteúdo decisório, para que possa ser aprovado o parecer, para, só então, dele decorrerem os efeitos jurídicos.

---

986. **(Cespe)** Acerca de função administrativa e atos administrativos, julgue o item a seguir.

Situação hipotética: Um diretor de tribunal de contas editou ato administrativo com desvio de finalidade. Após correição, o vício foi detectado e comunicado ao presidente do tribunal.

Assertiva: Nessa situação, o presidente poderá avocar para si a competência administrativa pertinente e convalidar o ato administrativo.

Gabarito: **Errado.**

O vício de legalidade (deve ser ANULADO) poderá ser sanável ou insanável. Insanável quanto ao objeto, finalidade e motivo, nestes casos a anulação é obrigatória. Quando forem sanáveis quanto à forma (salvo, se essencial) e competência (salvo, se exclusiva) poderão ser convalidados. Na situação apresentada pela questão, o agente público tinha a competência para prática do ato, isto é, não existiu vício de competência, porém praticou com desvio de finalidade, caracterizando um vício insanável.

---

987. **(Cespe)** No que concerne à administração pública, julgue o item a seguir.

Situação hipotética: O TCE/PA alugou várias salas de aula de uma escola privada para a realização do curso de formação de seus novos servidores. Assertiva: Nessa situação, o ato de locação, ainda que seja regido pelo direito privado, é considerado um ato administrativo.

Gabarito: **Errado.**

O erro da questão está em afirmar que o ato praticado foi ADMININSTRATIVO, pois um ato administrativo só pode ser unilateral. Conclui-se, então, que um contrato de locação se configura como um ato bilateral (proprietário + locatário), portanto o correto seria afirmar que foi um ATO DA ADMINISTRAÇÃO.

---

988. **(Cespe)** Considerando que servidor público de determinada autarquia federal tenha solicitado ao setor técnico daquela entidade a emissão de parecer para subsidiar sua tomada de decisão, julgue o item a seguir, acerca dos atos administrativos.

Considerando-se a prerrogativa com que atua a administração, o parecer solicitado é classificado como ato de gestão.

Gabarito: **Errado.**

Errado, pois trata-se de um ato administrativo enunciativo em que a Administração apenas atesta uma situação de fato ou de direito, a exemplo das certidões, atestados, pareceres, vistos etc.

---

989. **(Cespe)** Julgue o item subsecutivo, a respeito dos atributos dos atos administrativos.

Em decorrência do atributo da tipicidade, quando da prática de ato administrativo, devem-se observar figuras definidas previamente pela lei, o que garante aos administrados maior segurança jurídica.

Gabarito: **Certo.**

Segundo a Professora Maria Sylvia Di Pietro, tipicidade "é o conjunto pelo qual o ato administrativo deve corresponder a figuras definidas previamente pela Lei como aptas a produzir determinados resultados". Segundo a autora, esse atributo, corolário do princípio da legalidade, teria o condão de afastar a possibilidade de a administração praticar atos inominados. Teoricamente, para cada finalidade que a administração pretenda alcançar deve existir um ato típico definido em lei.

---

990. **(Cespe)** Julgue o item subsecutivo, a respeito dos atributos dos atos administrativos.

A presunção de legitimidade dos atos administrativos está relacionada à sujeição da administração ao princípio da legalidade.

Gabarito: Certo.

De acordo com Alexandre Mazza "O atributo da presunção de legitimidade, também conhecido como presunção de legalidade ou presunção de veracidade, significa que, até prova em contrário, o ato administrativo é considerado válido para o direito."

---

991. **(Cespe)** Julgue o item subsecutivo, a respeito dos atributos dos atos administrativos.

A imperatividade é atributo indissociável dos atos administrativos.

Gabarito: Errado.

A imperatividade é um atributo presente na maioria do atos administrativos, ou seja, não está presente em todos os atos administrativos. Ex.: certidões; atestados.

---

992. **(Cespe)** Em relação às formas de anulação de atos ou contratos administrativos e à perda de função pública, julgue o item a seguir.

A revogação aplica-se a atos praticados no exercício da competência discricionária.

Gabarito: Certo.

De acordo com a Súmula 473 – Supremo Tribunal Federal "A Administração pode anular seus próprios atos, quando eivados de vícios que os tornam ilegais, porque deles não se originam direitos; ou revogá-los, por motivo de conveniência ou oportunidade, respeitados os direitos adquiridos, e ressalvada, em todos os casos, a apreciação judicial". Portanto, com fulcro no princípio da autotutela, pode-se concluir, que a revogação somente atingirá os atos administrativos DISCRICIONÁRIOS.

---

993. **(Cespe)** Acerca dos atos administrativos, julgue o item subsequente.

O conceito de ato administrativo é praticamente o mesmo de ato jurídico, diferindo o primeiro do segundo por ser aquele uma categoria informada pela administração de áreas meio.

Gabarito: Errado.

São conceitos diferentes, pois no Direito, quando a manifestação da vontade humana produz efeitos jurídicos, é dito que se formou um ato jurídico. Se este ato resulta de manifestações da Administração Pública, o que se tem é um ato administrativo. Portanto, logo de cara, pode-se dizer que o ato administrativo é uma espécie do gênero ato jurídico.

---

994. **(Cespe)** Acerca dos atos administrativos, julgue o item subsequente.

Atos administrativos ilegítimos ou ilegais podem ser anulados tanto pela própria administração quanto pelo poder judiciário.

Gabarito: Certo.

Súmula 473 – STF "A Administração pode anular seus próprios atos, quando eivados de vícios que os tornam ilegais, porque deles não se originam direitos; ou revogá-los, por motivo de conveniência ou oportunidade, respeitados os direitos adquiridos, e ressalvada, em todos os casos, a apreciação judicial". O Poder Judiciário, no exercício de sua típica função jurisdicional, somente poderá anular ato administrativo se houver pedido do interessado, tendo em vista o princípio da inércia (o juiz só age quando provocado). O Judiciário pode anular ato administrativo que tenha editado no exercício de função administrativa independentemente de provocação, hipótese fundada no princípio da autotutela.

---

995. **(Cespe)** A respeito do controle da administração pública, do processo administrativo e da licitação, julgue o item a seguir.

A má-fé do destinatário, quando comprovada, afasta a incidência do prazo decadencial conferido à administração para anular o ato administrativo.

Gabarito: Certo.

Com fundamento da Lei nº 9.784/99 Art. 54. O direito da Administração de anular os atos administrativos de que decorram efeitos favoráveis para os destinatários decai em cinco anos, contados da data em que foram praticados, salvo comprovada má-fé.

---

996. **(Cespe)** Acerca dos servidores públicos, dos poderes da administração pública e do regime jurídico-administrativo, julgue o item que se segue.

Situação hipotética: O proprietário de determinado restaurante recebeu notificação na qual constava a determinação de que a obra que havia sido irregularmente realizada na calçada do referido estabelecimento, para a colocação de mesas, teria de ser demolida. Assertiva: Nesse caso, decorrendo o prazo sem cumprimento da ordem, a administração poderá promover a demolição sob o manto da autoexecutoriedade dos atos administrativos e do poder de polícia.

Gabarito: Certo.

De acordo com a jurisprudência do Superior Tribunal de Justiça "O Poder Público tem o poder-dever de fiscalizar qualquer obra e até mesmo praticar atos de demolição caso essa construção mostre alguma irregularidade, inclusive, prescindindo-se de provimento jurisdicional para tal fim. É dizer, em decorrência do poder de polícia, a Administração Pública goza da prerrogativa de proteger e fiscalizar o planejamento urbano, dentro do qual deve combater as construções irregulares em área pública".

---

997. **(Cespe)** Com relação aos atos administrativos e suas classificações, julgue o item seguinte.

Motivação, finalidade, competência, forma e objeto constituem elementos obrigatórios do ato administrativo e requisitos de validade da sua prática, de modo que a ausência de qualquer um desses elementos implica a nulidade do ato praticado.

Gabarito: Errado.

Não é a motivação e sim o MOTIVO. Cuidado para não confundir a motivação com o motivo, pois aquele faz parte da forma do ato, ou seja, o ato é nulo por vício de forma e não vício de motivo. O motivo é obrigatório apenas para os atos vinculados, nos atos discricionários ele se torna facultativo.

---

998. **(Cespe)** Com relação aos atos administrativos e suas classificações, julgue o item seguinte.

Atos administrativos de gestão são atos praticados pela administração pública como se fosse pessoa privada, o que afasta a supremacia que lhe é peculiar em relação aos administrados. Atos administrativos de império, por sua vez, são aqueles praticados de ofício pelos agentes públicos e impostos de maneira coercitiva aos administrados, os quais estão obrigados a obedecer-lhes.

Gabarito: Certo.

O atos de gestão são realizados sem que a Administração Pública empregue sua supremacia sobre os particulares. Definem-se como atos típicos da Administração e se equiparam aos atos

praticados pelas pessoas privadas. São exemplos de gestão a alienação ou aquisição de bens pela Administração, o aluguel de imóvel de propriedade de uma autarquia. O atos de império são aqueles os quais a Administração Pública impõe aos particulares, coercitivamente, restrições ou obrigações de forma unilateral. São praticados ex officio, ou seja, sem que haja sido requeridos ou solicitados pelos administrados.

---

999. **(Cespe)** Acerca dos atos do poder público,

A convalidação implica o refazimento de ato, de modo válido. Em se tratando de atos nulos, os efeitos da convalidação serão retroativos; para atos anuláveis ou inexistentes tais efeitos não poderão retroagir.

Gabarito: Errado.

O objeto da convalidação é um ato administrativo, discricionário ou vinculado que possui vício sanável. Os atos inexistentes, nulo ou irregulares NUNCA PODEM SER CONVALIDADOS.

1000. **(Cespe)** Acerca dos atos do poder público,

A teoria dos motivos determinantes não se aplica aos atos vinculados, mesmo que o gestor tenha adotado como fundamento um fato inexistente.

Gabarito: Errado.

Está incorreta, pois a teoria dos motivos determinantes se aplica tanto aos atos administrativos vinculados quantos aos discricionários, sendo satisfatório para sua configuração que o ato tenha sido motivado.

1001. **(Cespe)** Acerca dos atos do poder público,

Atos complexos resultam da manifestação de um único órgão colegiado, em que a vontade de seus membros é heterogênea. Nesse caso, não há identidade de conteúdo nem de fins.

Gabarito: Errado.

Para a configuração de um ato complexo é necessária a manifestação autônoma de dois ou mais órgãos, que se juntam para formar um único ato.

1002. **(Cespe)** Acerca dos atos do poder público,

Atos gerais de caráter normativo não são passíveis de revogação, eles podem ser somente anulados.

Gabarito: Errado.

Errada, pois os atos gerais de caráter normativo podem ser revogados. Exemplos de atos normativos: decretos, instruções normativas, portarias etc.

1003. **(Cespe)** Acerca dos atos do poder público,

Atos compostos resultam da manifestação de dois ou mais órgãos, quando a vontade de um é instrumental em relação à do outro. Nesse caso, praticam-se dois atos: um principal e outro acessório.

Gabarito: Certo.

Correto, os atos compostos decorrem da manifestação de um órgão e a aprovação de outro, ou seja, são dois atos.

1004. **(Cespe)** O ato administrativo é uma espécie de ato jurídico de direito público, ou seja, suas características distinguem-no do ato jurídico de direito privado. Os atributos do ato administrativo — ato jurídico de direito público — incluem a presunção de legitimidade, a imperatividade e a autoexecutoriedade.

Gabarito: Certo.

A presunção de legitimidade e veracidade significa que o ato nasce válido e verdadeiro, ou seja nasce apto para produzir seus efeitos. A imperatividade decorre do poder de império, isto é, cria uma restrição ou obrigação sem precisar da anuência do particular. A autoexecutoriedade quer dizer que o ato não precisa da intervenção do poder judiciário para que produza seus efeitos.

1005. **(Cespe)** A respeito dos atos administrativos,

A competência administrativa pode ser transferida e prorrogada pela vontade dos interessados.

Gabarito: Errado.

A competência administrativa decorre de lei, por isso ela é irrenunciável, intransferível, improrrogável, imprescritível e imodificável.

1006. **(Cespe)** Acerca da administração pública.

O poder discricionário é aquele que é concedido à administração, de modo explícito ou implícito, para a prática de atos administrativos com liberdade na escolha de sua conveniência, oportunidade, conteúdo, forma e finalidade.

Gabarito: Errado.

Os elementos discricionários do ato são somente o MOTIVO e o OBJETO. Os elementos vinculados presentes em todos os atos são a COMPETÊNCIA, FORMA e FINALIDADE.

1007. **(Cespe)** A respeito dos atos administrativos,

A alteração da finalidade expressa na norma legal ou implícita no ordenamento da administração caracteriza desvio de poder que dá causa à invalidação do ato.

Gabarito: Certo.

O abuso de poder é gênero que se divide em duas espécies: o excesso de poder e o desvio de poder. O excesso de poder ocorre quando a autoridade atua extrapolando os limites de sua competência. Já o desvio de poder, também chamado de desvio de finalidade, se caracteriza quando a autoridade pratica um ato que é de sua competência, porém emprega uma finalidade diversa da prevista lei ou contrária ao interesse público.

1008. **(Cespe)** A respeito dos atos administrativos,

O princípio da presunção de legitimidade do ato administrativo impede que haja a transferência do ônus da prova de sua invalidade para quem a invoca.

Gabarito: Errado.

Uma das consequências do Princípio da Presunção de Legitimidade é propriamente a inversão do ônus da prova, isto é, cabe provar quem invoca a ilegalidade e não a administração pública comprovar sua adequação legal.

1009. **(Cespe)** Acerca da administração pública.

O mandado de segurança não constitui meio adequado para o controle judicial de ato administrativo eivado de ilegalidade.

Gabarito: Errado.

Errado, pois o mandado de segurança constitui meio adequado para o controle judicial de ato administrativo eivado de ILEGALIDADE.

1010. **(Cespe)** A respeito dos atos administrativos,

O ato administrativo típico é uma manifestação volitiva do administrado frente ao poder público.

Gabarito: Errado.

O erro da questão está em afirmar que o ato administrativo é uma manifestação volitiva do administrado, quando na verdade o correto seria dizer que é uma manifestação volitiva da Administração.

1011. **(Cespe)** A respeito dos atos administrativos,

O motivo constitui requisito dispensável na formação do ato administrativo.

Gabarito: Errado.

O motivo constitui, na verdade, requisito INDISPENSÁVEL na formação do ato administrativo. Pertencem aos requisitos, também chamados de elementos, a competência; a finalidade; a forma; o motivo, por fim, o objeto. Um macete para não esquecer é o CO FI FO MO OB. Devemos lembrar que o motivo é vinculado nos atos vinculados e discricionário nos atos discricionários.

1012. **(Cespe)** Acerca da administração pública.

O ato complexo é o que resulta da vontade única de um órgão, mas depende da verificação por parte de outro para se tornar exequível.

Gabarito: Errado.

A questão narrou o a característica de um ato composto, o qual resulta da vontade única de um órgão, com a aprovação de outro, totalizando dois atos. Por outro lado, o ato complexo é o que é resulta da manifestação de mais de um órgão, porém, resume-se a um único ato. Portanto, questão errada.

1013. **(Cespe)** Ainda a respeito dos atos administrativos,

A convalidação é o suprimento da invalidade de um ato com efeitos retroativos.

Gabarito: Certo.

O instituto da convalidação nada mais é do que a manutenção de um ato ilegal. Desde que tal ato seja possuidor de vício sanável. Importante destacar que somente os atos com vícios nos elementos competência (salvo as competências exclusiva e sobre a matéria) e forma são passíveis de convalidação. A convalidação produz efeitos retroativos (ex tunc) à data da prática do ato, isto é, o ato agora será considerado válido desde sua prática, como se jamais houvesse ocorrido tal vício. Portanto, questão correta.

1014. **(Cespe)** Ainda a respeito dos atos administrativos,

O controle judicial dos atos administrativos é de legalidade e mérito.

Gabarito: Errado.

A finalidade do controle judicial sobre os atos é garantir a legalidade da atuação administrativa, uma vez que cabe ao Poder Judiciário o controle dos atos ilegais. Tal controle visa somente a legalidade, não aprecia o mérito do ato administrativo. Logo, assertiva incorreta.

1015. **(Cespe)** Ainda a respeito dos atos administrativos,

A revogação pressupõe um ato administrativo ilegal ou imperfeito.

Gabarito: Errado.

Não é a revogação que pressupõe um ato ilegal e imperfeito, mas, a anulação. A revogação, por sua vez, é a extinção de um ato baseado nas razões de conveniência e oportunidade da Administração.

1016. **(Cespe)** Acerca da administração pública.

A licença é exemplo de ato administrativo enunciativo.

Gabarito: Errado.

Atos enunciativos são aqueles que a Administração declara um fato, opinião, juízo de vontade, ex.: declaração, atestado, parecer. Importante saber que tais atos não são passíveis de revogação.

A licença, por sua vez, é um ato negocial, o qual é vinculado (não pode ser revogado) e não precário. Muito cuidado para não confundir com a autorização que é discricionário (pode ser revogado) e precário, as bancas costumam misturar os conceitos desses dois.

1017. **(Cespe)** Ainda a respeito dos atos administrativos,

O ato anulável e o ato nulo produzem efeitos, independentemente do trânsito em julgado de sentença constitutiva negativa.

Gabarito: Errado.

O erro da questão está em afirmar que o ato anulável e o ato nulo produzem efeitos independentemente do trânsito em julgado. Pois, sabe-se que o trânsito em julgado de sentença de ato nulo tem efeito retroativos, ou seja, ex-tunc, enquanto que o trânsito em julgado de sentença de ato anulável tem efeitos não retroativos, ou seja, ex-nunc.

1018. **(Cespe)** Acerca da administração pública.

A possibilidade que tem a administração pública de, nos termos da lei, constituir terceiros em obrigações mediante atos unilaterais constitui aplicação do princípio da supremacia do interesse público.

Gabarito: Certo.

O princípio da Supremacia do Interesse Público é considerado um princípio implícito e informa a todos os ramos do Direito Público que, nas relações jurídicas nas quais o Estado figure como representante da sociedade, seus interesses prevaleçam contra os interesses particulares.

Podendo, inclusive, a Administração Pública impor seus atos diretamente a terceiros, ainda que, sem seu consentimento. De acordo com esse princípio, o interesse público, isto é, da coletividade, é mais importante que os interesses privados. Desse princípio extraímos os poderes da administração pública. Portanto, questão correta.

1019. **(Cespe)** Julgue o próximo item, a respeito dos atos administrativos.

Em decorrência do princípio da autotutela, não há limites para o poder da administração de revogar seus próprios atos segundo critérios de conveniência e oportunidade.

Gabarito: Errado.

A possibilidade de revogação de um ato, pela Administração, não é absoluta. Há, no ordenamento jurídico, alguns atos que são insuscetíveis de revogação, a saber: atos consumados, atos vinculados, atos que geram direitos adquiridos.

Improbidade Administrativa - Lei nº 8.429/1992

1020. **(Cespe)** As sanções previstas na Lei de Improbidade Administrativa possuem natureza eminentemente penal.

Gabarito: Errado.

A Lei nº 8.429/92 não se limita a estabelecer somente sanções de natureza administrativa, mas também de caráter civil e político. Sendo assim, quanto às penalidades, a Lei 8.429/1992 estabelece sanções de natureza administrativa (a perda da função pública, proibição de contratar com o Poder Público, proibição de receber do Poder Público benefícios fiscais ou creditícios), civil (ressarcimento ao erário, perda dos bens e valores acrescidos ilicitamente ao patrimônio, multa civil) e política (suspensão dos direitos políticos).

1021. **(Cespe)** Tal qual o servidor público, uma pessoa sem qualquer vínculo contratual com o poder público está sujeita às disposições da Lei de Improbidade Administrativa. Isso se verifica, por exemplo, em caso de concorrência para a prática de ato ímprobo ou de autobenefício sob qualquer forma.

Gabarito: Certo.

As penalidades previstas na lei de improbidade se aplicam, no que couber, àquele que, mesmo não sendo agente público, induza ou concorra para a prática do ato de improbidade ou dele se beneficie sob qualquer forma, direta ou indiretamente.

1022. **(Cespe)** Preveem-se dois tipos de atos de improbidade administrativa: os próprios, realizados pelo próprio agente público contra a administração; e os impróprios, oriundos da participação de terceiros que concorram com o agente público, materialmente ou por indução, e que também obtenham benesses dessa improbidade.

Gabarito: Certo.

São sujeitos ativos do ato de improbidade administrativa não apenas aqueles que exercem, ainda que transitoriamente ou sem remuneração, mandato, cargo, emprego ou função na administração direta e indireta, mas, também, os terceiros que, mesmo não se qualificando como agentes públicos, concorram para a prática do ato de improbidade ou dele se beneficiem direta ou indiretamente.

1023. **(Cespe)** Considerando a interpretação conferida pelo Supremo Tribunal Federal ao conceito de agentes públicos, todos os agentes políticos estão sujeitos às disposições da Lei de Improbidade Administrativa.

Gabarito: Errado.

De acordo com o STF, os agentes políticos cujos atos puderem configurar crimes de responsabilidade não se submetem ao regime da Lei de Improbidade Administrativa. O STF procurou aqui evitar o bis in idem ou a dupla imputação. Prevalecendo a Lei de Crimes de Responsabilidade, nº 1.079/1950, sobre a Lei de Improbidade Administrativa.

1024. **(Cespe)** O simples atraso na entrega das contas públicas, sem que exista intenção manifesta, não configura ato de improbidade que atenta contra os princípios da administração pública.

Gabarito: Certo.

Conforme posicionamento firmado do STJ, a ausência de prestação de contas, quando ocorre de forma dolosa, acarreta violação ao Princípio da Publicidade. No entanto, o simples atraso na entrega das contas, sem que exista dolo na espécie, não configura ato de improbidade.

1025. **(Cespe)** As sanções decorrentes de prática de atos de improbidade administrativa podem ser aplicadas aos agentes públicos e aos particulares.

Gabarito: Certo.

A assertiva traz exatamente o que prevê a legislação vigente:

Lei 8.429/92, Art. 1°. *Os atos de improbidade praticados por qualquer agente público, servidor ou não, contra a administração direta, indireta ou fundacional de qualquer dos Poderes da União, dos Estados, do Distrito Federal, dos Municípios, de Território, de empresa incorporada ao patrimônio público ou de entidade para cuja criação ou custeio o erário haja concorrido ou concorra com mais de cinquenta por cento do patrimônio ou da receita anual, serão punidos na forma desta lei. Art. 2°. Reputa-se agente público, para os efeitos desta lei, todo aquele que exerce, ainda que transitoriamente ou sem remuneração, por eleição, nomeação, designação, contratação ou qualquer outra forma de investidura ou vínculo, mandato, cargo, emprego ou função nas entidades mencionadas no artigo anterior. Art. 3º. As disposições desta lei são aplicáveis, no que couber, àquele que, mesmo não sendo agente público, induza ou concorra para a prática do ato de improbidade ou dele se beneficie sob qualquer forma direta ou indireta.*

1026. **(Cespe)** As cominações da lei de improbidade administrativa alcançam os sucessores daquele que causar lesão ao patrimônio público ou se enriquecer ilicitamente.

Gabarito: Certo.

A obrigação de reparar dano causado por servidor público ao erário estende-se aos sucessores, e contra eles será executada, até o limite do valor da herança recebida.

1027. **(Cespe)** Em caso de comprovação de irregularidades referentes a parcelas já pagas e enriquecimento ilícito de agentes públicos e terceiros, o presidente do TCE deverá requerer diretamente ao Poder Judiciário a indisponibilidade de bens dos envolvidos para assegurar o integral ressarcimento do dano.

Gabarito: Errado.

O erro da questão está em afirmar que a autoridade administrativa poderá requerer diretamente ao Poder Judiciário a indisponibilidade dos bens. Sendo assim, para que tal ato ocorra, é necessário que a autoridade represente ao Ministério Público. Segue abaixo texto legal para melhor compreensão:

Lei nº 8.429/92, Art. 7°. *Quando o ato de improbidade causar lesão ao patrimônio público ou ensejar enriquecimento ilícito, caberá a autoridade administrativa responsável pelo inquérito representar ao Ministério Público, para a indisponibilidade dos bens do indiciado.*

1028. **(Cespe)** A condenação por improbidade administrativa em caso de ilicitude em concurso público inclui o ressarcimento integral do dano causado pelo cancelamento do certame.

Gabarito: Certo.

A questão trata de mera interpretação do texto legal.

Lei 8.429/92:

Art. 5°. Ocorrendo lesão ao patrimônio público por ação ou omissão, dolosa ou culposa, do agente ou de terceiro, dar-se-á o integral ressarcimento do dano.

Art. 11. Constitui ato de improbidade administrativa que atenta contra os princípios da administração pública qualquer ação ou omissão que viole os deveres de honestidade, imparcialidade, legalidade, e lealdade às instituições, e notadamente V. Frustrar a licitude de concurso público.

1029. **(Cespe)** Situação hipotética: Determinado servidor público, técnico de informática, com o desejo de se destacar entre os demais colegas de setor, criou um novo software para a proteção de dados de concurso público. No entanto, como ele não detinha todos os conhecimentos necessários para a realização de tal empreitada, ocorreu vazamento de informações de provas por falha no funcionamento do referido software. Assertiva: Nessa situação, a ação do servidor configurou ato de improbidade administrativa porque frustrou a licitude de concurso público.

Gabarito: Errado.

Segundo entendimento firmado do STF, para a caracterização dos atos de improbidade administrativa previstos no Art. 11, da Lei 8.429/92, é necessário que o agente ímprobo tenha agido ao menos com dolo genérico, prescindindo a análise de qualquer elemento específico para sua tipificação.

1030. **(Cespe)** O enquadramento de ato como atentatório à probidade administrativa parte de uma concepção restrita da legalidade, o que resultou em enumeração taxativa de condutas no texto legal.

Gabarito: Errado.

O erro da questão está em afirmar que o rol é taxativo, uma vez que o mesmo é exemplificativo. Sendo assim, em razão do caráter meramente exemplificativo do rol de condutas que caracterizam os atos de improbidade administrativa, poderá ser cometido ato de improbidade ainda que a infração praticada pelo agente público não esteja descrita na Lei de Improbidade Administrativa.

1031. **(Cespe)** O servidor deve atualizar sua declaração de bens anualmente, bem como na data em que deixar o cargo.

Gabarito: Certo.

Segundo a Lei 8.429, Art.13, § 2º. *A declaração de bens será anualmente atualizada e na data em que o agente público deixar o exercício do mandato, cargo, emprego ou função.*

1032. **(Cespe)** O estagiário de órgão público não pode ser sujeito ativo de ato de improbidade administrativa, em virtude do vínculo precário e transitório que mantém com a administração pública.

Gabarito: Errado.

Ainda que transitoriamente, remunerado ou não, o estagiário está sujeito à responsabilização pela improbidade administrativa. O objetivo da Lei Improbidade Administrativa, segundo o STJ, não é apenas punir, mas também afastar do serviço público aqueles que praticam atos incompatíveis com a função pública.

1033. **(Cespe)** Servidor público federal que adquirir bem cujo valor mostre-se desproporcional à sua renda praticará ato que importa enriquecimento ilícito.

Gabarito: Certo.

A questão trata de mera interpretação legal.

Art. 9º. Constitui ato de improbidade administrativa importando enriquecimento ilícito auferir qualquer tipo de vantagem patrimonial indevida em razão do exercício de cargo, mandato, função, emprego ou atividade nas entidades mencionadas no Art. 1º desta lei, e notadamente:

VII. Adquirir, para si ou para outrem, no exercício de mandato, cargo, emprego ou função pública, bens de qualquer natureza cujo valor seja desproporcional à evolução do patrimônio ou à renda do agente público.

1034. **(Cespe)** Se estiver em tramitação ação de improbidade contra servidor público pela prática de ato de improbidade administrativa, haverá que se aguardar o trânsito em julgado de referida ação para que seja editado ato de demissão oriundo de procedimento administrativo disciplinar.

Gabarito: Errado.

Nesse caso não há necessidade de se aguardar o trânsito em julgado da referida ação, uma vez que as esferas penal e administrativa são independentes. *Art. 12. Independentemente das sanções penais, civis e administrativas previstas na legislação específica, está o responsável pelo ato de improbidade sujeito às seguintes cominações, que podem ser aplicadas isolada ou cumulativamente, de acordo com a gravidade do fato.*

1035. **(Cespe)** Segundo entendimento jurisprudencial já pacificado no âmbito do STJ, eventual prescrição das sanções decorrentes dos atos de improbidade administrativa não impede o prosseguimento de ação judicial visando ao ressarcimento dos danos causados ao erário, tendo em vista a imprescritibilidade de referida ação.

Gabarito: Certo.

De acordo com § 5º, do Art. 37, da CF, as ações de ressarcimento decorrentes de ato de improbidade administrativa são IMPRESCRITÍVEIS.

§ 5º. A lei estabelecerá os prazos de prescrição para ilícitos praticados por qualquer agente, servidor ou não, que causem prejuízos ao erário, ressalvadas as respectivas ações de ressarcimento.

1036. **(Cespe)** É inadmissível, na aplicação da Lei nº 8.429/1992, a responsabilização objetiva do agente público por ato de improbidade administrativa, exceto em relação aos atos de improbidade que causem lesão ao erário.

Gabarito: Errado.

Conforme a jurisprudência consolidada do STJ, é inadmissível a responsabilidade objetiva na aplicação da Lei 8.429/1992, exigindo-se a presença de dolo nos casos dos Arts. 9 e 11 (que coíbem o enriquecimento ilícito e o atentado aos princípios administrativos, respectivamente) e ao menos de culpa nos termos do Art. 10, que censura os atos de improbidade por dano ao Erário.

1037. **(Cespe)** À luz da jurisprudência do STJ, em nome do princípio constitucional da vedação do anonimato, será nulo o processo administrativo disciplinar instaurado com fundamento em denúncia anônima.

Gabarito: Errado.

A denúncia anônima é apta a deflagrar processo administrativo disciplinar, não havendo, portanto, qualquer ilegalidade na instauração deste com fundamento naquela, tendo em vista o poder-dever de autotutela imposto à Administração e, por conseguinte, o dever da autoridade de apurar a veracidade dos fatos que lhe são comunicados.

1038. **(Cespe)** No procedimento administrativo de apuração de ato de improbidade, a autoridade pública poderá impor medida cautelar de indisponibilidade de bens do acusado, comunicando-a imediatamente o Ministério Público.

Gabarito: Errado.

De acordo com a Lei 8.429/92, em seu Art. 7°: *Quando o ato de improbidade causar lesão ao patrimônio público ou ensejar enriquecimento ilícito, caberá a autoridade administrativa responsável pelo inquérito representar ao Ministério Público, para a indisponibilidade dos bens do indiciado.*

1039. **(Cespe)** A Lei de Improbidade Administrativa aplica-se aos agentes públicos e a todos aqueles que, mesmo transitoriamente ou sem remuneração, exerçam funções em entidade pública, não se aplicando a terceiros sem relação com a administração e que se beneficiem de forma indireta da prática do ato de improbidade administrativa.

Gabarito: Errado.

Conforme previsto na Lei 8.429/92, em seu Art. 3°: *As disposições desta lei são aplicáveis, no que couber, àquele que, mesmo não sendo agente público, induza ou concorra para a prática do ato de improbidade ou dele se beneficie sob qualquer forma direta ou indireta.*

1040. **(Cespe)** O agente público condenado por improbidade administrativa está sujeito às penas de perda da função pública, ressarcimento integral do dano, suspensão dos direitos políticos, multa e prisão, conforme previsão expressa na Lei de Improbidade Administrativa.

Gabarito: Errado.

Essa previsão encontra-se respaldada na CF, Art. 37, § 4º: *Os atos de improbidade administrativa importarão a suspensão dos direitos políticos, a perda da função pública, a indisponibilidade dos*

bens e o ressarcimento ao erário, na forma e gradação previstas em lei, sem prejuízo da ação penal cabível.

1041. **(Cespe)** Ações ou omissões que violem os deveres de honestidade, imparcialidade, legalidade e lealdade às instituições constituem atos de improbidade administrativa, na forma de violação de princípios da administração.

Gabarito: Certo.

De acordo com o Art. 11: *Constitui ato de improbidade administrativa que atenta contra os princípios da administração pública qualquer ação ou omissão que viole os deveres de honestidade, imparcialidade, legalidade, e lealdade às instituições.*

1042. **(Cespe)** Se alguém que causou lesão ao patrimônio público vier a falecer, seu sucessor ficará sujeito às cominações da Lei de Improbidade Administrativa até o limite do valor da herança.

Gabarito: Certo.

Questão trata de mera interpretação legal, conforme previsto na Lei 8.429/92, Art. 8º: *O sucessor daquele que causar lesão ao patrimônio público ou se enriquecer ilicitamente está sujeito às cominações desta lei até o limite do valor da herança.*

1043. **(Cespe)** Caso seja iniciada ação judicial por improbidade, o juiz deverá extinguir o processo com julgamento de mérito se verificar a inadequação da ação em qualquer fase do processo.

Gabarito: Errado.

De acordo com a previsão da Lei 8.429, Art. 17º, § 11: *Em qualquer fase do processo, reconhecida a inadequação da ação de improbidade, o juiz extinguirá o processo sem julgamento do mérito.*

1044. **(Cespe)** O juiz que determinar o afastamento de agente público do exercício do cargo, emprego ou função poderá ordenar a suspensão da remuneração recebida por esse agente na tentativa de evitar maior prejuízo aos cofres públicos.

Gabarito: Errado.

Conforme previsto na Lei 8.429/92, Art. 20º, Parágrafo único: *A autoridade judicial ou administrativa competente poderá determinar o afastamento do agente público do exercício do cargo, emprego ou função, sem prejuízo da remuneração, quando a medida se fizer necessária à instrução processual.*

1045. **(Cespe)** O agente público que se recusar a apresentar declaração dos seus bens dentro do prazo determinado deverá ser punido com suspensão, sem prejuízo de outras sanções cabíveis.

Gabarito: Errado.

Nesse caso ocorre a pena de demissão e não de suspensão como afirma a questão. Lei 8.429/92, Art. 13º, § 3º: *Será punido com a pena de demissão, a bem do serviço público, sem prejuízo de outras sanções cabíveis, o agente público que se recusar a prestar declaração dos bens, dentro do prazo determinado, ou que a prestar falsa.*

1046. **(Cespe)** Considera-se ato de improbidade que causa prejuízo ao erário o recebimento de vantagem econômica para promover a intermediação da liberação de verba pública de qualquer natureza.

Gabarito: Errado.

O erro da questão está em dizer que é prejuízo ao erário, quando na verdade é enriquecimento ilícito.

Lei 8.429/92, Art. 9°: *Constitui ato de improbidade administrativa importando enriquecimento ilícito;*

IX - perceber vantagem econômica para intermediar a liberação ou aplicação de verba pública de qualquer natureza.

1047. **(Cespe)** A pretensão de se aplicar sanção ao agente por ato de improbidade administrativa é imprescritível.

Gabarito: Errado.

Questão errada, pois o que é imprescritível é o ressarcimento. Conforme o Art. 37, § 5º: *a lei estabelecerá os prazos de prescrição para ilícitos praticados por qualquer agente, servidor ou não, que causem prejuízos ao erário, ressalvadas as respectivas ações de ressarcimento.*

1048. **(Cespe)** Servidor público que possibilita o uso de patrimônio público sem as formalidades necessárias, ainda que, com esse ato, não tenha obtido ganho pessoal nem causado dano ao erário, não comete improbidade administrativa.

Gabarito: Errado.

De acordo com o Art. 10, II, da Lei 8.429, constitui ato de improbidade administrativa que causa lesão ao erário qualquer ação ou omissão, dolosa ou culposa, que enseje perda patrimonial, desvio, apropriação, malbaratamento ou dilapidação dos bens ou haveres das entidades referidas no Art. 1º desta lei, e notadamente: *II. Permitir ou concorrer para que pessoa física ou jurídica privada utilize bens, rendas, verbas ou valores integrantes do acervo patrimonial das entidades mencionadas no Art. 1º desta lei, sem a observância das formalidades legais ou regulamentares aplicáveis à espécie;*

1049. **(Cespe)** O pagamento de despesa sem prévio empenho caracteriza ato de improbidade administrativa, da mesma forma que o pagamento de despesa antes da sua liquidação.

Gabarito: Certo.

De acordo com o Art. 10, da Lei 8.429, constitui ato de improbidade administrativa que causa lesão ao erário qualquer ação ou omissão, dolosa ou culposa, que enseje perda patrimonial, desvio, apropriação, malbaratamento ou dilapidação dos bens ou haveres das entidades referidas no Art. 1º desta lei, e notadamente: *VI. Realizar operação financeira sem observância das normas legais e regulamentares ou aceitar garantia insuficiente ou inidônea; IX. Ordenar ou permitir a realização de despesas não autorizadas em lei ou regulamento.*

1050. **(Cespe)** Suponha que determinado servidor público federal tenha permitido, de forma culposa, a realização de despesas não autorizadas em lei. Nessa hipótese, embora tenha sido cometido ato de improbidade administrativa que causou prejuízo ao erário, nos termos da lei, não se exige o ressarcimento integral do dano, haja vista a inexistência de dolo na conduta do servidor.

Gabarito: Errado.

No caso de prejuízo ao erário tanto faz se o ato foi praticado com dolo ou culpa. Segue texto legal. O Art. 5° traz que ocorrendo lesão ao patrimônio público por ação ou omissão, dolosa ou culposa, do agente ou de terceiro, dar-se-á o integral ressarcimento do dano.

1051. **(Cespe)** Embora possa corresponder a crime definido em lei, o ato de improbidade administrativa, em si, não constitui crime.

Gabarito: Certo.

O ato de Improbidade Administrativa não constitui crime. Caracteriza-se como um ilícito de natureza civil e política.

1052. **(Cespe)** Os herdeiros daquele que causar lesão ao patrimônio público estarão sujeitos às cominações legais até o limite do valor da herança.

Gabarito: Certo.

Caso o servidor público tenha causado danos ao poder público, a obrigação de reparar tais danos estende-se aos seus sucessores e contra eles será executada, até o limite do valor da herança recebida.

1053. **(Cespe)** Entre as sanções para a prática de ato de improbidade administrativa previstas na Lei nº 8.429/1992 inclui-se a suspensão dos direitos políticos, que não se encontra expressamente prevista na CF.

Gabarito: Errado.

A suspensão dos direitos políticos encontra-se expressamente no texto constitucional, conforme pode ser observado abaixo:

Art. 37, § 4º CF. *Os atos de improbidade administrativa importarão a suspensão dos direitos políticos, a perda da função pública, a indisponibilidade dos bens e o ressarcimento ao erário, na forma e gradação previstas em lei, sem prejuízo da ação penal cabível.*

1054. **(Cespe)** Conforme a referida lei, são espécies de atos de improbidade administrativa aqueles que atentam contra o decoro parlamentar e contra a dignidade da justiça.

Gabarito: Errado.

O erro da questão é afirmar que o decoro parlamentar é uma espécie de ato de improbidade administrativa, quando na verdade esse é uma espécie de crime de responsabilidade.

1055. **(Cespe)** A ação de improbidade administrativa pode ser proposta contra o particular que se beneficiou do ato ímprobo, ainda que o agente público que praticou o ato não esteja no polo passivo da demanda.

Gabarito: Errado.

De acordo com o posicionamento do STJ, não é possível o ajuizamento de ação de improbidade administrativa exclusivamente em face de particular, sem a concomitante presença de agente público no polo passivo da demanda.

1056. **(Cespe)** Nas ações de improbidade administrativa, é admissível a utilização da prova emprestada, colhida na persecução penal, desde que assegurados o contraditório e a ampla defesa.

Gabarito: Certo.

Conforme entendimento consolidado do STF é admitida a utilização no processo administrativo de "prova emprestada" do inquérito policial ou do processo penal, desde que autorizada pelo juízo criminal e respeitados o contraditório e a ampla defesa.

1057. **(Cespe)** O juiz processante da ação de improbidade administrativa não pode determinar a quebra dos sigilos bancário e fiscal do réu, haja vista essa ação ser de natureza cível, e não penal.

Gabarito: Errado.

Segundo a Lei 8.429/92, o juiz poderá determinar a quebra dos sigilos bancários e fiscal do réu.

Art. 16. Havendo fundados indícios de responsabilidade, a comissão representará ao Ministério Público ou à procuradoria do órgão para que requeira ao juízo competente a decretação do sequestro dos bens do agente ou terceiro que tenha enriquecido ilicitamente ou causado dano ao patrimônio público.

§ 2°. Quando for o caso, o pedido incluirá a investigação, o exame e o bloqueio de bens, contas bancárias e aplicações financeiras mantidas pelo indiciado no exterior, nos termos da lei e dos tratados internacionais.

1058. **(Cespe)** A penalidade de demissão, em razão da prática de ato de improbidade administrativa, somente pode ser aplicada em caso de condenação judicial.

Gabarito: Errado.

É possível a demissão de servidor por improbidade administrativa por meio de PAD, independentemente de ação judicial, caso existam elementos comprobatórios da prática de ato de improbidade.

1059. **(Cespe)** A ausência da notificação do réu para a apresentação de defesa preliminar é causa de nulidade absoluta.

Gabarito: Errado.

De acordo com o entendimento do STJ, em ação civil pública na qual se apuram atos de improbidade administrativa, a ausência da notificação do réu para a defesa prévia, prevista no Art. 17, § 7º, da Lei nº 8.429/1992, só acarreta nulidade processual se houver comprovado prejuízo.

1060. **(Cespe)** Maria praticou ato de improbidade administrativa em 5/3/2010, por violar os princípios da administração pública, sem ter causado dano ao erário, enquanto ainda ocupava exclusivamente cargo em comissão na administração direta da União. Depois da notícia do fato pela imprensa, em 6/3/2015, Maria foi exonerada do cargo em comissão e do serviço público. Com referência a essa situação hipotética, julgue o item com base na Lei nº 8.429/1992 (Lei de Improbidade Administrativa).

Antes do recebimento da ação de improbidade, o juiz competente deverá notificar Maria para apresentar defesa prévia, no prazo de quinze dias, e poderá rejeitar liminarmente a ação, se estiver convencido da inexistência da improbidade, da improcedência da ação ou da inadequação da via eleita.

Gabarito: Certo.

A questão trata de mera interpretação legal, conforme previsto no Art. 17, §§ 7º e 8º da Lei 8.429/92:

Art. 17. A ação principal, que terá o rito ordinário, será proposta pelo Ministério Público ou pela pessoa jurídica interessada, dentro de trinta dias da efetivação da medida cautelar.

§ 7º. Estando a inicial em devida forma, o juiz mandará autuá-la e ordenará a notificação do requerido, para oferecer manifestação por escrito, que poderá ser instruída com documentos e justificações, dentro do prazo de quinze dias.

§ 8º. Recebida a manifestação, o juiz, no prazo de trinta dias, em decisão fundamentada, rejeitará a ação, se convencido da inexistência do ato de improbidade, da improcedência da ação ou da inadequação da via eleita.

1061. **(Cespe)** O particular tem legitimidade para, isoladamente, figurar como réu em ação de improbidade administrativa, independentemente de ter havido concurso com agente público.

Gabarito: Errado.

De acordo com o posicionamento firmado do STJ, não é possível o ajuizamento de ação de improbidade administrativa exclusivamente em face de particular, sem a concomitante presença de agente público no polo passivo da demanda.

1062. **(Cespe)** Em sede de ação judicial de improbidade administrativa, se a defesa prévia ofertada pelo réu tiver o condão de colocar em dúvida a ocorrência ou não da ilicitude, o processo deverá ser extinto, em observância ao princípio in dubio pro reo.

Gabarito: Errado.

Conforme entendimento jurisprudencial, nos termos do Art. 17, § 8º, da Lei 8.429/1992, a presença de indícios de cometimento de atos previstos na referida lei autoriza o recebimento da petição inicial da Ação de Improbidade Administrativa, devendo prevalecer na fase inicial o princípio do in dubio pro societate.

1063. **(Cespe)** Para que se configure o ato de improbidade, é indispensável a comprovação de prejuízo ao erário.

Gabarito: Errado.

De acordo com a Lei 8.429/92, Art. 21. *A aplicação das sanções previstas nesta lei independe: I. Da efetiva ocorrência de dano ao patrimônio público, salvo quanto à pena de ressarcimento.*

1064. **(Cespe)** Em ação de improbidade administrativa, a indisponibilidade cautelar de bens alcança verbas de natureza salarial aplicadas em poupança.

Gabarito: Errado.

Segundo entendimento consolidado do STJ, as verbas salariais, por serem absolutamente impenhoráveis, não podem ser objeto da medida de indisponibilidade na Ação de Improbidade Administrativa, pois, sendo impenhoráveis, não poderão assegurar uma futura execução.

1065. **(Cespe)** O reconhecimento da prescrição da ação de improbidade administrativa representa impedimento do ressarcimento de danos causados ao erário.

Gabarito: Errado.

De acordo com a Lei 8.429/92:

Art. 23. As ações destinadas a levar a efeitos as sanções previstas nesta lei podem ser propostas:

I. Até cinco anos após o término do exercício de mandato, de cargo em comissão ou de função de confiança;

II. Dentro do prazo prescricional previsto em lei específica para faltas disciplinares puníveis com demissão a bem do serviço público, nos casos de exercício de cargo efetivo ou emprego.

III. Até cinco anos da data da apresentação à administração pública da prestação de contas final pelas entidades referidas no parágrafo único do Art. 1º desta Lei.

1066. **(Cespe)** O termo inicial da prescrição de ato de improbidade administrativa de agente político reeleito será o do término do primeiro mandato.

Gabarito: Errado.

Em caso de reeleição do agente político para mandato sucessivo, o prazo prescricional para o ajuizamento da ação de improbidade administrativa, previsto no Art. 23, I, da Lei 8.429/92, tem como termo inicial o primeiro dia após o término do exercício do segundo mandato, porquanto há uma continuidade da gestão administrativa, que, de fato, só cessou com o término do segundo mandato sucessivo, ao fim do qual o agente político não mais poderia exercer influência na apuração dos fatos.

1067. **(Cespe)** O estagiário de órgão público, independentemente do recebimento de remuneração, está sujeito à responsabilização por ato de improbidade administrativa.

Gabarito: Certo.

De acordo com o STJ, o estagiário que atua no serviço público, ainda que transitoriamente, remunerado ou não, está sujeito a responsabilização por ato de improbidade administrativa. Isso porque o conceito de agente público para fins de improbidade abrange não apenas os servidores públicos, mas todo aquele que exerce, ainda que transitoriamente ou sem remuneração, por eleição, nomeação, designação, contratação ou qualquer outra forma de investidura ou vínculo, mandato, cargo, emprego ou função na Administração Pública. Além disso, é possível aplicar a lei de improbidade mesmo para quem não é agente público, mas induza ou concorra para a prática do ato de improbidade ou dele se beneficie sob qualquer forma, direta ou indireta.

1068. **(Cespe)** O dolo é exigível para se demonstrar a improbidade administrativa que importar enriquecimento ilícito do agente público, prejuízo ao erário e violação aos princípios da administração pública.

Gabarito: Errado.

O dolo somente será exigível nos casos de enriquecimento ilícito e que atentam contra os princípios da Administração, uma vez que em atos que causam prejuízo ao erário admite-se a responsabilização tanto por conduta dolosa como por conduta culposa.

1069. **(Cespe)** Um funcionário da prefeitura de determinado município, encarregado de supervisionar as obras de reforma de um posto de saúde municipal, determinou que os empregados que trabalhavam na obra construíssem uma piscina em um sítio de sua propriedade. Na construção dessa piscina, foram utilizadas máquinas, veículos e equipamentos da prefeitura, os quais, todavia, foram devolvidos sem qualquer tipo de dano. O caso foi objeto de apuração pelo TCE. Encerrada a tomada de contas, o tribunal concluiu pela inexistência de provas de dano aos cofres públicos, mas apontou haver provas de que o fato teria gerado um acréscimo patrimonial indevido em proveito do servidor. Segundo a Lei de Improbidade Administrativa, no caso hipotético narrado, considerando haver provas suficientes para a caracterização da prática de ato de improbidade, a conduta do servidor seria passível de aplicação da(s) penalidade(s) de perda dos bens ou valores acrescidos ilicitamente ao patrimônio; perda da função pública; suspensão dos direitos políticos de oito a dez anos; pagamento de multa civil de até três vezes o valor do acréscimo patrimonial; e proibição de contratar com o poder público ou receber benefícios ou incentivos fiscais ou creditícios pelo prazo de dez anos.

Gabarito: Certo.

A questão traz expressamente o texto legal da Lei 8.429.

Art. 12. Independentemente das sanções penais, civis e administrativas previstas na legislação específica, está o responsável pelo ato de improbidade sujeito às seguintes cominações, que podem ser aplicadas isolada ou cumulativamente, de acordo com a gravidade do fato:

I. Na hipótese do Art. 9º, perda dos bens ou valores acrescidos ilicitamente ao patrimônio, ressarcimento integral do dano, quando houver, perda da função pública, suspensão dos direitos políticos de oito a dez anos, pagamento de multa civil de até três vezes o valor do acréscimo patrimonial e proibição de contratar com o Poder Público ou receber benefícios ou incentivos fiscais ou creditícios, direta ou indiretamente, ainda que por intermédio de pessoa jurídica da qual seja sócio majoritário, pelo prazo de dez anos.

1070. **(Cespe)** O conceito de improbidade administrativa é mais restrito que o conceito de moralidade administrativa.

Gabarito: Certo.

O princípio da moralidade expresso no Art. 37 da CF/88 obedece aos preceitos legais objetivos que estão pautados em todo o ordenamento jurídico, ou seja, não pode ser levado como um fator de mérito (conveniência e oportunidade) do administrador público, pois representa um verdadeiro critério de legalidade. O princípio é amplo e deve ser conjugado com os demais princípios da constituição federal.

Por outro lado, a noção de improbidade administrativa é mais restrita no sentido que proporciona ao poder público a identificação de atos desonestos (ilegais) que firam a moralidade administrativa. Resumindo: moralidade é um princípio (mais amplo) e probidade (mais restrito) é um dever de todo administrador público.

1071. **(Cespe)** Considera-se agente público, para os efeitos da Lei de Improbidade Administrativa, todo aquele que exerce, ainda que transitoriamente ou sem remuneração, por eleição, nomeação, designação, contratação ou qualquer outra forma de investidura ou vínculo, mandato, cargo, emprego ou função nas entidades que recebam subvenção, benefício ou incentivo, fiscal ou creditício, de órgão público.

Gabarito: Certo.

É o que prevê o Art. 2º da Lei 8.429/92. Além disso, essa lei foi feita para o agente público, mas o particular pode responder em concurso. Segue o teor do Art. 3º: *As disposições desta lei são aplicáveis, no que couber, àquele que, mesmo não sendo agente público, induza ou concorra para a prática do ato de improbidade ou dele se beneficie sob qualquer forma direta ou indireta.*

1072. **(Cespe)** O alcance subjetivo da chamada Lei de Improbidade estende-se além do tradicional conceito de agentes públicos.

Gabarito: Certo.

A lei tem um alcance amplo na medida em que prevê que todo aquele que exerce, ainda que transitoriamente ou sem remuneração, qualquer outra forma de investidura ou vínculo. Nesta passagem, a lei torna possível a punição com um alcance subjetivo. Essa previsão se encontra no Art. 3º da Lei de Improbidade.

1073. **(Cespe)** Os empregados públicos, regidos pelas normas trabalhistas, não se submetem aos preceitos contidos na Lei de Improbidade Administrativa, por não serem agentes políticos nem constarem expressamente no rol de sujeitos ativos, previstos taxativamente na norma de regência.

Gabarito: Errado.

A grande massa de agentes públicos que trabalham nas Empresas Públicas e Sociedades de Economia Mista são considerados empregados públicos, regidos pela Consolidação das Leis do Trabalho (CLT) e inseridos obrigatoriamente por meio de concurso público (com exceção dos dirigentes que são inseridos por meio de cargos em comissão de livre nomeação e livre exoneração).

O Art. 3º traz expressamente a previsão dos empregados públicos, que são espécies do gênero "agentes administrativos", uma das previsões dos chamados "Agentes Públicos".

1074. **(Cespe)** Podem ser sujeitos ativos do ato de improbidade administrativa o agente público e terceiro que induza ou concorra para a prática do ato de improbidade ou dele se beneficie sob qualquer forma direta ou indireta.

Gabarito: Certo.

O particular pode participar, mas "sempre" em concurso com o agente público, jamais isoladamente, salvo se estiver ligado por qualquer outra forma de investidura ou vínculo, como, por exemplo, o controlador de uma empresa que fraudar um processo licitatório, ou seja, a empresa é provada, mas recebe de qualquer forma dinheiro público. É nesse ponto que falamos do chamado vínculo, ou seja, no caso de licitação o vínculo é o contrato administrativo.

1075. **(Cespe)** Caso o sócio-gerente de uma sociedade empresarial induza um servidor público a fraudar processo de licitação com vistas a favorecer essa sociedade empresarial, tal atitude fará que esse dirigente seja responsabilizado pela Lei de Improbidade Administrativa, mesmo não sendo servidor público.

Gabarito: Certo.

O sócio-gerente responde porque está ligado – segundo o Art. 2º da Lei – por um vínculo com a Administração Pública. No caso exposto, é o contrato Administrativo.

1076. **(Cespe)** O Ministério da Saúde firmou convênio com uma instituição privada, com fins lucrativos, que atua na área de saúde pública municipal. O objeto desse convênio era a instalação de uma UTI neonatal no hospital por ela administrado. Conforme esse convênio, a referida instituição teria o encargo de, utilizando-se de subvenções da União, instalar a UTI neonatal e disponibilizar, para a comunidade local hipossuficiente, pelo menos 50% dos leitos dessa nova UTI. No entanto, essa instituição acabou por utilizar parte desses recursos públicos na reforma de outras áreas do hospital e na aquisição de equipamentos médico-hospitalares de baixíssima qualidade. Maria, que ali foi atendida, viu sua filha recém-nascida falecer nesse hospital. Apurou-se, por meio de perícia, que a morte da recém nascida ocorreu por falha técnica na instalação e devido à baixa qualidade dos equipamentos ali instalados. Em face dessa constatação e visando evitar novas mortes, o município suspendeu provisoriamente o alvará de funcionamento da referida UTI, notificando-se o hospital para ciência e eventual impugnação no prazo legal.

Não houve, no caso em tela, ato de improbidade, já que os dirigentes de instituição privada não respondem por ato de improbidade, de que trata a Lei nº 8.429/1992.

Gabarito: Errado.

A previsão legal está no Art. 1º, parágrafo único, da Lei 8.429/92: *Estão também sujeitos às penalidades desta lei os atos de improbidade praticados contra o patrimônio de entidade que receba subvenção, benefício ou incentivo, fiscal ou creditício, de órgão público bem como daquelas para cuja criação ou custeio o erário haja concorrido ou concorra com menos de cinquenta por cento do patrimônio ou da receita anual, limitando-se, nestes casos, a sanção patrimonial à repercussão do ilícito sobre a contribuição dos cofres públicos.*

Para completar, o Art. 3º prevê que "qualquer vínculo" do sujeito com a administração já acarreta a responsabilidade por improbidade, ou seja, no caso em tela o responsável pela instituição privada está ligado por um contrato com a administração.

1077. **(Cespe)** Os particulares que eventualmente colaboram com o poder público, como os mesários e os jurados, não são considerados agentes públicos.

Gabarito: Errado.

Os mesários ou jurados são espécies de agentes públicos denominados "agentes honoríficos". Trabalham sem retribuição pecuniária por um critério de honra, não possuem cargos ou emprego, tampouco são regidos por contrato ou pela Consolidação das Leis do Trabalho (CLT). Não são agentes públicos, "estão" momentaneamente sendo considerados assim por desempenharem uma função pública.

Reparem que os agentes honoríficos não possuem cargos ou empregos, mas, enquanto estiverem desempenhando suas funções, possuem "função pública".

1078. **(Cespe)** Segundo o Supremo Tribunal Federal (STF), os deputados federais, os senadores e o presidente da República, na qualidade de agentes políticos, não se submetem às regras da lei em apreço, em razão de se sujeitarem a regime especial de responsabilização.

Gabarito: Errado.

Esse entendimento é o mais recente no que tange ao Supremo Tribunal Federal (STF). Vale destacar que essa questão (de 2010) foi dada como correta. Contudo, devemos considerá-la errada por causa de alterações após o ano de 2010.

Assim, podemos afirmar que nenhum agente público está imune à aplicação da Lei nº 8.429/92. Os atos de improbidade administrativa não se confundem com os impropriamente denominados "crimes de responsabilidade", pois que aqueles c*onfiguram ilícitos de natureza cível, enquanto estes são infrações sui generis.*

Dessa maneira é possível que, pelo mesmo fato, responda o agente político por ato de improbidade administrativa e por crime de responsabilidade, não havendo que se falar em dupla punição.

Seguindo o mesmo entendimento, o Superior Tribunal de Justiça (STJ), na figura do ministro Teori Zavascki, relator da reclamação, decidiu que "excetuada a hipótese de atos de improbidade praticados pelo presidente da República, em que o julgamento se dá em regime especial pelo Senado Federal, não há norma constitucional alguma que imunize os agentes políticos, sujeitos a crime de responsabilidade, de qualquer das sanções por ato de improbidade".

1079. **(Cespe)** Enquanto as empresas públicas podem ser sujeitos passivos da improbidade administrativa, as sociedades de economia mista não podem, em razão do regime de direito privado a que estão submetidas.

Gabarito: Errado.

Ambas são consideradas como Administração Pública Indireta e estão protegidas como sujeito passivo da Lei de Improbidade no Art. 1º.

1080. **(Cespe)** Somente a ação praticada com dolo pelo agente público e com comprovada lesão ao patrimônio público é passível de responsabilização pelo integral ressarcimento do dano.

Gabarito: Errado.

Tanto com dolo, como com culpa, por ação ou omissão, há possibilidade de punição segundo a Lei 8.429/92. E o Art. 21 prevê que: *A aplicação das sanções previstas nesta lei independe: I. Da efetiva ocorrência de dano ao patrimônio público, salvo quanto à pena de ressarcimento; II. Da aprovação ou rejeição das contas pelo órgão de controle interno ou pelo Tribunal ou Conselho de Contas.*

1081. **(Cespe)** Por não ser admitida pela Constituição Federal de 1988 (CF) que nenhuma pena passará da pessoa do condenado, não é possível a responsabilização do sucessor daquele que causar lesão ao patrimônio ou se enriquecer ilicitamente, ainda que seja até o limite do valor da herança.

Gabarito: Errado.

A Lei de Improbidade expressamente prevê no seu Art. 8º que: *O sucessor daquele que causar lesão ao patrimônio público ou se enriquecer ilicitamente está sujeito às cominações desta lei até o limite do valor da herança.*

1082. **(Cespe)** O STJ fixou entendimento no sentido de que a contratação de agentes públicos sem a realização de concurso público enseja violação ao princípio da moralidade. Isso não quer dizer, contudo, que os responsáveis pela contratação devam ser condenados a ressarcir o erário, pois essa condenação depende da demonstração do enriquecimento ilícito e do prejuízo para a administração.

Gabarito: Certo.

Esse foi o entendimento de 2011 do Superior Tribunal de Justiça (STJ). No mesmo julgado, determinou (segundo o Ministro Teori Zavascki) que os agentes políticos respondem pelos crimes de responsabilidade e, por improbidade, sem contudo haver que se falar em *bis in idem*.

1083. **(Cespe)** Os atos de improbidade administrativa estão taxativamente previstos em lei, não sendo possível compreender que sua enumeração seja meramente exemplificativa.

Gabarito: Errado.

O rol previsto nos Arts. 9º, 10 e 11 é meramente exemplificativo, podendo ser enquadrado na lei aquele que ferir os princípios da Administração Pública e agir com dolo (específico ou genérico dependendo da situação), culpa, por ação ou por omissão.

1084. **(Cespe)** João, servidor público efetivo, ocupa o cargo de presidente da comissão de licitações de um órgão público. No curso de determinado certame, João recebeu, da empresa X, que era uma das empresas licitantes, um pacote de viagem para o exterior com todas as despesas pagas e direito a acompanhante. Ao final do processo, a empresa X sagrou-se vencedora em razão da desclassificação das demais concorrentes, embora o preço dos serviços oferecidos pela empresa X fosse o mais alto. João respondeu a processo administrativo disciplinar, no qual lhe foi assegurada ampla defesa, restando demonstrado, ao final, que o servidor violou os deveres de honestidade, imparcialidade, legalidade e lealdade às instituições. O ordenamento jurídico brasileiro não tem instrumentos legais para punir condutas antiéticas.

Gabarito: Errado.

A conduta do autor se amolda ao Art. 9º, inciso I – *receber, para si ou para outrem, dinheiro, bem móvel ou imóvel, ou qualquer outra vantagem econômica, direta ou indireta, a título de comissão, percentagem, gratificação ou presente de quem tenha interesse, direto ou indireto, que possa ser atingido ou amparado por ação ou omissão decorrente das atribuições do agente público*; e também no Art. 10, VIII. Frustrar *a licitude de processo licitatório ou dispensá-lo indevidamente.*

O primeiro caso constitui enriquecimento ilícito e no segundo prejuízo ao erário.

1085. **(Cespe)** A posse e o exercício de agente público em seu cargo ficam condicionados à apresentação de declaração de bens e valores que componham seu patrimônio, a fim de ser arquivada no setor de pessoal do órgão.

Gabarito: Certo.

É o que trata o Capítulo IV da Lei de Improbidade. Clássica questão de texto de lei.

1086. **(Cespe)** Será punido com a pena de advertência, sem prejuízo de outras sanções cabíveis, o agente público que se recusar a prestar declaração dos bens dentro do prazo determinado.

Gabarito: Errado.

A pena é de demissão. Segundo o Art. 13, § 3º: *Será punido com a pena de demissão, a bem do serviço público, sem prejuízo de outras sanções cabíveis, o agente público que se recusar a prestar declaração dos bens, dentro do prazo determinado, ou que a prestar falsa.*

1087. **(Cespe)** As atividades que podem vir a ser consideradas como atentatórias à probidade administrativa estão divididas em três grupos, quais sejam, as que importam em enriquecimento ilícito, as que causam prejuízo ao erário e as que violam os princípios da honestidade, imparcialidade, legalidade e lealdade às instituições públicas.

Gabarito: Certo.

São as modalidade de improbidade administrativa previstas nos Arts. 9º, 10 e 11 da Lei 8.429/92.

1088. **(Cespe)** Perceber vantagem econômica para intermediar a liberação ou aplicação de verba pública de qualquer natureza constitui ato de improbidade administrativa que causa prejuízo ao erário.

Gabarito: Errado.

O ato de perceber vantagem indevida configura ato de enriquecimento ilícito e não de prejuízo ao erário.

1089. **(Cespe)** A aquisição, para si ou para outrem, no exercício de função pública, de bens cujo valor seja desproporcional à evolução do patrimônio ou à renda do agente público configura ato de improbidade administrativa na modalidade dos que importam em enriquecimento ilícito.

Gabarito: Certo.

Previsão legal no Art. 9º, VII, que trata dos atos de improbidade por enriquecimento ilícito.

1090. **(Cespe)** Não constitui ato de improbidade administrativa, considerado pela Lei nº 8.429/1992 como atentatório aos princípios da Administração Pública, praticar ato administrativo que dispense ou declare a inexigibilidade de processo licitatório.

Gabarito: Certo.

A dispensa de licitação e a inexigibilidade estão previstas nos Arts. 24 e 25 da Lei 8.666/93 e, se executadas segundo a lei, não configuram improbidade administrativa.

1091. **(Cespe)** Caso o empregado de uma sociedade de economia mista perceba vantagem econômica para intermediar a liberação ou aplicação de verba pública de qualquer natureza, estará ele praticando um ato de improbidade administrativa e, se condenado judicialmente, o sujeitará à perda dos bens ou valores acrescidos ilicitamente ao seu patrimônio, entre outras penalidades.

Gabarito: Certo.

O ato de perceber vantagem econômica configura ato de improbidade administrativa, que importa enriquecimento ilícito; assim, o autor está sujeito às penalidades da lei, segundo o Art. 12, inciso I – *na hipótese do Art. 9º, perda dos bens ou valores acrescidos ilicitamente ao patrimônio, ressarcimento integral do dano, quando houver, perda da função pública, suspensão dos direitos políticos de oito a dez anos, pagamento de multa civil de até três vezes o valor do acréscimo patrimonial e proibição de contratar com o Poder Público ou receber benefícios ou incentivos fiscais ou creditícios, direta ou indiretamente, ainda que por intermédio de pessoa jurídica da qual seja sócio majoritário, pelo prazo de dez anos.*

1092. **(Cespe)** Considere que um servidor público requisite, seguidamente, para proveito pessoal, os serviços de funcionários de uma empresa terceirizada de serviços de limpeza, contratada pelo órgão em que o servidor exerce função de chefia. Nessa situação, esse fato é caracterizado como ato de improbidade administrativa que importa enriquecimento ilícito.

Gabarito: Certo.

É fácil fazer a diferença das modalidades. Qualquer ato em que o agente ganhe proveito pessoal (pode ser recebendo ou deixando de pagar) e fica mais "rico" responderá por enriquecimento ilícito. Qualquer ato que der prejuízo ao erário, sem aferição direta de vantagem pessoal, configura ato que cause prejuízo ao erário (Art. 10 da Lei) e qualquer ato que não configura as figuras acima, mas fere os princípios da Administração (mais precisamente o princípio da moralidade), irá configura o Art. 11 da Lei 8.429/92.

1093. **(Cespe)** Deixar de prestar contas quando se está obrigado a fazê-lo constitui ato de improbidade administrativa que causa prejuízo ao erário.

Gabarito: Errado.

Essa conduta configura o Art. 11, VI: *atos que atentem contra os princípios da Administração Pública.*

1094. **(Cespe)** Frustrar a licitude de concurso público constitui ato de improbidade administrativa que atenta contra os princípios da Administração Pública.

Gabarito: Certo.

Essa conduta configura o Art. 11, V: *atos que atentem contra os princípios da Administração Pública.*

1095. **(Cespe)** A dispensa indevida de processo licitatório por agente público, além de causar prejuízo ao erário, constitui ato de improbidade administrativa que importa no enriquecimento ilícito daquele que o pratica.

Gabarito: Certo.

Previsão expressa nos Arts. 9º e 10 da Lei de Improbidade. Além disso, se a dispensa for feita de acordo com a Lei de Licitação, não há que se falar em improbidade.

1096. **(Cespe)** João, servidor público efetivo, ocupa o cargo de presidente da comissão de licitações de um órgão público. No curso de determinado certame, João recebeu, da empresa X, que era uma das empresas licitantes, um pacote de viagem para o exterior com todas as despesas pagas e direito a acompanhante. Ao final do processo, a empresa X sagrou-se vencedora em razão da desclassificação das demais concorrentes, embora o preço dos serviços oferecidos pela empresa X fosse o mais alto. João respondeu a processo administrativo disciplinar, no qual lhe foi assegurada ampla defesa, restando demonstrado, ao final, que o servidor violou os deveres de honestidade, imparcialidade, legalidade e lealdade às instituições. A situação hipotética apresentada configura improbidade administrativa.

Gabarito: Certo.

Esse é um exemplo de ato que gera improbidade administrativa por enriquecimento ilícito, previsto no Art. 9º da Lei 8.429/92: ***Constitui ato de improbidade administrativa importando enriquecimento ilícito auferir qualquer tipo de vantagem patrimonial indevida em razão do exercício de cargo, mandato, função, emprego ou atividade nas entidades mencionadas no Art. 1º desta lei, e notadamente: I - receber, para si ou para outrem, dinheiro, bem móvel ou imóvel, ou qualquer outra vantagem econômica, direta ou indireta, a título de comissão, percentagem, gratificação ou presente de quem tenha interesse, direto ou indireto, que possa ser atingido ou amparado por ação ou omissão decorrente das atribuições do agente público.***

1097. **(Cespe)** Enquadra-se como ato de improbidade aquele que importa ou ameaça implicar prejuízo ou desfalque material ao patrimônio público, mas não aquele que afeta a credibilidade ou a honra objetiva das entidades públicas.

Gabarito: Errado.

O Art. 11 da Lei 8.429/92 prevê a modalidade de atos de Improbidade Administrativa que atentam contra os princípios da Administração Pública. Constitui ato de improbidade administrativa todo aquele que atente contra os princípios da Administração Pública qualquer ação ou omissão que viole os deveres de honestidade, imparcialidade, legalidade, e lealdade às instituições. Dessa forma, afetando a credibilidade ou a honra objetiva das entidades públicas, estará configurada a improbidade administrativa.

1098. **(Cespe)** O dirigente de uma empresa pública municipal realizou contratação de produtos de informática sem o cumprimento prévio de licitação. Para a dispensa de licitação, alegou-se que os bens precisavam ser adquiridos com urgência. Os serviços foram corretamente prestados e não restou demonstrado superfaturamento de preços. Após a execução do contrato, descobriu-se que o fornecedor dos produtos de informática havia presenteado o referido dirigente com uma TV de LCD e um notebook. Diante desses fatos, o MP estadual ajuizou ação de improbidade administrativa contra o dirigente. Acerca dessa situação hipotética, julgue:

A situação descrita configura ato de improbidade administrativa, que importa em enriquecimento ilícito.

Gabarito: Certo.

Essa modalidade está presente no inciso I do Art. 9º da Lei de Improbidade com a seguinte redação: *receber, para si ou para outrem, dinheiro, bem móvel ou imóvel, ou qualquer outra vantagem econômica, direta ou indireta, a título de comissão, percentagem, gratificação ou presente de quem tenha interesse, direto ou indireto, que possa ser atingido ou amparado por ação ou omissão decorrente das atribuições do agente público.*

1099. **(Cespe)** Negar publicidade aos atos oficiais constitui ato de improbidade administrativa que causa lesão ao erário.

Gabarito: Errado.

Essa conduta configura o Art. 11, IV – atos que atentem contra os princípios da Administração Pública.

1100. **(Cespe)** João, servidor público da União, exercia função de gestão dos contratos administrativos celebrado com fornecedores de bens e serviços do TRT, de cujo quadro funcional era integrante. O TCU, movido por denúncia anônima, promoveu a fiscalização sobre a legalidade e a economicidade dos contratos celebrados com o TRT e apurou que João era sócio de uma das empresas contratadas para prestação de serviços, muito embora não exercesse a sua administração ou gerência. Após regular tramitação do processo administrativo disciplinar, ao servidor foi aplicada a sanção de demissão pelo fato de ser sócio de uma empresa privada, o que, segundo afirmação constante do relatório conclusivo do processo, era vedado pelo Estatuto dos Servidores Públicos Civis da União. Irresignado, o servidor demitido conseguiu anular a decisão demissional e foi reintegrado aos quadros funcionais da União.

Tempos depois, o superior hierárquico de João abriu novo procedimento administrativo com o objetivo de declarar a nulidade da reintegração por não ter ocorrido a posse do servidor quando de seu retorno ao cargo. De acordo com as informações contidas no texto acima e com base no regime jurídico dos servidores públicos civis da União e nas regras a respeito do controle da Administração Pública, constitui ato de improbidade administrativa a contratação de empresa privada da qual um dos sócios seja, ao mesmo tempo, gestor de contratos do órgão ou ente da Administração Pública que celebrou o contrato, ainda que o respectivo contrato não cause lesão ao erário.

Gabarito: Certo.

Qualquer vinculação de agente público com a empresa contratada por meio de licitação constitui ato de improbidade administrativa. Aqui estamos falando diretamente do princípio da moralidade administrativa, ou seja, não houve lesão patrimonial ao erário, mas ocorreu a quebra do dever de probidade (honestidade) por parte do agente público.

1101. **(Cespe)** De acordo com a CF, os atos de improbidade administrativa, entre outras consequências, importaram a cassação dos direitos políticos.

Gabarito: Errado.

Os atos de improbidade poderão gerar a suspensão dos direitos políticos, nunca a cassação.

1102. **(Cespe)** Um ato de improbidade administrativa corresponde, necessariamente, a um ilícito penal que acarreta indisponibilidade dos bens do agente que o praticou.

Gabarito: **Errado.**

Os atos de improbidade administrativa podem ou não corresponder a um ilícito penal. Suas sanções são independentes, mas podem cumular-se se o fato gerador ofender a ambas as esferas.

1103. **(Cespe)** Caso reste configurada a prática de ato de improbidade administrativa, o responsável estará sujeito a suspensão dos direitos políticos, a multa e a perda da função pública, penas que poderão ser aplicadas cumulativamente.

Gabarito: **Certo.**

Independentemente das sanções penais, civis e administrativas previstas na legislação específica, está o responsável pelo ato de improbidade sujeito às cominações das penas de suspensão dos direitos políticos, à multa e à perda da função pública, que podem ser aplicadas isolada ou cumulativamente, de acordo com a gravidade do fato.

1104. **(Cespe)** Os atos de improbidade administrativa importarão: a suspensão dos direitos políticos, a perda da função pública, a indisponibilidade dos bens e o ressarcimento ao erário.

Gabarito: **Certo.**

Esse é o teor da base constitucional acerca da improbidade administrativa prevista no Art. 37, § 4º - *Os atos de improbidade administrativa importarão a suspensão dos direitos políticos, a perda da função pública, a indisponibilidade dos bens e o ressarcimento ao erário, na forma e gradação previstas em lei, sem prejuízo da ação penal cabível.*

1105. **(Cespe)** Praticado ato de improbidade administrativa que importe enriquecimento ilícito, o responsável estará sujeito às seguintes cominações: perda dos bens ou valores acrescidos ilicitamente ao patrimônio; ressarcimento integral do dano, quando houver; perda da função pública; suspensão dos direitos políticos por período de oito a dez anos; pagamento de multa civil de até três vezes o valor do acréscimo patrimonial; e proibição de contratar com o poder público ou receber benefícios ou incentivos fiscais ou creditícios, direta ou indiretamente, ainda que por intermédio de pessoa jurídica da qual seja sócio majoritário, pelo prazo de dez anos.

Gabarito: **Certo.**

São as seguintes as penalidades previstas no Art. 12 da Lei 8.429/92: Em caso de enriquecimento ilícito: *Na hipótese do Art. 9º, perda dos bens ou valores acrescidos ilicitamente ao patrimônio, ressarcimento integral do dano, quando houver, perda da função pública, suspensão dos direitos políticos de oito a dez anos, pagamento de multa civil de até três vezes o valor do acréscimo patrimonial e proibição de contratar com o Poder Público ou receber benefícios ou incentivos fiscais ou creditícios, direta ou indiretamente, ainda que por intermédio de pessoa jurídica da qual seja sócio majoritário, pelo prazo de dez anos.*

Em caso de prejuízo ao erário: *Na hipótese do Art. 10, ressarcimento integral do dano, perda dos bens ou valores acrescidos ilicitamente ao patrimônio, se concorrer esta circunstância, perda da função pública, suspensão dos direitos políticos de cinco a oito anos, pagamento de multa civil de até duas vezes o valor do dano e proibição de contratar com o Poder Público ou receber benefícios ou incentivos fiscais ou creditícios, direta ou indiretamente, ainda que por intermédio de pessoa jurídica da qual seja sócio majoritário, pelo prazo de cinco anos.*

Em caso de atos que atentem contra os princípios da Administração Pública: *Na hipótese do Art. 11, ressarcimento integral do dano, se houver, perda da função pública, suspensão dos direitos políticos de três a cinco anos, pagamento de multa civil de até cem vezes o valor da remuneração percebida pelo agente e proibição de contratar com o Poder Público ou receber benefícios ou incentivos fiscais ou creditícios, direta ou indiretamente, ainda que por intermédio de pessoa jurídica da qual seja sócio majoritário, pelo prazo de três anos.*

1106. **(Cespe)** As sanções penais, civis e administrativas previstas em lei podem ser aplicadas aos responsáveis pelos atos de improbidade, de forma isolada ou cumulativa, de acordo com a gravidade do fato.

Gabarito: Certo.

As sanções são independentes de acordo com o fato em si. O importante é saber se o fato gerador ofende a uma ou mais esferas. Por exemplo: um policial que comete crime de corrupção passiva está passível de sanção penal por crime contra Administração Pública (esfera penal), demissão de acordo com a Lei 8.112/90 (esfera administrativa) e passível de condenação pelo Art. 9º da Lei 8.429/92 (improbidade). Assim, o fato gerador incide em todas as esferas e nesse caso é cumulativos, desde que cada punição ocorra em seu instituto legal.

1107. **(Cespe)** Tratando-se da prática de atos de improbidade administrativa que importem enriquecimento ilícito, a proibição de o infrator contratar com o poder público ou receber benefícios ou incentivos fiscais ou creditícios, direta ou indiretamente, ainda que por intermédio de pessoa jurídica da qual seja sócio majoritário, limita-se ao prazo de cinco anos.

Gabarito: Errado.

O prazo da proibição de contratar com o Poder Público ou receber benefícios ou incentivos fiscais é pelo prazo de dez anos. Essa regra está pautada no Art. 12, II, da Lei 8.429/92.

1108. **(Cespe)** Frustrar a licitude de processo licitatório ou dispensá-lo indevidamente constitui ato de improbidade administrativa e, por consequência, impõe a aplicação da lei de improbidade e a sujeição do responsável unicamente às sanções nela previstas.

Gabarito: Errado.

Frustrar a ilicitude de processo licitatório gera ato de improbidade administrativa, que causa prejuízo ao erário previsto no Art. 10, VII. Além disso, irá gerar responsabilidades administrativas (segundo a Lei 8.112/90, se o servidor público for federal) e as devidas responsabilidades penais.

1109. **(Cespe)** Rui, servidor público federal do Tribunal Superior Eleitoral (TSE), revelou a um amigo deputado federal informações sigilosas que detinha em razão das atribuições que desempenhava no tribunal. Dessa forma, Rui poderá ser apenado com a suspensão dos direitos políticos pelo prazo de oito a dez anos.

Gabarito: Errado.

Quem revelar fato ou circunstância de que tem ciência em razão das atribuições e que deva permanecer em segredo, responde por ato de improbidade administrativa que atenta contra os princípios da Administração Pública e, segundo o Art. 12 da Lei 8.429/92, deverá ter suspenso seus direitos políticos pelo prazo de três a cinco anos.

1110. **(Cespe)** Retardar ou deixar de praticar, indevidamente, ato de ofício não configura ato de improbidade, mas mera infração administrativa cuja sanção será de advertência ou suspensão.

Gabarito: Errado.

Retardar ou deixar de praticar – indevidamente – ato de ofício configura ato de improbidade administrativa que atenta contra os princípios da Administração Pública, o que está previsto no Art. 11 da Lei 8.429/92.

1111. **(Cespe)** A perda da função pública e a suspensão dos direitos políticos, para os que foram condenados por ato de improbidade, somente se podem efetivar após o trânsito em julgado da decisão.

Gabarito: Certo.

A previsão está no Art. 20 da Lei 8.429/92, ou seja, a perda da função pública e a suspensão dos direitos políticos só se efetivam com o trânsito em julgado da sentença condenatória.

1112. **(Cespe)** Um servidor público da prefeitura de determinada cidade do interior dispensou procedimento licitatório, fora das hipóteses legais, para a contratação de empresa prestadora de serviço de limpeza e conservação. Em decorrência desse fato, o MP ajuizou ação de improbidade administrativa contra o servidor, imputando-lhe conduta prevista no Art. 10, inciso VIII, da Lei nº 8.429/1993. Esse Art. expressa diretamente que constitui ato de improbidade administrativa que causa lesão ao erário qualquer ação ou omissão, dolosa ou culposa, que enseje perda patrimonial, desvio, apropriação, malbaratamento ou dilapidação dos bens ou haveres das entidades referidas no Art. 1.º da Lei de Improbidade, e, notadamente, frustração da licitude de processo licitatório ou sua dispensa indevida. Considerando a situação hipotética descrita no texto, nos termos da Lei de Improbidade, caso esse servidor seja condenado, a pena a ser imposta a ele é a de aposentadoria compulsória com vencimentos proporcionais.

Gabarito: Errado.

A pena imposta está prevista no Art. 12 da Lei 8.429/92 que ensejará o ressarcimento integral do dano, perda dos bens ou valores acrescidos ilicitamente ao patrimônio, se concorrer esta circunstância, perda da função pública, suspensão dos direitos políticos de cinco a oito anos, pagamento de multa civil de até duas vezes o valor do dano e proibição de contratar com o Poder Público ou receber benefícios ou incentivos fiscais ou creditícios, direta ou indiretamente, ainda que por intermédio de pessoa jurídica da qual seja sócio majoritário, pelo prazo de cinco anos.

1113. **(Cespe)** Qualquer pessoa, independentemente de identificação, poderá representar à autoridade administrativa competente para que seja instaurada investigação destinada a apurar a prática de ato de improbidade.

Gabarito: Errado.

Segundo o Art. 14, § 1º, a representação deve ser escrita ou reduzida a termo e assinada. Deverá conter a qualificação do representante, as informações sobre o fato e sua autoria e a indicação das provas de que tenha conhecimento.

1114. **(Cespe)** Qualquer pessoa poderá representar à autoridade administrativa competente para que seja instaurada investigação destinada a apurar a prática de ato de improbidade, sem prejuízo de representar também ao Ministério Público.

Gabarito: Certo.

Tanto a pessoa jurídica interessada – à qual o agente infrator está ligado – quanto o Ministério Público podem propor a ação de improbidade administrativa. Assim, segundo o Art. 14 da Lei 8.429/92, qualquer pessoa poderá representar tanto a pessoa jurídica interessada quanto o MP.

1115. **(Cespe)** Eventual ação de improbidade contra agente público somente poderá ser ajuizada pelo MP.

Gabarito: Errado.

A pessoa jurídica interessada também possui a legitimidade para a propositura da ação. Contudo, o Ministério Público deve obrigatoriamente atuar como fiscal da lei.

1116. **(Cespe)** Caso o MP fique inerte diante dos atos de improbidade praticados por agente público, a Defensoria poderá atuar supletivamente, ajuizando ação de improbidade administrativa.

Gabarito: Errado.

Somente o Ministério Público ou a pessoa jurídica interessada são competentes para o ajuizamento da ação de improbidade administrativa, ou seja, somente esses dois possuem a chamada legitimidade ativa para propositura da ação.

1117. **(Cespe)** A autoridade judicial ou administrativa competente poderá determinar o afastamento do agente público do exercício do cargo, emprego ou função, sem prejuízo da remuneração, quando a medida se fizer necessária à instrução processual.

Gabarito: Certo.

O Art. 20, parágrafo único, assim prevê: *A autoridade judicial ou administrativa competente poderá determinar o afastamento do agente público do exercício do cargo, emprego ou função, sem prejuízo da remuneração, quando a medida se fizer necessária à instrução processual.*

1118. **(Cespe)** Ajuizada ação de improbidade contra agente público, não caberá recurso contra a decisão que receber a inicial.

Gabarito: Errado.

Segundo o § 10 da Lei 8.429/92, da decisão que receber a petição inicial caberá agravo de instrumento.

1119. **(Cespe)** O prazo para propositura de ação de improbidade contra ocupante de cargo comissionado prescreverá em cinco anos, contados da data de sua posse no cargo.

Gabarito: Errado.

A prescrição no caso de cargo em comissão ou de função de confiança se dará em até cinco anos após o término do exercício do mandato.

1120. **(Cespe)** Apenas o Ministério Público possui legitimidade para representar, contra ato de improbidade administrativa, à autoridade administrativa competente. Assim, a representação somente poderá ser apresentada de forma escrita, devendo conter a qualificação do representante, as informações sobre o fato e sua autoria e a indicação das provas de que tenha conhecimento, sob pena de ser rejeitada.

Gabarito: **Errado.**

Tanto o Ministério Público quanto a pessoa jurídica interessada possuem a legitimidade para representar contra o ato de improbidade administrativa. Temos que nos atentar para o fato de que quando a pessoa jurídica representar, obrigatoriamente deverá o Ministério Público ser acionado para funcionar como fiscal da lei, sob pena de nulidade do processo.

1121. **(Cespe)** Aquele que viola os deveres de legalidade e quem retarda ou deixa de praticar, indevidamente, ato de ofício pratica ato de improbidade administrativa que causa prejuízo ao erário.

Gabarito: **Errado.**

Segundo o Art. 11, *constitui ato de improbidade administrativa que atenta contra os princípios da Administração Pública qualquer ação ou omissão que viole os deveres de honestidade, imparcialidade, legalidade, e lealdade às instituições, e notadamente: II - retardar ou deixar de praticar, indevidamente, ato de ofício. Dessa forma, o ato mencionado na questão gera improbidade administrativa na modalidade atos que atentem contra os princípios da Administração Pública e não atos que causem prejuízo ao erário.*

1122. **(Cespe)** Morrendo o servidor que tiver causado lesão ao patrimônio público, restará extinto qualquer tipo de punição a ele determinada em decorrência do ato de improbidade praticado.

Gabarito: **Errado.**

De acordo com o Art. 8º: *O sucessor daquele que causar lesão ao patrimônio público ou enriquecer ilicitamente – em caso de morte do causador do ato de improbidade - está sujeito às cominações desta lei até o limite do valor da herança.*

1123. **(Cespe)** Um terceiro que pratique, juntamente com um agente público, ato do qual decorra prejuízo ao erário não estará sujeito às sanções previstas na Lei de Improbidade Administrativa.

Gabarito: **Errado.**

A Lei de Improbidade se aplica também àquele que, mesmo não sendo agente público, induza ou concorra para a prática do ato de improbidade ou dele se beneficie sob qualquer forma direta ou indireta.

1124. **(Cespe)** Se condenado por improbidade administrativa, o servidor público que, para beneficiar um amigo, tiver deixado de praticar, indevidamente, ato de ofício deverá realizar o ressarcimento integral do dano causado e perderá sua função pública, sendo vedada a suspensão de seus direitos políticos.

Gabarito: **Errado.**

O servidor que deixar de praticar ato de ofício comete ato de improbidade, que atenta contra os princípios da Administração Pública, ficando sujeito ao ressarcimento integral do dano, se houver, perda da função pública, suspensão dos direitos políticos de três a cinco anos, pagamento de multa civil de até cem vezes o valor da remuneração percebida pelo agente e proibição de contratar com o Poder Público ou receber benefícios ou incentivos fiscais ou creditícios, direta ou indiretamente, ainda que por intermédio de pessoa jurídica da qual seja sócio majoritário, pelo prazo de três anos.

1125. **(Cespe)** De acordo com a legislação, para que determinado ato seja caracterizado como ato de improbidade administrativa, é necessário ter havido lesão ao erário, em virtude de ação ou omissão, desde que na modalidade culposa.

Gabarito: Errado.

Não é necessario ocorrer lesão ao erário, como no caso dos atos que atentem contra os princípios da Administração Pública, previstos no Art. 11 da Lei 8.429/92. Além disso, pode ocorrer ato de improbidade na modalidade dolosa e culposa e não somente culposa como afirma o texto da questão.

1126. **(Cespe)** No sistema adotado pela referida lei, são sujeitos ativos do ato de improbidade os agentes públicos, assim como aqueles que, não se qualificando como tais, induzem ou concorrem para a prática do ato de improbidade ou dele se beneficiam direta ou indiretamente.

Gabarito: Certo.

Essa é a previsão do Art. 12 da Lei 8.429/92, que trata dos atos de improbidade administrativa. Assim prevê a lei: *Independentemente das sanções penais, civis e administrativas previstas na legislação específica, está o responsável pelo ato de improbidade sujeito às seguintes cominações, que podem ser aplicadas isolada ou cumulativamente, de acordo com a gravidade do fato: I - na hipótese do Art. 9º, perda dos bens ou valores acrescidos ilicitamente ao patrimônio, ressarcimento integral do dano, quando houver, perda da função pública, suspensão dos direitos políticos de oito a dez anos, pagamento de multa civil de até três vezes o valor do acréscimo patrimonial e proibição de contratar com o Poder Público ou receber benefícios ou incentivos fiscais ou creditícios, direta ou indiretamente, ainda que por intermédio de pessoa jurídica da qual seja sócio majoritário, pelo prazo de dez anos.*

1127. **(Cespe)** O agente público deverá ressarcir integralmente o dano causado ao patrimônio público somente se restar comprovado que sua ação ou omissão foi dolosa.

Gabarito: Errado.

Segundo o Art. 5º: *ocorrendo lesão ao patrimônio público por ação ou omissão, dolosa ou culposa, do agente ou de terceiro, dar-se-á o integral ressarcimento do dano.*

1128. **(Cespe)** Caso morra um agente público que tenha cometido ato ilícito previsto na referida lei, a punição a que ele tiver sido submetido será extinta, não acarretando, portanto, nenhum ônus aos seus sucessores.

Gabarito: Errado.

Segundo o Art. 8º: *O sucessor daquele que causar lesão ao patrimônio público ou se enriquecer ilicitamente está sujeito às cominações desta lei até o limite do valor da herança.*

1129. **(Cespe)** Frustrar a licitude de concurso público configura ato de improbidade administrativa que atenta contra os princípios da Administração Pública.

Gabarito: Certo.

Essa é a previsão legal do Art. 11: *Constitui ato de improbidade administrativa que atenta contra os princípios da Administração Pública qualquer ação ou omissão que viole os deveres de honestidade, imparcialidade, legalidade, e lealdade às instituições, e notadamente: V. Frustrar a licitude de concurso público.*

1130. **(Cespe)** Se um agente público tiver percebido vantagem econômica para intermediar liberação de verba pública de qualquer natureza, ele terá praticado ato de improbidade administrativa que importará enriquecimento ilícito e, por essa razão, estará sujeito exclusivamente às sanções impostas na Lei de Improbidade Administrativa.

Gabarito: Errado.

A ação de quem percebe (recebe) vantagem econômica indevida gera – além da responsabilidade por improbidade administrativa – a responsabilidade na esfera administrativa, civil e penal que, de acordo com o caso concreto, podem ser cumuladas.

1131. **(Cespe)** Retardar ou deixar de praticar, indevidamente, ato de ofício configura ato de improbidade administrativa cuja configuração prescinde da presença de elemento doloso.

Gabarito: Errado.

Retardar ou deixar de praticar indevidamente ato de oficio configura ato de improbidade administrativa que atente contra os princípios da Administração Pública e requer o elemento subjetivo da vontade de efetuar esse ato dolosamente.

1132. **(Cespe)** É necessária a comprovação de enriquecimento ilícito ou da efetiva ocorrência de dano ao patrimônio público para a tipificação de ato de improbidade administrativa que atente contra os princípios da Administração Pública.

Gabarito: Errado.

O Art. 21 da Lei de Improbidade prevê o seguinte: *A aplicação das sanções previstas nesta lei independe: I. Da efetiva ocorrência de dano ao patrimônio público, salvo quanto à pena de ressarcimento.*

1133. **(Cespe)** Em caso de ato de improbidade, o ressarcimento do poder público só será cabível se o ato causar prejuízo ao erário ou ao patrimônio público.

Gabarito: Certo.

Os atos que atentem contra os princípios da Administração Pública e que não gerarem efetivo prejuízo ao erário ou ao patrimônio público não estão passíveis de ressarcimento ao poder público.

1134. **(Cespe)** Se o suposto autor do ato alegar que não tinha conhecimento prévio da ilicitude, o ato de improbidade restará afastado, por ser o desconhecimento da norma motivo para afastá-lo.

Gabarito: Errado.

Ninguém pode alegar sua própria ignorância acerca da lei para se eximir da responsabilidade legal. Essa é a previsão do Art. 3º da Lei de Introdução do Código Civil Brasileiro. Ninguém se escusa de cumprir a lei, alegando que não a conhece.

1135. **(Cespe)** Durante a instrução processual, o agente público poderá ser afastado do seu cargo mediante determinação de autoridade administrativa competente.

Gabarito: Certo.

Segundo o Art. 20, parágrafo único, da Lei de Improbidade Administrativa, a autoridade judicial ou administrativa competente poderá determinar o afastamento do agente público do exercício do cargo, emprego ou função, sem prejuízo da remuneração, quando a medida se fizer necessária à instrução processual.

1136. **(Cespe)** O agente público que colaborar com o retorno de recursos do erário que tenham sido enviados para o exterior terá a possibilidade de realizar um acordo ou transação com o Ministério Público, tendo em vista evitar a ação principal por improbidade administrativa.

Gabarito: Errado.

De acordo com o Art. 17, § 1º: *é vedada a transação, acordo ou conciliação nas ações principais, que possuem o rito sumário e serão propostas pelo Ministério Público ou pela pessoa jurídica interessada.*

1137. **(Cespe)** Se uma pessoa, maior e capaz, representar contra um delegado de polícia por ato de improbidade sabendo que ele é inocente, a sua conduta poderá ser considerada, conforme o disposto na Lei n.º 8.429/1992, crime, estando essa pessoa sujeita a detenção e multa.

Gabarito: Certo.

Assertiva correta de acordo com a Lei de Improbidade. *Art. 19. Constitui crime a representação por ato de improbidade contra agente público ou terceiro beneficiário, quando o autor da denúncia o sabe inocente. Pena: detenção de seis a dez meses e multa.*

1138. **(Cespe)** Em relação à improbidade administrativa,

A ação de improbidade administrativa apresenta prazo de proposição decenal, qualquer que seja a tipicidade do ilícito praticado pelo agente público.

Gabarito: Errado.

De acordo com o art. 23 da lei de Improbidade, o prazo não é de dez anos, mas de cinco e sim de cinco. Art. 23. As ações destinadas a levar a efeitos as sanções previstas nesta lei podem ser propostas: I - até cinco anos após o término do exercício de mandato, de cargo em comissão ou de função de confiança; II - dentro do prazo prescricional previsto em lei específica para faltas disciplinares puníveis com demissão a bem do serviço público, nos casos de exercício de cargo efetivo ou emprego.

1139. **(Cespe)** Se uma pessoa, maior e capaz, representar contra um delegado de polícia por ato de improbidade sabendo que ele é inocente, a sua conduta poderá ser considerada, conforme o disposto na Lei n.º 8.429/1992, ilícito administrativo, por atipicidade penal da conduta.

Gabarito: Errado.

Não é atípica a conduta do agente que representa contra agente público sabendo ser inocente. Há previsão legal na própria Lei de Improbidade. *Art. 19. Constitui crime a representação por ato de improbidade contra agente público ou terceiro beneficiário, quando o autor da denúncia o sabe inocente. Pena: detenção de seis a dez meses e multa.*

1140. **(Cespe)** Em relação à improbidade administrativa.

Se servidor público estável for condenado em ação de improbidade administrativa por uso de maquinário da administração em seu sítio particular, poderá ser-lhe aplicada pena de suspensão dos direitos políticos por período de cinco a oito anos.

Gabarito: Errado.

Usar maquinário da Administração em seu sítio particular configura Enriquecimento Ilícito – Art. 9º. Dessa forma, a pena de suspensão dos direitos políticos é de 8 a 10 anos. A questão trouxe a pena do prejuízo ao erário.

1141. **(Cespe)** Se uma pessoa, maior e capaz, representar contra um delegado de polícia por ato de improbidade sabendo que ele é inocente, a sua conduta poderá ser considerada, conforme o disposto na Lei n.º 8.429/1992, contravenção penal.

Gabarito: Errado.

De acordo com a Lei de Improbidade trata-se de crime com pena de detenção e multa. ***Art. 19. Constitui crime a representação por ato de improbidade contra agente público ou terceiro beneficiário, quando o autor da denúncia o sabe inocente. Pena: detenção de seis a dez meses e multa.***

1142. **(Cespe)** Em relação à improbidade administrativa,

O particular que praticar ato que enseje desvio de verbas públicas, sozinho ou em conluio com agente público, responderá, nos termos da Lei de Improbidade Administrativa, desde que tenha obtido alguma vantagem pessoal.

Gabarito: Errado.

O particular pode praticar ato de improbidade, ou seja, pode ser sujeito ativo ao induzir, concorrer, ser beneficiado. No entanto, nunca poderá agir sozinho, é imprescindível a presença de agente público.

1143. **(Cespe)** Em relação à improbidade administrativa,

Caso um servidor público federal estável, de forma deliberada, sem justificativa e reiterada, deixar de praticar ato de ofício, poderá ser-lhe aplicada multa civil de até cem vezes o valor da sua remuneração, conforme a gravidade do fato.

Gabarito: Certo.

Deixar de praticar ato de ofício configura atos de improbidade que atentam contra os princípios da Administração Pública. De fato, tais atos têm pena de multa civil de até cem vezes o valor da remuneração. Além da multa, há também como penalidade para esses atos a suspensão dos direitos políticos de três a cinco anos e a proibição de contratar com o Poder Público por 3 (três) anos.

1144. **(Cespe)** Em relação à improbidade administrativa,

Enriquecimento ilícito configura ato de improbidade administrativa se o autor auferir vantagem patrimonial indevida em razão do cargo, mandato, função, emprego ou atividade, mesmo que de forma culposa.

Gabarito: Errado.

Atos que gerem enriquecimento ilícito e atos que atentem contra os princípios da Administração só podem ser praticados na forma dolosa. Por outro lado, os atos que causem prejuízo ao erário podem ser praticados tanto na forma dolosa quanto culposa. É o único ato admitido na modalidade culposa.

1145. **(Cespe)** Se uma pessoa, maior e capaz, representar contra um delegado de polícia por ato de improbidade sabendo que ele é inocente, a sua conduta poderá ser considerada, conforme o disposto na Lei n.º 8.429/1992, crime, estando essa pessoa sujeita apenas a multa.

Gabarito: Errado.

De acordo com a Lei de Improbidade, a pessoa estará sujeita além da multa, à pena de detenção. Art. 19. Constitui crime a representação por ato de improbidade contra agente público ou terceiro beneficiário, quando o autor da denúncia o sabe inocente. Pena: detenção de seis a dez meses e multa.

1146. **(Cespe)** O prefeito de determinado município utilizou recursos do Fundo de Manutenção e Desenvolvimento da Educação Básica e de Valorização dos Profissionais da Educação (FUNDEB) para pagamento de professores e para a compra de medicamentos e insumos hospitalares destinados à assistência médico-odontológica das crianças em idade escolar do município.

Mauro, chefe do setor de aquisições da prefeitura, propositalmente permitia que o estoque de medicamentos e insumos hospitalares chegasse a zero para justificar situação emergencial e dispensar indevidamente a licitação, adquirindo os produtos, a preços superfaturados, da empresa Y, pertencente a sua sobrinha, que desconhecia o esquema fraudulento.

A respeito da situação hipotética apresentada e de aspectos legais e doutrinários a ela relacionados, julgue o item a seguir.

A conduta de Mauro constitui ato de improbidade administrativa.

Gabarito: Certo.

Perfeito! É óbvio que o agente comete Improbidade Administrativa. É incontestável que o agente causou um prejuízo para a Administração Pública. Portanto, Art. 10 – Atos que Causam Prejuízo ao Erário com as devidas sanções: suspensão dos direitos políticos pelo período de 5 a 8 anos; multa civil até 2 vezes o valor do dano e proibição de contratar com o poder público por 5 anos.

1147. **(Cespe)** A respeito de atos de improbidade administrativa, julgue o item que se segue de acordo com o disposto na Lei de Improbidade Administrativa.

O herdeiro do agente que causar lesão ao patrimônio público não estará sujeito às cominações da referida lei, isto é, a responsabilização encerra-se com o falecimento do acusado.

Gabarito: Errado.

O sucessor daquele que causar lesão ao patrimônio público ou se enriquecer ilicitamente estará sujeito às cominações da referida lei até o limite do valor da herança. É o que traz o Art. 8º da Lei de Improbidade. Art. 8° *O sucessor daquele que causar lesão ao patrimônio público ou se enriquecer ilicitamente está sujeito às cominações desta lei até o limite do valor da herança.*

1148. **(Cespe)** A respeito de atos de improbidade administrativa, julgue o item que se segue de acordo com o disposto na Lei de Improbidade Administrativa.

Constitui ato de improbidade administrativa perceber vantagem econômica para intermediar a liberação de verba pública de qualquer natureza.

Gabarito: Certo.

Constitui ato que configura enriquecimento ilícito, previsto no Art. 9º, IX da Lei de Improbidade. Art. 9° (...) IX - perceber vantagem econômica para intermediar a liberação ou aplicação de verba pública de qualquer natureza;

1149. **(Cespe)** A respeito de atos de improbidade administrativa, julgue o item que se segue de acordo com o disposto na Lei de Improbidade Administrativa.

A referida lei é aplicável, no que couber, ao particular que concorrer para a prática de ato ímprobo ou que dele se beneficie.

Gabarito: Certo.

O particular pode praticar ato de improbidade, ou seja, pode ser sujeito ativo ao induzir, concorrer, ser beneficiado. No entanto, nunca poderá agir sozinho, é imprescindível a presença de agente público.

1150. **(Cespe)** Ana é a servidora responsável pela aquisição de livros para as escolas de determinado município. Em uma compra, no valor de R$ 80.000,00, ela optou pelo procedimento licitatório na modalidade convite. Apesar da existência de várias empresas interessadas e aptas a fornecer os livros, foram escolhidas e convidadas apenas duas empresas previamente cadastradas para participar do certame. Ao final do procedimento, sem que tenha havido, comprovadamente, dano ao erário, dolo ou má-fé de Ana, foi contratada para o fornecimento dos livros a empresa de um sobrinho do vice-prefeito do município. O Ministério Público, ao tomar conhecimento dos fatos, ingressou com ação de improbidade contra Ana, sob o argumento de que a servidora violou princípios da administração pública.

Tendo como referência essa situação hipotética, julgue o seguinte item com fundamento na Lei n.º 8.666/1993 — Lei de Licitações e Contratos — e na Lei n.º 8.429/1992, que trata da ação de improbidade.

O Ministério Público agiu corretamente ao propor a ação de improbidade contra Ana, pois não é necessária a comprovação de dano ao erário, dolo ou má-fé na situação narrada.

Gabarito: Errado.

A assertiva nos traz que o MP ingressou com ação de improbidade contra Ana, sob o argumento de que a servidora violou princípios da administração. O que está errado, uma vez que na questão afirma que Ana não agiu com dolo. Sabe-se que, para se caracterizar a conduta do Art. 11, da Lei de Improbidade, necessita-se de dolo do agente, o que não ocorreu.

1151. **(Cespe)** Julgue o item que se segue, de acordo com o disposto na Lei de Improbidade Administrativa.

Para a configuração de ato de improbidade administrativa praticado por agente público, é necessária a comprovação do recebimento direto de vantagem indevida pelo agente.

Gabarito: Errado.

Se observarmos o Art. 3º da Lei de Improbidade perceberemos que a configuração do ato de improbidade se dará tanto com o recebimento direto quanto indireto. *Art. 3º As disposições desta lei são aplicáveis, no que couber, àquele que, mesmo não sendo agente público, induza ou concorra para a prática do ato de improbidade ou dele se beneficie sob qualquer forma direta ou indireta.*

1152. **(Cespe)** Julgue o item que se segue, de acordo com o disposto na Lei de Improbidade Administrativa.

A condição necessária para que lesão ao patrimônio público resulte na obrigação de ressarcimento integral é que o dano seja praticado por ação positiva e dolosa do agente.

Gabarito: Errado.

A questão erra ao restringir que somente ocorre lesão ao patrimônio público de forma dolosa. Pois, com base no artigo 5º da Lei de Improbidade observamos a possibilidade de ocorrer na

modalidade culposa. Art. 5º Ocorrendo lesão ao patrimônio público por ação ou omissão, dolosa ou culposa, do agente ou de terceiro, dar-se-á o integral ressarcimento do dano.

1153. **(Cespe)** Julgue o item que se segue, de acordo com o disposto na Lei de Improbidade Administrativa.

Não dar publicidade a ato oficial configura ato de improbidade administrativa.

Gabarito: Certo.

De fato, com base no art. 11 da Lei de Improbidade, constitui ato de improbidade administrativa que atenta contra os princípios da Administração Pública. Art. 11. IV - negar publicidade aos atos oficiais;

1154. **(Cespe)** Carlos, formado em medicina, foi contratado temporariamente pela União para atuar na rede de saúde do Rio de Janeiro, de modo a apoiar eventual crescimento da demanda em decorrência dos Jogos Olímpicos Rio 2016. Durante o expediente, ao atender um paciente que fazia uma consulta de rotina, não emergencial, Carlos, sem conhecimento técnico nem capacitação prévia, resolveu operar, sozinho, um aparelho de ressonância magnética, danificando-o e gerando um prejuízo de mais de um milhão de reais ao hospital. A comissão de ética, ao analisar a conduta de Carlos, concluiu que ela seria passível de punição com a penalidade de censura, mas deixou de aplicá-la por se tratar de servidor temporário.

Com referência a essa situação hipotética, julgue o seguinte item.

A conduta praticada por Carlos não constituiu ato de improbidade administrativa, por não ter havido dolo.

Gabarito: Errado.

A questão nos deixa claro que Cláudio agiu culposamente causando um prejuízo aos cofres públicos de mais de um milhão de reais. Nesse caso, constitui ato de improbidade, previsto no Art. 10 da Lei de Improbidade. *Art. 10. Constitui ato de improbidade administrativa que causa lesão ao erário qualquer ação ou omissão, dolosa ou culposa, que enseje perda patrimonial, desvio, apropriação, malbaratamento ou dilapidação dos bens ou haveres das entidades referidas no art. 1º desta lei, e notadamente:*

1155. **(Cespe)** Por ter realizado contratação direta sem suporte legal, determinado agente público é réu em ação civil pública por improbidade administrativa, sob o argumento de violação ao princípio de obrigatoriedade de licitação, tendo-lhe sido imputado ato de improbidade previsto no art. 11 da Lei de Improbidade Administrativa (violação aos princípios da administração pública).

A respeito dessa situação hipotética, julgue o item subsecutivo.

Não poderá ser aplicada a medida cautelar de indisponibilidade dos bens, dada a natureza do ato imputado ao réu — violação dos princípios administrativos.

Gabarito: Errado.

De acordo com o Art. 7º da Lei de Improbidade é cabível medida cautelar de indisponibilidade dos bens apenas em infrações nas modalidades enriquecimento ilícito ou lesão ao erário. No entanto, o STJ e a Doutrina majoritária entendem ser cabível em todas as modalidades de improbidade administrativa.

1156. **(Cespe)** Por ter realizado contratação direta sem suporte legal, determinado agente público é réu em ação civil pública por improbidade administrativa, sob o argumento de violação ao princípio de obrigatoriedade de licitação, tendo-lhe sido imputado ato de improbidade previsto no art. 11 da Lei de Improbidade Administrativa (violação aos princípios da administração pública).

A respeito dessa situação hipotética, julgue o item subsecutivo.

Para que haja condenação, deverá ser comprovado o elemento subjetivo de dolo, mas não há necessidade de que seja dolo específico, bastando para tal o dolo genérico de atentar contra os princípios da administração pública.

Gabarito: Certo.

De acordo com a jurisprudência atual do STJ, é pacífico que o ato de improbidade administrativa previsto no art. 11 da Lei 8.429/92 exiga a demonstração de dolo, o qual, contudo, não necessita ser específico, sendo suficiente o dolo genérico.

1157. **(Cespe)** Julgue o item subsequente, relativos a ação civil pública, mandado de segurança e ação de improbidade administrativa.

Caso receba provas contundentes da prática de ato de improbidade por agente público, o MP poderá requerer tutela provisória de natureza cautelar determinando o sequestro dos bens do referido agente.

Gabarito: Certo.

Questão correta e de acordo com o Art. 16 da Lei de Improbidade - *Art. 16. Havendo fundados indícios de responsabilidade, a comissão representará ao Ministério Público ou à procuradoria do órgão para que requeira ao juízo competente a decretação do sequestro dos bens do agente ou terceiro que tenha enriquecido ilicitamente ou causado dano ao patrimônio público.*

1158. **(Cespe)** Dois agentes públicos de um tribunal de justiça — um ocupante exclusivamente de cargo em comissão e o outro em cargo de caráter efetivo — foram presos em flagrante em uma operação da Polícia Federal, por terem cometido desvio de verba pública em um processo licitatório do tribunal.

Considerando essa situação hipotética, julgue o próximo item com base na Lei de Improbidade Administrativa — Lei n.º 8.429/1992.

Assim como a administração direta e indireta, os órgãos do Poder Judiciário podem ser sujeitos passivos de atos de improbidade administrativa.

Gabarito: Certo.

De acordo com o Art. 1º, observa-se que se incluem entre os sujeitos passivos dos atos de improbidade, entre outros, a Administração Direta e Indireta de qualquer dos poderes da União. *Art. 1º Os atos de improbidade praticados por qualquer agente público, servidor ou não, contra a administração direta, indireta ou fundacional de qualquer dos Poderes da União, dos Estados, do Distrito Federal, dos Municípios, de Território, de empresa incorporada ao patrimônio público ou de entidade para cuja criação ou custeio o erário haja concorrido ou concorra com mais de cinquenta por cento do patrimônio ou da receita anual, serão punidos na forma desta lei.*

1159. **(Cespe)** Dois agentes públicos de um tribunal de justiça — um ocupante exclusivamente de cargo em comissão e o outro em cargo de caráter efetivo — foram presos em flagrante em uma operação da Polícia Federal, por terem cometido desvio de verba pública em um processo licitatório do tribunal.

Considerando essa situação hipotética, julgue o próximo item com base na Lei de Improbidade Administrativa — Lei n.º 8.429/1992.

Por não possuir vínculo efetivo com a administração, o agente público ocupante exclusivamente de cargo em comissão não estará sujeito às sanções decorrentes da Lei de Improbidade Administrativa.

Gabarito: Errado.

Sabemos que há diferenças entre o cargo em comissão e o de função de confiança. Por exemplo, aquele pode ser exercido por pessoa que possua cargo efetivo ou não, ou seja, pode ser um mero particular. Enquanto que este só pode ser preenchido por pessoa que possua um cargo efetivo, ou seja, deve ser um concursado. Mesmo o particular sendo ocupante exclusivamente de cargo em comissão, este possui vínculo com a administração e estará sujeito às sanções da Lei de Improbidade Administrativa. No entanto, nunca poderá agir sozinho, é imprescindível a presença de agente público.

1160. **(Cespe)** Julgue o item a seguir, a respeito de improbidade administrativa.

De acordo com o Superior Tribunal de Justiça (STJ), o foro especial por prerrogativa de função não se estende ao processamento das ações de improbidade administrativa.

Gabarito: Certo.

O STJ (Superior Tribunal de Justiça) decidiu que autoridades processadas por improbidade administrativa não têm direito a foro privilegiado para o julgamento destas ações. Com isso, os casos devem ser analisados na primeira instância

---

1161. **(Cespe)** Dois agentes públicos de um tribunal de justiça — um ocupante exclusivamente de cargo em comissão e o outro em cargo de caráter efetivo — foram presos em flagrante em uma operação da Polícia Federal, por terem cometido desvio de verba pública em um processo licitatório do tribunal.

Considerando essa situação hipotética, julgue o próximo item com base na Lei de Improbidade Administrativa — Lei n.º 8.429/1992.

Caso o réu condenado a ressarcir o erário faleça antes do trânsito em julgado, a ação de improbidade será imediatamente extinta, haja vista o caráter personalíssimo das sanções.

Gabarito: Errado.

LEI 8.429/92 – Art.8 O sucessor daquele que causar lesão ao patrimônio público ou se enriquecer ilicitamente está sujeito às cominações desta lei até o limite do valor da herança

---

1162. **(Cespe)** Dois agentes públicos de um tribunal de justiça — um ocupante exclusivamente de cargo em comissão e o outro em cargo de caráter efetivo — foram presos em flagrante em uma operação da Polícia Federal, por terem cometido desvio de verba pública em um processo licitatório do tribunal.

Considerando essa situação hipotética, julgue o próximo item com base na Lei de Improbidade Administrativa — Lei n.º 8.429/1992.

Em razão de o desvio de verba ter causado lesão ao erário, o ato ímprobo está configurado e o agente público ocupante de cargo efetivo deverá ser condenado a ressarcir o ente público, ainda que a ação ou omissão tenha ocorrido de forma culposa.

Gabarito: Certo.

Constitui ato de improbidade administrativa que causa lesão ao erário qualquer ação ou omissão, dolosa ou culposa, que enseje perda patrimonial

---

1163. **(Cespe)** À luz da Lei de Improbidade Administrativa — Lei n.º 8.429/1992 —, acerca do enriquecimento ilícito em exercício de mandato, cargo, emprego ou função na administração pública direta, indireta ou fundacional.

Perda da função pública e suspensão dos direitos políticos constituem sanções e podem ser aplicadas imediatamente quando houver indício suficiente do ato de improbidade e da autoria.

Gabarito: Errado.

PERDA da função pública e SUSPENSÃO dos direitos políticos somente com o TRÂNSITO EM JULGADO.

1164. **(Cespe)** Julgue o item a seguir, a respeito de improbidade administrativa.

O entendimento do STF de que é prescritível a ação de reparação de danos à fazenda pública decorrente de ilícito civil não alcança prejuízos que decorram de ato de improbidade administrativa, devido ao fato de estar previsto, na CF, que são imprescritíveis as ações de ressarcimento por ilícitos que forem praticados por agentes públicos e que causem prejuízos ao erário.

Gabarito: Certo.

A ação de reparação de danos à Fazenda Pública decorrente de ilícito civil = PRESCREVE. Os prejuízos que decorram de ato de improbidade administrativa = IMPRESCRITÍVEIS.

1165. **(Cespe)** À luz da Lei de Improbidade Administrativa — Lei n.º 8.429/1992 —, acerca do enriquecimento ilícito em exercício de mandato, cargo, emprego ou função na administração pública direta, indireta ou fundacional.

A aplicação da referida lei restringe-se a servidores públicos que pratiquem atos de improbidade administrativa.

Gabarito: Errado.

Os particulares podem ser responsabilizados com base na lei de improbidade administrativa desde que atue em conjunto com um agente público o que não impede, contudo, o eventual ajuizamento de ação civil pública para obter o ressarcimento ao erário

---

1166. **(Cespe)** Acerca de improbidade administrativa, de acordo com o entendimento do Superior Tribunal de Justiça (STJ).

A tortura praticada por policial contra preso custodiado em delegacia pode configurar ato de improbidade administrativa que atenta contra os princípios da administração pública.

Gabarito: Certo.

A administração age em conformidade com a Lei e a Tortura é proibida -> Logo, fere o PRINCÍPIO DA LEGALIDADE

1167. **(Cespe)** À luz da Lei de Improbidade Administrativa — Lei n.º 8.429/1992 —, acerca do enriquecimento ilícito em exercício de mandato, cargo, emprego ou função na administração pública direta, indireta ou fundacional.

Caso ocorra o falecimento do agente causador da lesão ao patrimônio público, os seus sucessores serão responsáveis pelo ressarcimento integral ao erário, mesmo que o valor a ser ressarcido ultrapasse o valor da herança.

Gabarito: Errado.

o sucessor daquele que causar lesão ao patrimônio público ou se enriquecer ilicitamente está sujeito às cominações da LIA até o limite do valor da herança. art. 8º

1168. **(Cespe)** Acerca de improbidade administrativa, de acordo com o entendimento do Superior Tribunal de Justiça (STJ).

A contratação de servidores públicos sem concurso público, mesmo que fundada em legislação local, configura improbidade administrativa prevista na Lei de Improbidade Administrativa.

Gabarito: Errado.

A contratação de servidores públicos sem concurso público NÃO É TIPIFICADA NA L.I.A

1169. **(Cespe)** À luz da Lei de Improbidade Administrativa — Lei n.º 8.429/1992 —, acerca do enriquecimento ilícito em exercício de mandato, cargo, emprego ou função na administração pública direta, indireta ou fundacional.

Os atos de improbidade administrativa classificam-se somente em duas categorias: atos que atentam contra os princípios da administração pública; e atos que provocam prejuízo ao erário.

Gabarito: Errado.

São os três os grupos de atos de improbidade:
a) importam enriquecimento ilícito (art. 9º);
b) causam prejuízo ao erário (art. 10);
c) atentam contra os princípios da Administração Pública (art. 11)

1170. **(Cespe)** Acerca de improbidade administrativa, de acordo com o entendimento do Superior Tribunal de Justiça (STJ).

O fato de o agente ter sido condenado pela justiça eleitoral ao pagamento de multa por infringência às disposições contidas na Lei das Eleições impede sua condenação em quaisquer das sanções de improbidade administrativa, inclusive da multa civil, sob pena de bis in idem.

Gabarito: Errado.

Há três instâncias, Administrativa, civil e penal que SÃO INDEPENDENTES entre si.

1171. **(Cespe)** À luz da Lei de Improbidade Administrativa — Lei n.º 8.429/1992 —, acerca do enriquecimento ilícito em exercício de mandato, cargo, emprego ou função na administração pública direta, indireta ou fundacional.

Aquele que praticar ato de improbidade administrativa que importe enriquecimento ilícito não poderá receber qualquer incentivo fiscal ou creditício, o que se estende à pessoa jurídica à qual pertença como sócio majoritário.

Gabarito: Certo.

Proibição de contratar com o Poder Público ou receber benefícios ou incentivos fiscais ou creditícios, direta ou indiretamente, ainda que por intermédio de pessoa jurídica da qual seja sócio majoritário, pelo prazo de dez anos.

1172. **(Cespe)** Acerca de improbidade administrativa, de acordo com o entendimento do Superior Tribunal de Justiça (STJ).

Ensejará o reconhecimento de ato de improbidade administrativa o abuso perpetrado por agente público durante abordagem policial, mesmo que o ofendido pela conduta do policial seja particular que não esteja no exercício de função pública.

Gabarito: Errado.

Não ensejam o reconhecimento de ato de improbidade administrativa eventuais abusos perpetrados por agentes públicos durante abordagem policial, caso o ofendido pela conduta seja particular que não estava no exercício de função pública" (STJ. 1ª Turma. REsp 1.558.038-PE, Rel. Min. Napoleão Nunes Maia Filho, julgado em 27/10/2015).

1173. **(Cespe)** Conforme a legislação e a jurisprudência do STJ, em se tratando de improbidade administrativa,

Basta a comprovação da culpa para a responsabilização do agente com base na hipótese de dano ao erário.

Gabarito: Certo.

Além da comprovação da culpa (negligência, imprudência ou imperícia), é necessária a ocorrência de efetivo dano para a responsabilização do agente com base na hipótese de prejuízo ao erário.

1174. **(Cespe)** Acerca de improbidade administrativa, de acordo com o entendimento do Superior Tribunal de Justiça (STJ).

Não é possível, em ação civil pública de improbidade administrativa, a condenação de membro do Ministério Público à pena de perda da função pública prevista na Lei de Improbidade Administrativa.

Gabarito: Errado.

O STJ decidiu que é possível, no âmbito de ação civil pública de improbidade administrativa, a condenação de membro do Ministério Público à pena de perda da função pública prevista no art. 12 da Lei n.º 8.429/92.

1175. **(Cespe)** Conforme a legislação e a jurisprudência do STJ, em se tratando de improbidade administrativa, prevalece, no juízo preliminar da ação, o princípio do in dubio pro reu.

Gabarito: Errado.

somente é possível a rejeição da ação de improbidade administrativa se houver prova hábil a evidenciar a inexistência de ato de improbidade, a improcedência da ação ou a inadequação da via eleita. Isso porque, nesse momento processual das ações de improbidade administrativa, prevalece o princípio *IN DUBIO PRO SOCIETATE*.

1176. **(Cespe)** Em relação às formas de anulação de atos ou contratos administrativos e à perda de função pública, julgue o item a seguir.

Em se tratando de ação de improbidade, a perda da função pública é uma sanção administrativa decorrente de sentença de procedência dos pedidos.

Gabarito: Errado.

Art.20 A perda da função pública e a suspensão dos direitos políticos só se efetivam com oTRÂNSITO EM JULGADO da sentença condenatória.

1177. **(Cespe)** Conforme a legislação e a jurisprudência do STJ, em se tratando de improbidade administrativa, há litisconsórcio passivo necessário entre o agente público e os terceiros beneficiados com a prática do ato ímprobo.

Gabarito: Errado.

Ás Ações de Improbidade, inexiste litisconsórcio necessário entre o agente público e os terceiros beneficiados com o ato ímprobo, por não estarem presentes nenhuma das hipóteses previstas no art. 47 do CPC.

1178. **(Cespe)** Com relação à improbidade administrativa, julgue o próximo item.

A utilização de veículo da administração pública para fins particulares pode ser considerada ação de enriquecimento ilícito.

Gabarito: Certo.

Atos de improbidade administrativa seguidos das expressões: receber, perceber, incorporar, utilizar, adquirir, aceitar e usa, referem-se ao art 9º, atos que importam em Enriquecimento Ilícito;

1179. **(Cespe)** Conforme a legislação e a jurisprudência do STJ, em se tratando de improbidade administrativa, é inadmissível a utilização da prova emprestada colhida em persecução penal.

Gabarito: Errado.

É admitida a utilização no processo administrativo de "prova emprestada" do inquérito policial ou do processo penal, desde que autorizada pelo juízo criminal e respeitados o contraditório e a ampla defesa (STF MS 17.472/DF).

1180. **(Cespe)** Com relação à improbidade administrativa, julgue o próximo item.

Suspensão dos direitos políticos de três a seis anos e pagamento de multa civil no valor de até dez vezes a remuneração percebida pelo agente são sanções que podem ser aplicadas ao servidor no caso de ato de improbidade.

Gabarito: Errado.

Suspensão dos direitos políticos de 03 a 05 anos. No tocante à multa, pode ser de até 100 vezes o valor da remuneração.

1181. **(Cespe)** Conforme a legislação e a jurisprudência do STJ, em se tratando de improbidade administrativa, basta a comprovação da culpa para a responsabilização do agente com base na hipótese de enriquecimento ilícito.

Gabarito: Errado.

Para a responsabilização do agente com base na hipótese de enriquecimento ilícito é exigida a comprovação do DOLO na conduta.

1182. **(Cespe)** Com relação à improbidade administrativa, julgue o próximo item.

O dano ao erário, enriquecimento ilícito e a violação de princípio administrativo, se praticados por agente público, são considerados atos de improbidade administrativa.

Gabarito: Certo.

São os três os grupos de atos de improbidade:

a) importam enriquecimento ilícito (art. 9º);

b) causam prejuízo ao erário (art. 10);

c) atentam contra os princípios da Administração Pública (art. 11).

1183. **(Cespe)** Julgue o item a seguir, acerca de controle da administração pública.
O cidadão que ajuizar representação por ato de improbidade administrativa contra agente público que ele sabe ser inocente incorrerá em crime e estará sujeito a indenizar o denunciado pelos danos materiais ou morais que houver provocado.

Gabarito: Certo.

Constitui crime a representação por ato de improbidade contra agente público ou terceiro beneficiário,quando o autor da denúncia o sabe inocente Parágrafo único. Além da sanção penal, o denunciante está sujeito a indenizar o denunciado pelos danos materiais, morais ou à imagem que houver provocado

---

1184. **(Cespe)** Com referência a improbidade administrativa e à Lei de Improbidade Administrativa (Lei n.º 8.429/1992).
A aplicação administrativa da pena de demissão prevista em lei reguladora de carreira pública exige que se aguarde o trânsito em julgado da ação de improbidade administrativa.

Gabarito: Errado.

As sanções disciplinares previstas na Lei 8.112/90 são independentes em relação às penalidades previstas na LIA (Lei de Improbidade Administrativa) 8.429/90.

1185. **(Cespe)** Com base na Lei de Improbidade Administrativa, julgue o item seguinte.
Valer-se do trabalho de servidores terceirizados constitui ato de improbidade administrativa que importa enriquecimento ilícito; aceitar garantia insuficiente na realização de operação financeira é ato de improbidade que causa prejuízo ao erário; e descumprir exigência de requisitos de acessibilidade previstos na legislação é ato de improbidade que atenta contra os princípios da administração pública.

Gabarito: Certo.

Enriquecimento ilícito: o agente aufere alguma coisa avaliável em moeda ou que possa ser convertido em moeda, até mesmo o trabalho de um terceirizado já que deveria pagar alguém para fazê-lo. Prejuízo ao erário: A ADMINISTRAÇÃO se perde FINANCEIRAMENTE por culpa do agente. Atentar contra os princípios: comete um ato que não vai lhe gerar lucro nem prejuízo financeiro para a administração, mas fere seus princípios.

1186. **(Cespe)** Sílvio, funcionário público ocupante do cargo de perito papiloscopista, lotado em delegacia de município do estado de Pernambuco, está sendo processado por supostamente ter cometido ato de improbidade administrativa. Nessa situação hipotética, de acordo com a Lei n.º 8.429/1992, que versa sobre a punição aos atos de improbidade administrativa praticados por agentes públicos, eventual suspensão dos direitos políticos dependerá da rejeição das contas de Sílvio pelo tribunal de contas do estado.

Gabarito: Errado.

A aplicação das penalidades, previstas nas Lei 8.429/92, independem da aprovação ou rejeição das contas pelo órgão de controle interno ou pelo Tribunal de Contas.

1187. **(Cespe)** Com base na Lei de Improbidade Administrativa, julgue o item seguinte.

As penalidades previstas na Lei de Improbidade Administrativa também são aplicadas a não servidores e a quem induza ou concorra para a prática de ato de improbidade ou dele se beneficie de forma direta ou indireta.

Gabarito: Certo.

Um particular também pode ser sujeito ativo de um ato de improbidade administrativa. Art. 3º da Lei 8.429/92

1188. **(Cespe)** Com referência a improbidade administrativa e à Lei de Improbidade Administrativa (Lei n.º 8.429/1992).

Os atos de improbidade descritos no art. 11 da Lei nº 8.429/1992 não exigem a presença do dolo para sua configuração.

Gabarito: Errado.

Art. 11 trata dos atentados contra os princípios da Administração Pública e por isso exigem dolo nas suas condutas.

1189. **(Cespe)** Mauro, funcionário público ocupante do cargo de perito papiloscopista, lotado em delegacia de município do estado de Pernambuco, devido à natureza de suas atividades, que envolviam a aplicação de recursos financeiros repassados à sua repartição pela Secretaria de Defesa Social do referido estado, estava obrigado a prestar contas da aplicação desses recursos, mas deixou de fazê-lo.

Nessa situação hipotética, a falta de prestação de contas, isoladamente, causou prejuízo ao erário, ainda que Mauro tenha agido culposamente.

Gabarito: Errado.

Art. 11. Constitui ato de improbidade administrativa que atenta contra os princípios da administração pública qualquer ação ou omissão que viole os deveres de honestidade, imparcialidade, legalidade, e lealdade às instituições, e notadamente:

VI - deixar de prestar contas quando esteja obrigado a fazê-lo;

1190. **(Cespe)** Sílvio, funcionário público ocupante do cargo de perito papiloscopista, lotado em delegacia de município do estado de Pernambuco, está sendo processado por supostamente ter cometido ato de improbidade administrativa. Nessa situação hipotética, de acordo com a Lei n.º 8.429/1992, que versa sobre a punição aos atos de improbidade administrativa praticados por agentes públicos, Sílvio estará sujeito à perda dos seus direitos políticos e(ou) do seu cargo — a depender da extensão dos danos causados por seu ato —, após o trânsito em julgado da sentença condenatória.

Gabarito: Errado.

Art. 21, eventual perda da função pública independerá da efetiva ocorrência de dano ao patrimônio público, salvo quanto à pena de ressarcimento.

1191. **(Cespe)** A respeito dos conceitos doutrinários relativos ao controle da administração pública, julgue o item a seguir.

Agente público que se recusar a prestar a declaração de bens dentro do prazo determinado em lei deverá ser punido com a pena de demissão a bem do serviço público.

Gabarito: Certo.

Art. 13 da Lei 8429/92, será punido com a pena de demissão, a bem do serviço público, sem prejuízo a outras sanções cabíveis, o agente público que se recusar a prestar declaração dos bens, dentro do prazo determinado, ou que a prestar falsa.

1192. **(Cespe)** A respeito do controle da administração pública, de acordo com as normas atinentes à improbidade administrativa previstas na Lei n.º 8.429/1992.

No caso de entidade que receba subvenção financeira de órgão público, as sanções relativas à improbidade administrativa, previstas na Lei n.º 8.429/1992, prescrevem em dez anos, contados da data do recebimento da subvenção.

Gabarito: Errado.

A ação judicial para ato de improbidade prescreverá em 5 anos, mas a ação de ressarcimento ao erário é imprescritível.

1193. **(Cespe)** Com referência a improbidade administrativa e à Lei de Improbidade Administrativa (Lei n.° 8.429/1992).

O atentado à vida e à liberdade individual de particulares, se praticado por agentes públicos armados, pode configurar improbidade administrativa.

Gabarito: Certo.

O atentado à vida e à liberdade individual de particulares praticado por policiais armados pode configurar improbidade administrativa porque, «além de atingir a vítima, também alcança interesses caros à administração em geral, às instituições de segurança em especial e ao próprio Estado Democrático de Direito». (STJ REsp 1.081.743)

1194. **(Cespe)** Mauro, funcionário público ocupante do cargo de perito papiloscopista, lotado em delegacia de município do estado de Pernambuco, devido à natureza de suas atividades, que envolviam a aplicação de recursos financeiros repassados à sua repartição pela Secretaria de Defesa Social do referido estado, estava obrigado a prestar contas da aplicação desses recursos, mas deixou de fazê-lo. Nessa situação hipotética, a falta de prestação de contas, isoladamente, importou enriquecimento ilícito, ainda que Mauro tenha agido culposamente.

Gabarito: Errado.

O erro da questão está em dizer que importa em enriquecimento ilícito, pois conforme o Art. 11 da Lei de Improbidade: "Constitui ato de improbidade administrativa que atenta contra os princípios da administração pública qualquer ação ou omissão que viole os deveres de honestidade, imparcialidade, legalidade, e lealdade às instituições, e notadamente":

VI - deixar de prestar contas quando esteja obrigado a fazê-lo;

1195. **(Cespe)** Sílvio, funcionário público ocupante do cargo de perito papiloscopista, lotado em delegacia de município do estado de Pernambuco, está sendo processado por supostamente ter cometido ato de improbidade administrativa. Nessa situação hipotética, de acordo com a Lei n.° 8.429/1992, que versa sobre a punição aos atos de improbidade administrativa praticados por agentes públicos, Sílvio poderá ser afastado do exercício da função pública pela autoridade judicial competente, com prejuízo da remuneração, se isso for necessário à instrução processual.

Gabarito: Errado.

A autoridade judicial ou administrativa competente poderá determinar o afastamento do agente público do exercício do cargo, emprego ou função, sem prejuízo da remuneração, quando a medida se fizer necessária à instrução processual.

1196. **(Cespe)** De acordo com a Lei n.° 8.429/1992, o agente público que, sem justo motivo, se recusar a prestar declaração dos bens que possui dentro do prazo determinado, além de outras sanções cabíveis, estará sujeito à pena de demissão.

Gabarito: Certo.

Art. 13 da Lei 8429/92, será punido com a pena de demissão, a bem do serviço público, sem prejuízo a outras sanções cabíveis, o agente público que se recusar a prestar declaração dos bens, dentro do prazo determinado, ou que a prestar falsa.

1197. **(Cespe)** Mauro, funcionário público ocupante do cargo de perito papiloscopista, lotado em delegacia de município do estado de Pernambuco, devido à natureza de suas atividades, que envolviam a aplicação de recursos financeiros repassados à sua repartição pela Secretaria de Defesa Social do referido estado, estava obrigado a prestar contas da aplicação desses recursos, mas deixou de fazê-lo.

Nessa situação hipotética, a falta de prestação de contas, isoladamente, importou enriquecimento ilícito, desde que Mauro tenha agido com dolo.

Gabarito: Errado.

Se o agente tem a obrigação de prestar contas e não presta, restará praticado ato de improbidade, sendo necessária a comprovação do dolo, uma vez que o elemento culpa é admitido apenas nos atos que importem em danos ao erário.

1198. **(Cespe)** Com referência a improbidade administrativa e à Lei de Improbidade Administrativa (Lei n.° 8.429/1992).

Os atos de improbidade descritos no art. 11 da Lei n.° 8.429'1992, para sua configuração, exigem a demonstração da ocorrência de dano para a administração pública ou enriquecimento ilícito do agente.

Gabarito: Errado.

Art. 21 da Lei 8429/92, eventual perda da função pública independerá da efetiva ocorrência de dano ao patrimônio público, salvo quanto à pena de ressarcimento.

1199. **(Cespe)** Sílvio, funcionário público ocupante do cargo de perito papiloscopista, lotado em delegacia de município do estado de Pernambuco, está sendo processado por supostamente ter cometido ato de improbidade administrativa. Nessa situação hipotética, de acordo com a Lei n.° 8.429/1992, que versa sobre a punição aos atos de improbidade administrativa praticados por agentes públicos, Sílvio estará sujeito à perda da função pública, se houver decisão por órgão judicial colegiado, ainda que tal decisão não transite em julgado.

Gabarito: Errado.

Art. 20 da Lei 8429/92, a perda da função pública e a suspensão dos direitos políticos só se efetivam como trânsito em julgado da sentença condenatória.

1200. **(Cespe)** Mauro, funcionário público ocupante do cargo de perito papiloscopista, lotado em delegacia de município do estado de Pernambuco, devido à natureza de suas atividades, que envolviam a aplicação de recursos financeiros repassados à sua repartição pela Secretaria de Defesa Social do referido estado, estava obrigado a prestar contas da aplicação desses recursos, mas deixou de fazê-lo.

Nessa situação hipotética, a falta de prestação de contas, isoladamente, causou prejuízo ao erário, desde que Mauro tenha agido com dolo.

Gabarito: Errado.

Art. 11. Constitui ato de improbidade administrativa que ATENTA CONTRA OS PRINCÍPIOS da administração pública qualquer ação ou omissão que viole os deveres de honestidade, imparcialidade, legalidade, e lealdade às instituições, e notadamente:

VI - deixar de prestar contas quando esteja obrigado a fazê-lo;

1201. **(Cespe)** A respeito do controle da administração pública, de acordo com as normas atinentes à improbidade administrativa previstas na Lei n.º 8.429/1992.

Para a caracterização de ato de improbidade administrativa, é necessário que fiquem demonstrados o enriquecimento ilícito e a conduta dolosa do agente público.

Gabarito: Errado.

Para caracterização do ATO DE IMPROBIDADE ADMINISTRATIVA não é necessário que fique comprovado o enriquecimento ilícito. Atos de improbidade podem ocorrer por conduta CULPOSA ou DOLOSA, dependendo do caso.

1202. **(Cespe)** Com referência a improbidade administrativa e à Lei de Improbidade Administrativa (Lei n.° 8.429/1992).

A punição administrativa do servidor faltoso impede a aplicação das penas previstas na Lei de Improbidade Administrativa (Lei n.° 8.429/1992).

Gabarito: Errado.

A independência entre as instâncias penal, civil e administrativa, consagrada na doutrina e na jurisprudência, permite à Administração impor punição disciplinar ao servidor faltoso à revelia de anterior julgamento no âmbito criminal, ou em sede de ação civil por improbidade, mesmo que a conduta imputada configure crime em tese.

1203. **(Cespe)** Sílvio, funcionário público ocupante do cargo de perito papiloscopista, lotado em delegacia de município do estado de Pernambuco, está sendo processado por supostamente ter cometido ato de improbidade administrativa. Nessa situação hipotética, de acordo com a Lei n.° 8.429/1992, que versa sobre a punição aos atos de improbidade administrativa praticados por agentes públicos, eventual perda da função pública independerá da efetiva ocorrência de dano ao patrimônio público, salvo quanto à pena de ressarcimento.

Gabarito: Certo.

Texto do Art. 21da Lei 8429/92, eventual perda da função pública independerá da efetiva ocorrência de dano ao patrimônio público, salvo quanto à pena de ressarcimento.

1204. **(Cespe)** Mauro, funcionário público ocupante do cargo de perito papiloscopista, lotado em delegacia de município do estado de Pernambuco, devido à natureza de suas atividades, que envolviam a aplicação de recursos financeiros repassados à sua repartição pela Secretaria de Defesa Social do referido estado, estava obrigado a prestar contas da aplicação desses recursos, mas deixou de fazê-lo.

Nessa situação hipotética, a falta de prestação de contas, isoladamente, atentou contra os princípios da administração pública, se Mauro tiver agido com dolo.

Gabarito: Certo.

Art. 11. Constitui ato de improbidade administrativa que ATENTA CONTRA OS PRINCÍPIOS da administração pública qualquer ação ou omissão que viole os deveres de honestidade, imparcialidade, legalidade, e lealdade às instituições, e notadamente:

VI - deixar de prestar contas quando esteja obrigado a fazê-lo;

1205. **(Cespe)** A respeito do mandado de segurança, da ação popular e da ação de improbidade administrativa, julgue o item subsequente.

Em se tratando de ação de improbidade administrativa, sendo imputada ao réu conduta lesiva ao erário, configura-se o periculum in mora, requisito para a concessão de medida cautelar de indisponibilidade patrimonial.

Gabarito: Certo.

Por serem medidas cautelares, elas podem ser decretadas antes mesmo da instauração do processo. Art. 16 da Lei 8429/92, havendo fundados indícios de responsabilidade, a comissão representara ao Ministério Público ou à procuradoria do órgão para que requeira ao juízo competente o sequestro dos bens do agente ou terceiro que tenha enriquecido ilicitamente ou causado dano ao patrimônio público.

Responsabilidade Civil

1206. **(Cespe)** A teoria do risco administrativo se apresenta como fundamento da responsabilidade objetiva do Estado.

Gabarito: Certo.

A teoria do risco administrativo surgiu como fundamento para a responsabilidade objetiva do Estado. Sendo assim, essa teoria define que a responsabilidade deve ser atribuída ao Estado, uma vez que esse, ao realizar suas atividades, cria cenários de riscos à sociedade.

1207. **(Cespe)** De acordo com a teoria do risco, a demonstração de culpa não é necessária para se impor ao Estado responsabilidade objetiva.

Gabarito: Certo.

De acordo com a teoria do risco administrativo, a atuação estatal que cause dano ao particular cria para a administração pública a obrigação de indenizar, independentemente de comprovação de dolo ou culpa.

1208. **(Cespe)** O caso fortuito, como causa excludente da responsabilidade do Estado, se caracteriza pela imprevisibilidade e inevitabilidade.

Gabarito: Errado.

O caso fortuito é a situação em que o dano decorre de ato humano. Sendo assim, nesse contexto, nem sempre o caso fortuito será uma excludente de responsabilidade. No entanto, em caso de falha específica do Poder Público, é seu dever indenizar os prejuízos causados a terceiros.

1209. **(Cespe)** A culpa exclusiva de terceiro afasta automaticamente a responsabilidade do Estado.

Gabarito: Errado.

A culpa exclusiva da vítima não afasta automaticamente a responsabilidade do Estado, uma vez que a administração, na sua defesa, poderá, se for o caso, visando a afastar ou a atenuar a sua responsabilidade, comprovar a ocorrência de alguma das chamadas excludentes. Sendo assim, nesse caso o ônus probatório irá recair sobre a Administração Pública, a qual terá que provar a exclusiva culpa da vítima.

1210. **(Cespe)** Para a configuração da responsabilidade do Estado por dano oriundo de sua omissão, é suficiente a existência de um dever de agir do qual não tenha aquele se desincumbido adequadamente.

Gabarito: Errado.

Nesse caso o ônus da prova cabe a quem sofreu a lesão, ou seja, deve-se provar que houve omissão na prestação de um serviço o qual deveria ter sido prestado pelo Estado. Além disso, é necessário também provar que houve nexo causal entre o dano e a omissão estatal.

1211. **(Cespe)** Conforme a teoria da culpa administrativa ou da culpa do serviço, a demonstração de culpa do agente é pressuposto de atração da responsabilidade do Estado.

Gabarito: Errado.

Como trata-se de ato omissivo do poder público, a responsabilidade civil por esse ato é subjetiva, exigindo assim a comprovação de dolo ou culpa, o que só então criará uma responsabilidade por parte do Estado.

1212. **(Cespe)** Devido à indisponibilidade do interesse público, não se admite o reconhecimento espontâneo, pela administração, de sua obrigação de indenizar por ato danoso praticado por um de seus agentes.

Gabarito: Errado.

Apesar de ser uma situação rara, mas possível, o Estado pode reconhecer o dano causado ao particular e amigavelmente indenizar o particular pelos prejuízos sofridos. Sendo assim, o reconhecimento espontâneo é admitido no ordenamento jurídico. Entretanto, o que muitas vezes pode confundir o candidato em questões como essa é que normalmente o ressarcimento ocorre através da via judicial.

1213. **(Cespe)** Na responsabilização civil do Estado em caso de conduta omissiva, que consiste no descumprimento do dever de impedir o evento danoso, haverá direito de regresso apenas se for configurado dolo.

Gabarito: Errado.

Nesse caso pelo fato da responsabilidade do agente ser SUBJETIVA faz-se necessário a demonstração de DOLO ou CULPA para que o Estado possa exercer o direito de regresso. Sendo assim, a responsabilidade subjetiva é aplicada à ação regressiva tanto por culpa quanto por dolo do agente causador.

1214. **(Cespe)** Situação hipotética: Um ônibus de determinada concessionária de serviço público envolveu-se em acidente com vítima fatal, porém havia indícios de embriaguez da vítima, de que o condutor do ônibus atuara com diligência no momento do acidente e de que, no momento do acidente, o veículo trafegava com velocidade abaixo do máximo permitido na via. Assertiva: Nessa situação, a empresa de ônibus não precisará indenizar a família da pessoa que morreu no acidente, pois a pessoa jurídica de direito privado não responde com responsabilidade objetiva diante de danos causados a terceiros não usuários de serviços públicos.

Gabarito: Errado.

No caso em questão é correto o não pagamento de indenização, pois restou configurado a culpa exclusiva da vítima. No entanto, ocorre um erro ao se falar que "pessoa jurídica de direito privado não responde com responsabilidade objetiva". De acordo com o Art. 37 da CF, as pessoas jurídicas de direito privado, prestadores de serviço público, respondem objetivamente, uma vez que essas fazem parte da teoria do risco administrativo.

1215. **(Cespe)** Haverá responsabilidade objetiva do Estado quando seus agentes, ainda que fora do expediente do trabalho, praticarem atos com excesso, utilizando-se de sua condição funcional.

Gabarito: Certo.

O risco administrativo é a noção de que a atividade administrativa envolve riscos, os quais são assumidos em beneficio de toda a coletividade. Dessa forma, os eventuais danos dela recorrentes devem ter o seu ônus entre todos repartido. Sendo assim, essa lógica se aplica tanto à atuação licita dos agentes públicos quanto no caso de danos causados por atos ilícitos. Diante disso, se um policial fardado, agindo em nome do Estado, ainda que fora de seu horário de expediente, causar dano ao particular, a obrigação de indenizar compete ao poder público, independentemente da existência de irregularidade na conduta do agente.

1216. **(Cespe)** Para se configurar a responsabilidade objetiva, são suficientes os três seguintes pressupostos: o fato administrativo, o dano específico e o nexo causal entre um e outro.

Gabarito: Certo.

CF, Art. 37, § 6º. *As pessoas jurídicas de direito público e as de direito privado prestadoras de serviços públicos responderão pelos danos que seus agentes, nessa qualidade, causarem a terceiros, assegurado o direito de regresso contra o responsável nos casos de dolo ou culpa*. Responsabilidade objetiva apenas os três requisitos, já a subjetiva além desses tem que se comprovar o dolo ou culpa.

1217. **(Cespe)** Na hipótese de dano causado pela omissão culposa do Estado, a responsabilidade estatal e a indenização por este devida serão majoradas se o fato desencadeador desse dano for imprevisível.

Gabarito: Errado.

Em primeiro lugar é preciso verificar cada caso e os elementos que cercam a ocorrência e os danos causados. Se estes forem resultado do fato imprevisível e da ação ou omissão culposa do Estado, não haverá uma só causa, mas concausas, não se podendo falar em excludente de responsabilidade. Assim, como o Estado deu causa ao resultado, a ele será imputada a responsabilidade civil. Por outro lado, em respeito à equidade, a indenização será mitigada, cabendo ao Estado reparar o dano de forma proporcional à sua participação no evento lesivo e ao lesado arcar com o prejuízo correspondente a sua própria conduta. Além disso, é importante ressaltar que se for apenas força maior, o evento não pode ser imputado ao Estado, uma vez que o resultado independe de sua vontade e não há nexo de causalidade entre as ocorrências.

1218. **(Cespe)** Situação hipotética: Um veículo oficial da AGU, conduzido por servidor desse órgão público, passou por um semáforo com sinal vermelho e colidiu com um veículo particular que trafegava pela contramão. Assertiva: Nessa situação, como o Brasil adota a teoria da responsabilidade objetiva, existirá a responsabilização indenizatória integral do Estado, visto que, na esfera administrativa, a culpa concorrente elide apenas parcialmente a responsabilização do servidor.

Gabarito: Errado.

Nesse caso, não haverá a responsabilização integral da União, uma vez que houve culpa concorrente, fazendo com que ocorra uma atenuação da responsabilidade estatal. Sendo assim, de acordo com a teoria da responsabilidade objetiva, a obrigação de indenizar, incumbe ao Estado, em razão de um procedimento lícito ou ilícito que produziu lesão à terceiros, independente de dolo ou culpa. Por outro lado, para que haja a exclusão da responsabilidade objetiva é preciso que esteja presente uma das hipóteses de exclusão. Dentre essas hipóteses há a culpa concorrente da vítima. Nesta situação não exclui integralmente o dever de indenizar do Estado, mas sim a reduz o quantum indenizatório. Sendo assim, essa situação é aplicada tanto para o Estado que responderá pelos atos praticados por seus servidores, quanto pelo próprio servidor.

1219. **(Cespe)** Conforme jurisprudência pacificada no STJ, em caso de conduta omissiva, a responsabilidade do Estado enseja a presença da culpa, consistente no descumprimento do dever de impedir o evento danoso.

Gabarito: Errado.

De acordo com a jurisprudência do STJ, excepcionalmente é excluída a necessidade de aferição de culpa para a responsabilidade civil do Estado em face de ato omissivo quando há o dever de guarda. Sendo assim, nesses casos, o Estado deve agir na posição de "agente garantidor", não tendo que se falar em responsabilidade subjetiva.

1220. **(Cespe)** A responsabilidade da administração pública decorrente de omissão resulta de seu dever de agir e da capacidade de essa ação evitar o dano.

Gabarito: Certo.

Nesse caso, quando a administração tem o poder-dever de agir ou prestar um serviço público e este não é prestado de maneira correta, a responsabilidade pelo dano causado pela má prestação desse serviço recai sobre a administração.

1221. **(Cespe)** A doutrina predominante entende que, na conduta comissiva, a responsabilidade civil do Estado só se configurará quando estiverem presentes os elementos que caracterizem a culpa.

Gabarito: Errado.

De acordo com a Constituição Federal, em seu Art. 37, § 6º: *As pessoas jurídicas de direito público e as de direito privado prestadoras de serviços públicos responderão pelos danos que seus agentes, nessa qualidade, causarem a terceiros, assegurado o direito de regresso contra o responsável nos casos de dolo ou culpa.*

1222. **(Cespe)** A necessidade de o lesado pela conduta estatal provar a existência de culpa do agente é marca característica da responsabilidade objetiva.

Gabarito: Errado.

Só haverá necessidade de provar culpa pelo administrado quando se tratar de responsabilidade subjetiva, pois na responsabilidade objetiva é dispensada a comprovação da culpa.

CF, Art. 37, § 6º. As pessoas jurídicas de direito público e as de direito privado prestadoras de serviços públicos responderão pelos danos que seus agentes, nessa qualidade, causarem a terceiros, assegurado o direito de regresso contra o responsável nos casos de dolo ou culpa.

1223. **(Cespe)** João, agente administrativo de uma empresa estatal prestadora de serviço público, no exercício de suas funções, causou prejuízo a terceiro, não usuário do serviço. Nessa situação hipotética, o indivíduo prejudicado deve provar a culpa de João para exigir da empresa estatal a reparação dos danos que lhe foram causados.

Gabarito: Errado.

De acordo com o STF a responsabilidade das empresas estatais prestadores de serviço público é OBJETIVA. Dessa forma, essa responsabilidade recai tanto sobre os usuários quanto aos terceiros não usuários dos serviços públicos. Sendo assim, para que haja reparação dos danos, não é necessário comprovação de dolo ou culpa.

1224. **(Cespe)** Mesmo a conduta lícita de agente estatal que, no exercício de suas funções, causar dano a terceiros, ensejará responsabilidade civil do Estado.

Gabarito: Certo.

Conforme entendimento do STF, para a configuração da responsabilidade objetiva do Estado, é necessário apenas ocorrência do dano, da ação administrativa e do nexo causal entre o dano e a ação. Dessa forma, não é necessário que o ato praticado pelo Estado seja ilícito. Sendo assim, estando presentes tais requisitos, é possível haver responsabilização objetiva do Estado, mesmo que esse esteja exercendo atividades legítimas.

1225. **(Cespe)** De acordo com a teoria do risco administrativo, é vedado considerar a culpa exclusiva da vítima como hipótese de exclusão da responsabilidade civil do Estado.

Gabarito: Errado.

No ordenamento jurídico brasileiro, a responsabilidade do poder público é objetiva, adotando-se a teoria do risco administrativo, a qual é fundada na ideia de solidariedade social, na justa repartição dos ônus decorrentes da prestação dos serviços públicos, exigindo-se a presença dos seguintes requisitos: dano, conduta administrativa e nexo causal. No entanto, o Estado poderá afastar a responsabilidade objetiva quando provar que o evento danoso resultou de caso fortuito ou de força maior, ou ocorreu por culpa exclusiva da vítima. Nesse casos, portanto, deve existir atenuantes ou excludentes que atuem sobre o nexo de causalidade, afastando dessa forma a responsabilidade civil da administração.

1226. **(Cespe)** A responsabilidade civil do Estado deve ser excluída em situações inevitáveis, isto é, em caso fortuito ou em evento de força maior cujos efeitos não possam ser minorados.

Gabarito: Certo.

O caso fortuito ou força maior podem ser definidos como fatos cujos efeitos não são possíveis de serem evitados ou impedidos. Dessa forma, tais acontecimentos são estranhos à vontade do indivíduo e, por isso, fogem dos limites da culpa. Portanto, nesse sentido, excluem o nexo de causalidade e a própria responsabilidade do agente.

1227. **(Cespe)** O Estado é civilmente responsável por danos decorrentes de lei declarada inconstitucional pelo Poder Judiciário.

Gabarito: Certo.

O Estado responde pelo dano causado em virtude de ato praticado com fundamento em lei declarada inconstitucional. Entretanto, o dever de indenizar o lesado por dano oriundo de ato legislativo ou de ato administrativo decorrente de seu estrito cumprimento depende da declaração prévia e judicial da inconstitucionalidade da lei correlata.

1228. **(Cespe)** A responsabilidade objetiva do Estado dispensa a demonstração de nexo de causalidade entre a conduta do agente administrativo e o dano sofrido pela vítima.

Gabarito: Errado.

Na responsabilidade objetiva do Estado é dispensada a demonstração da culpabilidade do agente. No entanto, é obrigatório a comprovação da conduta, dano e nexo de causalidade. A culpabilidade do agente, então, só será aferida na ação regressiva do Estado, conforme o Art. 37, §6, da Constituição Federal.

1229. **(Cespe)** O erro judiciário consistente na prisão por prazo superior ao da condenação atrai a responsabilidade civil do Estado.

Gabarito: Certo.

De acordo com a Constituição Federal, em seu Art. 5º, inciso XV, o rol dos direitos e garantias individuais traz como regra expressa a obrigação do Estado de indenizar o condenado por erro judiciário ou quem permaneceu preso por tempo superior ao fixado na sentença, situações essas equivalentes à de quem foi submetido à prisão processual e posteriormente absolvido.

1230. **(Cespe)** As autarquias responderão objetivamente pelos danos provocados por seus agentes a terceiros, ainda que se comprove que esses agentes tenham agido com prudência, perícia e cuidados exigidos.

Gabarito: Certo.

A Constituição Federal adotou a teoria da responsabilidade objetiva do Estado e da responsabilidade subjetiva do servidor, pois assegurou o direito de regresso contra o agente causador nos casos de dolo ou culpa. Assim, as pessoas jurídicas de direito público e as de direito privado prestadoras de serviços públicos responderão pelos danos que seus agentes, nessa qualidade, causarem a terceiros, assegurado o direito de regresso contra o responsável nos casos de dolo ou culpa.

1231. **(Cespe)** De acordo com a teoria do risco integral, é suficiente a existência de um evento danoso e do nexo de causalidade entre a conduta administrativa e o dano para que seja obrigatória a indenização por parte do Estado, afastada a possibilidade de ser invocada alguma excludente da responsabilidade.

Gabarito: Certo.

A teoria do risco integral obriga o Estado a reparar todo e qualquer dano, independentemente de a vítima ter concorrido para o seu aperfeiçoamento. Sendo assim, essa teoria não admite excludentes de responsabilidade.

1232. **(Cespe)** A responsabilidade civil do servidor público pela prática, no exercício de suas funções, de ato que acarrete prejuízo ao erário ou a terceiros pode decorrer tanto de ato omissivo quanto de ato comissivo, doloso ou culposo.

Gabarito: Certo.

Para caracterizar a responsabilidade civil ou extracontratual do Estado, basta que haja um dano causado a terceiro por comportamento omissivo ou comissivo, doloso ou culposo de agente público. Sendo assim, a responsabilidade civil impõe ao Estado a obrigação de indenizar esse dano, sendo que essa afirmativa pode ser comprovada pelo Art. 122 da Lei 8.112/1990: *a responsabilidade civil decorre de ato omissivo ou comissivo, doloso ou culposo, que resulte em prejuízo ao erário ou a terceiros.*

1233. **(Cespe)** A previsão constitucional que estabelece a responsabilidade objetiva pelos danos que seus agentes, nessa qualidade, causarem a terceiros refere-se à responsabilidade contratual e extracontratual do Estado.

Gabarito: Errado.

De acordo com o Art. 37, §6°da Constituição Federal, a responsabilidade civil da administração, por danos causados por seus agentes, é objetiva para o Estado, não necessitando de comprovação de dolo e culpa, e subjetiva para o agente, a qual é materializada através da ação regressiva e exige a comprovação de dolo e culpa. E a responsabilidade do Estado é Extracontratual e não Contratual.

1234. **(Cespe)** Tratando-se de responsabilidade por dano nuclear, é inaplicável a excludente que consiste na culpa exclusiva da vítima para afastar o dever de indenizar.

Gabarito: Certo.

Nesse caso, a responsabilidade por danos nucleares é objetiva, ou seja, independe de dolo ou culpa. Dessa forma, parte da doutrina entende como sendo aplicável a Teoria do Risco Integral, na qual não há excludente de responsabilidade.

1235. **(Cespe)** Em se tratando de responsabilidade fundada no risco administrativo, para a configuração do nexo causal, devem ser investigados os elementos subjetivos do dolo ou da culpa do agente público.

Gabarito: Errado.

A teoria do risco administrativo tem como base a responsabilidade objetiva. Sendo assim, para que seja configurada, essa exige a presença de alguns requisitos, como: a conduta da administração ou do agente, o dano específico e o nexo causal.

1236. **(Cespe)** Pessoa jurídica de direito privado prestadora de serviço público de transporte coletivo responde de forma subjetiva por eventuais danos causados a terceiros não usuários do serviço.

Gabarito: Errado.

O erro da questão está em dizer que a responsabilidade é subjetiva, uma vez que se estiver prestando serviço público, mesmo sendo Pessoa Jurídica de Direito Privado, a responsabilidade será OBJETIVA tanto para usuários do serviço quanto para terceiros não usuários.

1237. **(Cespe)** A clássica diferenciação entre fortuito externo e interno perde relevância para a teoria do risco administrativo, já que não configuram excludentes de responsabilidade.

Gabarito: Errado.

O caso fortuito interno é um fato imprevisível, inevitável e extraordinário que se relaciona com os riscos decorrentes do desenvolvimento da atividade administrativa sendo, portanto, causa de responsabilização do Estado. Por outro lado, um caso fortuito externo exclui a responsabilidade do Estado, uma vez que rompe completamente o nexo causal, sendo, nesse caso, causa de excludente da responsabilidade.

1238. **(Cespe)** Segundo a teoria do risco administrativo, sendo objetiva, a responsabilidade do Estado independe de nexo causal entre o fato e o dano e é também imputável quando a culpa é da própria vítima.

Gabarito: Errado.

De acordo com a teoria do risco administrativo, a responsabilidade objetiva independe de culpa ou dolo, mas admite excludentes de ilicitude (culpa exclusiva da vítima, caso fortuito e força maior) mesmo assim, se exige nexo causal mais o dano.

1239. **(Cespe)** Situação hipotética: Considere que uma pessoa jurídica de direito público tenha sido responsabilizada pelo dano causado a terceiros por um dos seus servidores públicos. Assertiva: Nessa situação, o direito de regresso poderá ser exercido contra esse servidor ainda que não seja comprovada a ocorrência de dolo ou culpa.

Gabarito: Errado.

De acordo com o Art. 37 §6º, da CF, o direito de regresso somente poderá ser exercido contra o servidor nos casos de ocorrência de DOLO ou CULPA.

1240. **(Cespe)** Para a configuração da responsabilidade objetiva do Estado, é necessária a demonstração de culpa ou dolo do agente público.

Gabarito: Errado.

No caso de responsabilidade objetiva do Estado, não se exige a comprovação de dolo ou culpa, porém é necessário que exista um nexo causal entre o ato praticado pelo agente e o dano sofrido por terceiro. Além disso, para se configurar a responsabilidade estatal não é necessário que o ato praticado seja ilícito, embora deva ser antijurídico.

1241. **(Cespe)** A responsabilidade do Estado inclui o dever de indenizar as vítimas quando de ação ou omissão, ainda que lícita, resultar-lhes danos.

Gabarito: Certo.

É irrelevante a licitude ou a ilicitude do ato lesivo para a responsabilização estatal. No entanto, embora a regra seja a de que os danos indenizáveis derivam de condutas contrárias ao ordenamento jurídico, há situações em que a administração pública atua em conformidade com o direito e, ainda assim, produz o dever de indenizar. Nesse caso, trata-se da responsabilidade objetiva do Estado, na qual a obrigação de indenizar cabe a quem, em razão de um procedimento lícito ou ilícito, gerou uma conduta contrária ao ordenamento jurídico. Dessa forma, para configurar tal responsabilidade é necessário que haja nexo causal entre o comportamento e o dano gerado.

1242. **(Cespe)** A responsabilidade civil objetiva das concessionárias e permissionárias de serviços públicos abrange somente as relações jurídicas entre elas e os usuários dos serviços públicos.

Gabarito: Errado.

A responsabilidade civil das pessoas jurídicas de direito privado prestadoras de serviço público é objetiva relativamente a terceiros usuários e não usuários do serviço, conforme o Art. 37, § 6º, da Constituição Federal.

1243. **(Cespe)** A responsabilidade civil objetiva aplica-se a todas as pessoas jurídicas de direito público.

Gabarito: Certo.

Está de acordo com o que prevê o Art. 37, § 6º da CF: *As pessoas jurídicas de direito público e as de direito privado prestadoras de serviços públicos responderão pelos danos que seus agentes, nessa qualidade, causarem a terceiros, assegurado o direito de regresso contra o responsável nos casos de dolo ou culpa.*

1244. **(Cespe)** O princípio da pessoalidade é o que orienta a responsabilidade civil do Estado.

Gabarito: Errado.

Nesse caso, é o princípio da impessoalidade que orienta a responsabilidade civil do Estado.

1245. **(Cespe)** As pessoas jurídicas de direito público não se responsabilizam pelos danos causados por seus agentes.

Gabarito: Errado.

Segundo o Art. 37, § 6º: *as pessoas jurídicas de direito público responsabilizam-se pelos danos causados por seus agentes, independentemente de dolo e culpa.*

1246. **(Cespe)** A responsabilidade da administração pública será sempre objetiva.

Gabarito: Errado.

A responsabilidade da administração pública dependerá do dano causado, sendo que será objetiva quando o ato for comissivo, e ao passo que será subjetiva quando o ato for omissivo.

1247. **(Cespe)** João, servidor público, ao dirigir veículo automotor pertencente à frota de seu órgão de lotação, no exercício de sua função, bateu em veículo automotor de particular. Considerando essa situação hipotética, caso seja apurada culpa exclusiva de João, ele responderá diretamente ao particular pelo prejuízo causado, excluindo a responsabilidade civil do Estado.

Gabarito: Errado.

Art. 37, §6º, da CF. Nesse caso é a pessoa jurídica, a qual João está vinculado, que irá responder pelo dano causado. Posteriormente, é cabível a ação regressiva contra o agente.

1248. **(Cespe)** Se determinado agente de uma sociedade de economia mista estadual, concessionária do serviço de energia elétrica, causar, durante a prestação de um serviço, dano à residência de um particular, a concessionária responderá objetivamente, de acordo com a teoria do risco integral, caso fiquem comprovados o dano causado ao particular, a conduta do agente e o nexo de causalidade entre o dano e a conduta.

Gabarito: Errado.

O erro da questão é quanto a teoria adotada, uma vez que a concessionária responderá objetivamente, de acordo com a teoria do risco ADMINISTRATIVO, caso fiquem comprovados o dano causado ao particular, a conduta do agente e o nexo de causalidade entre as condutas.

1249. **(Cespe)** Se ato danoso for praticado por agente público fora do período de expediente e do desempenho de suas funções, a responsabilidade do Estado será afastada.

Gabarito: Errado.

A questão se torna errada ao generalizar, uma vez que existem exceções. Como exemplo, podemos citar o caso de um policial militar, o qual dá um tiro em alguém fora de suas funções com uma arma da corporação. Nesse caso, o estado é responsabilizado. Por outro lado, se ele está fora das funções com uma arma que não seja da corporação, por exemplo, não há que se falar em responsabilidade nenhuma do Estado.

1250. **(Cespe)** Os danos oriundos de ato jurisdicional ensejam a responsabilização direta e objetiva do juiz prolator da decisão.

Gabarito: Errado.

Em regra não há responsabilização do Estado por erros praticados no exercício da função jurisdicional. No entanto, essa regra somente é aplicável na esfera civil. Em matéria penal, a disciplina jurídica é dada pelo Art. 5º, LXXV, da CF/88, que diz que *o Estado indenizará o condenado por erro judiciário, assim como o que ficar preso além do tempo fixado na sentença.*

1251. **(Cespe)** A responsabilidade objetiva de empresa concessionária de serviço público alcança usuários e não usuários do serviço público.

Gabarito: Certo.

De acordo com o entendimento do STF, a responsabilidade civil objetiva das concessionárias, em razão do princípio da isonomia, alcança tanto os usuários quanto os não-usuários do serviço público.

1252. **(Cespe)** A responsabilidade objetiva do Estado não alcança atos que produzam danos aos seus próprios agentes, hipótese em que sua responsabilidade será subjetiva.

Gabarito: Errado.

Conforme o entendimento STF a responsabilidade objetiva do Estado ALCANÇA os danos causados aos próprios agentes. Sendo assim, o STF firmou entendimento no sentido de que excluir da responsabilidade do Estado os danos causados aos próprios agentes públicos acabaria por ferir o disposto no Art. 37, § 6º, da Constituição Federal, estabelecendo distinção nele não contemplada.

1253. **(Cespe)** João, servidor público ocupante do cargo de motorista de determinada autarquia do DF, estava conduzindo o veículo oficial durante o expediente quando avistou sua esposa no carro de um homem. Imediatamente, João dolosamente acelerou em direção ao veículo do homem, provocando uma batida e, por consequência, dano aos veículos. O homem, então, ingressou com ação judicial contra a autarquia requerendo a reparação dos danos materiais sofridos. A autarquia instaurou procedimento administrativo disciplinar contra João para apurar suposta violação de dever funcional.

No que se refere à situação hipotética apresentada, julgue o item a seguir.

A autarquia tem direito de regresso contra João.

Gabarito: Certo.

Vejamos o que diz o artigo 37, § 6º da Constituição Federal "As pessoas jurídicas de direito público e as de direito privado prestadoras de serviço público responderão pelos danos que seus agentes, nessa qualidade, causarem a terceiros, assegurando o direito de regresso contra o responsável nos casos". As autarquias possuem personalidade jurídica de direito público, portanto respondem objetivamente, melhor dizendo, sem a obrigação de verificação de culpa ou dolo, pelos danos causados por seus agentes a particulares. Ademais, a responsabilidade também é direta, pois é a própria organização que deve ser mobilizada judicialmente para reparar os prejuízos patrimoniais que causar.

1254. **(Cespe)** A exploração e operação de determinado aeroporto foi transferida pelo governo federal para um consórcio de empresas pelo prazo de vinte anos. Em determinado dia, durante a vigência da execução desse serviço público pelo consórcio, uma passageira sofreu um acidente grave em esteira rolante do aeroporto, a qual se encontrava em manutenção devidamente sinalizada. A passageira, por estar enviando mensagem no aparelho celular, não observou a sinalização relativa à manutenção da esteira.

A respeito dessa situação hipotética e de aspectos legais e doutrinários a ela relacionados, julgue o item subsequente.

Caso se comprove que o acidente decorreu de culpa exclusiva da passageira, o consórcio de empresas não responderá civilmente pelo acidente.

Gabarito: Certo.

A teoria adotada pela Constituição Federal é a Teoria do Risco Administrativo que aceita a vivência de excludentes ao dever de indenizar. Na situação apresentada, houve culpa exclusiva da vítima, que configura uma excludente. E as demais excludentes são caso fortuito e força maior.

1255. **(Cespe)** Julgue o item que se segue, relativos aos fundamentos da responsabilidade civil do Estado atualmente adotados pelo direito brasileiro.

Em virtude da observância do princípio da supremacia do interesse público, será integralmente excluída a responsabilidade civil do Estado nos casos de culpa — seja exclusiva, seja concorrente — da vítima atingida pelo dano.

Gabarito: Errado.

Quando a culpa for exclusiva da vítima, será excluída, em sua totalidade, a responsabilidade civil do Estado, que é objetiva com fulcro na teoria do risco administrativo. Entretanto, quando a culpa for concorrente, não irá excluir a responsabilidade civil do Estado, mas atenuar.

1256. **(Cespe)** Julgue o item que se segue, relativos aos fundamentos da responsabilidade civil do Estado atualmente adotados pelo direito brasileiro.

Um ato, ainda que lícito, praticado por agente público e que gere ônus exorbitante a um cidadão pode resultar em responsabilidade civil do Estado.

Gabarito: Certo.

Para configurar a responsabilidade civil do Estado, é irrelevante a ilicitude ou licitude do fato danoso, bastando que haja prejuízo específico decorrente da omissão ou ação de agente público. Os danos indenizatórios, em regra, decorrem de ações opostas ao ordenamento. Contudo, existem circunstâncias em que a administração pública realiza em conformidade com o direito e, ainda assim, causa prejuízo indenizável. Portanto, pode-se concluir que são danos provenientes de ações lícitas mas que também rendem o dever de indenizar.

1257. **(Cespe)** Julgue o item que se segue, relativos aos fundamentos da responsabilidade civil do Estado atualmente adotados pelo direito brasileiro.

Para a caracterização da responsabilidade civil do Estado, basta a comprovação da qualidade de agente público, não se exigindo para isso que o agente esteja agindo no exercício de suas funções.

Gabarito: Errado.

De acordo com a Constituição Federal, as pessoas jurídicas de direito público e as de direito privado prestadoras de serviços públicos responderão pelos danos que seus agentes, NESSA QUALIDADE, assegurando o direito de regresso contra o responsável nos casos de dolo ou culpa. O termo "nessa qualidade" quer dizer que o agente deve estar no exercício de sua função ou em razão de exercê-la.

1258. **(Cespe)** Um motorista alcoolizado abalroou por trás viatura da polícia militar que estava regularmente estacionada. Do acidente resultaram lesões em cidadão que estava retido dentro do compartimento traseiro do veículo. Esse cidadão então ajuizou ação de indenização por danos materiais contra o Estado, alegando responsabilidade objetiva. O procurador responsável pela contestação deixou de alegar culpa exclusiva de terceiro e não solicitou denunciação da lide. O corregedor determinou a apuração da responsabilidade do procurador, por entender que houve negligência na elaboração da defesa, por acreditar que seria útil à defesa do poder público alegar culpa exclusiva de terceiro na geração do acidente.

Considerando essa situação hipotética, julgue o próximo item.

Foi correto o corregedor quanto ao entendimento de que seria útil à defesa do poder público alegar culpa exclusiva de terceiro na geração do acidente, uma vez que, provada, ela pode excluir ou atenuar o valor da indenização.

Gabarito: Certo.

Questão polêmica! Mas não podemos confundir "culpa exclusiva da vítima" com "culpa exclusiva de terceiro". Outro ponto importante é nos ater aos doutrinadores que a banca CESPE mais adota. Sempre devemos começar pela Maria Sylvia Zanella di Pietro. Portanto, vejamos o que ela diz a respeito do assunto: Quando ocorrer motivo de força maior, a responsabilidade do Estado poderá ocorrer se, se aliada à força maior, omissão do poder público na realização de um serviço. A mesma regra se aplica quando se trata de atos de terceiros, o Estado responderá se ficar caracterizada a sua omissão, ou seja, falha na prestação do serviço público. Assim, a assertiva se torna correta.

1259. **(Cespe)** Um motorista alcoolizado abalroou por trás viatura da polícia militar que estava regularmente estacionada. Do acidente resultaram lesões em cidadão que estava retido dentro do compartimento traseiro do veículo. Esse cidadão então ajuizou ação de indenização por danos materiais contra o Estado, alegando responsabilidade objetiva. O procurador responsável pela contestação deixou de alegar culpa exclusiva de terceiro e não solicitou denunciação da lide. O corregedor determinou a apuração da responsabilidade do procurador, por entender que houve negligência na elaboração da defesa, por acreditar que seria útil à defesa do poder público alegar culpa exclusiva de terceiro na geração do acidente.

Considerando essa situação hipotética, julgue o próximo item.

Diante da ausência de denunciação da lide, ficou prejudicado o direito de regresso do Estado contra o motorista causador do acidente.

Gabarito: Errado.

De acordo com o Código de Processo Civil artigo 125, § 1º "O direito regressivo será exercido por ação autônoma quando a denunciação da lide for indeferida, ou seja, deixar de ser promovida ou não for permitida".

1260. **(Cespe)** Acerca de direitos da personalidade, responsabilidade civil objetiva e prova de fato jurídico, julgue o item seguinte.

A teoria da responsabilidade civil objetiva aplica-se a atos ilícitos praticados por agentes de autarquias estaduais.

Gabarito: Certo.

No que toca à responsabilidade civil, como a autarquia goza de personalidade jurídica própria, é sujeito de direito responsável pelos seus atos, ou seja, sujeita-se à regra geral da responsabilidade objetiva do Estado, nos termos da CF, art. 37, §6º "*As pessoas jurídicas de direito público e as de direito privado prestadoras de serviços públicos responderão pelos danos que seus agentes, nessa qualidade, causarem a terceiros, assegurado o direito de regresso contra o responsável nos casos de dolo ou culpa*", e, excepcionalmente, com responsabilidade subjetiva.

1261. **(Cespe)** Em relação à organização administrativa e às concessões e permissões do serviço público, julgue o item a seguir.

As fundações públicas de direito público devem responder objetivamente pelos danos que seus agentes causem a terceiros. Sendo condenadas a indenizar pelo prejuízo que seu agente culposamente tenha cometido, assegura-se a elas o direito de propor ação regressiva contra o agente causador do dano.

Gabarito: Certo.

A Constituição Federal trouxe, expressamente, em seu texto constitucional que as pessoas jurídicas de direito público e as de direito privado prestadoras de serviços públicos responderão pelos danos que seus agentes, nessa qualidade, causarem a terceiros, assegurado o direito de regresso contra o responsável nos casos de dolo ou culpa. Lembre-se que as fundações públicas de direito público são consideradas AUTARQUIAS FUNDACIONAIS.

1262. **(Cespe)** Com referência ao tratamento constitucional conferido à responsabilidade civil do Estado.

A aplicação da responsabilidade objetiva independe da verificação do elemento culpa, de modo que, demonstrados o prejuízo pelo lesado e a relação de causalidade entre a conduta estatal e a lesão sofrida, o dever de indenizar poderá ser reconhecido mesmo que decorra de atos lícitos estatais.

Gabarito: Certo.

A teoria da responsabilidade objetiva do Estado afasta a obrigação de comprovação de culpa ou dolo do servidor público. Para o pagamento da indenização, é suficiente a comprovação de três requisitos básicos: ato, dano e o nexo de casualidade. Independentemente se o ato praticado foi lícito ou ilícito.

1263. **(Cespe)** Com referência ao tratamento constitucional conferido à responsabilidade civil do Estado. Diferentemente das pessoas jurídicas de direito público, as quais respondem objetivamente pelos danos que seus agentes causarem a terceiros, é subjetiva a responsabilidade das pessoas jurídicas de direito privado prestadoras de serviço público, em se tratando de danos causados a terceiros não usuários do serviço.

Gabarito: Errado.

De acordo com a Constituição Federal, AS PESSOAS JURÍDICAS DE DIREITO PRIVADO PRESTADORAS DE SERVIÇO PÚBLICO também respondem OBJETIVAMENTE pelos danos que seus agentes causarem a terceiros.

1264. **(Cespe)** Com referência ao tratamento constitucional conferido à responsabilidade civil do Estado. Segundo a Constituição Federal de 1988, o indivíduo que for condenado criminalmente em virtude de sentença que contenha erro judiciário terá direito a reparação cível, desde que seja demonstrada a conduta dolosa por parte do juiz da causa.

Gabarito: Errado.

Em regra, não existe responsabilidade do Estado por ato jurisdicional. No entanto, há exceções: erro judiciário; prisão além do prazo e atuações dolosas cometidas pelo juiz que ocasionem detrimento a terceiros. Nas duas primeiras situações, independe demonstrar se a postura do juiz foi dolosa ou não.

1265. **(Cespe)** Em determinado município da Federação, uma empresa pública municipal refinadora de petróleo, durante o desenvolvimento de sua atividade, deixou vazar milhões de litros de óleo cru, material que alcançou importantes mananciais aquíferos e espalhou-se por várias cidades do respectivo estado-membro, tendo deixado inúmeras famílias ribeirinhas desprovidas de suas atividades laborais e do seu sustento.

Nessa situação, segundo entendimento do STJ, houve responsabilidade objetiva do Estado, instruída pela teoria do risco integral.

Gabarito: Certo.

A pessoa jurídica prestadora de serviço público assume o risco dos estragos que possivelmente causar, autonomamente da existência de culpa ou dolo. A responsabilidade objetiva ampara-se o dever de indenizar no princípio do RISCO ADMINISTRATIVO. Na TEORIA DO RISCO INTEGRAL, há sempre responsabilidade do Estado, inclusive em virtude de culpa exclusiva da vítima, além de danos ambientais ou nucleares, bem como em ataques terroristas.

1266. **(Cespe)** A respeito de reparação de danos, sindicância e processo administrativo, e controle interno da administração pública, julgue o item seguinte.

Nos termos da lei, a obrigação de reparação de dano praticado por servidor público não é extensível aos seus sucessores.

Gabarito: Errado.

A obrigação de reparar o dano estende-se aos sucessores e contra eles será executada, até o limite do valor da herança recebida.

1267. **(Cespe)** Com relação à improbidade administrativa, julgue o próximo item.

A responsabilidade civil decorre de ato omissivo ou comissivo, de caráter exclusivamente doloso, que resulte em prejuízo ao erário ou a terceiros.

Gabarito: Errado.

A responsabilidade civil decorre de ato omissivo ou comissivo, doloso ou culposo, que resulte em prejuízo ao erário ou a terceiro.

1268. **(Cespe)** Com relação à responsabilidade civil do Estado, aos serviços públicos e ao controle da administração pública, julgue o item subsequente.

Situação hipotética: O motorista de determinado veículo particular, não tendo respeitado o sinal vermelho do semáforo, provocou a colisão entre o veículo que dirigia e um veículo oficial do TCE/PA que estava estacionado em local proibido.

Assertiva: Nessa situação, o valor da indenização a ser paga pelo Estado será atenuado ante a existência de culpa concorrente, já que o Brasil adota a teoria da responsabilidade objetiva do tipo risco administrativo.

Gabarito: Certo.

A culpa concorrente da vítima será considerada causa de atenuação da responsabilidade civil estatal constituirá hipótese excludente, ou seja, única circunstância que atenua ou diminui a responsabilidade civil do Estado é a existência de culpa concorrente da vítima.

1269. **(Cespe)** Julgue o item que se segue, a respeito do controle da administração e da responsabilidade civil do Estado.

Em nenhuma circunstância será o Estado responsabilizado por danos decorrentes dos efeitos produzidos por lei, uma vez que a atividade legislativa é fundamentada na soberania e limitada somente pela Constituição Federal de 1988.

Gabarito: Errado.

o Estado poderá ser responsabilizado civilmente pelo exercício da atividade legislativa, são elas:

a) edição de lei inconstitucional;

b) edição de leis de efeitos concretos;

c) omissão legislativa.

1270. **(Cespe)** Julgue o item que se segue, a respeito de responsabilidade civil, indenização, dano moral e dano material.

O município que for condenado a indenizar particular por dano causado por servidor público municipal poderá cobrar regressivamente do servidor o valor da condenação, desde que ele tenha agido com dolo ou culpa e na qualidade de servidor público municipal.

Gabarito: Certo.

As pessoas jurídicas de direito público e as de direito privado prestadoras de serviços públicos responderão pelos danos que seus agentes, nessa qualidade, causarem a terceiros, assegurado o direito de regresso contra o responsável nos casos de dolo ou culpa.

1271. **(Cespe)** Com referência ao tratamento constitucional conferido à responsabilidade civil do Estado.

A Constituição Federal de 1988 adota como regra a teoria do risco administrativo, segundo a qual o Estado deve arcar com o risco inerente às numerosas atividades que desempenha, inclusive quando a culpa do dano decorrer de conduta da própria vítima.

Gabarito: Errado.

Na teoria do risco Administrativo, o Estado poderá afastar a responsabilidade objetiva quando provar que o evento danoso resultou de caso fortuito ou de força maior, ou ocorreu por culpa exclusiva da vítima, chamadas de EXCLUDENTES DE RESPONSABILIDADE.

1272. **(Cespe)** Considerando a organização dos Poderes Executivo, Legislativo e Judiciário e a disciplina constitucional acerca da responsabilidade civil do poder público, julgue (C ou E) o item seguinte.

A teoria do risco administrativo fundamenta o princípio constitucional da responsabilidade civil objetiva do Estado, que se reveste de caráter absoluto na medida em que a oficialidade da conduta lesiva implica, necessariamente, o dever de reparar os danos, indenizando-os, independentemente da existência de culpa ou dolo.

Gabarito: Errado.

A teoria do risco administrativo fundamenta o princípio constitucional da responsabilidade civil objetiva do Estado, admitindo abrandamentos, ou seja, não é absoluto.

1273. **(Cespe)** Em determinado município da Federação, uma empresa pública municipal refinadora de petróleo, durante o desenvolvimento de sua atividade, deixou vazar milhões de litros de óleo cru, material que alcançou importantes mananciais aquíferos e espalhou-se por várias cidades do respectivo estado-membro, tendo deixado inúmeras famílias ribeirinhas desprovidas de suas atividades laborais e do seu sustento.

Nessa situação, segundo entendimento do STJ, houve responsabilidade objetiva do Estado, instruída pela teoria do risco administrativo.

Gabarito: Errado.

Na TEORIA DO RISCO INTEGRAL, há sempre responsabilidade do Estado, inclusive em virtude de culpa exclusiva da vítima, além de danos ambientais ou nucleares, bem como em ataques terroristas.

1274. **(Cespe)** Com base na doutrina e nas normas de direito administrativo, julgue o item que se segue.

A concessionária de serviço público responde objetivamente pelos prejuízos causados aos usuários ou terceiros e subjetivamente pelos prejuízos causados ao poder concedente.

Gabarito: Errado.

A regra da responsabilidade civil objetiva se estende ao prestador de serviços públicos, independente da natureza de sua personalidade ou do prestador integrar ou não a estrutura formal do Estado.

1275. **(Cespe)** Julgue o item subsequente, relativos aos agentes públicos, à responsabilidade civil do Estado e à licitação.

Conforme o entendimento do STJ, não se admite a alteração do quantum arbitrado a título de danos morais em ação de responsabilidade civil do Estado, uma vez que se trata de peculiaridade fática do caso.

Gabarito: Errado.

A indenização mede-se pela extensão do dano. Porém, se houver excessiva desproporção entre a gravidade da culpa e o dano, poderá o juiz reduzir, equitativamente, a indenização.

1276. **(Cespe)** Com referência ao tratamento constitucional conferido à responsabilidade civil do Estado.

Por se tratar de atividade exercida em caráter privado, por delegação do poder público, o Estado não responde por danos causados a terceiros por notários (tabeliães) e oficiais de registro.

Gabarito: Errado.

Para o STF, a responsabilidade é objetiva do Estado, aplicando-se a ação de regresso contra o tabelião/oficial; já para o STJ, a responsabilidade é objetiva do tabelião/oficial, sendo o Estado responsável subsidiário. Em qualquer caso, contudo, é viável que o Estado seja responsabilizado (de forma direta, ou subsidiária).

1277. **(Cespe)** Em determinado município da Federação, uma empresa pública municipal refinadora de petróleo, durante o desenvolvimento de sua atividade, deixou vazar milhões de litros de óleo cru, material que alcançou importantes mananciais aquíferos e espalhou-se por várias cidades do respectivo estado-membro, tendo deixado inúmeras famílias ribeirinhas desprovidas de suas atividades laborais e do seu sustento.

Nessa situação, segundo entendimento do STJ, houve responsabilidade subjetiva do Estado, instruída pela teoria do risco integral.

Gabarito: Errado.

Na TEORIA DO RISCO INTEGRAL, há sempre responsabilidade do Estado, inclusive em virtude de culpa exclusiva da vítima, além de danos ambientais ou nucleares, bem como em ataques terroristas.

Licitação - Lei nº 8.666/1993

1278. **(Cespe)** A obrigatoriedade de licitação é princípio expresso na Constituição Federal de 1988.

Gabarito: Certo.

Está previsto no Art. 37 (que trata das regras referentes à Administração Pública – em seu inciso XXI - *ressalvados os casos especificados na legislação), que obras, serviços, compras e alienações serão contratados mediante processo de licitação pública que assegure igualdade de condições a todos os concorrentes, com cláusulas que estabeleçam obrigações de pagamento, mantidas as condições efetivas da proposta, nos termos da lei, o qual somente permitirá as exigências de qualificação técnica e econômica indispensáveis à garantia do cumprimento das obrigações.*

1279. **(Cespe)** Os órgãos da administração direta, os fundos especiais, as autarquias, as fundações públicas, as empresas públicas, as sociedades de economia mista e as demais entidades controladas direta ou indiretamente pela União, pelos estados, pelo Distrito Federal e pelos municípios estão subordinados ao regime da lei de licitação.

Gabarito: Certo.

Esse é o teor do parágrafo único do Art. 1º da Lei de Licitação. Diz respeito a quem se subordina ao regime da Lei de Licitação.

1280. **(Cespe)** Um órgão do Ministério Público estadual, ao realizar determinado certame licitatório, subordina-se, no que couber, às normas gerais de licitação previstas na Lei nº 8.666/1993.

Gabarito: Certo.

A Lei de Licitação prevê que todas as pessoas da Administração Direta (União, Estados, Distrito Federal e Munícipios), bem como a Administração Indireta (Autarquia, Fundação Pública, Sociedade de Economia Mista e Empresas Públicas), e também seus órgãos devem subordinar-se aos ditames da lei, ou seja, um órgão estadual deve obrigatoriamente seguir a Lei de Licitação no que couber. Trata-se de uma lei de caráter nacional, ou seja, que obriga todos os entes federados.

1281. **(Cespe)** A sociedade de economia mista, diferentemente das empresas públicas, não é obrigada a licitar.

Gabarito: Errado.

Todas as pessoas da Administração Pública Indireta devem licitar. Há uma exceção em relação à Petrobras (que é uma Sociedade de Economia Mista), a qual, por força de decisão do STF, está fora dessa regra, devendo realizar um "processo licitatório simplificado". Esse último não obedece às regras das 8.666/93. Vale destacar que essa é uma decisão que vale somente para Petrobras.

1282. **(Cespe)** Segundo liminar em mandado de segurança deferida à Petrobras, o Supremo Tribunal Federal abriu a possibilidade para que as empresas públicas e sociedades de economia mista que atuem em atividades econômicas e tenham regulamentos próprios licitatórios não precisem seguir a Lei nº 8.666/1993.

Gabarito: Certo.

Essa decisão vale somente para a Petrobras. O STF decidiu no sentido de que as exploradoras de atividade econômicas devem seguir a regra do Art. 173 da CF, que prevê o processo licitatório simplificado.

1283. **(Cespe)** Licitação é o procedimento administrativo pelo qual um órgão público convoca interessados para apresentação de propostas para alienação, aquisição, locação de bens, bem como a realização de obras ou serviços.

Gabarito: Certo.

Para o esclarecimento dessa questão, vale a leitura do Art. 1º da Lei 8.666/93. *Esta lei estabelece normas gerais sobre licitações e contratos administrativos pertinentes a obras, serviços, inclusive de publicidade, compras, alienações e locações no âmbito dos Poderes da União, dos Estados, do Distrito Federal e dos Municípios.*

1284. **(Cespe)** De acordo com a legislação brasileira, a licitação deve seguir, obrigatoriamente, os princípios básicos da legalidade, da impessoalidade, da moralidade, da igualdade, da publicidade, da probidade administrativa, da vinculação ao instrumento convocatório, do julgamento objetivo e dos que lhes são correlatos.

Gabarito: Certo.

Esse é o teor do Art. 3º da Lei 8.666/93. *A licitação destina-se a garantir a observância do princípio constitucional da isonomia, a seleção da proposta mais vantajosa para a administração e a promoção do desenvolvimento nacional sustentável e será processada e julgada em estrita conformidade com os princípios básicos da legalidade, da impessoalidade, da moralidade, da igualdade, da publicidade, da probidade administrativa, da vinculação ao instrumento convocatório, do julgamento objetivo e dos que lhes são correlatos.*

1285. **(Cespe)** O objetivo primordial da licitação é garantir a observância do princípio constitucional da isonomia, sempre selecionando a proposta que apresente o menor preço.

Gabarito: Errado.

A licitação tem por objetivo primordial garantir a observância do princípio constitucional da isonomia e a seleção da proposta mais vantajosa para a Administração e não simplesmente a que apresente o menor valor.

1286. **(Cespe)** A regra que determina que todas as contratações da administração pública devam ser feitas mediante licitação pública tem, entre suas funções, a de assegurar o princípio da isonomia.

Gabarito: Certo.

Esse é o princípio mais importante da Lei 8.666/93, ou seja, é o princípio norteador da licitação. Costuma ser chamado de igualdade entre os licitantes e se presta a duplo efeito. De um lado, obriga a observância de tratar isonomicamente todos que participam da disputa e, por outro lado, enseja a oportunidade da participação no processo licitatório.

1287. **(Cespe)** Embora o princípio do formalismo não esteja expresso na Lei de Licitações, todo procedimento licitatório se caracteriza pela formalidade e solenidade; por essa razão, o desrespeito a esse princípio acarreta a nulidade do certame devido a vício de forma.

Gabarito: Errado.

O princípio do formalismo está previsto no Art. 4º, parágrafo único, da Lei 8.666/93 e diz o seguinte: *O procedimento licitatório previsto nesta lei caracteriza ato administrativo formal, seja ele praticado em qualquer esfera da Administração Pública.*

1288. **(Cespe)** O licitante deverá observar as normas e condições estabelecidas no ato convocatório, todavia à Administração Pública é dado direito de, discricionariamente, não observar o objeto ou as condições contidas no edital, em virtude do seu poder de império.

Gabarito: Errado.

Esse é o princípio da vinculação ao instrumento convocatório. Essa vinculação obriga tanto a Administração Pública quanto os licitantes a observarem as estritas regras contidas no edital de convocação, que pode ser tanto edital quanto carta convite.

1289. **(Cespe)** O princípio do sigilo na apresentação das propostas foi implicitamente revogado com o advento da CF de 1988 e legislação posterior, que determina que o procedimento licitatório será regido pelo princípio da publicidade.

Gabarito: Errado.

Esse princípio encontra respaldo no Art. 3º, § 3º, da Lei 8.666/93 – mesmo que implícito -, quando a lei determina o seguinte: *A licitação não será sigilosa, sendo públicos e acessíveis ao público os atos de seu procedimento, salvo quanto ao conteúdo das propostas, até a respectiva abertura.* A não observância desse princípio constitui crime pautado no Art. 94 da Lei de Licitações e Contratos.

1290. **(Cespe)** Segundo o princípio da adjudicação compulsória, a Administração Pública está obrigada a atribuir o objeto da licitação ao vencedor, não sendo mais permitida, nessa fase, a revogação.

Gabarito: Errado.

Não devemos confundir adjudicação com a celebração do contrato administrativo. Esse instituto é meramente declaratório, obrigando a Administração a atribuir – se for o caso – o objeto da licitação ao vencedor do certame. Contudo, é facultado à Administração revogar a licitação. A adjudicação é o ato final do procedimento licitatório.

1291. **(Cespe)** De acordo com o princípio da moralidade, o vencedor da licitação tem direito subjetivo à adjudicação do objeto licitado.

Gabarito: Errado.

O princípio que determina essa regra é o Princípio da Adjudicação Obrigatória (compulsória) ao vencedor.

1292. **(Cespe)** O princípio da vinculação ao instrumento convocatório destina-se exclusivamente a garantir o direito dos licitantes perante a Administração Pública.

Gabarito: Errado.

Esse princípio vincula aos termos do ato convocatório tanto os licitantes como também a Administração Pública.

1293. **(Cespe)** Conforme o princípio do julgamento objetivo, o julgamento das propostas deve ser feito de acordo com os critérios fixados no instrumento convocatório.

Gabarito: Certo.

Julgamento objetivo é aquele que se baseia nos critérios indicativos no edital e também nos termos especificados na proposta. Essa regra está pautada tanto no Art. 3º da Lei 8.666/93 como no Art. 44: *No julgamento das propostas, a Comissão levará em consideração os critérios objetivos definidos no edital ou convite, os quais não devem contrariar as normas e princípios estabelecidos por esta lei.*

1294. **(Cespe)** A fim de comprar carteiras escolares para as escolas do município, o prefeito de determinada cidade contratou, sem licitação, uma empresa especializada pertencente a seu amigo. O prefeito alegou que a empresa tem longa experiência no setor de carteiras escolares e que os valores cobrados estão compatíveis com o preço de mercado, razão pela qual não seria necessário o processo licitatório. Considerando essa situação e os princípios que regem a administração pública, a contratação feita pelo prefeito, embora não precedida de licitação, é válida porque atendeu ao princípio da eficiência.

Gabarito: **Errado.**

As regras da licitação estão expressas na Lei 8.666/93 e só podem ser dispensadas no casos do Art. 24 (licitação dispensada) ou mesmo nos casos do Art. 25 (inexigibilidade de licitação).

1295. **(Cespe)** Se a empresa realmente for especializada e os preços estiverem compatíveis com o preço cobrado pelas concorrentes, a referida contratação terá sido regular, e estará em consonância com os princípios que regem a administração pública.

Gabarito: **Errado.**

Para que uma licitação não ocorra, deve estar de acordo com os Art. 24 e 25 da Lei 8.666/93, respectivamente licitação dispensável e inexigibilidade de licitação.

1296. **(Cespe)** Em procedimentos licitatórios, o princípio da adjudicação compulsória ao vencedor impede que se abra nova licitação enquanto for válida a adjudicação anterior.

Gabarito: **Certo.**

Essa é uma das vertentes do princípio da adjudicação compulsória ao vencedor; outra vertente impede que outrem, a não ser o legítimo vencedor, assine contrato com a Administração. Vale lembrar que a Administração não está vinculada a contratar, ou seja, pode revogar o ato a qualquer tempo.

1297. **(Cespe)** A adjudicação compulsória ao vencedor da licitação corresponde à celebração do contrato.

Gabarito: **Errado.**

A adjudicação é o ato final da licitação e nada se confunde com a assinatura do contrato. Ela se presta a garantir ao vencedor o objeto da licitação – isso se houver conveniência e oportunidade por parte da Administração – e também para impedir que se abra nova licitação enquanto houver adjudicação válida anterior.

1298. **(Cespe)** Se a Administração Pública iniciar procedimento licitatório cujo objeto seja bem sem similaridade ou bem de marca, características ou especificações exclusivas, a licitação será inválida, considerando-se que a lei veda, em caráter absoluto, a inclusão, no objeto da licitação, de bens e serviços sem similaridade ou de marcas e especificações exclusivas.

Gabarito: **Errado.**

A lei prevê no Art. 25 a inexigibilidade de licitação sempre que houver impossibilidade jurídica de competição. Em seu inciso I prevê: ***para aquisição de materiais, equipamentos, ou gêneros que só possam ser fornecidos por produtor, empresa ou representante comercial exclusivo, vedada a preferência de marca, devendo a comprovação de exclusividade ser feita através de atestado fornecido pelo órgão de registro do comércio do local em que se realizaria a licitação ou a obra ou o serviço, pelo Sindicato, Federação ou Confederação Patronal, ou, ainda, pelas entidades equivalentes.***

1299. **(Cespe)** A concessão de direito real de uso de bens públicos imóveis construídos, destinados ou efetivamente utilizados no âmbito de programas habitacionais desenvolvidos por órgãos ou entidades da administração pública, não precisa ser licitada.

Gabarito: Certo.

Essa previsão está no Art. 17 e diz respeito à licitação dispensada, que ocorre porque a própria lei determina a não licitação, ou seja, enquanto na licitação dispensável (Art. 24) pode-se ou não fazer a licitação, no Art. 24 (dispensada) a licitação não pode ocorrer por força de lei.

1300. **(Cespe)** A alienação de bens imóveis de propriedade de empresas públicas depende de autorização legislativa.

Como regra a licitação dispensada refere-se à alienação de bens e direitos pela Administração. A alínea I do Art. 17 prevê a lista de hipóteses de dispensas em operações de bens imóveis e a alínea II trás os casos de licitação dispensada de bens móveis.

Gabarito: Errado.

Essa previsão não consta no Art. 17, I, da Lei 8.666/93, que prevê a autorização legislativa para órgãos da Administração Direta e entidades autárquicas e fundacionais; as entidades paraestatais dependerão de avaliação prévia e de licitação na modalidade de concorrência.

1301. **(Cespe)** Caso a administração pública pretenda vender bens móveis, tal alienação estará subordinada à existência de interesse público devidamente justificado, será precedida de avaliação e de licitação e dependerá de autorização legislativa para órgãos da administração direta e entidades autárquicas e fundacionais.

Gabarito: Errado.

A venda de bens móveis sem licitação está prevista no Art. 17, II (licitação dispensada), e não dependerá de autorização legislativa e sim de avaliação prévia.

1302. **(Cespe)** No que tange à dispensa de licitação, o rol de casos previstos na Lei nº 8.666/1993 é taxativo e, portanto, outras situações, mesmo que similares às previstas, não ensejam a dispensa.

Gabarito: Certo.

As formas de dispensa de licitação estão previstas no Art. 24 (licitação dispensável), Art. 17, I (para bens imóveis) e II (para bens móveis). O rol é taxativo e não comportan outras formas que não as descritas em lei.

1303. **(Cespe)** A contratação do arquiteto Oscar Niemeyer para realizar um projeto arquitetônico em Brasília é um exemplo de situação que enseja dispensa de licitação.

Gabarito: Errado.

Essa é forma de inexigibilidade de licitação, prevista no Art. 25, III – *para contratação de profissional de qualquer setor artístico, diretamente ou através de empresário exclusivo, desde que consagrado pela crítica especializada ou pela opinião pública*.

1304. **(Cespe)** Em razão de situações excepcionais, a dispensa de licitação é possível nos casos de guerra ou de grave perturbação da ordem.

Gabarito: Certo.

Essa previsão está expressa no Art. 24, III, da Lei 8.666/93.

1305. **(Cespe)** Configura-se hipótese de dispensa de licitação a contratação realizada por instituição científica e tecnológica (ICT) ou por agência de fomento para a transferência de tecnologia e para o licenciamento de direito de uso ou de exploração de criação protegida.

Gabarito: Certo.

Situação expressa no Art. 24 da Lei 8.666/93. Essa previsão está no rol taxativo do artigo em seu inciso XXV.

1306. **(Cespe)** Suponha-se que, diante das fortes chuvas de verão no Sudeste do Brasil, um estado-membro dessa região resolva decretar estado de calamidade pública, razão pela qual passe a ser urgente o atendimento das demandas da comunidade atingida. Nesse caso hipotético, uma obra pública poderá ser iniciada, com dispensa de licitação, independentemente do prazo para a sua conclusão.

Gabarito: Errado.

O prazo nesses casos é de 180 dias, como preceitua o Art. 24 da Lei de Licitações, no seu inciso IV, *nos casos de emergência ou de calamidade pública, quando caracterizada urgência de atendimento de situação que possa ocasionar prejuízo ou comprometer a segurança de pessoas, obras, serviços, equipamentos e outros bens, públicos ou particulares, e somente para os bens necessários ao atendimento da situação emergencial ou calamitosa e para as parcelas de obras e serviços que possam ser concluídas no prazo máximo de 180 (cento e oitenta) dias consecutivos e ininterruptos, contados da ocorrência da emergência ou calamidade, vedada a prorrogação dos respectivos contratos.*

1307. **(Cespe)** A União firmou contrato de obra pública com a construtora Cimento Forte Ltda., visando construir uma hidrelétrica em um grande rio do estado do Pará, obra essa que durará cerca de 3 anos, de forma a diminuir o risco futuro de crise de energia elétrica. Para tanto, utilizou-se da dispensa de licitação. Nos termos desse contrato de obra pública, todas as indenizações por danos causados a terceiros em decorrência da obra seriam suportadas pela construtora. Com base nessa situação hipotética, a situação descrita caracteriza emergência, razão por que a contratação por meio de dispensa de licitação foi adequada.

Gabarito: Errado.

A emergência e a calamidade devem caracterizar urgência no atendimento de situação que possa ocasionar prejuízo ou comprometer a segurança de pessoas, equipamentos e outros bens públicos e particulares e deve ter o prazo máximo de 180 dias. Dessa forma, a situação descrita na questão não segue os requisitos legais para a regular licitação dispensável.

1308. **(Cespe)** Denomina-se licitação deserta àquela em que, apesar de terem comparecido interessados, nenhum é selecionado em decorrência da desclassificação do certame.

Gabarito: Errado.

Temos a licitação fracassada quando aparecem interessados, mas nenhum deles é escolhido em decorrência da inabilitação ou desclassificação das propostas. O importante é não confundir a licitação fracassada (que não habilita a licitação dispensável) com a licitação deserta (que habilita a dispensa de licitação).

1309. **(Cespe)** Caso a União tenha de intervir no domínio econômico para regular os preços ou normalizar o abastecimento, a licitação será dispensável.

Gabarito: **Certo.**

Esse é o teor do Art. 24, VI, da Lei de Licitações.

1310. **(Cespe)** A licitação será dispensável quando não acudirem interessados à licitação anterior e esta, justificadamente, não puder ser repetida sem prejuízo para a administração.

Gabarito: **Certo.**

Temos aqui a chamada licitação deserta, ou seja, quando a licitação é regularmente convocada e não aparece nenhum interessado. Nessa situação, a licitação torna-se dispensável como prevê o Art. 24, V – *quando não acudirem interessados à licitação anterior e esta, justificadamente, não puder ser repetida sem prejuízo para a Administração, mantidas, neste caso, todas as condições pré-estabelecidas.*

1311. **(Cespe)** É dispensável a licitação quando não acudirem interessados à licitação anterior e esta, justificadamente, não puder ser repetida sem prejuízo para a administração, mantidas, nesse caso, todas as condições preestabelecidas. O processo de dispensa deverá ser instruído com a razão da escolha do fornecedor ou executante e a justificativa do preço.

Gabarito: **Certo.**

Trata-se de hipótese de licitação dispensável prevista no o Art. 24, V, da Lei 8.666/93. O processo de dispensa, assim como o de inexigibilidade, exige o preenchimento de alguns requisitos, dentre eles está a justificação da escolha do fornecedor ou executante e do preço (Art. 26, incisos II e III, da Lei 8.666/93).

1312. **(Cespe)** A inviabilidade de competição é o principal fundamento para que uma autarquia federal dispense a realização de procedimento licitatório para aquisição de material.

Gabarito: **Errado.**

Quando houver inviabilidade de competição, a licitação será inexigível, e não dispensada ou dispensável, conforme regra trazida pelo Art. 25 da Lei 8.666/93: *É inexigível a licitação quando houver inviabilidade de competição, em especial: I. Para aquisição de materiais...*

1313. **(Cespe)** Verifica-se a dispensa de licitação sempre que houver impossibilidade jurídica de competição.

Gabarito: **Errado.**

Sempre que na licitação não houver uma impossibilidade da competição, dizemos que ela é inviável. Nesses casos, temos a licitação inexigível; não se trata de hipótese de licitação dispensada ou dispensável (Art. 25 da Lei 8.666/93).

1314. **(Cespe)** A contratação de artistas consagrados pela crítica ou pelo público é um exemplo de dispensa de licitação.

Gabarito: **Errado.**

A contratação de profissional de qualquer setor artístico, diretamente ou através de empresário exclusivo, desde que consagrado pela crítica especializada ou pela opinião pública, configura uma hipótese de inexigibilidade de licitação e não de dispensa (Art. 25, III, da Lei 8.666/93).

1315. **(Cespe)** As hipóteses de dispensa de licitação previstas na Lei nº 8.666, de 21 de junho de 1993, são taxativas, não comportando ampliação, segundo entendimento de Maria Sylvia Zanella Di Pietro. Já em relação à inexigibilidade, a referida lei não prevê um ***numerus clausus***. No caso de doação com encargo, estabelece o mencionado diploma legal que deverá a administração pública realizar licitação, dispensada no caso de interesse público devidamente justificado.

Gabarito: Certo.

As hipóteses de licitação dispensada ou dispensável comportam um rol taxativo, isto é, são apenas admitidas as hipóteses expressamente previstas na lei. Já quando se trata de licitação, dizemos que o rol é exemplificativo, isto é, a Lei 8.666/93, em seu Art. 25, traz algumas hipóteses de inexigibilidade, entretanto, sempre será inexigível a licitação quando houver inviabilidade de competição. Quando houver doação com encargo, admite-se a dispensa de licitação caso haja interesse público devidamente justificado (Art. 17, § 4º, da Lei 8.666/93).

1316. **(Cespe)** O Art. pertinente da Lei nº 8.666/1993, ao tratar dos casos de inexigibilidade de licitação, dá espaço ao administrador, dada a redação de seu ***caput***, para enquadrar nessa espécie de contratação direta, outros casos além dos exclusivamente arrolados nos seus incisos.

Gabarito: Certo.

O Art. 25 da Lei 8.666/93 traz um rol exemplificativo de hipóteses de inexigibilidade de licitação. Além de citar alguns casos, ele deixa em aberto essa possibilidade sempre que houver inviabilidade de competição.

1317. **(Cespe)** É dispensável a licitação para a contratação de profissional de qualquer setor artístico, seja diretamente ou por meio de empresário exclusivo, desde que o artista seja consagrado pela crítica especializada ou pela opinião pública.

Gabarito: Errado.

Trata-se de uma hipótese de licitação inexigível por haver inviabilidade de competição, conforme regra trazida no Art. 25, inciso III, da Lei 8.666/93: *Art. 25. É inexigível a licitação quando houver inviabilidade de competição, em especial: III. Para contratação de profissional de qualquer setor artístico, diretamente ou através de empresário exclusivo, desde que consagrado pela crítica especializada ou pela opinião pública.*

1318. **(Cespe)** No processo de dispensa de licitação, dada a singularidade da prestação, o agente público não precisa justificar o preço contratado.

Gabarito: Errado.

No processo de dispensa de licitação, um dos elementos exigidos que devem constar é a justificativa do preço contratado, conforme dispõe o Art. 26, III, da Lei 8.666/93.

1319. **(Cespe)** Há inexigibilidade de licitação na hipótese de contratação de profissional de qualquer setor artístico, diretamente ou por meio de empresário exclusivo, desde que consagrado pela crítica especializada ou pela opinião pública.

Gabarito: **Certo.**

O Art. 25 da Lei 8.666/93 especifica que a licitação é inexigível quando houver inviabilidade de competição, trazendo em seu texto um rol exemplificativo (ela cita alguns casos). Dentre esses exemplos, encontramos o caso tratado na assertiva, especificamente no inciso III do supracitado dispositivo.

1320. **(Cespe)** É inexigível a licitação para serviços de publicidade e divulgação, por tratar-se da contratação de serviço técnico especializado e ser inviável a competição.

Gabarito: **Errado.**

O Art. 25, II, da Lei 8.666/93 traz alguns casos de licitação inexigível, dentre eles a contratação de serviços técnicos, de natureza singular, com profissionais ou empresas de notória especialização. Entretanto, esse mesmo dispositivo diz ser vedada a inexigibilidade para serviços de publicidade e divulgação.

1321. **(Cespe)** É inexigível a licitação para a aquisição, por determinado órgão público, de bens destinados exclusivamente à pesquisa científica com recursos recebidos da Coordenação de Aperfeiçoamento de Pessoal de Nível Superior (CAPES).

Gabarito: **Errado.**

Trata-se de hipótese de dispensa de licitação e não de inexigibilidade, conforme regra do Art. 24, XXI, da Lei 8.666/93: Art. 24. *É dispensável a licitação: XXI. Para a aquisição de bens e insumos destinados exclusivamente à pesquisa científica e tecnológica com recursos concedidos pela Capes, pela Finep, pelo CNPq ou por outras instituições de fomento à pesquisa credenciadas pelo CNPq para esse fim específico.*

1322. **(Cespe)** Considere que um órgão público tenha contratado, para a locação de imóvel destinado ao atendimento de suas finalidades precípuas, determinada empresa, de forma direta, mediante inexigibilidade de licitação. Considere, ainda, que, para a contratação, tenham sido levadas em conta a localização do prédio e a compatibilidade do valor da locação com o praticado no mercado, de acordo com avaliação prévia. Nessa situação, resta evidenciada hipótese legal de inexigibilidade de licitação, estando o ato em consonância com a legislação de regência.

Gabarito: **Errado.**

Trata-se de hipótese de dispensa de licitação e não de inexigibilidade, conforme dispõe o Art. 24, X, da Lei 8.666/93: *Art. 24. É dispensável a licitação: X. Para a compra ou locação de imóvel destinado ao atendimento das finalidades precípuas da administração, cujas necessidades de instalação e localização condicionem a sua escolha, desde que o preço seja compatível com o valor de mercado, segundo avaliação prévia.*

1323. **(Cespe)** Para celebrar o aniversário da cidade, o prefeito de um município brasileiro determinou que fossem tomada as providências para a contratação de um cantor consagrado pela crítica especializada e que compôs uma famosa música que enaltece a cidade.A apresentação ocorrerá durante um jantar em frente à prefeitura. Em razão de sua notoriedade, o artista cobrou R$ 200.000,00 para se apresentar durante duas horas.

A contratação do referido artista pode ocorrer por meio de dispensa de licitação, uma vez que a singularidade de sua atuação afasta a competitividade.

Gabarito: Errado.

Nesse caso temos uma hipótese de inexigibilidade de licitação (e não de dispensa), conforme regra trazida pelo Art. 25, III, da Lei 8.666/93.

1324. **(Cespe)** É considerada inexigível a licitação para a aquisição de um produto de marca consagrada e notoriamente preferida no âmbito da organização pública que realiza a licitação.

Gabarito: Errado.

Ainda que a Lei 8.666/93 traga a possibilidade de inexigibilidade de licitação quando a competição for inviável, ela veda a preferência por marca, conforme regra trazida no Art. 25, I, da referida Lei: *I. Para aquisição de materiais, equipamentos, ou gêneros que só possam ser fornecidos por produtor, empresa ou representante comercial exclusivo, vedada a preferência de marca.*

1325. **(Cespe)** É inexigível a licitação para fornecimento de bens e serviços produzidos ou prestados no país, que envolvam, cumulativamente, alta complexidade tecnológica e defesa nacional, mediante parecer de comissão especialmente designada pela autoridade máxima do órgão.

Gabarito: Errado.

O erro está em afirmar que a licitação é inexigível, pois esta é uma das hipóteses de licitação dispensável, conforme rege o Art. 24, XXVIII, da Lei 8.666/93: Art. 24. *É dispensável a licitação: XXVIII. Para o fornecimento de bens e serviços, produzidos ou prestados no País, que envolvam, cumulativamente, alta complexidade tecnológica e defesa nacional, mediante parecer de comissão especialmente designada pela autoridade máxima do órgão.*

1326. **(Cespe)** De acordo com a Lei de Licitações, é inexigível a licitação nos casos de guerra ou grave perturbação da ordem.

Gabarito: Errado.

Quando houver guerra ou grave perturbação da ordem, teremos uma hipótese de licitação dispensável (e não inexigível), conforme dispõe o Art. 24, III, da Lei 8.666/93.

1327. **(Cespe)** Para essa contratação, é necessária a instauração de processo em que o administrador justifique as razões de sua escolha.

Gabarito: Certo.

Tanto nos casos de licitação inexigível como dispensável, deve o administrador instaurar um processo contendo alguns elementos, dentre eles, as razões que justifiquem a escolha, conforme dita o Art. 26 da Lei 8.666/93.

1328. **(Cespe)** Para a contratação do referido artista, não se exige justificativa de preço, pois não existe paradigma apto à mensuração de seu trabalho.

Gabarito: Errado.

Dentro do processo de justificativa de inexigibilidade de licitação, deve haver a justificativa do preço, conforme regra tratada no Art. 26, III, da Lei 8.666/93.

1329. **(Cespe)** Caso exista apenas um fornecedor de determinado produto ou serviço de interesse público, deve haver dispensa de licitação.

Gabarito: Errado.

No caso de fornecedor exclusivo, temos uma hipótese de inexigibilidade de licitação (e não de dispensa), conforme regra abordada no Art. 24, I, da Lei 8.666/93: Art. 25. *É inexigível a licitação quando houver inviabilidade de competição, em especial: I. Para aquisição de materiais, equipamentos, ou gêneros que só possam ser fornecidos por produtor, empresa ou representante comercial exclusivo, vedada a preferência de marca.*

1330. **(Cespe)** A inexigibilidade de licitação ocorre sempre que houver impossibilidade jurídica de competição, enquanto a dispensa de licitação tem lugar em contexto de viabilidade jurídica de competição.

Gabarito: Certo.

Sempre que a competição for inviável, a Lei 8.666/93 diz que esta será inexigível (Art. 25). Já em alguns casos, apesar de existir viabilidade de competição, a própria lei optou por deixar a realização ou não de licitação à discricionariedade do administrador, tratando-se dos casos de dispensa de licitação (Art. 24).

1331. **(Cespe)** Quando houver inviabilidade de competição, como na contratação de um artista consagrado pela opinião pública, a licitação será inexigível.

Gabarito: Certo.

O Art. 25, III, da Lei 8.666/93 diz que, por ser inviável a competição, é inexigível a licitação: *para contratação de profissional de qualquer setor artístico, diretamente ou através de empresário exclusivo, desde que consagrado pela crítica especializada ou pela opinião pública.*

1332. **(Cespe)** É inexigível a licitação para fornecimento de energia elétrica e gás natural com concessionário.

Gabarito: Errado.

Trata-se de hipótese de dispensa (e não de inexigibilidade) de licitação, conforme regra trazida pela Lei 8.666/93, em seu Art. 24, XXII: *na contratação de fornecimento ou suprimento de energia elétrica e gás natural com concessionário, permissionário ou autorizado, segundo as normas da legislação específica.*

1333. **(Cespe)** É inexigível a licitação para a contratação de advogado com notória especialização para acompanhamento de todos os processos judiciais do interesse de empresa pública estadual.

Gabarito: Errado.

A Lei 8.666/93 diz que a licitação será inexigível quando houver inviabilidade de competição, o que não configura o caso tratado na assertiva, pois existe ampla oferta no mercado desses profissionais. Além disso, a regra trazida no Art. 37, II, da Constituição Federal preza pela contratação de profissionais por meio de concurso público.

1334. **(Cespe)** Como expressão da participação popular no controle da atividade administrativa, a legislação sobre licitações prevê, expressamente, que, nas contratações de grande valor, é obrigatória a realização de audiência pública com antecedência mínima de quinze dias úteis da data de publicação do edital.

Gabarito: Certo.

O Art. 39 da Lei 8.666/93 diz que: *Sempre que o valor estimado para uma licitação ou para um conjunto de licitações simultâneas ou sucessivas for superior a 100 (cem) vezes o limite previsto no Art. 23, inciso I, alínea "c" desta Lei, o processo licitatório será iniciado, obrigatoriamente, com uma audiência pública concedida pela autoridade responsável com antecedência mínima de 15 (quinze) dias úteis da data prevista para a publicação do edital, e divulgada, com a antecedência mínima de 10 (dez) dias úteis de sua realização, pelos mesmos meios previstos para a publicidade da licitação, à qual terão acesso e direito a todas as informações pertinentes e a se manifestar todos os interessados.*

1335. **(Cespe)** A Lei nº 8.666, de 21 de junho de 1993, prevê modalidades diversas de licitação, conforme o valor da contratação a ser feita pela administração pública. Apenas no caso de consórcios formados por mais de três entes da Federação, a referida lei toma por base valores diferentes de contratação para definir a modalidade de licitação cabível.

Gabarito: Errado.

O erro está em limitar que apenas quando houver mais de três entes é que teremos um caso de base de valores diferenciados. O Art. 23, § 8º, da Lei 8.666/93 também traz essa ampliação dos valores quando houver consórcio formado por até três entes da federação (nesse caso os valores são aplicados em dobro; quando houver mais de três entes, esses valores serão aplicados em triplo).

1336. **(Cespe)** É possível ao gestor público realizar concorrência para aquisição de um bem de valor inferior a R$ 50.000,00.

Gabarito: Certo.

A concorrência pode ser utilizada para aquisição de bens de quaisquer valores, conforme verificamos no Art. 23, § 3º, da Lei 8.666/93: *A concorrência é a modalidade de licitação cabível, qualquer que seja o valor de seu objeto...* Nesse caso, em virtude do valor, poderia ser também utilizada a licitação na modalidade tomada de preços ou convite.

1337. **(Cespe)** O gestor público, mesmo visando maior garantia de concorrência e lisura entre os possíveis interessados, não pode combinar as modalidades de licitação existentes para torná-las mais eficientes e eficazes.

Gabarito: Certo.

A Lei 8.666/93 veda que sejam criadas outras modalidades de licitação ou que seja feita combinação das tratadas por essa lei (Art. 22, § 8º).

1338. **(Cespe)** Na escolha da modalidade de licitação para a realização da compra de material de expediente cujo valor se enquadre na modalidade convite, é cabível a realização de tomada de preços, concorrência ou pregão.

Gabarito: Certo.

A modalidade convite pode ser utilizada, em regra, para compra de bens de até R$ 80.000,00; a tomada de preços para bens de até R$ 650.000,00 e a concorrência para bens de qualquer valor. Dessa forma, sempre que for possível utilizar a licitação na modalidade convite, também é possível utilizar a tomada de preços ou a concorrência (Arts. 22 e 23 da Lei 8.666/93).

1339. **(Cespe)** É cabível a modalidade concorrência, qualquer que seja o valor de seu objeto, para a compra e alienação de bens imóveis e nas licitações internacionais. Os bens imóveis da administração pública, cuja aquisição haja derivado de procedimentos judiciais ou de dação em pagamento, podem ser alienados por meio de leilão.

Gabarito: Certo.

A concorrência pode ser utilizada para licitações de qualquer valor e como regra geral nos casos de alienação de bens imóveis e licitações internacionais (Art. 22, § 1º e Art. 23, § 3º, da Lei 8.666/93). Entretanto, no caso de alienação de bens imóveis oriundos de procedimentos judiciais ou de dação em pagamento, admite-se também a modalidade leilão (Art. 19, III, da mesma Lei).

1340. **(Cespe)** Para as licitações internacionais, a única modalidade de licitação admitida é a concorrência.

Gabarito: Errado.

Em geral, utilizamos a modalidade concorrência para licitações internacionais; entretanto, a Lei 8.666/93, em seu Art. 23, § 3º, admite que, observados os limites de valores, seja utilizada a tomada de preços, quando o órgão ou entidade dispuser de cadastro internacional de fornecedores ou o convite, quando não houver fornecedor do bem ou serviço no País.

1341. **(Cespe)** Para que possa participar de licitação na modalidade concorrência, o licitante deve ser cadastrado até três dias úteis antes da habilitação preliminar.

Gabarito: Errado.

A questão trata do cadastro de interessados no caso de tomada de preços (Art. 22, § 2º). Quando a modalidade adotada for a de concorrência, os interessados em participar devem comprovar possuir os requisitos mínimos de qualificação exigidos no edital para execução de seu objeto na fase inicial da habilitação preliminar (Art. 22, §1º).

1342. **(Cespe)** A concorrência é a modalidade de licitação cabível em contratações de grande vulto, mas há previsão legal de que seja observada também em determinadas circunstâncias que não dependem do valor, e sim da natureza do contrato a ser celebrado. Licitações com abrangência internacional, por exemplo, sempre deverão adotar a modalidade concorrência.

Gabarito: Errado.

O erro da assertiva está em afirmar que sempre será adotada a modalidade concorrência em licitações internacionais. Em alguns casos, a Lei 8.666/93, em seu Art. 23, § 3º, admite que também sejam utilizadas as modalidades de tomada de preços ou de convite (desde que preenchidos determinados requisitos).

1343. **(Cespe)** Os bens imóveis da administração pública, cuja aquisição haja derivado de procedimentos judiciais ou de dação em pagamento, podem ser alienados por ato da autoridade competente, desde que se adote o procedimento licitatório na modalidade de concorrência ou tomada de preços.

Gabarito: Errado.

No caso de bens imóveis oriundos de processo judicial ou de dação em pagamento, a Lei 8.666/93, em seu Art. 19, III, admite que seja utilizada licitação na modalidade concorrência ou leilão.

1344. **(Cespe)** Licitação entre interessados prévia e devidamente cadastrados ou interessados que atendam a todas as condições exigidas para cadastramento até o terceiro dia anterior à data do recebimento das propostas, observada a necessária qualificação, enquadra-se na modalidade de tomada de preços.

Gabarito: Certo.

Trata-se de reprodução do Art. 22, §2º, da Lei 8.666/93, que define: *Tomada de preços é a modalidade de licitação entre interessados devidamente cadastrados ou que atenderem a todas as condições exigidas para cadastramento até o terceiro dia anterior à data do recebimento das propostas, observada a necessária qualificação.*

1345. **(Cespe)** Os bens imóveis pertencentes à administração pública e cuja aquisição tenha derivado de procedimentos judiciais ou de dação em pagamento não são passíveis de alienação.

Gabarito: Errado.

Os bens imóveis de propriedade da Administração Pública que tenham origem em procedimentos judiciais ou de dação em pagamento, podem ser alienados mediante licitação na modalidade concorrência ou leilão, com a respectiva avaliação do bem e comprovação da necessidade ou utilidade dessa alienação (Art. 19 da Lei 8.666/93).

1346. **(Cespe)** A venda de bens integrantes do patrimônio público pode ser processada por meio de concorrência, independentemente do valor do bem.

Gabarito: Certo.

Conforme dispõe o Art. 23, § 3º, da Lei 8.666/93, a licitação na modalidade concorrência é admitida qualquer que seja o valor de seu objeto, tanto no caso de compra como no caso de venda de bens (alienação).

1347. **(Cespe)** Convite é a modalidade de licitação entre interessados do ramo pertinente ao seu objeto, cadastrados ou não, escolhidos e convidados em número mínimo de 3 pela unidade administrativa, a qual afixará, em local apropriado, cópia do instrumento convocatório e o estenderá aos demais cadastrados na correspondente especialidade que manifestarem seu interesse com antecedência de até vinte e quatro horas da apresentação das propostas.

Gabarito: Certo.

Trata-se reprodução do Art. 22, § 3º, da Lei 8.666/93, que define: *Convite é a modalidade de licitação entre interessados do ramo pertinente ao seu objeto, cadastrados ou não, escolhidos e convidados em número mínimo de 3 (três) pela unidade administrativa, a qual afixará, em local apropriado, cópia do instrumento convocatório e o estenderá aos demais cadastrados na correspondente especialidade que manifestarem seu interesse com antecedência de até 24 (vinte e quatro) horas da apresentação das propostas.*

1348. **(Cespe)** Para participar da modalidade de licitação denominada convite, os participantes devem ser prévia e formalmente convidados pela administração pública.

Gabarito: Certo.

O Art. 22, § 3º, da Lei 8.666/93 diz que, na modalidade de licitação convite, poderão participar interessados do ramo pertinente ao seu objeto, cadastrados ou não, escolhidos e convidados em número mínimo de 3 pela unidade administrativa, a qual afixará, em local apropriado, cópia do instrumento convocatório.

Entretanto, poderão participar os demais cadastrados na correspondente especialidade que manifestarem seu interesse com antecedência de até 24 horas da apresentação das propostas.

1349. **(Cespe)** A autoridade administrativa pode, desde que observados o interesse público e a segurança nacional, combinar as modalidades de licitação convite e tomada de preços.

Gabarito: Errado.

A Lei 8.666/93 proíbe que sejam criadas pelo administrador novas modalidades de licitação ou combinação das existentes (Art. 22, § 8º).

1350. **(Cespe)** Na modalidade convite, se existirem na praça mais de três possíveis interessados, é obrigatório o chamamento a todos os interessados.

Gabarito: Errado.

Na modalidade convite, a administração deve convidar pelo menos três interessados do ramo pertinente, cadastrados ou não. O direito de participar será estendido aos cadastrados na correspondente especialidade que manifestarem seu interesse com antecedência de até 24 horas da apresentação das propostas, não havendo na Lei 8.666/93 a obrigatoriedade do chamamento de todos os interessados.

1351. **(Cespe)** Ao organizar uma licitação para realização de um serviço de engenharia no TJDFT, o administrador responsável poderá optar pela modalidade de convite, desde que o valor estimado para a obra seja inferior a R$ 160.000,00.

Gabarito: Errado.

O Art. 23, I, alínea "a", da Lei 8.666/93 permite que seja utilizada a licitação na modalidade convite para contratação de serviços de engenharia limitada ao valor estimado R$ 150.000,00 (cento e cinquenta mil reais).

1352. **(Cespe)** Em processo licitatório que objetive alienar imóvel público, conforme previsto na Lei nº 8.666/1993, poderá ser utilizada a modalidade convite, desde que estejam todos os participantes previamente cadastrados.

Gabarito: Errado.

Para alienação de bens imóveis da Administração Pública, deve ser utilizada, como regra geral, a licitação na modalidade concorrência. Em alguns casos admite-se também que seja utilizada a modalidade leilão (Arts. 19 e 23, §3º, da Lei 8.666/93).

1353. **(Cespe)** Suponha que a União pretenda promover a concessão de direito real de uso de bens públicos imóveis para fins residenciais no âmbito de um programa habitacional. Nessa situação, deverá haver licitação na modalidade de concorrência ou leilão.

Gabarito: Errado.

No caso de concessão de direito real de uso, deve ser observada obrigatoriamente a licitação na modalidade concorrência, conforme verificado na Lei 8.666/93, em seu Art. 23, § 3º.

1354. **(Cespe)** A modalidade concurso deve ser escolhida preferencialmente para os contratos de prestação de serviços técnicos profissionais especializados, com estipulação prévia de prêmio ou remuneração.

Gabarito: Certo.

O Art. 22, § 4º, da Lei 8.666/93 diz que: *Concurso é a modalidade de licitação entre quaisquer interessados para escolha de trabalho técnico, científico ou artístico, mediante a instituição de prêmios ou remuneração aos vencedores, conforme critérios constantes de edital publicado na imprensa oficial com antecedência mínima de 45 (quarenta e cinco) dias.*

1355. **(Cespe)** As licitações serão efetuadas no local onde se situar a repartição nelas interessada, salvo por motivo de interesse público justificado.

Gabarito: Certo.

Conforme regra disposta no Art. 20 da Lei 8.666/93, as licitações serão efetuadas no local onde se situar a repartição interessada, salvo por motivo de interesse público, devidamente justificado.

1356. **(Cespe)** Acerca das modalidades de licitação, é correto afirmar que, nos casos em que couber convite, a administração pública pode utilizar a tomada de preços e, em qualquer caso, a concorrência.

Gabarito: Certo.

O convite é utilizado para valores baixos. Sempre que houver a utilização do convite, também será possível a utilização da tomada de preços (que é utilizada para valores até médio porte) e também a concorrência, que pode ser adotada para licitações de qualquer valor (Art. 23 da Lei 8.666/93).

1357. **(Cespe)** Os trabalhos relativos a perícias se enquadram entre os serviços técnicos profissionais especializados. Os contratos correspondentes deverão, preferencialmente, ser celebrados mediante a realização de concurso, e o autor deverá ceder os respectivos direitos patrimoniais.

Gabarito: Certo.

De acordo com o Art. 13, II, da Lei 8.666/93, a perícia está enquadrada como um serviço técnico profissional especializado. O § 1º do mesmo Art. diz que, ressalvados os casos de inexigibilidade de licitação, os contratos para a prestação de serviços técnicos profissionais especializados deverão, preferencialmente, ser celebrados mediante a realização de concurso. Já o Art. 111 da supracitada Lei define como exigência para contratação desse tipo de serviço a cessão de direitos patrimoniais à Administração Pública.

1358. **(Cespe)** Edital é o instrumento por meio do qual a administração torna pública a realização de uma licitação; é o meio utilizado por todas as modalidades de licitação, exceto pela modalidade convite.

Gabarito: Certo.

A forma que a Administração confere publicidade à licitação é por meio do edital, dando conhecimento a todos os interessados e administrados em geral. Entretanto, o edital não é exigido em todas as modalidades de licitação; quando se trata da modalidade convite, haverá apenas a expedição da carta-convite aos interessados convidados e a afixação da cópia desse instrumento convocatório em local apropriado (Arts. 21 e 22, § 3º, da Lei 8.666/93).

1359. **(Cespe)** O edital é o ato pelo qual a administração divulga as regras a serem aplicadas em determinado procedimento de licitação, sendo assegurado apenas aos licitantes o direito de impugná-lo junto a administração caso contenha algum vício, embora os cidadãos tenham a faculdade de representar ao tribunal de contas ou a órgãos integrantes de controle interno a ocorrência de irregularidade, com prazo máximo de quinze dias úteis antes da abertura dos envelopes.

Gabarito: Errado.

De acordo com o Art. 41, § 1º, da Lei 8.666/93, qualquer cidadão é parte legítima para impugnar edital de licitação por irregularidade, devendo protocolar o pedido até 5 dias úteis antes da data fixada para a abertura dos envelopes de habilitação.

1360. **(Cespe)** Qualquer cidadão é parte legítima para impugnar edital de licitação por irregularidade na aplicação da referida lei.

Gabarito: Certo.

Além dos licitantes, qualquer cidadão poderá impugnar o edital de licitação quando ocorrer alguma irregularidade na aplicação da Lei 8.666/93 (Art. 41, § 1º, dessa mesma lei).

1361. **(Cespe)** O procedimento da licitação é iniciado com a abertura de processo, que, por excepcionalidade, não será autuado, protocolado nem numerado.

Gabarito: Errado.

O Art. 38 da Lei 8.666/93 dispõe que: *O procedimento da licitação será iniciado com a abertura de processo administrativo, devidamente autuado, protocolado e numerado, contendo a autorização respectiva, a indicação sucinta de seu objeto e do recurso próprio para a despesa, e ao qual serão juntados oportunamente.*

1362. **(Cespe)** Ressalvado motivo de interesse público devidamente justificado, as licitações terão de ser efetuadas no local onde se situar a repartição interessada, circunstância que não impede a habilitação de interessados residentes em outros locais.

Gabarito: Certo.

Apesar de a licitação ser, regra geral, realizada no local da repartição, a Lei 8.666/93 autoriza expressamente que interessados residentes ou sediados em outro local também participem (Art. 20, parágrafo único, da Lei 8.666/93).

1363. **(Cespe)** As licitações serão realizadas no local onde se situar a repartição interessada, salvo por motivo de interesse público, devidamente justificado, sendo vedada a habilitação de interessados residentes ou sediados em outros locais.

Gabarito: Errado.

Como regra geral, as licitações serão realizadas no local da repartição interessada, cabendo exceção em caso de comprovado motivo de interesse público. Entretanto, a Lei 8.666/93 diz que não está impedida a habilitação de interessados residentes ou sediados em outros locais (Art. 20, Parágrafo único, da Lei 8.666/93).

1364. **(Cespe)** A única modalidade de licitação para a qual não se exige edital é o convite.

Gabarito: Certo.

Para todas as modalidades, exceto o convite, é exigido o edital como meio de dar-se publicidade ao evento licitatório. No caso do convite, exige-se apenas a carta-convite, que será enviada aos interessados, cadastrados ou não, que será também afixada em local apropriado (Arts. 21 e 22, § 3º, da Lei 8.666/93).

1365. **(Cespe)** Quando permitida, em edital, a participação de empresas em consórcio, haverá solidariedade dos integrantes pelos atos praticados em consórcio, tanto na fase de licitação como na de execução do contrato.

Gabarito: Certo.

O Art. 33, V, da Lei 8.666/93 define a responsabilidade solidária das empresas consorciadas, tanto na fase de licitação quanto na de execução do contrato.

1366. **(Cespe)** A fase da licitação na qual se atribui ao vencedor o objeto da licitação é a habilitação.

Gabarito: Errado.

A habilitação é a fase na qual os interessados comprovam possuir a qualificação necessária para a execução do contrato. Por meio da adjudicação, confere-se ao vencedor o objeto da licitação (essa adjudicação é compulsória, isto é, a Administração não pode atribuir o objeto da licitação a outra pessoa além do vencedor da licitação).

1367. **(Cespe)** Na fase de habilitação de uma licitação, a qualificação técnica do licitante é verificada mediante comprovação da inscrição do licitante no órgão de classe correspondente.

Gabarito: Certo.

De acordo com o Art. 30, I, da Lei 8.666/93, a qualificação técnica do licitante, um dos requisitos para a habilitação, será verificada por meio do registro ou inscrição na entidade profissional competente.

1368. **(Cespe)** No processo licitatório, a desistência de proposta após a fase de habilitação só é permitida por motivo justo decorrente de fato superveniente e aceito pela comissão de licitação.

Gabarito: Certo.

O Art. 43, § 6º, da Lei 8.666/93 dispõe que, após a fase de habilitação, não cabe desistência de proposta, salvo por motivo justo decorrente de fato superveniente e aceito pela Comissão.

1369. **(Cespe)** A comprovação da regularidade para com a fazenda federal, estadual e municipal do domicílio ou sede do licitante integra os documentos relativos à qualificação técnica do interessado em participar de um processo licitatório.

Gabarito: Errado.

A prova dessa regularidade integra os documentos relativos à regularidade fiscal e trabalhista (Art. 29, III, da Lei 8.666/93).

1370. **(Cespe)** Obedece aos preceitos da Lei de Licitações a aquisição de bens feita por responsável pela aquisição de materiais de escritório de determinada repartição que, após processo licitatório na modalidade convite, do qual participaram dois interessados, adquire os bens com o uso de cartão corporativo, nos limites previstos.

Gabarito: Errado.

Na licitação modalidade convite, exige-se que sejam convidados para participar ao menos dois interessados, cadastrados ou não (Art. 22, § 3º, da Lei 8.666/93). Além disso, o cartão corporativo é utilizado, dentre outros casos, para suprimento de fundos (pequenos gastos que não podem aguardar o processo normal, por meio de um regime de adiantamento, limitado a R$ 4.000,00 – Decreto nº 93.872, de 23 de dezembro de 1986).

1371. **(Cespe)** É abusivo exigir, em edital de licitação que, na fase de habilitação, as empresas participantes comprovem capital mínimo circulante ou patrimônio líquido de 10% do valor da contratação.

Gabarito: Errado.

Em seu Art. 31, § 3º, a Lei 8.666/93 autoriza que seja exigida a comprovação de um capital mínimo ou o valor do patrimônio líquido, que não poderá exceder a 10% do valor estimado da contratação, devendo a comprovação ser feita relativamente à data da apresentação da proposta.

1372. **(Cespe)** Os casos de dispensa de licitação tratados pelo legislador na Lei nº 8.666/1993 não são taxativos, podendo o rol legal desses casos ser ampliado pelo administrador.

Gabarito: Errado.

Os casos de licitação dispensável e dispensada configuram um rol taxativo (admitem-se apenas as hipóteses expressamente previstas na lei). Já os casos de inexigibilidade expressam um rol exemplificativo (além daqueles casos, também será inexigível a licitação sempre que houver inviabilidade de competição).

1373. **(Cespe)** Toda modalidade de licitação deverá ser precedida pelo respectivo edital, que especificará as normas e os procedimentos do respectivo certame.

Gabarito: Errado.

No caso de convite, não é exigido o edital. Após feito o convite (carta-convite), será afixada em local apropriado cópia do instrumento convocatório (Art. 22, § 3º, da Lei 8.666/93).

1374. **(Cespe)** Não se admite proposta que apresente preços global ou unitários simbólicos, irrisórios ou de valor zero, incompatíveis com os preços dos insumos e salários de mercado, acrescidos dos respectivos encargos, ainda que o ato convocatório da licitação não tenha estabelecido limites mínimos, exceto quando se referirem a materiais e instalações de propriedade do próprio licitante, para os quais ele renuncie a parcela ou à totalidade da remuneração.

Gabarito: Certo.

O Art. 43, § 3º, da Lei 8.666/93 diz que: *Não se admitirá proposta que apresente preços global ou unitários simbólicos, irrisórios ou de valor zero, incompatíveis com os preços dos insumos e salários de mercado, acrescidos dos respectivos encargos, ainda que o ato convocatório da licitação não tenha estabelecido limites mínimos, exceto quando se referirem a materiais e instalações de propriedade do próprio licitante, para os quais ele renuncie à parcela ou à totalidade da remuneração.*

1375. **(Cespe)** Todos os valores, preços e custos utilizados nas licitações têm como expressão monetária a moeda corrente nacional, ressalvadas as concorrências de âmbito internacional, para as quais o edital deve ajustar-se às diretrizes da política monetária e do comércio exterior e atender às exigências dos órgãos competentes.

Gabarito: **Certo.**

Segue a redação do Art. 5º da Lei 8.666/93, que diz: *Todos os valores, preços e custos utilizados nas licitações terão como expressão monetária a moeda corrente nacional, ressalvado o disposto no Art. 42 desta Lei (**licitação internacional**), devendo cada unidade da Administração, no pagamento das obrigações relativas ao fornecimento de bens, locações, realização de obras e prestação de serviços, obedecer, para cada fonte diferenciada de recursos, a estrita ordem cronológica das datas de suas exigibilidades, salvo quando presentes relevantes razões de interesse público e mediante prévia justificativa da autoridade competente, devidamente publicada.*

1376. **(Cespe)** Se, em licitação realizada por determinado tribunal, para a contratação de determinado bem de tecnologia da informação por meio de concorrência, a comissão de licitação, ao abrir o envelope das propostas em sessão pública, verificar que duas empresas cotaram o mesmo preço, e, nesse momento, o representante de uma dessas empresas manifestar-se no sentido de que pode dar outras vantagens não previstas no edital, o presidente da comissão de licitação agirá corretamente ao desconsiderar a vantagem oferecida após a abertura das propostas.

Gabarito: **Certo.**

Nenhuma oferta de vantagem não prevista no instrumento convocatório poderá ser levada em conta (princípio da vinculação ao instrumento convocatório). Do mesmo modo, diz o Art. 44 da Lei 8.666/93 que: *No julgamento das propostas, a Comissão levará em consideração os critérios objetivos definidos no edital ou convite, os quais não devem contrariar as normas e princípios estabelecidos por esta Lei (...), § 2º. Não se considerará qualquer oferta de vantagem não prevista no edital ou no convite, inclusive financiamentos subsidiados ou a fundo perdido, nem preço ou vantagem baseada nas ofertas dos demais licitantes.*

1377. **(Cespe)** Menor preço e melhor técnica são modalidades de licitação.

Gabarito: **Errado.**

Constituem na verdade tipos de licitação (modalidades são a concorrência, tomada de preços, convite, concurso e leilão). O Art. 45, § 1º, da Lei 8.666/93 diz que: *Para os efeitos deste artigo constituem tipos de licitação, exceto na modalidade concurso: I. A de menor preço - quando o critério de seleção da proposta mais vantajosa para a Administração determinar que será vencedor o licitante que apresentar a proposta de acordo com as especificações do edital ou convite e ofertar o menor preço; II. A de melhor técnica; III. A de técnica e preço. IV. A de maior lance ou oferta - nos casos de alienação de bens ou concessão de direito real de uso.*

1378. **(Cespe)** Tipo de licitação é o critério de julgamento utilizado pela administração para seleção da proposta mais vantajosa, enquanto modalidade de licitação é procedimento e, portanto, ambos não se confundem.

Gabarito: **Certo.**

Tipos de licitação são os critérios utilizados para a escolha da melhor proposta (técnica, preço ou técnica e preço – Art. 45 da Lei 8.666/93), enquanto modalidades são os procedimentos que podem ser utilizados na licitação, dentro dos parâmetros definidos nessa Lei (concorrência, tomada de preços, convite, concurso e leilão – Art. 22 da Lei supracitada).

1379. **(Cespe)** O critério de julgamento aplicável a uma licitação vincula-se ao tipo de licitação. Os tipos de licitação aplicáveis a todas as modalidades de licitação são os de menor preço, melhor técnica, técnica e preço e maior lance ou oferta.

Gabarito: Errado.

Esses tipos de licitação não são aplicáveis na modalidade concurso, conforme regra traçada no Art. 45, § 1º, da Lei 8.666/93: ***Para os efeitos deste artigo constituem tipos de licitação, exceto na modalidade concurso.***

1380. **(Cespe)** A revogação da licitação é ato administrativo, exigindo, portanto, a devida fundamentação e motivação (justo motivo para seu desfazimento), assim como o cumprimento das disposições legais.

Gabarito: Certo.

Em face do interesse público e de razões supervenientes, o administrador pode revogar a licitação, conforme diz o Art. 49 da Lei 8.666/93: ***A autoridade competente para a aprovação do procedimento somente poderá revogar a licitação por razões de interesse público decorrente de fato superveniente devidamente comprovado, pertinente e suficiente para justificar tal conduta, devendo anulá-la por ilegalidade, de ofício ou por provocação de terceiros, mediante parecer escrito e devidamente fundamentado.***

1381. **(Cespe)** O ato revogatório da licitação, quando antecedente à homologação e adjudicação, é perfeitamente pertinente e não enseja contraditório. Só é possível o contraditório antecedendo a revogação quando há direito adquirido das empresas concorrentes, o que só ocorre após a homologação e adjudicação do serviço licitado.

Gabarito: Certo.

De acordo com a jurisprudência dos tribunais superiores, somente é exigível o contraditório que antecede a revogação quando há direito adquirido das empresas concorrentes, o que só ocorre após a homologação e adjudicação do serviço licitado.

1382. **(Cespe)** A anulação de procedimento licitatório por motivo de ilegalidade não gera, em regra, obrigação de indenizar.

Gabarito: Certo.

No caso de nulidade do procedimento licitatório, não cabe, em regra, obrigação de indenizar (salvo aquilo que o contratado houver executado até a data da anulação e demais prejuízos comprovados, quando não lhe seja imputável a causa da nulidade). Tudo em conformidade com o Art. 49, § 1º: ***A anulação do procedimento licitatório por motivo de ilegalidade não gera obrigação de indenizar, ressalvado o disposto no parágrafo único do Art. 59 desta Lei.*** **E Art. 59, parágrafo único, da Lei 8.666/93:** ***A nulidade não exonera a Administração do dever de indenizar o contratado pelo que este houver executado até a data em que ela for declarada e por outros prejuízos regularmente comprovados, contanto que não lhe seja imputável, promovendo-se a responsabilidade de quem lhe deu causa.***

1383. **(Cespe)** Determinado órgão público licitou material de expediente e limpeza e dois dos licitantes deram causa à invalidação do procedimento licitatório, que foi anulado, por motivo de ilegalidade. Nessa situação, a anulação da licitação gera para o referido órgão público a obrigação de indenizar os citados licitantes.

Gabarito: Errado.

Quando os licitantes houverem dado causa para a anulação da licitação por motivo de ilegalidade, não gerará para a administração o dever de indenização (Art. 49, § 1º, cominado com o Art. 59, parágrafo único, da Lei 8.666/93).

1384. **(Cespe)** A modalidade de licitação denominada pregão é de utilização exclusiva da União.

Gabarito: Errado.

O pregão (Lei 10.520/2002) será utilizado no âmbito da União, dos Estados, do Distrito Federal e dos Municípios, para aquisição de bens e serviços comuns.

1385. **(Cespe)** Para a aquisição de bens e serviços comuns, a administração pública federal deve utilizar a modalidade pregão obrigatoriamente na forma eletrônica

Gabarito: Errado.

A Lei 10.250/2002, em seu Art. 4º, diz que o pregão será realizado preferencialmente na forma eletrônica: *Nas licitações para aquisição de bens e serviços comuns será obrigatória a modalidade pregão, sendo preferencial a utilização da sua forma eletrônica.*

1386. **(Cespe)** O pregão constitui modalidade de licitação para aquisição de serviços comuns, qualquer que seja o valor estimado da contratação.

Gabarito: Certo.

A Lei do Pregão (Lei 10.250/2002) não fixou um limite de preço, apenas dispondo que essa modalidade será utilizada para a aquisição de bens e serviços comuns, podendo, dessa forma, ser para contratações de qualquer valor.

1387. **(Cespe)** O pregão é uma modalidade alternativa, para contratação de bens e serviços comuns, ao convite, à tomada de preços e à concorrência.

Gabarito: Certo.

O Art. 1º da Lei 10.520/2003 diz que, para aquisição de bens e serviços comuns, poderá ser adotada a licitação na modalidade de pregão.

1388. **(Cespe)** Para aquisição de bens e serviços comuns, poderá ser adotada a licitação na modalidade pregão, ressalvadas as hipóteses de dispensa e inexigibilidade de licitação e as restrições expressas quanto ao valor da contratação.

Gabarito: Errado.

A modalidade de licitação pregão prevista na Lei 10.520/2002 poderá ser utilizada qualquer que seja o valor da contratação; não encontramos limitações no que tange a esse valor no texto legal.

1389. **(Cespe)** Nos termos do Decreto n.º 5.450/2005, o pregão eletrônico é modalidade de licitação do tipo menor preço, consubstanciada na disputa pelo fornecimento de bens ou serviços comuns à administração pública, feita à distância e em sessão pública, por meio de sistema que promova a comunicação pela Internet, vedada a participação de empresas estrangeiras.

Gabarito: Errado.

É admitida a participação de empresas estrangeiras no pregão eletrônico, conforme verificamos no texto do Decreto nº 5.450/2005, em seu Art. 2º: *O pregão, na forma eletrônica, como modalidade de licitação do tipo menor preço, realizar-se-á quando a disputa pelo fornecimento de bens ou serviços comuns for feita à distância em sessão pública, por meio de sistema que promova a comunicação pela internet.* e Art. 15: *Quando permitida a participação de empresas estrangeiras na licitação, .as exigências de habilitação serão atendidas mediante documentos equivalentes, autenticados pelos respectivos consulados ou embaixadas e traduzidos por tradutor juramentado no Brasil.*

1390. **(Cespe)** Na modalidade pregão, a habilitação dos licitantes é fase posterior ao julgamento e classificação.

Gabarito: Certo.

Visando conferir maior celeridade a essa modalidade licitatória, o legislador definiu que a habilitação será feita posteriormente, após o encerramento da etapa competitiva, conforme verificamos na Lei 10.520/2002, em seu Art. 4º, XII: *Encerrada a etapa competitiva e ordenadas as ofertas, o pregoeiro procederá à abertura do invólucro contendo os documentos de habilitação do licitante que apresentou a melhor proposta, para verificação do atendimento das condições fixadas no edital.*

1391. **(Cespe)** Atualmente, a modalidade de licitação denominada pregão é muito utilizada via Internet, caso em que todos os participantes, online, apresentam suas propostas dentro de um prazo de tempo predeterminado.

Gabarito: Certo.

A possibilidade de pregão realizado em sua forma eletrônica está prevista na Lei 10.520/2002, em seu Art. 2º, § 1º, que foi regulamentada pelo Decreto nº 5.450/2005.

1392. **(Cespe)** Na modalidade pregão, examinada a proposta classificada em primeiro lugar, caberá ao ordenador de despesas decidir motivadamente a respeito da aceitabilidade dessa proposta.

Gabarito: Errado.

Essa é uma atribuição do pregoeiro, conforme verificamos no Art. 4º, XI, da Lei 10.520/2002: *Examinada a proposta classificada em primeiro lugar, quanto ao objeto e valor, caberá ao pregoeiro decidir motivadamente a respeito da sua aceitabilidade.*

1393. **(Cespe)** O pregão, modalidade de licitação para aquisição de bens e serviços comuns, independentemente do valor estimado da contratação, aplica-se tanto aos órgãos da administração direta quanto às entidades integrantes da administração indireta, inclusive aos fundos especiais.

Gabarito: Certo.

O pregão é utilizado para compra de bens e serviços de natureza comum, sem restrições na Lei 10.520 no que diz respeito ao valor. De acordo com o Decreto nº 3.555/2000, o pregão aplica-se aos órgãos da Administração Direta, aos fundos especiais, às Autarquias, às Fundações, às Empresas Públicas, às Sociedades de Economia Mista e às demais entidades controladas direta ou indiretamente pela União.

1394. **(Cespe)** Os tipos de licitação a serem utilizados na modalidade pregão são menor preço e menor lance ou oferta.

Gabarito: Errado.

Sempre será utilizado o critério de menor preço na modalidade de licitação pregão, conforme dita o Art. 4º, inciso X, da Lei 10.520/2002: *Para julgamento e classificação das propostas, será adotado o critério de menor preço, observados os prazos máximos para fornecimento, as especificações técnicas e parâmetros mínimos de desempenho e qualidade definidos no edital.*

1395. **(Cespe)** Na hipótese de haver desatenção às formalidades legais, é facultado a qualquer pessoa impugnar, na forma eletrônica, o ato convocatório do pregão, desde que em até vinte e quatro horas antes da data fixada para abertura da sessão pública.

Gabarito: Errado.

O Decreto nº 5.450/2005, em seu Art. 18, diz que: *Até dois dias úteis antes da data fixada para abertura da sessão pública, qualquer pessoa poderá impugnar o ato convocatório do pregão, na forma eletrônica.*

1396. **(Cespe)** O agente público que devassar o sigilo de proposta apresentada em procedimento licitatório cometerá crime.

Gabarito: Certo.

Essa conduta do agente público configura o crime previsto no Art. 94 da Lei 8.666/93: *Devassar o sigilo de proposta apresentada em procedimento licitatório, ou proporcionar a terceiro o ensejo de devassá-lo: Pena - detenção, de 2 (dois) a 3 (três) anos, e multa.*

1397. **(Cespe)** A existência de mais de uma alternativa para a contratação de determinado serviço, por si só, não descaracteriza a inviabilidade de competição para efeitos de contratação direta por inexigibilidade de licitação.

Gabarito: Certo.

De acordo com o posicionamento do STJ, a inviabilidade de competição a que se refere o Art. 25, inciso II, da Lei nº 8.666 /93, não se caracteriza apenas na exclusividade na prestação do serviço técnico almejado, mas também na sua singularidade, marcada pela notória especialização do profissional, bem como pela confiança nele depositada pela administração. Sendo assim, mesmo que exista mais de uma alternativa, o que determina a inexigibilidade será a singularidade, e não a quantidade de alternativas.

1398. **(Cespe)** A empresa estatal Alfa contratou serviços contínuos de reprografia, cópias e impressões no valor mensal inicial de R$ 100.000,00 com a empresa Cópia, e o prazo de vigência do respectivo contrato completará sessenta meses em pouco mais de noventa dias a contar desta data. Preocupada com o que fazer no período seguinte, a administração da estatal elaborou consulta sobre quais opções poderiam ser adotadas para que os serviços não venham a ser interrompidos. A respeito dessa situação hipotética, julgue o item subsequente. A situação em apreço corresponderá a hipótese de inexigibilidade de licitação, desde que configure serviço comum.

Gabarito: Errado.

De acordo com a Lei 8.666/93:

Art. 25. É inexigível a licitação quando houver inviabilidade de competição, em especial: II. Para a contratação de serviços técnicos enumerados no Art. 13 desta Lei, de natureza singular, com profissionais ou empresas de notória especialização, vedada a inexigibilidade para serviços de publicidade e divulgação.

1399. **(Cespe)** Será dispensável a licitação caso haja inviabilidade de competição.

Gabarito: Errado.

De acordo com a Lei 8.666/93, haverá inexigibilidade de licitação quando se configurar inviabilidade de competição.

1400. **(Cespe)** É inexigível a licitação em caso de guerra ou de grave perturbação da ordem.

Gabarito: Errado.

O erro da questão é falar que a licitação é inexigível, quando na verdade trata-se de caso de dispensa de licitação.

Art. 24. É dispensável a licitação:

III. Nos casos de guerra ou grave perturbação da ordem.

1401. **(Cespe)** É autorizado ao Poder Legislativo delegar ao administrador o poder normativo de definir as hipóteses de dispensa ou inexigibilidade de licitação pública para a contratação de prestação de serviços.

Gabarito: Errado.

De acordo com a Lei 9.784/99:

Art. 13. Não podem ser objeto de delegação:

I. A edição de atos de caráter normativo;

II. A decisão de recursos administrativos;

III. As matérias de competência exclusiva do órgão ou autoridade.

1402. **(Cespe)** Configura hipótese de licitação dispensável a contratação de profissionais do setor artístico consagrados pela crítica especializada.

Gabarito: Errado.

Nesse caso ocorre a licitação inexigível, conforme previsto na Lei 8.666/93, Art. 25, inciso III.

Art. 25. É inexigível a licitação quando houver inviabilidade de competição, em especial:

III. Para contratação de profissional de qualquer setor artístico, diretamente ou através de empresário exclusivo, desde que consagrado pela crítica especializada ou pela opinião pública.

1403. **(Cespe)** O pregão é a modalidade de licitação restrita ao âmbito da União Federal e destinada à aquisição de bens e à contratação de serviços comuns.

Gabarito: Errado.

Com o advento da Lei 10.520/2002, a União, estados, municípios e o Distrito Federal poderão utilizar a modalidade pregão para efetuar registro de preços, previsto no Art. 15º da Lei 8.666/93.

Lei 10.520/02:

Art. 1º. Para aquisição de bens e serviços comuns, poderá ser adotada a licitação na modalidade de pregão, que será regida por esta Lei.

Lei 8.666/93: *Art. 15. As compras, sempre que possível, deverão:*

II. Ser processadas através de sistema de registro de preços.

1404. **(Cespe)** É permitida a impugnação do edital por irregularidade na aplicação da lei, desde que o requerente da impugnação seja pessoa jurídica.

Gabarito: Errado.

De acordo com a Lei 8.666/93, Art. 15, § 6º: *Qualquer cidadão é parte legítima para impugnar preço constante do quadro geral em razão de incompatibilidade desse com o preço vigente no mercado.*

1405. **(Cespe)** Toda compra realizada pelos órgãos da administração pública está sujeita à licitação.

Gabarito: Errado.

De acordo com a Lei 8.666/93 em seu Art. 60, Parágrafo único: *É nulo e de nenhum efeito o contrato verbal com a Administração, salvo o de pequenas compras de pronto pagamento, assim entendidas aquelas de valor não superior a 5% (cinco por cento) do limite estabelecido no Art. 23, inciso II, alínea "a" desta Lei, feitas em regime de adiantamento.* Sendo assim, nem toda compra realizada pela Administração pública estará sujeita à licitação.

1406. **(Cespe)** Leilão, concurso, concorrência, consulta pública e convite são modalidades de licitação previstas na lei.

Gabarito: Errado.

O erro da questão está em afirmar que consulta pública é uma modalidade de licitação. De acordo com o Art. 22, da Lei 8.666/93: *São modalidades de licitação: I. Concorrência; II. Tomada de preços; III. Convite; IV. Concurso; V. Leilão.*

1407. **(Cespe)** O edital de abertura de processo licitatório deve conter a descrição do objeto da licitação, sendo os prazos e as condições para a assinatura do contrato decididos em negociação com a empresa vencedora do certame.

Gabarito: Errado.

De acordo com a Lei 8.666/93, em seu Art. 40: *O edital conterá no preâmbulo o número de ordem em série anual, o nome da repartição interessada e de seu setor, a modalidade, o regime de execução e o tipo da licitação, a menção de que será regida por esta Lei, o local, dia e hora para recebimento da documentação e proposta, bem como para início da abertura dos envelopes, e indicará, obrigatoriamente, o seguinte: II. Prazo e condições para assinatura do contrato ou retirada dos instrumentos, como previsto no Art. 64 desta Lei, para execução do contrato e para entrega do objeto da licitação;*

Art. 64. A Administração convocará regularmente o interessado para assinar o termo de contrato, aceitar ou retirar o instrumento equivalente, dentro do prazo e condições estabelecidos, sob pena de decair o direito à contratação, sem prejuízo das sanções previstas no Art. 81 desta Lei.

1408. **(Cespe)** O objeto da licitação deve ser descrito no edital de forma clara e sucinta, para possibilitar melhor entendimento da demanda e para evitar a aquisição de materiais inservíveis.

Gabarito: Certo.

Está de acordo com o previsto na Lei 8.666/93:

Art. 40. O edital conterá no preâmbulo o número de ordem em série anual, o nome da repartição interessada e de seu setor, a modalidade, o regime de execução e o tipo da licitação, a menção de que será regida por esta Lei, o local, dia e hora para recebimento da documentação e proposta, bem como para início da abertura dos envelopes, e indicará, obrigatoriamente, o seguinte:

I. Objeto da licitação, em descrição sucinta e clara.

1409. **(Cespe)** Situação hipotética: Um edital de licitação estabeleceu margem de preferência para a contratação de serviços nacionais que atendam a normas técnicas brasileiras. Assertiva: Nesse caso, com base no que dispõe a Lei nº 8.666/1993, o referido edital deverá ser impugnado sob o argumento de ofensa à isonomia dos licitantes.

Gabarito: Errado.

A aplicação da margem de preferência em compras públicas tem por objetivo estimular a produção e a competitividade da empresa nacional, mediante a utilização do poder de compra do governo federal, agregando ao perfil da demanda do setor público diretriz para a promoção do desenvolvimento econômico sustentável. Dessa forma, de acordo com a Lei 8.666/93, Art. 3º, § 5º: *Nos processos de licitação, poderá ser estabelecida margem de preferência para: I. Produtos manufaturados e para serviços nacionais que atendam a normas técnicas brasileiras; e II. Bens e serviços produzidos ou prestados por empresas que comprovem cumprimento de reserva de cargos prevista em lei para pessoa com deficiência ou para reabilitado da Previdência Social e que atendam às regras de acessibilidade previstas na legislação.*

1410. **(Cespe)** A administração pública decidiu licitar determinada obra, orçada em R$ 1.800.000,00, em dois processos licitatórios distintos: o primeiro de R$ 800.000,00 e o segundo de R$ 1.000.000,00. Como faltavam apenas dois meses para o fim do exercício financeiro, as duas etapas foram licitadas simultaneamente. De acordo com a legislação vigente, julgue o item que se segue, relativo à situação apresentada. Caso a obra tivesse sido licitada em uma única parcela, a modalidade cabível seria a concorrência.

Gabarito: Certo.

A licitação na modalidade concorrência é utilizada para contratação de valores de grande vulto. Sendo assim, torna-se obrigatória quando a contratação referente a obras e serviços de engenharia for de valor acima de R$ 1.500.000,00. Segue abaixo texto legal para melhor compreensão:

Lei 8.666/93:

Art. 23. As modalidades de licitação a que se referem os incisos I a III (I- concorrência; III- convite) do Art. anterior serão determinadas em função dos seguintes limites, tendo em vista o valor estimado da contratação:

I. Para obras e serviços de engenharia:

c) concorrência: acima de R$ 1.500.000,00 (um milhão e quinhentos mil reais).

1411. **(Cespe)** A fase externa da licitação, conforme previsão legal, tem início com a divulgação do edital.

Gabarito: Certo.

Na fase interna da licitação, a autoridade competente determina a realização do processo licitatório, define seu objeto e indica o recurso orçamentário; na fase externa, a mesma autoridade convoca os interessados, por edital ou carta-convite, analisa as condições dos interessados que afluem à licitação (habilitação), julga as propostas e homologa e adjudica o objeto da licitação.

1412. **(Cespe)** Se, em procedimento licitatório na modalidade convite deflagrado pela União, não se apresentarem interessados, e se esse procedimento não puder ser repetido sem prejuízo para a administração, ele poderá ser dispensado, mantidas, nesse caso, todas as condições preestabelecidas.

Gabarito: Errado.

De acordo com a Orientação Normativa nº 12, da Advocacia Geral da União, não é permitida a dispensa de licitação deserta ou fracassada se esta tenha sido realizada na modalidade convite.

Orientação Normativa nº 12, de 1º de abril de 2009, da Advocaia-Geral da União – AGU

Não se dispensa licitação, com fundamento nos incisos V e VII do Art. 24 da Lei Nº 8.666, de 1993, caso a licitação fracassada ou deserta tenha sido realizada na modalidade convite.

1413. **(Cespe)** Em comparação aos certames que se valem fundamentalmente do critério de menor preço, as licitações que adotam critérios e práticas de sustentabilidade, como, por exemplo, a aquisição de produtos e serviços com maior vida útil e menor custo de manutenção, podem dispensar o caráter competitivo do certame.

Gabarito: Errado.

O caráter competitivo do certame deverá prevalecer mesmo quando as contratações forem sustentáveis.

Decreto nº 7.746/2012:

Art. 2º A administração pública federal direta, autárquica e fundacional e as empresas estatais dependentes poderão adquirir bens e contratar serviços e obras considerando critérios e práticas de sustentabilidade objetivamente definidos no instrumento convocatório, conforme o disposto neste Decreto.

Parágrafo Único. A adoção de critérios e práticas de sustentabilidade deverá ser justificada nos autos e preservar o caráter competitivo do certame.

1414. **(Cespe)** No caso de dispensa de licitação, ocorrerá a contratação direta e, portanto, não será necessário justificar o preço pago.

Gabarito: Errado.

De acordo com a Lei 8.666/93 é necessário que o preço pago seja justificado.

Art. 26. As dispensas previstas nos §§ 2º e 4º do Art. 17 e no inciso III e seguintes do Art. 24, as situações de inexigibilidade referidas no Art. 25, necessariamente justificadas, e o retardamento previsto no final do parágrafo único do Art. 8º desta Lei deverão ser comunicados, dentro de 3 (três) dias, à autoridade superior, para ratificação e publicação na imprensa oficial, no prazo de 5 (cinco) dias, como condição para a eficácia dos atos. (Redação dada pela Lei nº 11.107, de 2005)

Parágrafo único. O processo de dispensa, de inexigibilidade ou de retardamento, previsto neste Art. será instruído, no que couber, com os seguintes elementos:

III. Justificativa do preço.

1415. **(Cespe)** A garantia do princípio da isonomia, a seleção da proposta mais vantajosa para a administração pública e a promoção do desenvolvimento nacional sustentável são objetivos da licitação.

Gabarito: Certo.

A licitação objetiva garantir o princípio constitucional da isonomia, selecionar a proposta mais vantajosa para a administração e promover o desenvolvimento nacional sustentável.

1416. **(Cespe)** Situação hipotética: A Defensoria Pública da União, interessada em adquirir determinados bens, abriu processo licitatório cujo resultado foi licitação deserta. Assertiva: Nessa situação, se for comprovado que a realização de outro processo licitatório causará prejuízos à administração, o órgão poderá adquirir os bens por meio de dispensa de licitação, desde que mantenha todas as condições constantes do instrumento convocatório inicial.

Gabarito: Certo.

Essa é uma hipótese de licitação dispensável, a qual está prevista no Art. 24 da Lei 8.666/1993:

V. Quando não acudirem interessados à licitação anterior e esta, justificadamente, não puder ser repetida sem prejuízo para a Administração, mantidas, neste caso, todas as condições preestabelecidas.

1417. **(Cespe)** Se o governo de determinado estado da Federação construir imóveis residenciais destinados a programa habitacional de interesse social, a venda desses imóveis às pessoas cadastradas no programa deverá ser realizada com base nos dispositivos da inexigibilidade, já que, nesse caso, a licitação é inviável.

Gabarito: Errado.

Nesse caso, como se trata de alienação de bens imóveis, é necessário que sejam observadas as regras constantes nos Art. 17 a 19 da Lei 8.666/93. Sendo assim, a licitação poderá ser dispensada ou poderá ocorrer na modalidade concorrência, em regra geral, ou leilão, em casos pontuais.

1418. **(Cespe)** O edital de licitação pode ser alterado por qualquer meio, desde que se garanta ampla visibilidade da alteração aos participantes.

Gabarito: Errado.

De acordo com a Lei 8.666/93, em seu Art. 21, § 4º: *Qualquer modificação no edital exige divulgação pela mesma forma que se deu o texto original, reabrindo-se o prazo inicialmente estabelecido, exceto quando, inquestionavelmente, a alteração não afetar a formulação das propostas.*

1419. **(Cespe)** Caso determinado órgão público pretenda contratar serviço técnico de treinamento e aperfeiçoamento de pessoal, de natureza singular, a ser prestado por pessoa jurídica de notória especialização, a licitação será dispensável, devido ao fato de se referir a serviço técnico específico.

Gabarito: Errado.

Nesse caso a licitação será inexigível, conforme expressa previsão legal.

Lei 8.666/93:

Art. 25. É inexigível a licitação quando houver inviabilidade de competição, em especial:

II. Para a contratação de serviços técnicos enumerados no Art. 13 desta Lei, de natureza singular, com profissionais ou empresas de notória especialização, vedada a inexigibilidade para serviços de publicidade e divulgação.

1420. **(Cespe)** A etapa da habilitação ocorre após o julgamento das propostas e diz respeito à verificação da documentação relativa à habilitação jurídica e à qualificação econômico-financeira do licitante vencedor.

Gabarito: Errado.

A etapa de habilitação, em regra, ocorre antes do julgamento, na fase externa com a publicação do edital e inclui basicamente cinco etapas: instrumento convocatório; habilitação; classificação; homologação; adjudicação. É importante ressaltar que na modalidade pregão ocorre uma exceção a essa regra, uma vez que nessa modalidade licitatória existe uma inversão das fases de julgamento e habilitação, ou seja, o julgamento irá preceder a fase de habilitação.

1421. **(Cespe)** Será assegurada, na etapa de julgamento das propostas, como critério de desempate, preferência à primeira proposta que tiver sido protocolada.

Gabarito: Errado.

Conforme previsto na Lei 8.666/93, Art. 45, § 2º: *No caso de empate entre duas ou mais propostas, e após obedecido o disposto no § 2º do Art. 3º desta Lei, a classificação se fará, obrigatoriamente, por sorteio, em ato público, para o qual todos os licitantes serão convocados, vedado qualquer outro processo.*

1422. **(Cespe)** A autoridade competente pode deixar de homologar a licitação bem como revogá-la por motivo de conveniência ou oportunidade.

Gabarito: Errado.

De acordo com a Lei 8.666/93, Art. 49: *A autoridade competente para a aprovação do procedimento somente poderá revogar a licitação por razões de interesse público decorrente de fato superveniente devidamente comprovado, pertinente e suficiente para justificar tal conduta, devendo anulá-la por ilegalidade, de ofício ou por provocação de terceiros, mediante parecer escrito e devidamente fundamentado.*

1423. **(Cespe)** Deve ser designada comissão especial de licitação, a qual deverá ser composta por, no mínimo, três servidores públicos pertencentes ao quadro permanente do órgão responsável pela licitação.

Gabarito: Errado.

O erro da questão está em afirmar que a comissão será formada por três servidores públicos, pertencentes ao quadro permanente do órgão responsável pela licitação, quando na verdade a lei exige que pelo menos 2 (dois) deles sejam servidores qualificados.

Lei 8.666/93, Art. 51. A habilitação preliminar, a inscrição em registro cadastral, a sua alteração ou cancelamento, e as propostas serão processadas e julgadas por comissão permanente ou especial de, no mínimo, 3 (três) membros, sendo pelo menos 2 (dois) deles servidores qualificados pertencentes aos quadros permanentes dos órgãos da Administração responsáveis pela licitação.

1424. **(Cespe)** A modalidade de licitação denominada pregão é sempre do tipo menor preço, destinada à aquisição de bens e serviços comuns, qualquer que seja o valor estimado da contratação.

Gabarito: Certo.

De acordo com a Lei 10.520/02:

Art. 4º, X. Para julgamento e classificação das propostas, será adotado o critério de menor preço, observados os prazos máximos para fornecimento, as especificações técnicas e parâmetros mínimos de desempenho e qualidade definidos no edital;

Art. 1º. Para aquisição de bens e serviços comuns, poderá ser adotada a licitação na modalidade de pregão, que será regida por esta Lei.

Parágrafo único. Consideram-se bens e serviços comuns, para os fins e efeitos deste artigo aqueles cujos padrões de desempenho e qualidade possam ser objetivamente definidos pelo edital, por meio de especificações usuais no mercado.

1425. **(Cespe)** Qualquer cidadão é parte legítima para impugnar edital de licitação por irregularidade, de acordo com a lei, devendo protocolar o pedido até cinco dias úteis antes da data fixada para a abertura dos envelopes de habilitação.

Gabarito: Certo.

Todo cidadão é parte legítima para impugnar edital de licitação por irregularidade, devendo protocolar o pedido até cinco dias úteis antes da data fixada para a abertura dos envelopes de habilitação.

1426. **(Cespe)** No pregão para aquisição de bens e serviços comuns relativos à área de saúde, se o quantitativo total estimado para fornecimento não for possível de ser atendido pelo único licitante vencedor, poderão ser convocados outros licitantes para o alcance da totalidade do quantitativo, independentemente da ordem de classificação, desde que os referidos licitantes aceitem praticar o mesmo preço da proposta vencedora.

Gabarito: Errado.

O erro da questão refere-se à ordem de classificação, a qual deve ser respeitada de acordo com a legislação vigente.

Lei 10.520/02, Art. 2-A. A União, os Estados, o Distrito Federal e os Municípios poderão adotar, nas licitações de registro de preços destinadas à aquisição de bens e serviços comuns da área da saúde, a modalidade do pregão, inclusive por meio eletrônico, observando-se o seguinte:

II. Quando o quantitativo total estimado para a contratação ou fornecimento não puder ser atendido pelo licitante vencedor, admitir-se-á a convocação de tantos licitantes quantos forem necessários para o atingimento da totalidade do quantitativo, respeitada a ordem de classificação, desde que os referidos licitantes aceitem praticar o mesmo preço da proposta vencedora.

1427. **(Cespe)** Uma autarquia federal, desejando comprar um bem imóvel - não enquadrado nas hipóteses em que a licitação é dispensada, dispensável ou inexigível - com valor de contratação estimado em R$ 50.000,00, efetuou licitação na modalidade concorrência. Considerando a situação descrita, julgue os itens a seguir, acerca da organização administrativa da União, das licitações e contratos administrativos e do disposto na Lei nº 8.112/1990. Em virtude do valor de contratação estimado, se cumpridas as exigências legais, seria permitida a realização da licitação sob a modalidade convite.

Gabarito: Errado.

A questão erra ao afirmar que a licitação poderia ser realizada na modalidade convite, quando na verdade a modalidade correta é a concorrência, pois trata-se de bem imóvel. Segundo a Lei 8.666/93, a modalidade concorrência é obrigatória para: compra e alienação de bens imóveis, qualquer que seja o seu valor, ressalvado o disposto no Art. 19, que admite concorrência ou leilão para alienação de bens adquiridos em procedimentos judiciais ou mediante dação em pagamento (§ 3º do Art. 23, alterado pela Lei nº 8.883).

1428. **(Cespe)** Caso haja empate entre uma microempresa e uma empresa de pequeno porte, a microempresa terá prioridade na contratação.

Gabarito: Errado.

Segundo a legislação vigente, no caso de empate haverá um sorteio entre elas para que se identifique aquela que primeiro poderá apresentar melhor oferta.

Art. 45. Para efeito do disposto no Art. 44 desta Lei Complementar, ocorrendo o empate, proceder-se-á da seguinte forma:

III. No caso de equivalência dos valores apresentados pelas microempresas e empresas de pequeno porte que se encontrem nos intervalos estabelecidos nos §§ 1º e 2º do artigo 44 desta Lei Complementar, será realizado sorteio entre elas para que se identifique aquela que primeiro poderá apresentar melhor oferta.

1429. **(Cespe)** A comprovação de regularidade fiscal da empresa somente será exigida no momento da apresentação dos lances.

Gabarito: Errado.

Somente será exigida para efeito de assinatura do contrato.

Art. 42. Nas licitações públicas, a comprovação de regularidade fiscal das microempresas e empresas de pequeno porte somente será exigida para efeito de assinatura do contrato.

1430. **(Cespe)** Nos processos licitatórios destinados à aquisição de obras e serviços, a administração não poderá exigir dos licitantes a subcontratação de microempresa ou empresa de pequeno porte.

Gabarito: Errado.

A administração poderá exigir dos licitantes a subcontratação de microempresa ou empresa de pequeno porte, conforme disposição expressa no texto legal.

Lei Complementar 123/06, Art. 48. Para o cumprimento do disposto no artigo 47 desta Lei Complementar, a administração pública

II. Poderá, em relação aos processos licitatórios destinados à aquisição de obras e serviços, exigir dos licitantes a subcontratação de microempresa ou empresa de pequeno porte.

1431. **(Cespe)** É possível a realização de licitação destinada exclusivamente à participação de microempresas e empresas de pequeno porte, quando o objeto da contratação for de até oitenta mil reais.

Gabarito: Certo.

A assertiva trata de mera interpretação legal.

Lei Complementar 123/2006, Art. 48. Para o cumprimento do disposto no Art. 47 desta Lei Complementar, a administração pública

I. Deverá realizar processo licitatório destinado exclusivamente à participação de microempresas e empresas de pequeno porte nos itens de contratação cujo valor seja de até R$ 80.000,00 (oitenta mil reais).

1432. **(Cespe)** Quando o edital previr o fornecimento de bens ou a prestação de serviços em locais diferentes, será obrigatória a exigência de apresentação de proposta diferenciada por município.

Gabarito: Errado.

De acordo com a Lei 7.892/2013, Art. 9, § 2º: *Quando o edital previr o fornecimento de bens ou prestação de serviços em locais diferentes, é facultada a exigência de apresentação de proposta diferenciada por região, de modo que aos preços sejam acrescidos custos variáveis por região.*

1433. **(Cespe)** Cabe ao órgão gerenciador aplicar as penalidades decorrentes de infrações no procedimento licitatório, garantido o direito à ampla defesa e ao contraditório.

Gabarito: Certo.

A assertiva está de acordo com a previsão legal da Lei 7.892/2013:

Art. 5º. Caberá ao órgão gerenciador a prática de todos os atos de controle e administração do Sistema de Registro de Preços, e ainda o seguinte:

IX. Aplicar, garantida a ampla defesa e o contraditório, as penalidades decorrentes de infrações no procedimento licitatório.

1434. **(Cespe)** Diferentemente das pessoas jurídicas de direito privado, as entidades da administração pública indireta dotadas de personalidade jurídica de direito público são criadas diretamente por lei específica.

Gabarito: Certo.

A única pessoa jurídica da administração indireta que possui personalidade jurídica de direito público é a autarquia, sendo que ela é criada diretamente por lei específica. As outras entidades da administração indireta (fundação pública, empresa pública e sociedade de economia mista) são dotadas de personalidade jurídica de direito privado, tendo sua criação autorizada por lei específica.

1435. **(Cespe)** A respeito dos princípios da administração pública e da organização administrativa, julgue o item a seguir.

Embora sejam entidades dotadas de personalidade jurídica de direito privado, as empresas públicas, como regra geral, estão obrigadas a licitar antes de celebrar contratos destinados à prestação de serviços por terceiros.

Gabarito: Certo.

A Lei 8.666/93 diz o seguinte: Art. 1º, Parágrafo único *Subordinam-se ao regime desta Lei, além dos órgãos da administração direta, os fundos especiais, as autarquias, as fundações públicas, as empresas públicas, as sociedades de economia mista e demais entidades controladas direta ou indiretamente pela União, Estados, Distrito Federal e Municípios.*

1436. **(Cespe)** Acerca de licitações, contratos e convênios na administração pública, julgue o item que se segue.

Concorrência, pregão e parcerias são, segundo a Lei n.º 8.666/1993, as modalidades de licitação.

Gabarito: Errado.

As modalidades de licitação segundo a Lei 8.666/93 são: *concorrência; tomada de preço; convite; concurso e leilão*. O pregão está regulamentado na lei 10.520/02.

1437. **(Cespe)** Acerca de licitações, contratos e convênios na administração pública, julgue o item que se segue.

A estrita observância ao edital constitui princípio básico de toda licitação. Assim, o descumprimento desse requisito enseja nulidade do certame.

Gabarito: Certo.

A licitação destina-se a garantir a observância do princípio constitucional da isonomia, a seleção da proposta mais vantajosa para a administração e a promoção do desenvolvimento nacional sustentável e será processada e julgada em estrita conformidade com os princípios básicos da legalidade, da impessoalidade, da moralidade, da igualdade, da publicidade, da probidade administrativa, da vinculação ao instrumento convocatório, ou seja, vinculação ao edital.

1438. **(Cespe)** À luz do disposto na Lei n.º 8.666/1993 — Lei de Licitações e Contratos —, julgue o próximo item.

São cinco as modalidades de licitação: concorrência, tomada de preços, convite, concurso e leilão.

Gabarito: Certo.

As modalidades de licitação são as seguintes: concorrência; tomada de preço; convite; concurso e leilão. Não pode confundir com os tipos de licitação: a de menor preço, a de melhor técnica, a de técnica e preço, a de maior lance ou oferta.

1439. **(Cespe)** À luz do disposto na Lei n.º 8.666/1993 — Lei de Licitações e Contratos —, julgue o próximo item.

É vedada a criação de outras modalidades de licitação além daquelas elencadas na referida lei.

Gabarito: Certo.

À luz do disposto na lei nº 8.666/93, detemos que:

Art 22, § 8º É vedada a criação de outras modalidades de licitação ou a combinação das referidas neste artigo.

1440. **(Cespe)** À luz do disposto na Lei n.º 8.666/1993 — Lei de Licitações e Contratos —, julgue o próximo item.

Concurso é a modalidade de licitação entre quaisquer interessados que, preliminarmente, comprovem possuir a qualificação exigida no edital para a execução do seu objeto.

Gabarito: Errado.

O conceito apresentado refere-se à concorrência. Concurso é a modalidade de licitação entre quaisquer interessados para escolha de trabalho técnico, científico ou artístico, mediante a instituição de prêmios de ou remuneração aos vencedores, conforme critérios constantes de edital publicado na imprensa oficial com antecedência mínima de 45 (quarenta e cinco) dias.

1441. **(Cespe)** Ana é a servidora responsável pela aquisição de livros para as escolas de determinado município. Em uma compra, no valor de R$ 80.000,00, ela optou pelo procedimento licitatório na modalidade convite. Apesar da existência de várias empresas interessadas e aptas a fornecer os livros, foram escolhidas e convidadas apenas duas empresas previamente cadastradas para participar do certame. Ao final do procedimento, sem que tenha havido, comprovadamente, dano ao erário, dolo ou má-fé de Ana, foi contratada para o fornecimento dos livros a empresa de um sobrinho do vice-prefeito do município. O Ministério Público, ao tomar conhecimento dos fatos, ingressou com ação de improbidade contra Ana, sob o argumento de que a servidora violou princípios da administração pública.

Tendo como referência essa situação hipotética, julgue o seguinte item com fundamento na Lei n.º 8.666/1993 — Lei de Licitações e Contratos — e na Lei n.º 8.429/1992, que trata da ação de improbidade.

A lei determina que, na modalidade de licitação adotada por Ana, sejam convidadas, no mínimo, três empresas para participar do certame.

Gabarito: Certo.

De acordo com Lei 8.666/93, Art. § 3º Convite é a modalidade de licitação entre interessados do ramo pertinente ao seu objeto, cadastrados ou não, **escolhidos e convidados em número mínimo de 3 (três) pela unidade administrativa**, a qual afixará, em local apropriado, cópia do instrumento convocatório e o estenderá aos demais cadastrados na correspondente especialidade que manifestarem seu interesse com antecedência de até 24 (vinte e quatro) horas da apresentação das propostas.

1442. **(Cespe)** À luz do disposto na Lei n.º 8.666/1993 — Lei de Licitações e Contratos —, julgue o próximo item.

Os agentes públicos podem incluir nos atos de convocação cláusulas que favoreçam as sociedades cooperativas.

Gabarito: Errado.

É vedado aos agentes públicos incluir nos atos de convocação, cláusulas ou condições que comprometam, restrinjam ou frustrem o seu caráter competitivo, inclusive nos casos de **sociedades cooperativas**, e estabeleçam preferências ou distinções em razão da naturalidade, da sede ou domicílio dos licitantes ou de qualquer outra circunstância impertinente ou irrelevante para o específico objeto do contrato.

1443. **(Cespe)** Ana é a servidora responsável pela aquisição de livros para as escolas de determinado município. Em uma compra, no valor de R$ 80.000,00, ela optou pelo procedimento licitatório na modalidade convite. Apesar da existência de várias empresas interessadas e aptas a fornecer os livros, foram escolhidas e convidadas apenas duas empresas previamente cadastradas para participar do certame. Ao final do procedimento, sem que tenha havido, comprovadamente, dano ao erário, dolo ou má-fé de Ana, foi contratada para o fornecimento dos livros a empresa de um sobrinho do vice-prefeito do município. O Ministério Público, ao tomar conhecimento dos fatos, ingressou com ação de improbidade contra Ana, sob o argumento de que a servidora violou princípios da administração pública.

Tendo como referência essa situação hipotética, julgue o seguinte item com fundamento na Lei n.º 8.666/1993 — Lei de Licitações e Contratos — e na Lei n.º 8.429/1992, que trata da ação de improbidade.

Na situação apresentada, não caberia a utilização do procedimento licitatório na modalidade concorrência.

Gabarito: Errado.

A concorrência é a modalidade de licitação cabível a qualquer que seja o valor de seu objeto, tanto na compra ou alienação. Parte-se do princípio de quem pode mais, pode menos.

1444. **(Cespe)** À luz do disposto na Lei n.º 8.666/1993 — Lei de Licitações e Contratos —, julgue o próximo item.

Em regra, a licitação será sigilosa, exceto quanto ao conteúdo das propostas, até a respectiva abertura.

Gabarito: Errado.

A licitação, em regra, não será sigilosa, sendo públicos e acessíveis ao público os atos de seu procedimento, salvo quanto ao conteúdo das propostas, até a respectiva abertura.

1445. **(Cespe)** Ana é a servidora responsável pela aquisição de livros para as escolas de determinado município. Em uma compra, no valor de R$ 80.000,00, ela optou pelo procedimento licitatório na modalidade convite. Apesar da existência de várias empresas interessadas e aptas a fornecer os livros, foram escolhidas e convidadas apenas duas empresas previamente cadastradas para participar do certame. Ao final do procedimento, sem que tenha havido, comprovadamente, dano ao erário, dolo ou má-fé de Ana, foi contratada para o fornecimento dos livros a empresa de um sobrinho do vice-prefeito do município. O Ministério Público, ao tomar conhecimento dos fatos, ingressou com ação de improbidade contra Ana, sob o argumento de que a servidora violou princípios da administração pública.

Tendo como referência essa situação hipotética, julgue o seguinte item com fundamento na Lei n.º 8.666/1993 — Lei de Licitações e Contratos — e na Lei n.º 8.429/1992, que trata da ação de improbidade.

Ana equivocou-se ao enquadrar a licitação na modalidade convite, pois o valor da compra excedeu o limite estimado para essa modalidade de contratação.

Gabarito: Errado.

Para compras e serviços (NÃO SEJA DE ENGENHARIA), a modalidade de CONVITE admite-se valor até R$ 80.000,00.

1446. **(Cespe)** Com base na Lei n.º 8.666/1993, julgue o item subsecutivo, a respeito de licitações e contratos da administração pública.

Não é permitido que empresas se consorciem para participar de procedimento licitatório.

Gabarito: Errado.

Existe a possibilidade de que empresas se consorciem para participarem de processos licitatórios, de acordo com o Art. 33 da Lei 8.666/93. As hipóteses vedadas estão no inciso IV do mesmo artigo, que diz: *IV - impedimento de participação de empresa consorciada, na mesma licitação, por meio de mais de um consórcio ou isoladamente.*

1447. **(Cespe)** Com base na Lei n.º 8.666/1993, julgue o item subsecutivo, a respeito de licitações e contratos da administração pública.

O procedimento licitatório previsto na referida lei é um ato administrativo formal.

Gabarito: Certo.

Correto, pois o procedimento licitatório previsto na Lei 8.666/93 caracteriza-se ATO ADMINISTRATIVO FORMAL (é aquele que, originando-se do Poder Executivo, encerra matéria de natureza administrativa), seja ele praticado em qualquer esfera da Administração pública.

1448. **(Cespe)** Com base na Lei n.º 8.666/1993, julgue o item subsecutivo, a respeito de licitações e contratos da administração pública.

Tanto o servidor público do órgão ou da entidade contratante quanto o responsável pela licitação podem dela participar.

Gabarito: Errado.

Conforme a Lei 8.666/93, *Art. 9º Não poderá participar, direta ou indiretamente, da licitação ou da execução de obra ou serviço e do fornecimento de bens a eles necessários:*

III – servidor ou dirigente de órgão ou entidade contratante ou responsável pela licitação.

1449. **(Cespe)** Com base na Lei n.º 8.666/1993, julgue o item subsecutivo, a respeito de licitações e contratos da administração pública.

Sob pena de nulidade e responsabilização do servidor, nenhuma compra pode ser realizada sem a adequada caracterização do seu objeto e a indicação dos recursos orçamentários para seu pagamento.

Gabarito: Certo.

De acordo com a Lei 8.666/93, *Art. 14. Nenhuma compra será feita sem a adequada caracterização de seu objeto e indicação dos recursos orçamentários para seu pagamento, sob pena de nulidade do ato e responsabilidade de quem lhe tiver dado causa.*

1450. **(Cespe)** Com base na Lei n.º 8.666/1993, julgue o item subsecutivo, a respeito de licitações e contratos da administração pública.

A concorrência pública não constitui uma modalidade de licitação.

Gabarito: Errado.

Lei 8.666/93, *Art.22. São modalidades de licitação: I-concorrência; II-tomada de preços; III-convite; IV-concurso; V-leilão.*

1451. **(Cespe)** Ainda com base na Lei n.º 8.666/1993, julgue o próximo item, acerca de licitações e contratos da administração pública.

A nulidade da licitação induz à do contrato, em qualquer hipótese.

Gabarito: Errado.

Art. 49, § 2º A nulidade do procedimento licitatório induz à do contrato, RESSALVADO o disposto no parágrafo único do Art. 59 desta Lei, ou seja, não é em qualquer hipótese.

1452. **(Cespe)** Ainda com base na Lei n.º 8.666/1993, julgue o próximo item, acerca de licitações e contratos da administração pública.

A administração não está obrigada a cumprir o princípio da vinculação em edital.

Gabarito: Errado.

Tanto a administração quanto o licitante estão vinculados ao instrumento convocatório. Logo, é vedado à administração o descumprimento das condições pré-estabelecidas em EDITAL, ao qual está estritamente vinculada.

1453. **(Cespe)** Ainda com base na Lei n.º 8.666/1993, julgue o próximo item, acerca de licitações e contratos da administração pública.

Não se exige que a minuta do futuro contrato integre o edital convocatório da licitação.

Gabarito: Errado.

Lei 8.666, Art. 62. A minuta do futuro contrato integrará SEMPRE o edital ou ato convocatório da licitação. **Minuta de contrato é uma redação inicial e provisória de um contrato.**

1454. **(Cespe)** O teto de um imóvel pertencente à União desabou em decorrência de fortes chuvas, as quais levaram o poder público a decretar estado de calamidade na região. Maria, servidora pública responsável por conduzir o processo licitatório para a contratação dos serviços de reparo pertinentes, diante da situação de calamidade pública, decidiu contratar mediante dispensa de licitação. Findo o processo de licitação, foi escolhida a Empresa Y, que apresentou preços superiores ao preço de mercado, mas, reservadamente, prometeu, caso fosse contratada pela União, realizar, com generoso desconto, uma grande reforma no banheiro da residência de Maria. Ao final, em razão da urgência, foi firmado contrato verbal entre a União e a Empresa Y e executados tanto os reparos contratados quanto a reforma prometida.

Com referência a essa situação hipotética, julgue o item que se segue.

Maria equivocou-se ao enquadrar a situação como típica de dispensa de licitação, tendo em vista que, nos casos de calamidade, é possível a contratação por inexigibilidade.

Gabarito: Errado.

Art. 24. É dispensável a licitação: IV – nos casos de emergência ou de CALAMIDADE PÚBLICA. **Portanto, é um caso de dispensa de licitação e não um caso de Inexigibilidade.**

1455. **(Cespe)** O teto de um imóvel pertencente à União desabou em decorrência de fortes chuvas, as quais levaram o poder público a decretar estado de calamidade na região. Maria, servidora pública responsável por conduzir o processo licitatório para a contratação dos serviços de reparo pertinentes, diante da situação de calamidade pública, decidiu contratar mediante dispensa de licitação. Findo o processo de licitação, foi escolhida a Empresa Y, que apresentou preços superiores ao preço de mercado, mas, reservadamente, prometeu, caso fosse contratada pela União, realizar, com generoso desconto, uma grande reforma no banheiro da residência de Maria. Ao final, em razão da urgência, foi firmado contrato verbal entre a União e a Empresa Y e executados tanto os reparos contratados quanto a reforma prometida.

Com referência a essa situação hipotética, julgue o item que se segue.

Na situação hipotética apresentada, não seria necessário juntar ao processo de licitação a justificativa de preço para contratação da Empresa Y.

Gabarito: Errado.

O Art. 26 da Lei 8.666/93 apresenta algumas exigências para alguns casos de contratação direta, entre eles para as licitações dispensáveis, *III - justificativa do preço. Logo, a justificativa do preço deveria ser juntada ao processo de licitação.*

1456. **(Cespe)** Julgue o próximo item, relativo a licitações e contratos.

Excetuados os casos de empreendimentos executados e explorados sob o regime de concessão, é proibido exigir, no objeto da licitação, a obtenção de recursos financeiros para tornar viável a execução do empreendimento.

Gabarito: Certo.

Art. 7, §3º. É VEDADO incluir no objeto da licitação a obtenção de recursos financeiros para sua execução, qualquer que seja a sua origem, EXCETO nos casos de empreendimentos executados e explorados sob o regime de concessão.

1457. **(Cespe)** Julgue o próximo item, relativo a licitações e contratos.

É permitida a contratação de terceiros para auxiliar o trabalho do representante da administração que tenha sido designado para acompanhar e fiscalizar a execução do contrato administrativo.

Gabarito: Certo.

***Lei 8.666, Art. 67. A execução do contrato deverá ser acompanhada e fiscalizada por um representante da Administração especialmente designado, PERMITIDA A CONTRATAÇÃO DE TERCEIROS PARA ASSISTI-LO E SUBSIDIÁ-LO de informações pertinentes a essa atribuição.* Lembrando que a atribuição de fiscal deve recair sobre o agente da administração pública.**

1458. **(Cespe)** A fim de comemorar o aniversário de um órgão público, a direção desse órgão celebrou um contrato administrativo, no valor de R$ 18.000,00, com um músico consagrado pela opinião pública. A partir dessa situação hipotética, julgue os próximos itens com base na Lei de Licitações e Contratos — Lei n.º 8.666/1993.

Na referida contratação, o processo licitatório será inexigível por causa do valor do contrato.

Gabarito: Errado.

O erro está em dizer que o processo será inexigível por causa do valor, pois não existe inexigibilidade por baixo valor. A licitação seria inexigível, pela inviabilidade de competição.

1459. **(Cespe)** A FUNPRESP–JUD planeja utilizar o critério do menor preço a fim de realizar um processo licitatório para a contratação de serviço de natureza continuada de vigilância.

Considerando essa situação hipotética, julgue o seguinte item de acordo com a Lei de Licitações e Contratos.

A minuta do edital de licitação do referido processo deverá ser previamente examinada e aprovada por assessoria jurídica da administração pública.

Gabarito: Certo.

As minutas de editais de licitação, bem como as dos contratos, acordos, convênios ou ajustes devem ser PREVIAMENTE EXAMINADAS E APROVADAS por assessoria jurídica da Administração.

1460. **(Cespe)** A FUNPRESP–JUD planeja utilizar o critério do menor preço a fim de realizar um processo licitatório para a contratação de serviço de natureza continuada de vigilância.

Considerando essa situação hipotética, julgue o seguinte item de acordo com a Lei de Licitações e Contratos.

A FUNPRESP–JUD poderá contratar uma empresa que não tenha participado do processo licitatório, com justificativa no princípio da economicidade.

Gabarito: Errado.

***Art.50. A Administração não poderá celebrar o contrato com preterição da ordem de classificação das propostas ou com terceiros estranhos ao procedimento licitatório, sob pena de nulidade.* Devendo seguir o princípio da ADJUDICAÇÃO COMPULSÓRIA, ou seja, se decidir pela contratação deverá contratar o vencedor do certame.**

1461. **(Cespe)** A FUNPRESP–JUD planeja utilizar o critério do menor preço a fim de realizar um processo licitatório para a contratação de serviço de natureza continuada de vigilância.

Considerando essa situação hipotética, julgue o seguinte item de acordo com a Lei de Licitações e Contratos.

Assim como melhor técnica e maior lance ou oferta, o menor preço, a ser empregado no referido processo licitatório, constitui um tipo de licitação previsto na Lei de Licitações e Contratos.

Gabarito: Certo.

O critério de menor preço é um tipo de licitação. Constituem tipos de licitação: *I-menor preço II- melhor técnica; III- técnica e preço. IV- maior lance ou oferta.*

1462. **(Cespe)** Determinado município pretende contratar empresa para a prestação de serviço de conservação e limpeza do prédio da prefeitura. Nessa hipótese, a licitação poderá ser dispensada no caso de ter ocorrido frustração de procedimento licitatório anterior para o mesmo fim pela falta de interessados, e se for verificado, justificadamente, que a repetição do procedimento redundará em prejuízo para a administração pública.

Gabarito: Certo.

É o caso de LICITAÇÃO DESERTA, quando a licitação é convocada e não aparece nenhum interessado. Nesse caso, torna-se DISPENSÁVEL a licitação, e a administração pode contratar diretamente, desde de que devidamente motivada demonstre prejuízo na realização de uma nova licitação e que mantidas as condições constantes no instrumento convocatório.

1463. **(Cespe)** Com relação à licitação pública, assinale a opção correta de acordo com as disposições da Lei n.º 8.666/1993.

De acordo com a legislação pertinente, são as seguintes as possíveis modalidades de licitação pública: convite, concorrência, tomada de preços e pregão.

Gabarito: Errado.

Lei 8.666, Art.22. São modalidades de licitação: I-concorrência; II-tomada de preços; III-convite; IV-concurso; V-leilão. São 5 as possíveis modalidades de licitação e não apenas 4 como diz a questão.

1464. **(Cespe)** Determinado município pretende contratar empresa para a prestação de serviço de conservação e limpeza do prédio da prefeitura. Nessa hipótese, a licitação será inexigível caso o valor da contratação não exceda o percentual de 10% sobre a importância limitadora da modalidade convite.

Gabarito: Errado.

O limite de 10% do valor da modalidade convite constitui hipótese de licitação DISPENSÁVEL e não inexigível.

1465. **(Cespe)** Com relação à licitação pública, assinale a opção correta de acordo com as disposições da Lei n.º 8.666/1993.

Se determinado município pretende adquirir medicamento produzido por uma única indústria farmacêutica, então o responsável pela licitação deverá considerar o certame dispensável.

Gabarito: Errado.

Lei 8.666/93, Art.25. É INEXIGÍVEL, não dispensável, a licitação quando houver inviabilidade de competição, em especial: Para aquisição de materiais, equipamentos, ou gêneros que só possam ser fornecidos por produtor, empresa ou representante comercial EXCLUSIVO, vedada a preferência de marca.

1466. **(Cespe)** Determinado município pretende contratar empresa para a prestação de serviço de conservação e limpeza do prédio da prefeitura. Nessa hipótese, a licitação deverá ser realizada na modalidade convite independentemente do valor estimado da contratação.

Gabarito: Errado.

Convite é modalidade licitatória aplicada até o limite de R$ 150 mil para obras e serviços de engenharia e R$ 80 mil para compras e demais serviços. Logo, o valor é um dos seus pressupostos de aplicação e não INDEPENDENTEMENTE do valor, como diz a questão.

1467. **(Cespe)** À luz da norma de regência, a licitação é dispensável para a celebração com as organizações sociais, qualificadas no âmbito das respectivas esferas de governo, de contratos de prestação de serviços para atividades contempladas no contrato de gestão.

Gabarito: Certo.

Art.24. É dispensável a licitação: XXIV - para a celebração de contratos de prestação de serviços com as organizações sociais, qualificadas no âmbito das respectivas esferas de governo, para atividades contempladas no contrato de gestão.

1468. **(Cespe)** A respeito de licitações de obras e serviços de engenharia, julgue o item a seguir com base na Lei n.º 8.666/1993.

O autor do projeto básico ou executivo, pessoa física ou jurídica, não poderá participar da licitação ou da execução de obra ou serviço objeto da licitação.

Gabarito: Certo.

Art. 9. Não poderá participar, direta ou indiretamente, da licitação ou da execução de obra ou serviço e do fornecimento de bens a eles necessários: I- o autor do projeto, básico ou executivo, pessoa física ou jurídica; Parece óbvio, mas a pessoa que propõe determinado projeto não pode participar de licitação que forneça bens e serviços a sua própria obra.

1469. **(Cespe)** À luz da norma de regência, a licitação é dispensável para aquisição de materiais, equipamentos ou gêneros que só possam ser fornecidos por produtor, empresa ou representante comercial exclusivo, vedada a preferência de marca.

Gabarito: Errado.

Lei 8.666/93, Art. 25. É INEXIGÍVEL, não dispensável, a licitação quando houver inviabilidade de competição, em especial: Para aquisição de materiais, equipamentos, ou gêneros que só possam ser fornecidos por produtor, empresa ou representante comercial EXCLUSIVO, vedada a preferência de marca.

1470. **(Cespe)** A respeito de licitações de obras e serviços de engenharia, julgue o item a seguir com base na Lei n.º 8.666/1993.
Obras e serviços somente poderão ser licitados se dispuserem de projeto básico aprovado por autoridade competente.

Gabarito: Certo.

De acordo com o Art. 7º da Lei 8.666/1993, obras e serviços só poderão ser licitados se dispuserem de projeto básico.

Art. 7º, § 2º ***As obras e os serviços*** *somente poderão ser licitados quando:*

I - houver ***projeto básico aprovado pela autoridade competente*** *e disponível para exame dos interessados em participar do processo licitatório;*

1471. **(Cespe)** À luz da norma de regência, a licitação é dispensável para a contratação de profissional de qualquer setor artístico, diretamente ou por meio de empresário exclusivo, se tal artista for consagrado pela crítica especializada ou pela opinião pública.

Gabarito: Errado.

A licitação para a contratação de profissional de qualquer setor artístico (...), é INEXIGÍVEL e não dispensável como afirmou a assertiva.

Art. 25. É inexigível a licitação quando houver inviabilidade de competição, em especial:

III - ***para contratação de profissional de qualquer setor artístico, diretamente ou através de empresário exclusivo, desde que consagrado pela crítica especializada ou pela opinião pública.***

1472. **(Cespe)** Com relação à organização administrativa e às licitações, julgue o próximo item.
Situação hipotética: Determinado tribunal de contas, para comemorar o aniversário de sua criação, realizará um evento no qual está prevista a apresentação de renomado músico nacional. Assertiva: Nessa situação, a contratação do referido músico configura hipótese de inexigibilidade de licitação, por se tratar de profissional do setor artístico consagrado pela opinião pública.

Gabarito: Certo.

A licitação é inexigível em três situações, entre elas a contratação de profissional do setor artístico consagrado pela opinião pública. Segundo a Lei 8.666/1993, *Art. 25, III - para contratação de profissional de qualquer setor artístico, diretamente ou através de empresário exclusivo, desde que consagrado pela crítica especializada ou pela opinião pública.*

1473. **(Cespe)** À luz da norma de regência, a licitação é dispensável para a celebração de qualquer tipo de contrato se, mesmo sendo possível a realização da licitação, não tenham surgido interessados em licitação realizada para tal fim e a repetição da licitação cause prejuízo.

Gabarito: Errado.

O erro da questão está em dizer que é dispensável a licitação para a celebração de "qualquer tipo de contrato", pois não são todas as modalidades que são dispensadas. Além disso, o Art. 24, "V" cita que: É dispensável a licitação quando não acudirem interessados à licitação anterior e esta, justificadamente, **não puder ser repetida** sem prejuízo para a Administração, mantidas, neste caso, todas as condições preestabelecidas.

1474. **(Cespe)** Com relação à licitação pública, julgue o item seguinte.

Concurso é a modalidade de licitação indicada para a escolha de trabalho técnico ou científico, mediante a instituição aos vencedores de prêmios em dinheiro, conforme critérios constantes de edital publicado na imprensa oficial com antecedência mínima de trinta dias.

Gabarito: Errado.

A questão traz de forma expressa o teor do Art. 22, §4º, alterando apenas o prazo no final. O prazo correto para a modalidade concurso é de 45 dias. Conforme o texto legal, *Art. 22, §4º Concurso é a modalidade de licitação entre quaisquer interessados para escolha de trabalho técnico, científico ou artístico, mediante a instituição de prêmios ou remuneração aos vencedores, conforme critérios constantes de edital publicado na imprensa oficial com antecedência mínima de 45 (quarenta e cinco) dias.*

1475. **(Cespe)** À luz da norma de regência, a licitação é dispensável para as compras, pelas Forças Armadas, de material de uso pessoal e administrativo, se houver necessidade de manter a padronização requerida pela estrutura de apoio logístico dos meios navais, aéreos e terrestres.

Gabarito: Errado.

Para as compras pelas forças armadas a licitação é dispensável, no entanto não é absoluto. Pois, tratando-se de **materiais de uso pessoal e administrativo** a própria legislação traz essa ressalva. Lei 8.666/1993, *Art. 24, É dispensável a licitação: XIX - para as compras de material de uso pelas Forças Armadas, com exceção de materiais de uso pessoal e administrativo, quando houver necessidade de manter a padronização requerida pela estrutura de apoio logístico dos meios navais, aéreos e terrestres, mediante parecer de comissão instituída por decreto;*

1476. **(Cespe)** Com relação à licitação pública, julgue o item seguinte.

Está sujeita à nulidade a celebração de contrato com a administração pública que desrespeite a ordem de classificação das propostas ou que inclua terceiros estranhos ao procedimento licitatório.

Gabarito: Certo.

Questão de acordo com a Lei 8.666/1993. *Art. 50. A Administração não poderá celebrar o contrato com preterição da ordem de classificação das propostas ou com terceiros estranhos ao procedimento licitatório, sob pena de nulidade.*

1477. **(Cespe)** No que se refere às licitações públicas, julgue o próximo item.

Caso uma entidade municipal paraense deseje realizar convênio com órgão do mesmo estado, ela deve propor plano de trabalho, que deverá conter, no mínimo, o plano de aplicação dos recursos financeiros e o cronograma de desembolso.

Gabarito: Errado.

A questão equivoca-se ao apresentar de maneira errada a exigência de no mínimo dois requisitos. Além do plano de aplicação dos recursos e o cronograma de desembolso, há a previsão de mais cinco requisitos.

Art. 116. Aplicam-se as disposições desta Lei, no que couber, aos convênios, acordos, ajustes e outros instrumentos congêneres celebrados por órgãos e entidades da Administração.

§ 1º A ***celebração de convênio****, acordo ou ajuste pelos órgãos ou entidades da Administração Pública depende de prévia aprovação de competente plano de trabalho proposto pela organização interessada,* ***o qual deverá conter, no mínimo, as seguintes informações:***

I - ***identificação do objeto a ser executado;***

II - ***metas a serem atingidas;***

III - ***etapas ou fases de execução;***

IV - ***plano de aplicação dos recursos financeiros;***

V - ***cronograma de desembolso;***

VI - ***previsão de início e fim da execução do objeto, bem assim da conclusão das etapas ou fases programadas;***

VII - ***se o ajuste compreender obra ou serviço de engenharia, comprovação de que os recursos próprios para complementar a execução do objeto estão devidamente assegurados, salvo se o custo total do empreendimento recair sobre a entidade ou órgão descentralizador.***

1478. **(Cespe)** Acerca das normas para licitações e contratos da administração pública, julgue o item subsequente.

É permitido a qualquer pessoa requisitar informações quantitativas de obras e de preços unitários de obras executadas pela administração pública.

Gabarito: Certo.

Porém gerou muita discussão. Pois os conceitos e pessoa e cidadão não são sinônimos. De acordo com a Lei 8.666/1993, *Art. 7º, §8º Qualquer cidadão poderá requerer à Administração Pública os quantitativos das obras e preços unitários de determinada obra executada.*

1479. **(Cespe)** Acerca das normas para licitações e contratos da administração pública, julgue o item subsequente.

As normas de licitação e contratos não devem prever tratamento diferenciado para favorecer microempresas e empresas de pequeno porte.

Gabarito: Errado.

De acordo com a Lei nº 8.666/1993, as normas de licitação devem privilegiar o tratamento diferenciado e favorecido às microempresas e empresas de pequeno porte na forma da lei. É o que nos traz o Art. 5º A da referida lei.

*Art. 5º-A. **As normas de licitações** e contratos **devem privilegiar** o tratamento diferenciado e favorecido às **microempresas e empresas de pequeno porte** na forma da lei.* Portanto, item errado.

1480. **(Cespe)** Acerca das normas para licitações e contratos da administração pública, julgue o item subsequente.

De acordo com a legislação vigente, é permitida, conforme o tamanho do contrato, a criação de novas modalidades de licitação ou a implantação de processos licitatórios mistos e adaptados.

Gabarito: Errado.

A Lei 8.666/1993 veda tanto a criação, quanto a combinação entre elas.

Art. 22, §8º - É vedada a criação de outras modalidades de licitação ou a combinação das referidas neste artigo.

1481. **(Cespe)** A respeito do controle da administração pública, do processo administrativo e da licitação, julgue o item a seguir.

Será nulo o edital de licitação que fixar o preço máximo admitido para a aquisição de bens comuns.

Gabarito: Errado.

O que a Lei nº 8.666/1993 veda é a fixação de preços mínimos, sendo permitida, portanto, a fixação de preço máximos.

*Art. 40, X - o critério de aceitabilidade dos preços unitário e global, conforme o caso, **permitida a fixação de preços máximos e vedados a fixação de preços mínimos**, critérios estatísticos ou faixas de variação em relação a preços de referência, ressalvado o disposto nos parágrafos 1º e 2º do Art. 48*

1482. **(Cespe)** Com base no disposto nas Leis n.º 8.666/1993, julgue o item que se segue.

A administração deve realizar procedimento licitatório para a contratação, com terceiros, de compras, serviços, obras, alienações e permissões, entre outros objetos.

Gabarito: Certo.

Assertiva correta e de acordo com o Art. 2º da Lei 8.666/1993.

Art. 2º As obras, serviços, inclusive de publicidade, compras, alienações, concessões, permissões e locações da Administração Pública, quando contratadas com terceiros, serão necessariamente precedidas de licitação, ressalvadas as hipóteses previstas nesta Lei.

1483. **(Cespe)** No que concerne às licitações públicas, julgue o item subsecutivo.

As compras feitas pela administração pública não poderão ser efetuadas sem a adequada caracterização de seu objeto e a indicação dos recursos orçamentários para seu pagamento, sob pena de nulidade do ato e responsabilidade de quem lhe tiver dado causa.

Gabarito: Certo.

As compras feitas pela Administração não poderão ser realizadas sem a adequada caracterização de seu objeto e sem indicação dos recursos para seu pagamento. Sob pena de nulidade.

Art. 14. ***Nenhuma compra será feita sem a adequada caracterização de seu objeto e indicação dos recursos orçamentários para seu pagamento, sob pena de nulidade do ato e responsabilidade de quem lhe tiver dado causa.***

1484. **(Cespe)** No que concerne às licitações públicas, julgue o item subsecutivo.

A celebração de contratos de prestação de serviços com as organizações sociais — qualificadas no âmbito das respectivas esferas de governo — para o desenvolvimento de atividades contempladas no contrato de gestão constitui hipótese de inexigibilidade de licitação.

Gabarito: Errado.

É um caso de licitação dispensável e não de inexigibilidade. Conforme previsão no Art. 24 da Lei 8.666/1993

Art. 24. É ***dispensável*** *a licitação:*

XXIV - para a celebração de contratos de prestação de serviços com as ***organizações sociais***, *qualificadas no âmbito das respectivas esferas de governo, para atividades contempladas no contrato de gestão.*

1485. **(Cespe)** Com base na Lei n.º 8.666/1993, que estabelece normas gerais acerca de licitações e contratos administrativos pertinentes a obras, serviços, publicidade, compras, alienações e locações, julgue o item a seguir, acerca de obras e serviços.

A licitação será dispensável se o valor para obras e serviços de engenharia corresponder a até 20% do valor limite da licitação na modalidade convite.

Gabarito: Errado.

A licitação será dispensável se o valor para obras e serviços de engenharia corresponder a **até 10%** do valor limite da licitação na modalidade convite.

Lei 8.666/1993, Art. 24 É dispensável a licitação, I - para ***obras e serviços de engenharia de valor até 10% (dez por cento)*** *do limite previsto na alínea "a", do inciso I do artigo anterior, desde que não se refiram a parcelas de uma mesma obra ou serviço ou ainda para obras e serviços da mesma natureza e no mesmo local que possam ser realizadas conjunta e concomitantemente.*

1486. **(Cespe)** Com base na Lei n.º 8.666/1993, que estabelece normas gerais acerca de licitações e contratos administrativos pertinentes a obras, serviços, publicidade, compras, alienações e locações, julgue o item a seguir, acerca de obras e serviços.

O autor de um projeto executivo, seja pessoa física, seja jurídica, poderá participar da licitação e(ou) da execução da obra ou serviço de engenharia correspondente.

Gabarito: Errado.

O autor do projeto, básico ou executivo, pessoa física ou jurídica, não poderá participar da licitação ou da execução de obra. Conforme previsão legal na Lei de Licitação nº 8.666/1993.

Art. 9º. ***Não poderá participar****, direta ou indiretamente,* ***da licitação ou da execução de obra ou serviço*** *e do fornecimento de bens a eles necessários:*

I - o autor do projeto, básico ou executivo, pessoa física ou jurídica;

1487. **(Cespe)** Com base na Lei n.º 8.666/1993, que estabelece normas gerais acerca de licitações e contratos administrativos pertinentes a obras, serviços, publicidade, compras, alienações e locações, julgue o item a seguir, acerca de obras e serviços.

Obras e serviços de engenharia só poderão ser licitados se houver projeto básico aprovado pela autoridade competente e disponível para exame dos interessados em participar do processo licitatório.

Gabarito: Certo.

Lei 8.666/93, Art. 7º § 2º As obras e os serviços somente poderão ser licitados quando houver projeto básico aprovado pela autoridade competente e disponível para exame dos interessados em participar do processo licitatório.

1488. **(Cespe)** Com base na Lei n.º 8.666/1993, que estabelece normas gerais acerca de licitações e contratos administrativos pertinentes a obras, serviços, publicidade, compras, alienações e locações, julgue o item a seguir, acerca de obras e serviços.

O primeiro critério de desempate de licitação conduzida em igualdade de condições aos participantes é a exigência de os bens e serviços, objetos da licitação, serem produzidos no país.

Gabarito: Certo.

Em caso de empate terão a preferência os produtos e serviços de origem brasileira, como traz o Art. 2º: *Em igualdade de condições, como critério de desempate, será assegurada preferência, sucessivamente, aos bens e serviços PRODUZIDOS NO PAÍS.*

1489. **(Cespe)** A reforma de um prédio público foi orçada pela administração em um milhão de reais. Para licitar a reforma, de acordo com o tipo de obra e valor orçado, a comissão de licitações poderá adotar a concorrência como modalidade de licitação.

Gabarito: Certo.

Art. 23, Lei 8.666/93: tendo em vista o valor estimado da contratação para obras e serviços de engenharia:

a) convite - até R$ 150.000,00 (cento e cinquenta mil reais);

b) tomada de preços - até R$ 1.500.000,00

c) concorrência: acima de R$ 1.500.000,00 (um milhão e quinhentos mil reais); CUIDADO! A questão trouxe como sendo uma POSSIBILIDADE o uso da modalidade concorrência, ou seja, quem pode o mais pode o menos. Caso a reforma custasse mais de 1.500.000, a administração pública seria OBRIGADA a licitar pela modalidade concorrência.

1490. **(Cespe)** Para a construção de um edifício público sem a previsão de crédito, a administração pública não poderá licitar a obra.

Gabarito: Certo.

Obras e serviços somente poderão ser licitados quando houver a previsão de recursos orçamentários, ou seja, sem previsão sem licitação.

1491. **(Cespe)** Durante a licitação de uma obra pública, determinada proposta foi desclassificada por preço inexequível. Isso significa que a licitante não conseguiu demonstrar a viabilidade de sua proposta.

Gabarito: Certo.

São manifestamente desclassificadas as propostas INEXEQUIVEIS, ou seja, são impraticáveis ou muito abaixo do orçamento previsto pela ADM Publica.

1492. **(Cespe)** Com base nas regras e princípios relativos à licitação pública e aos contratos administrativos.

É inexigível a licitação para aquisição de materiais, equipamentos, ou gêneros de determinada marca, quando essa só possa ser fornecida por representante comercial exclusivo.

Gabarito: Errado.

Conforme o Art. 25, I da Lei 8.666/93, a licitação é inexigível para aquisição de materiais, equipamentos, ou gêneros que só possam ser fornecidos por produtor, empresa ou representante comercial exclusivo, sendo VEDADA A PREFERÊNCIA DE MARCA.

1493. **(Cespe)** Com base nas regras e princípios relativos à licitação pública e aos contratos administrativos.

Na contratação direta de serviço de engenharia por dispensa ou inexigibilidade de licitação, se o valor da contratação for inferior a R$ 150.000,00, o instrumento de contrato não será obrigatório.

Gabarito: Certo.

Art. 23, Lei 8.666/93: tendo em vista o valor estimado da contratação para obras e serviços de engenharia:

a) convite - até R$ 150.000,00 (cento e cinquenta mil reais);

b) tomada de preços - até R$ 1.500.000,00

***c) concorrência: acima de R$ 1.500.000,00 (um milhão e quinhentos mil reais).* Não existe previsão de modalidade INFERIOR A R$ 150.000, portanto, o instrumento de contrato não é obrigatório.**

1494. **(Cespe)** Com base nas regras e princípios relativos à licitação pública e aos contratos administrativos.

É dispensável a licitação para a contratação de instituição que promoverá a recuperação social de presos. Para esse fim, o poder público pode contratar pessoa jurídica com ou sem fim lucrativo, desde que a instituição seja de inquestionável reputação ético-profissional.

Gabarito: Errado.

É dispensável a licitação para a contratação de instituição que promoverá a recuperação social de presos, no entanto somente para pessoas jurídicas SEM FINS LUCRATIVOS e não como menciona a questão.

1495. **(Cespe)** A respeito de licitações, contratos administrativos e convênios.

Em se tratando de licitação de obra relacionada a empreendimento executado e explorado sob o regime de concessão, é vedado incluir no objeto da licitação a previsão de obtenção de recursos financeiros para a sua execução.

Gabarito: Errado.

É vedado incluir no objeto da licitação a obtenção de recursos financeiros para sua execução, qualquer que seja a sua origem, EXCETO nos casos de empreendimentos executados e explorados sob O REGIME DE CONCESSÃO, nos termos da legislação específica.

1496. **(Cespe)** No que se refere à contratação de bens e serviços de TI, julgue o próximo item à luz da Lei n.º 8.666/1993 e de suas alterações.

Em decorrência do princípio da economicidade, as compras devem ser subdivididas na quantidade de parcelas que forem necessárias para aproveitar as oportunidades do mercado.

Gabarito: Certo.

As compras, sempre que possível, deverão ser subdivididas em tantas parcelas quantas necessárias para aproveitar as peculiaridades do mercado, visando economicidade, ou seja, a administração tem a possibilidade de optar pela melhor forma de pagamento que traga vantagens econômicas.

1497. **(Cespe)** Relativa a compras no governo federal.

Na tomada de preços, são escolhidos e convidados a participar do certame no mínimo três interessados, cadastrados ou não, que atuem no mesmo ramo do objeto da licitação.

Gabarito: Errado.

Tomada de preços é a modalidade entre interessados devidamente cadastrados ou que atendam às condições do edital até três dias antes da data do recebimento das propostas. A questão traz o caso da modalidade CONVITE onde são convidados a participar do certame no mínimo 3 interessados.

1498. **(Cespe)** Relativa a compras no governo federal.

Em licitações nas modalidades tomada de preços e concorrência pública, pode ser exigida a comprovação de atividade ou de aptidão com limitações de tempo ou de época.

Gabarito: Errado.

Lei 8666/93, *Art.º 30. É VEDADA a exigência de comprovação de atividade ou de aptidão com limitações de tempo ou de época ou ainda em locais específicos, ou quaisquer outras não previstas nesta Lei, que INIBAM A PARTICIPAÇÃO NA LICITAÇÃO.*

Processo Administrativo Federal

1499. **(Cespe)** Titular de órgão administrativo que delegar parte de sua competência a outro órgão não poderá revogar o ato de delegação.

Gabarito: Errado.

A delegação pode ser revogada a qualquer momento pela autoridade delegante, conforme o Art. 14, § 2º, da Lei 9.784/99.

1500. **(Cespe)** Órgão é unidade de atuação integrante da estrutura da administração direta e indireta; entidade é unidade não dotada de personalidade jurídica.

Gabarito: Errado.

Os conceitos estão invertidos; para fins da Lei 9.784/99, considera-se: órgão - a unidade de atuação integrante da estrutura da Administração Direta e da estrutura da Administração indireta; entidade - a unidade de atuação dotada de personalidade jurídica (Art. 1º, § 2º, inciso I e II, da supracitada lei).

1501. **(Cespe)** Se o recorrente de decisão administrativa alegar que a decisão contraria enunciado de Súmula vinculante, caberá à autoridade prolatora da decisão impugnada, se não a reconsiderar, explicitar, antes de encaminhar o recurso à autoridade superior, as razões da inaplicabilidade da súmula.

Gabarito: Certo.

Trata-se da redação do Art. 56, § 3º, da Lei 9.784/99, que dispõe: *Se o recorrente alegar que a decisão administrativa contraria enunciado da Súmula vinculante, caberá à autoridade prolatora da decisão impugnada, se não a reconsiderar, explicitar, antes de encaminhar o recurso à autoridade superior, as razões da aplicabilidade ou inaplicabilidade da súmula, conforme o caso.*

1502. **(Cespe)** No processo administrativo instaurado para apurar fato praticado por determinado servidor, caso este não compareça ao processo quando regularmente intimado para apresentar defesa, não devem ser considerados verdadeiros os fatos a ele imputados. No prosseguimento do processo, contudo, não pode o servidor apresentar alegações, produzir provas ou recorrer da decisão proferida.

Gabarito: Errado.

O não atendimento da intimação não importa o reconhecimento da verdade dos fatos, nem a renúncia a direito pelo administrado (Art. 27 da Lei 9.784/99). Dessa forma, o servidor tem, mesmo tendo desatendido a licitação, seu direito à ampla defesa garantido.

1503. **(Cespe)** Se um servidor, em processo administrativo de que seja parte, interpuser recurso perante órgão incompetente para o processamento e o julgamento de sua pretensão, deverá ser indicada a esse servidor a autoridade competente, sendo-lhe devolvido o prazo para recurso.

Gabarito: Certo.

O Art. 63, inciso II, da Lei 9.784/99 diz que o recurso não será conhecido se interposto perante autoridade incompetente. Entretanto, o § 1º desse mesmo dispositivo diz que, nessa hipótese, será indicada ao recorrente a autoridade competente, sendo-lhe devolvido o prazo para recurso.

1504. **(Cespe)** A interposição de recurso administrativo por um servidor no processo de seu interesse implica, via de regra, a automática concessão de efeito suspensivo à efetivação da decisão que foi contrária ao seu interesse.

Gabarito: Errado.

A regra geral é que o recurso administrativo não possui efeito suspensivo. Entretanto, havendo justo receio de prejuízo de difícil ou incerta reparação decorrente da execução, a autoridade recorrida ou a imediatamente superior poderá, de ofício ou a pedido, dar efeito suspensivo ao recurso (Art. 61 da Lei 9.784/99).

1505. **(Cespe)** O órgão competente perante o qual tramita o processo administrativo deve determinar a intimação do interessado para ciência de decisão ou efetivação de diligência. Nesse sentido, é nula a intimação feita sem a observância das prescrições legais, não havendo a possibilidade de ser suprida sua falta ou irregularidade.

Gabarito: Errado.

As intimações serão nulas quando feitas sem observância das prescrições legais, entretanto o comparecimento do administrado supre sua falta ou irregularidade (Art. 26, § 5º, da Lei 9.784/99).

1506. **(Cespe)** O interessado poderá, mediante manifestação escrita, desistir total ou parcialmente do pedido formulado, ou renunciar a direitos disponíveis, o que não impede que a administração pública dê prosseguimento ao processo, se considerar que o interesse público assim o exige.

Gabarito: Certo.

O Art. 51 da Lei 9.784/99 diz que: *O interessado poderá, mediante manifestação escrita, desistir total ou parcialmente do pedido formulado ou, ainda, renunciar a direitos disponíveis. (...) § 2º. A desistência ou renúncia do interessado, conforme o caso, não prejudica o prosseguimento do processo, se a Administração considerar que o interesse público assim o exige.*

1507. **(Cespe)** O direito da Administração Pública de anular os atos administrativos de que decorram efeitos favoráveis para os destinatários decai em dez anos, contados da data em que foram praticados.

Gabarito: Errado.

O direito da Administração de anular os atos administrativos de que decorram efeitos favoráveis para os destinatários decai na verdade em cinco anos, contados da data em que foram praticados (salvo comprovada má fé), conforme se verifica no Art. 54 da Lei 9.784/99.

1508. **(Cespe)** O processo administrativo é iniciado apenas por meio de requerimento da parte interessada.

Gabarito: Errado.

O Art. 5º da Lei 9.784/99 dispõe que o processo administrativo federal pode iniciar-se tanto mediante requerimento do interessado como também de ofício pela própria administração.

1509. **(Cespe)** O agravamento da sanção pode decorrer da revisão do processo.

Gabarito: Errado.

O Art. 65 da Lei 9.784/99 diz que os processos administrativos de que resultem sanções poderão ser revistos, a qualquer tempo, a pedido ou de ofício, quando surgirem fatos novos ou circunstâncias relevantes suscetíveis de justificar a inadequação da sanção aplicada. Entretanto, essa lei afirma que da revisão do processo não poderá resultar agravamento da sanção.

1510. **(Cespe)** Não cabe recurso das decisões administrativas proferidas pelos servidores das agências reguladoras, conforme preceitua a Lei nº 9.784/1999, que regula o processo administrativo no âmbito da Administração Pública Federal.

Gabarito: Errado.

O Art. 1º da Lei 9.784/99 diz que essa lei estabelece normas básicas sobre o processo administrativo no âmbito da Administração Federal Direta e Indireta. As agências reguladoras nada mais são do que uma espécie de autarquia (portanto, integrantes da Administração Indireta). Dessa forma, também são cabíveis recursos das decisões administrativas proferidas por agências reguladoras, conforme as regras do Art. 56 e seguintes da Lei supracitada.

1511. **(Cespe)** As garantias previstas na referida Lei nº 9.784/99, que regula o processo administrativo no âmbito da Administração Pública Federal, incluem expressamente os direitos à comunicação, à apresentação de alegações finais, à produção de provas e à interposição de recursos.

Gabarito: Certo.

São direitos previstos no Art. 2º da Lei 9.784/99, em seu inciso X: *garantia dos direitos à comunicação, à apresentação de alegações finais, à produção de provas e à interposição de recursos, nos processos de que possam resultar sanções e nas situações de litígio.*

1512. **(Cespe)** Quando o interessado declarar que fatos e dados estão registrados em documentos existentes em outro órgão administrativo, caberá ao próprio interessado trazer os referidos documentos aos autos.

Gabarito: Errado.

Nesse caso, o órgão responsável pela instrução proverá, de ofício, à obtenção de documentos ou das respectivas cópias existentes em outro órgão administrativo, conforme se verifica na redação do Art. 37 da Lei 9.784/99: *Quando o interessado declarar que fatos e dados estão registrados em documentos existentes na própria Administração responsável pelo processo ou em outro órgão administrativo, o órgão competente para a instrução proverá, de ofício, à obtenção dos documentos ou das respectivas cópias.*

1513. **(Cespe)** A alegação, pelo interessado, de violação de enunciado de Súmula vinculante não tem influência nos processos administrativos, visto que as súmulas vinculantes destinam-se a uniformizar a jurisprudência dos tribunais, e não as decisões em processos administrativos.

Gabarito: Errado.

As súmulas vinculantes são de observância obrigatória e influenciam também os processos administrativos, conforme se verifica no Art. 56, § 3º, da Lei 9.784/99, que diz: *Se o recorrente alegar que a decisão administrativa contraria enunciado da Súmula vinculante, caberá à autoridade prolatora da decisão impugnada, se não a reconsiderar, explicitar, antes de encaminhar o recurso à autoridade superior, as razões da aplicabilidade ou inaplicabilidade da súmula, conforme o caso.*

1514. **(Cespe)** Órgão é a unidade de atuação dotada de personalidade jurídica.

Gabarito: Errado.

Os órgãos públicos não possuem personalidade jurídica. Apenas as entidades integrantes da Administração Direta ou Indireta às quais estão vinculados é que possuem (Art. 1º, § 2º, da Lei 9.784/99).

1515. **(Cespe)** Os processos administrativos devem ser guiados por critérios que observem as formalidades essenciais à garantia dos direitos dos administrados, adotadas de formas simples e desburocratizadas, suficientes para garantir grau de certeza, segurança e respeito a esses direitos.

Gabarito: Certo.

É a redação praticamente idêntica do Art. 2º da Lei 9.784/99: *VIII. Observância das formalidades essenciais à garantia dos direitos dos administrados; IX. Adoção de formas simples, suficientes para propiciar adequado grau de certeza, segurança e respeito aos direitos dos administrados.*

1516. **(Cespe)** O direito do administrado de ter ciência da tramitação dos processos administrativos em que figure na qualidade de interessado e de neles atuar peticionando, juntando documentos, fazendo requerimentos e recursos, não ilide o fato de que a administração deve, por si mesma, dar impulso, de ofício, ao processo administrativo.

Gabarito: Certo.

Na primeira parte da questão, estão direitos do administrado, previstos no Art. 2º da Lei 9.784/99. Da mesma forma, essa lei trata da possibilidade de que a Administração Pública movimente o processo diretamente (impulso de ofício ou impulso oficial), conforme regra tratada no mesmo artigo em seu inciso XII.

1517. **(Cespe)** A delegação de competência em razão de circunstâncias de índole técnica apenas pode ocorrer dentro do próprio órgão administrativo, sendo incabível delegação para este fim mediante transferência de competência a outros órgãos ou titulares, que não estejam na mesma linha de hierarquia e subordinação.

Gabarito: Errado.

Um órgão administrativo e seu titular poderão, caso não exista impedimento legal, delegar parte da sua competência a outros órgãos ou titulares, mesmo que estes não lhe sejam hierarquicamente subordinados, quando for conveniente, em razão de circunstâncias de índole técnica, social, econômica, jurídica ou territorial (Art. 12 da Lei 9.784/99).

1518. **(Cespe)** O servidor ou autoridade que esteja litigando judicial ou administrativamente em determinado processo administrativo com o interessado ou com o seu cônjuge ou companheiro está impedido de atuar no processo administrativo.

Gabarito: Certo.

O Art. 18, inciso III, da Lei 9.784/99 diz que está impedido de atuar em processo administrativo o servidor ou autoridade que esteja litigando judicial ou administrativamente com o interessado ou respectivo cônjuge ou companheiro.

1519. **(Cespe)** Nos processos administrativos, em decorrência do princípio da verdade material, existe a possibilidade de ocorrer a *reformatio in pejus*.

Gabarito: Certo.

Trata-se de um princípio implícito na Lei 9.784/99, em seu Art. 64 diz: *órgão competente para decidir o recurso poderá confirmar, modificar, anular ou revogar, total ou parcialmente, a decisão recorrida, se a matéria for de sua competência*. Em suma, no recurso administrativo pode haver o agravamento da situação do recorrente. Apenas na revisão do processo administrativo é que o gravame não pode ocorrer (Art. 65, parágrafo único da mesma lei).

1520. **(Cespe)** O processo administrativo pode iniciar-se de ofício ou a pedido de interessado.

Gabarito: Certo.

O processo administrativo pode ser iniciado de ofício ou a pedido de interessado, conforme dispõe o Art. 5º da Lei 9.784/99.

1521. **(Cespe)** Servidor que esteja litigando administrativamente com o interessado em um processo administrativo não está necessariamente impedido de atuar nesse processo, pois não existe litígio judicial.

Gabarito: Errado.

Trata-se de uma das hipóteses de impedimento previstas na Lei 9.784/99, em seu Art. 18, inciso III (que está impedido de atuar em processo administrativo o servidor ou autoridade que esteja litigando judicial ou administrativamente com o interessado ou respectivo cônjuge ou companheiro).

1522. **(Cespe)** É vedado à administração recusar, de forma imotivada, o recebimento de documentos, devendo o servidor orientar o interessado quanto ao cumprimento de eventuais falhas.

Gabarito: Certo.

O Art. 5º, parágrafo único, da Lei 9.784/99 proíbe que a Administração recuse imotivadamente o recebimento de documentos, devendo, em caso de eventuais falhas, orientar o interessado quanto ao suprimento das mesmas.

1523. **(Cespe)** Como regra geral, são considerados capazes, para fins de processo administrativo, os maiores de dezoito anos.

Gabarito: Certo.

O Art. 10 da Lei 9.784/99 estabelece que são capazes, para fins de processo administrativo, os maiores de dezoito anos, salvo se houver previsão especial em ato normativo próprio.

1524. **(Cespe)** Considere que um servidor que responde a um processo administrativo tenha sido intimado em uma quinta-feira para a oitiva de testemunhas que se realizaria na segunda-feira próxima. Nesse caso, a intimação deve ser considerada como válida, já que atendeu ao prazo de 3 dias estabelecido na lei.

Gabarito: Errado.

A Lei 9.784/99 dispõe, em seu Art. 26, § 2º, que a intimação observará a antecedência mínima de três dias úteis quanto à data de comparecimento. Dessa forma, passaram-se apenas 3 dias corridos e não 3 dias úteis (poderia nesse caso ser exigido que comparecessem apenas na quarta-feira).

1525. **(Cespe)** Segundo o princípio da motivação, os atos da Administração Pública devem receber a indicação dos pressupostos de fato e de direito que determinaram a decisão.

Gabarito: Certo.

Trata-se de exigência do Art. 2º, inciso VII, da Lei 9.784/99, que obriga a observância, dentre outros critérios, da indicação dos pressupostos de fato e de direito que determinarem a decisão.

1526. **(Cespe)** Pedidos de vários interessados com conteúdo e fundamentos idênticos devem ser formulados em requerimentos separados, com vistas à maior agilidade dos processos administrativos e à diminuição dos seus volumes.

Gabarito: Errado.

O Art. 8º da Lei 9.784/99 possibilita que, salvo preceito legal em contrário, os pedidos de uma pluralidade de interessados que tiverem conteúdo e fundamentos idênticos sejam formulados em um único requerimento.

1527. **(Cespe)** Os atos do processo administrativo devem ser produzidos por escrito, com a assinatura da autoridade que os pratica. Essa assinatura deve ser submetida ao reconhecimento de firma, afastando-se qualquer dúvida sobre a sua autenticidade.

Gabarito: Errado.

Os atos do processo devem ser produzidos por escrito, em vernáculo, com a data e o local de sua realização e a assinatura da autoridade responsável, somente sendo exigido o reconhecimento de firma quando houver dúvida da autenticidade ou imposição legal, conforme regra traçada no Art. 22 da Lei 9.784/99.

1528. **(Cespe)** De acordo com o disposto na Lei nº 9.784/1999, órgão é a unidade de atuação dotada de personalidade jurídica, enquanto entidade é a unidade de atuação integrante da estrutura da administração direta e indireta.

Gabarito: Errado.

Órgão público é mero centro de competência despersonalizado e não possui patrimônio próprio. Entidade é considerada unidade de atuação com personalidade jurídica e patrimônio próprio. A questão simplesmente inverteu os conceitos.

1529. **(Cespe)** São considerados legitimados como interessados no processo administrativo inclusive aqueles que, sem terem iniciado o processo, têm direitos ou interesses que possam ser afetados pela decisão a ser adotada.

Gabarito: Certo.

Essa é a orientação do Art. 9º da Lei 9.784/99 que, no seu Capítulo V, trata dos interessados no processo. Típica questão texto de lei muito frequente nos concursos. Segue relação taxativa dos interessados no processo: pessoas físicas ou jurídicas que o iniciem como titulares de direitos ou interesses individuais ou no exercício do direito de representação; aqueles que, sem terem iniciado o processo, têm direitos ou interesses que possam ser afetados pela decisão a ser adotada; as organizações e associações representativas, no tocante a direitos e interesses coletivos; as pessoas ou as associações legalmente constituídas quanto a direitos ou interesses difusos.

1530. **(Cespe)** Ao estabelecer que a administração pública obedecerá, entre outros, aos princípios da finalidade, da motivação, da razoabilidade, da proporcionalidade e da segurança jurídica, a Lei Federal n.º 9.784/1999 tornou mais amplo e explícito o rol dos princípios enumerados no *caput* do Artigo 37 da Constituição Federal.

Gabarito: Certo.

O rol de princípios expressos no *caput* da CF/88 representam os princípios constitucionais expressos e fundamentais, sendo complementados pelos princípios constitucionais implícitos e fundamentais. Esses princípios são norteadores das ações de todo Administrador Público. A Lei 9.784/99 reproduziu vários desses princípios em seu texto legal.

1531. **(Cespe)** No processo administrativo é garantido ao interessado o direito de se fazer assistir, facultativamente, por advogado, salvo quando a lei obriga a representação.

Gabarito: Certo.

A própria lei faculta – salvo em caso de previsão expressa ao contrário – a chamada defesa técnica por advogado. A jurisprudência já é pacífica em afirmar que a falta de defesa técnica no processo administrativo não torna o ato nulo.

1532. **(Cespe)** Para fins de processo administrativo, os maiores de dezesseis anos de idade são capazes, ressalvada previsão especial em ato normativo próprio.

Gabarito: Errado.

A regra é dada pelo Art. 10 da Lei 9.784/99 e considera os maiores de dezoito anos de idade capazes para fins do processo administrativo federal.

1533. **(Cespe)** O princípio da legalidade, intimamente ligado à noção de estado de direito, representa uma das principais garantias de respeito aos direitos individuais.

Gabarito: Certo.

O princípio da legalidade está previsto de duas formas distintas no Texto Constitucional. A primeira no Art. 5º, inciso II, que trata do princípio da legalidade em sentido amplo e que garante ao particular fazer tudo que a lei não proíba. Em segundo, temos o princípio da legalidade em sentido estrito previsto no Art. 37 *caput* da CF/88. O princípio é de observância obrigatória para toda a Administração Pública e determina que a Administração somente pode fazer aquilo que a lei autoriza ou determina.

1534. **(Cespe)** Entre os princípios do processo administrativo presentes na Lei nº 9.784/1999, incluem-se os princípios da motivação, da razoabilidade e da proporcionalidade.

Gabarito: Certo.

O Art. 2º da Lei prevê os seguintes princípios: legalidade, finalidade, motivação, razoabilidade, proporcionalidade, moralidade, ampla defesa, contraditório, segurança jurídica, interesse público e eficiência.

1535. **(Cespe)** O princípio da publicidade determina a publicação oficial dos atos administrativos para que possam produzir efeitos externos.

Gabarito: Certo.

O princípio da publicidade – previsto principalmente no Art. 37 *caput* da CF/88 como sendo um princípio constitucional expresso e fundamental – prevê a obrigatoriedade em regra para a publicação dos atos administrativos como critério de eficácia para legalidade do ato. Devemos nos atentar que essa regra não é absoluta, uma vez que existem atos que não podem ser publicados, como é o caso dos atos que atentem contra a segurança nacional.

1536. **(Cespe)** A Administração Pública não pode declarar a nulidade de seus próprios atos, mesmo quando eivados de vício de legalidade.

Gabarito: Errado.

Segundo o princípio da autotutela, os atos administrativos ilegais devem ser anulados e essa anulação pode se dar tanto pelo Poder Judiciário quanto pela própria Administração Pública.

1537. **(Cespe)** O STM, no desempenho de função administrativa, deve utilizar-se da Lei nº 9.784/1999, uma vez que, nessa hipótese, seus preceitos também se aplicam aos órgãos dos poderes Legislativo e Judiciário da União.

Gabarito: **Certo.**

O STM – Superior Tribunal Militar – é um órgão da Administração Direta federal e como tal está sob a tutela da Lei 9.784/99, que traz as regras do processo administrativo federal. Vale lembrar que essa lei é de caráter federal e não nacional. Dessa forma, sua aplicabilidade alcança somente as entidades e órgãos federais, incluindo também os órgãos dos Poderes Legislativo e Judiciário da União, quando no desempenho de função administrativa.

1538. **(Cespe)** É vedada à administração a recusa imotivada de documentos, devendo o servidor orientar aos interessados quanto ao suprimento de eventuais falhas.

Gabarito: **Certo.**

Previsão legal no Capítulo IV da Lei 9.784/99, que trata do início do processo. Questão de mero texto de Lei do Art. 6º, parágrafo único.

1539. **(Cespe)** Um órgão administrativo e seu titular poderão, caso não exista impedimento legal, delegar parte de sua competência apenas aos órgãos hierarquicamente subordinados, se julgarem-no conveniente e em razão de circunstâncias técnicas, sociais, econômicas, jurídicas ou territoriais, desde que motivadamente.

Gabarito: **Errado.**

A previsão está alojada no Art. 12 da Lei 9.784/99. O erro da questão está na obrigatoriedade de motivar o ato, que na realidade não existe em decorrência da discricionariedade do ato. Segue a previsão do Art. 12: *Um órgão administrativo e seu titular poderão, se não houver impedimento legal, delegar parte da sua competência a outros órgãos ou titulares, ainda que estes não lhe sejam hierarquicamente subordinados, quando for conveniente, em razão de circunstâncias de índole técnica, social, econômica, jurídica ou territorial.*

1540. **(Cespe)** Cabe à administração o ônus da prova em contrário em relação aos fatos alegados pelos interessados, devendo as decisões ser motivadas caso neguem, limitem ou afetem direitos ou interesses dos administrados.

Gabarito: **Errado.**

A Administração Pública solda atos administrativos com presunção de legitimidade. Essa presunção gera o ônus da prova em contrário para o interessado e não para a Administração.

1541. **(Cespe)** Com base no disposto na Lei nº 9.784/1999, considerando o entendimento dos tribunais superiores e da doutrina sobre o processo administrativo.

Os processos de prestação de contas são exemplo de processos administrativos de outorga, cuja finalidade é autorizar o exercício de determinado direito individual.

Gabarito: **Errado.**

Existem várias classificações de processos administrativos. Quando a questão se refere a processo de prestação de contas, tem-se um processo de controle e não de outorga. Os processos de outorga são aqueles que reconhecem direitos aos administrados como, por exemplo, as permissões.

1542. **(Cespe)** Com base no disposto na Lei nº 9.784/1999, considerando o entendimento dos tribunais superiores e da doutrina sobre o processo administrativo.

O Supremo Tribunal Federal entende que não é necessária a observância do devido processo legal para a anulação de ato administrativo que tenha repercutido no campo dos interesses individuais.

Gabarito: Errado.

O Supremo Tribunal Federal entende que é necessária a observância do devido processo legal em atos administrativos que repercutam no campo de interesses individuais do cidadão.

1543. **(Cespe)** Com base no disposto na Lei nº 9.784/1999, considerando o entendimento dos tribunais superiores e da doutrina sobre o processo administrativo.

Por ser a ampla defesa um princípio do processo administrativo, a administração não poderá definir a maneira como se realizará seu exercício, definindo, por exemplo, o local de vista aos autos.

Gabarito: Errado.

Os direitos à ampla defesa devem ser respeitados no processo administrativo, entretanto, a Administração poderá definir a maneira como se realizará seu exercício em decorrência do respeito ao interesse público como, por exemplo, o local de vista (consulta) aos autos de um processo administrativo.

1544. **(Cespe)** Com base no disposto na Lei nº 9.784/1999, considerando o entendimento dos tribunais superiores e da doutrina sobre o processo administrativo.

A competência processante de órgão da administração pode ser delegada, em parte, a outro órgão, ainda que não subordinado hierarquicamente ao órgão delegante, desde que haja conveniência, razão e inexista impedimento legal.

Gabarito: Certo.

Com base no Art. 12 da Lei nº 9.784/99, o órgão administrativo e seu titular poderão, se não houver impedimento legal, delegar PARTE da sua competência a outros órgãos ou titulares, ainda que estes não lhe sejam hierarquicamente subordinados, quando for CONVENIENTE, em razão de circunstâncias de índole técnica, social, econômica, jurídica ou territorial.

1545. **(Cespe)** Com base no disposto na Lei nº 9.784/1999, considerando o entendimento dos tribunais superiores e da doutrina sobre o processo administrativo.

Conforme o Supremo Tribunal Federal, é obrigatória a representação por advogado para o exercício do direito à recorribilidade de decisão proferida em processo administrativo.

Gabarito: Errado.

De acordo com a Súmula Vinculante 5 do STF, a falta de defesa técnica por advogado no processo administrativo disciplinar não ofende a Constituição. Além disso, a Lei nº 9.784/99 dispõe que o administrado pode, FACULTATIVAMENTE, fazer-se assistir por advogado, salvo quando obrigatória a representação, por força de lei.

1546. **(Cespe)** Mauro editou portaria disciplinando regras de remoção no serviço público que beneficiaram, diretamente, amigos seus. A competência para a edição do referido ato normativo seria de Pedro, superior hierárquico de Mauro. Os servidores que se sentiram prejudicados com o resultado do concurso de remoção apresentaram recurso quinze dias após a data da publicação do resultado.

Nessa situação hipotética, de acordo com a Lei nº 9.784/1999 — que regula o processo administrativo no âmbito da administração pública federal —, o recurso apresentado pelos servidores que se sentiram prejudicados não deverá ser conhecido pela autoridade competente em razão da sua intempestividade.

Gabarito: Certo.

O Art. 59 da Lei nº 9.784/99 dispõe que, salvo disposição legal, o prazo para interposição de recurso é de 10 DIAS. Ademais, o Art. 63, I, da referida lei, discorre que o recurso não será conhecido quando interposto fora do prazo.

1547. **(Cespe)** A respeito do processo administrativo, julgue o item subsequente.

Nos processos administrativos, a divulgação oficial dos atos é obrigatória, ressalvadas as hipóteses constitucionais de sigilo.

Gabarito: Certo.

Conforme o Art. 2º,I, da Lei nº 9.784/99, nos processos administrativos é assegurada a divulgação obrigatória dos atos administrativos, ressalvadas as hipóteses de sigilo previstas na Constituição.

1548. **(Cespe)** A respeito do processo administrativo, julgue o item subsequente.

A desistência do interessado extingue o processo administrativo, mesmo que haja interesse público no seu prosseguimento.

Gabarito: Errado.

De acordo com o Art. 51, § 2º, a desistência ou renúncia do interessado, conforme o caso, não prejudica o prosseguimento do processo, se a Administração considerar que o interesse público assim o exige.

1549. **(Cespe)** A respeito do processo administrativo, julgue o item subsequente.

O reconhecimento de firmas por notário oficial é obrigatório na realização dos atos do processo administrativo.

Gabarito: Errado.

O Art. 22, § 2º, dispõe que, salvo imposição legal, o reconhecimento de firma somente será exigido quando houver dúvida de autenticidade.

1550. **(Cespe)** A respeito do processo administrativo, julgue o item subsequente.

No processo administrativo, deve-se observar a adequação entre meios e fins, de modo que não sejam impostas medidas superiores às necessárias ao atendimento do interesse público.

Gabarito: Certo.

A questão se refere ao princípio da proporcionalidade, princípio implícito da Administração e princípio expresso no Art. 2º, caput, da Lei nº 9.784/99. Tal princípio visa resguardar a adequação entre os meios e os fins e também a impedir o excesso em medidas tomadas pela Administração.

1551. **(Cespe)** A respeito do processo administrativo, julgue o item subsequente.

Quando a matéria do processo envolver assunto de interesse geral, poderá ser aberto período de consulta pública para a manifestação de terceiros, se não houver prejuízo para a parte interessada.

Gabarito: Certo.

De acordo com o Art. 31 da Lei nº 9.784/99, quando a matéria do processo envolver assunto de interesse geral, o órgão competente poderá, mediante despacho motivado, abrir período de consulta pública para manifestação de terceiros, antes da decisão do pedido, se não houver prejuízo da parte interessada.

1552. **(Cespe)** A respeito do processo administrativo, julgue o item subsequente.
Os atos do processo administrativo dependem de forma predefinida.

Gabarito: Errado.

De acordo com o Art. 22 da Lei nº 9.784/99, os atos do processo não dependem de forma determinada senão quando a lei expressamente a exigir.

1553. **(Cespe)** No que se refere à gestão de recursos humanos das agências reguladoras e ao processo administrativo no âmbito da administração pública, julgue o item subsequente com base no disposto nas Leis nº 9.986/2000 e nº 9.784/1999.

No âmbito da administração pública, o processo administrativo poderá ser impulsionado de ofício.

Gabarito: Certo.

De acordo com a Lei nº 9.784/99, em seu Art. 2º, parágrafo único e Inciso I, nos processos administrativos serão observados, entre outros, os critérios de: impulsão, de ofício, do processo administrativo, sem prejuízo da atuação dos interessados.

1554. **(Cespe)** Um motorista alcoolizado abalroou por trás viatura da polícia militar que estava regularmente estacionada. Do acidente resultaram lesões em cidadão que estava retido dentro do compartimento traseiro do veículo. Esse cidadão então ajuizou ação de indenização por danos materiais contra o Estado, alegando responsabilidade objetiva. O procurador responsável pela contestação deixou de alegar culpa exclusiva de terceiro e não solicitou denunciação da lide. O corregedor determinou a apuração da responsabilidade do procurador, por entender que houve negligência na elaboração da defesa, por acreditar que seria útil à defesa do poder público alegar culpa exclusiva de terceiro na geração do acidente.
Considerando essa situação hipotética, julgue o próximo item.

O procurador poderá defender-se pessoalmente, advogando em causa própria, se contra ele for instaurado processo administrativo disciplinar. Outras categorias de servidores, contudo, necessitariam contratar advogado, imprescindível para o exercício da ampla defesa no processo administrativo disciplinar.

Gabarito: Errado.

A questão é extensa, entretanto, ela só quis saber se o candidato conhece a redação da Súmula Vinculante 5 do STF: *a falta de defesa técnica por advogado no processo administrativo disciplinar não ofende a Constituição*.

1555. **(Cespe)** Acerca do recurso administrativo e tendo como base as disposições da Lei nº 9.784/1999.

O recurso não será conhecido quando interposto em órgão incompetente, mas, nesse caso, terá de ser indicada ao recorrente a autoridade competente, sendo-lhe devolvido o prazo para recurso.

Gabarito: Certo.

Realmente, o recurso não será conhecido quando interposto em órgão incompetente, vide Art. 63, II, da Lei nº 9.784/99. Ademais, nessa hipótese, será indicada ao recorrente a autoridade competente, sendo-lhe devolvido o prazo para recurso, à luz do § 1º do Art. 63 da referida lei.

1556. **(Cespe)** Acerca do recurso administrativo e tendo como base as disposições da Lei nº 9.784/1999.
É de trinta dias o prazo para a interposição de recurso administrativo, contado a partir da divulgação da decisão recorrida em diário oficial.

Gabarito: Errado.

Conforme dispõe o Art. 59 da Lei nº 9.784/99, salvo disposição legal, o prazo para interposição de recurso é de 10 dias, contados a partir da ciência ou divulgação oficial da decisão recorrida.

1557. **(Cespe)** Acerca do recurso administrativo e tendo como base as disposições da Lei nº 9.784/1999.
O recurso administrativo terá, como regra geral, efeitos devolutivo e suspensivo.

Gabarito: Errado.

À luz do Art. 61 da Lei nº 9.784/99, salvo disposição legal em contrário, o recurso não tem efeito suspensivo.

1558. **(Cespe)** Acerca do recurso administrativo e tendo como base as disposições da Lei nº 9.784/1999.
Contra as decisões administrativas cabe recurso que verse sobre a legalidade, mas não sobre o mérito administrativo.

Gabarito: Errado.

Conforme o Art. 56 da Lei nº 9.784/99, das decisões administrativas cabe recurso, em face de razões de legalidade e de mérito.

1559. **(Cespe)** Acerca do recurso administrativo e tendo como base as disposições da Lei nº 9.784/1999.
O recurso administrativo tramitará por uma única instância administrativa, devendo ser interposto à autoridade superior àquela que tiver proferido a decisão.

Gabarito: Errado.

O recurso administrativo tramitará no máximo por três instâncias administrativas, salvo disposição legal diversa, vide Art. 57 da Lei nº 9.784/99.

1560. **(Cespe)** A permissão da empresa Alfa, permissionária de serviços públicos de transporte coletivo de passageiros, conforme contrato de delegação firmado com o governo estadual, foi unilateralmente revogada pelo poder público, por motivos de oportunidade e conveniência. A empresa interpôs pedido de reconsideração junto ao Departamento de Regulação de Transporte Coletivo, órgão da Secretaria Estadual de Transportes, responsável pelos contratos de permissão de transporte coletivo. O pedido foi indeferido por Caio, diretor do referido departamento, que alegou a existência de interesse público na revogação. Diante desse indeferimento, a empresa interpôs recurso administrativo. Caio manteve a decisão anterior e encaminhou o recurso ao secretário de transportes, autoridade hierarquicamente superior. Semanas após, Caio foi nomeado secretário estadual de transportes e, nessa qualidade, conheceu do recurso administrativo e negou-lhe provimento, mantendo a decisão recorrida.

Com referência a essa situação hipotética, o recurso administrativo deveria ter sido apreciado por autoridade hierarquicamente superior e diferente daquela que decidira anteriormente o pedido de reconsideração. Como Caio estava impedido de julgar o recurso administrativo, há de se concluir que a decisão do recurso foi nula.

Gabarito: Certo.

O recurso deveria ter sido apreciado por autoridade superior diferente daquela que decidira anteriormente o pedido de reconsideração, logo, a decisão realmente será nula e não produzirá efeitos. Encontra-se respaldo no Art. 18,II, da Lei nº 9.784/99.

1561. **(Cespe)** O princípio que está expressamente previsto na lei que regula o processo administrativo no âmbito da administração pública federal (Lei nº 9.784/ 1999), dispondo que a administração pública deverá obedecê-lo, é o princípio da razoabilidade.

Gabarito: Certo.

O princípio da razoabilidade encontra-se expresso no Art. 2º, caput, da Lei nº 9.784/99.

1562. **(Cespe)** Considerando as regras e princípios previstos na Lei nº 9.784/1999, que regula o processo administrativo no âmbito da administração pública federal.

Em razão do princípio da oficialidade, exigir-se-á o reconhecimento da assinatura do interessado nas suas manifestações por escrito, que somente será dispensado nos casos expressamente previstos no regulamento do órgão responsável pelo julgamento.

Gabarito: Errado.

Segundo afirma Maria Sylvia Zanella di Pietro: "A Oficialidade no processo administrativo é muito mais ampla do que o impulso oficial no processo judicial. Ela compreende o poder-dever de instaurar, fazer andar e rever de ofício a decisão". Além disso, conforme dispõe o Art. 22, § 2º, salvo disposição legal, o reconhecimento de firma somente será exigido quando houver dúvida de autenticidade.

1563. **(Cespe)** Considerando as regras e princípios previstos na Lei nº 9.784/1999, que regula o processo administrativo no âmbito da administração pública federal.

Os atos de processo independem de intimação do interessado, sendo dever do interessado acompanhar o andamento do processo junto à repartição, principalmente nos casos relativos à imposição de sanções ou restrição de direitos, sob pena de revelia.

Gabarito: Errado.

De acordo com o Art. 26 da Lei nº 9.784/99, o órgão competente perante o qual tramita processo administrativo determinará a intimação do interessado para ciência de decisão ou a efetivação de diligências. Assim, os atos de processo dependem de intimação do interessado.

SÉRIE PROVAS & CONCURSOS

SIMULADOS

Simulado 1

1. **(Cespe)** Em relação aos princípios da administração pública e à organização administrativa, julgue o item que se segue.

   Quando a União cria uma nova secretaria vinculada a um de seus ministérios para repassar a ela algumas de suas atribuições, o ente federal descentraliza uma atividade administrativa a um ente personalizado.

   ( ) Certo ( ) Errado

2. **(Cespe)** Com base em lei específica estadual, foi autorizada a instituição da empresa X, pessoa jurídica sob a forma de sociedade anônima, com controle acionário pertencente ao ente federativo estadual, para fins de exploração de determinada atividade econômica de interesse coletivo.

   Nessa situação hipotética, a empresa X submeter-se-á ao controle do tribunal de contas no que concerne aos bens, valores e dinheiros públicos provenientes diretamente do ente público controlador.

   ( ) Certo ( ) Errado

3. **(Cespe)** No que se refere à administração pública direta e indireta.

   As pessoas administrativas que formam a administração pública indireta são aquelas dotadas de personalidade jurídica de direito público (como as autarquias e as fundações públicas).

   ( ) Certo ( ) Errado

4. **(Cespe)** A respeito das autarquias, fundações públicas, sociedades de economia mista e empresas públicas.

   As empresas públicas, as sociedades de economia mista e as autarquias têm personalidade jurídica de direito privado.

   ( ) Certo ( ) Errado

5. **(Cespe)** A respeito da administração direta e indireta e da centralização e da descentralização administrativa, julgue o item seguinte.

   A centralização consiste na execução das tarefas administrativas pelo próprio Estado, por meio de órgãos internos integrantes da administração direta.

   ( ) Certo ( ) Errado

6. **(Cespe)** Considerando os princípios e fundamentos teóricos do direito administrativo,

   Desconcentração é a distribuição de competências de uma pessoa física ou jurídica para outra, ao passo que descentralização é a distribuição de competências dentro de uma mesma pessoa jurídica, em razão da sua organização hierárquica.

   ( ) Certo ( ) Errado

7. **(Cespe)** Julgue o próximo item, a respeito dos atos administrativos.

   Em decorrência do princípio da autotutela, não há limites para o poder da administração de revogar seus próprios atos segundo critérios de conveniência e oportunidade.

   ( ) Certo ( ) Errado

8. **(Cespe)** Acerca da administração pública.

A possibilidade que tem a administração pública de, nos termos da lei, constituir terceiros em obrigações mediante atos unilaterais constitui aplicação do princípio da supremacia do interesse público.

( ) Certo ( ) Errado

9. **(Cespe)** Acerca de função administrativa e atos administrativos, julgue o item a seguir.

Em razão do princípio da indisponibilidade do interesse público, o Estado somente poderá exercer sua função administrativa sob o regime de direito público.

( ) Certo ( ) Errado

10. **(Cespe)** No que se refere aos princípios da administração pública, julgue o item subsequente.

O princípio da publicidade viabiliza o controle social da conduta dos agentes administrativos.

( ) Certo ( ) Errado

11. **(Cespe)** O princípio da proteção à confiança da administração pública é considerado uma imposição da limitação à discricionariedade da administração pública.

( ) Certo ( ) Errado

12. **(Cespe)** Tendo como referência a jurisprudência majoritária do STF acerca dos princípios expressos e implícitos da administração pública e do regime jurídico-administrativo,

De acordo com o princípio da eficiência, a administração pode revogar seus próprios atos, quando eivados de vícios que os tornem ilegais, porque deles não se originam direitos. Também pode anulá-los, por motivo de conveniência ou oportunidade, hipótese na qual devem ser respeitados os direitos adquiridos.

( ) Certo ( ) Errado

13. **(Cespe)** De acordo com a legislação e a doutrina pertinentes, o poder de polícia administrativa é poder de natureza vinculada, uma vez que o administrador não pode valorar a oportunidade e conveniência de sua prática, estabelecer o motivo e escolher seu conteúdo.

( ) Certo ( ) Errado

14. **(Cespe)** A respeito dos poderes e deveres da administração, assinale a opção correta, considerando o disposto na CF.

A lei não pode criar instrumentos de fiscalização das finanças públicas, pois tais instrumentos são taxativamente listados na CF.

( ) Certo ( ) Errado

15. **(Cespe)** No que se refere aos poderes administrativos, aos atos administrativos e ao controle da administração, julgue o item seguinte.

A avocação se verifica quando o superior chama para si a competência de um órgão ou agente público que lhe seja subordinado. Esse movimento, que é excepcional e temporário, decorre do poder administrativo hierárquico.

( ) Certo ( ) Errado

16. (Cespe) No que se refere aos poderes administrativos, aos atos administrativos e ao controle da administração, julgue o item seguinte.

O fato de a administração pública internamente aplicar uma sanção a um servidor público que tenha praticado uma infração funcional caracteriza o exercício do poder de polícia administrativo.

( ) Certo ( ) Errado

17. (Cespe) Com relação aos poderes administrativos e ao uso e abuso desses poderes,

Poder regulamentar é a competência atribuída às entidades administrativas para a edição de normas técnicas de caráter normativo, executivo e judicante.

( ) Certo ( ) Errado

18. (Cespe) Acerca dos poderes da administração pública.

O poder regulamentar consiste na prerrogativa conferida à administração pública para alterar a legislação vigente sempre que o interesse público assim o exigir.

( ) Certo ( ) Errado

19. (Cespe) Com relação a acúmulo remunerado de cargo público, emprego ou função pública, A proibição de acumular não se estende aos empregos públicos das sociedades de economia mista.

( ) Certo ( ) Errado

20. (Cespe) Com relação a acúmulo remunerado de cargo público, emprego ou função pública, Segundo o STJ, o conceito de cargo técnico ou científico previsto na Constituição Federal de 1988 (CF) remete, essencialmente, a um cargo de nível superior.

( ) Certo ( ) Errado

21. (Cespe) Com base nas disposições da Lei nº 8.112/1990, julgue o item seguinte, a respeito de provimento de vagas no serviço público e direitos e vantagens do servidor público. A posse no serviço público ocorrerá no prazo máximo de quinze dias, contados da publicação do ato de provimento.

( ) Certo ( ) Errado

22. (Cespe) Ainda de acordo com a Lei nº 8.112/1990 e suas alterações, julgue o item subsequente. O servidor público, fora do serviço, poderá emprestar dinheiro a outrem e cobrar-lhe juros superiores a 15% ao ano.

( ) Certo ( ) Errado

23. (Cespe) Rafael, médico de um tribunal de justiça, foi submetido a processo administrativo disciplinar devido a denúncias de que ele estaria acumulando mais de dois cargos públicos. Na ocasião, foi-lhe dada a oportunidade de optar por duas de três ocupações médicas e, como não se manifestou, o servidor foi demitido. Rafael recorreu do processo administrativo que resultou em sua demissão e solicitou o seu retorno ao serviço público, com base no argumento de que não era razoável a aplicação da referida penalidade. Em sua defesa, alegou, ainda, que atuava como médico nas três instituições e havia compatibilidade de horários, pois a carga horária combinada não ultrapassava sessenta horas semanais; que ocupava apenas dois cargos públicos, no tribunal e em hospital municipal; e que o exercício da sua terceira atividade, em uma fundação pública de saúde, era legítimo, uma vez que o vínculo com a fundação de saúde era celetista e a vedação legal estaria restrita à acumulação de cargos públicos estatutários. Considerando essa situação

hipotética e as regras relativas ao processo administrativo e aos agentes públicos, julgue o item que se segue.Caso a demissão seja invalidada por decisão administrativa ou judicial, o retorno ao serviço público solicitado por Rafael corresponderá à recondução do servidor efetivo ao cargo anteriormente ocupado.

( ) Certo ( ) Errado

24. (Cespe) Com base nas disposições da Lei nº 8.112/1990, julgue o item seguinte. Somente nos casos de provimento de cargo por nomeação haverá posse.

( ) Certo ( ) Errado

25. (Cespe) O teto de um imóvel pertencente à União desabou em decorrência de fortes chuvas, as quais levaram o poder público a decretar estado de calamidade na região. Maria, servidora pública responsável por conduzir o processo licitatório para a contratação dos serviços de reparo pertinentes, diante da situação de calamidade pública, decidiu contratar mediante dispensa de licitação. Findo o processo de licitação, foi escolhida a Empresa Y, que apresentou preços superiores ao preço de mercado, mas, reservadamente, prometeu, caso fosse contratada pela União, realizar, com generoso desconto, uma grande reforma no banheiro da residência de Maria. Ao final, em razão da urgência, foi firmado contrato verbal entre a União e a Empresa Y e executados tanto os reparos contratados quanto a reforma prometida. Com referência a essa situação hipotética, julgue o item que se segue. A autoridade que tiver ciência da conduta de Maria será obrigada a promover a sua apuração imediata, mediante sindicância ou processo administrativo disciplinar.

( ) Certo ( ) Errado

26. (Cespe) Se uma pessoa, maior e capaz, representar contra um delegado de polícia por ato de improbidade sabendo que ele é inocente, a sua conduta poderá ser considerada, conforme o disposto na Lei nº 8.429/1992, contravenção penal.

( ) Certo ( ) Errado

27. (Cespe) O prefeito de determinado município utilizou recursos do Fundo de Manutenção e Desenvolvimento da Educação Básica e de Valorização dos Profissionais da Educação (FUNDEB) para pagamento de professores e para a compra de medicamentos e insumos hospitalares destinados à assistência médico-odontológica das crianças em idade escolar do município.

Mauro, chefe do setor de aquisições da prefeitura, propositalmente permitia que o estoque de medicamentos e insumos hospitalares chegasse a zero para justificar situação emergencial e dispensar indevidamente a licitação, adquirindo os produtos, a preços superfaturados, da empresa Y, pertencente a sua sobrinha, que desconhecia o esquema fraudulento.

A respeito da situação hipotética apresentada e de aspectos legais e doutrinários a ela relacionados, julgue o item a seguir.

A conduta de Mauro constitui ato de improbidade administrativa.

( ) Certo ( ) Errado

28. (Cespe) Julgue o item que se segue, de acordo com o disposto na Lei de Improbidade Administrativa.

Para a configuração de ato de improbidade administrativa praticado por agente público, é necessária a comprovação do recebimento direto de vantagem indevida pelo agente.

( ) Certo ( ) Errado

29. **(Cespe)** Por ter realizado contratação direta sem suporte legal, determinado agente público é réu em ação civil pública por improbidade administrativa, sob o argumento de violação ao princípio de obrigatoriedade de licitação, tendo-lhe sido imputado ato de improbidade previsto no Art. 11 da Lei de Improbidade Administrativa (violação aos princípios da administração pública).

    A respeito dessa situação hipotética, julgue o item subsecutivo.

    Para que haja condenação, deverá ser comprovado o elemento subjetivo de dolo, mas não há necessidade de que seja dolo específico, bastando para tal o dolo genérico de atentar contra os princípios da administração pública.

    ( ) Certo ( ) Errado

30. **(Cespe)** Dois agentes públicos de um tribunal de justiça — um ocupante exclusivamente de cargo em comissão e o outro em cargo de caráter efetivo — foram presos em flagrante em uma operação da Polícia Federal, por terem cometido desvio de verba pública em um processo licitatório do tribunal.

    Considerando essa situação hipotética, julgue o próximo item com base na Lei de Improbidade Administrativa — Lei nº 8.429/1992.

    Caso o réu condenado a ressarcir o erário faleça antes do trânsito em julgado, a ação de improbidade será imediatamente extinta, haja vista o caráter personalíssimo das sanções.

    ( ) Certo ( ) Errado

31. **(Cespe)** Acerca de improbidade administrativa, de acordo com o entendimento do Superior Tribunal de Justiça (STJ).

    A tortura praticada por policial contra preso custodiado em delegacia pode configurar ato de improbidade administrativa que atenta contra os princípios da administração pública.

    ( ) Certo ( ) Errado

32. **(Cespe)** Julgue o item que se segue, relativos aos fundamentos da responsabilidade civil do Estado atualmente adotados pelo direito brasileiro.

    Para a caracterização da responsabilidade civil do Estado, basta a comprovação da qualidade de agente público, não se exigindo para isso que o agente esteja agindo no exercício de suas funções.

    ( ) Certo ( ) Errado

33. **(Cespe)** Com referência ao tratamento constitucional conferido à responsabilidade civil do Estado.

    A aplicação da responsabilidade objetiva independe da verificação do elemento culpa, de modo que, demonstrados o prejuízo pelo lesado e a relação de causalidade entre a conduta estatal e a lesão sofrida, o dever de indenizar poderá ser reconhecido mesmo que decorra de atos lícitos estatais.

    ( ) Certo ( ) Errado

34. **(Cespe)** Com relação à improbidade administrativa, julgue o próximo item.

A responsabilidade civil decorre de ato omissivo ou comissivo, de caráter exclusivamente doloso, que resulte em prejuízo ao erário ou a terceiros.

( ) Certo ( ) Errado

35. **(Cespe)** Considerando a organização dos Poderes Executivo, Legislativo e Judiciário e a disciplina constitucional acerca da responsabilidade civil do poder público, julgue (C ou E) o item seguinte.

A teoria do risco administrativo fundamenta o princípio constitucional da responsabilidade civil objetiva do Estado, que se reveste de caráter absoluto na medida em que a oficialidade da conduta lesiva implica, necessariamente, o dever de reparar os danos, indenizando-os, independentemente da existência de culpa ou dolo.

( ) Certo ( ) Errado

36. **(Cespe)** Em determinado município da Federação, uma empresa pública municipal refinadora de petróleo, durante o desenvolvimento de sua atividade, deixou vazar milhões de litros de óleo cru, material que alcançou importantes mananciais aquíferos e espalhou-se por várias cidades do respectivo estado-membro, tendo deixado inúmeras famílias ribeirinhas desprovidas de suas atividades laborais e do seu sustento.

Nessa situação, segundo entendimento do STJ, houve responsabilidade subjetiva do Estado, instruída pela teoria do risco integral.

( ) Certo ( ) Errado

37. **(Cespe)** No que se refere aos poderes administrativos, aos atos administrativos e ao controle da administração, julgue o item seguinte.

Presunção de legitimidade é atributo universal aplicável a todo ato administrativo.

( ) Certo ( ) Errado

38. **(Cespe)** Um agente de determinada autarquia estadual, em fiscalização de rotina, autuou estabelecimento comercial em razão de infração administrativa verificada. Procedeu ainda, naquela mesma ocasião, à interdição cautelar do estabelecimento em questão.

Acerca dessa situação hipotética, do poder de polícia e da disciplina dos atos administrativos, Se, na situação hipotética em apreço, fosse aplicada pena de multa ao estabelecimento comercial, sua cobrança poderia ser executada diretamente pela administração pública.

( ) Certo ( ) Errado

39. **(Cespe)** A respeito da invalidação, anulação e revogação de atos administrativos,

Atos administrativos, por serem discricionários, somente podem ser anulados pela própria administração pública.

( ) Certo ( ) Errado

40. **(Cespe)** A respeito da invalidação, anulação e revogação de atos administrativos,

A administração, em razão de conveniência, poderá revogar ato administrativo próprio não eivado de qualquer ilegalidade, o que produzirá efeitos ex nunc.

( ) Certo ( ) Errado

41. **(Cespe)** O ato que concede aposentadoria a servidor público classifica-se como ato discricionário.

( ) Certo ( ) Errado

42. **(Cespe)** À luz do disposto na Lei nº 8.666/1993 — Lei de Licitações e Contratos —, julgue o próximo item.

É vedada a criação de outras modalidades de licitação além daquelas elencadas na referida lei.

( ) Certo ( ) Errado

43. **(Cespe)** À luz do disposto na Lei nº 8.666/1993 — Lei de Licitações e Contratos —, julgue o próximo item.

Em regra, a licitação será sigilosa, exceto quanto ao conteúdo das propostas, até a respectiva abertura.

( ) Certo ( ) Errado

44. **(Cespe)** Com base na Lei nº 8.666/1993, julgue o item subsecutivo, a respeito de licitações e contratos da administração pública.

Sob pena de nulidade e responsabilização do servidor, nenhuma compra pode ser realizada sem a adequada caracterização do seu objeto e a indicação dos recursos orçamentários para seu pagamento.

( ) Certo ( ) Errado

45. **(Cespe)** O teto de um imóvel pertencente à União desabou em decorrência de fortes chuvas, as quais levaram o poder público a decretar estado de calamidade na região. Maria, servidora pública responsável por conduzir o processo licitatório para a contratação dos serviços de reparo pertinentes, diante da situação de calamidade pública, decidiu contratar mediante dispensa de licitação. Findo o processo de licitação, foi escolhida a Empresa Y, que apresentou preços superiores ao preço de mercado, mas, reservadamente, prometeu, caso fosse contratada pela União, realizar, com generoso desconto, uma grande reforma no banheiro da residência de Maria. Ao final, em razão da urgência, foi firmado contrato verbal entre a União e a Empresa Y e executados tanto os reparos contratados quanto a reforma prometida.

Com referência a essa situação hipotética, julgue o item que se segue.

Maria equivocou-se ao enquadrar a situação como típica de dispensa de licitação, tendo em vista que, nos casos de calamidade, é possível a contratação por inexigibilidade.

( ) Certo ( ) Errado

46. **(Cespe)** A FUNPRESP–JUD planeja utilizar o critério do menor preço a fim de realizar um processo licitatório para a contratação de serviço de natureza continuada de vigilância.

Considerando essa situação hipotética, julgue o seguinte item de acordo com a Lei de Licitações e Contratos.

A minuta do edital de licitação do referido processo deverá ser previamente examinada e aprovada por assessoria jurídica da administração pública.

( ) Certo ( ) Errado

47. **(Cespe)** Com base no disposto na Lei nº 9.784/1999, considerando o entendimento dos tribunais superiores e da doutrina sobre o processo administrativo.

Conforme o Supremo Tribunal Federal, é obrigatória a representação por advogado para o exercício do direito à recorribilidade de decisão proferida em processo administrativo.

( ) Certo ( ) Errado

48. **(Cespe)** A respeito do processo administrativo, julgue o item subsequente.

No processo administrativo, deve-se observar a adequação entre meios e fins, de modo que não sejam impostas medidas superiores às necessárias ao atendimento do interesse público.

( ) Certo ( ) Errado

49. **(Cespe)** Acerca do recurso administrativo e tendo como base as disposições da Lei nº 9.784/1999.

O recurso não será conhecido quando interposto em órgão incompetente, mas, nesse caso, terá de ser indicada ao recorrente a autoridade competente, sendo-lhe devolvido o prazo para recurso.

( ) Certo ( ) Errado

50. **(Cespe)** A permissão da empresa Alfa, permissionária de serviços públicos de transporte coletivo de passageiros, conforme contrato de delegação firmado com o governo estadual, foi unilateralmente revogada pelo poder público, por motivos de oportunidade e conveniência. A empresa interpôs pedido de reconsideração junto ao Departamento de Regulação de Transporte Coletivo, órgão da Secretaria Estadual de Transportes, responsável pelos contratos de permissão de transporte coletivo. O pedido foi indeferido por Caio, diretor do referido departamento, que alegou a existência de interesse público na revogação. Diante desse indeferimento, a empresa interpôs recurso administrativo. Caio manteve a decisão anterior e encaminhou o recurso ao secretário de transportes, autoridade hierarquicamente superior. Semanas após, Caio foi nomeado secretário estadual de transportes e, nessa qualidade, conheceu do recurso administrativo e negou-lhe provimento, mantendo a decisão recorrida.

Com referência a essa situação hipotética, o recurso administrativo deveria ter sido apreciado por autoridade hierarquicamente superior e diferente daquela que decidira anteriormente o pedido de reconsideração. Como Caio estava impedido de julgar o recurso administrativo, há de se concluir que a decisão do recurso foi nula.

( ) Certo ( ) Errado

Simulado 2

1. **(Cespe)** O prefeito de determinado município utilizou recursos do Fundo de Manutenção e Desenvolvimento da Educação Básica e de Valorização dos Profissionais da Educação (FUNDEB) para pagamento de professores e para a compra de medicamentos e insumos hospitalares destinados à assistência médico-odontológica das crianças em idade escolar do município.

Mauro, chefe do setor de aquisições da prefeitura, propositalmente permitia que o estoque de medicamentos e insumos hospitalares chegasse a zero para justificar situação emergencial e dispensar indevidamente a licitação, adquirindo os produtos, a preços superfaturados, da empresa Y, pertencente a sua sobrinha, que desconhecia o esquema fraudulento.

A respeito da situação hipotética apresentada e de aspectos legais e doutrinários a ela relacionados, julgue o item a seguir.

A criação de um órgão denominado setor de aquisições na citada prefeitura constitui exemplo de desconcentração.

( ) Certo ( ) Errado

2. **(Cespe)** Em relação à organização administrativa e às concessões e permissões do serviço público, julgue o item a seguir.

O Tribunal Regional Federal é órgão descentralizado da União que possui personalidade jurídica própria, portanto compõe a administração pública indireta.

( ) Certo ( ) Errado

3. **(Cespe)** A respeito das autarquias, fundações públicas, sociedades de economia mista e empresas públicas.

Poderá o Estado instituir fundações públicas quando pretender intervir no domínio econômico.

( ) Certo ( ) Errado

4. **(Cespe)** Com relação à organização administrativa e às licitações, julgue o próximo item.

Em razão da complexidade das atividades incumbidas à administração pelas normas constitucionais e infralegais, existem, nos estados, diversas secretarias de estado com competências específicas, notadamente em função da matéria. Essa distribuição de atribuições denomina-se descentralização administrativa.

( ) Certo ( ) Errado

5. **(Cespe)** A respeito da administração direta e indireta e da centralização e da descentralização administrativa, julgue o item seguinte.

Compõem a administração indireta os órgãos públicos internos, as autarquias, as empresas públicas, as sociedades de economia mista e as fundações públicas.

( ) Certo ( ) Errado

6. **(Cespe)** A respeito das autarquias, fundações públicas, sociedades de economia mista e empresas públicas.

Tanto as sociedades de economia mista quanto as empresas públicas devem ter a forma de sociedades anônimas.

( ) Certo ( ) Errado

7. **(Cespe)** Em relação aos princípios da administração pública e à organização administrativa, julgue o item que se segue.

O administrador, quando gere a coisa pública conforme o que na lei estiver determinado, ciente de que desempenha o papel de mero gestor de coisa que não é sua, observa o princípio da indisponibilidade do interesse público.

( ) Certo ( ) Errado

8. **(Cespe)** Quando a União firma um convênio com um estado da Federação, a relação jurídica envolve a União e o ente federado e não a União e determinado governador ou outro agente. O governo se alterna periodicamente nos termos da soberania popular, mas o estado federado é permanente. A mudança de comando político não exonera o estado das obrigações assumidas. Nesse sentido, o Supremo Tribunal Federal (STF) tem entendido que a inscrição do nome de estado-membro em cadastro federal de inadimplentes devido a ações e(ou) omissões de gestões anteriores não configura ofensa ao princípio da administração pública denominado princípio da intranscendência.

( ) Certo ( ) Errado

9. **(Cespe)** O princípio da proteção à confiança da administração pública é um dos princípios expressamente arrolados no Art. 37 da Constituição Federal de 1988.

( ) Certo ( ) Errado

10. **(Cespe)** No que se refere aos princípios da administração pública, julgue o item subsequente.

O princípio da eficiência norteia essencialmente a prestação de serviços públicos à coletividade, sem impactar, necessariamente, rotinas e procedimentos internos da administração.

( ) Certo ( ) Errado

11. **(Cespe)** O princípio da proteção à confiança da administração pública dá à administração pública o poder da execução imediata das decisões administrativas, possibilitando a criação de obrigações para o particular.

( ) Certo ( ) Errado

12. **(Cespe)** O princípio da proteção à confiança da administração pública corresponde ao aspecto subjetivo do princípio da segurança jurídica.

( ) Certo ( ) Errado

13. **(Cespe)** A respeito dos poderes e deveres da administração, assinale a opção correta, considerando o disposto na CF.

A eficiência, um dever administrativo, não guarda relação com a realização de supervisão ministerial dos atos praticados por unidades da administração indireta.

( ) Certo ( ) Errado

14. **(Cespe)** A respeito dos poderes e deveres da administração, assinale a opção correta, considerando o disposto na CF.

As consequências da condenação pela prática de ato de improbidade administrativa incluem a perda dos direitos políticos e a suspensão da função pública.

( ) Certo ( ) Errado

15. **(Cespe)** José, chefe do setor de recursos humanos de determinado órgão público, editou ato disciplinando as regras para a participação de servidores em concurso de promoção.

A respeito dessa situação hipotética, julgue o item seguinte.

A edição do referido ato é exemplo de exercício do poder regulamentar.

( ) Certo ( ) Errado

16. **(Cespe)** Com relação aos poderes administrativos e ao uso e abuso desses poderes,

Insere-se no âmbito do poder hierárquico a prerrogativa que os agentes públicos possuem de rever os atos praticados pelos subordinados para anulá-los, quando estes forem considerados ilegais, ou revogá-los por conveniência e oportunidade, nos termos da legislação respectiva.

( ) Certo ( ) Errado

17. **(Cespe)** Acerca dos poderes da administração pública.

Embora nem toda ilegalidade decorra de conduta abusiva, todo abuso de poder se reveste de ilegalidade.

( ) Certo ( ) Errado

18. **(Cespe)** Acerca dos poderes e deveres da administração pública,
Poder vinculado é a prerrogativa do poder público para escolher aspectos do ato administrativo com base em critérios de conveniência e oportunidade; não é um poder autônomo, devendo estar associado ao exercício de outro poder.

( ) Certo ( ) Errado

19. **(Cespe)** Com base no disposto nas súmulas do Supremo Tribunal Federal relativas a direito administrativo, julgue o item subsequente. Tratando-se de processo administrativo disciplinar, se o acusado não tiver advogado, deve ser providenciado um ad hoc para formulação da sua defesa técnica, sob pena de nulidade do procedimento, por cerceamento de defesa.

( ) Certo ( ) Errado

20. **(Cespe)** Ainda de acordo com a Lei nº 8.112/1990 e suas alterações, julgue o item subsequente.É vedada a acumulação remunerada de cargos públicos, salvo os casos previstos na Constituição Federal de 1988, condicionados à comprovação de compatibilidade de horários.

( ) Certo ( ) Errado

21. **(Cespe)** Julgue o item seguinte, acerca de agentes públicos. Situação hipotética: Dalila, de cinquenta e três anos de idade, é professora e trabalha há vinte e cinco anos na mesma escola pública de educação infantil. Como professora, ela atuou, efetivamente, em sala de aula, por quinze anos, e, no tempo remanescente, atuou como coordenadora e diretora. Assertiva: Nessa situação, Dalila não tem direito a aposentadoria por idade e tempo de contribuição como professora, já que, conforme jurisprudência pacificada do STF, os professores que exercem atividades administrativas em estabelecimentos de ensino não têm direito a aposentadoria por tempo reduzido.

( ) Certo ( ) Errado

22. **(Cespe)** Ainda de acordo com a Lei nº 8.112/1990 e suas alterações, julgue o item subsequente.O servidor público, mediante prévia autorização do chefe imediato, pode ausentar-se do serviço durante o expediente.

( ) Certo ( ) Errado

23. **(Cespe)** Com base nas disposições da Lei nº 8.112/1990, julgue o item seguinte, a respeito de provimento de vagas no serviço público e direitos e vantagens do servidor público.Nos concursos para provimento de vagas no serviço público, no mínimo, 25% das vagas oferecidas são reservadas às pessoas portadoras de deficiência.

( ) Certo ( ) Errado

24. **(Cespe)** Em conformidade com a Lei nº 8.112/1990 e suas alterações, julgue o item que se segue. O valor referente ao pagamento de ajuda de custo, diárias, transporte e auxílio-moradia incorpora-se ao vencimento do servidor público para todos os efeitos.

( ) Certo ( ) Errado

25. **(Cespe)** Em relação à improbidade administrativa,

O particular que praticar ato que enseje desvio de verbas públicas, sozinho ou em conluio com agente público, responderá, nos termos da Lei de Improbidade Administrativa, desde que tenha obtido alguma vantagem pessoal.

( ) Certo ( ) Errado

26. **(Cespe)** Se uma pessoa, maior e capaz, representar contra um delegado de polícia por ato de improbidade sabendo que ele é inocente, a sua conduta poderá ser considerada, conforme o disposto na Lei nº 8.429/1992, crime, estando essa pessoa sujeita apenas a multa.

( ) Certo ( ) Errado

27. **(Cespe)** A respeito de atos de improbidade administrativa, julgue o item que se segue de acordo com o disposto na Lei de Improbidade Administrativa.

A referida lei é aplicável, no que couber, ao particular que concorrer para a prática de ato ímprobo ou que dele se beneficie.

( ) Certo ( ) Errado

28. **(Cespe)** Julgue o item que se segue, de acordo com o disposto na Lei de Improbidade Administrativa.

Não dar publicidade a ato oficial configura ato de improbidade administrativa.

( ) Certo ( ) Errado

29. **(Cespe)** Julgue o item subsequente, relativos a ação civil pública, mandado de segurança e ação de improbidade administrativa.

Caso receba provas contundentes da prática de ato de improbidade por agente público, o MP poderá requerer tutela provisória de natureza cautelar determinando o sequestro dos bens do referido agente.

( ) Certo ( ) Errado

30. **(Cespe)** Julgue o item a seguir, a respeito de improbidade administrativa.

De acordo com o Superior Tribunal de Justiça (STJ), o foro especial por prerrogativa de função não se estende ao processamento das ações de improbidade administrativa.

( ) Certo ( ) Errado

31. **(Cespe)** João, servidor público ocupante do cargo de motorista de determinada autarquia do DF, estava conduzindo o veículo oficial durante o expediente quando avistou sua esposa no carro de um homem. Imediatamente, João dolosamente acelerou em direção ao veículo do homem, provocando uma batida e, por consequência, dano aos veículos. O homem, então, ingressou com ação judicial contra a autarquia requerendo a reparação dos danos materiais sofridos. A autarquia instaurou procedimento administrativo disciplinar contra João para apurar suposta violação de dever funcional.

No que se refere à situação hipotética apresentada, julgue o item a seguir.

A autarquia tem direito de regresso contra João.

( ) Certo ( ) Errado

32. **(Cespe)** Julgue o item que se segue, relativos aos fundamentos da responsabilidade civil do Estado atualmente adotados pelo direito brasileiro.

Um ato, ainda que lícito, praticado por agente público e que gere ônus exorbitante a um cidadão pode resultar em responsabilidade civil do Estado.

( ) Certo ( ) Errado

33. **(Cespe)** Acerca de direitos da personalidade, responsabilidade civil objetiva e prova de fato jurídico, julgue o item seguinte.

A teoria da responsabilidade civil objetiva aplica-se a atos ilícitos praticados por agentes de autarquias estaduais.

( ) Certo ( ) Errado

34. **(Cespe)** Com referência ao tratamento constitucional conferido à responsabilidade civil do Estado.

Segundo a Constituição Federal de 1988, o indivíduo que for condenado criminalmente em virtude de sentença que contenha erro judiciário terá direito a reparação cível, desde que seja demonstrada a conduta dolosa por parte do juiz da causa.

( ) Certo ( ) Errado

35. **(Cespe)** Com relação à responsabilidade civil do Estado, aos serviços públicos e ao controle da administração pública, julgue o item subsequente.

Situação hipotética: O motorista de determinado veículo particular, não tendo respeitado o sinal vermelho do semáforo, provocou a colisão entre o veículo que dirigia e um veículo oficial do TCE/PA que estava estacionado em local proibido.

Assertiva: Nessa situação, o valor da indenização a ser paga pelo Estado será atenuado ante a existência de culpa concorrente, já que o Brasil adota a teoria da responsabilidade objetiva do tipo risco administrativo.

( ) Certo ( ) Errado

36. **(Cespe)** Após o término de estágio probatório, a administração reprovou servidor público e editou ato de exoneração, no qual declarou que esta se dera por inassiduidade. Posteriormente, o servidor demonstrou que nunca havia faltado ao serviço ou se atrasado para nele chegar.

Nessa situação hipotética, o ato administrativo de exoneração é nulo por ausência de motivo.

( ) Certo ( ) Errado

37. **(Cespe)** No que se refere aos poderes administrativos, aos atos administrativos e ao controle da administração, julgue o item seguinte.

Situação hipotética: Antônio, servidor que ingressou no serviço público mediante um ato nulo, emitiu uma certidão negativa de tributos para João. Na semana seguinte, Antônio foi exonerado em função da nulidade do ato que o vinculou à administração. Assertiva: Nessa situação, a certidão emitida por Antônio continuará válida.

( ) Certo ( ) Errado

38. (Cespe) Maurício, chefe imediato de João (ambos servidores públicos distritais), determinou que este participasse de reunião de trabalho em Fortaleza – CE nos dias nove e dez de janeiro. João recebeu o valor das diárias. No dia oito de janeiro, João sofreu um acidente de carro e, conforme atestado médico apresentado para Maurício, teve de ficar de repouso por três dias, razão pela qual não pôde viajar. Essa foi a primeira vez no bimestre que João teve de se afastar do serviço por motivo de saúde.

Acerca dessa situação hipotética e de aspectos legais e doutrinários a ela relacionados, julgue o item a seguir.

A concessão de diária é ato vinculado da administração pública.

( ) Certo ( ) Errado

39. (Cespe) Situação hipotética: Lúcio, indivíduo de boa-fé, logrou a manutenção dos efeitos já produzidos por ato administrativo posteriormente declarado nulo. Assertiva: Nessa situação, por força da isonomia, aquele que detiver situação jurídica idêntica à de Lúcio terá direito à extensão dos mesmos efeitos jurídicos produzidos pelo ato anulado.

( ) Certo ( ) Errado

40. (Cespe) A revogação do ato administrativo é a supressão de um ato legítimo e eficaz, seja por oportunidade, seja por conveniência, seja por interesse público; entretanto, o poder de revogar da administração pública não é absoluto, pois há situações insuscetíveis de modificação por parte da administração.

Tendo as considerações apresentadas como referência inicial, o que apresenta ato suscetível de revogação é o ato administrativo praticado pelo Poder Judiciário.

( ) Certo ( ) Errado

41. (Cespe) A respeito dos princípios da administração pública e da organização administrativa, julgue o item a seguir.

Embora sejam entidades dotadas de personalidade jurídica de direito privado, as empresas públicas, como regra geral, estão obrigadas a licitar antes de celebrar contratos destinados à prestação de serviços por terceiros.

( ) Certo ( ) Errado

42. (Cespe) À luz do disposto na Lei nº 8.666/1993 — Lei de Licitações e Contratos —, julgue o próximo item.

São cinco as modalidades de licitação: concorrência, tomada de preços, convite, concurso e leilão.

( ) Certo ( ) Errado

43. (Cespe) À luz do disposto na Lei nº 8.666/1993 — Lei de Licitações e Contratos —, julgue o próximo item.

Os agentes públicos podem incluir nos atos de convocação cláusulas que favoreçam as sociedades cooperativas.

( ) Certo ( ) Errado

44. (Cespe) Com base na Lei nº 8.666/1993, julgue o item subsecutivo, a respeito de licitações e contratos da administração pública.

Não é permitido que empresas se consorciem para participar de procedimento licitatório.

( ) Certo ( ) Errado

45. (Cespe) Com base na Lei nº 8.666/1993, julgue o item subsecutivo, a respeito de licitações e contratos da administração pública.

A concorrência pública não constitui uma modalidade de licitação.

( ) Certo ( ) Errado

46. (Cespe) Com base no disposto na Lei nº 9.784/1999, considerando o entendimento dos tribunais superiores e da doutrina sobre o processo administrativo.

Os processos de prestação de contas são exemplo de processos administrativos de outorga, cuja finalidade é autorizar o exercício de determinado direito individual.

( ) Certo ( ) Errado

47. (Cespe) Com base no disposto na Lei nº 9.784/1999, considerando o entendimento dos tribunais superiores e da doutrina sobre o processo administrativo.

A competência processante de órgão da administração pode ser delegada, em parte, a outro órgão, ainda que não subordinado hierarquicamente ao órgão delegante, desde que haja conveniência, razão e inexista impedimento legal.

( ) Certo ( ) Errado

48. (Cespe) A respeito do processo administrativo, julgue o item subsequente.

A desistência do interessado extingue o processo administrativo, mesmo que haja interesse público no seu prosseguimento.

( ) Certo ( ) Errado

49. (Cespe) A respeito do processo administrativo, julgue o item subsequente.

Os atos do processo administrativo dependem de forma predefinida.

( ) Certo ( ) Errado

50. (Cespe) Acerca do recurso administrativo e tendo como base as disposições da Lei nº 9.784/1999.

É de trinta dias o prazo para a interposição de recurso administrativo, contado a partir da divulgação da decisão recorrida em diário oficial.

( ) Certo ( ) Errado

Simulado 3

1. (Cespe) Julgue o item subsequente, relativos à organização administrativa.

Não existe hierarquia entre o Ministério da Saúde e a ANVISA.

( ) Certo ( ) Errado

2. (Cespe) A respeito das autarquias, fundações públicas, sociedades de economia mista e empresas públicas.

A extinção das empresas públicas e das sociedades de economia mista somente pode ocorrer por meio de lei autorizadora.

( ) Certo ( ) Errado

3. **(Cespe)** Com base em lei específica estadual, foi autorizada a instituição da empresa X, pessoa jurídica sob a forma de sociedade anônima, com controle acionário pertencente ao ente federativo estadual, para fins de exploração de determinada atividade econômica de interesse coletivo.

Nessa situação hipotética, a empresa X deverá ser constituída como sociedade de economia mista, com personalidade jurídica de direito privado, pertencente à administração indireta, à qual é delegada a titularidade de atividade típica do Estado.

( ) Certo ( ) Errado

4. **(Cespe)** Com base em lei específica estadual, foi autorizada a instituição da empresa X, pessoa jurídica sob a forma de sociedade anônima, com controle acionário pertencente ao ente federativo estadual, para fins de exploração de determinada atividade econômica de interesse coletivo.

Por se tratar de pessoa jurídica que exercerá atividade econômica, a empresa X submeter-se-á ao regime jurídico próprio das empresas privadas, salvo em relação a obrigações trabalhistas e tributárias.

( ) Certo ( ) Errado

5. **(Cespe)** Com base em lei específica estadual, foi autorizada a instituição da empresa X, pessoa jurídica sob a forma de sociedade anônima, com controle acionário pertencente ao ente federativo estadual, para fins de exploração de determinada atividade econômica de interesse coletivo.

A empresa X não poderá realizar contratações e licitações em regime diverso daquele previsto para a administração direta.

( ) Certo ( ) Errado

6. **(Cespe)** O Congresso Nacional aprovou uma reforma administrativa proposta pelo presidente da República que reduziu o número de ministérios. Nesse contexto, o Ministério do Trabalho e Emprego e o Ministério da Previdência Social foram fundidos, tornando-se Ministério do Trabalho e Previdência Social. A partir dessa situação hipotética, julgue o item a seguir.

A fusão do Ministério do Trabalho e Emprego com o Ministério da Previdência Social mencionada é exemplo de concentração administrativa.

( ) Certo ( ) Errado

7. **(Cespe)** A respeito dos princípios da administração pública e da organização administrativa, julgue o item a seguir.

Se uma autoridade pública, ao dar publicidade a determinado programa de governo, fizer constar seu nome de modo a caracterizar promoção pessoal, então, nesse caso, haverá, pela autoridade, violação de preceito relacionado ao princípio da impessoalidade.

( ) Certo ( ) Errado

8. **(Cespe)** Julgue o item que se segue, acerca da administração pública.

Em decorrência do princípio da impessoalidade, as realizações administrativo-governamentais são imputadas ao ente público e não ao agente político.

( ) Certo ( ) Errado

9. **(Cespe)** O Tribunal de Contas de determinado estado da Federação, ao analisar as contas prestadas anualmente pelo governador do estado, verificou que empresa de publicidade foi contratada,

mediante inexigibilidade de licitação, para divulgar ações do governo. Na campanha publicitária promovida pela empresa contratada, constavam nomes, símbolos e imagens que promoviam a figura do governador, que, em razão destes fatos, foi intimado por Whatsapp para apresentar defesa. Na data de visualização da intimação, a referida autoridade encaminhou resposta, via Whatsapp, declarando-se ciente. Ao final do procedimento, o Tribunal de Contas não acolheu a defesa do governador e julgou irregular a prestação de contas.

A partir da situação hipotética apresentada, julgue o item a seguir.

Dado o teor da campanha publicitária, é correto inferir que, na situação, se configurou ofensa aos princípios da impessoalidade e da moralidade.

( ) Certo ( ) Errado

10. **(Cespe)** O princípio da proteção à confiança da administração pública determina que a administração pública atenda apenas ao que a lei impõe.

( ) Certo ( ) Errado

11. **(Cespe)** Sem ter sido aprovado em concurso público, um indivíduo foi contratado para exercer cargo em uma delegacia de polícia de determinado município, por ter contribuído na campanha política do agente contratante.

Nessa situação hipotética, ocorreu, precipuamente, violação do princípio da impessoalidade.

( ) Certo ( ) Errado

12. **(Cespe)** De acordo com a legislação e a doutrina pertinentes, o poder de polícia administrativa é poder de natureza vinculada, uma vez que o administrador não pode valorar a oportunidade e conveniência de sua prática, estabelecer o motivo e escolher seu conteúdo.

( ) Certo ( ) Errado

13. **(Cespe)** A respeito dos poderes e deveres da administração, assinale a opção correta, considerando o disposto na CF.

O abuso de poder consiste em conduta ilegítima do agente público, caracterizada pela atuação fora dos objetivos explícitos ou implícitos estabelecidos pela lei.

( ) Certo ( ) Errado

14. **(Cespe)** No que se refere aos poderes administrativos, aos atos administrativos e ao controle da administração, julgue o item seguinte.

O poder de polícia administrativo é uma atividade que se manifesta por meio de atos concretos em benefício do interesse público. Por conta disso, a administração pode delegar esse poder a pessoas da iniciativa privada não integrantes da administração pública.

( ) Certo ( ) Errado

15. **(Cespe)** Maurício, chefe imediato de João (ambos servidores públicos distritais), determinou que este participasse de reunião de trabalho em Fortaleza – CE nos dias nove e dez de janeiro. João recebeu o valor das diárias. No dia oito de janeiro, João sofreu um acidente de carro e, conforme atestado médico apresentado para Maurício, teve de ficar de repouso por três dias, razão pela qual não pôde viajar. Essa foi a primeira vez no bimestre que João teve de se afastar do serviço por motivo de saúde.

Acerca dessa situação hipotética e de aspectos legais e doutrinários a ela relacionados, julgue o item a seguir.

A competência de Maurício para determinar que João participasse da reunião de trabalho decorre do poder hierárquico.

( ) Certo ( ) Errado

16. (Cespe) Um agente de determinada autarquia estadual, em fiscalização de rotina, autuou estabelecimento comercial em razão de infração administrativa verificada. Procedeu ainda, naquela mesma ocasião, à interdição cautelar do estabelecimento em questão.

Acerca dessa situação hipotética, do poder de polícia e da disciplina dos atos administrativos, Na hipótese apresentada, a aplicação de punição administrativa ao estabelecimento comercial submete-se ao princípio da legalidade, uma vez que somente lei pode instituir sanções administrativas.

( ) Certo ( ) Errado

17. (Cespe) Um agente de determinada autarquia estadual, em fiscalização de rotina, autuou estabelecimento comercial em razão de infração administrativa verificada. Procedeu ainda, naquela mesma ocasião, à interdição cautelar do estabelecimento em questão.

Acerca dessa situação hipotética, do poder de polícia e da disciplina dos atos administrativos, Se, na situação hipotética em questão, o administrador público tivesse agido motivado por vingança pessoal contra o proprietário do estabelecimento comercial, estaria configurada a nulidade do ato por abuso de poder na modalidade excesso de poder.

( ) Certo ( ) Errado

18. (Cespe) Com relação aos poderes administrativos e ao uso e abuso desses poderes,

A invalidação, por motivos de ilegalidade, de conduta abusiva praticada por administradores públicos ocorre no âmbito judicial, mas não na esfera administrativa.

( ) Certo ( ) Errado

19. (Cespe) Com relação a acúmulo remunerado de cargo público, emprego ou função pública, Segundo entendimento do STJ, não é possível a cumulação de proventos de aposentadoria de emprego público com remuneração proveniente de exercício de cargo temporário, contratado para atender a necessidade temporária de excepcional interesse público.

( ) Certo ( ) Errado

20. (Cespe) Ainda de acordo com a Lei nº 8.112/1990 e suas alterações, julgue o item subsequente.As sanções civis, penais e administrativas não podem ser cumuladas.

( ) Certo ( ) Errado

21. (Cespe) Cláudio, servidor público federal lotado na capital federal, pediu remoção para o estado de São Paulo. O pedido foi deferido pelo órgão ao qual ele pertence. Imediatamente, Cíntia, sua esposa, também servidora pública federal lotada em Brasília, solicitou remoção para acompanhar o cônjuge. O pedido de Cíntia foi negado. Quinze dias depois da data de ciência da decisão, Cíntia apresentou recurso, que não foi conhecido, por ter sido apresentado fora do prazo. Diante disso, Cíntia, sem prévia autorização do chefe imediato, se ausentou do serviço durante o expediente para auxiliar na mudança de Cláudio.

Considerando essa situação hipotética, julgue o item que se segue com fundamento na Lei nº 8.112/1990 — Regime Jurídico dos Servidores Públicos Civis da União — e na Lei nº 9.784/1999, que dispõe sobre o processo administrativo na administração pública federal.Por ter se ausentado do serviço durante o expediente e sem prévia autorização do chefe imediato, Cíntia está sujeita à penalidade de demissão.

( ) Certo ( ) Errado

22. **(Cespe)** Rafael, médico de um tribunal de justiça, foi submetido a processo administrativo disciplinar devido a denúncias de que ele estaria acumulando mais de dois cargos públicos. Na ocasião, foi-lhe dada a oportunidade de optar por duas de três ocupações médicas e, como não se manifestou, o servidor foi demitido. Rafael recorreu do processo administrativo que resultou em sua demissão e solicitou o seu retorno ao serviço público, com base no argumento de que não era razoável a aplicação da referida penalidade. Em sua defesa, alegou, ainda, que atuava como médico nas três instituições e havia compatibilidade de horários, pois a carga horária combinada não ultrapassava sessenta horas semanais; que ocupava apenas dois cargos públicos, no tribunal e em hospital municipal; e que o exercício da sua terceira atividade, em uma fundação pública de saúde, era legítimo, uma vez que o vínculo com a fundação de saúde era celetista e a vedação legal estaria restrita à acumulação de cargos públicos estatutários.Considerando essa situação hipotética e as regras relativas ao processo administrativo e aos agentes públicos, julgue o item que se segue. A penalidade de demissão aplicada a Rafael é a prevista em lei para os casos de acumulação ilegal de cargos, empregos ou funções públicas.

( ) Certo ( ) Errado

23. **(Cespe)** Eduardo, servidor público em estágio probatório, frequentemente se ausentava de seu local de trabalho sem justificativa e, quando voltava, se apresentava nitidamente embriagado. Em razão desses fatos, a comissão de ética, tendo apreciado a conduta do servidor, decidiu aplicar a ele a penalidade de advertência. Eduardo foi, então, reprovado no estágio probatório e, por isso, foi demitido, sem que a administração pública tenha observado o contraditório e a ampla defesa. Considerando essa situação hipotética, julgue o item a seguir.A atuação da administração pública obedeceu a todos os princípios do processo administrativo.

( ) Certo ( ) Errado

24. **(Cespe)** Em conformidade com a Lei nº 8.112/1990 e suas alterações, julgue o item que se segue. É lícito ao servidor público requerer licença por motivo de doença do seu enteado, desde que este conste de seu assentamento funcional, mediante comprovação por perícia médica oficial.

( ) Certo ( ) Errado

25. **(Cespe)** Em relação à improbidade administrativa,

Caso um servidor público federal estável, de forma deliberada, sem justificativa e reiterada, deixar de praticar ato de ofício, poderá ser-lhe aplicada multa civil de até cem vezes o valor da sua remuneração, conforme a gravidade do fato.

( ) Certo ( ) Errado

26. **(Cespe)** A respeito de atos de improbidade administrativa, julgue o item que se segue de acordo com o disposto na Lei de Improbidade Administrativa.

O herdeiro do agente que causar lesão ao patrimônio público não estará sujeito às cominações da referida lei, isto é, a responsabilização encerra-se com o falecimento do acusado.

( ) Certo ( ) Errado

27. **(Cespe)** Ana é a servidora responsável pela aquisição de livros para as escolas de determinado município. Em uma compra, no valor de R$ 80.000,00, ela optou pelo procedimento licitatório na modalidade convite. Apesar da existência de várias empresas interessadas e aptas a fornecer os livros, foram escolhidas e convidadas apenas duas empresas previamente cadastradas para participar do certame. Ao final do procedimento, sem que tenha havido, comprovadamente, dano ao erário, dolo ou má-fé de Ana, foi contratada para o fornecimento dos livros a empresa de um sobrinho do vice-prefeito do município. O Ministério Público, ao tomar conhecimento dos fatos, ingressou com ação de improbidade contra Ana, sob o argumento de que a servidora violou princípios da administração pública.

Tendo como referência essa situação hipotética, julgue o seguinte item com fundamento na Lei nº 8.666/1993 — Lei de Licitações e Contratos — e na Lei nº 8.429/1992, que trata da ação de improbidade.

O Ministério Público agiu corretamente ao propor a ação de improbidade contra Ana, pois não é necessária a comprovação de dano ao erário, dolo ou má-fé na situação narrada.

( ) Certo ( ) Errado

28. **(Cespe)** Carlos, formado em medicina, foi contratado temporariamente pela União para atuar na rede de saúde do Rio de Janeiro, de modo a apoiar eventual crescimento da demanda em decorrência dos Jogos Olímpicos Rio 2016. Durante o expediente, ao atender um paciente que fazia uma consulta de rotina, não emergencial, Carlos, sem conhecimento técnico nem capacitação prévia, resolveu operar, sozinho, um aparelho de ressonância magnética, danificando-o e gerando um prejuízo de mais de um milhão de reais ao hospital. A comissão de ética, ao analisar a conduta de Carlos, concluiu que ela seria passível de punição com a penalidade de censura, mas deixou de aplicá-la por se tratar de servidor temporário.

Com referência a essa situação hipotética, julgue o seguinte item.

A conduta praticada por Carlos não constituiu ato de improbidade administrativa, por não ter havido dolo.

( ) Certo ( ) Errado

29. **(Cespe)** Dois agentes públicos de um tribunal de justiça — um ocupante exclusivamente de cargo em comissão e o outro em cargo de caráter efetivo — foram presos em flagrante em uma operação da Polícia Federal, por terem cometido desvio de verba pública em um processo licitatório do tribunal.

Considerando essa situação hipotética, julgue o próximo item com base na Lei de Improbidade Administrativa — Lei nº 8.429/1992.

Assim como a administração direta e indireta, os órgãos do Poder Judiciário podem ser sujeitos passivos de atos de improbidade administrativa.

( ) Certo ( ) Errado

30. **(Cespe)** Dois agentes públicos de um tribunal de justiça — um ocupante exclusivamente de cargo em comissão e o outro em cargo de caráter efetivo — foram presos em flagrante em uma

operação da Polícia Federal, por terem cometido desvio de verba pública em um processo licitatório do tribunal.

Considerando essa situação hipotética, julgue o próximo item com base na Lei de Improbidade Administrativa — Lei nº 8.429/1992.

Em razão de o desvio de verba ter causado lesão ao erário, o ato ímprobo está configurado e o agente público ocupante de cargo efetivo deverá ser condenado a ressarcir o ente público, ainda que a ação ou omissão tenha ocorrido de forma culposa.

( ) Certo ( ) Errado

31. **(Cespe)** A exploração e operação de determinado aeroporto foi transferida pelo governo federal para um consórcio de empresas pelo prazo de vinte anos. Em determinado dia, durante a vigência da execução desse serviço público pelo consórcio, uma passageira sofreu um acidente grave em esteira rolante do aeroporto, a qual se encontrava em manutenção devidamente sinalizada. A passageira, por estar enviando mensagem no aparelho celular, não observou a sinalização relativa à manutenção da esteira.

A respeito dessa situação hipotética e de aspectos legais e doutrinários a ela relacionados, julgue o item subsequente.

Caso se comprove que o acidente decorreu de culpa exclusiva da passageira, o consórcio de empresas não responderá civilmente pelo acidente.

( ) Certo ( ) Errado

32. **(Cespe)** Um motorista alcoolizado abalroou por trás viatura da polícia militar que estava regularmente estacionada. Do acidente resultaram lesões em cidadão que estava retido dentro do compartimento traseiro do veículo. Esse cidadão então ajuizou ação de indenização por danos materiais contra o Estado, alegando responsabilidade objetiva. O procurador responsável pela contestação deixou de alegar culpa exclusiva de terceiro e não solicitou denunciação da lide. O corregedor determinou a apuração da responsabilidade do procurador, por entender que houve negligência na elaboração da defesa, por acreditar que seria útil à defesa do poder público alegar culpa exclusiva de terceiro na geração do acidente.

Considerando essa situação hipotética, julgue o próximo item.

Foi correto o corregedor quanto ao entendimento de que seria útil à defesa do poder público alegar culpa exclusiva de terceiro na geração do acidente, uma vez que, provada, ela pode excluir ou atenuar o valor da indenização.

( ) Certo ( ) Errado

33. **(Cespe)** Em relação à organização administrativa e às concessões e permissões do serviço público, julgue o item a seguir.

As fundações públicas de direito público devem responder objetivamente pelos danos que seus agentes causem a terceiros. Sendo condenadas a indenizar pelo prejuízo que seu agente culposamente tenha cometido, assegura-se a elas o direito de propor ação regressiva contra o agente causador do dano.

( ) Certo ( ) Errado

34. **(Cespe)** Em determinado município da Federação, uma empresa pública municipal refinadora de petróleo, durante o desenvolvimento de sua atividade, deixou vazar milhões de litros de óleo cru, material que alcançou importantes mananciais aquíferos e espalhou-se por várias cidades do respectivo estado-membro, tendo deixado inúmeras famílias ribeirinhas desprovidas de suas atividades laborais e do seu sustento.

Nessa situação, segundo entendimento do STJ, houve responsabilidade objetiva do Estado, instruída pela teoria do risco integral.

( ) Certo ( ) Errado

35. **(Cespe)** Julgue o item que se segue, a respeito do controle da administração e da responsabilidade civil do Estado.

Em nenhuma circunstância será o Estado responsabilizado por danos decorrentes dos efeitos produzidos por lei, uma vez que a atividade legislativa é fundamentada na soberania e limitada somente pela Constituição Federal de 1988.

( ) Certo ( ) Errado

36. **(Cespe)** José, chefe do setor de recursos humanos de determinado órgão público, editou ato disciplinando as regras para a participação de servidores em concurso de promoção.

A respeito dessa situação hipotética, julgue o item seguinte.

O veículo normativo adequado para a edição do referido ato é o decreto.

( ) Certo ( ) Errado

37. **(Cespe)** À luz da legislação que rege os atos administrativos, a requisição dos servidores distritais e a ética no serviço público, julgue o seguinte item.

A competência — ou sujeito —, a finalidade, a forma, o motivo e o objeto — ou conteúdo — são elementos que integram os atos administrativos.

( ) Certo ( ) Errado

38. **(Cespe)** Acerca do regime jurídico-administrativo e do controle da administração pública, julgue o próximo item.

A administração pública pode revogar seus atos por motivos de conveniência ou oportunidade, competindo, no entanto, exclusivamente ao Poder Judiciário a anulação de atos administrativos eivados de vícios de legalidade.

( ) Certo ( ) Errado

39. **(Cespe)** Os atos administrativos cujos efeitos já se tenham exaurido integralmente são insuscetíveis de revogação.

( ) Certo ( ) Errado

40. **(Cespe)** O ato que concede aposentadoria a servidor público classifica-se como ato simples.

( ) Certo ( ) Errado

41. **(Cespe)** Acerca de licitações, contratos e convênios na administração pública, julgue o item que se segue.

Concorrência, pregão e parcerias são, segundo a Lei nº 8.666/1993, as modalidades de licitação.

( ) Certo ( ) Errado

42. **(Cespe)** À luz do disposto na Lei nº 8.666/1993 — Lei de Licitações e Contratos —, julgue o próximo item.

Concurso é a modalidade de licitação entre quaisquer interessados que, preliminarmente, comprovem possuir a qualificação exigida no edital para a execução do seu objeto.

( ) Certo ( ) Errado

43. **(Cespe)** Ana é a servidora responsável pela aquisição de livros para as escolas de determinado município. Em uma compra, no valor de R$ 80.000,00, ela optou pelo procedimento licitatório na modalidade convite. Apesar da existência de várias empresas interessadas e aptas a fornecer os livros, foram escolhidas e convidadas apenas duas empresas previamente cadastradas para participar do certame. Ao final do procedimento, sem que tenha havido, comprovadamente, dano ao erário, dolo ou má-fé de Ana, foi contratada para o fornecimento dos livros a empresa de um sobrinho do vice-prefeito do município. O Ministério Público, ao tomar conhecimento dos fatos, ingressou com ação de improbidade contra Ana, sob o argumento de que a servidora violou princípios da administração pública.

Tendo como referência essa situação hipotética, julgue o seguinte item com fundamento na Lei nº 8.666/1993 — Lei de Licitações e Contratos — e na Lei nº 8.429/1992, que trata da ação de improbidade.

Na situação apresentada, não caberia a utilização do procedimento licitatório na modalidade concorrência.

( ) Certo ( ) Errado

44. **(Cespe)** Com base na Lei nº 8.666/1993, julgue o item subsecutivo, a respeito de licitações e contratos da administração pública.

O procedimento licitatório previsto na referida lei é um ato administrativo formal.

( ) Certo ( ) Errado

45. **(Cespe)** Ainda com base na Lei nº 8.666/1993, julgue o próximo item, acerca de licitações e contratos da administração pública.

A nulidade da licitação induz à do contrato, em qualquer hipótese.

( ) Certo ( ) Errado

46. **(Cespe)** Com base no disposto na Lei nº 9.784/1999, considerando o entendimento dos tribunais superiores e da doutrina sobre o processo administrativo.

O Supremo Tribunal Federal entende que não é necessária a observância do devido processo legal para a anulação de ato administrativo que tenha repercutido no campo dos interesses individuais.

( ) Certo ( ) Errado

47. **(Cespe)** Mauro editou portaria disciplinando regras de remoção no serviço público que beneficiaram, diretamente, amigos seus. A competência para a edição do referido ato normativo seria de Pedro, superior hierárquico de Mauro. Os servidores que se sentiram prejudicados com o resultado do concurso de remoção apresentaram recurso quinze dias após a data da publicação do resultado.

Nessa situação hipotética, de acordo com a Lei nº 9.784/1999 — que regula o processo administrativo no âmbito da administração pública federal —, o recurso apresentado pelos servidores que se sentiram prejudicados não deverá ser conhecido pela autoridade competente em razão da sua intempestividade.

( ) Certo ( ) Errado

48. **(Cespe)** A respeito do processo administrativo, julgue o item subsequente.

O reconhecimento de firmas por notário oficial é obrigatório na realização dos atos do processo administrativo.

( ) Certo ( ) Errado

49. **(Cespe)**No que se refere à gestão de recursos humanos das agências reguladoras e ao processo administrativo no âmbito da administração pública, julgue o item subsequente com base no disposto nas Leis n.º 9.986/2000 e n.º 9.784/1999.

No âmbito da administração pública, o processo administrativo poderá ser impulsionado de ofício.

( ) Certo ( ) Errado

50. **(Cespe)** Acerca do recurso administrativo e tendo como base as disposições da Lei nº 9.784/1999.

O recurso administrativo terá, como regra geral, efeitos devolutivo e suspensivo.

( ) Certo ( ) Errado

Simulado 4

1. **(Cespe)** A administração direta da União inclui a Casa Civil.

( ) Certo ( ) Errado

2. **(Cespe)** Com base em lei específica estadual, foi autorizada a instituição da empresa X, pessoa jurídica sob a forma de sociedade anônima, com controle acionário pertencente ao ente federativo estadual, para fins de exploração de determinada atividade econômica de interesse coletivo.

Nessa situação hipotética, a pessoa federativa a que estará vinculada a empresa X será solidariamente responsável pela solvência dos débitos dessa empresa.

( ) Certo ( ) Errado

3. **(Cespe)** A respeito das autarquias, fundações públicas, sociedades de economia mista e empresas públicas.

Cabe às autarquias a execução de serviços públicos de natureza social, de atividades administrativas e de atividades de cunho econômico e mercantil.

( ) Certo ( ) Errado

4. **(Cespe)** No que se refere à administração pública direta e indireta.

Na esfera municipal, a administração direta é formada pelos órgãos que compõem a prefeitura e a câmara municipal, além das fundações e das empresas públicas de âmbito local.

( ) Certo ( ) Errado

5. **(Cespe)** No que se refere à administração pública direta e indireta.

Tanto a administração direta quanto a indireta são compostas por órgãos e por pessoas jurídicas administrativas, com a diferença de que todas as que integram a administração indireta estão submetidas a regime de direito privado.

( ) Certo ( ) Errado

6. **(Cespe)** No que se refere à administração pública direta e indireta.

O aspecto mais relevante que caracteriza a administração indireta é o fato de ela ser, ao mesmo tempo, titular e executora de serviço público.

( ) Certo ( ) Errado

7. **(Cespe)** Considerando os princípios e fundamentos teóricos do direito administrativo,
Em decorrência do princípio da legalidade, é lícito que o poder público faça tudo o que não estiver expressamente proibido pela lei.

( ) Certo ( ) Errado

8. **(Cespe)** Em relação aos consórcios públicos, aos princípios do direito administrativo e à organização da administração pública, julgue o item a seguir.

De acordo com a jurisprudência do STF, em exceção ao princípio da publicidade, o acesso às informações referentes às verbas indenizatórias recebidas para o exercício da atividade parlamentar é permitido apenas aos órgãos fiscalizadores e aos parlamentares, dado o caráter sigiloso da natureza da verba e a necessidade de preservar dados relacionados à intimidade e à vida privada do parlamentar.

( ) Certo ( ) Errado

9. **(Cespe)** O diretor-geral da polícia civil de determinado estado exarou um ato administrativo e, posteriormente, revogou-o, por entender ser inconveniente sua manutenção.
Nessa situação hipotética, o princípio em que se fundamentou o ato de revogação foi o princípio da autotutela.

( ) Certo ( ) Errado

10. **(Cespe)** Acerca dos servidores públicos, dos poderes da administração pública e do regime jurídico-administrativo, julgue o item que se segue.
A supremacia do interesse público sobre o interesse particular, embora consista em um princípio implícito na Constituição Federal de 1988, possui a mesma força dos princípios que estão explícitos no referido texto, como o princípio da moralidade e o princípio da legalidade.

( ) Certo ( ) Errado

11. **(Cespe)** No que se refere aos princípios da administração pública, julgue o item subsequente.
O princípio da precaução impõe à administração, diante de situações e ações que envolvam risco, a adoção de medidas preventivas contra a ocorrência de dano para a coletividade.

( ) Certo ( ) Errado

12. **(Cespe)** De acordo com a legislação e a doutrina pertinentes, o poder de polícia administrativa pode ser exercido por órgão que também exerça o poder de polícia judiciária.

( ) Certo ( ) Errado

13. **(Cespe)** A respeito dos poderes e deveres da administração, assinale a opção correta, considerando o disposto na CF.

A capacidade de inovar a ordem jurídica e criar obrigações caracteriza o poder regulamentar da administração.

( ) Certo ( ) Errado

14. **(Cespe)** No que se refere aos poderes administrativos, aos atos administrativos e ao controle da administração, julgue o item seguinte.

A administração, ao editar atos normativos, como resoluções e portarias, que criam normas estabelecedoras de limitações administrativas gerais, exerce o denominado poder regulamentar.

( ) Certo ( ) Errado

15. **(Cespe)** O teto de um imóvel pertencente à União desabou em decorrência de fortes chuvas, as quais levaram o poder público a decretar estado de calamidade na região. Maria, servidora pública responsável por conduzir o processo licitatório para a contratação dos serviços de reparo pertinentes, diante da situação de calamidade pública, decidiu contratar mediante dispensa de licitação. Findo o processo de licitação, foi escolhida a Empresa Y, que apresentou preços superiores ao preço de mercado, mas, reservadamente, prometeu, caso fosse contratada pela União, realizar, com generoso desconto, uma grande reforma no banheiro da residência de Maria. Ao final, em razão da urgência, foi firmado contrato verbal entre a União e a Empresa Y e executados tanto os reparos contratados quanto a reforma prometida.

Com referência a essa situação hipotética, julgue o item que se segue.

Maria agiu com excesso de poder ao escolher a Empresa Y.

( ) Certo ( ) Errado

16. **(Cespe)** Acerca dos poderes e deveres da administração pública,

A autoexecutoriedade é considerada exemplo de abuso de poder: o agente público poderá impor medidas coativas a terceiros somente se autorizado pelo Poder Judiciário.

( ) Certo ( ) Errado

17. **(Cespe)** A respeito dos agentes públicos e dos poderes da administração pública, julgue o item que se segue.

Quando um servidor detentor de cargo de chefia assina expediente em concordância com o conteúdo de ato elaborado por servidor subordinado, está caracterizada uma expressão do poder hierárquico.

( ) Certo ( ) Errado

18. **(Cespe)** Com relação à improbidade administrativa, julgue o próximo item.

O abuso de poder é considerado crime de administração pública e é julgado na esfera cível.

( ) Certo ( ) Errado

19. **(Cespe)** Em conformidade com a Lei nº 8.112/1990 e suas alterações, julgue o item que se segue. Não se admite que a posse em cargo público seja realizada mediante procuração específica.

( ) Certo ( ) Errado

20. **(Cespe)** Em conformidade com a Lei nº 8.112/1990 e suas alterações, julgue o item que se segue.A estabilidade do servidor habilitado em concurso público é garantida imediatamente após sua posse, haja vista a sua aprovação em concurso público.

( ) Certo ( ) Errado

21. **(Cespe)** Rafael, médico de um tribunal de justiça, foi submetido a processo administrativo disciplinar devido a denúncias de que ele estaria acumulando mais de dois cargos públicos. Na ocasião, foi-lhe dada a oportunidade de optar por duas de três ocupações médicas e, como não se manifestou, o servidor foi demitido. Rafael recorreu do processo administrativo que resultou em sua demissão e solicitou o seu retorno ao serviço público, com base no argumento de que não era razoável a aplicação da referida penalidade. Em sua defesa, alegou, ainda, que atuava como médico nas três instituições e havia compatibilidade de horários, pois a carga horária combinada não ultrapassava sessenta horas semanais; que ocupava apenas dois cargos públicos, no tribunal e em hospital municipal; e que o exercício da sua terceira atividade, em uma fundação pública de saúde, era legítimo, uma vez que o vínculo com a fundação de saúde era celetista e a vedação legal estaria restrita à acumulação de cargos públicos estatutários.
Considerando essa situação hipotética e as regras relativas ao processo administrativo e aos agentes públicos, julgue o item que se segue.A alegação de Rafael de que a acumulação das três ocupações, no caso, seria legítima está em desacordo com o estabelecido na CF, que estende a proibição à acumulação remunerada de cargos a empregos e funções, além de abranger autarquias, fundações, empresas públicas, sociedades de economia mista, suas subsidiárias, e sociedades controladas, direta ou indiretamente, pelo poder público.

( ) Certo ( ) Errado

22. **(Cespe)** Com base nas disposições da Lei nº 8.112/1990, julgue o item seguinte, a respeito de provimento de vagas no serviço público e direitos e vantagens do servidor público. Ajuda de custo, diárias, transporte e auxílio-moradia constituem indenizações ao servidor.

( ) Certo ( ) Errado

23. **(Cespe)** Cláudio, servidor público federal lotado na capital federal, pediu remoção para o estado de São Paulo. O pedido foi deferido pelo órgão ao qual ele pertence. Imediatamente, Cíntia, sua esposa, também servidora pública federal lotada em Brasília, solicitou remoção para acompanhar o cônjuge. O pedido de Cíntia foi negado. Quinze dias depois da data de ciência da decisão, Cíntia apresentou recurso, que não foi conhecido, por ter sido apresentado fora do prazo. Diante disso, Cíntia, sem prévia autorização do chefe imediato, se ausentou do serviço durante o expediente para auxiliar na mudança de Cláudio. Considerando essa situação hipotética, julgue o item que se segue com fundamento na Lei nº 8.112/1990 — Regime Jurídico dos Servidores Públicos Civis da União — e na Lei nº 9.784/1999, que dispõe sobre o processo administrativo na administração pública federal.A administração pública agiu corretamente ao indeferir o pedido de remoção para acompanhar o cônjuge formulado por Cíntia, uma vez que Cláudio foi removido no seu interesse, e não no interesse da administração.

( ) Certo ( ) Errado

24. **(Cespe)** Em conformidade com a Lei nº 8.112/1990 e suas alterações, julgue o item que se segue. Para a investidura em cargo público, exige-se, entre outros requisitos, a nacionalidade brasileira originária ou nata.

( ) Certo ( ) Errado

25. **(Cespe)** Em relação à improbidade administrativa,

Enriquecimento ilícito configura ato de improbidade administrativa se o autor auferir vantagem patrimonial indevida em razão do cargo, mandato, função, emprego ou atividade, mesmo que de forma culposa.

( ) Certo ( ) Errado

26. **(Cespe)** A respeito de atos de improbidade administrativa, julgue o item que se segue de acordo com o disposto na Lei de Improbidade Administrativa.

Constitui ato de improbidade administrativa perceber vantagem econômica para intermediar a liberação de verba pública de qualquer natureza.

( ) Certo ( ) Errado

27. **(Cespe)** Julgue o item que se segue, de acordo com o disposto na Lei de Improbidade Administrativa.

A condição necessária para que lesão ao patrimônio público resulte na obrigação de ressarcimento integral é que o dano seja praticado por ação positiva e dolosa do agente.

( ) Certo ( ) Errado

28. **(Cespe – 2016)** Por ter realizado contratação direta sem suporte legal, determinado agente público é réu em ação civil pública por improbidade administrativa, sob o argumento de violação ao princípio de obrigatoriedade de licitação, tendo-lhe sido imputado ato de improbidade previsto no Art. 11 da Lei de Improbidade Administrativa (violação aos princípios da administração pública).

A respeito dessa situação hipotética, julgue o item subsecutivo.

Não poderá ser aplicada a medida cautelar de indisponibilidade dos bens, dada a natureza do ato imputado ao réu — violação dos princípios administrativos.

( ) Certo ( ) Errado

29. **(Cespe)** Dois agentes públicos de um tribunal de justiça — um ocupante exclusivamente de cargo em comissão e o outro em cargo de caráter efetivo — foram presos em flagrante em uma operação da Polícia Federal, por terem cometido desvio de verba pública em um processo licitatório do tribunal.

Considerando essa situação hipotética, julgue o próximo item com base na Lei de Improbidade Administrativa — Lei nº 8.429/1992.

Por não possuir vínculo efetivo com a administração, o agente público ocupante exclusivamente de cargo em comissão não estará sujeito às sanções decorrentes da Lei de Improbidade Administrativa.

( ) Certo ( ) Errado

30. **(Cespe)** À luz da Lei de Improbidade Administrativa — Lei nº 8.429/1992 —, acerca do enriquecimento ilícito em exercício de mandato, cargo, emprego ou função na administração pública direta, indireta ou fundacional.

Perda da função pública e suspensão dos direitos políticos constituem sanções e podem ser aplicadas imediatamente quando houver indício suficiente do ato de improbidade e da autoria.

( ) Certo ( ) Errado

31. (Cespe) Julgue o item que se segue, relativos aos fundamentos da responsabilidade civil do Estado atualmente adotados pelo direito brasileiro.

Em virtude da observância do princípio da supremacia do interesse público, será integralmente excluída a responsabilidade civil do Estado nos casos de culpa — seja exclusiva, seja concorrente — da vítima atingida pelo dano.

( ) Certo ( ) Errado

32. (Cespe) Um motorista alcoolizado abalroou por trás viatura da polícia militar que estava regularmente estacionada. Do acidente resultaram lesões em cidadão que estava retido dentro do compartimento traseiro do veículo. Esse cidadão então ajuizou ação de indenização por danos materiais contra o Estado, alegando responsabilidade objetiva. O procurador responsável pela contestação deixou de alegar culpa exclusiva de terceiro e não solicitou denunciação da lide. O corregedor determinou a apuração da responsabilidade do procurador, por entender que houve negligência na elaboração da defesa, por acreditar que seria útil à defesa do poder público alegar culpa exclusiva de terceiro na geração do acidente.

Considerando essa situação hipotética, julgue o próximo item.

Diante da ausência de denunciação da lide, ficou prejudicado o direito de regresso do Estado contra o motorista causador do acidente.

( ) Certo ( ) Errado

33. (Cespe) Com referência ao tratamento constitucional conferido à responsabilidade civil do Estado.

Diferentemente das pessoas jurídicas de direito público, as quais respondem objetivamente pelos danos que seus agentes causarem a terceiros, é subjetiva a responsabilidade das pessoas jurídicas de direito privado prestadoras de serviço público, em se tratando de danos causados a terceiros não usuários do serviço.

( ) Certo ( ) Errado

34. (Cespe) A respeito de reparação de danos, sindicância e processo administrativo, e controle interno da administração pública, julgue o item seguinte.

Nos termos da lei, a obrigação de reparação de dano praticado por servidor público não é extensível aos seus sucessores.

( ) Certo ( ) Errado

35. (Cespe) Julgue o item que se segue, a respeito de responsabilidade civil, indenização, dano moral e dano material.

O município que for condenado a indenizar particular por dano causado por servidor público municipal poderá cobrar regressivamente do servidor o valor da condenação, desde que ele tenha agido com dolo ou culpa e na qualidade de servidor público municipal.

( ) Certo ( ) Errado

36. (Cespe) No que se refere aos poderes administrativos, aos atos administrativos e ao controle da administração, julgue o item seguinte.

Ato praticado por usurpador de função pública é considerado ato irregular.

( ) Certo ( ) Errado

37. **(Cespe)** Com relação aos poderes e atos administrativos,

Ato administrativo declaratório é aquele que implanta uma nova situação jurídica ou modifica ou extingue uma situação existente.

( ) Certo ( ) Errado

38. **(Cespe)** O ato que concede aposentadoria a servidor público classifica-se como ato complexo.

( ) Certo ( ) Errado

39. **(Cespe)** Um ato administrativo pode ser anulado em decorrência de pressupostos de conveniência e oportunidade da administração ou devido à ilegalidade do ato. Nesse caso, será desnecessária a instauração de processo administrativo para a oitiva de interessados.

( ) Certo ( ) Errado

40. **(Cespe)** A revogação do ato administrativo é a supressão de um ato legítimo e eficaz, seja por oportunidade, seja por conveniência, seja por interesse público; entretanto, o poder de revogar da administração pública não é absoluto, pois há situações insuscetíveis de modificação por parte da administração.

Tendo as considerações apresentadas como referência inicial, apresenta ato suscetível de revogação o ato de concessão de licença funcional já gozada pelo servidor.

( ) Certo ( ) Errado

41. **(Cespe)** Acerca de licitações, contratos e convênios na administração pública, julgue o item que se segue.

A estrita observância ao edital constitui princípio básico de toda licitação. Assim, o descumprimento desse requisito enseja nulidade do certame.

( ) Certo ( ) Errado

42. **(Cespe)** Ana é a servidora responsável pela aquisição de livros para as escolas de determinado município. Em uma compra, no valor de R$ 80.000,00, ela optou pelo procedimento licitatório na modalidade convite. Apesar da existência de várias empresas interessadas e aptas a fornecer os livros, foram escolhidas e convidadas apenas duas empresas previamente cadastradas para participar do certame. Ao final do procedimento, sem que tenha havido, comprovadamente, dano ao erário, dolo ou má-fé de Ana, foi contratada para o fornecimento dos livros a empresa de um sobrinho do vice-prefeito do município. O Ministério Público, ao tomar conhecimento dos fatos, ingressou com ação de improbidade contra Ana, sob o argumento de que a servidora violou princípios da administração pública.

Tendo como referência essa situação hipotética, julgue o seguinte item com fundamento na Lei nº 8.666/1993 — Lei de Licitações e Contratos — e na Lei nº 8.429/1992, que trata da ação de improbidade.

A lei determina que, na modalidade de licitação adotada por Ana, sejam convidadas, no mínimo, três empresas para participar do certame.

( ) Certo ( ) Errado

43. **(Cespe)** Ana é a servidora responsável pela aquisição de livros para as escolas de determinado município. Em uma compra, no valor de R$ 80.000,00, ela optou pelo procedimento licitatório na modalidade convite. Apesar da existência de várias empresas interessadas e aptas a fornecer os livros, foram escolhidas e convidadas apenas duas empresas previamente cadastradas para participar do certame. Ao final do procedimento, sem que tenha havido, comprovadamente, dano ao erário, dolo ou má-fé de Ana, foi contratada para o fornecimento dos livros a empresa de um sobrinho do vice-prefeito do município. O Ministério Público, ao tomar conhecimento dos fatos, ingressou com ação de improbidade contra Ana, sob o argumento de que a servidora violou princípios da administração pública.

Tendo como referência essa situação hipotética, julgue o seguinte item com fundamento na Lei nº 8.666/1993 — Lei de Licitações e Contratos — e na Lei nº 8.429/1992, que trata da ação de improbidade.

Ana equivocou-se ao enquadrar a licitação na modalidade convite, pois o valor da compra excedeu o limite estimado para essa modalidade de contratação.

( ) Certo ( ) Errado

44. **(Cespe)** Com base na Lei nº 8.666/1993, julgue o item subsecutivo, a respeito de licitações e contratos da administração pública.

Tanto o servidor público do órgão ou da entidade contratante quanto o responsável pela licitação podem dela participar.

( ) Certo ( ) Errado

45. **(Cespe)** Ainda com base na Lei nº 8.666/1993, julgue o próximo item, acerca de licitações e contratos da administração pública.

A administração não está obrigada a cumprir o princípio da vinculação em edital.

( ) Certo ( ) Errado

46. **(Cespe)** Com base no disposto na Lei nº 9.784/1999, considerando o entendimento dos tribunais superiores e da doutrina sobre o processo administrativo.

Por ser a ampla defesa um princípio do processo administrativo, a administração não poderá definir a maneira como se realizará seu exercício, definindo, por exemplo, o local de vista aos autos.

( ) Certo ( ) Errado

47. **(Cespe)** A respeito do processo administrativo, julgue o item subsequente.

Nos processos administrativos, a divulgação oficial dos atos é obrigatória, ressalvadas as hipóteses constitucionais de sigilo.

( ) Certo ( ) Errado

48. **(Cespe)** A respeito do processo administrativo, julgue o item subsequente.

Quando a matéria do processo envolver assunto de interesse geral, poderá ser aberto período de consulta pública para a manifestação de terceiros, se não houver prejuízo para a parte interessada.

( ) Certo ( ) Errado

49. **(Cespe)** Um motorista alcoolizado abalroou por trás viatura da polícia militar que estava regularmente estacionada. Do acidente resultaram lesões em cidadão que estava retido dentro do compartimento traseiro do veículo. Esse cidadão então ajuizou ação de indenização por danos materiais contra o Estado, alegando responsabilidade objetiva. O procurador responsável pela contestação deixou de alegar culpa exclusiva de terceiro e não solicitou denunciação da lide. O corregedor determinou a apuração da responsabilidade do procurador, por entender que houve negligência na elaboração da defesa, por acreditar que seria útil à defesa do poder público alegar culpa exclusiva de terceiro na geração do acidente.

Considerando essa situação hipotética, julgue o próximo item.

O procurador poderá defender-se pessoalmente, advogando em causa própria, se contra ele for instaurado processo administrativo disciplinar. Outras categorias de servidores, contudo, necessitariam contratar advogado, imprescindível para o exercício da ampla defesa no processo administrativo disciplinar.

( ) Certo ( ) Errado

50. **(Cespe)** Acerca do recurso administrativo e tendo como base as disposições da Lei nº 9.784/1999. Contra as decisões administrativas cabe recurso que verse sobre a legalidade, mas não sobre o mérito administrativo.

( ) Certo ( ) Errado

Anotações

Gabaritos

Simulado 1

1.

Gabarito: Errado. O erro da questão é que ela desconcentra uma atividade administrativa a um ente despersonalizado e não descentraliza uma atividade a um ente personalizado. Sendo assim, lembre-se de que na Descentralização cria-se uma entidade da Administração Indireta, isto é, não há hierarquia, mas estão sujeitos ao controle finalístico. Já na Desconcentração, cria-se um órgão público que não possui personalidade jurídica e está hierarquicamente subordinado.

2.

Gabarito: Certo. Pelo comando da questão, percebe-se que foi autorizada a criação de Sociedade de Economia Mista, sabemos que seu capital é constituído de forma mista, ou seja, capital público e privado. Assim, por conter dinheiro público, submeter-se-á ao controle do tribunal de contas. Segue texto legal para melhor entendimento:

Constituição Federal, Art. 71 - *II - julgar as contas dos administradores e demais responsáveis por dinheiros, bens e valores públicos da administração direta e indireta, incluídas as fundações e sociedades instituídas e mantidas pelo Poder Público federal, e as contas daqueles que derem causa a perda, extravio ou outra irregularidade de que resulte prejuízo ao erário público;*

3.

Gabarito: Errado. Como sabemos, compõe a Administração Indireta as Autarquias, Fundações Públicas, Sociedades de Economia Mista e as Empresas Públicas. Desse rol, taxativo, apenas as Autarquias são pessoas de Direito Público. As Fundações Públicas, Sociedades de Economia Mista e Empresas Públicas são pessoas jurídicas de Direito Privado.

4.

Gabarito: Errado. As autarquias, integrantes da Administração Indireta, são Pessoas Jurídicas de Direito Público. Enquanto que as empresas públicas e as sociedades de economia mista são Pessoas Jurídicas de Direito Privado.

5.

Gabarito: Certo. A centralização é definida pela técnica de cumprimento de competências administrativas por uma única pessoa jurídica governamental. É o que ocorre, por exemplo, com as atribuições exercidas diretamente pela União, Estados, DF e Municípios.

6.

Gabarito: Errado. A questão inverteu os conceitos. Na desconcentração, as atribuições são repartidas entre órgãos públicos pertencentes a uma única pessoa jurídica, mantendo a vinculação hierárquica. Já na descentralização, as competências administrativas são distribuídas a pessoas jurídicas autônomas, criadas pelo Estado pata tal finalidade.

7.

Gabarito: Errado. Muito cuidado com esse tipo de afirmação. Afinal, sabemos que o poder de revogação não é absoluto, ilimitado. Existem alguns atos que são insuscetíveis de revogação, são eles: atos consumados; os atos vinculados; atos que geraram direitos adquiridos; integrantes de um procedimento administrativo; meros atos administrativos. Logo, item errado.

8.

Gabarito: Certo. Correto, umas das prerrogativas do princípio da supremacia do interesse público é a possibilidade de criar unilateralmente obrigações aos particulares, entre outros.

9.

Gabarito: Errado. Está errado porque o Estado poderá também exercer sua função administrativa sob o regime de direito privado. Exemplo: Empresa Pública.

10.

Gabarito: Certo. O princípio da publicidade determina o dever de divulgação dos atos oficiais, a fim de permitir o controle de legalidade por parte do administrador. Os agentes públicos atuam na defesa dos interesses da coletividade, a proibição de condutas sigilosas e atos secretos é um corolário da natureza funcional das suas atividades.

11.

Gabarito: Errado. Errado, pois o princípio da segurança jurídica determina que sejam garantidas a estabilidade, a ordem, a paz social e a previsibilidade das atuações estatais. Alinha-se à finalidade de evitar mudanças abruptas, sobressaltos e surpresas decorrentes de ações governamentais. Portanto, não é uma imposição de limitação à administração pública.

12.

Gabarito: Errado. O princípio que versa sobre esses fundamentos é o princípio da autotutela.

13.

Gabarito: Errado. O erro da questão é que o poder de polícia não é de natureza vinculada, pois tem como uma de suas características a discricionariedade que pode se manifestar no motivo ou no objeto dos atos de polícia.

14.

Gabarito: Errado. É possível que a legislação crie outros instrumentos, por exemplo, canais de denúncia e competências para os órgãos de controle, sendo necessário que haja respeito ao equilíbrio entre os poderes.

15.

Gabarito: Certo. De acordo com o Art. 15 da Lei nº 9.784/99: "Será permitida, em caráter excepcional e por motivos relevantes devidamente justificados, a avocação temporária de competência atribuída a órgão hierarquicamente inferior".

16.

Gabarito: Errado. Na realidade, é caracterizado o PODER DISCIPLINAR, pois as sanções impostas pela administração a servidores públicos ou a pessoas que se sujeitem à disciplina interna da administração derivam do poder disciplinar. Diversamente, as sanções aplicadas a pessoas que não se sujeitem à disciplina interna da administração decorrem do poder de polícia.

17.

Gabarito: Errado. O poder regulamentar é competência exclusiva dos chefes do poder executivo, ao qual é permitido decretar atos normativos a fim de proporcionar a fiel execução da lei, sendo VEDADO inovar no ordenamento jurídico.

18.

Gabarito: Errado. O poder regulamentar não tem o condão de alterar a lei, apenas de regulamentar a fiel execução da lei.

19.

Gabarito: Errado. De acordo com o Art. 37 da CF, a proibição de acumular estende-se para toda a Administração Pública, inclusive para empregos públicos das sociedades de economia mista. Art. 37, XVII da CF - *a proibição de acumular estende-se a empregos e funções e abrange autarquias, fundações, empresas públicas, sociedades de economia mista, suas subsidiárias, e sociedades controladas, direta ou indiretamente, pelo poder público.* Portanto, alternativa errada.

20.

Gabarito: Errado. Entendeu o STJ que *"Na exceção prevista na alínea b do inciso XVI do Art. 37 da CF, o conceito de "cargo técnico ou científico" não remete, essencialmente, a um cargo de nível superior, mas pela análise da atividade desenvolvida, em atenção ao nível de especificação, capacidade e técnica necessários para o correto exercício do trabalho".* Portanto, item errado.

21.

Gabarito: Errado. De acordo com a Lei nº 8.112/1990 a posse ocorrerá no prazo de 30 dias. *Art. 13 § 1º A posse ocorrerá no prazo de trinta dias contados da publicação do ato de provimento.* A assertiva tentou enganar o candidato trocando os prazos da posse com o da entrada em exercício. Uma vez que o prazo para entrar em exercício é de 15 dias. ***Art. 15 §1º*** *É de quinze dias o prazo para o servidor empossado em cargo público entrar em exercício, contados da data da posse.*

22.

Gabarito: Errado. O capítulo II, do título IV da Lei 8.112, trata das proibições a que o servidor público está submetido. Dentre elas, no Art. 117, XIV, elenca-se a proibição da prática de usura, agiotagem, emprestar dinheiro com a cobrança de juros.

23.

Gabarito: Errado. Na situação de o agente ter invalidada a demissão por decisão judicial ou administrativa, o retorno do agente é caso de reintegração e não de recondução como afirmou a questão.

24.

Gabarito: Certo. Há 7 (sete) formas de provimento, somente essas sete. A única originária é a nomeação as demais são derivadas. De acordo com o Art. 13 §4º da Lei nº 8.112/1990, *Só haverá posse nos casos de provimento de cargo por nomeação.* Portanto, alternativa correta.

25.

Gabarito: Certo. Isso mesmo, questão correta. *Art. 143. A autoridade que tiver ciência de irregularidade no serviço público é obrigada a promover a sua apuração imediata, mediante sindicância ou processo administrativo disciplinar, assegurada ao acusado ampla defesa.*

26.

Gabarito: Errado. De acordo com a Lei de Improbidade, trata-se de crime com pena de detenção e multa. *Art. 19. Constitui crime a representação por ato de improbidade contra agente público ou terceiro beneficiário, quando o autor da denúncia o sabe inocente. Pena: detenção de seis a dez meses e multa.*

27.

Gabarito: Certo. Perfeito! É óbvio que o agente comete Improbidade Administrativa. É incontestável que o agente causou um prejuízo para a Administração Pública. Portanto, Art. 10 – Atos que Causam Prejuízo ao Erário com as devidas sanções: suspensão dos direitos políticos pelo período de 5 a 8 anos; multa civil até 2 vezes o valor do dano e proibição de contratar com o poder público por 5 anos.

28.

Gabarito: Errado. Se observarmos o Art. 3º da Lei de Improbidade, perceberemos que a configuração do ato de improbidade se dará tanto com o recebimento direto quanto indireto. *Art. 3º As disposições desta lei são aplicáveis, no que couber, àquele que, mesmo não sendo agente público, induza ou concorra para a prática do ato de improbidade ou dele se beneficie sob qualquer forma direta ou indireta.*

29.

Gabarito: Certo. De acordo com a jurisprudência atual do STJ, é pacífico que o ato de improbidade administrativa previsto no Art. 11 da Lei 8.429/92 exijae a demonstração de dolo, o qual, contudo, não necessita ser específico, sendo suficiente o dolo genérico.

30.

Gabarito: Errado. LEI 8.429/92 – Art.8 O sucessor daquele que causar lesão ao patrimônio público ou se enriquecer ilicitamente está sujeito às cominações desta lei até o limite do valor da herança

31.

Gabarito: Certo. A administração age em conformidade com a Lei e a Tortura é proibida -> Logo, fere o PRINCÍPIO DA LEGALIDADE

32.

Gabarito: Errado. De acordo com a Constituição Federal, as pessoas jurídicas de direito público e as de direito privado prestadoras de serviços públicos responderão pelos danos que seus agentes, NESSA QUALIDADE, assegurando o direito de regresso contra o responsável nos casos de dolo ou culpa. O termo "nessa qualidade" quer dizer que o agente deve estar no exercício de sua função ou em razão de exercê-la.

33.

Gabarito: Certo. A teoria da responsabilidade objetiva do Estado afasta a obrigação de comprovação de culpa ou dolo do servidor público. Para o pagamento da indenização, é suficiente a comprovação de três requisitos básicos: ato, dano e o nexo de casualidade. Independentemente se o ato praticado foi lícito ou ilícito.

34.

Gabarito: Errado. A responsabilidade civil decorre de ato omissivo ou comissivo, doloso ou culposo, que resulte em prejuízo ao erário ou a terceiro.

35.

Gabarito: Errado. *A teoria do risco administrativo fundamenta o princípio constitucional da responsabilidade civil objetiva do Estado, admitindo abrandamentos, ou seja, não é absoluto.*

36.

Gabarito: Errado. *Na TEORIA DO RISCO INTEGRAL há sempre responsabilidade do Estado, inclusive em virtude de culpa exclusiva da vítima, além de danos ambientais ou nucleares, bem como em ataques terroristas.*

37.

Gabarito: Certo. O atributo da presunção de legitimidade é inerente a todo ato administrativo, o qual faz com que o ato produza efeitos imediatos. Pelo fato de estar presente em todos os atos da Administração, pode-se afirmar que a presunção de legitimidade é um atributo universal.

38.

Gabarito: Errado. Assertiva trata do Poder de Polícia da Administração, o qual possui como atributo, dentre outros, a ***autoexecutoriedade***. Atributo este que permite que a Administração Pública execute suas decisões sem a intervenção do Poder Judiciário, por exemplo, em uma interdição a um estabelecimento. Todavia, nem todos os atos possuem esse atributo, a exemplo disso, temos a multa. Além disso, todos os atos gozam de ***exigibilidade*** (meios indiretos de coerção), mas nem todos possuem a ***executoriedade*** (meios diretos de coerção). A multa, por exemplo, possui exigibilidade, mas não executoriedade. Portanto, a Administração pode multar diretamente, porém não pode executar a multa, dependendo assim do judiciário.

39.

Gabarito: Errado. Os atos administrativos, independentemente de serem discricionários, podem ser anulados tanto pela própria Administração quanto pelo poder judiciário, quando eivados de vícios de ilegalidade. Por outro lado, só podem ser revogados pela própria Administração.

40.

Gabarito: Certo. A administração, em razão de conveniência e oportunidade, poderá revogar atos administrativos próprios não eivados de qualquer ilegalidade, o que produzirá efeitos ***ex nunc*** (não retroage). O ato de revogação tem natureza discricionária e poderá ser feito a qualquer momento. Percebe-se então o princípio da autotutela de ofício ou provocado.

41.

Gabarito: Errado. A jurisprudência firmou-se no sentido de que aposentadoria de servidor público, por ser ATO COMPLEXO, somente se aperfeiçoa com a sua confirmação pelo respectivo Tribunal de Contas, iniciando-se, então, o prazo decadencial para a Administração rever a concessão do benefício.

42.

Gabarito: Certo. À luz do disposto na lei nº 8.666/93, detemos que:

Art 22, § 8º É vedada a criação de outras modalidades de licitação ou a combinação das referidas neste artigo.

43.

Gabarito: Errado. A licitação, em regra, não será sigilosa, sendo públicos e acessíveis ao público os atos de seu procedimento, salvo quanto ao conteúdo das propostas, até a respectiva abertura.

44.

Gabarito: Certo. De acordo com a Lei 8.666/93 Art. 14. Nenhuma compra será feita sem a adequada caracterização de seu objeto e indicação dos recursos orçamentários para seu pagamento, sob pena de nulidade do ato e responsabilidade de quem lhe tiver dado causa.

45.

Gabarito: Errado. Art. 24. É dispensável a licitação: IV – nos casos de emergência ou de CALAMIDADE PÚBLICA. Portanto, é um caso de dispensa de licitação e não um caso de Inexigibilidade.

46.

Gabarito: Certo. As minutas de editais de licitação, bem como as dos contratos, acordos, convênios ou ajustes, devem ser PREVIAMENTE EXAMINADAS E APROVADAS por assessoria jurídica da Administração.

47.

Gabarito: Errado. De acordo com a Súmula Vinculante 5 do STF, a falta de defesa técnica por advogado no processo administrativo disciplinar não ofende a Constituição. Além disso, a Lei nº 9.784/99 dispõe que o administrado pode, FACULTATIVAMENTE, fazer-se assistir por advogado, salvo quando obrigatória a representação, por força de lei.

48.

Gabarito: Certo. A questão se refere ao princípio da proporcionalidade, princípio implícito da Administração e princípio expresso no Artigo 2º, caput, da Lei nº 9.784/99. Tal princípio visa resguardar a adequação entre os meios e os fins e também a impedir o excesso em medidas tomadas pela Administração.

49.

Gabarito: Certo. Realmente, o recurso não será conhecido quando interposto em órgão incompetente, vide artigo 63, II, da Lei nº 9.784/99. Ademais, nessa hipótese, será indicada ao recorrente a autoridade competente, sendo-lhe devolvido o prazo para recurso, à luz do parágrafo 1º do artigo 63 da referida lei.

50.

Gabarito: Certo. O recurso deveria ter sido apreciado por autoridade superior diferente daquela que decidira anteriormente o pedido de reconsideração, logo, a decisão realmente será nula e não produzirá efeitos. Encontra-se respaldo no Artigo 18,II, da Lei nº 9.784/99.

Simulado 2

1.

Gabarito: Certo. A questão está correta, pois a desconcentração administrativa consiste na distribuição interna de competências, no âmbito de uma mesma pessoa jurídica. Na Desconcentração, criam-se órgãos.

2.

Gabarito: Errado. Dois erros bem visíveis na questão. O Tribunal Regional Federal, de fato, é órgão. No entanto, não é fruto de descentralização, mas de Desconcentração Administrativa. Outro erro bem pontual é afirmar que órgão público tem personalidade jurídica, quando na verdade não possui.

3.

Gabarito: Errado. As Fundações Públicas não possuem fins lucrativos, possuem apenas fins de cunho social. Diferentemente das Empresas Públicas e das Sociedades de Economia Mista, as quais possuem fins lucrativos.

4.

Gabarito: Errado. Secretarias são consideradas órgãos públicos. Sabemos que os órgãos são frutos de Desconcentração Administrativa. A assertiva erra ao afirmar que é fruto da Descentralização.

5.

Gabarito: Errado. O erro da questão está em dizer que a administração indireta é composta por órgãos internos. O correto seria dizer que a administração indireta é composta por entes como Autarquias, Fundações, Empresas Públicas e Sociedades de Economia Mista.

6.

Gabarito: Errado. Conforme o Art. 5º do Decreto-Lei 200/67 determina que a estrutura organizacional das Empresas Públicas pode adotar qualquer forma admitida pelo direito empresarial. Já as Sociedades de Economia Mista, por determinação legal, devem ter obrigatoriamente a estrutura de sociedade anônima (S.A).

7.

Gabarito: Certo. O princípio da indisponibilidade do interesse público juntamente com o princípio da supremacia do interesse público formam os pilares do regime jurídico administrativo. O supraprincípio da indisponibilidade do interesse público enuncia que os agentes públicos não são donos do interesse por eles defendido. Assim, no exercício da função administrativa, os agentes públicos estão obrigados a atuar, não segundo sua própria vontade, mas do modo determinado pela legislação. Como decorrência dessa indisponibilidade, não se admite tampouco que os agentes renunciem aos poderes legalmente conferidos ou que transacionem em juízo. Sendo assim, o administrador exerce o papel de mero gestor de coisa que não é sua.

8.

Gabarito: Certo. O princípio da intranscendência subjetiva impede que sanções e restrições superem a dimensão estritamente pessoal do infrator e atinjam pessoas que não tenham sido as causadoras do ato ilícito. Assim, o princípio da intranscendência subjetiva das sanções proíbe a aplicação de sanções às administrações atuais por atos de gestão praticados por administrações anteriores.

9.

Gabarito: Errado. O princípio da proteção à confiança <u>não</u> é um dos princípios expressos no Art. 37 da Constituição Federal de 1988. Temos expressos no Art. 37 da CF os princípios da Legalidade, Impessoalidade, Moralidade, Publicidade e Eficiência o famoso LIMPE.

10.

Gabarito: Errado. O erro da questão está em dizer que NÃO IMPACTA, pois o princípio da eficiência interfere diretamente na rotina da administração. Economicidade, redução de desperdícios, qualidade, rapidez, produtividade e rendimento funcional são valores encarecidos por esse princípio.

11.

Gabarito: Errado. O princípio da segurança jurídica se divide em dois aspectos:

a) Objetivo: É a garantia da estabilidade das relações jurídicas. Tendo em vista o respeito ao direito adquirido, ao ato jurídico perfeito e a coisa julgada.

b) Subjetivo: Relaciona-se com a crença dos indivíduos de que os atos praticados pela administração pública são dotados de legitimidade e veracidade. Portanto, o princípio da proteção à confiança constitui o aspecto subjetivo do princípio da segurança jurídica.

12.

Gabarito: Certo. O princípio da segurança jurídica pode ser analisado em duas acepções. Em sentido objetivo, estabelece limites à retroatividade dos atos estatais, ou seja, garante a segurança do direito adquirido, do ato jurídico perfeito e a coisa julgada. Pode ser invocado tanto pela administração pública quanto pelo particular. Já em sentido subjetivo, é compreendido como uma exigência de atuação legal e coerente do Estado, de modo a proibir comportamentos administrativos contraditórios. Também é conhecido como o princípio da proteção à confiança legítima e só pode ser invocado pelo particular, nunca pelo Estado.

13.

Gabarito: Errado. A supervisão ministerial chamada de tutela ou controle finalístico, é o meio de controle da Administração direta sobre a indireta. Sendo assim, já que é um instrumento de controle, é possível afirmar que existe relação da supervisão ministerial com o princípio da eficiência.

14.

Gabarito: Errado. A questão está errada, ao trocar as penas, pois na verdade, a condenação acarreta a suspensão dos direitos políticos e perda da função pública.

15.

Gabarito: Certo. Questão correta, pois, quando a administração expede normas de caráter geral e impessoal, ela está desempenhando o poder regulamentar e a função normativa simultaneamente.

16.

Gabarito: Certo. Correto. Essa questão traz exatamente o conceito do poder hierárquico.

17.

Gabarito: Certo. Correto, pois a ilegalidade poderá decorrer de outras condutas. Porém, toda conduta exercida com abuso de poder é ILEGAL, independentemente da modalidade.

18.

Gabarito: Errado. O poder vinculado é quando a lei define todos os aspectos da conduta a ser adotada, SEM ATRIBUIR MARGEM DE ESCOLHA, ou seja, não existe discricionariedade. O agente público é mero executor da vontade legal. Os atos praticados por meio desse poder serão denominados como um ato vinculado.

19.

Gabarito: Errado. A falta de defesa técnica ou de advogado não invalida o Processo Administrativo Federal, ou seja, não é inconstitucional. Acerca desse tema, o STF editou a *Súmula Vinculante Nº 5 - A falta de defesa técnica por advogado no processo administrativo disciplinar não ofende a Constituição.*

20.

Gabarito: Certo. Sabemos que a regra trazida pela nossa Constituição é a vedação quanto à acumulação remunerada de cargos públicos. Entretanto, a própria CF traz exceções a essa regra previstas no Art. 37, XVI, as quais ficam condicionadas à comprovação de compatibilidade de horários. *Art. 37, XVI é vedada a acumulação remunerada de cargos públicos, exceto, quando houver compatibilidade de horários, observado, em qualquer caso, o disposto no inciso XI. a) a de dois cargos de professor; b) a de um cargo de professor com outro técnico ou científico; c) a de dois cargos ou empregos privativos de profissionais de saúde, com profissões regulamentadas;*

21.

Gabarito: Errado. Segundo o STF, ao julgar Ação Direta de Inconstitucionalidade – 3.772, decidiu que aos professores é garantido o direito à aposentadoria especial, utilizando na contagem o tempo de exercício também prestado fora da sala de aula, nos cargos de diretor, coordenador e assessor pedagógico.

22.

Gabarito: Certo. Ausentar-se do serviço durante o expediente e sem prévia autorização do chefe imediato é proibido ao agente. Porém, se houver a devida autorização da chefia imediata, não há problema. Conforme previsão legal *Art. 117. Ao servidor é proibido: I - ausentar-se do serviço durante o expediente, sem prévia*

23.

Gabarito: Errado. Com base no §2º do Art. 5º da lei 8.112, o máximo que é reservado às pessoas com deficiência, para provimento de vagas no serviço público, é de 20%. *Art. 5º §2º Às pessoas portadoras de deficiência é assegurado o direito de se inscrever em concurso público para provimento de cargo cujas atribuições sejam compatíveis com a deficiência de que são portadoras; para tais pessoas serão reservadas até 20% (vinte por cento) das vagas oferecidas no concurso.*

24.

Gabarito: Errado. De acordo com a Lei 8.112, além do vencimento, poderão ser pagas ao servidor as seguintes vantagens: indenizações, gratificações e adicionais. Porém, muita atenção! As indenizações nunca se incorporam ao vencimento, já nos casos das gratificações e adicionais, elas podem incorporar-se ao vencimento, dependendo de lei.

25.

Gabarito: Errado. O particular pode praticar ato de improbidade, ou seja, pode ser sujeito ativo ao induzir, concorrer, ser beneficiado. No entanto, nunca poderá agir sozinho, é imprescindível a presença de agente público.

26.

Gabarito: Errado. De acordo com a Lei de Improbidade a pessoa estará sujeita, além da multa, à pena de detenção. *Art. 19. Constitui crime a representação por ato de improbidade contra agente público ou terceiro beneficiário, quando o autor da denúncia o sabe inocente. Pena: detenção de seis a dez meses e multa.*

27.

Gabarito: Certo. O particular pode praticar ato de improbidade, ou seja, pode ser sujeito ativo ao induzir, concorrer, ser beneficiado. No entanto, nunca poderá agir sozinho, é imprescindível a presença de agente público.

28.

Gabarito: Certo. De fato, com base no Art. 11 da Lei de Improbidade, constitui ato de improbidade administrativa que atenta contra os princípios da Administração Pública. *Art. 11. IV - negar publicidade aos atos oficiais;*

29.

Gabarito: Certo. Questão correta e de acordo com o Art. 16 da Lei de Improbidade - *Art. 16. Havendo fundados indícios de responsabilidade, a comissão representará ao Ministério Público ou à procuradoria do órgão para que requeira ao juízo competente a decretação do sequestro dos bens do agente ou terceiro que tenha enriquecido ilicitamente ou causado dano ao patrimônio público.*

30.

Gabarito: Certo. O STJ (Superior Tribunal de Justiça) decidiu que autoridades processadas por improbidade administrativa não têm direito a foro privilegiado para o julgamento destas ações. Com isso, os casos devem ser analisados na primeira instância

31.

Gabarito: Certo. Vejamos o que diz o artigo 37 § 6º da Constituição Federal: "As pessoas jurídicas de direito público e as de direito privado prestadoras de serviço público responderão pelos danos que seus agentes, nessa qualidade, causarem a terceiros, assegurando o direito de regresso contra o responsável nos casos". As autarquias possuem personalidade jurídica de direito público, portanto respondem objetivamente, melhor dizendo, sem a obrigação de verificação de culpa ou dolo, pelos danos causados por seus agentes a particulares. Ademais, a responsabilidade também é direta, pois é a própria organização que deve ser mobilizada judicialmente para reparar os prejuízos patrimoniais que causar.

32.

Gabarito: Certo. Para configurar a responsabilidade civil do Estado, é irrelevante a ilicitude ou licitude do fato danoso, bastando que haja prejuízo específico decorrente da omissão ou ação de agente público. Os danos indenizatórios, em regra, decorrem de ações opostas ao ordenamento. Contudo, existem circunstâncias em que a administração pública realiza em conformidade com o direito e, ainda assim, causa prejuízo indenizável. Portanto, pode-se concluir que são danos provenientes de ações lícitas, mas que também rendem o dever de indenizar.

33.

Gabarito: Certo. No que toca à responsabilidade civil, como a autarquia goza de personalidade jurídica própria, é sujeito de direito responsável pelos seus atos, ou seja, sujeita-se à regra geral da responsabilidade objetiva do Estado, nos termos da CF, Art. 37, §6º *"As pessoas jurídicas de direito público e as de direito privado prestadoras de serviços públicos responderão pelos danos que seus agentes, nessa qualidade, causarem a terceiros, assegurado o direito de regresso contra o responsável nos casos de dolo ou culpa"*, e, excepcionalmente, com responsabilidade subjetiva.

34.

Gabarito: Errado. Em regra, não existe responsabilidade do Estado por ato jurisdicional. No entanto, há exceções: erro judiciário; prisão além do prazo e atuações dolosas cometidas pelo juiz que ocasionem detrimento a terceiros. Nas duas primeiras situações, independe demonstrar se a postura do juiz foi dolosa ou não.

35.

Gabarito: Certo. A culpa concorrente da vítima será considerada causa de atenuação da responsabilidade civil estatal, constituirá hipótese excludente, ou seja, única circunstância que atenua ou diminui a responsabilidade civil do Estado é a existência de culpa concorrente da vítima.

36.

Gabarito: Certo. Fica claro na situação hipotética que o servidor foi exonerado sem motivo e, devido a isso, o ato de exoneração deve ser anulado por ausência de motivo. Muito cuidado para não confundir motivo com a motivação. O motivo é elemento obrigatório, essencial do ato administrativo, é a situação de fato ou de direito que serve de base para a prática do ato, enquanto que a motivação é a exposição escrita dos motivos, é a exteriorização. Importante destacar sobre a motivação é que ela não está ligada ao elemento motivo, mas ao elemento forma e a motivação não constitui elemento do ato.

37.

Gabarito: Certo. Questão correta. Assertiva trata da teoria do "funcionário de fato", teoria da aparência. A qual fala que os atos praticados perante o particular de boa – fé são considerados válidos, mesmo que o agente tenha sido investido de forma irregular no cargo e tenha sido exonerado posteriormente por isso.

38.

Gabarito: Certo. É um direito do servidor e não há margem de discricionariedade para o Administrador. Por isso, é um ato vinculado da Administração. Inclusive tais diárias devem ser antes do deslocamento do servidor, o que na prática não é bem o que ocorre.

39.

Gabarito: Errado. A decisão tomada pelo órgão julgador gerou efeitos *erga partes*, apenas para aquela parte envolvida. Desse modo, ao afirmar de forma generalizada que todos que detiverem situação jurídica idêntica à do agente terão direito aos efeitos jurídicos produzidos pela anulação, a questão equivoca-se. Torna, assim, a decisão *erga omnes.*

40.

Gabarito: Certo. De acordo com a Súmula 473 – STF: "A administração pode anular seus próprios atos, quando eivados de vícios que os tornam ilegais, porque deles não se originam direitos; ou revogá-los, por motivo de conveniência ou oportunidade, respeitados os direitos adquiridos, e ressalvada, em todos os casos, a apreciação judicial".

41.

Gabarito: Certo. A Lei 8.666/93 diz o seguinte: Art. 1º Parágrafo único "Subordinam-se ao regime desta Lei, além dos órgãos da administração direta, os fundos especiais, as autarquias, as fundações públicas, as <u>empresas públicas</u>, as sociedades de economia mista e demais entidades controladas direta ou indiretamente pela União, Estados, Distrito Federal e Municípios".

42.

Gabarito: Certo. As modalidades de licitação são as seguintes: concorrência; tomada de preço; convite; concurso e leilão. Não se pode confundir com os tipos de licitação: a de menor preço, a de melhor técnica, a de técnica e preço, a de maior lance ou oferta.

43.

Gabarito: Errado. É vedado aos agentes públicos incluir nos atos de convocação cláusulas ou condições que comprometam, restrinjam ou frustrem o seu caráter competitivo, inclusive nos casos de sociedades cooperativas, e estabeleçam preferências ou distinções em razão da naturalidade, da sede ou domicílio dos licitantes ou de qualquer outra circunstância impertinente ou irrelevante para o específico objeto do contrato.

44.

Gabarito: Errado. Existe a possibilidade de que empresas se consorciem para participarem de processos licitatórios, de acordo com o Art. 33 da Lei 8.666/93. As hipóteses vedadas estão no inciso IV do mesmo artigo, que diz: IV - impedimento de participação de empresa consorciada, na mesma licitação, por meio de mais de um consórcio ou isoladamente.

45.

Gabarito: Errado. Lei 8.666/93 *Art.22. São modalidades de licitação: I-concorrência; II-tomada de preços; III-convite; IV-concurso; V-leilão.*

46.

Gabarito: Errado.Existem várias classificações de processos administrativos. Quando a questão se refere a processo de prestação de contas, tem-se um processo de controle e não de outorga. Os processos de outorga são aqueles que reconhecem direitos aos administrados como, por exemplo, as permissões.

47.

Gabarito: Certo. Com base no Art. 12 da Lei nº 9.784/99, o órgão administrativo e seu titular poderão, se não houver impedimento legal, delegar PARTE da sua competência a outros órgãos ou titulares, ainda que estes não lhe sejam hierarquicamente subordinados, quando for CONVENIENTE, em razão de circunstâncias de índole técnica, social, econômica, jurídica ou territorial.

48.

Gabarito: Errado. De acordo com o Art. 51 § 2º, a desistência ou renúncia do interessado, conforme o caso, não prejudica o prosseguimento do processo, se a Administração considerar que o interesse público assim o exige.

49.

Gabarito: Errado. De acordo com o Art. 22 da Lei nº 9.784/99, os atos do processo não dependem de forma determinada senão quando a lei expressamente a exigir.

50.

Gabarito: Errado. Conforme dispõe o Art. 59 da Lei nº 9.784/99, salvo disposição legal, o prazo para interposição de recurso é de 10 dias, contado a partir da ciência ou divulgação oficial da decisão recorrida.

Simulado 3

1.

Gabarito: Certo. Questão correta. Sabemos que não existe hierarquia entre Administração Pública Direta e Indireta. O que existe na verdade é uma supervisão ministerial também conhecida como controle finalístico.

2.

Gabarito: Certo. Estamos diante do chamado paralelismo das formas. Da mesma maneira que ela foi criada ela será extinta. Sabemos que na Administração Indireta apenas as Autarquias são criadas diretamente por lei, enquanto que as Fundações Públicas, Empresas Públicas e Sociedades de Economia Mista são autorizadas por lei. Dessa forma, para serem extintas, necessitam de autorização de lei.

3.

Gabarito: Errado. Com base no comando da questão, não podemos ter a certeza de que deveria ser criada uma Sociedade de Economia Mista, poderíamos ter uma Empresa Pública sem problemas, desde que o Poder Público mantenha o controle acionário. Outro erro bem mais gritante, e o que a banca de fato quis cobrar, é a possibilidade de uma entidade de direito privado receber a titularidade de atividade típica do Estado. Afinal, sabemos que apenas recebe a titularidade, na descentralização, uma pessoa jurídica de Direito Público.

4.

Gabarito: Errado. Essa assertiva cobra o conhecimento do Art. 173, II, CF. *Art. 173. Ressalvados os casos previstos nesta Constituição, a exploração direta de atividade econômica pelo Estado só será permitida quando necessária aos imperativos da segurança nacional ou a relevante interesse coletivo, conforme definidos em lei.*

§ 1º A lei estabelecerá *o estatuto jurídico da empresa pública, da sociedade de economia mista e de suas subsidiárias que explorem atividade econômica de produção ou comercialização de bens ou de prestação de serviços, dispondo sobre:*

I – sua função social e formas de fiscalização pelo Estado e pela sociedade;

II – a sujeição ao regime jurídico próprio das empresas privadas, inclusive quanto aos direitos e obrigações civis, comerciais, trabalhistas e tributários;

III – licitação e contratação de obras, serviços, compras e alienações, observados os princípios da administração pública;

IV – a constituição e o funcionamento dos conselhos de administração e fiscal, com a participação de acionistas minoritários;

V – os mandatos, a avaliação de desempenho e a responsabilidade dos administradores.

Logo, em relação às obrigações trabalhistas e tributárias, a empresa que foi criada também deverá seguir o regime próprio das empresas privadas.

5.

Gabarito: Errado. A Constituição Federal em seu Art. 37, inciso XXI, trata da obrigatoriedade da licitação, ao tempo em que excepciona as hipóteses previstas na Lei nº 8.666/93, que, ao traçar as normas gerais para as licitações e contratos da Administração Pública, aperfeiçoa o princípio da competência privativa da União conforme Art. 22 c/c 37, XXI da Lei Maior. Assim, o legislador consagrou a licitação como regra para contratação por parte da Administração Pública Direta ou Indireta com particulares, neste caso, tratando do contrato administrativo, os casos de dispensa e inexigibilidade devem ser considerados como exceções de contratações, sendo estas pactuadas de formas diretas, desde que estejam autorizadas.

6.

Gabarito: Certo. Concentração é a técnica de cumprimento de competências administrativas por meio de órgãos públicos despersonalizados e sem divisões internas. É uma situação raríssima de acontecer, pois pressupõe a ausência completa de distribuição de tarefas entre repartições públicas internas.

7.

Gabarito: Certo.

8.

Gabarito: Certo. Questão correta. Faz alusão à Teoria do Órgão, a qual diz que os atos praticados pelos agentes públicos são imputados à pessoa jurídica em nome da qual atua. Há nessa situação uma relação de imputação. Caso viesse trazendo teoria da representação, teoria do mandatário estaria errado, pois a teoria que impera, nesse caso, é a Teoria da Imputação.

9.

Gabarito: Certo. Questão correta, pois devido ao teor da campanha publicitária a qual constavam nomes, símbolos e imagens que promoviam a figura do governador, fica clara a violação aos princípios da impessoalidade e ao princípio da moralidade. A própria Constituição Federal veda expressamente, Art. 37, § 1º, *A publicidade dos atos, programas, obras, serviços e campanhas dos órgãos públicos deverá ter caráter educativo, informativo ou de orientação social, dela não podendo constar nomes, símbolos ou imagens que caracterizem promoção pessoal de autoridades ou servidores públicos.*

10.

Gabarito: Errado. Está errado, pois o princípio que impõe à administração pública atender apenas ao que a lei determina é o princípio da legalidade.

11.

Gabarito: Certo. Fere principalmente o princípio da impessoalidade, pois esse princípio está intimamente ligado à finalidade pública. Logo, a administração pública não pode atuar com vista a prejudicar ou beneficiar pessoas determinadas, uma vez que é sempre o interesse público que deve nortear o seu comportamento.

12.

Gabarito: Errado. O erro da questão é que o poder de polícia não é de natureza vinculada, pois tem como uma de suas características a discricionariedade que pode se manifestar no motivo ou no objeto dos atos de polícia.

13.

Gabarito: Certo. A questão está correta, pois o exercício ilegítimo do agente público das prerrogativas conferidas pelo ordenamento jurídico à administração pública caracteriza, genericamente, o denominado abuso de poder. Ademais, o exercício ilegítimo pode ser por meio do excesso de poder ou desvio de poder. Lembre-se de que, mesmo estando incompleta, a questão, para o Cespe, não é considerada incorreta.

14.

Gabarito: Errado. Segundo entendimento da doutrina majoritária, não é possível delegar o exercício do poder de polícia aos particulares. Sendo assim, não é possível atribuir essas competências às pessoas jurídicas de direito privado integrantes da administração indireta, ou seja, não cabe delegação para uma empresa pública ou uma sociedade de economia mista.

15.

Gabarito: Certo. Questão correta, pois o poder hierárquico é exercido quando a administração faz a distribuição das funções de seus órgãos, ordena e revê a atuação de seus agentes. Portanto, estabelece a relação de subordinação entre os servidores públicos de seu quadro de pessoal, em que, ao exercer seu exercício, não só é dado ordem, como, também, ocorre a fiscalização, delegação e avocação.

16.

Gabarito: Certo. A aplicação de sanções administrativas ao particular que não possui vínculo com a Administração é decorrente do poder de polícia. O qual somente se torna legítimo quando existe prévia definição pela lei.

17.

Gabarito: Errado. Errado. O abuso de poder é um gênero que se divide em duas espécies: EXCESSO DE PODER e DESVIO DE PODER. Este ocorre quando o agente atua dentro de sua competência, porém age com finalidade diversa do interesse público previsto em lei. Aquela se caracteriza quando o agente atua fora de sua esfera de competência. Acerca da situação apresentada, o agente agiu com abuso de poder na modalidade DESVIO DE PODER (DESVIO DE FINALIDADE).

18.

Gabarito: Errado. Segundo a Súmula 473: *A administração pode anular seus próprios, quando eivados de vícios que os tornam ilegais, porque deles não se originam direitos; ou revogá-los, por motivos de conveniência ou oportunidade, respeitados os direitos adquiridos, e ressalvada, em todos os casos, a apreciação judicial.*

19.

Gabarito: Errado. De acordo o informativo do STJ, é possível a cumulação de proventos de aposentadoria de emprego público com remuneração proveniente de exercício de "cargo" temporário. STJ. 2ª Turma. REsp 1.298.503-DF, Rel. Min. Humberto Martins, julgado em 7/4/2015 (Info 559).

20.

Gabarito: Errado. De acordo com o Art. 125, da Lei nº 8.112/1990, as sanções civis, penais e administrativas podem ser cumuladas, ao contrário do que afirmou a assertiva. *Art. 125. As sanções civis, penais e administrativas poderão cumular-se, sendo independentes entre si.*

21.

Gabarito: Errado. Ausentar-se do serviço durante o expediente e sem prévia autorização do chefe imediato é proibido ao agente, conforme previsão legal: *Art. 117. Ao servidor é proibido:*

I - ausentar-se do serviço durante o expediente, sem prévia autorização do chefe imediato. No entanto, o agente estará sujeito à penalidade de advertência e não de demissão como afirmou a assertiva. *Art. 129. A advertência será aplicada por escrito, nos casos de violação de proibição constante do Art. 117, incisos I a VIII e XIX, e de inobservância de dever funcional previsto em lei, regulamentação ou norma interna, que não justifique imposição de penalidade mais grave.*

22.

Gabarito: Certo. De acordo com o artigo 132 da Lei nº 8.112/1990, a penalidade de demissão é prevista para os cargos de acumulação ilegal de cargos, empregos ou funções públicas. *Art. 132. A demissão será aplicada nos seguintes casos: XII - acumulação ilegal de cargos, empregos ou funções públicas;*

23.

Gabarito: Errado. Questão errada, pois a Administração Pública não obedeceu a uma garantia constitucional prevista no *Art. 5º: Todos são iguais perante a lei, sem distinção de qualquer natureza, garantindo-se aos brasileiros e aos estrangeiros residentes no País a inviolabilidade do direito à vida, à liberdade, à igualdade, à segurança e à propriedade, nos termos seguintes: LV - aos litigantes, em processo judicial ou administrativo, e aos acusados em geral são assegurados o contraditório e ampla defesa, com os meios e recursos a ela inerentes;*

24.

Gabarito: Certo. Questão de puro texto legal. Está correta de acordo com o Art. 83 da Lei nº 8.112/1990. *Art. 83. Poderá ser concedida licença ao servidor por motivo de doença do cônjuge ou companheiro, dos pais, dos filhos, do padrasto ou madrasta e enteado, ou dependente que viva a suas expensas e conste do seu assentamento funcional, mediante comprovação por perícia médica oficial.*

25.

Gabarito: Certo. Deixar de praticar ato de ofício configura atos de improbidade que atentam contra os princípios da Administração Pública. De fato, tais atos têm pena de multa civil de até cem vezes o valor da remuneração. Além da multa, há também, como penalidade para esses atos, a suspensão dos direitos políticos de três a cinco anos e a proibição de contratar com o Poder Público por 3 (três) anos.

26.

Gabarito: Errado. O sucessor daquele que causar lesão ao patrimônio público ou se enriquecer ilicitamente estará sujeito às cominações da referida lei até o limite do valor da herança. É o que traz o Art. 8º da Lei de Improbidade. *Art. 8° O sucessor daquele que causar lesão ao patrimônio público ou se enriquecer ilicitamente está sujeito às cominações desta lei até o limite do valor da herança.*

27.

Gabarito: Errado. A assertiva nos traz que o MP ingressou com ação de improbidade contra Ana, sob o argumento de que a servidora violou princípios da administração. O que está errado, uma vez que na questão afirma que Ana não agiu com dolo. Sabe-se que, para se caracterizar a conduta do Art. 11, da Lei de Improbidade, necessita de dolo do agente, o que não ocorreu.

28.

Gabarito: Errado. A questão nos deixa claro que o Cláudio agiu culposamente causando um prejuízo aos cofres públicos de mais de um milhão de reais. Nesse caso, constitui ato de improbidade, previsto no Art. 10 da Lei de Improbidade. *Art. 10. Constitui ato de improbidade administrativa que causa lesão ao erário qualquer ação ou omissão, dolosa ou culposa, que enseje perda patrimonial, desvio, apropriação, malbaratamento ou dilapidação dos bens ou haveres das entidades referidas no Art. 1º desta lei, e notadamente:*

29.

Gabarito: Certo. De acordo com o Art. 1º, observa-se que se incluem entre os sujeitos passivos dos atos de improbidade, entre outros, a Administração Direta e Indireta de qualquer dos poderes da União. *Art. 1º Os atos de improbidade praticados por qualquer agente público, servidor ou não, contra a administração direta, indireta ou fundacional de qualquer dos Poderes da União, dos Estados, do Distrito Federal, dos Municípios, de Território, de empresa incorporada ao patrimônio público ou de entidade para cuja criação ou custeio o erário haja concorrido ou concorra com mais de cinquenta por cento do patrimônio ou da receita anual, serão punidos na forma desta lei.*

30.

Gabarito: Certo. Constitui ato de improbidade administrativa que causa lesão ao erário qualquer ação ou omissão, dolosa ou culposa, que enseje perda patrimonial

31.

Gabarito: Certo. A teoria adotada pela Constituição Federal é a Teoria do Risco Administrativo que aceita a vivência de excludentes ao dever de indenizar. Na situação apresentada houve culpa exclusiva da vítima, que configura uma excludente. E as demais excludentes são caso fortuito e força maior.

32.

Gabarito: Certo. Questão polêmica! Mas não podemos confundir "culpa exclusiva da vítima" com "culpa exclusiva de terceiro". Outro ponto importante é nos ater aos doutrinadores que a banca CESPE mais adota. Sempre devemos começar pela Maria Sylvia Zanella di Pietro. Portanto, vejamos o que ela diz a respeito do assunto: Quando ocorrer motivo de força maior, a responsabilidade do Estado poderá ocorrer se, se aliada à força maior, ocorrer omissão do poder público na realização de um serviço. A mesma regra se aplica quando se trata de atos de terceiros, o Estado responderá se ficar caracterizada a sua omissão, ou seja, falha na prestação do serviço público. Assim, a assertiva se torna correta.

33.

Gabarito: Certo. A Constituição Federal trouxe, expressamente, em seu texto constitucional, que as pessoas jurídicas de direito público e as de direito privado prestadoras de serviços públicos responderão pelos danos que seus agentes, nessa qualidade, causarem a terceiros, assegurado o direito de regresso contra o responsável nos casos de dolo ou culpa. Lembre-se de que as fundações públicas de direito público são consideradas AUTARQUIAS FUNDACIONAIS.

34.

Gabarito: Certo. A pessoa jurídica prestadora de serviço público assume o risco dos estragos que possivelmente causar, autonomamente da existência de culpa ou dolo. A responsabilidade objetiva ampara o dever de indenizar no princípio do RISCO ADMINISNTRATIVO. Na TEORIA DO RISCO INTEGRAL, há sempre responsabilidade do Estado, inclusive em virtude de culpa exclusiva da vítima, além de danos ambientais ou nucleares, bem como em ataques terroristas.

35.

Gabarito: Errado. *O Estado poderá ser responsabilizado civilmente pelo exercício da atividade legislativa, são elas:*

a) edição de lei inconstitucional;

b) edição de leis de efeitos concretos;

c) omissão legislativa.

36.

Gabarito: Errado. O veículo normativo ***decreto*** serve para regulamentar a fiel execução de uma lei. Podemos citar, como exemplo, o decreto regulamentar do Art. 84, IV da Constituição Federal. Porém, no caso em tela, José, ao editar um ato disciplinando regras para a participação de servidores em concurso de promoção, pratica um ato que se restringe ao âmbito interno da Administração e só alcança os servidores subordinados, hierarquizados à chefia que expediu tal ato, ou seja, não obrigam os particulares. São os chamados atos ordinatórios, que se incluem entre eles: os avisos, ofícios, despachos, portarias entre outros.

37.

Gabarito: Certo. São elementos ou requisitos do ato administrativo: competência, finalidade, forma, motivo e objeto. Um mnemônico que ajuda a lembrar é o do CO FI FO MO OB.

38.

Gabarito: Errado. A questão erra ao afirmar que compete exclusivamente ao poder judiciário a anulação de atos administrativos eivados de vícios de ilegalidade, pois a própria Administração pode anular os atos com vício de ilegalidade. *SÚMULA 473 - A administração pode anular seus próprios atos, quando eivados de vícios que os tornam ilegais, porque deles não se originam direitos; ou revogá-los, por motivo de conveniência ou oportunidade, respeitados os direitos adquiridos, e ressalvada, em todos os casos, a apreciação judicial.*

39.

Gabarito: Certo. São insuscetíveis de revogação: os atos vinculados; atos consumados que exauriram seus efeitos; atos que geram direito adquirido; atos enunciativos. Logo, assertiva correta.

40.

Gabarito: Errado. O ato complexo é o ato administrativo formado pela manifestação de vontade de órgãos diversos. Portanto, o ato de aposentadoria se configura como ato complexo, pois é necessário, para sua perfeição, a manifestação do órgão ao qual o servidor é vinculado, somado à aprovação do Tribunal de Contas.

41.

Gabarito: Errado. As modalidades de licitação, segundo a Lei 8.666/93, são: concorrência; tomada de preço; convite; concurso e leilão. O pregão está regulamentado na lei 10.520/02.

42.

Gabarito: Errado. O conceito apresentado refere-se à concorrência. Concurso é a modalidade de licitação entre quaisquer interessados para escolha de trabalho técnico, científico ou artístico, mediante a instituição de prêmios de ou remuneração aos vencedores, conforme critérios constantes de edital publicado na imprensa oficial com antecedência mínima de 45 (quarenta e cinco) dias.

43.

Gabarito: Errado. Incorreta, pois a concorrência é a modalidade de licitação cabível a qualquer que seja o valor de seu objeto, tanto na compra quanto na alienação. Parte-se do princípio de quem pode mais, pode menos.

44.

Gabarito: Certo. Correto, pois o procedimento licitatório previsto na lei 8.666/93 caracteriza-se ATO ADMINISTRATIVO FORMAL (é aquele que, originando-se do Poder Executivo, encerra matéria de natureza administrativa), seja ele praticado em qualquer esfera da Administração pública.

45.

Gabarito: Errado. *Art. 49, § 2º A nulidade do procedimento licitatório induz à do contrato, RESSALVADO o disposto no parágrafo único do Art. 59 desta Lei, ou seja, não é em qualquer hipótese.*

46.

Gabarito: Errado. O Supremo Tribunal Federal entende que é necessária a observância do devido processo legal em atos administrativos que repercutam no campo de interesses individuais do cidadão.

47.

Gabarito: Certo. O Art. 59 da Lei nº 9.784/99 dispõe que, salvo disposição legal, o prazo para interposição de recurso é de 10 DIAS. Ademais, o Art. 63, I, da referida lei, discorre que o recurso não será conhecido quando interposto fora do prazo.

48.

Gabarito: Errado. O Art. 22, § 2º dispõe que, salvo imposição legal, o reconhecimento de firma somente será exigido quando houver dúvida de autenticidade.

49.

Gabarito: Certo. De acordo com a Lei nº 9.784/99 em seu Art. 2º parágrafo único e Inciso I, nos processos administrativos serão observados, entre outros, os critérios de: impulsão, de ofício, do processo administrativo, sem prejuízo da atuação dos interessados.

50.

Gabarito: Errado. Á luz do Art. 61 da Lei nº 9.784/99, salvo disposição legal em contrário, o recurso não tem efeito suspensivo.

Simulado 4

1.

Gabarito: Certo. A Administração Direta é composta por entes federados (União, Estados, Municípios e DF). A Casa Civil é um órgão atrelado à Presidência da República, ou seja, da União.

2.

Gabarito: Errado. O erro da assertiva está em afirmar que a pessoa federativa estará vinculada à empresa de forma solidária, quando na verdade o correto seria de forma SUBSIDIÁRIA.

3.

Gabarito: Errado. O erro da questão está em afirmar que as Autarquias executam serviços públicos de atividades de cunho econômico e mercantil. Quando na verdade só executam serviços de cunho social, ou seja, de fins públicos.

4.

Gabarito: Errado. A Administração Direta corresponde aos órgãos que integram a estrutura das pessoas federativas (pessoas políticas, entes políticos), que exercem a atividade administrativa de forma centralizada. No entanto, as Fundações Públicas e as Empresas Públicas integram a Administração Indireta e não a Administração Direta.

5.

Gabarito: Errado. O erro está em afirmar que todas que integram a administração indireta são pessoas de direito privado, pois as Autarquias possuem personalidade jurídica de direito público.

6.

Gabarito: Errado. Não é o aspecto mais relevante em relação à administração indireta, pois a administração direta também pode ser ao mesmo tempo detentora dessas prerrogativas. E também, nem todas as entidades que compõem a administração indireta executam serviços públicos, por exemplo, uma sociedade de economia mista criada por meio de autorização com a finalidade de explorar atividade econômica.

7.

Gabarito: Errado. O poder público só pode fazer aquilo que a lei mandar. Diferentemente do particular, o qual pode fazer tudo que a lei não proíba. Foi o que trouxe a assertiva, narrou a possibilidade do particular, mas trouxe que o poder público pode fazer tudo que não for proibido, portanto, item errado.

8.

Gabarito: Errado. Todos sabemos que a regra é a transparência. O próprio Supremo Tribunal Federal já decidiu que as verbas indenizatórias para exercício da atividade parlamentar têm natureza pública não havendo razões de segurança ou de intimidade que justifiquem o caráter sigiloso da verba. Portanto, item errado.

9.

Gabarito: Certo. É o princípio que consagra o controle interno que a administração pública exerce sobre seus próprios atos. Como consequência da sua independência funcional. A administração não precisa recorrer ao judiciário para anular seus atos ilegais e revogar os atos inconvenientes.

10.

Gabarito: Certo. Correto, pois não existe hierarquia entre os princípios da administração pública, independentemente de ele ser explícito ou implícito.

11.

Gabarito: Certo. Segundo o doutrinador José dos Santos Carvalho Filho, "se determinada ação acarreta risco para a coletividade, deve a administração pública adotar postura de precaução para evitar que eventuais danos se concretizem". Esse princípio teve origem no direito ambiental, a fim de se prevenir danos ao meio ambiente. Atualmente, porém, também é avocado para a tutela do interesse público.

12.

Gabarito: Certo. A questão está correta, pois a Polícia Federal faz parte da polícia judiciária da União, assim, também, atua com fiscalizações nas fronteiras, nesse caso, possui características do poder de polícia administrativa. Além disso, a Polícia Militar desempenha tanto atividade de polícia judiciária como de polícia administrativa, neste caso, por exemplo, aplica multas de trânsito ou apreende mercadorias irregulares.

13.

Gabarito: Errado. O poder normativo materializa-se por meio do decreto regulamentar, em regra, exercido mediante decretos regulamentares, cujo objetivo é dar fiel execução às leis. Logo, o decreto regulamentar é ato primário que não inova no ordenamento jurídico.

14.

Gabarito: Errado. O erro da questão está em dizer que o poder regulamentar cria normas, pois tal poder apenas complementa ou regulamenta os atos normativos, com o objetivo de dar fiel execução.

15.

Gabarito: Errado. Maria agiu com abuso de poder na modalidade DESVIO DE PODER.

16.

Gabarito: Errado. Está errada porque a autoexecutoriedade é um dos atributos do poder de polícia, que permite à Administração Pública aplicar medidas restritivas aos seus administrados, independentemente de autorização judicial. Exemplo: interdição, apreensão.

17.

Gabarito: Certo. Segundo Hely Lopes Meirelles, o poder hierárquico "É o de que dispõe o Executivo para distribuir e escalonar as funções de seus órgãos, ordenar e rever a atuação de seus agente, estabelecendo a relação de subordinação entre os servidores do seu quadro de pessoal".

18.

Gabarito: Errado. Conforme o Art. 121 da Lei nº 8.112, *O servidor responde civil, penal e administrativamente pelo exercício irregular de suas atribuições*. Portanto, esse artigo abrange o excesso de poder e o desvio de poder.

19.

Gabarito: Errado. De acordo com a Lei nº 8.112/1990, a posse mediante procuração é admita e está prevista no Art. 13, §3º. A posse poderá dar-se mediante procuração específica.

20.

Gabarito: Errado. De acordo com a Lei nº 8.112/1990, a estabilidade do servidor não se dá imediatamente após a sua posse, masao completar 2 (dois) anos de efetivo exercício. No entanto, MUITA ATENÇÃO com essa questão. Pois, o Art. 41 da Constituição Federal traz que é de 3 (três) anos. *Art. 41. São estáveis após três anos de efetivo exercício os servidores nomeados para cargo de provimento efetivo em virtude de concurso público. Na hora da prova, fique atento ao comando da questão.*

21.

Gabarito: Certo. A regra trazida pela nossa Constituição é a vedação quanto à acumulação remunerada de cargos públicos. Entretanto, a própria CF traz exceções a essa regra, previstas no Art. 37, XVI, as quais ficam condicionadas à comprovação de compatibilidade de horários. *Art. 37, XVI é vedada a acumulação remunerada de cargos públicos, exceto, quando houver compatibilidade de horários, observado, em qualquer caso, o disposto no inciso XI. a) a de dois cargos de professor; b) a de um cargo de professor com outro técnico ou científico; c) a de dois cargos ou empregos privativos de profissionais de saúde, com profissões regulamentadas*; Tal proibição abrange toda a Administração Pública, *XVII - a proibição de acumular estende-se a empregos e funções e abrange autarquias, fundações, empresas públicas, sociedades de economia mista, suas subsidiárias, e sociedades controladas, direta ou indiretamente, pelo poder público;*

22.

Gabarito: Certo. De fato, constituem indenizações ao servidor: ajuda de custo; diárias; transporte e auxílio-moradia, segundo a Lei nº 8.112/1990.

Art. 51. Constituem indenizações ao servidor: I - ajuda de custo; II - diárias; III – transporte; IV - auxílio-moradia. Lembrando que as indenizações não serão incorporadas, diferentemente das gratificações e adicionais que podem incorporar, a depender da lei.

23.

Gabarito: Certo. A remoção é dividida em duas modalidades: a concedida de ofício e a concedida a pedido. A de ofício é dada de acordo com a necessidade da Administração. Enquanto que a concedida a pedido pode ser dada no interesse da Administração, que é um ato discricionário e também independentemente do interesse da Administração, que será um ato vinculado. Nessa última hipótese poderá ocorrer em três situações: acompanhar cônjuge; saúde; processo seletivo. De acordo com a Lei nº 8.112/1990, a Administração agiu corretamente. *Art. 36. a) para acompanhar cônjuge ou companheiro, também servidor público civil ou militar, de qualquer dos Poderes da União, dos Estados, do Distrito Federal e dos Municípios, que foi deslocado no interesse da Administração.* Se observamos no início do texto, o servidor que pede para ser transferido e não é transferido de ofício.

24.

Gabarito: Errado. A Lei nº 8.112/1990 traz como requisito, entre outros, a nacionalidade brasileira, somente, sem especificar se é originária ou nata. Entende-se que abrange tanto os brasileiros natos quanto os brasileiros naturalizados. Lembrem-se de que os estrangeiros também podem ingressar em cargo público, desde que cargos de professor, técnico e científico de universidades e institutos de pesquisas federais.

25.

Gabarito: Errado. Atos que gerem enriquecimento ilícito e atos que atentem contra os princípios da Administração só podem ser praticados na forma dolosa. Por outro lado, os atos que a causem prejuízo ao erário podem ser praticados tanto na forma dolosa quanto culposa. É o único ato admitido na modalidade culposa.

26.

Gabarito: Certo. Constitui ato que configura enriquecimento ilícito, previsto no Art. 9º, IX da Lei de Improbidade. *Art. 9º (...) IX - perceber vantagem econômica para intermediar a liberação ou aplicação de verba pública de qualquer natureza;*

27.

Gabarito: Errado. A questão erra ao restringir que somente ocorre lesão ao patrimônio público de forma dolosa. Pois, com base no Art. 5º da Lei de Improbidade, observamos a possibilidade de ocorrer na modalidade culposa. *Art. 5º Ocorrendo lesão ao patrimônio público por ação ou omissão, dolosa ou culposa, do agente ou de terceiro, dar-se-á o integral ressarcimento do dano.*

28.

Gabarito: Errado. De acordo com o Art. 7º da Lei de Improbidade, é cabível medida cautelar de indisponibilidade dos bens apenas em infrações nas modalidades enriquecimento ilícito ou lesão ao erário. No entanto, o STJ e a Doutrina majoritária entendem ser cabível em todas as modalidades de improbidade administrativa.

29.

Gabarito: Errado. Sabemos que há diferenças entre o cargo em comissão e o de função de confiança. Por exemplo, aquele pode ser exercido por pessoa que possua cargo efetivo ou não, ou seja, pode ser um mero particular. Enquanto que este só pode ser preenchido por pessoa que possua um cargo efetivo, ou seja, deve ser um concursado. Mesmo o particular sendo ocupante exclusivamente de cargo em comissão, este possui vínculo com a administração e estará sujeito às sanções da Lei de Improbidade Administrativa. No entanto, nunca poderá agir sozinho, é imprescindível a presença de agente público.

30.

Gabarito: Errado. PERDA da função pública e SUSPENSÃO dos direitos políticos somente com o TRÂNSITO EM JULGADO.

31.

Gabarito: Errado. Quando a culpa for exclusiva da vítima, será excluída, em sua totalidade, a responsabilidade civil do Estado, que é objetiva com fulcro na teoria do risco administrativo. Entretanto, quando a culpa for concorrente, não irá excluir a responsabilidade civil do Estado, mas atenuar.

32.

Gabarito: Errado. De acordo com o Código de Processo Civil Art. 125, § 1º, "*O direito regressivo será exercido por ação autônoma quando a denunciação da lide for indeferida, ou seja, deixar de ser promovida ou não for permitida*".

33.

Gabarito: Errado. De acordo com a Constituição Federal, AS PESSOAS JURÍDICAS DE DIREITO PRIVADO PRESTADORAS DE SERVIÇO PÚBLICO também respondem OBJETIVAMENTE pelos danos que seus agentes causarem a terceiros.

34.

Gabarito: Errado. A obrigação de reparar o dano estende-se aos sucessores e contra eles será executada até o limite do valor da herança recebida.

35.

Gabarito: Certo. As pessoas jurídicas de direito público e as de direito privado prestadoras de serviços públicos responderão pelos danos que seus agentes, nessa qualidade, causarem a terceiros, assegurado o direito de regresso contra o responsável nos casos de dolo ou culpa.

36.

Gabarito: Errado. A atuação de pessoa que usurpa função pública não é imputada ao estado, ou seja, não é considerada atuação do órgão público. Dessa forma, os atos praticados pelo usurpador de função pública são considerados inexistentes e não irregulares.

37.

Gabarito: Errado. Os atos declaratórios são aqueles que declaram algo. Atestam um fato. Esclarecem uma situação jurídica entre o estado e o particular. A assertiva fez menção aos atos constitutivos. Portanto, questão errada.

38.

Gabarito: Certo. Ao se falar em ato complexo, devemos lembrar do sexo, uma única ação, mas que envolve dois órgãos. É um mnemônico que ajuda a lembrar. O ato complexo é formado pela vontade de dois órgãos diferentes, cujas vontades se conjugam para formar um só ato.

39.

Gabarito: Errado. Um ato administrativo, para ser anulado, deve ser feito em decorrência da ilegalidade do ato. Por outro lado, cabe a revogação dos atos administrativos decorrentes de pressupostos de conveniência e oportunidade, ou seja, a assertiva equivoca-se ao afirmar que seria anulado em decorrência de pressupostos de conveniência e oportunidade.

40.

Gabarito: Errado. A doutrina majoritária considera insuscetíveis de revogação: os atos consumados que exauriram seus efeitos; Ex.: Um ato que concedeu licença ao servidor; se este já gozou a licença, o ato já exauriu seus efeitos, não há que se falar em revogação.

41.

Gabarito: Certo. A licitação destina-se a garantir a observância do princípio constitucional da isonomia, a seleção da proposta mais vantajosa para a administração e a promoção do desenvolvimento nacional sustentável e será processada e julgada em estrita conformidade com os princípios básicos da legalidade, da impessoalidade, da moralidade, da igualdade, da publicidade, da probidade administrativa, da vinculação ao instrumento convocatório, ou seja, vinculação ao edital.

42.

Gabarito: Certo. De acordo com Lei 8.666/93 *Art. § 3º, convite é a modalidade de licitação entre interessados do ramo pertinente ao seu objeto, cadastrados ou não, escolhidos e convidados em número mínimo de 3 (três) pela unidade administrativa, a qual afixará, em local apropriado*, cópia do instrumento convocatório e o estenderá aos demais cadastrados na correspondente especialidade que manifestarem seu interesse com antecedência de até 24 (vinte e quatro) horas da apresentação das propostas.

43.

Gabarito: Errado. Para compras e serviços (NÃO SEJA DE ENGENHARIA), a modalidade de CONVITE admite-se valor até R$ 80.000,00.

44.

Gabarito: Errado. Conforme a Lei 8.666/93 *Art. 9º, não poderá participar, direta ou indiretamente, da licitação ou da execução de obra ou serviço e do fornecimento de bens a eles necessários:*

III – servidor ou dirigente de órgão ou entidade contratante ou responsável pela licitação.

45.

Gabarito: Errado. Tanto a administração quanto o licitante estão vinculados ao instrumento convocatório. Logo, é vedada à administração o descumprimento das condições pré-estabelecidas em EDITAL, o qual está estritamente vinculada.

46.

Gabarito: Errado. Os direitos à ampla defesa devem ser respeitados no processo administrativo, entretanto, a Administração poderá definir a maneira como se realizará seu exercício em decorrência do respeito ao interesse público como, por exemplo, o local de vista (consulta) aos autos de um processo administrativo.

47.

Gabarito: Certo. Conforme o Art. 2º,I, da Lei nº 9.784/99, nos processos administrativos, é assegurada a divulgação obrigatória dos atos administrativos, ressalvadas as hipóteses de sigilo previstas na Constituição.

48.

Gabarito: Certo. De acordo com o Art. 31 da Lei nº 9.784/99, quando a matéria do processo envolver assunto de interesse geral, o órgão competente poderá, mediante despacho motivado, abrir período de consulta pública para manifestação de terceiros, antes da decisão do pedido, se não houver prejuízo da parte interessada.

49.

Gabarito: Errado. A questão é extensa, entretanto, ela só quis saber se o candidato conhece a redação da Súmula Vinculante 5 do STF: *a falta de defesa técnica por advogado no processo administrativo disciplinar não ofende a Constituição.*

50.

Gabarito: Errado. Conforme o Art. 56 da Lei nº 9.784/99, das decisões administrativas cabe recurso, em face de razões de legalidade e de mérito.

SÉRIE PROVAS & CONCURSOS

ANEXOS

Sumário

Art. 37 ao 41 da Constituição Federal

Capítulo VII - Da Administração Pública

Seção I - Disposições Gerais

Art. 37. A administração pública direta e indireta de qualquer dos Poderes da União, dos Estados, do Distrito Federal e dos Municípios obedecerá aos princípios de legalidade, impessoalidade, moralidade, publicidade e eficiência e, também, ao seguinte: (Redação dada pela Emenda Constitucional nº 19, de 1998)

I - os cargos, empregos e funções públicas são acessíveis aos brasileiros que preencham os requisitos estabelecidos em lei, assim como aos estrangeiros, na forma da lei; (Redação dada pela Emenda Constitucional nº 19, de 1998)

II - a investidura em cargo ou emprego público depende de aprovação prévia em concurso público de provas ou de provas e títulos, de acordo com a natureza e a complexidade do cargo ou emprego, na forma prevista em lei, ressalvadas as nomeações para cargo em comissão declarado em lei de livre nomeação e exoneração; (Redação dada pela Emenda Constitucional nº 19, de 1998)

III - o prazo de validade do concurso público será de até dois anos, prorrogável uma vez, por igual período;

IV - durante o prazo improrrogável previsto no edital de convocação, aquele aprovado em concurso público de provas ou de provas e títulos será convocado com prioridade sobre novos concursados para assumir cargo ou emprego, na carreira;

V - as funções de confiança, exercidas exclusivamente por servidores ocupantes de cargo efetivo, e os cargos em comissão, a serem preenchidos por servidores de carreira nos casos, condições e percentuais mínimos previstos em lei, destinam-se apenas às atribuições de direção, chefia e assessoramento; (Redação dada pela Emenda Constitucional nº 19, de 1998)

VI - é garantido ao servidor público civil o direito à livre associação sindical;

VII - o direito de greve será exercido nos termos e nos limites definidos em lei específica; (Redação dada pela Emenda Constitucional nº 19, de 1998)

VIII - a lei reservará percentual dos cargos e empregos públicos para as pessoas portadoras de deficiência e definirá os critérios de sua admissão;

IX - a lei estabelecerá os casos de contratação por tempo determinado para atender a necessidade temporária de excepcional interesse público;

X - a remuneração dos servidores públicos e o subsídio de que trata o § 4º do art. 39 somente poderão ser fixados ou alterados por lei específica, observada a iniciativa privativa em cada caso, assegurada revisão geral anual, sempre na mesma data e sem distinção de índices; (Redação dada pela Emenda Constitucional nº 19, de 1998)

XI - a remuneração e o subsídio dos ocupantes de cargos, funções e empregos públicos da administração direta, autárquica e fundacional, dos membros de qualquer dos Poderes da União, dos Estados, do Distrito Federal e dos Municípios, dos detentores de mandato eletivo e dos demais agentes políticos e os proventos, pensões ou outra espécie remuneratória, percebidos cumulativamente ou não, incluídas as vantagens pessoais ou de qualquer outra natureza, não poderão exceder o subsídio mensal, em espécie, dos Ministros do Supremo Tribunal Federal, aplicando-se como limite, nos Municípios, o subsídio do Prefeito, e nos Estados e no Distrito Federal, o subsídio mensal do Governador no âmbito do Poder Executivo, o subsídio dos Deputados Estaduais e Distritais no âmbito do Poder Legislativo e o subsidio dos Desembargadores do Tribunal de Justiça, limitado a noventa inteiros e vinte e cinco centésimos por cento do subsídio mensal, em espécie, dos Ministros do Supremo Tribunal Federal, no âmbito do Poder Judiciário, aplicável este limite aos membros do Ministério

Público, aos Procuradores e aos Defensores Públicos; (Redação dada pela Emenda Constitucional nº 41, 19.12.2003)

XII - os vencimentos dos cargos do Poder Legislativo e do Poder Judiciário não poderão ser superiores aos pagos pelo Poder Executivo;

XIII - é vedada a vinculação ou equiparação de quaisquer espécies remuneratórias para o efeito de remuneração de pessoal do serviço público; (Redação dada pela Emenda Constitucional nº 19, de 1998)

XIV - os acréscimos pecuniários percebidos por servidor público não serão computados nem acumulados para fins de concessão de acréscimos ulteriores; (Redação dada pela Emenda Constitucional nº 19, de 1998)

XV - o subsídio e os vencimentos dos ocupantes de cargos e empregos públicos são irredutíveis, ressalvado o disposto nos incisos XI e XIV deste artigo e nos arts. 39, § 4º, 150, II, 153, III, e 153, § 2º, I; (Redação dada pela Emenda Constitucional nº 19, de 1998)

XVI - é vedada a acumulação remunerada de cargos públicos, exceto, quando houver compatibilidade de horários, observado em qualquer caso o disposto no inciso XI: (Redação dada pela Emenda Constitucional nº 19, de 1998)

a) a de dois cargos de professor; (Redação dada pela Emenda Constitucional nº 19, de 1998)

b) a de um cargo de professor com outro técnico ou científico; (Redação dada pela Emenda Constitucional nº 19, de 1998)

c) a de dois cargos ou empregos privativos de profissionais de saúde, com profissões regulamentadas; (Redação dada pela Emenda Constitucional nº 34, de 2001)

XVII - a proibição de acumular estende-se a empregos e funções e abrange autarquias, fundações, empresas públicas, sociedades de economia mista, suas subsidiárias, e sociedades controladas, direta ou indiretamente, pelo poder público; (Redação dada pela Emenda Constitucional nº 19, de 1998)

XVIII - a administração fazendária e seus servidores fiscais terão, dentro de suas áreas de competência e jurisdição, precedência sobre os demais setores administrativos, na forma da lei;

XIX - somente por lei específica poderá ser criada autarquia e autorizada a instituição de empresa pública, de sociedade de economia mista e de fundação, cabendo à lei complementar, neste último caso, definir as áreas de sua atuação; (Redação dada pela Emenda Constitucional nº 19, de 1998)

XX - depende de autorização legislativa, em cada caso, a criação de subsidiárias das entidades mencionadas no inciso anterior, assim como a participação de qualquer delas em empresa privada;

XXI - ressalvados os casos especificados na legislação, as obras, serviços, compras e alienações serão contratados mediante processo de licitação pública que assegure igualdade de condições a todos os concorrentes, com cláusulas que estabeleçam obrigações de pagamento, mantidas as condições efetivas da proposta, nos termos da lei, o qual somente permitirá as exigências de qualificação técnica e econômica indispensáveis à garantia do cumprimento das obrigações.

XXII - as administrações tributárias da União, dos Estados, do Distrito Federal e dos Municípios, atividades essenciais ao funcionamento do Estado, exercidas por servidores de carreiras específicas, terão recursos prioritários para a realização de suas atividades e atuarão de forma integrada, inclusive com o compartilhamento de cadastros e de informações fiscais, na forma da lei ou convênio. (Incluído pela Emenda Constitucional nº 42, de 19.12.2003)

§ 1º. A publicidade dos atos, programas, obras, serviços e campanhas dos órgãos públicos deverá ter caráter educativo, informativo ou de orientação social, dela não podendo constar nomes, símbolos ou imagens que caracterizem promoção pessoal de autoridades ou servidores públicos.

§ 2º. A não observância do disposto nos incisos II e III implicará a nulidade do ato e a punição da autoridade responsável, nos termos da lei.

§ 3º. A lei disciplinará as formas de participação do usuário na administração pública direta e indireta, regulando especialmente: (Redação dada pela Emenda Constitucional nº 19, de 1998)

I - as reclamações relativas à prestação dos serviços públicos em geral, asseguradas a manutenção de serviços de atendimento ao usuário e a avaliação periódica, externa e interna, da qualidade dos serviços; (Incluído pela Emenda Constitucional nº 19, de 1998)

II - o acesso dos usuários a registros administrativos e a informações sobre atos de governo, observado o disposto no art. 5º, X e XXXIII; (Incluído pela Emenda Constitucional nº 19, de 1998)

III - a disciplina da representação contra o exercício negligente ou abusivo de cargo, emprego ou função na administração pública. (Incluído pela Emenda Constitucional nº 19, de 1998)

§ 4º. Os atos de improbidade administrativa importarão a suspensão dos direitos políticos, a perda da função pública, a indisponibilidade dos bens e o ressarcimento ao erário, na forma e gradação previstas em lei, sem prejuízo da ação penal cabível.

§ 5º. A lei estabelecerá os prazos de prescrição para ilícitos praticados por qualquer agente, servidor ou não, que causem prejuízos ao erário, ressalvadas as respectivas ações de ressarcimento.

§ 6º. As pessoas jurídicas de direito público e as de direito privado prestadoras de serviços públicos responderão pelos danos que seus agentes, nessa qualidade, causarem a terceiros, assegurado o direito de regresso contra o responsável nos casos de dolo ou culpa.

§ 7º. A lei disporá sobre os requisitos e as restrições ao ocupante de cargo ou emprego da administração direta e indireta que possibilite o acesso a informações privilegiadas. (Incluído pela Emenda Constitucional nº 19, de 1998)

§ 8º. A autonomia gerencial, orçamentária e financeira dos órgãos e entidades da administração direta e indireta poderá ser ampliada mediante contrato, a ser firmado entre seus administradores e o poder público, que tenha por objeto a fixação de metas de desempenho para o órgão ou entidade, cabendo à lei dispor sobre: (Incluído pela Emenda Constitucional nº 19, de 1998)

I - o prazo de duração do contrato;

II - os controles e critérios de avaliação de desempenho, direitos, obrigações e responsabilidade dos dirigentes;

III - a remuneração do pessoal.

§ 9º. O disposto no inciso XI aplica-se às empresas públicas e às sociedades de economia mista, e suas subsidiárias, que receberem recursos da União, dos Estados, do Distrito Federal ou dos Municípios para pagamento de despesas de pessoal ou de custeio em geral. (Incluído pela Emenda Constitucional nº 19, de 1998)

§ 10. É vedada a percepção simultânea de proventos de aposentadoria decorrentes do art. 40 ou dos arts. 42 e 142 com a remuneração de cargo, emprego ou função pública, ressalvados os cargos acumuláveis na forma desta Constituição, os cargos eletivos e os cargos em comissão declarados em lei de livre nomeação e exoneração. (Incluído pela Emenda Constitucional nº 20, de 1998)

§ 11. Não serão computadas, para efeito dos limites remuneratórios de que trata o inciso XI do caput deste artigo, as parcelas de caráter indenizatório previstas em lei. (Incluído pela Emenda Constitucional nº 47, de 2005)

§ 12. Para os fins do disposto no inciso XI do caput deste artigo, fica facultado aos Estados e ao Distrito Federal fixar, em seu âmbito, mediante emenda às respectivas Constituições e Lei Orgânica, como limite único, o subsídio mensal dos Desembargadores do respectivo Tribunal de Justiça, limitado a noventa inteiros e vinte e cinco centésimos por cento do subsídio mensal dos Ministros do Supremo Tribunal Federal, não se aplicando o disposto neste parágrafo aos subsídios dos Deputados Estaduais e Distritais e dos Vereadores. (Incluído pela Emenda Constitucional nº 47, de 2005)

Art. 38. Ao servidor público da administração direta, autárquica e fundacional, no exercício de mandato eletivo, aplicam-se as seguintes disposições: (Redação dada pela Emenda Constitucional nº 19, de 1998)

I - tratando-se de mandato eletivo federal, estadual ou distrital, ficará afastado de seu cargo, emprego ou função;

II - investido no mandato de Prefeito, será afastado do cargo, emprego ou função, sendo-lhe facultado optar pela sua remuneração;

III - investido no mandato de Vereador, havendo compatibilidade de horários, perceberá as vantagens de seu cargo, emprego ou função, sem prejuízo da remuneração do cargo eletivo, e, não havendo compatibilidade, será aplicada a norma do inciso anterior;

IV - em qualquer caso que exija o afastamento para o exercício de mandato eletivo, seu tempo de serviço será contado para todos os efeitos legais, exceto para promoção por merecimento;

V - para efeito de benefício previdenciário, no caso de afastamento, os valores serão determinados como se no exercício estivesse.

Seção II - Dos Servidores Públicos

(Redação dada pela Emenda Constitucional nº 18, de 1998)

Art. 39. A União, os Estados, o Distrito Federal e os Municípios instituirão, no âmbito de sua competência, regime jurídico único e planos de carreira para os servidores da administração pública direta, das autarquias e das fundações públicas. (Vide ADIN nº 2.135-4)

Art. 39. A União, os Estados, o Distrito Federal e os Municípios instituirão conselho de política de administração e remuneração de pessoal, integrado por servidores designados pelos respectivos Poderes (Redação dada pela Emenda Constitucional nº 19, de 1998) (Vide ADIN nº 2.135-4)

§ 1º A fixação dos padrões de vencimento e dos demais componentes do sistema remuneratório observará: (Redação dada pela Emenda Constitucional nº 19, de 1998)

I - a natureza, o grau de responsabilidade e a complexidade dos cargos componentes de cada carreira; (Incluído pela Emenda Constitucional nº 19, de 1998)

II - os requisitos para a investidura; (Incluído pela Emenda Constitucional nº 19, de 1998)

III - as peculiaridades dos cargos. (Incluído pela Emenda Constitucional nº 19, de 1998)

§ 2º A União, os Estados e o Distrito Federal manterão escolas de governo para a formação e o aperfeiçoamento dos servidores públicos, constituindo-se a participação nos cursos um dos requisitos para a promoção na carreira, facultada, para isso, a celebração de convênios ou contratos entre os entes federados. (Redação dada pela Emenda Constitucional nº 19, de 1998)

§ 3º Aplica-se aos servidores ocupantes de cargo público o disposto no art. 7º, IV, VII, VIII, IX, XII, XIII, XV, XVI, XVII, XVIII, XIX, XX, XXII e XXX, podendo a lei estabelecer requisitos diferenciados de admissão quando a natureza do cargo o exigir. (Incluído pela Emenda Constitucional nº 19, de 1998)

§ 4º O membro de Poder, o detentor de mandato eletivo, os Ministros de Estado e os Secretários Estaduais e Municipais serão remunerados exclusivamente por subsídio fixado em parcela única, vedado o acréscimo de qualquer gratificação, adicional, abono, prêmio, verba de representação ou outra espécie remuneratória, obedecido, em qualquer caso, o disposto no art. 37, X e XI. (Incluído pela Emenda Constitucional nº 19, de 1998)

§ 5º Lei da União, dos Estados, do Distrito Federal e dos Municípios poderá estabelecer a relação entre a maior e a menor remuneração dos servidores públicos, obedecido, em qualquer caso, o disposto no art. 37, XI. (Incluído pela Emenda Constitucional nº 19, de 1998)

§ 6º Os Poderes Executivo, Legislativo e Judiciário publicarão anualmente os valores do subsídio e da remuneração dos cargos e empregos públicos. (Incluído pela Emenda Constitucional nº 19, de 1998)

§ 7º Lei da União, dos Estados, do Distrito Federal e dos Municípios disciplinará a aplicação de recursos orçamentários provenientes da economia com despesas correntes em cada órgão, autarquia e fundação, para aplicação no desenvolvimento de programas de qualidade e produtividade, treinamento e desenvolvimento, modernização, reaparelhamento e racionalização do serviço público, inclusive sob a forma de adicional ou prêmio de produtividade. (Incluído pela Emenda Constitucional nº 19, de 1998)

§ 8º A remuneração dos servidores públicos organizados em carreira poderá ser fixada nos termos do § 4º. (Incluído pela Emenda Constitucional nº 19, de 1998)

Art. 40. Aos servidores titulares de cargos efetivos da União, dos Estados, do Distrito Federal e dos Municípios, incluídas suas autarquias e fundações, é assegurado regime de previdência de caráter contributivo e solidário, mediante contribuição do respectivo ente público, dos servidores ativos e inativos e dos pensionistas, observados critérios que preservem o equilíbrio financeiro e atuarial e o disposto neste artigo. (Redação dada pela Emenda Constitucional nº 41, 19.12.2003)

§ 1º Os servidores abrangidos pelo regime de previdência de que trata este artigo serão aposentados, calculados os seus proventos a partir dos valores fixados na forma dos §§ 3º e 17: (Redação dada pela Emenda Constitucional nº 41, 19.12.2003)

I - por invalidez permanente, sendo os proventos proporcionais ao tempo de contribuição, exceto se decorrente de acidente em serviço, moléstia profissional ou doença grave, contagiosa ou incurável, na forma da lei; (Redação dada pela Emenda Constitucional nº 41, 19.12.2003)

II - compulsoriamente, com proventos proporcionais ao tempo de contribuição, aos 70 (setenta) anos de idade, ou aos 75 (setenta e cinco) anos de idade, na forma de lei complementar; (Redação dada pela Emenda Constitucional nº 88, de 2015)

III - voluntariamente, desde que cumprido tempo mínimo de dez anos de efetivo exercício no serviço público e cinco anos no cargo efetivo em que se dará a aposentadoria, observadas as seguintes condições: (Redação dada pela Emenda Constitucional nº 20, de 15/12/98)

a) sessenta anos de idade e trinta e cinco de contribuição, se homem, e cinquenta e cinco anos de idade e trinta de contribuição, se mulher; (Redação dada pela Emenda Constitucional nº 20, de 15/12/98)

b) sessenta e cinco anos de idade, se homem, e sessenta anos de idade, se mulher, com proventos proporcionais ao tempo de contribuição. (Redação dada pela Emenda Constitucional nº 20, de 15/12/98)

§ 2º - Os proventos de aposentadoria e as pensões, por ocasião de sua concessão, não poderão exceder a remuneração do respectivo servidor, no cargo efetivo em que se deu a aposentadoria ou que serviu de referência para a concessão da pensão. (Redação dada pela Emenda Constitucional nº 20, de 15/12/98)

§ 3º Para o cálculo dos proventos de aposentadoria, por ocasião da sua concessão, serão consideradas as remunerações utilizadas como base para as contribuições do servidor aos regimes de previdência de que tratam este artigo e o art. 201, na forma da lei. (Redação dada pela Emenda Constitucional nº 41, 19.12.2003)

§ 4º É vedada a adoção de requisitos e critérios diferenciados para a concessão de aposentadoria aos abrangidos pelo regime de que trata este artigo, ressalvados, nos termos definidos em leis complementares, os casos de servidores: (Redação dada pela Emenda Constitucional nº 47, de 2005)

I - portadores de deficiência; (Incluído pela Emenda Constitucional nº 47, de 2005)

II - que exerçam atividades de risco; (Incluído pela Emenda Constitucional nº 47, de 2005)

III - cujas atividades sejam exercidas sob condições especiais que prejudiquem a saúde ou a integridade física. (Incluído pela Emenda Constitucional nº 47, de 2005)

§ 5º - Os requisitos de idade e de tempo de contribuição serão reduzidos em cinco anos, em relação ao disposto no § 1º, III, "a", para o professor que comprove exclusivamente tempo de efetivo exercício das funções de magistério na educação infantil e no ensino fundamental e médio. (Redação dada pela Emenda Constitucional nº 20, de 15/12/98)

§ 6º - Ressalvadas as aposentadorias decorrentes dos cargos acumuláveis na forma desta Constituição, é vedada a percepção de mais de uma aposentadoria à conta do regime de previdência previsto neste artigo. (Redação dada pela Emenda Constitucional nº 20, de 15/12/98)

§ 7º Lei disporá sobre a concessão do benefício de pensão por morte, que será igual: (Redação dada pela Emenda Constitucional nº 41, 19.12.2003)

I - ao valor da totalidade dos proventos do servidor falecido, até o limite máximo estabelecido para os benefícios do regime geral de previdência social de que trata o art. 201, acrescido de setenta por cento da parcela excedente a este limite, caso aposentado à data do óbito; ou (Incluído pela Emenda Constitucional nº 41, 19.12.2003)

II - ao valor da totalidade da remuneração do servidor no cargo efetivo em que se deu o falecimento, até o limite máximo estabelecido para os benefícios do regime geral de previdência social de que trata o art. 201, acrescido de setenta por cento da parcela excedente a este limite, caso em atividade na data do óbito. (Incluído pela Emenda Constitucional nº 41, 19.12.2003)

§ 8º É assegurado o reajustamento dos benefícios para preservar-lhes, em caráter permanente, o valor real, conforme critérios estabelecidos em lei. (Redação dada pela Emenda Constitucional nº 41, 19.12.2003)

§ 9º - O tempo de contribuição federal, estadual ou municipal será contado para efeito de aposentadoria e o tempo de serviço correspondente para efeito de disponibilidade. (Incluído pela Emenda Constitucional nº 20, de 15/12/98)

§ 10 - A lei não poderá estabelecer qualquer forma de contagem de tempo de contribuição fictício. (Incluído pela Emenda Constitucional nº 20, de 15/12/98)

§ 11 - Aplica-se o limite fixado no art. 37, XI, à soma total dos proventos de inatividade, inclusive quando decorrentes da acumulação de cargos ou empregos públicos, bem como de outras atividades sujeitas a contribuição para o regime geral de previdência social, e ao montante resultante da adição de proventos de inatividade com remuneração de cargo acumulável na forma desta Constituição, cargo em comissão declarado em lei de livre nomeação e exoneração, e de cargo eletivo. (Incluído pela Emenda Constitucional nº 20, de 15/12/98)

§ 12 - Além do disposto neste artigo, o regime de previdência dos servidores públicos titulares de cargo efetivo observará, no que couber, os requisitos e critérios fixados para o regime geral de previdência social. (Incluído pela Emenda Constitucional nº 20, de 15/12/98)

§ 13 - Ao servidor ocupante, exclusivamente, de cargo em comissão declarado em lei de livre nomeação e exoneração bem como de outro cargo temporário ou de emprego público, aplica-se o regime geral de previdência social. (Incluído pela Emenda Constitucional nº 20, de 15/12/98)

§ 14 - A União, os Estados, o Distrito Federal e os Municípios, desde que instituam regime de previdência complementar para os seus respectivos servidores titulares de cargo efetivo, poderão fixar, para o valor das aposentadorias e pensões a serem concedidas pelo regime de que trata este artigo, o limite máximo estabelecido para os benefícios do regime geral de previdência social de que trata o art. 201. (Incluído pela Emenda Constitucional nº 20, de 15/12/98)

§ 15 - O regime de previdência complementar de que trata o § 14 será instituído por lei de iniciativa do respectivo Poder Executivo, observado o disposto no art. 202 e seus parágrafos, no que couber, por intermédio de entidades fechadas de previdência complementar, de natureza pública, que oferecerão aos respectivos participantes planos de benefícios somente na modalidade de contribuição definida. (Redação dada pela Emenda Constitucional nº 41, 19.12.2003)

§ 16 - Somente mediante sua prévia e expressa opção, o disposto nos §§ 14 e 15 poderá ser aplicado ao servidor que tiver ingressado no serviço público até a data da publicação do ato de instituição do correspondente regime de previdência complementar. (Incluído pela Emenda Constitucional nº 20, de 15/12/98)

§ 17. Todos os valores de remuneração considerados para o cálculo do benefício previsto no § 3° serão devidamente atualizados, na forma da lei. (Incluído pela Emenda Constitucional nº 41, 19.12.2003)

§ 18. Incidirá contribuição sobre os proventos de aposentadorias e pensões concedidas pelo regime de que trata este artigo que superem o limite máximo estabelecido para os benefícios do regime geral de previdência social de que trata o art. 201, com percentual igual ao estabelecido para os servidores titulares de cargos efetivos. (Incluído pela Emenda Constitucional nº 41, 19.12.2003)

§ 19. O servidor de que trata este artigo que tenha completado as exigências para aposentadoria voluntária estabelecidas no § 1º, III, a, e que opte por permanecer em atividade fará jus a um abono de permanência equivalente ao valor da sua contribuição previdenciária até completar as exigências para aposentadoria compulsória contidas no § 1º, II. (Incluído pela Emenda Constitucional nº 41, 19.12.2003)

§ 20. Fica vedada a existência de mais de um regime próprio de previdência social para os servidores titulares de cargos efetivos, e de mais de uma unidade gestora do respectivo regime em cada ente estatal, ressalvado o disposto no art. 142, § 3º, X. (Incluído pela Emenda Constitucional nº 41, 19.12.2003)

§ 21. A contribuição prevista no § 18 deste artigo incidirá apenas sobre as parcelas de proventos de aposentadoria e de pensão que superem o dobro do limite máximo estabelecido para os benefícios do regime geral de previdência social de que trata o art. 201 desta Constituição, quando o beneficiário, na forma da lei, for portador de doença incapacitante. (Incluído pela Emenda Constitucional nº 47, de 2005)

Art. 41. São estáveis após três anos de efetivo exercício os servidores nomeados para cargo de provimento efetivo em virtude de concurso público. (Redação dada pela Emenda Constitucional nº 19, de 1998)

§ 1º O servidor público estável só perderá o cargo: (Redação dada pela Emenda Constitucional nº 19, de 1998)

I - em virtude de sentença judicial transitada em julgado; (Incluído pela Emenda Constitucional nº 19, de 1998)

II - mediante processo administrativo em que lhe seja assegurada ampla defesa; (Incluído pela Emenda Constitucional nº 19, de 1998)

III - mediante procedimento de avaliação periódica de desempenho, na forma de lei complementar, assegurada ampla defesa. (Incluído pela Emenda Constitucional nº 19, de 1998)

§ 2º Invalidada por sentença judicial a demissão do servidor estável, será ele reintegrado, e o eventual ocupante da vaga, se estável, reconduzido ao cargo de origem, sem direito a indenização, aproveitado em outro cargo ou posto em disponibilidade com remuneração proporcional ao tempo de serviço. (Redação dada pela Emenda Constitucional nº 19, de 1998)

§ 3º Extinto o cargo ou declarada a sua desnecessidade, o servidor estável ficará em disponibilidade, com remuneração proporcional ao tempo de serviço, até seu adequado aproveitamento em outro cargo. (Redação dada pela Emenda Constitucional nº 19, de 1998)

§ 4º Como condição para a aquisição da estabilidade, é obrigatória a avaliação especial de desempenho por comissão instituída para essa finalidade. (Incluído pela Emenda Constitucional nº 19, de 1998)

Lei nº 8.112, de 11 de Dezembro de 1990

Título I

Capítulo Único - Das Disposições Preliminares

Art. 1º. Esta Lei institui o Regime Jurídico dos Servidores Públicos Civis da União, das autarquias, inclusive as em regime especial, e das fundações públicas federais.

Art. 2º. Para os efeitos desta Lei, servidor é a pessoa legalmente investida em cargo público.

Art. 3º. Cargo público é o conjunto de atribuições e responsabilidades previstas na estrutura organizacional que devem ser cometidas a um servidor.

Parágrafo único. Os cargos públicos, acessíveis a todos os brasileiros, são criados por lei, com denominação própria e vencimento pago pelos cofres públicos, para provimento em caráter efetivo ou em comissão.

Art. 4º. É proibida a prestação de serviços gratuitos, salvo os casos previstos em lei.

Título II - Do Provimento, Vacância, Remoção, Redistribuição e Substituição

Capítulo I - Do Provimento

Seção I - Disposições Gerais

Art. 5º. São requisitos básicos para investidura em cargo público:

I - a nacionalidade brasileira;

II - o gozo dos direitos políticos;

III - a quitação com as obrigações militares e eleitorais;

IV - o nível de escolaridade exigido para o exercício do cargo;

V - a idade mínima de dezoito anos;

VI - aptidão física e mental.

§ 1º. As atribuições do cargo podem justificar a exigência de outros requisitos estabelecidos em lei.

§ 2º. Às pessoas portadoras de deficiência é assegurado o direito de se inscrever em concurso público para provimento de cargo cujas atribuições sejam compatíveis com a deficiência de que são portadoras; para tais pessoas serão reservadas até 20% (vinte por cento) das vagas oferecidas no concurso.

§ 3º. As universidades e instituições de pesquisa científica e tecnológica federais poderão prover seus cargos com professores, técnicos e cientistas estrangeiros, de acordo com as normas e os procedimentos desta Lei. (Incluído pela Lei nº 9.515, de 20.11.97)

Art. 6º. O provimento dos cargos públicos far-se-á mediante ato da autoridade competente de cada Poder.

Art. 7º. A investidura em cargo público ocorrerá com a posse.

Art. 8º. São formas de provimento de cargo público:

I - nomeação;

II - promoção;

III - (Revogado pela Lei nº 9.527, de 10.12.97)

IV - (Revogado pela Lei nº 9.527, de 10.12.97)

V - readaptação;

VI - reversão;

VII - aproveitamento;

VIII - reintegração;

IX - recondução.

Seção II - Da Nomeação

Art. 9º. A nomeação far-se-á:

I - em caráter efetivo, quando se tratar de cargo isolado de provimento efetivo ou de carreira;

II - em comissão, inclusive na condição de interino, para cargos de confiança vagos. (Redação dada pela Lei nº 9.527, de 10.12.97)

Parágrafo único. O servidor ocupante de cargo em comissão ou de natureza especial poderá ser nomeado para ter exercício, interinamente, em outro cargo de confiança, sem prejuízo das atribuições do que atualmente ocupa, hipótese em que deverá optar pela remuneração de um deles durante o período da interinidade. (Redação dada pela Lei nº 9.527, de 10.12.97)

Art. 10. A nomeação para cargo de carreira ou cargo isolado de provimento efetivo depende de prévia habilitação em concurso público de provas ou de provas e títulos, obedecidos a ordem de classificação e o prazo de sua validade.

Parágrafo único. Os demais requisitos para o ingresso e o desenvolvimento do servidor na carreira, mediante promoção, serão estabelecidos pela lei que fixar as diretrizes do sistema de carreira na Administração Pública Federal e seus regulamentos. (Redação dada pela Lei nº 9.527, de 10.12.97)

Seção III - Do Concurso Público

Art. 11. O concurso será de provas ou de provas e títulos, podendo ser realizado em duas etapas, conforme dispuserem a lei e o regulamento do respectivo plano de carreira, condicionada a inscrição do candidato ao pagamento do valor fixado no edital, quando indispensável ao seu custeio, e ressalvadas as hipóteses de isenção nele expressamente previstas.(Redação dada pela Lei nº 9.527, de 10.12.97) (Regulamento)

Art. 12. O concurso público terá validade de até 2 (dois) anos, podendo ser prorrogado uma única vez, por igual período.

§ 1º. O prazo de validade do concurso e as condições de sua realização serão fixados em edital, que será publicado no Diário Oficial da União e em jornal diário de grande circulação.

§ 2º. Não se abrirá novo concurso enquanto houver candidato aprovado em concurso anterior com prazo de validade não expirado.

Seção IV - Da Posse e do Exercício

Art. 13. A posse dar-se-á pela assinatura do respectivo termo, no qual deverão constar as atribuições, os deveres, as responsabilidades e os direitos inerentes ao cargo ocupado, que não poderão ser alterados unilateralmente, por qualquer das partes, ressalvados os atos de ofício previstos em lei.

§ 1º. A posse ocorrerá no prazo de trinta dias contados da publicação do ato de provimento. (Redação dada pela Lei nº 9.527, de 10.12.97)

§ 2º. Em se tratando de servidor, que esteja na data de publicação do ato de provimento, em licença prevista nos incisos I, III e V do Art. 81, ou afastado nas hipóteses dos incisos I, IV, VI, VIII, alíneas "a", "b", "d", "e" e "f", IX e X do Art. 102, o prazo será contado do término do impedimento. (Redação dada pela Lei nº 9.527, de 10.12.97)

§ 3º. A posse poderá dar-se mediante procuração específica.

§ 4º. Só haverá posse nos casos de provimento de cargo por nomeação. (Redação dada pela Lei nº 9.527, de 10.12.97)

§ 5º. No ato da posse, o servidor apresentará declaração de bens e valores que constituem seu patrimônio e declaração quanto ao exercício ou não de outro cargo, emprego ou função pública.

§ 6º. Será tornado sem efeito o ato de provimento se a posse não ocorrer no prazo previsto no § 1º deste artigo.

Art. 14. A posse em cargo público dependerá de prévia inspeção médica oficial.

Parágrafo único. Só poderá ser empossado aquele que for julgado apto física e mentalmente para o exercício do cargo.

Art. 15. Exercício é o efetivo desempenho das atribuições do cargo público ou da função de confiança. (Redação dada pela Lei nº 9.527, de 10.12.97)

§ 1º. É de quinze dias o prazo para o servidor empossado em cargo público entrar em exercício, contados da data da posse. (Redação dada pela Lei nº 9.527, de 10.12.97)

§ 2º. O servidor será exonerado do cargo ou será tornado sem efeito o ato de sua designação para função de confiança, se não entrar em exercício nos prazos previstos neste Art. observado o disposto no Art. 18.(Redação dada pela Lei nº 9.527, de 10.12.97)

§ 3º. À autoridade competente do órgão ou entidade para onde for nomeado ou designado o servidor compete dar-lhe exercício. (Redação dada pela Lei nº 9.527, de 10.12.97)

§ 4º. O início do exercício de função de confiança coincidirá com a data de publicação do ato de designação, salvo quando o servidor estiver em licença ou afastado por qualquer outro motivo legal, hipótese em que recairá no primeiro dia útil após o término do impedimento, que não poderá exceder a trinta dias da publicação. (Incluído pela Lei nº 9.527, de 10.12.97)

Art. 16. O início, a suspensão, a interrupção e o reinício do exercício serão registrados no assentamento individual do servidor.

Parágrafo único. Ao entrar em exercício, o servidor apresentará ao órgão competente os elementos necessários ao seu assentamento individual.

Art. 17. A promoção não interrompe o tempo de exercício, que é contado no novo posicionamento na carreira a partir da data de publicação do ato que promover o servidor. (Redação dada pela Lei nº 9.527, de 10.12.97)

Art. 18. O servidor que deva ter exercício em outro município em razão de ter sido removido, redistribuído, requisitado, cedido ou posto em exercício provisório terá, no mínimo, dez e, no máximo, trinta dias de prazo, contados da publicação do ato, para a retomada do efetivo desempenho das atribuições do cargo, incluído nesse prazo o tempo necessário para o deslocamento para a nova sede. (Redação dada pela Lei nº 9.527, de 10.12.97)

§ 1º. Na hipótese de o servidor encontrar-se em licença ou afastado legalmente, o prazo a que se refere este Art. será contado a partir do término do impedimento. (Parágrafo renumerado e alterado pela Lei nº 9.527, de 10.12.97)

§ 2º. É facultado ao servidor declinar dos prazos estabelecidos no caput. (Incluído pela Lei nº 9.527, de 10.12.97)

Art. 19. Os servidores cumprirão jornada de trabalho fixada em razão das atribuições pertinentes aos respectivos cargos, respeitada a duração máxima do trabalho semanal de quarenta horas e observados os limites mínimo e máximo de seis horas e oito horas diárias, respectivamente. (Redação dada pela Lei nº 8.270, de 17.12.91)

§ 1º. O ocupante de cargo em comissão ou função de confiança submete-se a regime de integral dedicação ao serviço, observado o disposto no Art. 120, podendo ser convocado sempre que houver interesse da Administração. (Redação dada pela Lei nº 9.527, de 10.12.97)

§ 2º. O disposto neste Art. não se aplica a duração de trabalho estabelecida em leis especiais. (Incluído pela Lei nº 8.270, de 17.12.91)

Art. 20. Ao entrar em exercício, o servidor nomeado para cargo de provimento efetivo ficará sujeito a estágio probatório por período de 24 (vinte e quatro) meses, durante o qual a sua aptidão e capacidade serão objeto de avaliação para o desempenho do cargo, observados os seguinte fatores: (vide EMC nº 19)

I - assiduidade;

II - disciplina;

III - capacidade de iniciativa;

IV - produtividade;

V- responsabilidade.

§ 1º. 4 (quatro) meses antes de findo o período do estágio probatório, será submetida à homologação da autoridade competente a avaliação do desempenho do servidor, realizada por comissão constituída para *essa finalidade, de acordo com o que dispuser a lei ou o regulamento da respectiva carreira ou cargo, sem prejuízo da continuidade de apuração dos fatores enumerados nos incisos I a V do caput deste Art. (Redação dada pela Lei nº 11.784, de 2008*

§ 2º. O servidor não aprovado no estágio probatório será exonerado ou, se estável, reconduzido ao cargo anteriormente ocupado, observado o disposto no parágrafo único do Art. 29.

§ 3º. O servidor em estágio probatório poderá exercer quaisquer cargos de provimento em comissão ou funções de direção, chefia ou assessoramento no órgão ou entidade de lotação, e somente poderá ser cedido a outro órgão ou entidade para ocupar cargos de Natureza Especial, cargos de provimento em comissão do Grupo-Direção e Assessoramento Superiores - DAS, de níveis 6, 5 e 4, ou equivalentes. (Incluído pela Lei nº 9.527, de 10.12.97)

§ 4º. Ao servidor em estágio probatório somente poderão ser concedidas as licenças e os afastamentos previstos nos arts. 81, incisos I a IV, 94, 95 e 96, bem assim afastamento para participar de curso de formação decorrente de aprovação em concurso para outro cargo na Administração Pública Federal. (Incluído pela Lei nº 9.527, de 10.12.97)

§ 5º. O estágio probatório ficará suspenso durante as licenças e os afastamentos previstos nos arts. 83, 84, § 1º, 86 e 96, bem assim na hipótese de participação em curso de formação, e será retomado a partir do término do impedimento. (Incluído pela Lei nº 9.527, de 10.12.97)

Seção V - Da Estabilidade

Art. 21. O servidor habilitado em concurso público e empossado em cargo de provimento efetivo adquirirá estabilidade no serviço público ao completar 2 (dois) anos de efetivo exercício. (prazo 3 anos - vide EMC nº 19)

Art. 22. O servidor estável só perderá o cargo em virtude de sentença judicial transitada em julgado ou de processo administrativo disciplinar no qual lhe seja assegurada ampla defesa.

Seção VI - Da Transferência

Art. 23. (Revogado pela Lei nº 9.527, de 10.12.97)

Seção VII - Da Readaptação

Art. 24. Readaptação é a investidura do servidor em cargo de atribuições e responsabilidades compatíveis com a limitação que tenha sofrido em sua capacidade física ou mental verificada em inspeção médica.

§ 1º. Se julgado incapaz para o serviço público, o readaptando será aposentado.

§ 2º. A readaptação será efetivada em cargo de atribuições afins, respeitada a habilitação exigida, nível de escolaridade e equivalência de vencimentos e, na hipótese de inexistência de cargo vago, o servidor exercerá suas atribuições como excedente, até a ocorrência de vaga. (Redação dada pela Lei nº 9.527, de 10.12.97)

Seção VIII - Da Reversão

Art. 25. Reversão é o retorno à atividade de servidor aposentado: (Redação dada pela Medida Provisória nº 2.225-45, de 4.9.2001)

I - por invalidez, quando junta médica oficial declarar insubsistentes os motivos da aposentadoria; ou (Incluído pela Medida Provisória nº 2.225-45, de 4.9.2001)

II - no interesse da administração, desde que: (Incluído pela Medida Provisória nº 2.225-45, de 4.9.2001)

a) tenha solicitado a reversão; (Incluído pela Medida Provisória nº 2.225-45, de 4.9.2001)

b) a aposentadoria tenha sido voluntária; (Incluído pela Medida Provisória nº 2.225-45, de 4.9.2001)

c) estável quando na atividade; (Incluído pela Medida Provisória nº 2.225-45, de 4.9.2001)

d) a aposentadoria tenha ocorrido nos cinco anos anteriores à solicitação; (Incluído pela Medida Provisória nº 2.225-45, de 4.9.2001)

e) haja cargo vago. (Incluído pela Medida Provisória nº 2.225-45, de 4.9.2001)

§ 1º. A reversão far-se-á no mesmo cargo ou no cargo resultante de sua transformação. (Incluído pela Medida Provisória nº 2.225-45, de 4.9.2001)

§ 2º. O tempo em que o servidor estiver em exercício será considerado para concessão da aposentadoria. (Incluído pela Medida Provisória nº 2.225-45, de 4.9.2001)

§ 3º. No caso do inciso I, encontrando-se provido o cargo, o servidor exercerá suas atribuições como excedente, até a ocorrência de vaga. (Incluído pela Medida Provisória nº 2.225-45, de 4.9.2001)

§ 4º. O servidor que retornar à atividade por interesse da administração perceberá, em substituição aos proventos da aposentadoria, a remuneração do cargo que voltar a exercer, inclusive com as vantagens de natureza pessoal que percebia anteriormente à aposentadoria. (Incluído pela Medida Provisória nº 2.225-45, de 4.9.2001)

§ 5º. O servidor de que trata o inciso II somente terá os proventos calculados com base nas regras atuais se permanecer pelo menos cinco anos no cargo. (Incluído pela Medida Provisória nº 2.225-45, de 4.9.2001)

§ 6º. O Poder Executivo regulamentará o disposto neste Art. (Incluído pela Medida Provisória nº 2.225-45, de 4.9.2001)

Art. 26. (Revogado pela Medida Provisória nº 2.225-45, de 4.9.2001)

Art. 27. Não poderá reverter o aposentado que já tiver completado 70 (setenta) anos de idade.

Seção IX - Da Reintegração

Art. 28. A reintegração é a reinvestidura do servidor estável no cargo anteriormente ocupado, ou no cargo resultante de sua transformação, quando invalidada a sua demissão por decisão administrativa ou judicial, com ressarcimento de todas as vantagens.

§ 1º. Na hipótese de o cargo ter sido extinto, o servidor ficará em disponibilidade, observado o disposto nos arts. 30 e 31.

§ 2º. Encontrando-se provido o cargo, o seu eventual ocupante será reconduzido ao cargo de origem, sem direito à indenização ou aproveitado em outro cargo, ou, ainda, posto em disponibilidade.

Seção X - Da Recondução

Art. 29. Recondução é o retorno do servidor estável ao cargo anteriormente ocupado e decorrerá de:

I - inabilitação em estágio probatório relativo a outro cargo;

II - reintegração do anterior ocupante.

Parágrafo único. Encontrando-se provido o cargo de origem, o servidor será aproveitado em outro, observado o disposto no Art. 30.

Seção XI - Da Disponibilidade e do Aproveitamento

Art. 30. O retorno à atividade de servidor em disponibilidade far-se-á mediante aproveitamento obrigatório em cargo de atribuições e vencimentos compatíveis com o anteriormente ocupado.

Art. 31. O órgão Central do Sistema de Pessoal Civil determinará o imediato aproveitamento de servidor em disponibilidade em vaga que vier a ocorrer nos órgãos ou entidades da Administração Pública Federal.

Parágrafo único. Na hipótese prevista no § 3º do Art. 37, o servidor posto em disponibilidade poderá ser mantido sob responsabilidade do órgão central do Sistema de Pessoal Civil da Administração Federal - SIPEC, até o seu adequado aproveitamento em outro órgão ou entidade. (Parágrafo incluído pela Lei nº 9.527, de 10.12.97)

Art. 32. Será tornado sem efeito o aproveitamento e cassada a disponibilidade se o servidor não entrar em exercício no prazo legal, salvo doença comprovada por junta médica oficial.

Capítulo II - Da Vacância

Art. 33. A vacância do cargo público decorrerá de:

I - exoneração;

II - demissão;

III - promoção;

IV - (Revogado pela Lei nº 9.527, de 10.12.97)

V - (Revogado pela Lei nº 9.527, de 10.12.97)

VI - readaptação;

VII - aposentadoria;

VIII - posse em outro cargo inacumulável;

IX - falecimento.

Art. 34. A exoneração de cargo efetivo dar-se-á a pedido do servidor, ou de ofício.

Parágrafo único. A exoneração de ofício dar-se-á:

I - quando não satisfeitas as condições do estágio probatório;

II - quando, tendo tomado posse, o servidor não entrar em exercício no prazo estabelecido.

Art. 35. A exoneração de cargo em comissão e a dispensa de função de confiança dar-se-á: (Redação dada pela Lei nº 9.527, de 10.12.97)

I - a juízo da autoridade competente;

II - a pedido do próprio servidor.

Parágrafo único. (Revogado pela Lei nº 9.527, de 10.12.97)

Capítulo III - Da Remoção e da Redistribuição

Seção I - Da Remoção

Art. 36. Remoção é o deslocamento do servidor, a pedido ou de ofício, no âmbito do mesmo quadro, com ou sem mudança de sede.

Parágrafo único. Para fins do disposto neste Art. entende-se por modalidades de remoção: (Redação dada pela Lei nº 9.527, de 10.12.97)

I - de ofício, no interesse da Administração; (Incluído pela Lei nº 9.527, de 10.12.97)

II - a pedido, a critério da Administração; (Incluído pela Lei nº 9.527, de 10.12.97)

III - a pedido, para outra localidade, independentemente do interesse da Administração: (Incluído pela Lei nº 9.527, de 10.12.97)

a) para acompanhar cônjuge ou companheiro, também servidor público civil ou militar, de qualquer dos Poderes da União, dos Estados, do Distrito Federal e dos Municípios, que foi deslocado no interesse da Administração;(Incluído pela Lei nº 9.527, de 10.12.97)

b) por motivo de saúde do servidor, cônjuge, companheiro ou dependente que viva às suas expensas e conste do seu assentamento funcional, condicionada à comprovação por junta médica oficial; (Incluído pela Lei nº 9.527, de 10.12.97)

c) em virtude de processo seletivo promovido, na hipótese em que o número de interessados for superior ao número de vagas, de acordo com normas preestabelecidas pelo órgão ou entidade em que aqueles estejam lotados.(Incluído pela Lei nº 9.527, de 10.12.97)

Seção II - Da Redistribuição

Art. 37. Redistribuição é o deslocamento de cargo de provimento efetivo, ocupado ou vago no âmbito do quadro geral de pessoal, para outro órgão ou entidade do mesmo Poder, com prévia apreciação do órgão central do SIPEC, observados os seguintes preceitos: (Redação dada pela Lei nº 9.527, de 10.12.97)

I - interesse da administração; (Incluído pela Lei nº 9.527, de 10.12.97)

II - equivalência de vencimentos; (Incluído pela Lei nº 9.527, de 10.12.97)

III - manutenção da essência das atribuições do cargo; (Incluído pela Lei nº 9.527, de 10.12.97)

IV - vinculação entre os graus de responsabilidade e complexidade das atividades; (Incluído pela Lei nº 9.527, de 10.12.97)

V - mesmo nível de escolaridade, especialidade ou habilitação profissional; (Incluído pela Lei nº 9.527, de 10.12.97)

VI - compatibilidade entre as atribuições do cargo e as finalidades institucionais do órgão ou entidade. (Incluído pela Lei nº 9.527, de 10.12.97)

§ 1º. A redistribuição ocorrerá ex officio para ajustamento de lotação e da força de trabalho às necessidades dos serviços, inclusive nos casos de reorganização, extinção ou criação de órgão ou entidade. (Incluído pela Lei nº 9.527, de 10.12.97)

§ 2º. A redistribuição de cargos efetivos vagos se dará mediante ato conjunto entre o órgão central do SIPEC e os órgãos e entidades da Administração Pública Federal envolvidos. (Incluído pela Lei nº 9.527, de 10.12.97)

§ 3º. Nos casos de reorganização ou extinção de órgão ou entidade, extinto o cargo ou declarada sua desnecessidade no órgão ou entidade, o servidor estável que não for redistribuído será colocado em disponibilidade, até seu aproveitamento na forma dos arts. 30 e 31. (Parágrafo renumerado e alterado pela Lei nº 9.527, de 10.12.97)

§ 4º. O servidor que não for redistribuído ou colocado em disponibilidade poderá ser mantido sob responsabilidade do órgão central do SIPEC, e ter exercício provisório, em outro órgão ou entidade, até seu adequado aproveitamento. (Incluído pela Lei nº 9.527, de 10.12.97)

Capítulo IV - Da Substituição

Art. 38. Os servidores investidos em cargo ou função de direção ou chefia e os ocupantes de cargo de Natureza Especial terão substitutos indicados no regimento interno ou, no caso de omissão, previamente designados pelo dirigente máximo do órgão ou entidade. (Redação dada pela Lei nº 9.527, de 10.12.97)

§ 1º. O substituto assumirá automática e cumulativamente, sem prejuízo do cargo que ocupa, o exercício do cargo ou função de direção ou chefia e os de Natureza Especial, nos afastamentos, impedimentos legais ou regulamentares do titular e na vacância do cargo, hipóteses em que deverá optar pela remuneração de um deles durante o respectivo período. (Redação dada pela Lei nº 9.527, de 10.12.97)

§ 2º. O substituto fará jus à retribuição pelo exercício do cargo ou função de direção ou chefia ou de cargo de Natureza Especial, nos casos dos afastamentos ou impedimentos legais do titular, superiores a trinta dias consecutivos, paga na proporção dos dias de efetiva substituição, que excederem o referido período. (Redação dada pela Lei nº 9.527, de 10.12.97)

Art. 39. O disposto no artigo anterior aplica-se aos titulares de unidades administrativas organizadas em nível de assessoria.

Título III - Dos Direitos e Vantagens

Capítulo I - Do Vencimento e da Remuneração

Art. 40. Vencimento é a retribuição pecuniária pelo exercício de cargo público, com valor fixado em lei.

Parágrafo único. (Revogado pela Medida Provisória nº 431, de 2008). (Revogado pela Lei nº 11.784, de 2008)

Art. 41. Remuneração é o vencimento do cargo efetivo, acrescido das vantagens pecuniárias permanentes estabelecidas em lei.

§ 1º. A remuneração do servidor investido em função ou cargo em comissão será paga na forma prevista no Art. 62.

§ 2º. O servidor investido em cargo em comissão de órgão ou entidade diversa da de sua lotação receberá a remuneração de acordo com o estabelecido no § 1º do Art. 93.

§ 3º. O vencimento do cargo efetivo, acrescido das vantagens de caráter permanente, é irredutível.

§ 4º. É assegurada a isonomia de vencimentos para cargos de atribuições iguais ou assemelhadas do mesmo Poder, ou entre servidores dos três Poderes, ressalvadas as vantagens de caráter individual e as relativas à natureza ou ao local de trabalho.

§ 5º. Nenhum servidor receberá remuneração inferior ao salário mínimo. (Incluído pela Lei nº 11.784, de 2008

Art. 42. Nenhum servidor poderá perceber, mensalmente, a título de remuneração, importância superior à soma dos valores percebidos como remuneração, em espécie, a qualquer título, no âmbito dos respectivos Poderes, pelos Ministros de Estado, por membros do Congresso Nacional e Ministros do Supremo Tribunal Federal.

Parágrafo único. Excluem-se do teto de remuneração as vantagens previstas nos incisos II a VII do Art. 61.

Art. 43. (Revogado pela Lei nº 9.624, de 2.4.98) (Vide Lei nº 9.624, de 2.4.98)

Art. 44. O servidor perderá:

I - a remuneração do dia em que faltar ao serviço, sem motivo justificado; (Redação dada pela Lei nº 9.527, de 10.12.97)

II - a parcela de remuneração diária, proporcional aos atrasos, ausências justificadas, ressalvadas as concessões de que trata o Art. 97, e saídas antecipadas, salvo na hipótese de compensação de horário, até o mês subsequente ao da ocorrência, a ser estabelecida pela chefia imediata. (Redação dada pela Lei nº 9.527, de 10.12.97)

Parágrafo único. As faltas justificadas decorrentes de caso fortuito ou de força maior poderão ser compensadas a critério da chefia imediata, sendo assim consideradas como efetivo exercício. (Incluído pela Lei nº 9.527, de 10.12.97)

Art. 45. Salvo por imposição legal, ou mandado judicial, nenhum desconto incidirá sobre a remuneração ou provento. (Vide Decreto nº 1.502, de 1995) (Vide Decreto nº 1.903, de 1996) (Vide Decreto nº 2.065, de 1996) (Regulamento) (Regulamento)

§ 1º. Mediante autorização do servidor, poderá haver consignação em folha de pagamento em favor de terceiros, a critério da administração e com reposição de custos, na forma definida em regulamento. (Redação dada pela Lei nº 13.172, de 2015)

§ 2º. O total de consignações facultativas de que trata o § 1º não excederá a 35% (trinta e cinco por cento) da remuneração mensal, sendo 5% (cinco por cento) reservados exclusivamente para: (Redação dada pela Lei nº 13.172, de 2015)

I - a amortização de despesas contraídas por meio de cartão de crédito; ou (Incluído pela Lei nº 13.172, de 2015)

II - a utilização com a finalidade de saque por meio do cartão de crédito. (Incluído pela Lei nº 13.172, de 2015)

Art. 46. As reposições e indenizações ao erário, atualizadas até 30 de junho de 1994, serão previamente comunicadas ao servidor ativo, aposentado ou ao pensionista, para pagamento, no prazo máximo de trinta dias, podendo ser parceladas, a pedido do interessado. (Redação dada pela Medida Provisória nº 2.225-45, de 4.9.2001)

§ 1º. O valor de cada parcela não poderá ser inferior ao correspondente a dez por cento da remuneração, provento ou pensão. (Redação dada pela Medida Provisória nº 2.225-45, de 4.9.2001)

§ 2º. Quando o pagamento indevido houver ocorrido no mês anterior ao do processamento da folha, a reposição será feita imediatamente, em uma única parcela. (Redação dada pela Medida Provisória nº 2.225-45, de 4.9.2001)

§ 3º. Na hipótese de valores recebidos em decorrência de cumprimento a decisão liminar, a tutela antecipada ou a sentença que venha a ser revogada ou rescindida, serão eles atualizados até a data da reposição. (Redação dada pela Medida Provisória nº 2.225-45, de 4.9.2001)

Art. 47. O servidor em débito com o erário, que for demitido, exonerado ou que tiver sua aposentadoria ou disponibilidade cassada, terá o prazo de sessenta dias para quitar o débito. (Redação dada pela Medida Provisória nº 2.225-45, de 4.9.2001)

Parágrafo único. A não quitação do débito no prazo previsto implicará sua inscrição em dívida ativa. (Redação dada pela Medida Provisória nº 2.225-45, de 4.9.2001)

Art. 48. O vencimento, a remuneração e o provento não serão objeto de arresto, sequestro ou penhora, exceto nos casos de prestação de alimentos resultante de decisão judicial.

Capítulo II - Das Vantagens

Art. 49. Além do vencimento, poderão ser pagas ao servidor as seguintes vantagens:

I - indenizações;

II - gratificações;

III - adicionais.

§ 1º. As indenizações não se incorporam ao vencimento ou provento para qualquer efeito.

§ 2º. As gratificações e os adicionais incorporam-se ao vencimento ou provento, nos casos e condições indicados em lei.

Art. 50. As vantagens pecuniárias não serão computadas, nem acumuladas, para efeito de concessão de quaisquer outros acréscimos pecuniários ulteriores, sob o mesmo título ou idêntico fundamento.

Seção I - Das Indenizações

Art. 51. Constituem indenizações ao servidor:

I - ajuda de custo;

II - diárias;

III - transporte.

IV - auxílio-moradia.(Incluído pela Lei nº 11.355, de 2006)

Art. 52. Os valores das indenizações estabelecidas nos incisos I a III do Art. 51, assim como as condições para a sua concessão, serão estabelecidos em regulamento. (Redação dada pela Lei nº 11.355, de 2006)

Subseção I - Da Ajuda De Custo

Art. 53. A ajuda de custo destina-se a compensar as despesas de instalação do servidor que, no interesse do serviço, passar a ter exercício em nova sede, com mudança de domicílio em caráter permanente, vedado o duplo pagamento de indenização, a qualquer tempo, no caso de o cônjuge ou companheiro que detenha também a condição de servidor, vier a ter exercício na mesma sede. (Redação dada pela Lei nº 9.527, de 10.12.97)

§ 1º. Correm por conta da administração as despesas de transporte do servidor e de sua família, compreendendo passagem, bagagem e bens pessoais.

§ 2º. À família do servidor que falecer na nova sede são assegurados ajuda de custo e transporte para a localidade de origem, dentro do prazo de 1 (um) ano, contado do óbito.

§ 3º. Não será concedida ajuda de custo nas hipóteses de remoção previstas nos incisos II e III do parágrafo único do Art. 36. (Incluído pela Lei nº 12.998, de 2014)

Art. 54. A ajuda de custo corresponderá ao valor de um mês de remuneração do servidor na origem ou, na hipótese do caput do art. 56, ao valor de uma remuneração mensal do cargo em comissão. (Redação dada pela Medida Provisória nº 805, de 2017)

Art. 55. Não será concedida ajuda de custo ao servidor que se afastar do cargo, ou reassumi-lo, em virtude de mandato eletivo.

Art. 56. Será concedida ajuda de custo àquele que, não sendo servidor da União, for nomeado para cargo em comissão, com mudança de domicílio.

Parágrafo único. No afastamento previsto no inciso I do Art. 93, a ajuda de custo será paga pelo órgão cessionário, quando cabível.

Art. 57. O servidor ficará obrigado a restituir a ajuda de custo quando, injustificadamente, não se apresentar na nova sede no prazo de 30 (trinta) dias.

Subseção II - Das Diárias

Art. 58. O servidor que, a serviço, afastar-se da sede em caráter eventual ou transitório para outro ponto do território nacional ou para o exterior, fará jus a passagens e diárias destinadas a indenizar as parcelas de despesas extraordinária com pousada, alimentação e locomoção urbana, conforme dispuser em regulamento. (Redação dada pela Lei nº 9.527, de 10.12.97)

§ 1º. A diária será concedida por dia de afastamento, sendo devida pela metade quando o deslocamento não exigir pernoite fora da sede, ou quando a União custear, por meio diverso, as despesas extraordinárias cobertas por diárias.(Redação dada pela Lei nº 9.527, de 10.12.97)

§ 2º. Nos casos em que o deslocamento da sede constituir exigência permanente do cargo, o servidor não fará jus a diárias.

§ 3º. Também não fará jus a diárias o servidor que se deslocar dentro da mesma região metropolitana, aglomeração urbana ou microrregião, constituídas por municípios limítrofes e regularmente instituídas, ou em áreas de controle integrado mantidas com países limítrofes, cuja jurisdição e competência dos órgãos, entidades e servidores brasileiros considera-se estendida, salvo se houver pernoite fora da sede, hipóteses em que as diárias pagas serão sempre as fixadas para os afastamentos dentro do território nacional. (Incluído pela Lei nº 9.527, de 10.12.97)

Art. 59. O servidor que receber diárias e não se afastar da sede, por qualquer motivo, fica obrigado a restituí-las integralmente, no prazo de 5 (cinco) dias.

Parágrafo único. Na hipótese de o servidor retornar à sede em prazo menor do que o previsto para o seu afastamento, restituirá as diárias recebidas em excesso, no prazo previsto no caput.

Subseção III - Da Indenização de Transporte

Art. 60. Conceder-se-á indenização de transporte ao servidor que realizar despesas com a utilização de meio próprio de locomoção para a execução de serviços externos, por força das atribuições próprias do cargo, conforme se dispuser em regulamento.

Subseção IV - Do Auxílio Moradia

Art. 60-A. O auxílio-moradia consiste no ressarcimento de despesas comprovadamente realizadas pelo servidor com aluguel de moradia ou com meio de hospedagem administrado por empresa hoteleira, no prazo de até dois meses após a comprovação da despesa pelo servidor. (Redação daa pela Medida Provisória nº 805, de 2017)

Art. 60-B. Conceder-se-á auxílio-moradia ao servidor se atendidos os seguintes requisitos: (Incluído pela Lei nº 11.355, de 2006)

I - não exista imóvel funcional disponível para uso pelo servidor; (Incluído pela Lei nº 11.355, de 2006)

II - o cônjuge ou companheiro do servidor não ocupe imóvel funcional; (Incluído pela Lei nº 11.355, de 2006)

III - o servidor ou seu cônjuge ou companheiro não seja ou tenha sido proprietário, promitente comprador, cessionário ou promitente cessionário de imóvel no Município aonde for exercer o cargo, incluída a hipótese de lote edificado sem averbação de construção, nos doze meses que antecederem a sua nomeação; (Incluído pela Lei nº 11.355, de 2006)

IV - nenhuma outra pessoa que resida com o servidor receba auxílio-moradia; (Incluído pela Lei nº 11.355, de 2006)

V - o servidor tenha se mudado do local de residência para ocupar cargo em comissão ou função de confiança do Grupo-Direção e Assessoramento Superiores - DAS, níveis 4, 5 e 6, de Natureza Especial, de Ministro de Estado ou equivalentes; (Incluído pela Lei nº 11.355, de 2006)

VI - o Município no qual assuma o cargo em comissão ou função de confiança não se enquadre nas hipóteses do Art. 58, § 3º, em relação ao local de residência ou domicílio do servidor; (Incluído pela Lei nº 11.355, de 2006)

VII - o servidor não tenha sido domiciliado ou tenha residido no Município, nos últimos doze meses, aonde for exercer o cargo em comissão ou função de confiança, desconsiderando-se prazo inferior a sessenta dias dentro desse período; e (Incluído pela Lei nº 11.355, de 2006)

VIII - o deslocamento não tenha sido por força de alteração de lotação ou nomeação para cargo efetivo. (Incluído pela Lei nº 11.355, de 2006)

IX - o deslocamento tenha ocorrido após 30 de junho de 2006. (Incluído pela Lei nº 11.490, de 2007)

Parágrafo único. Para fins do inciso VII, não será considerado o prazo no qual o servidor estava ocupando outro cargo em comissão relacionado no inciso V. (Incluído pela Lei nº 11.355, de 2006)

Art. 60-C. (Revogado pela Lei nº 12.998, de 2014)

Art. 60-D. O valor mensal do auxílio-moradia é limitado a vinte e cinco por cento do valor do cargo em comissão, da função de confiança ou do cargo de Ministro de Estado ocupado. (Redação daa pela Medida Provisória nº 805, de 2017)

§ 1º. O valor do auxílio-moradia não poderá superar 25% (vinte e cinco por cento) da remuneração de Ministro de Estado. (Incluído pela Lei nº 11.784, de 2008

§ 2º O valor do auxílio-moradia será reduzido em vinte e cinco pontos percentuais a cada ano, a partir do segundo ano de recebimento, e deixará de ser devido após o quarto ano de recebimento. (Redação daa pela Medida Provisória nº 805, de 2017)

§ 3º O prazo de que trata o § 2º não terá sua contagem suspensa ou interrompida na hipótese de exoneração ou mudança de cargo ou função. (Incluído pela Medida Provisória nº 805, de 2017)

§ 4º Transcorrido o prazo de quatro anos após encerrado o pagamento do auxílio-moradia, o pagamento poderá ser retomado se novamente vierem a ser atendidos os requisitos do art. 60-B. (Incluído pela Medida Provisória nº 805, de 2017)

Art. 60-E. No caso de falecimento, exoneração, colocação de imóvel funcional à disposição do servidor ou aquisição de imóvel, o auxílio-moradia poderá ser mantido por um mês, limitado ao valor pago no mês anterior. (Redação dada pela Medida Provisória nº 805, de 2017)

Seção II - Das Gratificações e Adicionais

Art. 61. Além do vencimento e das vantagens previstas nesta Lei, serão deferidos aos servidores as seguintes retribuições, gratificações e adicionais: (Redação dada pela Lei nº 9.527, de 10.12.97)

I - retribuição pelo exercício de função de direção, chefia e assessoramento; (Redação dada pela Lei nº 9.527, de 10.12.97)

II - gratificação natalina;

III - (Revogado pela Medida Provisória nº 2.225-45, de 4.9.2001)

IV - adicional pelo exercício de atividades insalubres, perigosas ou penosas;

V - adicional pela prestação de serviço extraordinário;

VI - adicional noturno;

VII - adicional de férias;

VIII - outros, relativos ao local ou à natureza do trabalho.

IX - gratificação por encargo de curso ou concurso. (Incluído pela Lei nº 11.314 de 2006)

Subseção I - Da Retribuição pelo Exercício de Função de Direção, Chefia e Assessoramento

Art. 62. Ao servidor ocupante de cargo efetivo investido em função de direção, chefia ou assessoramento, cargo de provimento em comissão ou de Natureza Especial é devida retribuição pelo seu exercício.(Redação dada pela Lei nº 9.527, de 10.12.97)

Parágrafo único. Lei específica estabelecerá a remuneração dos cargos em comissão de que trata o inciso II do Art. 9º. (Redação dada pela Lei nº 9.527, de 10.12.97)

Art. 62-A. Fica transformada em Vantagem Pessoal Nominalmente Identificada - VPNI a incorporação da retribuição pelo exercício de função de direção, chefia ou assessoramento, cargo de provimento em comissão ou de Natureza Especial a que se referem os arts. 3º e 10 da Lei nº 8.911, de 11 de julho de 1994, e o Art. 3º da Lei nº 9.624, de 2 de abril de 1998. (Incluído pela Medida Provisória nº 2.225-45, de 4.9.2001)

Parágrafo único. A VPNI de que trata o caput deste Art. somente estará sujeita às revisões gerais de remuneração dos servidores públicos federais. (Incluído pela Medida Provisória nº 2.225-45, de 4.9.2001)

Subseção II - Da Gratificação Natalina

Art. 63. A gratificação natalina corresponde a 1/12 (um doze avos) da remuneração a que o servidor fizer jus no mês de dezembro, por mês de exercício no respectivo ano.

Parágrafo único. A fração igual ou superior a 15 (quinze) dias será considerada como mês integral.

Art. 64. A gratificação será paga até o dia 20 (vinte) do mês de dezembro de cada ano.

Parágrafo único. (VETADO).

Art. 65. O servidor exonerado perceberá sua gratificação natalina, proporcionalmente aos meses de exercício, calculada sobre a remuneração do mês da exoneração.

Art. 66. A gratificação natalina não será considerada para cálculo de qualquer vantagem pecuniária.

Subseção III - Do Adicional por Tempo de Serviço

Art. 67. (Revogado pela Medida Provisória nº 2.225-45, de 2001, respeitadas as situações constituídas até 8.3.1999)

Subseção IV - Dos Adicionais de Insalubridade, Periculosidade ou Atividades Penosas

Art. 68. Os servidores que trabalhem com habitualidade em locais insalubres ou em contato permanente com substâncias tóxicas, radioativas ou com risco de vida, fazem jus a um adicional sobre o vencimento do cargo efetivo.

§ 1º. O servidor que fizer jus aos adicionais de insalubridade e de periculosidade deverá optar por um deles.

§ 2º. O direito ao adicional de insalubridade ou periculosidade cessa com a eliminação das condições ou dos riscos que deram causa a sua concessão.

Art. 69. Haverá permanente controle da atividade de servidores em operações ou locais considerados penosos, insalubres ou perigosos.

Parágrafo único. A servidora gestante ou lactante será afastada, enquanto durar a gestação e a lactação, das operações e locais previstos neste Art. exercendo suas atividades em local salubre e em serviço não penoso e não perigoso.

Art. 70. Na concessão dos adicionais de atividades penosas, de insalubridade e de periculosidade, serão observadas as situações estabelecidas em legislação específica.

Art. 71. O adicional de atividade penosa será devido aos servidores em exercício em zonas de fronteira ou em localidades cujas condições de vida o justifiquem, nos termos, condições e limites fixados em regulamento.

Art. 72. Os locais de trabalho e os servidores que operam com Raios X ou substâncias radioativas serão mantidos sob controle permanente, de modo que as doses de radiação ionizante não ultrapassem o nível máximo previsto na legislação própria.

Parágrafo único. Os servidores a que se refere este artigo serão submetidos a exames médicos a cada 6 (seis) meses.

Subseção V - Do Adicional por Serviço Extraordinário

Art. 73. O serviço extraordinário será remunerado com acréscimo de 50% (cinquenta por cento) em relação à hora normal de trabalho.

Art. 74. Somente será permitido serviço extraordinário para atender a situações excepcionais e temporárias, respeitado o limite máximo de 2 (duas) horas por jornada.

Subseção VI - Do Adicional Noturno

Art. 75. O serviço noturno, prestado em horário compreendido entre 22 (vinte e duas) horas de um dia e 5 (cinco) horas do dia seguinte, terá o valor-hora acrescido de 25% (vinte e cinco por cento), computando-se cada hora como cinquenta e dois minutos e trinta segundos.

Parágrafo único. Em se tratando de serviço extraordinário, o acréscimo de que trata este Art. incidirá sobre a remuneração prevista no Art. 73.

Subseção VII - Do Adicional de Férias

Art. 76. Independentemente de solicitação, será pago ao servidor, por ocasião das férias, um adicional correspondente a 1/3 (um terço) da remuneração do período das férias.

Parágrafo único. No caso de o servidor exercer função de direção, chefia ou assessoramento, ou ocupar cargo em comissão, a respectiva vantagem será considerada no cálculo do adicional de que trata este artigo.

Subseção VIII - Da Gratificação por Encargo de Curso ou Concurso

Art. 76-A. A Gratificação por Encargo de Curso ou Concurso é devida ao servidor que, em caráter eventual: (Incluído pela Lei nº 11.314 de 2006) (Regulamento)

I - atuar como instrutor em curso de formação, de desenvolvimento ou de treinamento regularmente instituído no âmbito da administração pública federal; (Incluído pela Lei nº 11.314 de 2006)

II - participar de banca examinadora ou de comissão para exames orais, para análise curricular, para correção de provas discursivas, para elaboração de questões de provas ou para julgamento de recursos intentados por candidatos; (Incluído pela Lei nº 11.314 de 2006)

III - participar da logística de preparação e de realização de concurso público envolvendo atividades de planejamento, coordenação, supervisão, execução e avaliação de resultado, quando tais atividades não estiverem incluídas entre as suas atribuições permanentes; (Incluído pela Lei nº 11.314 de 2006)

IV - participar da aplicação, fiscalizar ou avaliar provas de exame vestibular ou de concurso público ou supervisionar essas atividades. (Incluído pela Lei nº 11.314 de 2006)

§ 1º. Os critérios de concessão e os limites da gratificação de que trata este Art. serão fixados em regulamento, observados os seguintes parâmetros: (Incluído pela Lei nº 11.314 de 2006)

I - o valor da gratificação será calculado em horas, observadas a natureza e a complexidade da atividade exercida; (Incluído pela Lei nº 11.314 de 2006)

II - a retribuição não poderá ser superior ao equivalente a 120 (cento e vinte) horas de trabalho anuais, ressalvada situação de excepcionalidade, devidamente justificada e previamente aprovada pela autoridade máxima do órgão ou entidade, que poderá autorizar o acréscimo de até 120 (cento e vinte) horas de trabalho anuais; (Incluído pela Lei nº 11.314 de 2006)

III - o valor máximo da hora trabalhada corresponderá aos seguintes percentuais, incidentes sobre o maior vencimento básico da administração pública federal: (Incluído pela Lei nº 11.314 de 2006)

a) 2,2% (dois inteiros e dois décimos por cento), em se tratando de atividades previstas nos incisos I e II do caput deste Art. (Redação dada pela Lei nº 11.501, de 2007)

b) 1,2% (um inteiro e dois décimos por cento), em se tratando de atividade prevista nos incisos III e IV do caput deste Art. (Redação dada pela Lei nº 11.501, de 2007)

§ 2º. A Gratificação por Encargo de Curso ou Concurso somente será paga se as atividades referidas nos incisos do caput deste Art. forem exercidas sem prejuízo das atribuições do cargo de que o servidor for titular, devendo ser objeto de compensação de carga horária quando desempenhadas durante a jornada de trabalho, na forma do § 4º do Art. 98 desta Lei. (Incluído pela Lei nº 11.314 de 2006)

§ 3º. A Gratificação por Encargo de Curso ou Concurso não se incorpora ao vencimento ou salário do servidor para qualquer efeito e não poderá ser utilizada como base de cálculo para quaisquer outras vantagens, inclusive para fins de cálculo dos proventos da aposentadoria e das pensões. (Incluído pela Lei nº 11.314 de 2006)

Capítulo III - Das Férias

Art. 77. O servidor fará jus a trinta dias de férias, que podem ser acumuladas, até o máximo de dois períodos, no caso de necessidade do serviço, ressalvadas as hipóteses em que haja legislação específica. (Redação dada pela Lei nº 9.525, de 10.12.97)

§ 1º. Para o primeiro período aquisitivo de férias serão exigidos 12 (doze) meses de exercício.

§ 2º. É vedado levar à conta de férias qualquer falta ao serviço.

§ 3º. As férias poderão ser parceladas em até três etapas, desde que assim requeridas pelo servidor, e no interesse da administração pública. (Incluído pela Lei nº 9.525, de 10.12.97)

Art. 78. O pagamento da remuneração das férias será efetuado até 2 (dois) dias antes do início do respectivo período, observando-se o disposto no § 1º deste Art.

§ 1º. e § 2º. (Revogado pela Lei nº 9.527, de 10.12.97)

§ 3º. O servidor exonerado do cargo efetivo, ou em comissão, perceberá indenização relativa ao período das férias a que tiver direito e ao incompleto, na proporção de um doze avos por mês de efetivo exercício, ou fração superior a quatorze dias. (Incluído pela Lei nº 8.216, de 13.8.91)

§ 4º. A indenização será calculada com base na remuneração do mês em que for publicado o ato exoneratório. (Incluído pela Lei nº 8.216, de 13.8.91)

§ 5º. Em caso de parcelamento, o servidor receberá o valor adicional previsto no inciso XVII do Art. 7º da Constituição Federal quando da utilização do primeiro período. (Incluído pela Lei nº 9.525, de 10.12.97)

Art. 79. O servidor que opera direta e permanentemente com Raios X ou substâncias radioativas gozará 20 (vinte) dias consecutivos de férias, por semestre de atividade profissional, proibida em qualquer hipótese a acumulação.

Parágrafo único. (Revogado pela Lei nº 9.527, de 10.12.97)

Art. 80. As férias somente poderão ser interrompidas por motivo de calamidade pública, comoção interna, convocação para júri, serviço militar ou eleitoral, ou por necessidade do serviço declarada pela autoridade máxima do órgão ou entidade.(Redação dada pela Lei nº 9.527, de 10.12.97) (Férias de Ministro - Vide)

Parágrafo único. O restante do período interrompido será gozado de uma só vez, observado o disposto no Art. 77. (Incluído pela Lei nº 9.527, de 10.12.97)

Capítulo IV - Das Licenças

Seção I - Das Disposições Gerais

Art. 81. Conceder-se-á ao servidor licença:

I - por motivo de doença em pessoa da família;

II - por motivo de afastamento do cônjuge ou companheiro;

III - para o serviço militar;

IV - para atividade política;

V - para capacitação; (Redação dada pela Lei nº 9.527, de 10.12.97)

VI - para tratar de interesses particulares;

VII - para desempenho de mandato classista.

§ 1º. A licença prevista no inciso I do caput deste Art. bem como cada uma de suas prorrogações serão precedidas de exame por perícia médica oficial, observado o disposto no Art. 204 desta Lei. (Redação dada pela Lei nº 11.907, de 2009)

§ 2º. (Revogado pela Lei nº 9.527, de 10.12.97)

§ 3º. É vedado o exercício de atividade remunerada durante o período da licença prevista no inciso I deste artigo.

Art. 82. A licença concedida dentro de 60 (sessenta) dias do término de outra da mesma espécie será considerada como prorrogação.

Seção II - Da Licença por Motivo de Doença em Pessoa da Família

Art. 83. Poderá ser concedida licença ao servidor por motivo de doença do cônjuge ou companheiro, dos pais, dos filhos, do padrasto ou madrasta e enteado, ou dependente que viva a suas expensas e conste do seu assentamento funcional, mediante comprovação por perícia médica oficial. (Redação dada pela Lei nº 11.907, de 2009)

§ 1º. A licença somente será deferida se a assistência direta do servidor for indispensável e não puder ser prestada simultaneamente com o exercício do cargo ou mediante compensação de horário, na forma do disposto no inciso II do Art. 44. (Redação dada pela Lei nº 9.527, de 10.12.97)

§ 2º. A licença de que trata o caput, incluídas as prorrogações, poderá ser concedida a cada período de doze meses nas seguintes condições: (Redação dada pela Lei nº 12.269, de 2010)

I - por até 60 (sessenta) dias, consecutivos ou não, mantida a remuneração do servidor; e (Incluído pela Lei nº 12.269, de 2010)

II - por até 90 (noventa) dias, consecutivos ou não, sem remuneração. (Incluído pela Lei nº 12.269, de 2010)

§ 3º. O início do interstício de 12 (doze) meses será contado a partir da data do deferimento da primeira licença concedida. (Incluído pela Lei nº 12.269, de 2010)

§ 4º. A soma das licenças remuneradas e das licenças não remuneradas, incluídas as respectivas prorrogações, concedidas em um mesmo período de 12 (doze) meses, observado o disposto no § 3º, não poderá ultrapassar os limites estabelecidos nos incisos I e II do § 2º. (Incluído pela Lei nº 12.269, de 2010)

Seção III - Da Licença por Motivo de Afastamento do Cônjuge

Art. 84. Poderá ser concedida licença ao servidor para acompanhar cônjuge ou companheiro que foi deslocado para outro ponto do território nacional, para o exterior ou para o exercício de mandato eletivo dos Poderes Executivo e Legislativo.

§ 1º. A licença será por prazo indeterminado e sem remuneração.

§ 2º. No deslocamento de servidor cujo cônjuge ou companheiro também seja servidor público, civil ou militar, de qualquer dos Poderes da União, dos Estados, do Distrito Federal e dos Municípios, poderá haver exercício provisório em órgão ou entidade da Administração Federal direta, autárquica ou fundacional, desde que para o exercício de atividade compatível com o seu cargo. (Redação dada pela Lei nº 9.527, de 10.12.97)

Seção IV - Da Licença para o Serviço Militar

Art. 85. Ao servidor convocado para o serviço militar será concedida licença, na forma e condições previstas na legislação específica.

Parágrafo único. Concluído o serviço militar, o servidor terá até 30 (trinta) dias sem remuneração para reassumir o exercício do cargo.

Seção V - Da Licença para Atividade Política

Art. 86. O servidor terá direito a licença, sem remuneração, durante o período que mediar entre a sua escolha em convenção partidária, como candidato a cargo eletivo, e a véspera do registro de sua candidatura perante a Justiça Eleitoral.

§ 1º. O servidor candidato a cargo eletivo na localidade onde desempenha suas funções e que exerça cargo de direção, chefia, assessoramento, arrecadação ou fiscalização, dele será afastado, a partir do dia imediato

ao do registro de sua candidatura perante a Justiça Eleitoral, até o décimo dia seguinte ao do pleito. (Redação dada pela Lei nº 9.527, de 10.12.97)

§ 2º. A partir do registro da candidatura e até o décimo dia seguinte ao da eleição, o servidor fará jus à licença, assegurados os vencimentos do cargo efetivo, somente pelo período de três meses. (Redação dada pela Lei nº 9.527, de 10.12.97)

Seção VI - Da Licença para Capacitação

Art. 87. Após cada quinquênio de efetivo exercício, o servidor poderá, no interesse da Administração, afastar-se do exercício do cargo efetivo, com a respectiva remuneração, por até três meses, para participar de curso de capacitação profissional. (Redação dada pela Lei nº 9.527, de 10.12.97)

Parágrafo único. Os períodos de licença de que trata o caput não são acumuláveis.(Redação dada pela Lei nº 9.527, de 10.12.97)

Art. 88. (Revogado pela Lei nº 9.527, de 10.12.97)

Art. 89. (Revogado pela Lei nº 9.527, de 10.12.97)

Art. 90. (VETADO).

Seção VII - Da Licença para Tratar de Interesses Particulares

Art. 91. A critério da Administração, poderão ser concedidas ao servidor ocupante de cargo efetivo, desde que não esteja em estágio probatório, licenças para o trato de assuntos particulares pelo prazo de até três anos consecutivos, sem remuneração. (Redação dada pela Medida Provisória nº 2.225-45, de 4.9.2001)

Parágrafo único. A licença poderá ser interrompida, a qualquer tempo, a pedido do servidor ou no interesse do serviço. (Redação dada pela Medida Provisória nº 2.225-45, de 4.9.2001)

Seção VIII - Da Licença para o Desempenho de Mandato Classista

Art. 92. É assegurado ao servidor o direito à licença sem remuneração para o desempenho de mandato em confederação, federação, associação de classe de âmbito nacional, sindicato representativo da categoria ou entidade fiscalizadora da profissão ou, ainda, para participar de gerência ou administração em sociedade cooperativa constituída por servidores públicos para prestar serviços a seus membros, observado o disposto na alínea c do inciso VIII do Art. 102 desta Lei, conforme disposto em regulamento e observados os seguintes limites: (Redação dada pela Lei nº 11.094, de 2005) (Regulamento)

I - para entidades com até 5.000 (cinco mil) associados, 2 (dois) servidores; (Redação dada pela Lei nº 12.998, de 2014)

II - para entidades com 5.001 (cinco mil e um) a 30.000 (trinta mil) associados, 4 (quatro) servidores; (Redação dada pela Lei nº 12.998, de 2014)

III - para entidades com mais de 30.000 (trinta mil) associados, 8 (oito) servidores. (Redação dada pela Lei nº 12.998, de 2014)

§ 1º. Somente poderão ser licenciados os servidores eleitos para cargos de direção ou de representação nas referidas entidades, desde que cadastradas no órgão competente. (Redação dada pela Lei nº 12.998, de 2014)

§ 2º. A licença terá duração igual à do mandato, podendo ser renovada, no caso de reeleição. (Redação dada pela Lei nº 12.998, de 2014)

Capítulo V - Dos Afastamentos

Seção I - Do Afastamento para Servir a Outro Órgão ou Entidade

Art. 93. O servidor poderá ser cedido para ter exercício em outro órgão ou entidade dos Poderes da União, dos Estados, ou do Distrito Federal e dos Municípios, nas seguintes hipóteses: (Vide Decreto nº 9.144, de 2017)

I - para exercício de cargo em comissão ou função de confiança; (Redação dada pela Lei nº 8.270, de 17.12.91)

II - em casos previstos em leis específicas.(Redação dada pela Lei nº 8.270, de 17.12.91)

§ 1º. Na hipótese do inciso I, sendo a cessão para órgãos ou entidades dos Estados, do Distrito Federal ou dos Municípios, o ônus da remuneração será do órgão ou entidade cessionária, mantido o ônus para o cedente nos demais casos. (Redação dada pela Lei nº 8.270, de 17.12.91)

§ 2º. Na hipótese de o servidor cedido a empresa pública ou sociedade de economia mista, nos termos das respectivas normas, optar pela remuneração do cargo efetivo ou pela remuneração do cargo efetivo acrescida de percentual da retribuição do cargo em comissão, a entidade cessionária efetuará o reembolso das despesas realizadas pelo órgão ou entidade de origem. (Redação dada pela Lei nº 11.355, de 2006)

§ 3º. A cessão far-se-á mediante Portaria publicada no Diário Oficial da União. (Redação dada pela Lei nº 8.270, de 17.12.91)

§ 4º. Mediante autorização expressa do Presidente da República, o servidor do Poder Executivo poderá ter exercício em outro órgão da Administração Federal direta que não tenha quadro próprio de pessoal, para fim determinado e a prazo certo. (Incluído pela Lei nº 8.270, de 17.12.91)

§ 5º. Aplica-se à União, em se tratando de empregado ou servidor por ela requisitado, as disposições dos §§ 1º e 2º deste Art. (Redação dada pela Lei nº 10.470, de 25.6.2002)

§ 6º. As cessões de empregados de empresa pública ou de sociedade de economia mista, que receba recursos de Tesouro Nacional para o custeio total ou parcial da sua folha de pagamento de pessoal, independem das disposições contidas nos incisos I e II e §§ 1º e 2º deste Art. ficando o exercício do empregado cedido condicionado a autorização específica do Ministério do Planejamento, Orçamento e Gestão, exceto nos casos de ocupação de cargo em comissão ou função gratificada. (Incluído pela Lei nº 10.470, de 25.6.2002)

§ 7º. O Ministério do Planejamento, Orçamento e Gestão, com a finalidade de promover a composição da força de trabalho dos órgãos e entidades da Administração Pública Federal, poderá determinar a lotação ou o exercício de empregado ou servidor, independentemente da observância do constante no inciso I e nos §§ 1º e 2º deste Art. (Incluído pela Lei nº 10.470, de 25.6.2002) (Vide Decreto nº 5.375, de 2005)

Sessão II - Do Afastamento para Exercício de Mandato Eletivo

Art. 94. Ao servidor investido em mandato eletivo aplicam-se as seguintes disposições:

I - tratando-se de mandato federal, estadual ou distrital, ficará afastado do cargo;

II - investido no mandato de Prefeito, será afastado do cargo, sendo-lhe facultado optar pela sua remuneração;

III - investido no mandato de vereador:

a) havendo compatibilidade de horário, perceberá as vantagens de seu cargo, sem prejuízo da remuneração do cargo eletivo;

b) não havendo compatibilidade de horário, será afastado do cargo, sendo-lhe facultado optar pela sua remuneração.

§ 1º. No caso de afastamento do cargo, o servidor contribuirá para a seguridade social como se em exercício estivesse.

§ 2º. O servidor investido em mandato eletivo ou classista não poderá ser removido ou redistribuído de ofício para localidade diversa daquela onde exerce o mandato.

Seção III - Do Afastamento para Estudo ou Missão no Exterior

Art. 95. O servidor não poderá ausentar-se do País para estudo ou missão oficial, sem autorização do Presidente da República, Presidente dos Órgãos do Poder Legislativo e Presidente do Supremo Tribunal Federal.

§ 1º. A ausência não excederá a 4 (quatro) anos, e finda a missão ou estudo, somente decorrido igual período, será permitida nova ausência.

§ 2º. Ao servidor beneficiado pelo disposto neste Art. não será concedida exoneração ou licença para tratar de interesse particular antes de decorrido período igual ao do afastamento, ressalvada a hipótese de ressarcimento da despesa havida com seu afastamento.

§ 3º. O disposto neste artigo não se aplica aos servidores da carreira diplomática.

§ 4º. As hipóteses, condições e formas para a autorização de que trata este Art. inclusive no que se refere à remuneração do servidor, serão disciplinadas em regulamento. (Incluído pela Lei nº 9.527, de 10.12.97)

Art. 96. O afastamento de servidor para servir em organismo internacional de que o Brasil participe ou com o qual coopere dar-se-á com perda total da remuneração. (Vide Decreto nº 3.456, de 2000)

Seção IV - Do Afastamento para Participação em Programa de Pós-Graduação *Stricto Sensu* no País

Art. 96-A. O servidor poderá, no interesse da Administração, e desde que a participação não possa ocorrer simultaneamente com o exercício do cargo ou mediante compensação de horário, afastar-se do exercício do cargo efetivo, com a respectiva remuneração, para participar em programa de pós-graduação stricto sensu em instituição de ensino superior no País. (Incluído pela Lei nº 11.907, de 2009)

§ 1º. Ato do dirigente máximo do órgão ou entidade definirá, em conformidade com a legislação vigente, os programas de capacitação e os critérios para participação em programas de pós-graduação no País, com ou sem afastamento do servidor, que serão avaliados por um comitê constituído para este fim. (Incluído pela Lei nº 11.907, de 2009)

§ 2º. Os afastamentos para realização de programas de mestrado e doutorado somente serão concedidos aos servidores titulares de cargos efetivos no respectivo órgão ou entidade há pelo menos 3 (três) anos para mestrado e 4 (quatro) anos para doutorado, incluído o período de estágio probatório, que não tenham se afastado por licença para tratar de assuntos particulares para gozo de licença capacitação ou com fundamento neste Art. nos 2 (dois) anos anteriores à data da solicitação de afastamento. (Incluído pela Lei nº 11.907, de 2009)

§ 3º. Os afastamentos para realização de programas de pós-doutorado somente serão concedidos aos servidores titulares de cargos efetivo no respectivo órgão ou entidade há pelo menos quatro anos, incluído o período de estágio probatório, e que não tenham se afastado por licença para tratar de assuntos particulares ou com fundamento neste Art. nos quatro anos anteriores à data da solicitação de afastamento. (Redação dada pela Lei nº 12.269, de 2010)

§ 4º. Os servidores beneficiados pelos afastamentos previstos nos §§ 1º, 2º e 3º deste Art. terão que permanecer no exercício de suas funções após o seu retorno por um período igual ao do afastamento concedido. (Incluído pela Lei nº 11.907, de 2009)

§ 5º. Caso o servidor venha a solicitar exoneração do cargo ou aposentadoria, antes de cumprido o período de permanência previsto no § 4º deste Art. deverá ressarcir o órgão ou entidade, na forma do Art. 47 da Lei nº 8.112, de 11 de dezembro de 1990, dos gastos com seu aperfeiçoamento. (Incluído pela Lei nº 11.907, de 2009)

§ 6º. Caso o servidor não obtenha o título ou grau que justificou seu afastamento no período previsto, aplica-se o disposto no § 5º deste Art. salvo na hipótese comprovada de força maior ou de caso fortuito, a critério do dirigente máximo do órgão ou entidade. (Incluído pela Lei nº 11.907, de 2009)

§ 7º. Aplica-se à participação em programa de pós-graduação no Exterior, autorizado nos termos do Art. 95 desta Lei, o disposto nos §§ 1º a 6º deste Art. (Incluído pela Lei nº 11.907, de 2009)

Capítulo VI - Das Concessões

Art. 97. Sem qualquer prejuízo, poderá o servidor ausentar-se do serviço: (Redação dada pela Medida provisória nº 632, de 2013)

I - por 1 (um) dia, para doação de sangue;

II - pelo período comprovadamente necessário para alistamento ou recadastramento eleitoral, limitado, em qualquer caso, a 2 (dois) dias; (Redação dada pela Lei nº 12.998, de 2014)

III - por 8 (oito) dias consecutivos em razão de :

a) casamento;

b) falecimento do cônjuge, companheiro, pais, madrasta ou padrasto, filhos, enteados, menor sob guarda ou tutela e irmãos.

Art. 98. Será concedido horário especial ao servidor estudante, quando comprovada a incompatibilidade entre o horário escolar e o da repartição, sem prejuízo do exercício do cargo.

§ 1º. Para efeito do disposto neste Art. será exigida a compensação de horário no órgão ou entidade que tiver exercício, respeitada a duração semanal do trabalho. (Parágrafo renumerado e alterado pela Lei nº 9.527, de 10.12.97)

§ 2º. Também será concedido horário especial ao servidor portador de deficiência, quando comprovada a necessidade por junta médica oficial, independentemente de compensação de horário. (Incluído pela Lei nº 9.527, de 10.12.97)

§ 3º As disposições constantes do § 2º são extensivas ao servidor que tenha cônjuge, filho ou dependente com deficiência. (Redação dada pela Lei nº 13.370, de 2016)

§ 4º. Será igualmente concedido horário especial, vinculado à compensação de horário a ser efetivada no prazo de até 1 (um) ano, ao servidor que desempenhe atividade prevista nos incisos I e II do caput do Art. 76-A desta Lei. (Redação dada pela Lei nº 11.501, de 2007)

Art. 99. Ao servidor estudante que mudar de sede no interesse da administração é assegurada, na localidade da nova residência ou na mais próxima, matrícula em instituição de ensino congênere, em qualquer época, independentemente de vaga.

Parágrafo único. O disposto neste Art. estende-se ao cônjuge ou companheiro, aos filhos, ou enteados do servidor que vivam na sua companhia, bem como aos menores sob sua guarda, com autorização judicial.

Capítulo VII - Do Tempo de Serviço

Art. 100. É contado para todos os efeitos o tempo de serviço público federal, inclusive o prestado às Forças Armadas.

Art. 101. A apuração do tempo de serviço será feita em dias, que serão convertidos em anos, considerado o ano como de trezentos e sessenta e cinco dias.

Parágrafo único. (Revogado pela Lei nº 9.527, de 10.12.97)

Art. 102. Além das ausências ao serviço previstas no Art. 97, são considerados como de efetivo exercício os afastamentos em virtude de:

I - férias;

II - exercício de cargo em comissão ou equivalente, em órgão ou entidade dos Poderes da União, dos Estados, Municípios e Distrito Federal;

III - exercício de cargo ou função de governo ou administração, em qualquer parte do território nacional, por nomeação do Presidente da República;

IV - participação em programa de treinamento regularmente instituído ou em programa de pós-graduação stricto sensu no País, conforme dispuser o regulamento; (Redação dada pela Lei nº 11.907, de 2009)

V - desempenho de mandato eletivo federal, estadual, municipal ou do Distrito Federal, exceto para promoção por merecimento;

VI - júri e outros serviços obrigatórios por lei;

VII - missão ou estudo no exterior, quando autorizado o afastamento, conforme dispuser o regulamento; (Redação dada pela Lei nº 9.527, de 10.12.97)

VIII - licença:

a) à gestante, à adotante e à paternidade;

b) para tratamento da própria saúde, até o limite de vinte e quatro meses, cumulativo ao longo do tempo de serviço público prestado à União, em cargo de provimento efetivo; (Redação dada pela Lei nº 9.527, de 10.12.97)

c) para o desempenho de mandato classista ou participação de gerência ou administração em sociedade cooperativa constituída por servidores para prestar serviços a seus membros, exceto para efeito de promoção por merecimento; (Redação dada pela Lei nº 11.094, de 2005)

d) por motivo de acidente em serviço ou doença profissional;

e) para capacitação, conforme dispuser o regulamento; (Redação dada pela Lei nº 9.527, de 10.12.97)

f) por convocação para o serviço militar;

IX - deslocamento para a nova sede de que trata o Art. 18;

X - participação em competição desportiva nacional ou convocação para integrar representação desportiva nacional, no País ou no exterior, conforme disposto em lei específica;

XI - afastamento para servir em organismo internacional de que o Brasil participe ou com o qual coopere. (Incluído pela Lei nº 9.527, de 10.12.97)

Art. 103. Contar-se-á apenas para efeito de aposentadoria e disponibilidade:

I - o tempo de serviço público prestado aos Estados, Municípios e Distrito Federal;

II - a licença para tratamento de saúde de pessoal da família do servidor, com remuneração, que exceder a 30 (trinta) dias em período de 12 (doze) meses. (Redação dada pela Lei nº 12.269, de 2010)

III - a licença para atividade política, no caso do Art. 86, § 2º;

IV - o tempo correspondente ao desempenho de mandato eletivo federal, estadual, municipal ou distrital, anterior ao ingresso no serviço público federal;

V - o tempo de serviço em atividade privada, vinculada à Previdência Social;

VI - o tempo de serviço relativo a tiro de guerra;

VII - o tempo de licença para tratamento da própria saúde que exceder o prazo a que se refere a alínea "b" do inciso VIII do Art. 102. (Incluído pela Lei nº 9.527, de 10.12.97)

§ 1º. O tempo em que o servidor esteve aposentado será contado apenas para nova aposentadoria.

§ 2º. Será contado em dobro o tempo de serviço prestado às Forças Armadas em operações de guerra.

§ 3º. É vedada a contagem cumulativa de tempo de serviço prestado concomitantemente em mais de um cargo ou função de órgão ou entidades dos Poderes da União, Estado, Distrito Federal e Município, autarquia, fundação pública, sociedade de economia mista e empresa pública.

Capítulo VIII - Do Direito de Petição

Art. 104. É assegurado ao servidor o direito de requerer aos Poderes Públicos, em defesa de direito ou interesse legítimo.

Art. 105. O requerimento será dirigido à autoridade competente para decidi-lo e encaminhado por intermédio daquela a que estiver imediatamente subordinado o requerente.

Art. 106. Cabe pedido de reconsideração à autoridade que houver expedido o ato ou proferido a primeira decisão, não podendo ser renovado. (Vide Lei nº 12.300, de 2010)

Parágrafo único. O requerimento e o pedido de reconsideração de que tratam os Art. anteriores deverão ser despachados no prazo de 5 (cinco) dias e decididos dentro de 30 (trinta) dias.

Art. 107. Caberá recurso: (Vide Lei nº 12.300, de 2010)

I - do indeferimento do pedido de reconsideração;

II - das decisões sobre os recursos sucessivamente interpostos.

§ 1º. O recurso será dirigido à autoridade imediatamente superior à que tiver expedido o ato ou proferido a decisão, e, sucessivamente, em escala ascendente, às demais autoridades.

§ 2º. O recurso será encaminhado por intermédio da autoridade a que estiver imediatamente subordinado o requerente.

Art. 108. O prazo para interposição de pedido de reconsideração ou de recurso é de 30 (trinta) dias, a contar da publicação ou da ciência, pelo interessado, da decisão recorrida. (Vide Lei nº 12.300, de 2010)

Art. 109. O recurso poderá ser recebido com efeito suspensivo, a juízo da autoridade competente.

Parágrafo único. Em caso de provimento do pedido de reconsideração ou do recurso, os efeitos da decisão retroagirão à data do ato impugnado.

Art. 110. O direito de requerer prescreve:

I - em 5 (cinco) anos, quanto aos atos de demissão e de cassação de aposentadoria ou disponibilidade, ou que afetem interesse patrimonial e créditos resultantes das relações de trabalho;

II - em 120 (cento e vinte) dias, nos demais casos, salvo quando outro prazo for fixado em lei.

Parágrafo único. O prazo de prescrição será contado da data da publicação do ato impugnado ou da data da ciência pelo interessado, quando o ato não for publicado.

Art. 111. O pedido de reconsideração e o recurso, quando cabíveis, interrompem a prescrição.

Art. 112. A prescrição é de ordem pública, não podendo ser relevada pela administração.

Art. 113. Para o exercício do direito de petição, é assegurada vista do processo ou documento, na repartição, ao servidor ou a procurador por ele constituído.

Art. 114. A administração deverá rever seus atos, a qualquer tempo, quando eivados de ilegalidade.

Art. 115. São fatais e improrrogáveis os prazos estabelecidos neste Capítulo, salvo motivo de força maior.

Título IV - Do Regime Disciplinar

Capítulo I - Dos Deveres

Art. 116. São deveres do servidor:

I - exercer com zelo e dedicação as atribuições do cargo;

II - ser leal às instituições a que servir;

III - observar as normas legais e regulamentares;

IV - cumprir as ordens superiores, exceto quando manifestamente ilegais;

V - atender com presteza:

a) ao público em geral, prestando as informações requeridas, ressalvadas as protegidas por sigilo;

b) à expedição de certidões requeridas para defesa de direito ou esclarecimento de situações de interesse pessoal;

c) às requisições para a defesa da Fazenda Pública.

VI - levar as irregularidades de que tiver ciência em razão do cargo ao conhecimento da autoridade superior ou, quando houver suspeita de envolvimento desta, ao conhecimento de outra autoridade competente para apuração; (Redação dada pela Lei nº 12.527, de 2011)

VII - zelar pela economia do material e a conservação do patrimônio público;

VIII - guardar sigilo sobre assunto da repartição;

IX - manter conduta compatível com a moralidade administrativa;

X - ser assíduo e pontual ao serviço;

XI - tratar com urbanidade as pessoas;

XII - representar contra ilegalidade, omissão ou abuso de poder.

Parágrafo único. A representação de que trata o inciso XII será encaminhada pela via hierárquica e apreciada pela autoridade superior àquela contra a qual é formulada, assegurando-se ao representando ampla defesa.

Capítulo II - Das Proibições

Art. 117. Ao servidor é proibido: (Vide Medida Provisória nº 2.225-45, de 4.9.2001)

I - ausentar-se do serviço durante o expediente, sem prévia autorização do chefe imediato;

II - retirar, sem prévia anuência da autoridade competente, qualquer documento ou objeto da repartição;

III - recusar fé a documentos públicos;

IV - opor resistência injustificada ao andamento de documento e processo ou execução de serviço;

V - promover manifestação de apreço ou desapreço no recinto da repartição;

VI - cometer a pessoa estranha à repartição, fora dos casos previstos em lei, o desempenho de atribuição que seja de sua responsabilidade ou de seu subordinado;

VII - coagir ou aliciar subordinados no sentido de filiarem-se a associação profissional ou sindical, ou a partido político;

VIII - manter sob sua chefia imediata, em cargo ou função de confiança, cônjuge, companheiro ou parente até o segundo grau civil;

IX - valer-se do cargo para lograr proveito pessoal ou de outrem, em detrimento da dignidade da função pública;

X - participar de gerência ou administração de sociedade privada, personificada ou não personificada, exercer o comércio, exceto na qualidade de acionista, cotista ou comanditário; (Redação dada pela Lei nº 11.784, de 2008

XI - atuar, como procurador ou intermediário, junto a repartições públicas, salvo quando se tratar de benefícios previdenciários ou assistenciais de parentes até o segundo grau, e de cônjuge ou companheiro;

XII - receber propina, comissão, presente ou vantagem de qualquer espécie, em razão de suas atribuições;

XIII - aceitar comissão, emprego ou pensão de estado estrangeiro;

XIV - praticar usura sob qualquer de suas formas;

XV - proceder de forma desidiosa;

XVI - utilizar pessoal ou recursos materiais da repartição em serviços ou atividades particulares;

XVII - cometer a outro servidor atribuições estranhas ao cargo que ocupa, exceto em situações de emergência e transitórias;

XVIII - exercer quaisquer atividades que sejam incompatíveis com o exercício do cargo ou função e com o horário de trabalho;

XIX - recusar-se a atualizar seus dados cadastrais quando solicitado. (Incluído pela Lei nº 9.527, de 10.12.97)

Parágrafo único. A vedação de que trata o inciso X do caput deste artigo não se aplica nos seguintes casos: (Incluído pela Lei nº 11.784, de 2008

I - participação nos conselhos de administração e fiscal de empresas ou entidades em que a União detenha, direta ou indiretamente, participação no capital social ou em sociedade cooperativa constituída para prestar serviços a seus membros; e (Incluído pela Lei nº 11.784, de 2008

II - gozo de licença para o trato de interesses particulares, na forma do Art. 91 desta Lei, observada a legislação sobre conflito de interesses. (Incluído pela Lei nº 11.784, de 2008

Capítulo III - Da Acumulação

Art. 118. Ressalvados os casos previstos na Constituição, é vedada a acumulação remunerada de cargos públicos.

§ 1º. A proibição de acumular estende-se a cargos, empregos e funções em autarquias, fundações públicas, empresas públicas, sociedades de economia mista da União, do Distrito Federal, dos Estados, dos Territórios e dos Municípios.

§ 2º. A acumulação de cargos, ainda que lícita, fica condicionada à comprovação da compatibilidade de horários.

§ 3º. Considera-se acumulação proibida a percepção de vencimento de cargo ou emprego público efetivo com proventos da inatividade, salvo quando os cargos de que decorram essas remunerações forem acumuláveis na atividade. (Incluído pela Lei nº 9.527, de 10.12.97)

Art. 119. O servidor não poderá exercer mais de um cargo em comissão, exceto no caso previsto no parágrafo único do Art. 9º, nem ser remunerado pela participação em órgão de deliberação coletiva. (Redação dada pela Lei nº 9.527, de 10.12.97)

Parágrafo único. O disposto neste Art. não se aplica à remuneração devida pela participação em conselhos de administração e fiscal das empresas públicas e sociedades de economia mista, suas subsidiárias e controladas, bem como quaisquer empresas ou entidades em que a União, direta ou indiretamente, detenha participação no capital social, observado o que, a respeito, dispuser legislação específica. (Redação dada pela Medida Provisória nº 2.225-45, de 4.9.2001)

Art. 120. O servidor vinculado ao regime desta Lei, que acumular licitamente dois cargos efetivos, quando investido em cargo de provimento em comissão, ficará afastado de ambos os cargos efetivos, salvo na hipótese em que houver compatibilidade de horário e local com o exercício de um deles, declarada pelas autoridades máximas dos órgãos ou entidades envolvidos.(Redação dada pela Lei nº 9.527, de 10.12.97)

Capítulo IV - Das Responsabilidades

Art. 121. O servidor responde civil, penal e administrativamente pelo exercício irregular de suas atribuições.

Art. 122. A responsabilidade civil decorre de ato omissivo ou comissivo, doloso ou culposo, que resulte em prejuízo ao erário ou a terceiros.

§ 1º. A indenização de prejuízo dolosamente causado ao erário somente será liquidada na forma prevista no Art. 46, na falta de outros bens que assegurem a execução do débito pela via judicial.

§ 2º. Tratando-se de dano causado a terceiros, responderá o servidor perante a Fazenda Pública, em ação regressiva.

§ 3º. A obrigação de reparar o dano estende-se aos sucessores e contra eles será executada, até o limite do valor da herança recebida.

Art. 123. A responsabilidade penal abrange os crimes e contravenções imputadas ao servidor, nessa qualidade.

Art. 124. A responsabilidade civil-administrativa resulta de ato omissivo ou comissivo praticado no desempenho do cargo ou função.

Art. 125. As sanções civis, penais e administrativas poderão cumular-se, sendo independentes entre si.

Art. 126. A responsabilidade administrativa do servidor será afastada no caso de absolvição criminal que negue a existência do fato ou sua autoria.

Art. 126-A. Nenhum servidor poderá ser responsabilizado civil, penal ou administrativamente por dar ciência à autoridade superior ou, quando houver suspeita de envolvimento desta, a outra autoridade competente para apuração de informação concernente à prática de crimes ou improbidade de que tenha conhecimento, ainda que em decorrência do exercício de cargo, emprego ou função pública. (Incluído pela Lei nº 12.527, de 2011)

Capítulo V - Das Penalidades

Art. 127. São penalidades disciplinares:

I - advertência;

II - suspensão;

III - demissão;

IV - cassação de aposentadoria ou disponibilidade;

V - destituição de cargo em comissão;

VI - destituição de função comissionada.

Art. 128. Na aplicação das penalidades serão consideradas a natureza e a gravidade da infração cometida, os danos que dela provierem para o serviço público, as circunstâncias agravantes ou atenuantes e os antecedentes funcionais.

Parágrafo único. O ato de imposição da penalidade mencionará sempre o fundamento legal e a causa da sanção disciplinar. (Incluído pela Lei nº 9.527, de 10.12.97)

Art. 129. A advertência será aplicada por escrito, nos casos de violação de proibição constante do Art. 117, incisos I a VIII e XIX, e de inobservância de dever funcional previsto em lei, regulamentação ou norma interna, que não justifique imposição de penalidade mais grave. (Redação dada pela Lei nº 9.527, de 10.12.97)

Art. 130. A suspensão será aplicada em caso de reincidência das faltas punidas com advertência e de violação das demais proibições que não tipifiquem infração sujeita a penalidade de demissão, não podendo exceder de 90 (noventa) dias.

§ 1º Será punido com suspensão de até 15 (quinze) dias o servidor que, injustificadamente, recusar-se a ser submetido a inspeção médica determinada pela autoridade competente, cessando os efeitos da penalidade uma vez cumprida a determinação.

§ 2º Quando houver conveniência para o serviço, a penalidade de suspensão poderá ser convertida em multa, na base de 50% (cinquenta por cento) por dia de vencimento ou remuneração, ficando o servidor obrigado a permanecer em serviço.

Art. 131. As penalidades de advertência e de suspensão terão seus registros cancelados, após o decurso de 3 (três) e 5 (cinco) anos de efetivo exercício, respectivamente, se o servidor não houver, nesse período, praticado nova infração disciplinar.

Parágrafo único. O cancelamento da penalidade não surtirá efeitos retroativos.

Art. 132. A demissão será aplicada nos seguintes casos:

I - crime contra a administração pública;

II - abandono de cargo;

III - inassiduidade habitual;

IV - improbidade administrativa;

V - incontinência pública e conduta escandalosa, na repartição;

VI - insubordinação grave em serviço;

VII - ofensa física, em serviço, a servidor ou a particular, salvo em legítima defesa própria ou de outrem;

VIII - aplicação irregular de dinheiros públicos;

IX - revelação de segredo do qual se apropriou em razão do cargo;

X - lesão aos cofres públicos e dilapidação do patrimônio nacional;

XI - corrupção;

XII - acumulação ilegal de cargos, empregos ou funções públicas;

XIII - transgressão dos incisos IX a XVI do Art. 117.

Art. 133. Detectada a qualquer tempo a acumulação ilegal de cargos, empregos ou funções públicas, a autoridade a que se refere o Art. 143 notificará o servidor, por intermédio de sua chefia imediata, para apresentar opção no prazo improrrogável de dez dias, contados da data da ciência e, na hipótese de omissão, adotará procedimento sumário para a sua apuração e regularização imediata, cujo processo administrativo disciplinar se desenvolverá nas seguintes fases:(Redação dada pela Lei nº 9.527, de 10.12.97)

I - instauração, com a publicação do ato que constituir a comissão, a ser composta por dois servidores estáveis, e simultaneamente indicar a autoria e a materialidade da transgressão objeto da apuração; (Incluído pela Lei nº 9.527, de 10.12.97)

II - instrução sumária, que compreende indiciação, defesa e relatório; (Incluído pela Lei nº 9.527, de 10.12.97)

III - julgamento. (Incluído pela Lei nº 9.527, de 10.12.97)

§ 1º A indicação da autoria de que trata o inciso I dar-se-á pelo nome e matrícula do servidor, e a materialidade pela descrição dos cargos, empregos ou funções públicas em situação de acumulação ilegal, dos órgãos ou entidades de vinculação, das datas de ingresso, do horário de trabalho e do correspondente regime jurídico. (Redação dada pela Lei nº 9.527, de 10.12.97)

§ 2º A comissão lavrará, até três dias após a publicação do ato que a constituiu, termo de indiciação em que serão transcritas as informações de que trata o parágrafo anterior, bem como promoverá a citação pessoal do servidor indiciado, ou por intermédio de sua chefia imediata, para, no prazo de cinco dias, apresentar defesa escrita, assegurando-se-lhe vista do processo na repartição, observado o disposto nos arts. 163 e 164. (Redação dada pela Lei nº 9.527, de 10.12.97)

§ 3º Apresentada a defesa, a comissão elaborará relatório conclusivo quanto à inocência ou à responsabilidade do servidor, em que resumirá as peças principais dos autos, opinará sobre a licitude da acumulação em exame, indicará o respectivo dispositivo legal e remeterá o processo à autoridade instauradora, para julgamento. (Incluído pela Lei nº 9.527, de 10.12.97)

§ 4º No prazo de cinco dias, contados do recebimento do processo, a autoridade julgadora proferirá a sua decisão, aplicando-se, quando for o caso, o disposto no § 3º do Art. 167. (Incluído pela Lei nº 9.527, de 10.12.97)

§ 5º A opção pelo servidor até o último dia de prazo para defesa configurará sua boa-fé, hipótese em que se converterá automaticamente em pedido de exoneração do outro cargo. (Incluído pela Lei nº 9.527, de 10.12.97)

§ 6º Caracterizada a acumulação ilegal e provada a má-fé, aplicar-se-á a pena de demissão, destituição ou cassação de aposentadoria ou disponibilidade em relação aos cargos, empregos ou funções públicas em regime de acumulação ilegal, hipótese em que os órgãos ou entidades de vinculação serão comunicados. (Incluído pela Lei nº 9.527, de 10.12.97)

§ 7º O prazo para a conclusão do processo administrativo disciplinar submetido ao rito sumário não excederá trinta dias, contados da data de publicação do ato que constituir a comissão, admitida a sua prorrogação por até quinze dias, quando as circunstâncias o exigirem. (Incluído pela Lei nº 9.527, de 10.12.97)

§ 8º O procedimento sumário rege-se pelas disposições deste Art. observando-se, no que lhe for aplicável, subsidiariamente, as disposições dos Títulos IV e V desta Lei. (Incluído pela Lei nº 9.527, de 10.12.97)

Art. 134. Será cassada a aposentadoria ou a disponibilidade do inativo que houver praticado, na atividade, falta punível com a demissão.

Art. 135. A destituição de cargo em comissão exercido por não ocupante de cargo efetivo será aplicada nos casos de infração sujeita às penalidades de suspensão e de demissão.

Parágrafo único. Constatada a hipótese de que trata este Art. a exoneração efetuada nos termos do Art. 35 será convertida em destituição de cargo em comissão.

Art. 136. A demissão ou a destituição de cargo em comissão, nos casos dos incisos IV, VIII, X e XI do Art. 132, implica a indisponibilidade dos bens e o ressarcimento ao erário, sem prejuízo da ação penal cabível.

Art. 137. A demissão ou a destituição de cargo em comissão, por infringência do Art. 117, incisos IX e XI, incompatibiliza o ex-servidor para nova investidura em cargo público federal, pelo prazo de 5 (cinco) anos.

Parágrafo único. Não poderá retornar ao serviço público federal o servidor que for demitido ou destituído do cargo em comissão por infringência do Art. 132, incisos I, IV, VIII, X e XI.

Art. 138. Configura abandono de cargo a ausência intencional do servidor ao serviço por mais de trinta dias consecutivos.

Art. 139. Entende-se por inassiduidade habitual a falta ao serviço, sem causa justificada, por sessenta dias, interpoladamente, durante o período de doze meses.

Art. 140. Na apuração de abandono de cargo ou inassiduidade habitual, também será adotado o procedimento sumário a que se refere o Art. 133, observando-se especialmente que: (Redação dada pela Lei nº 9.527, de 10.12.97)

I - a indicação da materialidade dar-se-á: (Incluído pela Lei nº 9.527, de 10.12.97)

a) na hipótese de abandono de cargo, pela indicação precisa do período de ausência intencional do servidor ao serviço superior a trinta dias; (Incluído pela Lei nº 9.527, de 10.12.97)

b) no caso de inassiduidade habitual, pela indicação dos dias de falta ao serviço sem causa justificada, por período igual ou superior a sessenta dias interpoladamente, durante o período de doze meses; (Incluído pela Lei nº 9.527, de 10.12.97)

II - após a apresentação da defesa a comissão elaborará relatório conclusivo quanto à inocência ou à responsabilidade do servidor, em que resumirá as peças principais dos autos, indicará o respectivo dispositivo legal, opinará, na hipótese de abandono de cargo, sobre a intencionalidade da ausência ao serviço superior a trinta dias e remeterá o processo à autoridade instauradora para julgamento. (Incluído pela Lei nº 9.527, de 10.12.97)

Art. 141. As penalidades disciplinares serão aplicadas:

I - pelo Presidente da República, pelos Presidentes das Casas do Poder Legislativo e dos Tribunais Federais e pelo Procurador-Geral da República, quando se tratar de demissão e cassação de aposentadoria ou disponibilidade de servidor vinculado ao respectivo Poder, órgão, ou entidade;

II - pelas autoridades administrativas de hierarquia imediatamente inferior àquelas mencionadas no inciso anterior quando se tratar de suspensão superior a 30 (trinta) dias;

III - pelo chefe da repartição e outras autoridades na forma dos respectivos regimentos ou regulamentos, nos casos de advertência ou de suspensão de até 30 (trinta) dias;

IV - pela autoridade que houver feito a nomeação, quando se tratar de destituição de cargo em comissão.

Art. 142. A ação disciplinar prescreverá:

I - em 5 (cinco) anos, quanto às infrações puníveis com demissão, cassação de aposentadoria ou disponibilidade e destituição de cargo em comissão;

II - em 2 (dois) anos, quanto à suspensão;

III - em 180 (cento e oitenta) dias, quanto à advertência.

§ 1º O prazo de prescrição começa a correr da data em que o fato se tornou conhecido.

§ 2º Os prazos de prescrição previstos na lei penal aplicam-se às infrações disciplinares capituladas também como crime.

§ 3º A abertura de sindicância ou a instauração de processo disciplinar interrompe a prescrição, até a decisão final proferida por autoridade competente.

§ 4º Interrompido o curso da prescrição, o prazo começará a correr a partir do dia em que cessar a interrupção.

Título V - Do Processo Administrativo Disciplinar

Capítulo I - Disposições Gerais

Art. 143. A autoridade que tiver ciência de irregularidade no serviço público é obrigada a promover a sua apuração imediata, mediante sindicância ou processo administrativo disciplinar, assegurada ao acusado ampla defesa.

§ 1º (Revogado pela Lei nº 11.204, de 2005)

§ 2º (Revogado pela Lei nº 11.204, de 2005)

§ 3º A apuração de que trata o caput, por solicitação da autoridade a que se refere, poderá ser promovida por autoridade de órgão ou entidade diverso daquele em que tenha ocorrido a irregularidade, mediante competência específica para tal finalidade, delegada em caráter permanente ou temporário pelo Presidente da República, pelos presidentes das Casas do Poder Legislativo e dos Tribunais Federais e pelo Procurador-Geral da República, no âmbito do respectivo Poder, órgão ou entidade, preservadas as competências para o julgamento que se seguir à apuração. (Incluído pela Lei nº 9.527, de 10.12.97)

Art. 144. As denúncias sobre irregularidades serão objeto de apuração, desde que contenham a identificação e o endereço do denunciante e sejam formuladas por escrito, confirmada a autenticidade.

Parágrafo único. Quando o fato narrado não configurar evidente infração disciplinar ou ilícito penal, a denúncia será arquivada, por falta de objeto.

Art. 145. Da sindicância poderá resultar:

I - arquivamento do processo;

II - aplicação de penalidade de advertência ou suspensão de até 30 (trinta) dias;

III - instauração de processo disciplinar.

Parágrafo único. O prazo para conclusão da sindicância não excederá 30 (trinta) dias, podendo ser prorrogado por igual período, a critério da autoridade superior.

Art. 146. Sempre que o ilícito praticado pelo servidor ensejar a imposição de penalidade de suspensão por mais de 30 (trinta) dias, de demissão, cassação de aposentadoria ou disponibilidade, ou destituição de cargo em comissão, será obrigatória a instauração de processo disciplinar.

Capítulo II - Do Afastamento Preventivo

Art. 147. Como medida cautelar e a fim de que o servidor não venha a influir na apuração da irregularidade, a autoridade instauradora do processo disciplinar poderá determinar o seu afastamento do exercício do cargo, pelo prazo de até 60 (sessenta) dias, sem prejuízo da remuneração.

Parágrafo único. O afastamento poderá ser prorrogado por igual prazo, findo o qual cessarão os seus efeitos, ainda que não concluído o processo.

Capítulo III - Do Processo Disciplinar

Art. 148. O processo disciplinar é o instrumento destinado a apurar responsabilidade de servidor por infração praticada no exercício de suas atribuições, ou que tenha relação com as atribuições do cargo em que se encontre investido.

Art. 149. O processo disciplinar será conduzido por comissão composta de três servidores estáveis designados pela autoridade competente, observado o disposto no § 3º do Art. 143, que indicará, dentre eles, o seu presidente, que deverá ser ocupante de cargo efetivo superior ou de mesmo nível, ou ter nível de escolaridade igual ou superior ao do indiciado. (Redação dada pela Lei nº 9.527, de 10.12.97)

§ 1º A Comissão terá como secretário servidor designado pelo seu presidente, podendo a indicação recair em um de seus membros.

§ 2º Não poderá participar de comissão de sindicância ou de inquérito, cônjuge, companheiro ou parente do acusado, consanguíneo ou afim, em linha reta ou colateral, até o terceiro grau.

Art. 150. A Comissão exercerá suas atividades com independência e imparcialidade, assegurado o sigilo necessário à elucidação do fato ou exigido pelo interesse da administração.

Parágrafo único. As reuniões e as audiências das comissões terão caráter reservado.

Art. 151. O processo disciplinar se desenvolve nas seguintes fases:

I - instauração, com a publicação do ato que constituir a comissão;

II - inquérito administrativo, que compreende instrução, defesa e relatório;

III - julgamento.

Art. 152. O prazo para a conclusão do processo disciplinar não excederá 60 (sessenta) dias, contados da data de publicação do ato que constituir a comissão, admitida a sua prorrogação por igual prazo, quando as circunstâncias o exigirem.

§ 1º Sempre que necessário, a comissão dedicará tempo integral aos seus trabalhos, ficando seus membros dispensados do ponto, até a entrega do relatório final.

§ 2º As reuniões da comissão serão registradas em atas que deverão detalhar as deliberações adotadas.

Seção I - Do Inquérito

Art. 153. O inquérito administrativo obedecerá ao princípio do contraditório, assegurada ao acusado ampla defesa, com a utilização dos meios e recursos admitidos em direito.

Art. 154. Os autos da sindicância integrarão o processo disciplinar, como peça informativa da instrução.

Parágrafo único. Na hipótese de o relatório da sindicância concluir que a infração está capitulada como ilícito penal, a autoridade competente encaminhará cópia dos autos ao Ministério Público, independentemente da imediata instauração do processo disciplinar.

Art. 155. Na fase do inquérito, a comissão promoverá a tomada de depoimentos, acareações, investigações e diligências cabíveis, objetivando a coleta de prova, recorrendo, quando necessário, a técnicos e peritos, de modo a permitir a completa elucidação dos fatos.

Art. 156. É assegurado ao servidor o direito de acompanhar o processo pessoalmente ou por intermédio de procurador, arrolar e reinquirir testemunhas, produzir provas e contraprovas e formular quesitos, quando se tratar de prova pericial.

§ 1º O presidente da comissão poderá denegar pedidos considerados impertinentes, meramente protelatórios, ou de nenhum interesse para o esclarecimento dos fatos.

§ 2º Será indeferido o pedido de prova pericial, quando a comprovação do fato independer de conhecimento especial de perito.

Art. 157. As testemunhas serão intimadas a depor mediante mandado expedido pelo presidente da comissão, devendo a segunda via, com o ciente do interessado, ser anexado aos autos.

Parágrafo único. Se a testemunha for servidor público, a expedição do mandado será imediatamente comunicada ao chefe da repartição onde serve, com a indicação do dia e hora marcados para inquirição.

Art. 158. O depoimento será prestado oralmente e reduzido a termo, não sendo lícito à testemunha trazê-lo por escrito.

§ 1º As testemunhas serão inquiridas separadamente.

§ 2º Na hipótese de depoimentos contraditórios ou que se infirmem, proceder-se-á à acareação entre os depoentes.

Art. 159. Concluída a inquirição das testemunhas, a comissão promoverá o interrogatório do acusado, observados os procedimentos previstos nos arts. 157 e 158.

§ 1º No caso de mais de um acusado, cada um deles será ouvido separadamente, e sempre que divergirem em suas declarações sobre fatos ou circunstâncias, será promovida a acareação entre eles.

§ 2º O procurador do acusado poderá assistir ao interrogatório, bem como à inquirição das testemunhas, sendo-lhe vedado interferir nas perguntas e respostas, facultando-se-lhe, porém, reinquiri-las, por intermédio do presidente da comissão.

Art. 160. Quando houver dúvida sobre a sanidade mental do acusado, a comissão proporá à autoridade competente que ele seja submetido a exame por junta médica oficial, da qual participe pelo menos um médico psiquiatra.

Parágrafo único. O incidente de sanidade mental será processado em auto apartado e apenso ao processo principal, após a expedição do laudo pericial.

Art. 161. Tipificada a infração disciplinar, será formulada a indiciação do servidor, com a especificação dos fatos a ele imputados e das respectivas provas.

§ 1º O indiciado será citado por mandado expedido pelo presidente da comissão para apresentar defesa escrita, no prazo de 10 (dez) dias, assegurando-se-lhe vista do processo na repartição.

§ 2º Havendo dois ou mais indiciados, o prazo será comum e de 20 (vinte) dias.

§ 3º O prazo de defesa poderá ser prorrogado pelo dobro, para diligências reputadas indispensáveis.

§ 4º No caso de recusa do indiciado em apor o ciente na cópia da citação, o prazo para defesa contar-se-á da data declarada, em termo próprio, pelo membro da comissão que fez a citação, com a assinatura de (2) duas testemunhas.

Art. 162. O indiciado que mudar de residência fica obrigado a comunicar à comissão o lugar onde poderá ser encontrado.

Art. 163. Achando-se o indiciado em lugar incerto e não sabido, será citado por edital, publicado no Diário Oficial da União e em jornal de grande circulação na localidade do último domicílio conhecido, para apresentar defesa.

Parágrafo único. Na hipótese deste Art. o prazo para defesa será de 15 (quinze) dias a partir da última publicação do edital.

Art. 164. Considerar-se-á revel o indiciado que, regularmente citado, não apresentar defesa no prazo legal.

§ 1º A revelia será declarada, por termo, nos autos do processo e devolverá o prazo para a defesa.

§ 2º Para defender o indiciado revel, a autoridade instauradora do processo designará um servidor como defensor dativo, que deverá ser ocupante de cargo efetivo superior ou de mesmo nível, ou ter nível de escolaridade igual ou superior ao do indiciado. (Redação dada pela Lei nº 9.527, de 10.12.97)

Art. 165. Apreciada a defesa, a comissão elaborará relatório minucioso, onde resumirá as peças principais dos autos e mencionará as provas em que se baseou para formar a sua convicção.

§ 1º O relatório será sempre conclusivo quanto à inocência ou à responsabilidade do servidor.

§ 2º Reconhecida a responsabilidade do servidor, a comissão indicará o dispositivo legal ou regulamentar transgredido, bem como as circunstâncias agravantes ou atenuantes.

Art. 166. O processo disciplinar, com o relatório da comissão, será remetido à autoridade que determinou a sua instauração, para julgamento.

Seção II - Do Julgamento

Art. 167. No prazo de 20 (vinte) dias, contados do recebimento do processo, a autoridade julgadora proferirá a sua decisão.

§ 1º Se a penalidade a ser aplicada exceder a alçada da autoridade instauradora do processo, este será encaminhado à autoridade competente, que decidirá em igual prazo.

§ 2º Havendo mais de um indiciado e diversidade de sanções, o julgamento caberá à autoridade competente para a imposição da pena mais grave.

§ 3º Se a penalidade prevista for a demissão ou cassação de aposentadoria ou disponibilidade, o julgamento caberá às autoridades de que trata o inciso I do Art. 141.

§ 4º Reconhecida pela comissão a inocência do servidor, a autoridade instauradora do processo determinará o seu arquivamento, salvo se flagrantemente contrária à prova dos autos. (Incluído pela Lei nº 9.527, de 10.12.97)

Art. 168. O julgamento acatará o relatório da comissão, salvo quando contrário às provas dos autos.

Parágrafo único. Quando o relatório da comissão contrariar as provas dos autos, a autoridade julgadora poderá, motivadamente, agravar a penalidade proposta, abrandá-la ou isentar o servidor de responsabilidade.

Art. 169. Verificada a ocorrência de vício insanável, a autoridade que determinou a instauração do processo ou outra de hierarquia superior declarará a sua nulidade, total ou parcial, e ordenará, no mesmo ato, a constituição de outra comissão para instauração de novo processo.(Redação dada pela Lei nº 9.527, de 10.12.97)

§ 1º O julgamento fora do prazo legal não implica nulidade do processo.

§ 2º A autoridade julgadora que der causa à prescrição de que trata o Art. 142, § 2º, será responsabilizada na forma do Capítulo IV do Título IV.

Art. 170. Extinta a punibilidade pela prescrição, a autoridade julgadora determinará o registro do fato nos assentamentos individuais do servidor.

Art. 171. Quando a infração estiver capitulada como crime, o processo disciplinar será remetido ao Ministério Público para instauração da ação penal, ficando trasladado na repartição.

Art. 172. O servidor que responder a processo disciplinar só poderá ser exonerado a pedido, ou aposentado voluntariamente, após a conclusão do processo e o cumprimento da penalidade, acaso aplicada.

Parágrafo único. Ocorrida a exoneração de que trata o parágrafo único, inciso I do Art. 34, o ato será convertido em demissão, se for o caso.

Art. 173. Serão assegurados transporte e diárias:

I - ao servidor convocado para prestar depoimento fora da sede de sua repartição, na condição de testemunha, denunciado ou indiciado;

II - aos membros da comissão e ao secretário, quando obrigados a se deslocarem da sede dos trabalhos para a realização de missão essencial ao esclarecimento dos fatos.

Seção III - Da Revisão do Processo

Art. 174. O processo disciplinar poderá ser revisto, a qualquer tempo, a pedido ou de ofício, quando se aduzirem fatos novos ou circunstâncias suscetíveis de justificar a inocência do punido ou a inadequação da penalidade aplicada.

§ 1º Em caso de falecimento, ausência ou desaparecimento do servidor, qualquer pessoa da família poderá requerer a revisão do processo.

§ 2º No caso de incapacidade mental do servidor, a revisão será requerida pelo respectivo curador.

Art. 175. No processo revisional, o ônus da prova cabe ao requerente.

Art. 176. A simples alegação de injustiça da penalidade não constitui fundamento para a revisão, que requer elementos novos, ainda não apreciados no processo originário.

Art. 177. O requerimento de revisão do processo será dirigido ao Ministro de Estado ou autoridade equivalente, que, se autorizar a revisão, encaminhará o pedido ao dirigente do órgão ou entidade onde se originou o processo disciplinar.

Parágrafo único. Deferida a petição, a autoridade competente providenciará a constituição de comissão, na forma do Art. 149.

Art. 178. A revisão correrá em apenso ao processo originário.

Parágrafo único. Na petição inicial, o requerente pedirá dia e hora para a produção de provas e inquirição das testemunhas que arrolar.

Art. 179. A comissão revisora terá 60 (sessenta) dias para a conclusão dos trabalhos.

Art. 180. Aplicam-se aos trabalhos da comissão revisora, no que couber, as normas e procedimentos próprios da comissão do processo disciplinar.

Art. 181. O julgamento caberá à autoridade que aplicou a penalidade, nos termos do Art. 141.

Parágrafo único. O prazo para julgamento será de 20 (vinte) dias, contados do recebimento do processo, no curso do qual a autoridade julgadora poderá determinar diligências.

Art. 182. Julgada procedente a revisão, será declarada sem efeito a penalidade aplicada, restabelecendo-se todos os direitos do servidor, exceto em relação à destituição do cargo em comissão, que será convertida em exoneração.

Parágrafo único. Da revisão do processo não poderá resultar agravamento de penalidade.

Título VI - Da Seguridade Social do Servidor

Capítulo I - Disposições Gerais

Art. 183. A União manterá Plano de Seguridade Social para o servidor e sua família.

§ 1º O servidor ocupante de cargo em comissão que não seja, simultaneamente, ocupante de cargo ou emprego efetivo na administração pública direta, autárquica e fundacional não terá direito aos benefícios do Plano de Seguridade Social, com exceção da assistência à saúde. (Redação dada pela Lei nº 10.667, de 14.5.2003)

§ 2º O servidor afastado ou licenciado do cargo efetivo, sem direito à remuneração, inclusive para servir em organismo oficial internacional do qual o Brasil seja membro efetivo ou com o qual coopere, ainda que contribua para regime de previdência social no exterior, terá suspenso o seu vínculo com o regime do Plano de Seguridade Social do Servidor Público enquanto durar o afastamento ou a licença, não lhes assistindo, neste período, os benefícios do mencionado regime de previdência. (Incluído pela Lei nº 10.667, de 14.5.2003)

§ 3º Será assegurada ao servidor licenciado ou afastado sem remuneração a manutenção da vinculação ao regime do Plano de Seguridade Social do Servidor Público, mediante o recolhimento mensal da respectiva contribuição, no mesmo percentual devido pelos servidores em atividade, incidente sobre a remuneração total do cargo a que faz jus no exercício de suas atribuições, computando-se, para esse efeito, inclusive, as vantagens pessoais. (Incluído pela Lei nº 10.667, de 14.5.2003)

§ 4º O recolhimento de que trata o § 3º deve ser efetuado até o segundo dia útil após a data do pagamento das remunerações dos servidores públicos, aplicando-se os procedimentos de cobrança e execução dos tributos federais quando não recolhidas na data de vencimento. (Incluído pela Lei nº 10.667, de 14.5.2003)

Art. 184. O Plano de Seguridade Social visa a dar cobertura aos riscos a que estão sujeitos o servidor e sua família, e compreende um conjunto de benefícios e ações que atendam às seguintes finalidades:

I - garantir meios de subsistência nos eventos de doença, invalidez, velhice, acidente em serviço, inatividade, falecimento e reclusão;

II - proteção à maternidade, à adoção e à paternidade;

III - assistência à saúde.

Parágrafo único. Os benefícios serão concedidos nos termos e condições definidos em regulamento, observadas as disposições desta Lei.

Art. 185. Os benefícios do Plano de Seguridade Social do servidor compreendem:

I - quanto ao servidor:

a) aposentadoria;

b) auxílio-natalidade;

c) salário-família;

d) licença para tratamento de saúde;

e) licença à gestante, à adotante e licença-paternidade;

f) licença por acidente em serviço;

g) assistência à saúde;

h) garantia de condições individuais e ambientais de trabalho satisfatórias;

II - quanto ao dependente:

a) pensão vitalícia e temporária;

b) auxílio-funeral;

c) auxílio-reclusão;

d) assistência à saúde.

§ 1º As aposentadorias e pensões serão concedidas e mantidas pelos órgãos ou entidades aos quais se encontram vinculados os servidores, observado o disposto nos Arts. 189 e 224.

§ 2º O recebimento indevido de benefícios havidos por fraude, dolo ou má-fé, implicará devolução ao erário do total auferido, sem prejuízo da ação penal cabível.

Capítulo II - Dos Benefícios

Seção I - Da Aposentadoria

Art. 186. O servidor será aposentado: (Vide Art. 40 da Constituição)

I - por invalidez permanente, sendo os proventos integrais quando decorrente de acidente em serviço, moléstia profissional ou doença grave, contagiosa ou incurável, especificada em lei, e proporcionais nos demais casos;

II - compulsoriamente, aos setenta anos de idade, com proventos proporcionais ao tempo de serviço;

III - voluntariamente:

a) aos 35 (trinta e cinco) anos de serviço, se homem, e aos 30 (trinta) se mulher, com proventos integrais;

b) aos 30 (trinta) anos de efetivo exercício em funções de magistério se professor, e 25 (vinte e cinco) se professora, com proventos integrais;

c) aos 30 (trinta) anos de serviço, se homem, e aos 25 (vinte e cinco) se mulher, com proventos proporcionais a esse tempo;

d) aos 65 (sessenta e cinco) anos de idade, se homem, e aos 60 (sessenta) se mulher, com proventos proporcionais ao tempo de serviço.

§ 1º Consideram-se doenças graves, contagiosas ou incuráveis, a que se refere o inciso I deste Art. tuberculose ativa, alienação mental, esclerose múltipla, neoplasia maligna, cegueira posterior ao ingresso no serviço público, hanseníase, cardiopatia grave, doença de Parkinson, paralisia irreversível e incapacitante, espondiloartrose anquilosante, nefropatia grave, estados avançados do mal de Paget (osteíte deformante), Síndrome de Imunodeficiência Adquirida - AIDS, e outras que a lei indicar, com base na medicina especializada.

§ 2º Nos casos de exercício de atividades consideradas insalubres ou perigosas, bem como nas hipóteses previstas no Art. 71, a aposentadoria de que trata o inciso III, "a" e "c", observará o disposto em lei específica.

§ 3º Na hipótese do inciso I o servidor será submetido à junta médica oficial, que atestará a invalidez quando caracterizada a incapacidade para o desempenho das atribuições do cargo ou a impossibilidade de se aplicar o disposto no Art. 24. (Incluído pela Lei nº 9.527, de 10.12.97)

Art. 187. A aposentadoria compulsória será automática, e declarada por ato, com vigência a partir do dia imediato àquele em que o servidor atingir a idade-limite de permanência no serviço ativo.

Art. 188. A aposentadoria voluntária ou por invalidez vigorará a partir da data da publicação do respectivo ato.

§ 1º A aposentadoria por invalidez será precedida de licença para tratamento de saúde, por período não excedente a 24 (vinte e quatro) meses.

§ 2º Expirado o período de licença e não estando em condições de reassumir o cargo ou de ser readaptado, o servidor será aposentado.

§ 3º O lapso de tempo compreendido entre o término da licença e a publicação do ato da aposentadoria será considerado como de prorrogação da licença.

§ 4º Para os fins do disposto no § 1º deste Art. serão consideradas apenas as licenças motivadas pela enfermidade ensejadora da invalidez ou doenças correlacionadas. (Incluído pela Lei nº 11.907, de 2009)

§ 5º A critério da Administração, o servidor em licença para tratamento de saúde ou aposentado por invalidez poderá ser convocado a qualquer momento, para avaliação das condições que ensejaram o afastamento ou a aposentadoria. (Incluído pela Lei nº 11.907, de 2009)

Art. 189. O provento da aposentadoria será calculado com observância do disposto no § 3º do Art. 41, e revisto na mesma data e proporção, sempre que se modificar a remuneração dos servidores em atividade.

Parágrafo único. São estendidos aos inativos quaisquer benefícios ou vantagens posteriormente concedidas aos servidores em atividade, inclusive quando decorrentes de transformação ou reclassificação do cargo ou função em que se deu a aposentadoria.

Art. 190. O servidor aposentado com provento proporcional ao tempo de serviço se acometido de qualquer das moléstias especificadas no § 1º do Art. 186 desta Lei e, por esse motivo, for considerado inválido por junta médica oficial passará a perceber provento integral, calculado com base no fundamento legal de concessão da aposentadoria. (Redação dada pela Lei nº 11.907, de 2009)

Art. 191. Quando proporcional ao tempo de serviço, o provento não será inferior a 1/3 (um terço) da remuneração da atividade.

Art. 192. (Revogado pela Lei nº 9.527, de 10.12.97)

Art. 193. (Revogado pela Lei nº 9.527, de 10.12.97)

Art. 194. Ao servidor aposentado será paga a gratificação natalina, até o dia vinte do mês de dezembro, em valor equivalente ao respectivo provento, deduzido o adiantamento recebido.

Art. 195. Ao ex-combatente que tenha efetivamente participado de operações bélicas, durante a Segunda Guerra Mundial, nos termos da Lei nº 5.315, de 12 de setembro de 1967, será concedida aposentadoria com provento integral, aos 25 (vinte e cinco) anos de serviço efetivo.

Seção II - Do Auxílio-Natalidade

Art. 196. O auxílio-natalidade é devido à servidora por motivo de nascimento de filho, em quantia equivalente ao menor vencimento do serviço público, inclusive no caso de natimorto.

§ 1º Na hipótese de parto múltiplo, o valor será acrescido de 50% (cinquenta por cento), por nascituro.

§ 2º O auxílio será pago ao cônjuge ou companheiro servidor público, quando a parturiente não for servidora.

Seção III - Do Salário-Família

Art. 197. O salário-família é devido ao servidor ativo ou ao inativo, por dependente econômico.

Parágrafo único. Consideram-se dependentes econômicos para efeito de percepção do salário-família:

I - o cônjuge ou companheiro e os filhos, inclusive os enteados até 21 (vinte e um) anos de idade ou, se estudante, até 24 (vinte e quatro) anos ou, se inválido, de qualquer idade;

II - o menor de 21 (vinte e um) anos que, mediante autorização judicial, viver na companhia e às expensas do servidor, ou do inativo;

III - a mãe e o pai sem economia própria.

Art. 198. Não se configura a dependência econômica quando o beneficiário do salário-família perceber rendimento do trabalho ou de qualquer outra fonte, inclusive pensão ou provento da aposentadoria, em valor igual ou superior ao salário-mínimo.

Art. 199. Quando o pai e mãe forem servidores públicos e viverem em comum, o salário-família será pago a um deles; quando separados, será pago a um e outro, de acordo com a distribuição dos dependentes.

Parágrafo único. Ao pai e à mãe equiparam-se o padrasto, a madrasta e, na falta destes, os representantes legais dos incapazes.

Art. 200. O salário-família não está sujeito a qualquer tributo, nem servirá de base para qualquer contribuição, inclusive para a Previdência Social.

Art. 201. O afastamento do cargo efetivo, sem remuneração, não acarreta a suspensão do pagamento do salário-família.

Seção IV - Da Licença para Tratamento de Saúde

Art. 202. Será concedida ao servidor licença para tratamento de saúde, a pedido ou de ofício, com base em perícia médica, sem prejuízo da remuneração a que fizer jus.

Art. 203. A licença de que trata o Art. 202 desta Lei será concedida com base em perícia oficial. (Redação dada pela Lei nº 11.907, de 2009)

§ 1º Sempre que necessário, a inspeção médica será realizada na residência do servidor ou no estabelecimento hospitalar onde se encontrar internado.

§ 2º Inexistindo médico no órgão ou entidade no local onde se encontra ou tenha exercício em caráter permanente o servidor, e não se configurando as hipóteses previstas nos parágrafos do Art. 230, será aceito atestado passado por médico particular. (Redação dada pela Lei nº 9.527, de 10.12.97)

§ 3º No caso do § 2º deste Art. o atestado somente produzirá efeitos depois de recepcionado pela unidade de recursos humanos do órgão ou entidade. (Redação dada pela Lei nº 11.907, de 2009)

§ 4º A licença que exceder o prazo de 120 (cento e vinte) dias no período de 12 (doze) meses a contar do primeiro dia de afastamento será concedida mediante avaliação por junta médica oficial. (Redação dada pela Lei nº 11.907, de 2009)

§ 5º A perícia oficial para concessão da licença de que trata o caput deste Art. bem como nos demais casos de perícia oficial previstos nesta Lei, será efetuada por cirurgiões-dentistas, nas hipóteses em que abranger o campo de atuação da odontologia. (Incluído pela Lei nº 11.907, de 2009)

Art. 204. A licença para tratamento de saúde inferior a 15 (quinze) dias, dentro de 1 (um) ano, poderá ser dispensada de perícia oficial, na forma definida em regulamento. (Redação dada pela Lei nº 11.907, de 2009)

Art. 205. O atestado e o laudo da junta médica não se referirão ao nome ou natureza da doença, salvo quando se tratar de lesões produzidas por acidente em serviço, doença profissional ou qualquer das doenças especificadas no Art. 186, § 1º.

Art. 206. O servidor que apresentar indícios de lesões orgânicas ou funcionais será submetido a inspeção médica.

Art. 206-A. O servidor será submetido a exames médicos periódicos, nos termos e condições definidos em regulamento. (Incluído pela Lei nº 11.907, de 2009) (Regulamento).

Parágrafo único. Para os fins do disposto no caput, a União e suas entidades autárquicas e fundacionais poderão: (Incluído pela Lei nº 12.998, de 2014)

I - prestar os exames médicos periódicos diretamente pelo órgão ou entidade à qual se encontra vinculado o servidor; (Incluído pela Lei nº 12.998, de 2014)

II - celebrar convênio ou instrumento de cooperação ou parceria com os órgãos e entidades da administração direta, suas autarquias e fundações; (Incluído pela Lei nº 12.998, de 2014)

III - celebrar convênios com operadoras de plano de assistência à saúde, organizadas na modalidade de autogestão, que possuam autorização de funcionamento do órgão regulador, na forma do Art. 230; ou (Incluído pela Lei nº 12.998, de 2014)

IV - prestar os exames médicos periódicos mediante contrato administrativo, observado o disposto na Lei no 8.666, de 21 de junho de 1993, e demais normas pertinentes. (Incluído pela Lei nº 12.998, de 2014)

Seção V - Da Licença à Gestante, à Adotante e da Licença-Paternidade

Art. 207. Será concedida licença à servidora gestante por 120 (cento e vinte) dias consecutivos, sem prejuízo da remuneração. (Vide Decreto nº 6.690, de 2008)

§ 1º A licença poderá ter início no primeiro dia do nono mês de gestação, salvo antecipação por prescrição médica.

§ 2º No caso de nascimento prematuro, a licença terá início a partir do parto.

§ 3º No caso de natimorto, decorridos 30 (trinta) dias do evento, a servidora será submetida a exame médico, e se julgada apta, reassumirá o exercício.

§ 4º No caso de aborto atestado por médico oficial, a servidora terá direito a 30 (trinta) dias de repouso remunerado.

Art. 208. Pelo nascimento ou adoção de filhos, o servidor terá direito à licença-paternidade de 5 (cinco) dias consecutivos.

Art. 209. Para amamentar o próprio filho, até a idade de seis meses, a servidora lactante terá direito, durante a jornada de trabalho, a uma hora de descanso, que poderá ser parcelada em dois períodos de meia hora.

Art. 210. À servidora que adotar ou obtiver guarda judicial de criança até 1 (um) ano de idade, serão concedidos 90 (noventa) dias de licença remunerada. (Vide Decreto nº 6.691, de 2008)

Parágrafo único. No caso de adoção ou guarda judicial de criança com mais de 1 (um) ano de idade, o prazo de que trata este Art. será de 30 (trinta) dias.

Seção VI - Da Licença por Acidente em Serviço

Art. 211. Será licenciado, com remuneração integral, o servidor acidentado em serviço.

Art. 212. Configura acidente em serviço o dano físico ou mental sofrido pelo servidor, que se relacione, mediata ou imediatamente, com as atribuições do cargo exercido.

Parágrafo único. Equipara-se ao acidente em serviço o dano:

I - decorrente de agressão sofrida e não provocada pelo servidor no exercício do cargo;

II - sofrido no percurso da residência para o trabalho e vice-versa.

Art. 213. O servidor acidentado em serviço que necessite de tratamento especializado poderá ser tratado em instituição privada, à conta de recursos públicos.

Parágrafo único. O tratamento recomendado por junta médica oficial constitui medida de exceção e somente será admissível quando inexistirem meios e recursos adequados em instituição pública.

Art. 214. A prova do acidente será feita no prazo de 10 (dez) dias, prorrogável quando as circunstâncias o exigirem.

Seção VII - Da Pensão

Art. 215. Por morte do servidor, os dependentes, nas hipóteses legais, fazem jus à pensão a partir da data de óbito, observado o limite estabelecido no inciso XI do caput do Art. 37 da Constituição Federal e no Art. 2º da Lei no 10.887, de 18 de junho de 2004. (Redação dada pela Lei nº 13.135, de 2015)

Art. 216. (Revogado pela Medida Provisória nº 664, de 2014) (Vigência) (Revogado pela Lei nº 13.135, de 2015)

Art. 217. São beneficiários das pensões:

I - o cônjuge; (Redação dada pela Lei nº 13.135, de 2015)

a) (Revogada); (Redação dada pela Lei nº 13.135, de 2015)

b) (Revogada); (Redação dada pela Lei nº 13.135, de 2015)

c) (Revogada); (Redação dada pela Lei nº 13.135, de 2015)

d) (Revogada); (Redação dada pela Lei nº 13.135, de 2015)

e) (Revogada); (Redação dada pela Lei nº 13.135, de 2015)

II - o cônjuge divorciado ou separado judicialmente ou de fato, com percepção de pensão alimentícia estabelecida judicialmente; (Redação dada pela Lei nº 13.135, de 2015)

a) (Revogada); (Redação dada pela Lei nº 13.135, de 2015)

b) (Revogada); (Redação dada pela Lei nº 13.135, de 2015)

c) Revogada); (Redação dada pela Lei nº 13.135, de 2015)

d) (Revogada); (Redação dada pela Lei nº 13.135, de 2015)

III - o companheiro ou companheira que comprove união estável como entidade familiar; (Incluído pela Lei nº 13.135, de 2015)

IV - o filho de qualquer condição que atenda a um dos seguintes requisitos: (Incluído pela Lei nº 13.135, de 2015)

a) seja menor de 21 (vinte e um) anos; (Incluído pela Lei nº 13.135, de 2015)

b) seja inválido; (Incluído pela Lei nº 13.135, de 2015)

c) (Vide Lei nº 13.135, de 2015) (Vigência)

d) tenha deficiência intelectual ou mental, nos termos do regulamento; (Incluído pela Lei nº 13.135, de 2015)

V - a mãe e o pai que comprovem dependência econômica do servidor; e (Incluído pela Lei nº 13.135, de 2015)

VI - o irmão de qualquer condição que comprove dependência econômica do servidor e atenda a um dos requisitos previstos no inciso IV. (Incluído pela Lei nº 13.135, de 2015)

§ 1º A concessão de pensão aos beneficiários de que tratam os incisos I a IV do caput exclui os beneficiários referidos nos incisos V e VI. (Redação dada pela Lei nº 13.135, de 2015)

§ 2º A concessão de pensão aos beneficiários de que trata o inciso V do caput exclui o beneficiário referido no inciso VI. (Redação dada pela Lei nº 13.135, de 2015)

§ 3º O enteado e o menor tutelado equiparam-se a filho mediante declaração do servidor e desde que comprovada dependência econômica, na forma estabelecida em regulamento. (Incluído pela Lei nº 13.135, de 2015)

Art. 218. Ocorrendo habilitação de vários titulares à pensão, o seu valor será distribuído em partes iguais entre os beneficiários habilitados. (Redação dada pela Lei nº 13.135, de 2015)

§ 1º (Revogado). (Redação dada pela Lei nº 13.135, de 2015)

§ 2º (Revogado). (Redação dada pela Lei nº 13.135, de 2015)

§ 3º (Revogado). (Redação dada pela Lei nº 13.135, de 2015)

Art. 219. A pensão poderá ser requerida a qualquer tempo, prescrevendo tão-somente as prestações exigíveis há mais de 5 (cinco) anos.

Parágrafo único. Concedida a pensão, qualquer prova posterior ou habilitação tardia que implique exclusão de beneficiário ou redução de pensão só produzirá efeitos a partir da data em que for oferecida.

Art. 220. Perde o direito à pensão por morte: (Redação dada pela Lei nº 13.135, de 2015)

I - após o trânsito em julgado, o beneficiário condenado pela prática de crime de que tenha dolosamente resultado a morte do servidor; (Incluído pela Lei nº 13.135, de 2015)

II - o cônjuge, o companheiro ou a companheira se comprovada, a qualquer tempo, simulação ou fraude no casamento ou na união estável, ou a formalização desses com o fim exclusivo de constituir benefício previdenciário, apuradas em processo judicial no qual será assegurado o direito ao contraditório e à ampla defesa. (Incluído pela Lei nº 13.135, de 2015)

Art. 221. Será concedida pensão provisória por morte presumida do servidor, nos seguintes casos:

I - declaração de ausência, pela autoridade judiciária competente;

II - desaparecimento em desabamento, inundação, incêndio ou acidente não caracterizado como em serviço;

III - desaparecimento no desempenho das atribuições do cargo ou em missão de segurança.

Parágrafo único. A pensão provisória será transformada em vitalícia ou temporária, conforme o caso, decorridos 5 (cinco) anos de sua vigência, ressalvado o eventual reaparecimento do servidor, hipótese em que o benefício será automaticamente cancelado.

Art. 222. Acarreta perda da qualidade de beneficiário:

I - o seu falecimento;

II - a anulação do casamento, quando a decisão ocorrer após a concessão da pensão ao cônjuge;

III - a cessação da invalidez, em se tratando de beneficiário inválido, o afastamento da deficiência, em se tratando de beneficiário com deficiência, ou o levantamento da interdição, em se tratando de beneficiário com deficiência intelectual ou mental que o torne absoluta ou relativamente incapaz, respeitados os períodos mínimos decorrentes da aplicação das alíneas "a" e "b" do inciso VII; (Redação dada pela Lei nº 13.135, de 2015)

IV - o implemento da idade de 21 (vinte e um) anos, pelo filho ou irmão; (Redação dada pela Lei nº 13.135, de 2015)

V - a acumulação de pensão na forma do Art. 225;

VI - a renúncia expressa; e (Redação dada pela Lei nº 13.135, de 2015)

VII - em relação aos beneficiários de que tratam os incisos I a III do caput do Art. 217: (Incluído pela Lei nº 13.135, de 2015)

a) o decurso de 4 (quatro) meses, se o óbito ocorrer sem que o servidor tenha vertido 18 (dezoito) contribuições mensais ou se o casamento ou a união estável tiverem sido iniciados em menos de 2 (dois) anos antes do óbito do servidor; (Incluído pela Lei nº 13.135, de 2015)

b) o decurso dos seguintes períodos, estabelecidos de acordo com a idade do pensionista na data de óbito do servidor, depois de vertidas 18 (dezoito) contribuições mensais e pelo menos 2 (dois) anos após o início do casamento ou da união estável: (Incluído pela Lei nº 13.135, de 2015)

1) 3 (três) anos, com menos de 21 (vinte e um) anos de idade; (Incluído pela Lei nº 13.135, de 2015)

2) 6 (seis) anos, entre 21 (vinte e um) e 26 (vinte e seis) anos de idade; (Incluído pela Lei nº 13.135, de 2015)

3) 10 (dez) anos, entre 27 (vinte e sete) e 29 (vinte e nove) anos de idade; (Incluído pela Lei nº 13.135, de 2015)

4) 15 (quinze) anos, entre 30 (trinta) e 40 (quarenta) anos de idade; (Incluído pela Lei nº 13.135, de 2015)

5) 20 (vinte) anos, entre 41 (quarenta e um) e 43 (quarenta e três) anos de idade; (Incluído pela Lei nº 13.135, de 2015)

6) vitalícia, com 44 (quarenta e quatro) ou mais anos de idade. (Incluído pela Lei nº 13.135, de 2015)

§ 1º A critério da administração, o beneficiário de pensão cuja preservação seja motivada por invalidez, por incapacidade ou por deficiência poderá ser convocado a qualquer momento para avaliação das referidas condições.(Incluído pela Lei nº 13.135, de 2015)

§ 2º Serão aplicados, conforme o caso, a regra contida no inciso III ou os prazos previstos na alínea "b" do inciso VII, ambos do caput, se o óbito do servidor decorrer de acidente de qualquer natureza ou de doença profissional ou do trabalho, independentemente do recolhimento de 18 (dezoito) contribuições mensais ou da comprovação de 2 (dois) anos de casamento ou de união estável. (Incluído pela Lei nº 13.135, de 2015)

§ 3º Após o transcurso de pelo menos 3 (três) anos e desde que nesse período se verifique o incremento mínimo de um ano inteiro na média nacional única, para ambos os sexos, correspondente à expectativa de sobrevida da população brasileira ao nascer, poderão ser fixadas, em números inteiros, novas idades para os fins previstos na alínea "b" do inciso VII do caput, em ato do Ministro de Estado do Planejamento, Orçamento e Gestão, limitado o acréscimo na comparação com as idades anteriores ao referido incremento. (Incluído pela Lei nº 13.135, de 2015)

§ 4º O tempo de contribuição a Regime Próprio de Previdência Social (RPPS) ou ao Regime Geral de Previdência Social (RGPS) será considerado na contagem das 18 (dezoito) contribuições mensais referidas nas alíneas "a" e "b" do inciso VII do caput. (Incluído pela Lei nº 13.135, de 2015)

Art. 223. Por morte ou perda da qualidade de beneficiário, a respectiva cota reverterá para os cobeneficiários. (Redação dada p ela Lei nº 13.135, de 2015)

I - (Revogado); (Redação dada pela Lei nº 13.135, de 2015)

II - (Revogado). (Redação dada pela Lei nº 13.135, de 2015)

Art. 224. As pensões serão automaticamente atualizadas na mesma data e na mesma proporção dos reajustes dos vencimentos dos servidores, aplicando-se o disposto no parágrafo único do Art. 189.

Art. 225. Ressalvado o direito de opção, é vedada a percepção cumulativa de pensão deixada por mais de um cônjuge ou companheiro ou companheira e de mais de 2 (duas) pensões. (Redação dada pela Lei nº 13.135, de 2015)

Seção VIII - Do Auxílio-Funeral

Art. 226. O auxílio-funeral é devido à família do servidor falecido na atividade ou aposentado, em valor equivalente a um mês da remuneração ou provento.

§ 1º No caso de acumulação legal de cargos, o auxílio será pago somente em razão do cargo de maior remuneração.

§ 2º (VETADO).

§ 3º O auxílio será pago no prazo de 48 (quarenta e oito) horas, por meio de procedimento sumaríssimo, à pessoa da família que houver custeado o funeral.

Art. 227. Se o funeral for custeado por terceiro, este será indenizado, observado o disposto no Art. anterior.

Art. 228. Em caso de falecimento de servidor em serviço fora do local de trabalho, inclusive no exterior, as despesas de transporte do corpo correrão à conta de recursos da União, autarquia ou fundação pública.

Seção IX - Do Auxílio-Reclusão

Art. 229. À família do servidor ativo é devido o auxílio-reclusão, nos seguintes valores:

I - dois terços da remuneração, quando afastado por motivo de prisão, em flagrante ou preventiva, determinada pela autoridade competente, enquanto perdurar a prisão;

II - metade da remuneração, durante o afastamento, em virtude de condenação, por sentença definitiva, a pena que não determine a perda de cargo.

§ 1º Nos casos previstos no inciso I deste Art. o servidor terá direito à integralização da remuneração, desde que absolvido.

§ 2º O pagamento do auxílio-reclusão cessará a partir do dia imediato àquele em que o servidor for posto em liberdade, ainda que condicional.

§ 3º Ressalvado o disposto neste Art. o auxílio-reclusão será devido, nas mesmas condições da pensão por morte, aos dependentes do segurado recolhido à prisão. (Incluído pela Lei nº 13.135, de 2015)

Capítulo III - Da Assistência à Saúde

Art. 230. A assistência à saúde do servidor, ativo ou inativo, e de sua família compreende assistência médica, hospitalar, odontológica, psicológica e farmacêutica, terá como diretriz básica o implemento de ações preventivas voltadas para a promoção da saúde e será prestada pelo Sistema Único de Saúde – SUS, diretamente pelo órgão ou entidade ao qual estiver vinculado o servidor, ou mediante convênio ou contrato, ou ainda na forma de auxílio, mediante ressarcimento parcial do valor despendido pelo servidor, ativo ou inativo, e seus dependentes ou pensionistas com planos ou seguros privados de assistência à saúde, na forma estabelecida em regulamento.(Redação dada pela Lei nº 11.302 de 2006)

§ 1º Nas hipóteses previstas nesta Lei em que seja exigida perícia, avaliação ou inspeção médica, na ausência de médico ou junta médica oficial, para a sua realização o órgão ou entidade celebrará, preferencialmente, convênio com unidades de atendimento do sistema público de saúde, entidades sem fins lucrativos declaradas de utilidade pública, ou com o Instituto Nacional do Seguro Social - INSS. (Incluído pela Lei nº 9.527, de 10.12.97)

§ 2º Na impossibilidade, devidamente justificada, da aplicação do disposto no parágrafo anterior, o órgão ou entidade promoverá a contratação da prestação de serviços por pessoa jurídica, que constituirá junta médica especificamente para esses fins, indicando os nomes e especialidades dos seus integrantes, com a comprovação de suas habilitações e de que não estejam respondendo a processo disciplinar junto à entidade fiscalizadora da profissão. (Incluído pela Lei nº 9.527, de 10.12.97)

§ 3º Para os fins do disposto no caput deste Art. ficam a União e suas entidades autárquicas e fundacionais autorizadas a: (Incluído pela Lei nº 11.302 de 2006)

I - celebrar convênios exclusivamente para a prestação de serviços de assistência à saúde para os seus servidores ou empregados ativos, aposentados, pensionistas, bem como para seus respectivos grupos familiares definidos, com entidades de autogestão por elas patrocinadas por meio de instrumentos jurídicos efetivamente celebrados e publicados até 12 de fevereiro de 2006 e que possuam autorização de funcionamento do órgão regulador, sendo certo que os convênios celebrados depois dessa data somente poderão sê-lo na forma da regulamentação específica sobre patrocínio de autogestões, a ser publicada pelo mesmo órgão regulador, no prazo de 180 (cento e oitenta) dias da vigência desta Lei, normas essas também aplicáveis aos convênios existentes até 12 de fevereiro de 2006; (Incluído pela Lei nº 11.302 de 2006)

II - contratar, mediante licitação, na forma da Lei no 8.666, de 21 de junho de 1993, operadoras de planos e seguros privados de assistência à saúde que possuam autorização de funcionamento do órgão regulador; (Incluído pela Lei nº 11.302 de 2006)

III - (VETADO) (Incluído pela Lei nº 11.302 de 2006)

§ 4º (VETADO) (Incluído pela Lei nº 11.302 de 2006)

§ 5º O valor do ressarcimento fica limitado ao total despendido pelo servidor ou pensionista civil com plano ou seguro privado de assistência à saúde. (Incluído pela Lei nº 11.302 de 2006)

Capítulo IV - Do Custeio

Art. 231. (Revogado pela Lei nº 9.783, de 28.01.99)

Título VII

Capítulo Único - Da Contratação Temporária de Excepcional Interesse Público

Art. 232. (Revogado pela Lei nº 8.745, de 9.12.93)

Art. 233. (Revogado pela Lei nº 8.745, de 9.12.93)

Art. 234. (Revogado pela Lei nº 8.745, de 9.12.93)

Art. 235. (Revogado pela Lei nº 8.745, de 9.12.93)

Título VIII

Capítulo Único - Das Disposições Gerais

Art. 236. O Dia do Servidor Público será comemorado a vinte e oito de outubro.

Art. 237. Poderão ser instituídos, no âmbito dos Poderes Executivo, Legislativo e Judiciário, os seguintes incentivos funcionais, além daqueles já previstos nos respectivos planos de carreira:

I - prêmios pela apresentação de idéias, inventos ou trabalhos que favoreçam o aumento de produtividade e a redução dos custos operacionais;

II - concessão de medalhas, diplomas de honra ao mérito, condecoração e elogio.

Art. 238. Os prazos previstos nesta Lei serão contados em dias corridos, excluindo-se o dia do começo e incluindo-se o do vencimento, ficando prorrogado, para o primeiro dia útil seguinte, o prazo vencido em dia em que não haja expediente.

Art. 239. Por motivo de crença religiosa ou de convicção filosófica ou política, o servidor não poderá ser privado de quaisquer dos seus direitos, sofrer discriminação em sua vida funcional, nem eximir-se do cumprimento de seus deveres.

Art. 240. Ao servidor público civil é assegurado, nos termos da Constituição Federal, o direito à livre associação sindical e os seguintes direitos, entre outros, dela decorrentes:

a) de ser representado pelo sindicato, inclusive como substituto processual;

b) de inamovibilidade do dirigente sindical, até um ano após o final do mandato, exceto se a pedido;

c) de descontar em folha, sem ônus para a entidade sindical a que for filiado, o valor das mensalidades e contribuições definidas em assembleia geral da categoria.

d) (Revogado pela Lei nº 9.527, de 10.12.97)

e) (Revogado pela Lei nº 9.527, de 10.12.97)

Art. 241. Consideram-se da família do servidor, além do cônjuge e filhos, quaisquer pessoas que vivam às suas expensas e constem do seu assentamento individual.

Parágrafo único. Equipara-se ao cônjuge a companheira ou companheiro, que comprove união estável como entidade familiar.

Art. 242. Para os fins desta Lei, considera-se sede o município onde a repartição estiver instalada e onde o servidor tiver exercício, em caráter permanente.

Título IX

Capítulo Único - Das Disposições Transitórias e Finais

Art. 243. Ficam submetidos ao regime jurídico instituído por esta Lei, na qualidade de servidores públicos, os servidores dos Poderes da União, dos ex-Territórios, das autarquias, inclusive as em regime especial, e das fundações públicas, regidos pela Lei nº 1.711, de 28 de outubro de 1952 - Estatuto dos Funcionários Públicos Civis da União, ou pela Consolidação das Leis do Trabalho, aprovada pelo Decreto-Lei nº 5.452, de 1º de maio de 1943, exceto os contratados por prazo determinado, cujos contratos não poderão ser prorrogados após o vencimento do prazo de prorrogação.

§ 1º Os empregos ocupados pelos servidores incluídos no regime instituído por esta Lei ficam transformados em cargos, na data de sua publicação.

§ 2º As funções de confiança exercidas por pessoas não integrantes de tabela permanente do órgão ou entidade onde têm exercício ficam transformadas em cargos em comissão, e mantidas enquanto não for implantado o plano de cargos dos órgãos ou entidades na forma da lei.

§ 3º As Funções de Assessoramento Superior - FAS, exercidas por servidor integrante de quadro ou tabela de pessoal, ficam extintas na data da vigência desta Lei.

§ 4º (VETADO).

§ 5º O regime jurídico desta Lei é extensivo aos serventuários da Justiça, remunerados com recursos da União, no que couber.

§ 6º Os empregos dos servidores estrangeiros com estabilidade no serviço público, enquanto não adquirirem a nacionalidade brasileira, passarão a integrar tabela em extinção, do respectivo órgão ou entidade, sem prejuízo dos direitos inerentes aos planos de carreira aos quais se encontrem vinculados os empregos.

§ 7º Os servidores públicos de que trata o caput deste Art. não amparados pelo Art. 19 do Ato das Disposições Constitucionais Transitórias, poderão, no interesse da Administração e conforme critérios estabelecidos em regulamento, ser exonerados mediante indenização de um mês de remuneração por ano de efetivo exercício no serviço público federal. (Incluído pela Lei nº 9.527, de 10.12.97)

§ 8º Para fins de incidência do imposto de renda na fonte e na declaração de rendimentos, serão considerados como indenizações isentas os pagamentos efetuados a título de indenização prevista no parágrafo anterior.(Incluído pela Lei nº 9.527, de 10.12.97)

§ 9º Os cargos vagos em decorrência da aplicação do disposto no § 7º poderão ser extintos pelo Poder Executivo quando considerados desnecessários. (Incluído pela Lei nº 9.527, de 10.12.97)

Art. 244. Os adicionais por tempo de serviço, já concedidos aos servidores abrangidos por esta Lei, ficam transformados em anuênio.

Art. 245. A licença especial disciplinada pelo Art. 116 da Lei nº 1.711, de 1952, ou por outro diploma legal, fica transformada em licença-prêmio por assiduidade, na forma prevista nos arts. 87 a 90.

Art. 246. (VETADO).

Art. 247. Para efeito do disposto no Título VI desta Lei, haverá ajuste de contas com a Previdência Social, correspondente ao período de contribuição por parte dos servidores celetistas abrangidos pelo Art. 243. (Redação dada pela Lei nº 8.162, de 8.1.91)

Art. 248. As pensões estatutárias, concedidas até a vigência desta Lei, passam a ser mantidas pelo órgão ou entidade de origem do servidor.

Art. 249. Até a edição da lei prevista no § 1º do Art. 231, os servidores abrangidos por esta Lei contribuirão na forma e nos percentuais atualmente estabelecidos para o servidor civil da União conforme regulamento próprio.

Art. 250. O servidor que já tiver satisfeito ou vier a satisfazer, dentro de 1 (um) ano, as condições necessárias para a aposentadoria nos termos do inciso II do Art. 184 do antigo Estatuto dos Funcionários Públicos Civis da União, Lei nº 1.711, de 28 de outubro de 1952, aposentar-se-á com a vantagem prevista naquele dispositivo. (Mantido pelo Congresso Nacional)

Art. 251. (Revogado pela Lei nº 9.527, de 10.12.97)

Art. 252. Esta Lei entra em vigor na data de sua publicação, com efeitos financeiros a partir do primeiro dia do mês subsequente.

Art. 253. Ficam revogadas a Lei nº 1.711, de 28 de outubro de 1952, e respectiva legislação complementar, bem como as demais disposições em contrário.

Brasília, 11 de dezembro de 1990; 169º da Independência e 102º da República.

FERNANDO COLLOR

Jarbas Passarinho

Lei nº 8.429, de 2 de Junho de 1992

Capítulo I - Das Disposições Gerais

Art. 1º Os atos de improbidade praticados por qualquer agente público, servidor ou não, contra a administração direta, indireta ou fundacional de qualquer dos Poderes da União, dos Estados, do Distrito Federal, dos Municípios, de Território, de empresa incorporada ao patrimônio público ou de entidade para cuja criação ou custeio o erário haja concorrido ou concorra com mais de cinquenta por cento do patrimônio ou da receita anual, serão punidos na forma desta lei.

Parágrafo único. Estão também sujeitos às penalidades desta lei os atos de improbidade praticados contra o patrimônio de entidade que receba subvenção, benefício ou incentivo, fiscal ou creditício, de órgão público bem como daquelas para cuja criação ou custeio o erário haja concorrido ou concorra com menos de cinquenta por cento do patrimônio ou da receita anual, limitando-se, nestes casos, a sanção patrimonial à repercussão do ilícito sobre a contribuição dos cofres públicos.

Art. 2º Reputa-se agente público, para os efeitos desta lei, todo aquele que exerce, ainda que transitoriamente ou sem remuneração, por eleição, nomeação, designação, contratação ou qualquer outra forma de investidura ou vínculo, mandato, cargo, emprego ou função nas entidades mencionadas no Art.go anterior.

Art. 3º As disposições desta lei são aplicáveis, no que couber, àquele que, mesmo não sendo agente público, induza ou concorra para a prática do ato de improbidade ou dele se beneficie sob qualquer forma direta ou indireta.

Art. 4º Os agentes públicos de qualquer nível ou hierarquia são obrigados a velar pela estrita observância dos princípios de legalidade, impessoalidade, moralidade e publicidade no trato dos assuntos que lhe são afetos.

Art. 5º Ocorrendo lesão ao patrimônio público por ação ou omissão, dolosa ou culposa, do agente ou de terceiro, dar-se-á o integral ressarcimento do dano.

Art. 6º No caso de enriquecimento ilícito, perderá o agente público ou terceiro beneficiário os bens ou valores acrescidos ao seu patrimônio.

Art. 7º Quando o ato de improbidade causar lesão ao patrimônio público ou ensejar enriquecimento ilícito, caberá a autoridade administrativa responsável pelo inquérito representar ao Ministério Público, para a indisponibilidade dos bens do indiciado.

Parágrafo único. A indisponibilidade a que se refere o caput deste Art.go recairá sobre bens que assegurem o integral ressarcimento do dano, ou sobre o acréscimo patrimonial resultante do enriquecimento ilícito.

Art. 8º O sucessor daquele que causar lesão ao patrimônio público ou se enriquecer ilicitamente está sujeito às cominações desta lei até o limite do valor da herança.

Capítulo II - Dos Atos de Improbidade Administrativa

Seção I - Dos Atos de Improbidade Administrativa que Importam Enriquecimento Ilícito

Art. 9º Constitui ato de improbidade administrativa importando enriquecimento ilícito auferir qualquer tipo de vantagem patrimonial indevida em razão do exercício de cargo, mandato, função, emprego ou atividade nas entidades mencionadas no Art. 1º desta lei, e notadamente:

I - receber, para si ou para outrem, dinheiro, bem móvel ou imóvel, ou qualquer outra vantagem econômica, direta ou indireta, a título de comissão, percentagem, gratificação ou presente de quem tenha interesse, direto ou indireto, que possa ser atingido ou amparado por ação ou omissão decorrente das atribuições do agente público;

II - perceber vantagem econômica, direta ou indireta, para facilitar a aquisição, permuta ou locação de bem móvel ou imóvel, ou a contratação de serviços pelas entidades referidas no Art. 1º por preço superior ao valor de mercado;

III - perceber vantagem econômica, direta ou indireta, para facilitar a alienação, permuta ou locação de bem público ou o fornecimento de serviço por ente estatal por preço inferior ao valor de mercado;

IV - utilizar, em obra ou serviço pArt.cular, veículos, máquinas, equipamentos ou material de qualquer natureza, de propriedade ou à disposição de qualquer das entidades mencionadas no Art. 1° desta lei, bem como o trabalho de servidores públicos, empregados ou terceiros contratados por essas entidades;

V - receber vantagem econômica de qualquer natureza, direta ou indireta, para tolerar a exploração ou a prática de jogos de azar, de lenocínio, de narcotráfico, de contrabando, de usura ou de qualquer outra atividade ilícita, ou aceitar promessa de tal vantagem;

VI - receber vantagem econômica de qualquer natureza, direta ou indireta, para fazer declaração falsa sobre medição ou avaliação em obras públicas ou qualquer outro serviço, ou sobre quantidade, peso, medida, qualidade ou característica de mercadorias ou bens fornecidos a qualquer das entidades mencionadas no Art. 1º desta lei;

VII - adquirir, para si ou para outrem, no exercício de mandato, cargo, emprego ou função pública, bens de qualquer natureza cujo valor seja desproporcional à evolução do patrimônio ou à renda do agente público;

VIII - aceitar emprego, comissão ou exercer atividade de consultoria ou assessoramento para pessoa física ou jurídica que tenha interesse suscetível de ser atingido ou amparado por ação ou omissão decorrente das atribuições do agente público, durante a atividade;

IX - perceber vantagem econômica para intermediar a liberação ou aplicação de verba pública de qualquer natureza;

X - receber vantagem econômica de qualquer natureza, direta ou indiretamente, para omitir ato de ofício, providência ou declaração a que esteja obrigado;

XI - incorporar, por qualquer forma, ao seu patrimônio bens, rendas, verbas ou valores integrantes do acervo patrimonial das entidades mencionadas no Art. 1° desta lei;

XII - usar, em proveito próprio, bens, rendas, verbas ou valores integrantes do acervo patrimonial das entidades mencionadas no Art. 1° desta lei.

Seção II - Dos Atos de Improbidade Administrativa que Causam Prejuízo ao Erário

Art. 10. Constitui ato de improbidade administrativa que causa lesão ao erário qualquer ação ou omissão, dolosa ou culposa, que enseje perda patrimonial, desvio, apropriação, malbaratamento ou dilapidação dos bens ou haveres das entidades referidas no Art. 1º desta lei, e notadamente:

I - facilitar ou concorrer por qualquer forma para a incorporação ao patrimônio pArt.cular, de pessoa física ou jurídica, de bens, rendas, verbas ou valores integrantes do acervo patrimonial das entidades mencionadas no Art. 1º desta lei;

II - permitir ou concorrer para que pessoa física ou jurídica privada utilize bens, rendas, verbas ou valores integrantes do acervo patrimonial das entidades mencionadas no Art. 1º desta lei, sem a observância das formalidades legais ou regulamentares aplicáveis à espécie;

III - doar à pessoa física ou jurídica bem como ao ente despersonalizado, ainda que de fins educativos ou assistências, bens, rendas, verbas ou valores do patrimônio de qualquer das entidades mencionadas no Art. 1º desta lei, sem observância das formalidades legais e regulamentares aplicáveis à espécie;

IV - permitir ou facilitar a alienação, permuta ou locação de bem integrante do patrimônio de qualquer das entidades referidas no Art. 1º desta lei, ou ainda a prestação de serviço por pArt. delas, por preço inferior ao de mercado;

V - permitir ou facilitar a aquisição, permuta ou locação de bem ou serviço por preço superior ao de mercado;

VI - realizar operação financeira sem observância das normas legais e regulamentares ou aceitar garantia insuficiente ou inidônea;

VII - conceder benefício administrativo ou fiscal sem a observância das formalidades legais ou regulamentares aplicáveis à espécie;

VIII - frustrar a licitude de processo licitatório ou de processo seletivo para celebração de parcerias com entidades sem fins lucrativos, ou dispensá-los indevidamente; (Redação dada pela Lei nº 13.019, de 2014)

IX - ordenar ou permitir a realização de despesas não autorizadas em lei ou regulamento;

X - agir negligentemente na arrecadação de tributo ou renda, bem como no que diz respeito à conservação do patrimônio público;

XI - liberar verba pública sem a estrita observância das normas pertinentes ou influir de qualquer forma para a sua aplicação irregular;

XII - permitir, facilitar ou concorrer para que terceiro se enriqueça ilicitamente;

XIII - permitir que se utilize, em obra ou serviço pArt.cular, veículos, máquinas, equipamentos ou material de qualquer natureza, de propriedade ou à disposição de qualquer das entidades mencionadas no Art. 1° desta lei, bem como o trabalho de servidor público, empregados ou terceiros contratados por essas entidades.

XIV – celebrar contrato ou outro instrumento que tenha por objeto a prestação de serviços públicos por meio da gestão associada sem observar as formalidades previstas na lei;(Incluído pela Lei nº 11.107, de 2005)

XV – celebrar contrato de rateio de consórcio público sem suficiente e prévia dotação orçamentária, ou sem observar as formalidades previstas na lei.(Incluído pela Lei nº 11.107, de 2005)

XVI - facilitar ou concorrer, por qualquer forma, para a incorporação, ao patrimônio pArt.cular de pessoa física ou jurídica, de bens, rendas, verbas ou valores públicos transferidos pela administração pública a entidades privadas mediante celebração de parcerias, sem a observância das formalidades legais ou regulamentares aplicáveis à espécie; (Incluído pela Lei nº 13.019, de 2014)

XVII - permitir ou concorrer para que pessoa física ou jurídica privada utilize bens, rendas, verbas ou valores públicos transferidos pela administração pública a entidade privada mediante celebração de parcerias, sem a observância das formalidades legais ou regulamentares aplicáveis à espécie; (Incluído pela Lei nº 13.019, de 2014)

XVIII - celebrar parcerias da administração pública com entidades privadas sem a observância das formalidades legais ou regulamentares aplicáveis à espécie; (Incluído pela Lei nº 13.019, de 2014)

XIX - agir negligentemente na celebração, fiscalização e análise das prestações de contas de parcerias firmadas pela administração pública com entidades privadas; (Incluído pela Lei nº 13.019, de 2014)

XX - liberar recursos de parcerias firmadas pela administração pública com entidades privadas sem a estrita observância das normas pertinentes ou influir de qualquer forma para a sua aplicação irregular. (Incluído pela Lei nº 13.019, de 2014)

Seção II-A - Dos Atos de Improbidade Administrativa Decorrentes de Concessão ou Aplicação Indevida de Benefício Financeiro ou Tributário (Incluído pela Lei Complementar n° 157, de 2016)

Art. 10-A. Constitui ato de improbidade administrativa qualquer ação ou omissão para conceder, aplicar ou manter benefício financeiro ou tributário contrário ao que dispõem o caput e o § 1º do art. 8º-A da Lei Complementar nº 116, de 31 de julho de 2003. (Incluído pela Lei Complementar nº 157, de 2016)

Seção III - Dos Atos de Improbidade Administrativa que Atentam Contra os Princípios da Administração Pública

Art. 11. Constitui ato de improbidade administrativa que atenta contra os princípios da administração pública qualquer ação ou omissão que viole os deveres de honestidade, imparcialidade, legalidade, e lealdade às instituições, e notadamente:

I - praticar ato visando fim proibido em lei ou regulamento ou diverso daquele previsto, na regra de competência;

II - retardar ou deixar de praticar, indevidamente, ato de ofício;

III - revelar fato ou circunstância de que tem ciência em razão das atribuições e que deva permanecer em segredo;

IV - negar publicidade aos atos oficiais;

V - frustrar a licitude de concurso público;

VI - deixar de prestar contas quando esteja obrigado a fazê-lo;

VII - revelar ou permitir que chegue ao conhecimento de terceiro, antes da respectiva divulgação oficial, teor de medida política ou econômica capaz de afetar o preço de mercadoria, bem ou serviço.

VIII - descumprir as normas relativas à celebração, fiscalização e aprovação de contas de parcerias firmadas pela administração pública com entidades privadas. (Redação dada pela Lei nº 13.019, de 2014)

IX - deixar de cumprir a exigência de requisitos de acessibilidade previstos na legislação.(Incluído pela Lei nº 13.146, de 2015)

Capítulo III - Das Penas

Art. 12. Independentemente das sanções penais, civis e administrativas previstas na legislação específica, está o responsável pelo ato de improbidade sujeito às seguintes cominações, que podem ser aplicadas isolada ou cumulativamente, de acordo com a gravidade do fato:(Redação dada pela Lei nº 12.120, de 2009).

I - na hipótese do Art. 9°, perda dos bens ou valores acrescidos ilicitamente ao patrimônio, ressarcimento integral do dano, quando houver, perda da função pública, suspensão dos direitos políticos de oito a dez anos, pagamento de multa civil de até três vezes o valor do acréscimo patrimonial e proibição de contratar com o Poder Público ou receber benefícios ou incentivos fiscais ou creditícios, direta ou indiretamente, ainda que por intermédio de pessoa jurídica da qual seja sócio majoritário, pelo prazo de dez anos;

II - na hipótese do Art. 10, ressarcimento integral do dano, perda dos bens ou valores acrescidos ilicitamente ao patrimônio, se concorrer esta circunstância, perda da função pública, suspensão dos direitos políticos de cinco a oito anos, pagamento de multa civil de até duas vezes o valor do dano e proibição de contratar com o Poder Público ou receber benefícios ou incentivos fiscais ou creditícios, direta ou indiretamente, ainda que por intermédio de pessoa jurídica da qual seja sócio majoritário, pelo prazo de cinco anos;

III - na hipótese do Art. 11, ressarcimento integral do dano, se houver, perda da função pública, suspensão dos direitos políticos de três a cinco anos, pagamento de multa civil de até cem vezes o valor da remuneração percebida pelo agente e proibição de contratar com o Poder Público ou receber benefícios ou incentivos fiscais ou creditícios, direta ou indiretamente, ainda que por intermédio de pessoa jurídica da qual seja sócio majoritário, pelo prazo de três anos.

IV - na hipótese prevista no art. 10-A, perda da função pública, suspensão dos direitos políticos de 5 (cinco) a 8 (oito) anos e multa civil de até 3 (três) vezes o valor do benefício financeiro ou tributário concedido. (Incluído pela Lei Complementar nº 157, de 2016)

Parágrafo único. Na fixação das penas previstas nesta lei o juiz levará em conta a extensão do dano causado, assim como o proveito patrimonial obtido pelo agente.

Capítulo IV - Da Declaração de Bens

Art. 13. A posse e o exercício de agente público ficam condicionados à apresentação de declaração dos bens e valores que compõem o seu patrimônio privado, a fim de ser arquivada no serviço de pessoal competente.(Regulamento)

§ 1º A declaração compreenderá imóveis, móveis, semoventes, dinheiro, títulos, ações, e qualquer outra espécie de bens e valores patrimoniais, localizado no País ou no exterior, e, quando for o caso, abrangerá os bens e valores patrimoniais do cônjuge ou companheiro, dos filhos e de outras pessoas que vivam sob a dependência econômica do declarante, excluídos apenas os objetos e utensílios de uso doméstico.

§ 2º A declaração de bens será anualmente atualizada e na data em que o agente público deixar o exercício do mandato, cargo, emprego ou função.

§ 3º Será punido com a pena de demissão, a bem do serviço público, sem prejuízo de outras sanções cabíveis, o agente público que se recusar a prestar declaração dos bens, dentro do prazo determinado, ou que a prestar falsa.

§ 4º O declarante, a seu critério, poderá entregar cópia da declaração anual de bens apresentada à Delegacia da Receita Federal na conformidade da legislação do Imposto sobre a Renda e proventos de qualquer natureza, com as necessárias atualizações, para suprir a exigência contida no caput e no § 2º deste artigo .

Capítulo V - Do Procedimento Administrativo e do Processo Judicial

Art. 14. Qualquer pessoa poderá representar à autoridade administrativa competente para que seja instaurada investigação destinada a apurar a prática de ato de improbidade.

§ 1º A representação, que será escrita ou reduzida a termo e assinada, conterá a qualificação do representante, as informações sobre o fato e sua autoria e a indicação das provas de que tenha conhecimento.

§ 2º A autoridade administrativa rejeitará a representação, em despacho fundamentado, se esta não contiver as formalidades estabelecidas no § 1º deste artigo. A rejeição não impede a representação ao Ministério Público, nos termos do Art. 22 desta lei.

§ 3º Atendidos os requisitos da representação, a autoridade determinará a imediata apuração dos fatos que, em se tratando de servidores federais, será processada na forma prevista nos Arts. 148 a 182 da Lei nº 8.112, de 11 de dezembro de 1990 e, em se tratando de servidor militar, de acordo com os respectivos regulamentos disciplinares.

Art. 15. A comissão processante dará conhecimento ao Ministério Público e ao Tribunal ou Conselho de Contas da existência de procedimento administrativo para apurar a prática de ato de improbidade.

Parágrafo único. O Ministério Público ou Tribunal ou Conselho de Contas poderá, a requerimento, designar representante para acompanhar o procedimento administrativo.

Art. 16. Havendo fundados indícios de responsabilidade, a comissão representará ao Ministério Público ou à procuradoria do órgão para que requeira ao juízo competente a decretação do sequestro dos bens do agente ou terceiro que tenha enriquecido ilicitamente ou causado dano ao patrimônio público.

§ 1º O pedido de sequestro será processado de acordo com o disposto nos Art.. 822 e 825 do Código de Processo Civil.

§ 2º Quando for o caso, o pedido incluirá a investigação, o exame e o bloqueio de bens, contas bancárias e aplicações financeiras mantidas pelo indiciado no exterior, nos termos da lei e dos tratados internacionais.

Art. 17. A ação principal, que terá o rito ordinário, será proposta pelo Ministério Público ou pela pessoa jurídica interessada, dentro de trinta dias da efetivação da medida cautelar.

§ 1º (Revogado pela Medida provisória nº 703, de 2015)

§ 2º A Fazenda Pública, quando for o caso, promoverá as ações necessárias à complementação do ressarcimento do patrimônio público.

§ 3º No caso de a ação principal ter sido proposta pelo Ministério Público, aplica-se, no que couber, o disposto no § 3º do Art. 6º da Lei no 4.717, de 29 de junho de 1965. (Redação dada pela Lei nº 9.366, de 1996)

§ 4º O Ministério Público, se não intervir no processo como pArt., atuará obrigatoriamente, como fiscal da lei, sob pena de nulidade.

§ 5º A propositura da ação prevenirá a jurisdição do juízo para todas as ações posteriormente intentadas que possuam a mesma causa de pedir ou o mesmo objeto. (Incluído pela Medida provisória nº 2.180-35, de 2001)

§ 6º A ação será instruída com documentos ou justificação que contenham indícios suficientes da existência do ato de improbidade ou com razões fundamentadas da impossibilidade de apresentação de qualquer dessas provas, observada a legislação vigente, inclusive as disposições inscritas nos Arts. 16 a 18 do Código de Processo Civil.(Incluído pela Medida Provisória nº 2.225-45, de 2001)

§ 7º Estando a inicial em devida forma, o juiz mandará autuá-la e ordenará a notificação do requerido, para oferecer manifestação por escrito, que poderá ser instruída com documentos e justificações, dentro do prazo de quinze dias.(Incluído pela Medida Provisória nº 2.225-45, de 2001)

§ 8º Recebida a manifestação, o juiz, no prazo de trinta dias, em decisão fundamentada, rejeitará a ação, se convencido da inexistência do ato de improbidade, da improcedência da ação ou da inadequação da via eleita.(Incluído pela Medida Provisória nº 2.225-45, de 2001)

§ 9º Recebida a petição inicial, será o réu citado para apresentar contestação. (Incluído pela Medida Provisória nº 2.225-45, de 2001)

§ 10. Da decisão que receber a petição inicial, caberá agravo de instrumento. (Incluído pela Medida Provisória nº 2.225-45, de 2001)

§ 11. Em qualquer fase do processo, reconhecida a inadequação da ação de improbidade, o juiz extinguirá o processo sem julgamento do mérito. (Incluído pela Medida Provisória nº 2.225-45, de 2001)

§ 12. Aplica-se aos depoimentos ou inquirições realizadas nos processos regidos por esta Lei o disposto no Art. 221, caput e § 1º, do Código de Processo Penal. (Incluído pela Medida Provisória nº 2.225-45, de 2001)

§ 13. Para os efeitos deste artigo, também se considera pessoa jurídica interessada o ente tributante que figurar no polo ativo da obrigação tributária de que tratam o § 4º do art. 3º e o art. 8º-A da Lei Complementar nº 116, de 31 de julho de 2003. (Incluído pela Lei Complementar nº 157, de 2016)

Art. 18. A sentença que julgar procedente ação civil de reparação de dano ou decretar a perda dos bens havidos ilicitamente determinará o pagamento ou a reversão dos bens, conforme o caso, em favor da pessoa jurídica prejudicada pelo ilícito.

Capítulo VI - Das Disposições Penais

Art. 19. Constitui crime a representação por ato de improbidade contra agente público ou terceiro beneficiário, quando o autor da denúncia o sabe inocente.

Pena: detenção de seis a dez meses e multa.

Parágrafo único. Além da sanção penal, o denunciante está sujeito a indenizar o denunciado pelos danos materiais, morais ou à imagem que houver provocado.

Art. 20. A perda da função pública e a suspensão dos direitos políticos só se efetivam com o trânsito em julgado da sentença condenatória.

Parágrafo único. A autoridade judicial ou administrativa competente poderá determinar o afastamento do agente público do exercício do cargo, emprego ou função, sem prejuízo da remuneração, quando a medida se fizer necessária à instrução processual.

Art. 21. A aplicação das sanções previstas nesta lei independe:

I - da efetiva ocorrência de dano ao patrimônio público, salvo quanto à pena de ressarcimento; (Redação dada pela Lei nº 12.120, de 2009).

II - da aprovação ou rejeição das contas pelo órgão de controle interno ou pelo Tribunal ou Conselho de Contas.

Art. 22. Para apurar qualquer ilícito previsto nesta lei, o Ministério Público, de ofício, a requerimento de autoridade administrativa ou mediante representação formulada de acordo com o disposto no Art. 14, poderá requisitar a instauração de inquérito policial ou procedimento administrativo.

Capítulo VII - Da Prescrição

Art. 23. As ações destinadas a levar a efeitos as sanções previstas nesta lei podem ser propostas:

I - até cinco anos após o término do exercício de mandato, de cargo em comissão ou de função de confiança;

II - dentro do prazo prescricional previsto em lei específica para faltas disciplinares puníveis com demissão a bem do serviço público, nos casos de exercício de cargo efetivo ou emprego.

III - até cinco anos da data da apresentação à administração pública da prestação de contas final pelas entidades referidas no parágrafo único do Art. 1º desta Lei. (Incluído pela Lei nº 13.019, de 2014)

Capítulo VIII - Das Disposições Finais

Art. 24. Esta lei entra em vigor na data de sua publicação.

Art. 25. Ficam revogadas as Leis nºs 3.164, de 1º de junho de 1957, e 3.502, de 21 de dezembro de 1958 e demais disposições em contrário.

Anotações

Lei nº 8.666, de 21 de Junho de 1993

Capítulo I - Das disposições Gerais

Seção I - Dos Princípios

Art. 1º. Esta Lei estabelece normas gerais sobre licitações e contratos administrativos pertinentes a obras, serviços, inclusive de publicidade, compras, alienações e locações no âmbito dos Poderes da União, dos Estados, do Distrito Federal e dos Municípios.

Parágrafo único. Subordinam-se ao regime desta Lei, além dos órgãos da administração direta, os fundos especiais, as autarquias, as fundações públicas, as empresas públicas, as sociedades de economia mista e demais entidades controladas direta ou indiretamente pela União, Estados, Distrito Federal e Municípios.

Art. 2º. As obras, serviços, inclusive de publicidade, compras, alienações, concessões, permissões e locações da Administração Pública, quando contratadas com terceiros, serão necessariamente precedidas de licitação, ressalvadas as hipóteses previstas nesta Lei.

Parágrafo único. Para os fins desta Lei, considera-se contrato todo e qualquer ajuste entre órgãos ou entidades da Administração Pública e particulares, em que haja um acordo de vontades para a formação de vínculo e a estipulação de obrigações recíprocas, seja qual for a denominação utilizada.

Art. 3º. A licitação destina-se a garantir a observância do princípio constitucional da isonomia, a seleção da proposta mais vantajosa para a administração e a promoção do desenvolvimento nacional sustentável e será processada e julgada em estrita conformidade com os princípios básicos da legalidade, da impessoalidade, da moralidade, da igualdade, da publicidade, da probidade administrativa, da vinculação ao instrumento convocatório, do julgamento objetivo e dos que lhes são correlatos. (Redação dada pela Lei nº 12.349, de 2010)

§ 1º. É vedado aos agentes públicos:

I - admitir, prever, incluir ou tolerar, nos atos de convocação, cláusulas ou condições que comprometam, restrinjam ou frustrem o seu caráter competitivo, inclusive nos casos de sociedades cooperativas, e estabeleçam preferências ou distinções em razão da naturalidade, da sede ou domicílio dos licitantes ou de qualquer outra circunstância impertinente ou irrelevante para o específico objeto do contrato, ressalvado o disposto nos §§ 5º a 12 deste Art. e no Art. 3º da Lei nº 8.248, de 23 de outubro de 1991; (Redação dada pela Lei nº 12.349, de 2010)

II - estabelecer tratamento diferenciado de natureza comercial, legal, trabalhista, previdenciária ou qualquer outra, entre empresas brasileiras e estrangeiras, inclusive no que se refere a moeda, modalidade e local de pagamentos, mesmo quando envolvidos financiamentos de agências internacionais, ressalvado o disposto no parágrafo seguinte e no Art. 3º da Lei no 8.248, de 23 de outubro de 1991.

§ 2º. Em igualdade de condições, como critério de desempate, será assegurada preferência, sucessivamente, aos bens e serviços:

I - (Revogado pela Lei nº 12.349, de 2010)

II - produzidos no País;

III - produzidos ou prestados por empresas brasileiras.

IV - produzidos ou prestados por empresas que invistam em pesquisa e no desenvolvimento de tecnologia no País. (Incluído pela Lei nº 11.196, de 2005)

V - produzidos ou prestados por empresas que comprovem cumprimento de reserva de cargos prevista em lei para pessoa com deficiência ou para reabilitado da Previdência Social e que atendam às regras de acessibilidade previstas na legislação. (Incluído pela Lei nº 13.146, de 2015)

§ 3º. A licitação não será sigilosa, sendo públicos e acessíveis ao público os atos de seu procedimento, salvo quanto ao conteúdo das propostas, até a respectiva abertura.

§ 4º. (Vetado). (Incluído pela Lei nº 8.883, de 1994)

§ 5º. Nos processos de licitação, poderá ser estabelecida margem de preferência para: (Redação dada pela Lei nº 13.146, de 2015)

I - produtos manufaturados e para serviços nacionais que atendam a normas técnicas brasileiras; e (Incluído pela Lei nº 13.146, de 2015)

II - bens e serviços produzidos ou prestados por empresas que comprovem cumprimento de reserva de cargos prevista em lei para pessoa com deficiência ou para reabilitado da Previdência Social e que atendam às regras de acessibilidade previstas na legislação. (Incluído pela Lei nº 13.146, de 2015)

§ 6º. A margem de preferência de que trata o § 5º será estabelecida com base em estudos revistos periodicamente, em prazo não superior a 5 (cinco) anos, que levem em consideração: (Incluído pela Lei nº 12.349, de 2010) (Vide Decreto nº 7.546, de 2011) (Vide Decreto nº 7.709, de 2012) (Vide Decreto nº 7.713, de 2012) (Vide Decreto nº 7.756, de 2012)

I - geração de emprego e renda; (Incluído pela Lei nº 12.349, de 2010)

II - efeito na arrecadação de tributos federais, estaduais e municipais; (Incluído pela Lei nº 12.349, de 2010)

III - desenvolvimento e inovação tecnológica realizados no País; (Incluído pela Lei nº 12.349, de 2010)

IV - custo adicional dos produtos e serviços; e (Incluído pela Lei nº 12.349, de 2010)

V - em suas revisões, análise retrospectiva de resultados. (Incluído pela Lei nº 12.349, de 2010)

§ 7º. Para os produtos manufaturados e serviços nacionais resultantes de desenvolvimento e inovação tecnológica realizados no País, poderá ser estabelecido margem de preferência adicional àquela prevista no § 5º. (Incluído pela Lei nº 12.349, de 2010) (Vide Decreto nº 7.546, de 2011)

§ 8º. As margens de preferência por produto, serviço, grupo de produtos ou grupo de serviços, a que se referem os §§ 5º e 7º, serão definidas pelo Poder Executivo federal, não podendo a soma delas ultrapassar o montante de 25% (vinte e cinco por cento) sobre o preço dos produtos manufaturados e serviços estrangeiros. (Incluído pela Lei nº 12.349, de 2010) (Vide Decreto nº 7.546, de 2011)

§ 9º. As disposições contidas nos §§ 5º e 7º deste Art. não se aplicam aos bens e aos serviços cuja capacidade de produção ou prestação no País seja inferior: (Incluído pela Lei nº 12.349, de 2010) (Vide Decreto nº 7.546, de 2011)

I - à quantidade a ser adquirida ou contratada; ou (Incluído pela Lei nº 12.349, de 2010)

II - ao quantitativo fixado com fundamento no § 7º do Art. 23 desta Lei, quando for o caso. (Incluído pela Lei nº 12.349, de 2010)

§ 10. A margem de preferência a que se refere o § 5º poderá ser estendida, total ou parcialmente, aos bens e serviços originários dos Estados Partes do Mercado Comum do Sul - Mercosul. (Incluído pela Lei nº 12.349, de 2010) (Vide Decreto nº 7.546, de 2011)

§ 11. Os editais de licitação para a contratação de bens, serviços e obras poderão, mediante prévia justificativa da autoridade competente, exigir que o contratado promova, em favor de órgão ou entidade integrante da administração pública ou daqueles por ela indicados a partir de processo isonômico, medidas de compensação comercial, industrial, tecnológica ou acesso a condições vantajosas de financiamento, cumulativamente ou não, na forma estabelecida pelo Poder Executivo federal. (Incluído pela Lei nº 12.349, de 2010) (Vide Decreto nº 7.546, de 2011)

§ 12. Nas contratações destinadas à implantação, manutenção e ao aperfeiçoamento dos sistemas de tecnologia de informação e comunicação, considerados estratégicos em ato do Poder Executivo federal, a licitação poderá ser restrita a bens e serviços com tecnologia desenvolvida no País e produzidos de acordo com o processo produtivo básico de que trata a Lei no 10.176, de 11 de janeiro de 2001. (Incluído pela Lei nº 12.349, de 2010) (Vide Decreto nº 7.546, de 2011)

§ 13. Será divulgada na internet, a cada exercício financeiro, a relação de empresas favorecidas em decorrência do disposto nos §§ 5º, 7º, 10, 11 e 12 deste Art. com indicação do volume de recursos destinados a cada uma delas. (Incluído pela Lei nº 12.349, de 2010)

§ 14. As preferências definidas neste Art. e nas demais normas de licitação e contratos devem privilegiar o tratamento diferenciado e favorecido às microempresas e empresas de pequeno porte na forma da lei. (Incluído pela Lei Complementar nº 147, de 2014)

§ 15. As preferências dispostas neste Art. prevalecem sobre as demais preferências previstas na legislação quando estas forem aplicadas sobre produtos ou serviços estrangeiros. (Incluído pela Lei Complementar nº 147, de 2014)

Art. 4º. Todos quantos participem de licitação promovida pelos órgãos ou entidades a que se refere o Art. 1º têm direito público subjetivo à fiel observância do pertinente procedimento estabelecido nesta lei, podendo qualquer cidadão acompanhar o seu desenvolvimento, desde que não interfira de modo a perturbar ou impedir a realização dos trabalhos.

Parágrafo único. O procedimento licitatório previsto nesta lei caracteriza ato administrativo formal, seja ele praticado em qualquer esfera da Administração Pública.

Art. 5º. Todos os valores, preços e custos utilizados nas licitações terão como expressão monetária a moeda corrente nacional, ressalvado o disposto no Art. 42 desta Lei, devendo cada unidade da Administração, no pagamento das obrigações relativas ao fornecimento de bens, locações, realização de obras e prestação de serviços, obedecer, para cada fonte diferenciada de recursos, a estrita ordem cronológica das datas de suas exigibilidades, salvo quando presentes relevantes razões de interesse público e mediante prévia justificativa da autoridade competente, devidamente publicada.

§ 1º. Os créditos a que se refere este artigo terão seus valores corrigidos por critérios previstos no ato convocatório e que lhes preservem o valor.

§ 2º. A correção de que trata o parágrafo anterior cujo pagamento será feito junto com o principal, correrá à conta das mesmas dotações orçamentárias que atenderam aos créditos a que se referem. (Redação dada pela Lei nº 8.883, de 1994)

§ 3º. Observados o disposto no caput, os pagamentos decorrentes de despesas cujos valores não ultrapassem o limite de que trata o inciso II do Art. 24, sem prejuízo do que dispõe seu parágrafo único, deverão ser efetuados no prazo de até 5 (cinco) dias úteis, contados da apresentação da fatura. (Incluído pela Lei nº 9.648, de 1998)

Art. 5º. A. As normas de licitações e contratos devem privilegiar o tratamento diferenciado e favorecido às microempresas e empresas de pequeno porte na forma da lei. (Incluído pela Lei Complementar nº 147, de 2014)

Seção II - Das Definições

Art. 6º. Para os fins desta Lei, considera-se:

I - Obra - toda construção, reforma, fabricação, recuperação ou ampliação, realizada por execução direta ou indireta;

II - Serviço - toda atividade destinada a obter determinada utilidade de interesse para a Administração, tais como: demolição, conserto, instalação, montagem, operação, conservação, reparação, adaptação, manutenção, transporte, locação de bens, publicidade, seguro ou trabalhos técnico-profissionais;

III - Compra - toda aquisição remunerada de bens para fornecimento de uma só vez ou parceladamente;

IV - Alienação - toda transferência de domínio de bens a terceiros;

V - Obras, serviços e compras de grande vulto - aquelas cujo valor estimado seja superior a 25 (vinte e cinco) vezes o limite estabelecido na alínea "c" do inciso I do Art. 23 desta Lei;

VI - Seguro-Garantia - o seguro que garante o fiel cumprimento das obrigações assumidas por empresas em licitações e contratos;

VII - Execução direta - a que é feita pelos órgãos e entidades da Administração, pelos próprios meios;

VIII - Execução indireta - a que o órgão ou entidade contrata com terceiros sob qualquer dos seguintes regimes: (Redação dada pela Lei nº 8.883, de 1994)

a) empreitada por preço global - quando se contrata a execução da obra ou do serviço por preço certo e total;

b) empreitada por preço unitário - quando se contrata a execução da obra ou do serviço por preço certo de unidades determinadas;

c) (Vetado). (Redação dada pela Lei nº 8.883, de 1994)

d) tarefa - quando se ajusta mão-de-obra para pequenos trabalhos por preço certo, com ou sem fornecimento de materiais;

e) empreitada integral - quando se contrata um empreendimento em sua integralidade, compreendendo todas as etapas das obras, serviços e instalações necessárias, sob inteira responsabilidade da contratada até a sua entrega ao contratante em condições de entrada em operação, atendidos os requisitos técnicos e legais para sua utilização em condições de segurança estrutural e operacional e com as características adequadas às finalidades para que foi contratada;

IX - Projeto Básico - conjunto de elementos necessários e suficientes, com nível de precisão adequado, para caracterizar a obra ou serviço, ou complexo de obras ou serviços objeto da licitação, elaborado com base nas indicações dos estudos técnicos preliminares, que assegurem a viabilidade técnica e o adequado tratamento do impacto ambiental do empreendimento, e que possibilite a avaliação do custo da obra e a definição dos métodos e do prazo de execução, devendo conter os seguintes elementos:

a) desenvolvimento da solução escolhida de forma a fornecer visão global da obra e identificar todos os seus elementos constitutivos com clareza;

b) soluções técnicas globais e localizadas, suficientemente detalhadas, de forma a minimizar a necessidade de reformulação ou de variantes durante as fases de elaboração do projeto executivo e de realização das obras e montagem;

c) identificação dos tipos de serviços a executar e de materiais e equipamentos a incorporar à obra, bem como suas especificações que assegurem os melhores resultados para o empreendimento, sem frustrar o caráter competitivo para a sua execução;

d) informações que possibilitem o estudo e a dedução de métodos construtivos, instalações provisórias e condições organizacionais para a obra, sem frustrar o caráter competitivo para a sua execução;

e) subsídios para montagem do plano de licitação e gestão da obra, compreendendo a sua programação, a estratégia de suprimentos, as normas de fiscalização e outros dados necessários em cada caso;

f) orçamento detalhado do custo global da obra, fundamentado em quantitativos de serviços e fornecimentos propriamente avaliados;

X - Projeto Executivo - o conjunto dos elementos necessários e suficientes à execução completa da obra, de acordo com as normas pertinentes da Associação Brasileira de Normas Técnicas - ABNT;

XI - Administração Pública - a administração direta e indireta da União, dos Estados, do Distrito Federal e dos Municípios, abrangendo inclusive as entidades com personalidade jurídica de direito privado sob controle do poder público e das fundações por ele instituídas ou mantidas;

XII - Administração - órgão, entidade ou unidade administrativa pela qual a Administração Pública opera e atua concretamente;

XIII - Imprensa Oficial - veículo oficial de divulgação da Administração Pública, sendo para a União o Diário Oficial da União, e, para os Estados, o Distrito Federal e os Municípios, o que for definido nas respectivas leis; (Redação dada pela Lei nº 8.883, de 1994)

XIV - Contratante - é o órgão ou entidade signatária do instrumento contratual;

XV - Contratado - a pessoa física ou jurídica signatária de contrato com a Administração Pública;

XVI - Comissão - comissão, permanente ou especial, criada pela Administração com a função de receber, examinar e julgar todos os documentos e procedimentos relativos às licitações e ao cadastramento de licitantes.

XVII - produtos manufaturados nacionais - produtos manufaturados, produzidos no território nacional de acordo com o processo produtivo básico ou com as regras de origem estabelecidas pelo Poder Executivo federal; (Incluído pela Lei nº 12.349, de 2010)

XVIII - serviços nacionais - serviços prestados no País, nas condições estabelecidas pelo Poder Executivo federal; (Incluído pela Lei nº 12.349, de 2010)

XIX - sistemas de tecnologia de informação e comunicação estratégicos - bens e serviços de tecnologia da informação e comunicação cuja descontinuidade provoque dano significativo à administração pública e que envolvam pelo menos um dos seguintes requisitos relacionados às informações críticas: disponibilidade, confiabilidade, segurança e confidencialidade. (Incluído pela Lei nº 12.349, de 2010)

XX - produtos para pesquisa e desenvolvimento - bens, insumos, serviços e obras necessários para atividade de pesquisa científica e tecnológica, desenvolvimento de tecnologia ou inovação tecnológica, discriminados em projeto de pesquisa aprovado pela instituição contratante. (Incluído pela Lei nº 13.243, de 2016)

Seção III - Das Obras e Serviços

Art. 7º. As licitações para a execução de obras e para a prestação de serviços obedecerão ao disposto neste artigo e, em particular, à seguinte sequência:

I - projeto básico;

II - projeto executivo;

III - execução das obras e serviços.

§ 1º. A execução de cada etapa será obrigatoriamente precedida da conclusão e aprovação, pela autoridade competente, dos trabalhos relativos às etapas anteriores, à exceção do projeto executivo, o qual poderá ser desenvolvido concomitantemente com a execução das obras e serviços, desde que também autorizado pela Administração.

§ 2º. As obras e os serviços somente poderão ser licitados quando:

I - houver projeto básico aprovado pela autoridade competente e disponível para exame dos interessados em participar do processo licitatório;

II - existir orçamento detalhado em planilhas que expressem a composição de todos os seus custos unitários;

III - houver previsão de recursos orçamentários que assegurem o pagamento das obrigações decorrentes de obras ou serviços a serem executadas no exercício financeiro em curso, de acordo com o respectivo cronograma;

IV - o produto dela esperado estiver contemplado nas metas estabelecidas no Plano Plurianual de que trata o Art. 165 da Constituição Federal, quando for o caso.

§ 3º. É vedado incluir no objeto da licitação a obtenção de recursos financeiros para sua execução, qualquer que seja a sua origem, exceto nos casos de empreendimentos executados e explorados sob o regime de concessão, nos termos da legislação específica.

§ 4º. É vedada, ainda, a inclusão, no objeto da licitação, de fornecimento de materiais e serviços sem previsão de quantidades ou cujos quantitativos não correspondam às previsões reais do projeto básico ou executivo.

§ 5º. É vedada a realização de licitação cujo objeto inclua bens e serviços sem similaridade ou de marcas, características e especificações exclusivas, salvo nos casos em que for tecnicamente justificável, ou ainda quando o fornecimento de tais materiais e serviços for feito sob o regime de administração contratada, previsto e discriminado no ato convocatório.

§ 6º. A infringência do disposto neste artigo implica a nulidade dos atos ou contratos realizados e a responsabilidade de quem lhes tenha dado causa.

§ 7º. Não será ainda computado como valor da obra ou serviço, para fins de julgamento das propostas de preços, a atualização monetária das obrigações de pagamento, desde a data final de cada período de aferição até a do respectivo pagamento, que será calculada pelos mesmos critérios estabelecidos obrigatoriamente no ato convocatório.

§ 8º. Qualquer cidadão poderá requerer à Administração Pública os quantitativos das obras e preços unitários de determinada obra executada.

§ 9º. O disposto neste artigo aplica-se também, no que couber, aos casos de dispensa e de inexigibilidade de licitação.

Art. 8º. A execução das obras e dos serviços deve programar-se, sempre, em sua totalidade, previstos seus custos atual e final e considerados os prazos de sua execução.

Parágrafo único. É proibido o retardamento imotivado da execução de obra ou serviço, ou de suas parcelas, se existente previsão orçamentária para sua execução total, salvo insuficiência financeira ou comprovado motivo de ordem técnica, justificados em despacho circunstanciado da autoridade a que se refere o Art. 26 desta Lei. (Redação dada pela Lei nº 8.883, de 1994)

Art. 9º. Não poderá participar, direta ou indiretamente, da licitação ou da execução de obra ou serviço e do fornecimento de bens a eles necessários:

I - o autor do projeto, básico ou executivo, pessoa física ou jurídica;

II - empresa, isoladamente ou em consórcio, responsável pela elaboração do projeto básico ou executivo ou da qual o autor do projeto seja dirigente, gerente, acionista ou detentor de mais de 5% (cinco por cento) do capital com direito a voto ou controlador, responsável técnico ou subcontratado;

III - servidor ou dirigente de órgão ou entidade contratante ou responsável pela licitação.

§ 1º. É permitida a participação do autor do projeto ou da empresa a que se refere o inciso II deste artigo na licitação de obra ou serviço, ou na execução, como consultor ou técnico, nas funções de fiscalização, supervisão ou gerenciamento, exclusivamente a serviço da Administração interessada.

§ 2º. O disposto neste artigo não impede a licitação ou contratação de obra ou serviço que inclua a elaboração de projeto executivo como encargo do contratado ou pelo preço previamente fixado pela Administração.

§ 3º. Considera-se participação indireta, para fins do disposto neste Art. a existência de qualquer vínculo de natureza técnica, comercial, econômica, financeira ou trabalhista entre o autor do projeto, pessoa física ou jurídica, e o licitante ou responsável pelos serviços, fornecimentos e obras, incluindo-se os fornecimentos de bens e serviços a estes necessários.

§ 4º. O disposto no parágrafo anterior aplica-se aos membros da comissão de licitação.

Art. 10. As obras e serviços poderão ser executados nas seguintes formas: (Redação dada pela Lei nº 8.883, de 1994)

I - execução direta;

II - execução indireta, nos seguintes regimes: (Redação dada pela Lei nº 8.883, de 1994)

a) empreitada por preço global;

b) empreitada por preço unitário;

c) (Vetado). (Redação dada pela Lei nº 8.883, de 1994)

d) tarefa;

e) empreitada integral.

Parágrafo único. (Vetado). (Redação dada pela Lei nº 8.883, de 1994)

Art. 11. As obras e serviços destinados aos mesmos fins terão projetos padronizados por tipos, categorias ou classes, exceto quando o projeto-padrão não atender às condições peculiares do local ou às exigências específicas do empreendimento.

Art. 12. Nos projetos básicos e projetos executivos de obras e serviços serão considerados principalmente os seguintes requisitos: (Redação dada pela Lei nº 8.883, de 1994)

I - segurança;

II - funcionalidade e adequação ao interesse público;

III - economia na execução, conservação e operação;

IV - possibilidade de emprego de mão-de-obra, materiais, tecnologia e matérias-primas existentes no local para execução, conservação e operação;

V - facilidade na execução, conservação e operação, sem prejuízo da durabilidade da obra ou do serviço;

VI - adoção das normas técnicas, de saúde e de segurança do trabalho adequadas; (Redação dada pela Lei nº 8.883, de 1994)

VII - impacto ambiental.

Seção IV - Dos Serviços Técnicos Profissionais Especializados

Art. 13. Para os fins desta Lei, consideram-se serviços técnicos profissionais especializados os trabalhos relativos a:

I - estudos técnicos, planejamentos e projetos básicos ou executivos;

II - pareceres, perícias e avaliações em geral;

III - assessorias ou consultorias técnicas e auditorias financeiras ou tributárias; (Redação dada pela Lei nº 8.883, de 1994)

IV - fiscalização, supervisão ou gerenciamento de obras ou serviços;

V - patrocínio ou defesa de causas judiciais ou administrativas;

VI - treinamento e aperfeiçoamento de pessoal;

VII - restauração de obras de arte e bens de valor histórico.

VIII - (Vetado). (Incluído pela Lei nº 8.883, de 1994)

§ 1º. Ressalvados os casos de inexigibilidade de licitação, os contratos para a prestação de serviços técnicos profissionais especializados deverão, preferencialmente, ser celebrados mediante a realização de concurso, com estipulação prévia de prêmio ou remuneração.

§ 2º. Aos serviços técnicos previstos neste artigo aplica-se, no que couber, o disposto no Art. 111 desta Lei.

§ 3º. A empresa de prestação de serviços técnicos especializados que apresente relação de integrantes de seu corpo técnico em procedimento licitatório ou como elemento de justificação de dispensa ou inexigibilidade de licitação, ficará obrigada a garantir que os referidos integrantes realizem pessoal e diretamente os serviços objeto do contrato.

Seção V - Das Compras

Art. 14. Nenhuma compra será feita sem a adequada caracterização de seu objeto e indicação dos recursos orçamentários para seu pagamento, sob pena de nulidade do ato e responsabilidade de quem lhe tiver dado causa.

Art. 15. As compras, sempre que possível, deverão:

I - atender ao princípio da padronização, que imponha compatibilidade de especificações técnicas e de desempenho, observadas, quando for o caso, as condições de manutenção, assistência técnica e garantia oferecidas;

II - ser processadas através de sistema de registro de preços;

III - submeter-se às condições de aquisição e pagamento semelhantes às do setor privado;

IV - ser subdivididas em tantas parcelas quantas necessárias para aproveitar as peculiaridades do mercado, visando economicidade;

V - balizar-se pelos preços praticados no âmbito dos órgãos e entidades da Administração Pública.

§ 1º. O registro de preços será precedido de ampla pesquisa de mercado.

§ 2º. Os preços registrados serão publicados trimestralmente para orientação da Administração, na imprensa oficial.

§ 3º. O sistema de registro de preços será regulamentado por decreto, atendidas as peculiaridades regionais, observadas as seguintes condições:

I - seleção feita mediante concorrência;

II - estipulação prévia do sistema de controle e atualização dos preços registrados;

III - validade do registro não superior a um ano.

§ 4º. A existência de preços registrados não obriga a Administração a firmar as contratações que deles poderão advir, ficando-lhe facultada a utilização de outros meios, respeitada a legislação relativa às licitações, sendo assegurado ao beneficiário do registro preferência em igualdade de condições.

§ 5º. O sistema de controle originado no quadro geral de preços, quando possível, deverá ser informatizado.

§ 6º. Qualquer cidadão é parte legítima para impugnar preço constante do quadro geral em razão de incompatibilidade desse com o preço vigente no mercado.

§ 7º. Nas compras deverão ser observadas, ainda:

I - a especificação completa do bem a ser adquirido sem indicação de marca;

II - a definição das unidades e das quantidades a serem adquiridas em função do consumo e utilização prováveis, cuja estimativa será obtida, sempre que possível, mediante adequadas técnicas quantitativas de estimação;

III - as condições de guarda e armazenamento que não permitam a deterioração do material.

§ 8º. O recebimento de material de valor superior ao limite estabelecido no Art. 23 desta Lei, para a modalidade de convite, deverá ser confiado a uma comissão de, no mínimo, 3 (três) membros.

Art. 16. Será dada publicidade, mensalmente, em órgão de divulgação oficial ou em quadro de avisos de amplo acesso público, à relação de todas as compras feitas pela Administração Direta ou Indireta, de maneira a clarificar a identificação do bem comprado, seu preço unitário, a quantidade adquirida, o nome do vendedor e o valor total da operação, podendo ser aglutinadas por itens as compras feitas com dispensa e inexigibilidade de licitação. (Redação dada pela Lei nº 8.883, de 1994)

Parágrafo único. O disposto neste Art. não se aplica aos casos de dispensa de licitação previstos no inciso IX do Art. 24. (Incluído pela Lei nº 8.883, de 1994)

Seção VI - Das Alienações

Art. 17. A alienação de bens da Administração Pública, subordinada à existência de interesse público devidamente justificado, será precedida de avaliação e obedecerá às seguintes normas:

I - quando imóveis, dependerá de autorização legislativa para órgãos da administração direta e entidades autárquicas e fundacionais, e, para todos, inclusive as entidades paraestatais, dependerá de avaliação prévia e de licitação na modalidade de concorrência, dispensada esta nos seguintes casos:

a) dação em pagamento;

b) doação, permitida exclusivamente para outro órgão ou entidade da administração pública, de qualquer esfera de governo, ressalvado o disposto nas alíneas f, h e i; (Redação dada pela Lei nº 11.952, de 2009)

c) permuta, por outro imóvel que atenda aos requisitos constantes do inciso X do Art. 24 desta Lei;

d) investidura;

e) venda a outro órgão ou entidade da administração pública, de qualquer esfera de governo; (Incluída pela Lei nº 8.883, de 1994)

f) alienação gratuita ou onerosa, aforamento, concessão de direito real de uso, locação ou permissão de uso de bens imóveis residenciais construídos, destinados ou efetivamente utilizados no âmbito de programas habitacionais ou de regularização fundiária de interesse social desenvolvidos por órgãos ou entidades da administração pública; (Redação dada pela Lei nº 11.481, de 2007)

g) procedimentos de legitimação de posse de que trata o Art. 29 da Lei no 6.383, de 7 de dezembro de 1976, mediante iniciativa e deliberação dos órgãos da Administração Pública em cuja competência legal inclua-se tal atribuição; (Incluído pela Lei nº 11.196, de 2005)

h) alienação gratuita ou onerosa, aforamento, concessão de direito real de uso, locação ou permissão de uso de bens imóveis de uso comercial de âmbito local com área de até 250 m^2 (duzentos e cinquenta metros quadrados) e inseridos no âmbito de programas de regularização fundiária de interesse social desenvolvidos por órgãos ou entidades da administração pública; (Incluído pela Lei nº 11.481, de 2007)

i) alienação e concessão de direito real de uso, gratuita ou onerosa, de terras públicas rurais da União e do Incra, onde incidam ocupações até o limite de que trata o § 1º do art. 6º da Lei no 11.952, de 25 de junho de 2009, para fins de regularização fundiária, atendidos os requisitos legais; e (Redação dada pela Lei nº 13.465, 2017)

II - quando móveis, dependerá de avaliação prévia e de licitação, dispensada esta nos seguintes casos:

a) doação, permitida exclusivamente para fins e uso de interesse social, após avaliação de sua oportunidade e conveniência sócio-econômica, relativamente à escolha de outra forma de alienação;

b) permuta, permitida exclusivamente entre órgãos ou entidades da Administração Pública;

c) venda de ações, que poderão ser negociadas em bolsa, observada a legislação específica;

d) venda de títulos, na forma da legislação pertinente;

e) venda de bens produzidos ou comercializados por órgãos ou entidades da Administração Pública, em virtude de suas finalidades;

f) venda de materiais e equipamentos para outros órgãos ou entidades da Administração Pública, sem utilização previsível por quem deles dispõe.

§ 1º. Os imóveis doados com base na alínea "b" do inciso I deste Art. cessadas as razões que justificaram a sua doação, reverterão ao patrimônio da pessoa jurídica doadora, vedada a sua alienação pelo beneficiário.

§ 2º. A Administração também poderá conceder título de propriedade ou de direito real de uso de imóveis, dispensada licitação, quando o uso destinar-se: (Redação dada pela Lei nº 11.196, de 2005)

I - a outro órgão ou entidade da Administração Pública, qualquer que seja a localização do imóvel; (Incluído pela Lei nº 11.196, de 2005)

II - a pessoa natural que, nos termos de lei, regulamento ou ato normativo do órgão competente, haja implementado os requisitos mínimos de cultura, ocupação mansa e pacífica e exploração direta sobre área rural, observado o limite de que trata o § 1º do art. 6º da Lei nº 11.952, de 25 de junho de 2009; (Redação dada pela Lei nº 13.465, 2017)

§ 2º - A. As hipóteses do inciso II do § 2º ficam dispensadas de autorização legislativa, porém submetem-se aos seguintes condicionamentos: (Redação dada pela Lei nº 11.952, de 2009)

I - aplicação exclusivamente às áreas em que a detenção por particular seja comprovadamente anterior a 1º de dezembro de 2004; (Incluído pela Lei nº 11.196, de 2005)

II - submissão aos demais requisitos e impedimentos do regime legal e administrativo da destinação e da regularização fundiária de terras públicas; (Incluído pela Lei nº 11.196, de 2005)

III - vedação de concessões para hipóteses de exploração não-contempladas na lei agrária, nas leis de destinação de terras públicas, ou nas normas legais ou administrativas de zoneamento ecológico-econômico; e (Incluído pela Lei nº 11.196, de 2005)

IV - previsão de rescisão automática da concessão, dispensada notificação, em caso de declaração de utilidade, ou necessidade pública ou interesse social. (Incluído pela Lei nº 11.196, de 2005)

§ 2º-B. A hipótese do inciso II do § 2º deste Art. (Incluído pela Lei nº 11.196, de 2005)

I - só se aplica a imóvel situado em zona rural, não sujeito a vedação, impedimento ou inconveniente a sua exploração mediante atividades agropecuárias; (Incluído pela Lei nº 11.196, de 2005)

II - fica limitada a áreas de até quinze módulos fiscais, desde que não exceda mil e quinhentos hectares, vedada a dispensa de licitação para áreas superiores a esse limite; (Redação dada pela Lei nº 11.763, de 2008)

III - pode ser cumulada com o quantitativo de área decorrente da figura prevista na alínea g do inciso I do caput deste Art. até o limite previsto no inciso II deste parágrafo. (Incluído pela Lei nº 11.196, de 2005)

IV - (VETADO) (Incluído pela Lei nº 11.763, de 2008)

§ 3º. Entende-se por investidura, para os fins desta lei: (Redação dada pela Lei nº 9.648, de 1998)

I - a alienação aos proprietários de imóveis lindeiros de área remanescente ou resultante de obra pública, área esta que se tornar inaproveitável isoladamente, por preço nunca inferior ao da avaliação e desde que esse não ultrapasse a 50% (cinquenta por cento) do valor constante da alínea "a" do inciso II do Art. 23 desta lei; (Incluído pela Lei nº 9.648, de 1998)

II - a alienação, aos legítimos possuidores diretos ou, na falta destes, ao Poder Público, de imóveis para fins residenciais construídos em núcleos urbanos anexos a usinas hidrelétricas, desde que considerados dispensáveis na fase de operação dessas unidades e não integrem a categoria de bens reversíveis ao final da concessão. (Incluído pela Lei nº 9.648, de 1998)

§ 4º. A doação com encargo será licitada e de seu instrumento constarão, obrigatoriamente os encargos, o prazo de seu cumprimento e cláusula de reversão, sob pena de nulidade do ato, sendo dispensada a licitação no caso de interesse público devidamente justificado; (Redação dada pela Lei nº 8.883, de 1994)

§ 5º. Na hipótese do parágrafo anterior, caso o donatário necessite oferecer o imóvel em garantia de financiamento, a cláusula de reversão e demais obrigações serão garantidas por hipoteca em segundo grau em favor do doador. (Incluído pela Lei nº 8.883, de 1994)

§ 6º. Para a venda de bens móveis avaliados, isolada ou globalmente, em quantia não superior ao limite previsto no Art. 23, inciso II, alínea "b" desta Lei, a Administração poderá permitir o leilão. (Incluído pela Lei nº 8.883, de 1994)

§ 7º. (VETADO). (Incluído pela Lei nº 11.481, de 2007)

Art. 18. Na concorrência para a venda de bens imóveis, a fase de habilitação limitar-se-á à comprovação do recolhimento de quantia correspondente a 5% (cinco por cento) da avaliação.

Parágrafo único. (Revogado pela Lei nº 8.883, de 1994)

Art. 19. Os bens imóveis da Administração Pública, cuja aquisição haja derivado de procedimentos judiciais ou de dação em pagamento, poderão ser alienados por ato da autoridade competente, observadas as seguintes regras:

I - avaliação dos bens alienáveis;

II - comprovação da necessidade ou utilidade da alienação;

III - adoção do procedimento licitatório, sob a modalidade de concorrência ou leilão. (Redação dada pela Lei nº 8.883, de 1994)

Capítulo II - Da Licitação

Seção I - Das Modalidades, Limites e Dispensa

Art. 20. As licitações serão efetuadas no local onde se situar a repartição interessada, salvo por motivo de interesse público, devidamente justificado.

Parágrafo único. O disposto neste Art. não impedirá a habilitação de interessados residentes ou sediados em outros locais.

Art. 21. Os avisos contendo os resumos dos editais das concorrências, das tomadas de preços, dos concursos e dos leilões, embora realizados no local da repartição interessada, deverão ser publicados com antecedência, no mínimo, por uma vez: (Redação dada pela Lei nº 8.883, de 1994)

I - no Diário Oficial da União, quando se tratar de licitação feita por órgão ou entidade da Administração Pública Federal e, ainda, quando se tratar de obras financiadas parcial ou totalmente com recursos federais ou garantidas por instituições federais; (Redação dada pela Lei nº 8.883, de 1994)

II - no Diário Oficial do Estado, ou do Distrito Federal quando se tratar, respectivamente, de licitação feita por órgão ou entidade da Administração Pública Estadual ou Municipal, ou do Distrito Federal; (Redação dada pela Lei nº 8.883, de 1994)

III - em jornal diário de grande circulação no Estado e também, se houver, em jornal de circulação no Município ou na região onde será realizada a obra, prestado o serviço, fornecido, alienado ou alugado o bem, podendo ainda a Administração, conforme o vulto da licitação, utilizar-se de outros meios de divulgação para ampliar a área de competição. (Redação dada pela Lei nº 8.883, de 1994)

§ 1º. O aviso publicado conterá a indicação do local em que os interessados poderão ler e obter o texto integral do edital e todas as informações sobre a licitação.

§ 2º. O prazo mínimo até o recebimento das propostas ou da realização do evento será:

I - quarenta e cinco dias para: (Redação dada pela Lei nº 8.883, de 1994)

a) concurso; (Incluída pela Lei nº 8.883, de 1994)

b) concorrência, quando o contrato a ser celebrado contemplar o regime de empreitada integral ou quando a licitação for do tipo "melhor técnica" ou "técnica e preço"; (Incluída pela Lei nº 8.883, de 1994)

II - trinta dias para: (Redação dada pela Lei nº 8.883, de 1994)

a) concorrência, nos casos não especificados na alínea "b" do inciso anterior; (Incluída pela Lei nº 8.883, de 1994)

b) tomada de preços, quando a licitação for do tipo "melhor técnica" ou "técnica e preço"; (Incluída pela Lei nº 8.883, de 1994)

III - quinze dias para a tomada de preços, nos casos não especificados na alínea "b" do inciso anterior, ou leilão; (Redação dada pela Lei nº 8.883, de 1994)

IV - cinco dias úteis para convite. (Redação dada pela Lei nº 8.883, de 1994)

§ 3º. Os prazos estabelecidos no parágrafo anterior serão contados a partir da última publicação do edital resumido ou da expedição do convite, ou ainda da efetiva disponibilidade do edital ou do convite e respectivos anexos, prevalecendo a data que ocorrer mais tarde. (Redação dada pela Lei nº 8.883, de 1994)

§ 4º. Qualquer modificação no edital exige divulgação pela mesma forma que se deu o texto original, reabrindo-se o prazo inicialmente estabelecido, exceto quando, inquestionavelmente, a alteração não afetar a formulação das propostas.

Art. 22. São modalidades de licitação:

I - concorrência;

II - tomada de preços;

III - convite;

IV - concurso;

V - leilão.

§ 1º. Concorrência é a modalidade de licitação entre quaisquer interessados que, na fase inicial de habilitação preliminar, comprovem possuir os requisitos mínimos de qualificação exigidos no edital para execução de seu objeto.

§ 2º. Tomada de preços é a modalidade de licitação entre interessados devidamente cadastrados ou que atenderem a todas as condições exigidas para cadastramento até o terceiro dia anterior à data do recebimento das propostas, observada a necessária qualificação.

§ 3º. Convite é a modalidade de licitação entre interessados do ramo pertinente ao seu objeto, cadastrados ou não, escolhidos e convidados em número mínimo de 3 (três) pela unidade administrativa, a qual afixará, em local apropriado, cópia do instrumento convocatório e o estenderá aos demais cadastrados na correspondente especialidade que manifestarem seu interesse com antecedência de até 24 (vinte e quatro) horas da apresentação das propostas.

§ 4º. Concurso é a modalidade de licitação entre quaisquer interessados para escolha de trabalho técnico, científico ou artístico, mediante a instituição de prêmios ou remuneração aos vencedores, conforme critérios constantes de edital publicado na imprensa oficial com antecedência mínima de 45 (quarenta e cinco) dias.

§ 5º. Leilão é a modalidade de licitação entre quaisquer interessados para a venda de bens móveis inservíveis para a administração ou de produtos legalmente apreendidos ou penhorados, ou para a alienação de bens imóveis previstas no Art. 19, a quem oferecer o maior lance, igual ou superior ao valor da avaliação. (Redação dada pela Lei nº 8.883, de 1994)

§ 6º. Na hipótese do § 3º deste artigo existindo na praça mais de 3 (três) possíveis interessados, a cada novo convite, realizado para objeto idêntico ou assemelhado, é obrigatório o convite a, no mínimo, mais um interessado, enquanto existirem cadastrados não convidados nas últimas licitações. (Redação dada pela Lei nº 8.883, de 1994)

§ 7º. Quando, por limitações do mercado ou manifesto desinteresse dos convidados, for impossível a obtenção do número mínimo de licitantes exigidos no § 3º deste Art. essas circunstâncias deverão ser devidamente justificadas no processo, sob pena de repetição do convite.

§ 8º. É vedada a criação de outras modalidades de licitação ou a combinação das referidas neste artigo.

§ 9º. Na hipótese do parágrafo 2º deste artigo a administração somente poderá exigir do licitante não cadastrado os documentos previstos nos arts. 27 a 31, que comprovem habilitação compatível com o objeto da licitação, nos termos do edital. (Incluído pela Lei nº 8.883, de 1994)

Art. 23. As modalidades de licitação a que se referem os incisos I a III do Art. anterior serão determinadas em função dos seguintes limites, tendo em vista o valor estimado da contratação:

I - para obras e serviços de engenharia: (Redação dada pela Lei nº 9.648, de 1998)

a) convite - até R$ 150.000,00 (cento e cinquenta mil reais); (Redação dada pela Lei nº 9.648, de 1998)

b) tomada de preços - até R$ 1.500.000,00 (um milhão e quinhentos mil reais); (Redação dada pela Lei nº 9.648, de 1998)

c) concorrência: acima de R$ 1.500.000,00 (um milhão e quinhentos mil reais); (Redação dada pela Lei nº 9.648, de 1998)

II - para compras e serviços não referidos no inciso anterior:(Redação dada pela Lei nº 9.648, de 1998)

a) convite - até R$ 80.000,00 (oitenta mil reais); (Redação dada pela Lei nº 9.648, de 1998)

b) tomada de preços - até R$ 650.000,00 (seiscentos e cinquenta mil reais); (Redação dada pela Lei nº 9.648, de 1998)

c) concorrência - acima de R$ 650.000,00 (seiscentos e cinquenta mil reais). (Redação dada pela Lei nº 9.648, de 1998)

§ 1º. As obras, serviços e compras efetuadas pela Administração serão divididas em tantas parcelas quantas se comprovarem técnica e economicamente viáveis, procedendo-se à licitação com vistas ao melhor aproveitamento dos recursos disponíveis no mercado e à ampliação da competitividade sem perda da economia de escala. (Redação dada pela Lei nº 8.883, de 1994)

§ 2º. Na execução de obras e serviços e nas compras de bens, parceladas nos termos do parágrafo anterior, a cada etapa ou conjunto de etapas da obra, serviço ou compra, há de corresponder licitação distinta, preservada a modalidade pertinente para a execução do objeto em licitação. (Redação dada pela Lei nº 8.883, de 1994)

§ 3º. A concorrência é a modalidade de licitação cabível, qualquer que seja o valor de seu objeto, tanto na compra ou alienação de bens imóveis, ressalvado o disposto no Art. 19, como nas concessões de direito real de uso e nas licitações internacionais, admitindo-se neste último caso, observados os limites deste artigo a tomada de preços, quando o órgão ou entidade dispuser de cadastro internacional de fornecedores ou o convite, quando não houver fornecedor do bem ou serviço no País. (Redação dada pela Lei nº 8.883, de 1994)

§ 4º. Nos casos em que couber convite, a Administração poderá utilizar a tomada de preços e, em qualquer caso, a concorrência.

§ 5º É vedada a utilização da modalidade "convite" ou "tomada de preços", conforme o caso, para parcelas de uma mesma obra ou serviço, ou ainda para obras e serviços da mesma natureza e no mesmo local que possam ser realizadas conjunta e concomitantemente, sempre que o somatório de seus valores caracterizar o caso de "tomada de preços" ou "concorrência", respectivamente, nos termos deste Art. exceto para as parcelas de natureza específica que possam ser executadas por pessoas ou empresas de especialidade diversa daquela do executor da obra ou serviço. (Redação dada pela Lei nº 8.883, de 1994)

§ 6º. As organizações industriais da Administração Federal direta, em face de suas peculiaridades, obedecerão aos limites estabelecidos no inciso I deste Art. também para suas compras e serviços em geral, desde que para a aquisição de materiais aplicados exclusivamente na manutenção, reparo ou fabricação de meios operacionais bélicos pertencentes à União. (Incluído pela Lei nº 8.883, de 1994)

§ 7º. Na compra de bens de natureza divisível e desde que não haja prejuízo para o conjunto ou complexo, é permitida a cotação de quantidade inferior à demandada na licitação, com vistas a ampliação da competitividade, podendo o edital fixar quantitativo mínimo para preservar a economia de escala. (Incluído pela Lei nº 9.648, de 1998)

§ 8º No caso de consórcios públicos, aplicar-se-á o dobro dos valores mencionados no caput deste Art. quando formado por até 3 (três) entes da Federação, e o triplo, quando formado por maior número. (Incluído pela Lei nº 11.107, de 2005)

Art. 24. É dispensável a licitação: Vide Lei nº 12.188, de 2.010 Vigência

I - para obras e serviços de engenharia de valor até 10% (dez por cento) do limite previsto na alínea "a", do inciso I do Art. anterior, desde que não se refiram a parcelas de uma mesma obra ou serviço ou ainda para obras e serviços da mesma natureza e no mesmo local que possam ser realizadas conjunta e concomitantemente; (Redação dada pela Lei nº 9.648, de 1998)

II - para outros serviços e compras de valor até 10% (dez por cento) do limite previsto na alínea "a", do inciso II do Art. anterior e para alienações, nos casos previstos nesta Lei, desde que não se refiram a parcelas de um mesmo serviço, compra ou alienação de maior vulto que possa ser realizada de uma só vez; (Redação dada pela Lei nº 9.648, de 1998)

III - nos casos de guerra ou grave perturbação da ordem;

IV - nos casos de emergência ou de calamidade pública, quando caracterizada urgência de atendimento de situação que possa ocasionar prejuízo ou comprometer a segurança de pessoas, obras, serviços, equipamentos e outros bens, públicos ou particulares, e somente para os bens necessários ao atendimento da situação emergencial ou calamitosa e para as parcelas de obras e serviços que possam ser concluídas no prazo máximo de 180 (cento e oitenta) dias consecutivos e ininterruptos, contados da ocorrência da emergência ou calamidade, vedada a prorrogação dos respectivos contratos;

V - quando não acudirem interessados à licitação anterior e esta, justificadamente, não puder ser repetida sem prejuízo para a Administração, mantidas, neste caso, todas as condições preestabelecidas;

VI - quando a União tiver que intervir no domínio econômico para regular preços ou normalizar o abastecimento;

VII - quando as propostas apresentadas consignarem preços manifestamente superiores aos praticados no mercado nacional, ou forem incompatíveis com os fixados pelos órgãos oficiais competentes, casos em que, observado o parágrafo único do Art. 48 desta Lei e, persistindo a situação, será admitida a adjudicação direta dos bens ou serviços, por valor não superior ao constante do registro de preços, ou dos serviços; (Vide § 3º do Art. 48)

VIII - para a aquisição, por pessoa jurídica de direito público interno, de bens produzidos ou serviços prestados por órgão ou entidade que integre a Administração Pública e que tenha sido criado para esse fim específico em data anterior à vigência desta Lei, desde que o preço contratado seja compatível com o praticado no mercado; (Redação dada pela Lei nº 8.883, de 1994)

IX - quando houver possibilidade de comprometimento da segurança nacional, nos casos estabelecidos em decreto do Presidente da República, ouvido o Conselho de Defesa Nacional;

X - para a compra ou locação de imóvel destinado ao atendimento das finalidades precípuas da administração, cujas necessidades de instalação e localização condicionem a sua escolha, desde que o preço seja compatível com o valor de mercado, segundo avaliação prévia;(Redação dada pela Lei nº 8.883, de 1994)

XI - na contratação de remanescente de obra, serviço ou fornecimento, em consequência de rescisão contratual, desde que atendida a ordem de classificação da licitação anterior e aceitas as mesmas condições oferecidas pelo licitante vencedor, inclusive quanto ao preço, devidamente corrigido;

XII - nas compras de hortifrutigranjeiros, pão e outros gêneros perecíveis, no tempo necessário para a realização dos processos licitatórios correspondentes, realizadas diretamente com base no preço do dia; (Redação dada pela Lei nº 8.883, de 1994)

XIII - na contratação de instituição brasileira incumbida regimental ou estatutariamente da pesquisa, do ensino ou do desenvolvimento institucional, ou de instituição dedicada à recuperação social do preso, desde que a contratada detenha inquestionável reputação ético-profissional e não tenha fins lucrativos;(Redação dada pela Lei nº 8.883, de 1994)

XIV - para a aquisição de bens ou serviços nos termos de acordo internacional específico aprovado pelo Congresso Nacional, quando as condições ofertadas forem manifestamente vantajosas para o Poder Público; (Redação dada pela Lei nº 8.883, de 1994)

XV - para a aquisição ou restauração de obras de arte e objetos históricos, de autenticidade certificada, desde que compatíveis ou inerentes às finalidades do órgão ou entidade.

XVI - para a impressão dos diários oficiais, de formulários padronizados de uso da administração, e de edições técnicas oficiais, bem como para prestação de serviços de informática a pessoa jurídica de direito público interno, por órgãos ou entidades que integrem a Administração Pública, criados para esse fim específico;(Incluído pela Lei nº 8.883, de 1994)

XVII - para a aquisição de componentes ou peças de origem nacional ou estrangeira, necessários à manutenção de equipamentos durante o período de garantia técnica, junto ao fornecedor original desses equipamentos, quando tal condição de exclusividade for indispensável para a vigência da garantia; (Incluído pela Lei nº 8.883, de 1994)

XVIII - nas compras ou contratações de serviços para o abastecimento de navios, embarcações, unidades aéreas ou tropas e seus meios de deslocamento quando em estada eventual de curta duração em portos, aeroportos ou localidades diferentes de suas sedes, por motivo de movimentação operacional ou de adestramento, quando a exiguidade dos prazos legais puder comprometer a normalidade e os propósitos das operações e desde que seu valor não exceda ao limite previsto na alínea "a" do inciso II do Art. 23 desta Lei: (Incluído pela Lei nº 8.883, de 1994)

XIX - para as compras de material de uso pelas Forças Armadas, com exceção de materiais de uso pessoal e administrativo, quando houver necessidade de manter a padronização requerida pela estrutura de apoio logístico dos meios navais, aéreos e terrestres, mediante parecer de comissão instituída por decreto; (Incluído pela Lei nº 8.883, de 1994)

XX - na contratação de associação de portadores de deficiência física, sem fins lucrativos e de comprovada idoneidade, por órgãos ou entidades da Admininistração Pública, para a prestação de serviços ou fornecimento de mão-de-obra, desde que o preço contratado seja compatível com o praticado no mercado. (Incluído pela Lei nº 8.883, de 1994)

XXI - para a aquisição ou contratação de produto para pesquisa e desenvolvimento, limitada, no caso de obras e serviços de engenharia, a 20% (vinte por cento) do valor de que trata a alínea "b" do inciso I do caput do Art. 23; (Incluído pela Lei nº 13.243, de 2016)

XXII - na contratação de fornecimento ou suprimento de energia elétrica e gás natural com concessionário, permissionário ou autorizado, segundo as normas da legislação específica; (Incluído pela Lei nº 9.648, de 1998)

XXIII - na contratação realizada por empresa pública ou sociedade de economia mista com suas subsidiárias e controladas, para a aquisição ou alienação de bens, prestação ou obtenção de serviços, desde que o preço contratado seja compatível com o praticado no mercado. (Incluído pela Lei nº 9.648, de 1998)

XXIV - para a celebração de contratos de prestação de serviços com as organizações sociais, qualificadas no âmbito das respectivas esferas de governo, para atividades contempladas no contrato de gestão. (Incluído pela Lei nº 9.648, de 1998)

XXV - na contratação realizada por Instituição Científica e Tecnológica - ICT ou por agência de fomento para a transferência de tecnologia e para o licenciamento de direito de uso ou de exploração de criação protegida.(Incluído pela Lei nº 10.973, de 2004)

XXVI - na celebração de contrato de programa com ente da Federação ou com entidade de sua administração indireta, para a prestação de serviços públicos de forma associada nos termos do autorizado em contrato de consórcio público ou em convênio de cooperação. (Incluído pela Lei nº 11.107, de 2005)

XXVII - na contratação da coleta, processamento e comercialização de resíduos sólidos urbanos recicláveis ou reutilizáveis, em áreas com sistema de coleta seletiva de lixo, efetuados por associações ou cooperativas formadas exclusivamente por pessoas físicas de baixa renda reconhecidas pelo poder público como catadores de materiais recicláveis, com o uso de equipamentos compatíveis com as normas técnicas, ambientais e de saúde pública. (Redação dada pela Lei nº 11.445, de 2007).

XXVIII - para o fornecimento de bens e serviços, produzidos ou prestados no País, que envolvam, cumulativamente, alta complexidade tecnológica e defesa nacional, mediante parecer de comissão especialmente designada pela autoridade máxima do órgão. (Incluído pela Lei nº 11.484, de 2007).

XXIX - na aquisição de bens e contratação de serviços para atender aos contingentes militares das Forças Singulares brasileiras empregadas em operações de paz no exterior, necessariamente justificadas quanto ao preço e à escolha do fornecedor ou executante e ratificadas pelo Comandante da Força. (Incluído pela Lei nº 11.783, de 2008).

XXX - na contratação de instituição ou organização, pública ou privada, com ou sem fins lucrativos, para a prestação de serviços de assistência técnica e extensão rural no âmbito do Programa Nacional de Assistência Técnica e Extensão Rural na Agricultura Familiar e na Reforma Agrária, instituído por lei federal. (Incluído pela Lei nº 12.188, de 2.010)

XXXI - nas contratações visando ao cumprimento do disposto nos arts. 3º, 4º, 5º e 20 da Lei no 10.973, de 2 de dezembro de 2004, observados os princípios gerais de contratação dela constantes. (Incluído pela Lei nº 12.349, de 2010)

XXXII - na contratação em que houver transferência de tecnologia de produtos estratégicos para o Sistema Único de Saúde - SUS, no âmbito da Lei no 8.080, de 19 de setembro de 1990, conforme elencados em ato da direção nacional do SUS, inclusive por ocasião da aquisição destes produtos durante as etapas de absorção tecnológica. (Incluído pela Lei nº 12.715, de 2012)

XXXIII - na contratação de entidades privadas sem fins lucrativos, para a implementação de cisternas ou outras tecnologias sociais de acesso à água para consumo humano e produção de alimentos, para beneficiar as famílias rurais de baixa renda atingidas pela seca ou falta regular de água. (Incluído pela Lei nº 12.873, de 2013)

XXXIV - para a aquisição por pessoa jurídica de direito público interno de insumos estratégicos para a saúde produzidos ou distribuídos por fundação que, regimental ou estatutariamente, tenha por finalidade apoiar órgão da administração pública direta, sua autarquia ou fundação em projetos de ensino, pesquisa, extensão, desenvolvimento institucional, científico e tecnológico e estímulo à inovação, inclusive na gestão administrativa e financeira necessária à execução desses projetos, ou em parcerias que envolvam transferência de tecnologia de produtos estratégicos para o Sistema Único de Saúde - SUS, nos termos do inciso XXXII deste Art. e que tenha sido criada para esse fim específico em data anterior à vigência desta Lei, desde que o preço contratado seja compatível com o praticado no mercado. (Incluído pela Lei nº 13.204, de 2015)

XXXV - para a construção, a ampliação, a reforma e o aprimoramento de estabelecimentos penais, desde que configurada situação de grave e iminente risco à segurança pública (Incluído pela Lei nº 13.500, de 2017)

§ 1º. Os percentuais referidos nos incisos I e II do caput deste Art. serão 20% (vinte por cento) para compras, obras e serviços contratados por consórcios públicos, sociedade de economia mista, empresa pública e por autarquia ou fundação qualificadas, na forma da lei, como Agências Executivas. (Incluído pela Lei nº 12.715, de 2012)

§ 2º. O limite temporal de criação do órgão ou entidade que integre a administração pública estabelecido no inciso VIII do caput deste Art. não se aplica aos órgãos ou entidades que produzem produtos estratégicos para o SUS, no âmbito da Lei no 8.080, de 19 de setembro de 1990, conforme elencados em ato da direção nacional do SUS. (Incluído pela Lei nº 12.715, de 2012)

§ 3º. A hipótese de dispensa prevista no inciso XXI do caput, quando aplicada a obras e serviços de engenharia, seguirá procedimentos especiais instituídos em regulamentação específica. (Incluído pela Lei nº 13.243, de 2016)

§ 4º Não se aplica a vedação prevista no inciso I do caput do Art. 9º à hipótese prevista no inciso XXI do caput. (Incluído pela Lei nº 13.243, de 2016)

Art. 25. É inexigível a licitação quando houver inviabilidade de competição, em especial:

I - para aquisição de materiais, equipamentos, ou gêneros que só possam ser fornecidos por produtor, empresa ou representante comercial exclusivo, vedada a preferência de marca, devendo a comprovação de exclusividade ser feita através de atestado fornecido pelo órgão de registro do comércio do local em que se realizaria a licitação ou a obra ou o serviço, pelo Sindicato, Federação ou Confederação Patronal, ou, ainda, pelas entidades equivalentes;

II - para a contratação de serviços técnicos enumerados no Art. 13 desta Lei, de natureza singular, com profissionais ou empresas de notória especialização, vedada a inexigibilidade para serviços de publicidade e divulgação;

III - para contratação de profissional de qualquer setor artístico, diretamente ou através de empresário exclusivo, desde que consagrado pela crítica especializada ou pela opinião pública.

§ 1º. Considera-se de notória especialização o profissional ou empresa cujo conceito no campo de sua especialidade, decorrente de desempenho anterior, estudos, experiências, publicações, organização, aparelhamento, equipe técnica, ou de outros requisitos relacionados com suas atividades, permita inferir que o seu trabalho é essencial e indiscutivelmente o mais adequado à plena satisfação do objeto do contrato.

§ 2º. Na hipótese deste Art. e em qualquer dos casos de dispensa, se comprovado superfaturamento, respondem solidariamente pelo dano causado à Fazenda Pública o fornecedor ou o prestador de serviços e o agente público responsável, sem prejuízo de outras sanções legais cabíveis.

Art. 26. As dispensas previstas nos §§ 2º e 4º do Art. 17 e no inciso III e seguintes do Art. 24, as situações de inexigibilidade referidas no Art. 25, necessariamente justificadas, e o retardamento previsto no final do parágrafo único do Art. 8º desta Lei deverão ser comunicados, dentro de 3 (três) dias, à autoridade superior, para ratificação e publicação na imprensa oficial, no prazo de 5 (cinco) dias, como condição para a eficácia dos atos. (Redação dada pela Lei nº 11.107, de 2005)

Parágrafo único. O processo de dispensa, de inexigibilidade ou de retardamento, previsto neste Art. será instruído, no que couber, com os seguintes elementos:

I - caracterização da situação emergencial, calamitosa ou de grave e iminente risco à segurança pública que justifique a dispensa, quando for o caso; (Redação dada pela Lei nº 13.500, de 2017)

II - razão da escolha do fornecedor ou executante;

III - justificativa do preço.

IV - documento de aprovação dos projetos de pesquisa aos quais os bens serão alocados. (Incluído pela Lei nº 9.648, de 1998)

Seção II - Da Habilitação

Art. 27. Para a habilitação nas licitações exigir-se-á dos interessados, exclusivamente, documentação relativa a:

I - habilitação jurídica;

II - qualificação técnica;

III - qualificação econômico-financeira;

IV - regularidade fiscal e trabalhista; (Redação dada pela Lei nº 12.440, de 2011)

V - cumprimento do disposto no inciso XXXIII do Art. 7º da Constituição Federal. (Incluído pela Lei nº 9.854, de 1999)

Art. 28. A documentação relativa à habilitação jurídica, conforme o caso, consistirá em:

I - cédula de identidade;

II - registro comercial, no caso de empresa individual;

III - ato constitutivo, estatuto ou contrato social em vigor, devidamente registrado, em se tratando de sociedades comerciais, e, no caso de sociedades por ações, acompanhado de documentos de eleição de seus administradores;

IV - inscrição do ato constitutivo, no caso de sociedades civis, acompanhada de prova de diretoria em exercício;

V - decreto de autorização, em se tratando de empresa ou sociedade estrangeira em funcionamento no País, e ato de registro ou autorização para funcionamento expedido pelo órgão competente, quando a atividade assim o exigir.

Art. 29. A documentação relativa à regularidade fiscal e trabalhista, conforme o caso, consistirá em: (Redação dada pela Lei nº 12.440, de 2011)

I - prova de inscrição no Cadastro de Pessoas Físicas (CPF) ou no Cadastro Geral de Contribuintes (CGC);

II - prova de inscrição no cadastro de contribuintes estadual ou municipal, se houver, relativo ao domicílio ou sede do licitante, pertinente ao seu ramo de atividade e compatível com o objeto contratual;

III - prova de regularidade para com a Fazenda Federal, Estadual e Municipal do domicílio ou sede do licitante, ou outra equivalente, na forma da lei;

IV - prova de regularidade relativa à Seguridade Social e ao Fundo de Garantia por Tempo de Serviço (FGTS), demonstrando situação regular no cumprimento dos encargos sociais instituídos por lei. (Redação dada pela Lei nº 8.883, de 1994)

V - prova de inexistência de débitos inadimplidos perante a Justiça do Trabalho, mediante a apresentação de certidão negativa, nos termos do Título VII-A da Consolidação das Leis do Trabalho, aprovada pelo Decreto-Lei no5.452, de 1º de maio de 1943. (Incluído pela Lei nº 12.440, de 2011)

Art. 30. A documentação relativa à qualificação técnica limitar-se-á a:

I - registro ou inscrição na entidade profissional competente;

II - comprovação de aptidão para desempenho de atividade pertinente e compatível em características, quantidades e prazos com o objeto da licitação, e indicação das instalações e do aparelhamento e do pessoal técnico adequados e disponíveis para a realização do objeto da licitação, bem como da qualificação de cada um dos membros da equipe técnica que se responsabilizará pelos trabalhos;

III - comprovação, fornecida pelo órgão licitante, de que recebeu os documentos, e, quando exigido, de que tomou conhecimento de todas as informações e das condições locais para o cumprimento das obrigações objeto da licitação;

IV - prova de atendimento de requisitos previstos em lei especial, quando for o caso.

§ 1º. A comprovação de aptidão referida no inciso II do "caput" deste Art. no caso das licitações pertinentes a obras e serviços, será feita por atestados fornecidos por pessoas jurídicas de direito público ou privado, devidamente registrados nas entidades profissionais competentes, limitadas as exigências a: (Redação dada pela Lei nº 8.883, de 1994)

I - capacitação técnico-profissional: comprovação do licitante de possuir em seu quadro permanente, na data prevista para entrega da proposta, profissional de nível superior ou outro devidamente reconhecido pela entidade competente, detentor de atestado de responsabilidade técnica por execução de obra ou serviço de características semelhantes, limitadas estas exclusivamente às parcelas de maior relevância e valor significativo do objeto da licitação, vedadas as exigências de quantidades mínimas ou prazos máximos; (Incluído pela Lei nº 8.883, de 1994)

II - (Vetado). (Incluído pela Lei nº 8.883, de 1994)

a) (Vetado). (Incluído pela Lei nº 8.883, de 1994)

b) (Vetado). (Incluído pela Lei nº 8.883, de 1994)

§ 2º. As parcelas de maior relevância técnica e de valor significativo, mencionadas no parágrafo anterior, serão definidas no instrumento convocatório. (Redação dada pela Lei nº 8.883, de 1994)

§ 3º. Será sempre admitida a comprovação de aptidão através de certidões ou atestados de obras ou serviços similares de complexidade tecnológica e operacional equivalente ou superior.

§ 4º. Nas licitações para fornecimento de bens, a comprovação de aptidão, quando for o caso, será feita através de atestados fornecidos por pessoa jurídica de direito público ou privado.

§ 5º. É vedada a exigência de comprovação de atividade ou de aptidão com limitações de tempo ou de época ou ainda em locais específicos, ou quaisquer outras não previstas nesta Lei, que inibam a participação na licitação.

§ 6º. As exigências mínimas relativas a instalações de canteiros, máquinas, equipamentos e pessoal técnico especializado, considerados essenciais para o cumprimento do objeto da licitação, serão atendidas mediante a apresentação de relação explícita e da declaração formal da sua disponibilidade, sob as penas cabíveis, vedada as exigências de propriedade e de localização prévia.

§ 7º. (Vetado). (Redação dada pela Lei nº 8.883, de 1994)

I - (Vetado). (Incluído pela Lei nº 8.883, de 1994)

II - (Vetado). (Incluído pela Lei nº 8.883, de 1994)

§ 8º. No caso de obras, serviços e compras de grande vulto, de alta complexidade técnica, poderá a Administração exigir dos licitantes a metodologia de execução, cuja avaliação, para efeito de sua aceitação ou não, antecederá sempre à análise dos preços e será efetuada exclusivamente por critérios objetivos.

§ 9º. Entende-se por licitação de alta complexidade técnica aquela que envolva alta especialização, como fator de extrema relevância para garantir a execução do objeto a ser contratado, ou que possa comprometer a continuidade da prestação de serviços públicos essenciais.

§ 10. Os profissionais indicados pelo licitante para fins de comprovação da capacitação técnico-profissional de que trata o inciso I do § 1º deste Art. deverão participar da obra ou serviço objeto da licitação, admitindo-se a substituição por profissionais de experiência equivalente ou superior, desde que aprovada pela administração. (Incluído pela Lei nº 8.883, de 1994)

§ 11. (Vetado). (Incluído pela Lei nº 8.883, de 1994)

§ 12. (Vetado). (Incluído pela Lei nº 8.883, de 1994)

Art. 31. A documentação relativa à qualificação econômico-financeira limitar-se-á a:

I - balanço patrimonial e demonstrações contábeis do último exercício social, já exigíveis e apresentados na forma da lei, que comprovem a boa situação financeira da empresa, vedada a sua substituição por balancetes ou balanços provisórios, podendo ser atualizados por índices oficiais quando encerrado há mais de 3 (três) meses da data de apresentação da proposta;

II - certidão negativa de falência ou concordata expedida pelo distribuidor da sede da pessoa jurídica, ou de execução patrimonial, expedida no domicílio da pessoa física;

III - garantia, nas mesmas modalidades e critérios previstos no "caput" e § 1º do Art. 56 desta Lei, limitada a 1% (um por cento) do valor estimado do objeto da contratação.

§ 1º. A exigência de índices limitar-se-á à demonstração da capacidade financeira do licitante com vistas aos compromissos que terá que assumir caso lhe seja adjudicado o contrato, vedada a exigência de valores mínimos de faturamento anterior, índices de rentabilidade ou lucratividade. (Redação dada pela Lei nº 8.883, de 1994)

§ 2º. A Administração, nas compras para entrega futura e na execução de obras e serviços, poderá estabelecer, no instrumento convocatório da licitação, a exigência de capital mínimo ou de patrimônio líquido mínimo, ou ainda as garantias previstas no § 1º do Art. 56 desta Lei, como dado objetivo de comprovação

da qualificação econômico-financeira dos licitantes e para efeito de garantia ao adimplemento do contrato a ser ulteriormente celebrado.

§ 3º. O capital mínimo ou o valor do patrimônio líquido a que se refere o parágrafo anterior não poderá exceder a 10% (dez por cento) do valor estimado da contratação, devendo a comprovação ser feita relativamente à data da apresentação da proposta, na forma da lei, admitida a atualização para esta data através de índices oficiais.

§ 4º. Poderá ser exigida, ainda, a relação dos compromissos assumidos pelo licitante que importem diminuição da capacidade operativa ou absorção de disponibilidade financeira, calculada esta em função do patrimônio líquido atualizado e sua capacidade de rotação.

§ 5º. A comprovação de boa situação financeira da empresa será feita de forma objetiva, através do cálculo de índices contábeis previstos no edital e devidamente justificados no processo administrativo da licitação que tenha dado início ao certame licitatório, vedada a exigência de índices e valores não usualmente adotados para correta avaliação de situação financeira suficiente ao cumprimento das obrigações decorrentes da licitação.(Redação dada pela Lei nº 8.883, de 1994)

§ 6º (Vetado). (Redação dada pela Lei nº 8.883, de 1994)

Art. 32. Os documentos necessários à habilitação poderão ser apresentados em original, por qualquer processo de cópia autenticada por cartório competente ou por servidor da administração ou publicação em órgão da imprensa oficial. (Redação dada pela Lei nº 8.883, de 1994)

§ 1º. A documentação de que tratam os arts. 28 a 31 desta Lei poderá ser dispensada, no todo ou em parte, nos casos de convite, concurso, fornecimento de bens para pronta entrega e leilão.

§ 2º. O certificado de registro cadastral a que se refere o § 1º do Art. 36 substitui os documentos enumerados nos arts. 28 a 31, quanto às informações disponibilizadas em sistema informatizado de consulta direta indicado no edital, obrigando-se a parte a declarar, sob as penalidades legais, a superveniência de fato impeditivo da habilitação. (Redação dada pela Lei nº 9.648, de 1998)

§ 3º. A documentação referida neste Art. poderá ser substituída por registro cadastral emitido por órgão ou entidade pública, desde que previsto no edital e o registro tenha sido feito em obediência ao disposto nesta Lei.

§ 4º. As empresas estrangeiras que não funcionem no País, tanto quanto possível, atenderão, nas licitações internacionais, às exigências dos parágrafos anteriores mediante documentos equivalentes, autenticados pelos respectivos consulados e traduzidos por tradutor juramentado, devendo ter representação legal no Brasil com poderes expressos para receber citação e responder administrativa ou judicialmente.

§ 5º. Não se exigirá, para a habilitação de que trata este artigo prévio recolhimento de taxas ou emolumentos, salvo os referentes a fornecimento do edital, quando solicitado, com os seus elementos constitutivos, limitados ao valor do custo efetivo de reprodução gráfica da documentação fornecida.

§ 6º. O disposto no § 4º deste Art. no § 1º do Art. 33 e no § 2º do Art. 55, não se aplica às licitações internacionais para a aquisição de bens e serviços cujo pagamento seja feito com o produto de financiamento concedido por organismo financeiro internacional de que o Brasil faça parte, ou por agência estrangeira de cooperação, nem nos casos de contratação com empresa estrangeira, para a compra de equipamentos fabricados e entregues no exterior, desde que para este caso tenha havido prévia autorização do Chefe do Poder Executivo, nem nos casos de aquisição de bens e serviços realizada por unidades administrativas com sede no exterior.

§ 7º. A documentação de que tratam os arts. 28 a 31 e este Art. poderá ser dispensada, nos termos de regulamento, no todo ou em parte, para a contratação de produto para pesquisa e desenvolvimento, desde que para pronta entrega ou até o valor previsto na alínea "a" do inciso II do caput do Art. 23. (Incluído pela Lei nº 13.243, de 2016)

Art. 33. Quando permitida na licitação a participação de empresas em consórcio, observar-se-ão as seguintes normas:

I - comprovação do compromisso público ou particular de constituição de consórcio, subscrito pelos consorciados;

II - indicação da empresa responsável pelo consórcio que deverá atender às condições de liderança, obrigatoriamente fixadas no edital;

III - apresentação dos documentos exigidos nos arts. 28 a 31 desta Lei por parte de cada consorciado, admitindo-se, para efeito de qualificação técnica, o somatório dos quantitativos de cada consorciado, e, para efeito de qualificação econômico-financeira, o somatório dos valores de cada consorciado, na proporção de sua respectiva participação, podendo a Administração estabelecer, para o consórcio, um acréscimo de até 30% (trinta por cento) dos valores exigidos para licitante individual, inexigível este acréscimo para os consórcios compostos, em sua totalidade, por micro e pequenas empresas assim definidas em lei;

IV - impedimento de participação de empresa consorciada, na mesma licitação, através de mais de um consórcio ou isoladamente;

V - responsabilidade solidária dos integrantes pelos atos praticados em consórcio, tanto na fase de licitação quanto na de execução do contrato.

§ 1º. No consórcio de empresas brasileiras e estrangeiras a liderança caberá, obrigatoriamente, à empresa brasileira, observado o disposto no inciso II deste artigo.

§ 2º. O licitante vencedor fica obrigado a promover, antes da celebração do contrato, a constituição e o registro do consórcio, nos termos do compromisso referido no inciso I deste artigo.

Seção III - Dos Registros Cadastrais

Art. 34. Para os fins desta Lei, os órgãos e entidades da Administração Pública que realizem frequentemente licitações manterão registros cadastrais para efeito de habilitação, na forma regulamentar, válidos por, no máximo, um ano. (Regulamento)

§ 1º. O registro cadastral deverá ser amplamente divulgado e deverá estar permanentemente aberto aos interessados, obrigando-se a unidade por ele responsável a proceder, no mínimo anualmente, através da imprensa oficial e de jornal diário, a chamamento público para a atualização dos registros existentes e para o ingresso de novos interessados.

§ 2º. É facultado às unidades administrativas utilizarem-se de registros cadastrais de outros órgãos ou entidades da Administração Pública.

Art. 35. Ao requerer inscrição no cadastro, ou atualização deste, a qualquer tempo, o interessado fornecerá os elementos necessários à satisfação das exigências do Art. 27 desta Lei.

Art. 36. Os inscritos serão classificados por categorias, tendo-se em vista sua especialização, subdivididas em grupos, segundo a qualificação técnica e econômica avaliada pelos elementos constantes da documentação relacionada nos arts. 30 e 31 desta Lei.

§ 1º. Aos inscritos será fornecido certificado, renovável sempre que atualizarem o registro.

§ 2º. A atuação do licitante no cumprimento de obrigações assumidas será anotada no respectivo registro cadastral.

Art. 37. A qualquer tempo poderá ser alterado, suspenso ou cancelado o registro do inscrito que deixar de satisfazer as exigências do Art. 27 desta Lei, ou as estabelecidas para classificação cadastral.

Seção IV - Do Procedimento e Julgamento

Art. 38. O procedimento da licitação será iniciado com a abertura de processo administrativo, devidamente autuado, protocolado e numerado, contendo a autorização respectiva, a indicação sucinta de seu objeto e do recurso próprio para a despesa, e ao qual serão juntados oportunamente:

I - edital ou convite e respectivos anexos, quando for o caso;

II - comprovante das publicações do edital resumido, na forma do Art. 21 desta Lei, ou da entrega do convite;

III - ato de designação da comissão de licitação, do leiloeiro administrativo ou oficial, ou do responsável pelo convite;

IV - original das propostas e dos documentos que as instruírem;

V - atas, relatórios e deliberações da Comissão Julgadora;

VI - pareceres técnicos ou jurídicos emitidos sobre a licitação, dispensa ou inexigibilidade;

VII - atos de adjudicação do objeto da licitação e da sua homologação;

VIII - recursos eventualmente apresentados pelos licitantes e respectivas manifestações e decisões;

IX - despacho de anulação ou de revogação da licitação, quando for o caso, fundamentado circunstanciadamente;

X - termo de contrato ou instrumento equivalente, conforme o caso;

XI - outros comprovantes de publicações;

XII - demais documentos relativos à licitação.

Parágrafo único. As minutas de editais de licitação, bem como as dos contratos, acordos, convênios ou ajustes devem ser previamente examinadas e aprovadas por assessoria jurídica da Administração. (Redação dada pela Lei nº 8.883, de 1994)

Art. 39. Sempre que o valor estimado para uma licitação ou para um conjunto de licitações simultâneas ou sucessivas for superior a 100 (cem) vezes o limite previsto no Art. 23, inciso I, alínea "c" desta Lei, o processo licitatório será iniciado, obrigatoriamente, com uma audiência pública concedida pela autoridade responsável com antecedência mínima de 15 (quinze) dias úteis da data prevista para a publicação do edital, e divulgada, com a antecedência mínima de 10 (dez) dias úteis de sua realização, pelos mesmos meios previstos para a publicidade da licitação, à qual terão acesso e direito a todas as informações pertinentes e a se manifestar todos os interessados.

Parágrafo único. Para os fins deste Art. consideram-se licitações simultâneas aquelas com objetos similares e com realização prevista para intervalos não superiores a trinta dias e licitações sucessivas aquelas em que, também com objetos similares, o edital subsequente tenha uma data anterior a cento e vinte dias após o término do contrato resultante da licitação antecedente. (Redação dada pela Lei nº 8.883, de 1994)

Art. 40. O edital conterá no preâmbulo o número de ordem em série anual, o nome da repartição interessada e de seu setor, a modalidade, o regime de execução e o tipo da licitação, a menção de que será regida por esta Lei, o local, dia e hora para recebimento da documentação e proposta, bem como para início da abertura dos envelopes, e indicará, obrigatoriamente, o seguinte:

I - objeto da licitação, em descrição sucinta e clara;

II - prazo e condições para assinatura do contrato ou retirada dos instrumentos, como previsto no Art. 64 desta Lei, para execução do contrato e para entrega do objeto da licitação;

III - sanções para o caso de inadimplemento;

IV - local onde poderá ser examinado e adquirido o projeto básico;

V - se há projeto executivo disponível na data da publicação do edital de licitação e o local onde possa ser examinado e adquirido;

VI - condições para participação na licitação, em conformidade com os arts. 27 a 31 desta Lei, e forma de apresentação das propostas;

VII - critério para julgamento, com disposições claras e parâmetros objetivos;

VIII - locais, horários e códigos de acesso dos meios de comunicação à distância em que serão fornecidos elementos, informações e esclarecimentos relativos à licitação e às condições para atendimento das obrigações necessárias ao cumprimento de seu objeto;

IX - condições equivalentes de pagamento entre empresas brasileiras e estrangeiras, no caso de licitações internacionais;

X - o critério de aceitabilidade dos preços unitário e global, conforme o caso, permitida a fixação de preços máximos e vedados a fixação de preços mínimos, critérios estatísticos ou faixas de variação em relação a preços de referência, ressalvado o disposto nos parágrafos 1º e 2º do Art. 48; (Redação dada pela Lei nº 9.648, de 1998)

XI - critério de reajuste, que deverá retratar a variação efetiva do custo de produção, admitida a adoção de índices específicos ou setoriais, desde a data prevista para apresentação da proposta, ou do orçamento a que essa proposta se referir, até a data do adimplemento de cada parcela; (Redação dada pela Lei nº 8.883, de 1994)

XII - (Vetado). (Redação dada pela Lei nº 8.883, de 1994)

XIII - limites para pagamento de instalação e mobilização para execução de obras ou serviços que serão obrigatoriamente previstos em separado das demais parcelas, etapas ou tarefas;

XIV - condições de pagamento, prevendo:

a) prazo de pagamento não superior a trinta dias, contado a partir da data final do período de adimplemento de cada parcela; (Redação dada pela Lei nº 8.883, de 1994)

b) cronograma de desembolso máximo por período, em conformidade com a disponibilidade de recursos financeiros;

c) critério de atualização financeira dos valores a serem pagos, desde a data final do período de adimplemento de cada parcela até a data do efetivo pagamento; (Redação dada pela Lei nº 8.883, de 1994)

d) compensações financeiras e penalizações, por eventuais atrasos, e descontos, por eventuais antecipações de pagamentos;

e) exigência de seguros, quando for o caso;

XV - instruções e normas para os recursos previstos nesta Lei;

XVI - condições de recebimento do objeto da licitação;

XVII - outras indicações específicas ou peculiares da licitação.

§ 1º. O original do edital deverá ser datado, rubricado em todas as folhas e assinado pela autoridade que o expedir, permanecendo no processo de licitação, e dele extraindo-se cópias integrais ou resumidas, para sua divulgação e fornecimento aos interessados.

§ 2º. Constituem anexos do edital, dele fazendo parte integrante:

I - o projeto básico e/ou executivo, com todas as suas partes, desenhos, especificações e outros complementos;

II - orçamento estimado em planilhas de quantitativos e preços unitários; (Redação dada pela Lei nº 8.883, de 1994)

III - a minuta do contrato a ser firmado entre a Administração e o licitante vencedor;

IV - as especificações complementares e as normas de execução pertinentes à licitação.

§ 3º. Para efeito do disposto nesta Lei, considera-se como adimplemento da obrigação contratual a prestação do serviço, a realização da obra, a entrega do bem ou de parcela destes, bem como qualquer outro evento contratual a cuja ocorrência esteja vinculada a emissão de documento de cobrança.

§ 4º. Nas compras para entrega imediata, assim entendidas aquelas com prazo de entrega até trinta dias da data prevista para apresentação da proposta, poderão ser dispensadas: (Incluído pela Lei nº 8.883, de 1994)

I - o disposto no inciso XI deste Art. (Incluído pela Lei nº 8.883, de 1994)

II - a atualização financeira a que se refere a alínea "c" do inciso XIV deste Art. correspondente ao período compreendido entre as datas do adimplemento e a prevista para o pagamento, desde que não superior a quinze dias. (Incluído pela Lei nº 8.883, de 1994)

§ 5º A Administração Pública poderá, nos editais de licitação para a contratação de serviços, exigir da contratada que um percentual mínimo de sua mão de obra seja oriundo ou egresso do sistema prisional, com a finalidade de ressocialização do reeducando, na forma estabelecida em regulamento. (Incluído pela Lei nº 13.500, de 2017)

Art. 41. A Administração não pode descumprir as normas e condições do edital, ao qual se acha estritamente vinculada.

§ 1º. Qualquer cidadão é parte legítima para impugnar edital de licitação por irregularidade na aplicação desta Lei, devendo protocolar o pedido até 5 (cinco) dias úteis antes da data fixada para a abertura dos envelopes de habilitação, devendo a Administração julgar e responder à impugnação em até 3 (três) dias úteis, sem prejuízo da faculdade prevista no § 1º do Art. 113.

§ 2º. Decairá do direito de impugnar os termos do edital de licitação perante a administração o licitante que não o fizer até o segundo dia útil que anteceder a abertura dos envelopes de habilitação em concorrência, a abertura dos envelopes com as propostas em convite, tomada de preços ou concurso, ou a realização de leilão, as falhas ou irregularidades que viciariam esse edital, hipótese em que tal comunicação não terá efeito de recurso. (Redação dada pela Lei nº 8.883, de 1994)

§ 3º. A impugnação feita tempestivamente pelo licitante não o impedirá de participar do processo licitatório até o trânsito em julgado da decisão a ela pertinente.

§ 4º. A inabilitação do licitante importa preclusão do seu direito de participar das fases subsequentes.

Art. 42. Nas concorrências de âmbito internacional, o edital deverá ajustar-se às diretrizes da política monetária e do comércio exterior e atender às exigências dos órgãos competentes.

§ 1º. Quando for permitido ao licitante estrangeiro cotar preço em moeda estrangeira, igualmente o poderá fazer o licitante brasileiro.

§ 2º. O pagamento feito ao licitante brasileiro eventualmente contratado em virtude da licitação de que trata o parágrafo anterior será efetuado em moeda brasileira, à taxa de câmbio vigente no dia útil imediatamente anterior à data do efetivo pagamento. (Redação dada pela Lei nº 8.883, de 1994)

§ 3º. As garantias de pagamento ao licitante brasileiro serão equivalentes àquelas oferecidas ao licitante estrangeiro.

§ 4º. Para fins de julgamento da licitação, as propostas apresentadas por licitantes estrangeiros serão acrescidas dos gravames consequentes dos mesmos tributos que oneram exclusivamente os licitantes brasileiros quanto à operação final de venda.

§ 5º. Para a realização de obras, prestação de serviços ou aquisição de bens com recursos provenientes de financiamento ou doação oriundos de agência oficial de cooperação estrangeira ou organismo financeiro multilateral de que o Brasil seja parte, poderão ser admitidas, na respectiva licitação, as condições decorrentes de acordos, protocolos, convenções ou tratados internacionais aprovados pelo Congresso Nacional, bem como as normas e procedimentos daquelas entidades, inclusive quanto ao critério de seleção da proposta mais vantajosa para a administração, o qual poderá contemplar, além do preço, outros fatores de avaliação, desde que por elas exigidos para a obtenção do financiamento ou da doação, e que também não conflitem com o princípio do julgamento objetivo e sejam objeto de despacho motivado do órgão executor do contrato, despacho esse ratificado pela autoridade imediatamente superior. (Redação dada pela Lei nº 8.883, de 1994)

§ 6º. As cotações de todos os licitantes serão para entrega no mesmo local de destino.

Art. 43. A licitação será processada e julgada com observância dos seguintes procedimentos:

I - abertura dos envelopes contendo a documentação relativa à habilitação dos concorrentes, e sua apreciação;

II - devolução dos envelopes fechados aos concorrentes inabilitados, contendo as respectivas propostas, desde que não tenha havido recurso ou após sua denegação;

III - abertura dos envelopes contendo as propostas dos concorrentes habilitados, desde que transcorrido o prazo sem interposição de recurso, ou tenha havido desistência expressa, ou após o julgamento dos recursos interpostos;

IV - verificação da conformidade de cada proposta com os requisitos do edital e, conforme o caso, com os preços correntes no mercado ou fixados por órgão oficial competente, ou ainda com os constantes do sistema de registro de preços, os quais deverão ser devidamente registrados na ata de julgamento, promovendo-se a desclassificação das propostas desconformes ou incompatíveis;

V - julgamento e classificação das propostas de acordo com os critérios de avaliação constantes do edital;

VI - deliberação da autoridade competente quanto à homologação e adjudicação do objeto da licitação.

§ 1º. A abertura dos envelopes contendo a documentação para habilitação e as propostas será realizada sempre em ato público previamente designado, do qual se lavrará ata circunstanciada, assinada pelos licitantes presentes e pela Comissão.

§ 2º. Todos os documentos e propostas serão rubricados pelos licitantes presentes e pela Comissão.

§ 3º. É facultada à Comissão ou autoridade superior, em qualquer fase da licitação, a promoção de diligência destinada a esclarecer ou a complementar a instrução do processo, vedada a inclusão posterior de documento ou informação que deveria constar originariamente da proposta.

§ 4º. O disposto neste artigo aplica-se à concorrência e, no que couber, ao concurso, ao leilão, à tomada de preços e ao convite. (Redação dada pela Lei nº 8.883, de 1994)

§ 5º. Ultrapassada a fase de habilitação dos concorrentes (incisos I e II) e abertas as propostas (inciso III), não cabe desclassificá-los por motivo relacionado com a habilitação, salvo em razão de fatos supervenientes ou só conhecidos após o julgamento.

§ 6º. Após a fase de habilitação, não cabe desistência de proposta, salvo por motivo justo decorrente de fato superveniente e aceito pela Comissão.

Art. 44. No julgamento das propostas, a Comissão levará em consideração os critérios objetivos definidos no edital ou convite, os quais não devem contrariar as normas e princípios estabelecidos por esta Lei.

§ 1º. É vedada a utilização de qualquer elemento, critério ou fator sigiloso, secreto, subjetivo ou reservado que possa ainda que indiretamente elidir o princípio da igualdade entre os licitantes.

§ 2º. Não se considerará qualquer oferta de vantagem não prevista no edital ou no convite, inclusive financiamentos subsidiados ou a fundo perdido, nem preço ou vantagem baseada nas ofertas dos demais licitantes.

§ 3º. Não se admitirá proposta que apresente preços global ou unitários simbólicos, irrisórios ou de valor zero, incompatíveis com os preços dos insumos e salários de mercado, acrescidos dos respectivos encargos, ainda que o ato convocatório da licitação não tenha estabelecido limites mínimos, exceto quando se referirem a materiais e instalações de propriedade do próprio licitante, para os quais ele renuncie a parcela ou à totalidade da remuneração. (Redação dada pela Lei nº 8.883, de 1994)

§ 4º. O disposto no parágrafo anterior aplica-se também às propostas que incluam mão-de-obra estrangeira ou importações de qualquer natureza.(Redação dada pela Lei nº 8.883, de 1994)

Art. 45. O julgamento das propostas será objetivo, devendo a Comissão de licitação ou o responsável pelo convite realizá-lo em conformidade com os tipos de licitação, os critérios previamente estabelecidos no ato convocatório e de acordo com os fatores exclusivamente nele referidos, de maneira a possibilitar sua aferição pelos licitantes e pelos órgãos de controle.

§ 1º. Para os efeitos deste Art. constituem tipos de licitação, exceto na modalidade concurso: (Redação dada pela Lei nº 8.883, de 1994)

I - a de menor preço - quando o critério de seleção da proposta mais vantajosa para a Administração determinar que será vencedor o licitante que apresentar a proposta de acordo com as especificações do edital ou convite e ofertar o menor preço;

II - a de melhor técnica;

III - a de técnica e preço.

IV - a de maior lance ou oferta - nos casos de alienação de bens ou concessão de direito real de uso. (Incluído pela Lei nº 8.883, de 1994)

§ 2º. No caso de empate entre duas ou mais propostas, e após obedecido o disposto no § 2º do Art. 3º desta Lei, a classificação se fará, obrigatoriamente, por sorteio, em ato público, para o qual todos os licitantes serão convocados, vedado qualquer outro processo.

§ 3º. No caso da licitação do tipo "menor preço", entre os licitantes considerados qualificados a classificação se dará pela ordem crescente dos preços propostos, prevalecendo, no caso de empate, exclusivamente o critério previsto no parágrafo anterior. (Redação dada pela Lei nº 8.883, de 1994)

§ 4º. Para contratação de bens e serviços de informática, a administração observará o disposto no Art. 3º da Lei nº 8.248, de 23 de outubro de 1991, levando em conta os fatores especificados em seu parágrafo 2º e adotando obrigatoriamente o tipo de licitação "técnica e preço", permitido o emprego de outro tipo de licitação nos casos indicados em decreto do Poder Executivo. (Redação dada pela Lei nº 8.883, de 1994)

§ 5º. É vedada a utilização de outros tipos de licitação não previstos neste artigo.

§ 6º. Na hipótese prevista no Art. 23, § 7º, serão selecionadas tantas propostas quantas necessárias até que se atinja a quantidade demandada na licitação. (Incluído pela Lei nº 9.648, de 1998)

Art. 46. Os tipos de licitação "melhor técnica" ou "técnica e preço" serão utilizados exclusivamente para serviços de natureza predominantemente intelectual, em especial na elaboração de projetos, cálculos, fiscalização, supervisão e gerenciamento e de engenharia consultiva em geral e, em particular, para a elaboração de estudos técnicos preliminares e projetos básicos e executivos, ressalvado o disposto no § 4º do Art. anterior. (Redação dada pela Lei nº 8.883, de 1994)

§ 1º. Nas licitações do tipo "melhor técnica" será adotado o seguinte procedimento claramente explicitado no instrumento convocatório, o qual fixará o preço máximo que a Administração se propõe a pagar:

I - serão abertos os envelopes contendo as propostas técnicas exclusivamente dos licitantes previamente qualificados e feita então a avaliação e classificação destas propostas de acordo com os critérios pertinentes e adequados ao objeto licitado, definidos com clareza e objetividade no instrumento convocatório e que considerem a capacitação e a experiência do proponente, a qualidade técnica da proposta, compreendendo metodologia, organização, tecnologias e recursos materiais a serem utilizados nos trabalhos, e a qualificação das equipes técnicas a serem mobilizadas para a sua execução;

II - uma vez classificadas as propostas técnicas, proceder-se-á à abertura das propostas de preço dos licitantes que tenham atingido a valorização mínima estabelecida no instrumento convocatório e à negociação das condições propostas, com a proponente melhor classificada, com base nos orçamentos detalhados apresentados e respectivos preços unitários e tendo como referência o limite representado pela proposta de menor preço entre os licitantes que obtiveram a valorização mínima;

III - no caso de impasse na negociação anterior, procedimento idêntico será adotado, sucessivamente, com os demais proponentes, pela ordem de classificação, até a consecução de acordo para a contratação;

IV - as propostas de preços serão devolvidas intactas aos licitantes que não forem preliminarmente habilitados ou que não obtiverem a valorização mínima estabelecida para a proposta técnica.

§ 2º. Nas licitações do tipo "técnica e preço" será adotado, adicionalmente ao inciso I do parágrafo anterior, o seguinte procedimento claramente explicitado no instrumento convocatório:

I - será feita a avaliação e a valorização das propostas de preços, de acordo com critérios objetivos preestabelecidos no instrumento convocatório;

II - a classificação dos proponentes far-se-á de acordo com a média ponderada das valorizações das propostas técnicas e de preço, de acordo com os pesos preestabelecidos no instrumento convocatório.

§ 3º. Excepcionalmente, os tipos de licitação previstos neste artigo poderão ser adotados, por autorização expressa e mediante justificativa circunstanciada da maior autoridade da Administração promotora constante do ato convocatório, para fornecimento de bens e execução de obras ou prestação de serviços de grande vulto majoritariamente dependentes de tecnologia nitidamente sofisticada e de domínio restrito, atestado por autoridades técnicas de reconhecida qualificação, nos casos em que o objeto pretendido admitir soluções alternativas e variações de execução, com repercussões significativas sobre sua qualidade, produtividade, rendimento e durabilidade concretamente mensuráveis, e estas puderem ser adotadas à livre escolha dos licitantes, na conformidade dos critérios objetivamente fixados no ato convocatório.

§ 4º. (Vetado). (Incluído pela Lei nº 8.883, de 1994)

Art. 47. Nas licitações para a execução de obras e serviços, quando for adotada a modalidade de execução de empreitada por preço global, a Administração deverá fornecer obrigatoriamente, junto com o edital, todos os elementos e informações necessários para que os licitantes possam elaborar suas propostas de preços com total e completo conhecimento do objeto da licitação.

Art. 48. Serão desclassificadas:

I - as propostas que não atendam às exigências do ato convocatório da licitação;

II - propostas com valor global superior ao limite estabelecido ou com preços manifestamente inexequíveis, assim considerados aqueles que não venham a ter demonstrada sua viabilidade através de documentação que comprove que os custos dos insumos são coerentes com os de mercado e que os coeficientes de produtividade são compatíveis com a execução do objeto do contrato, condições estas necessariamente especificadas no ato convocatório da licitação. (Redação dada pela Lei nº 8.883, de 1994)

§ 1º. Para os efeitos do disposto no inciso II deste Art. consideram-se manifestamente inexequíveis, no caso de licitações de menor preço para obras e serviços de engenharia, as propostas cujos valores sejam inferiores a 70% (setenta por cento) do menor dos seguintes valores: (Incluído pela Lei nº 9.648, de 1998)

a) média aritmética dos valores das propostas superiores a 50% (cinquenta por cento) do valor orçado pela administração, ou (Incluído pela Lei nº 9.648, de 1998)

b) valor orçado pela administração. (Incluído pela Lei nº 9.648, de 1998)

§ 2º. Dos licitantes classificados na forma do parágrafo anterior cujo valor global da proposta for inferior a 80% (oitenta por cento) do menor valor a que se referem as alíneas "a" e "b", será exigida, para a assinatura do contrato, prestação de garantia adicional, dentre as modalidades previstas no § 1º do Art. 56, igual a diferença entre o valor resultante do parágrafo anterior e o valor da correspondente proposta. (Incluído pela Lei nº 9.648, de 1998)

§ 3º. Quando todos os licitantes forem inabilitados ou todas as propostas forem desclassificadas, a administração poderá fixar aos licitantes o prazo de oito dias úteis para a apresentação de nova documentação ou de outras propostas escoimadas das causas referidas neste Art. facultada, no caso de convite, a redução deste prazo para três dias úteis. (Incluído pela Lei nº 9.648, de 1998)

Art. 49. A autoridade competente para a aprovação do procedimento somente poderá revogar a licitação por razões de interesse público decorrente de fato superveniente devidamente comprovado, pertinente e suficiente para justificar tal conduta, devendo anulá-la por ilegalidade, de ofício ou por provocação de terceiros, mediante parecer escrito e devidamente fundamentado.

§ 1º. A anulação do procedimento licitatório por motivo de ilegalidade não gera obrigação de indenizar, ressalvado o disposto no parágrafo único do Art. 59 desta Lei.

§ 2º. A nulidade do procedimento licitatório induz à do contrato, ressalvado o disposto no parágrafo único do Art. 59 desta Lei.

§ 3º. No caso de desfazimento do processo licitatório, fica assegurado o contraditório e a ampla defesa.

§ 4º. O disposto neste artigo e seus parágrafos aplica-se aos atos do procedimento de dispensa e de inexigibilidade de licitação.

Art. 50. A Administração não poderá celebrar o contrato com preterição da ordem de classificação das propostas ou com terceiros estranhos ao procedimento licitatório, sob pena de nulidade.

Art. 51. A habilitação preliminar, a inscrição em registro cadastral, a sua alteração ou cancelamento, e as propostas serão processadas e julgadas por comissão permanente ou especial de, no mínimo, 3 (três) membros, sendo pelo menos 2 (dois) deles servidores qualificados pertencentes aos quadros permanentes dos órgãos da Administração responsáveis pela licitação.

§ 1º. No caso de convite, a Comissão de licitação, excepcionalmente, nas pequenas unidades administrativas e em face da exiguidade de pessoal disponível, poderá ser substituída por servidor formalmente designado pela autoridade competente.

§ 2º. A Comissão para julgamento dos pedidos de inscrição em registro cadastral, sua alteração ou cancelamento, será integrada por profissionais legalmente habilitados no caso de obras, serviços ou aquisição de equipamentos.

§ 3º. Os membros das Comissões de licitação responderão solidariamente por todos os atos praticados pela Comissão, salvo se posição individual divergente estiver devidamente fundamentada e registrada em ata lavrada na reunião em que tiver sido tomada a decisão.

§ 4º. A investidura dos membros das Comissões permanentes não excederá a 1 (um) ano, vedada a recondução da totalidade de seus membros para a mesma comissão no período subsequente.

§ 5º. No caso de concurso, o julgamento será feito por uma comissão especial integrada por pessoas de reputação ilibada e reconhecido conhecimento da matéria em exame, servidores públicos ou não.

Art. 52. O concurso a que se refere o § 4º do Art. 22 desta Lei deve ser precedido de regulamento próprio, a ser obtido pelos interessados no local indicado no edital.

§ 1º. O regulamento deverá indicar:

I - a qualificação exigida dos participantes;

II - as diretrizes e a forma de apresentação do trabalho;

III - as condições de realização do concurso e os prêmios a serem concedidos.

§ 2º. Em se tratando de projeto, o vencedor deverá autorizar a Administração a executá-lo quando julgar conveniente.

Art. 53. O leilão pode ser cometido a leiloeiro oficial ou a servidor designado pela Administração, procedendo-se na forma da legislação pertinente.

§ 1º. Todo bem a ser leiloado será previamente avaliado pela Administração para fixação do preço mínimo de arrematação.

§ 2º. Os bens arrematados serão pagos à vista ou no percentual estabelecido no edital, não inferior a 5% (cinco por cento) e, após a assinatura da respectiva ata lavrada no local do leilão, imediatamente entregues ao arrematante, o qual se obrigará ao pagamento do restante no prazo estipulado no edital de convocação, sob pena de perder em favor da Administração o valor já recolhido.

§ 3º. Nos leilões internacionais, o pagamento da parcela à vista poderá ser feito em até vinte e quatro horas. (Redação dada pela Lei nº 8.883, de 1994)

§ 4º. O edital de leilão deve ser amplamente divulgado, principalmente no município em que se realizará. (Incluído pela Lei nº 8.883, de 1994)

Capítulo III - Dos Contratos

Seção I - Disposições Preliminares

Art. 54. Os contratos administrativos de que trata esta Lei regulam-se pelas suas cláusulas e pelos preceitos de direito público, aplicando-se-lhes, supletivamente, os princípios da teoria geral dos contratos e as disposições de direito privado.

§ 1º. Os contratos devem estabelecer com clareza e precisão as condições para sua execução, expressas em cláusulas que definam os direitos, obrigações e responsabilidades das partes, em conformidade com os termos da licitação e da proposta a que se vinculam.

§ 2º. Os contratos decorrentes de dispensa ou de inexigibilidade de licitação devem atender aos termos do ato que os autorizou e da respectiva proposta.

Art. 55. São cláusulas necessárias em todo contrato as que estabeleçam:

I - o objeto e seus elementos característicos;

II - o regime de execução ou a forma de fornecimento;

III - o preço e as condições de pagamento, os critérios, data-base e periodicidade do reajustamento de preços, os critérios de atualização monetária entre a data do adimplemento das obrigações e a do efetivo pagamento;

IV - os prazos de início de etapas de execução, de conclusão, de entrega, de observação e de recebimento definitivo, conforme o caso;

V - o crédito pelo qual correrá a despesa, com a indicação da classificação funcional programática e da categoria econômica;

VI - as garantias oferecidas para assegurar sua plena execução, quando exigidas;

VII - os direitos e as responsabilidades das partes, as penalidades cabíveis e os valores das multas;

VIII - os casos de rescisão;

IX - o reconhecimento dos direitos da Administração, em caso de rescisão administrativa prevista no Art. 77 desta Lei;

X - as condições de importação, a data e a taxa de câmbio para conversão, quando for o caso;

XI - a vinculação ao edital de licitação ou ao termo que a dispensou ou a inexigiu, ao convite e à proposta do licitante vencedor;

XII - a legislação aplicável à execução do contrato e especialmente aos casos omissos;

XIII - a obrigação do contratado de manter, durante toda a execução do contrato, em compatibilidade com as obrigações por ele assumidas, todas as condições de habilitação e qualificação exigidas na licitação.

§ 1º. (Vetado). (Redação dada pela Lei nº 8.883, de 1994)

§ 2º. Nos contratos celebrados pela Administração Pública com pessoas físicas ou jurídicas, inclusive aquelas domiciliadas no estrangeiro, deverá constar necessariamente cláusula que declare competente o foro da sede da Administração para dirimir qualquer questão contratual, salvo o disposto no § 6º do Art. 32 desta Lei.

§ 3º. No ato da liquidação da despesa, os serviços de contabilidade comunicarão, aos órgãos incumbidos da arrecadação e fiscalização de tributos da União, Estado ou Município, as características e os valores pagos, segundo o disposto no Art. 63 da Lei nº 4.320, de 17 de março de 1964.

Art. 56. A critério da autoridade competente, em cada caso, e desde que prevista no instrumento convocatório, poderá ser exigida prestação de garantia nas contratações de obras, serviços e compras.

§ 1º. Caberá ao contratado optar por uma das seguintes modalidades de garantia: (Redação dada pela Lei nº 8.883, de 1994)

I - caução em dinheiro ou em títulos da dívida pública, devendo estes ter sido emitidos sob a forma escritural, mediante registro em sistema centralizado de liquidação e de custódia autorizado pelo Banco Central do Brasil e avaliados pelos seus valores econômicos, conforme definido pelo Ministério da Fazenda; (Redação dada pela Lei nº 11.079, de 2004)

II - seguro-garantia; (Redação dada pela Lei nº 8.883, de 1994)

III - fiança bancária. (Redação dada pela Lei nº 8.883, de 8.6.94)

§ 2º. A garantia a que se refere o caput deste Art. não excederá a cinco por cento do valor do contrato e terá seu valor atualizado nas mesmas condições daquele, ressalvado o previsto no parágrafo 3º deste artigo. (Redação dada pela Lei nº 8.883, de 1994)

§ 3º. Para obras, serviços e fornecimentos de grande vulto envolvendo alta complexidade técnica e riscos financeiros consideráveis, demonstrados através de parecer tecnicamente aprovado pela autoridade competente, o limite de garantia previsto no parágrafo anterior poderá ser elevado para até dez por cento do valor do contrato. (Redação dada pela Lei nº 8.883, de 1994)

§ 4º. A garantia prestada pelo contratado será liberada ou restituída após a execução do contrato e, quando em dinheiro, atualizada monetariamente.

§ 5º. Nos casos de contratos que importem na entrega de bens pela Administração, dos quais o contratado ficará depositário, ao valor da garantia deverá ser acrescido o valor desses bens.

Art. 57. A duração dos contratos regidos por esta Lei ficará adstrita à vigência dos respectivos créditos orçamentários, exceto quanto aos relativos:

I - aos projetos cujos produtos estejam contemplados nas metas estabelecidas no Plano Plurianual, os quais poderão ser prorrogados se houver interesse da Administração e desde que isso tenha sido previsto no ato convocatório;

II - à prestação de serviços a serem executados de forma contínua, que poderão ter a sua duração prorrogada por iguais e sucessivos períodos com vistas à obtenção de preços e condições mais vantajosas para a administração, limitada a sessenta meses; (Redação dada pela Lei nº 9.648, de 1998)

III - (Vetado). (Redação dada pela Lei nº 8.883, de 1994)

IV - ao aluguel de equipamentos e à utilização de programas de informática, podendo a duração estender-se pelo prazo de até 48 (quarenta e oito) meses após o início da vigência do contrato.

V - às hipóteses previstas nos incisos IX, XIX, XXVIII e XXXI do Art. 24, cujos contratos poderão ter vigência por até 120 (cento e vinte) meses, caso haja interesse da administração. (Incluído pela Lei nº 12.349, de 2010)

§ 1º. Os prazos de início de etapas de execução, de conclusão e de entrega admitem prorrogação, mantidas as demais cláusulas do contrato e assegurada a manutenção de seu equilíbrio econômico-financeiro, desde que ocorra algum dos seguintes motivos, devidamente autuados em processo:

I - alteração do projeto ou especificações, pela Administração;

II - superveniência de fato excepcional ou imprevisível, estranho à vontade das partes, que altere fundamentalmente as condições de execução do contrato;

III - interrupção da execução do contrato ou diminuição do ritmo de trabalho por ordem e no interesse da Administração;

IV - aumento das quantidades inicialmente previstas no contrato, nos limites permitidos por esta Lei;

V - impedimento de execução do contrato por fato ou ato de terceiro reconhecido pela Administração em documento contemporâneo à sua ocorrência;

VI - omissão ou atraso de providências a cargo da Administração, inclusive quanto aos pagamentos previstos de que resulte, diretamente, impedimento ou retardamento na execução do contrato, sem prejuízo das sanções legais aplicáveis aos responsáveis.

§ 2º. Toda prorrogação de prazo deverá ser justificada por escrito e previamente autorizada pela autoridade competente para celebrar o contrato.

§ 3º. É vedado o contrato com prazo de vigência indeterminado.

§ 4º. Em caráter excepcional, devidamente justificado e mediante autorização da autoridade superior, o prazo de que trata o inciso II do caput deste Art. poderá ser prorrogado por até doze meses. (Incluído pela Lei nº 9.648, de 1998)

Art. 58. O regime jurídico dos contratos administrativos instituído por esta Lei confere à Administração, em relação a eles, a prerrogativa de:

I - modificá-los, unilateralmente, para melhor adequação às finalidades de interesse público, respeitados os direitos do contratado;

II - rescindi-los, unilateralmente, nos casos especificados no inciso I do Art. 79 desta Lei;

III - fiscalizar-lhes a execução;

IV - aplicar sanções motivadas pela inexecução total ou parcial do ajuste;

V - nos casos de serviços essenciais, ocupar provisoriamente bens móveis, imóveis, pessoal e serviços vinculados ao objeto do contrato, na hipótese da necessidade de acautelar apuração administrativa de faltas contratuais pelo contratado, bem como na hipótese de rescisão do contrato administrativo.

§ 1º. As cláusulas econômico-financeiras e monetárias dos contratos administrativos não poderão ser alteradas sem prévia concordância do contratado.

§ 2º. Na hipótese do inciso I deste Art. as cláusulas econômico-financeiras do contrato deverão ser revistas para que se mantenha o equilíbrio contratual.

Art. 59. A declaração de nulidade do contrato administrativo opera retroativamente impedindo os efeitos jurídicos que ele, ordinariamente, deveria produzir, além de desconstituir os já produzidos.

Parágrafo único. A nulidade não exonera a Administração do dever de indenizar o contratado pelo que este houver executado até a data em que ela for declarada e por outros prejuízos regularmente comprovados, contanto que não lhe seja imputável, promovendo-se a responsabilidade de quem lhe deu causa.

Seção II - Da Formalização dos Contratos

Art. 60. Os contratos e seus aditamentos serão lavrados nas repartições interessadas, as quais manterão arquivo cronológico dos seus autógrafos e registro sistemático do seu extrato, salvo os relativos a direitos reais sobre imóveis, que se formalizam por instrumento lavrado em cartório de notas, de tudo juntando-se cópia no processo que lhe deu origem.

Parágrafo único. É nulo e de nenhum efeito o contrato verbal com a Administração, salvo o de pequenas compras de pronto pagamento, assim entendidas aquelas de valor não superior a 5% (cinco por cento) do limite estabelecido no Art. 23, inciso II, alínea "a" desta Lei, feitas em regime de adiantamento.

Art. 61. Todo contrato deve mencionar os nomes das partes e os de seus representantes, a finalidade, o ato que autorizou a sua lavratura, o número do processo da licitação, da dispensa ou da inexigibilidade, a sujeição dos contratantes às normas desta Lei e às cláusulas contratuais.

Parágrafo único. A publicação resumida do instrumento de contrato ou de seus aditamentos na imprensa oficial, que é condição indispensável para sua eficácia, será providenciada pela Administração até o quinto dia útil do mês seguinte ao de sua assinatura, para ocorrer no prazo de vinte dias daquela data, qualquer que seja o seu valor, ainda que sem ônus, ressalvado o disposto no Art. 26 desta Lei. (Redação dada pela Lei nº 8.883, de 1994)

Art. 62. O instrumento de contrato é obrigatório nos casos de concorrência e de tomada de preços, bem como nas dispensas e inexigibilidades cujos preços estejam compreendidos nos limites destas duas modalidades de licitação, e facultativo nos demais em que a Administração puder substituí-lo por outros instrumentos hábeis, tais como carta-contrato, nota de empenho de despesa, autorização de compra ou ordem de execução de serviço.

§ 1º. A minuta do futuro contrato integrará sempre o edital ou ato convocatório da licitação.

§ 2º. Em "carta contrato", "nota de empenho de despesa", "autorização de compra", "ordem de execução de serviço" ou outros instrumentos hábeis aplica-se, no que couber, o disposto no Art. 55 desta Lei. (Redação dada pela Lei nº 8.883, de 1994)

§ 3º. Aplica-se o disposto nos arts. 55 e 58 a 61 desta Lei e demais normas gerais, no que couber:

I - aos contratos de seguro, de financiamento, de locação em que o Poder Público seja locatário, e aos demais cujo conteúdo seja regido, predominantemente, por norma de direito privado;

II - aos contratos em que a Administração for parte como usuária de serviço público.

§ 4º. É dispensável o "termo de contrato" e facultada a substituição prevista neste artigo a critério da Administração e independentemente de seu valor, nos casos de compra com entrega imediata e integral dos bens adquiridos, dos quais não resultem obrigações futuras, inclusive assistência técnica.

Art. 63. É permitido a qualquer licitante o conhecimento dos termos do contrato e do respectivo processo licitatório e, a qualquer interessado, a obtenção de cópia autenticada, mediante o pagamento dos emolumentos devidos.

Art. 64. A Administração convocará regularmente o interessado para assinar o termo de contrato, aceitar ou retirar o instrumento equivalente, dentro do prazo e condições estabelecidos, sob pena de decair o direito à contratação, sem prejuízo das sanções previstas no Art. 81 desta Lei.

§ 1º. O prazo de convocação poderá ser prorrogado uma vez, por igual período, quando solicitado pela parte durante o seu transcurso e desde que ocorra motivo justificado aceito pela Administração.

§ 2º. É facultado à Administração, quando o convocado não assinar o termo de contrato ou não aceitar ou retirar o instrumento equivalente no prazo e condições estabelecidos, convocar os licitantes remanescentes, na ordem de classificação, para fazê-lo em igual prazo e nas mesmas condições propostas pelo primeiro classificado, inclusive quanto aos preços atualizados de conformidade com o ato convocatório, ou revogar a licitação independentemente da cominação prevista no Art. 81 desta Lei.

§ 3º. Decorridos 60 (sessenta) dias da data da entrega das propostas, sem convocação para a contratação, ficam os licitantes liberados dos compromissos assumidos.

Seçao III - Da Alteração dos Contratos

Art. 65. Os contratos regidos por esta Lei poderão ser alterados, com as devidas justificativas, nos seguintes casos:

I - unilateralmente pela Administração:

a) quando houver modificação do projeto ou das especificações, para melhor adequação técnica aos seus objetivos;

b) quando necessária a modificação do valor contratual em decorrência de acréscimo ou diminuição quantitativa de seu objeto, nos limites permitidos por esta Lei;

II - por acordo das partes:

a) quando conveniente a substituição da garantia de execução;

b) quando necessária a modificação do regime de execução da obra ou serviço, bem como do modo de fornecimento, em face de verificação técnica da inaplicabilidade dos termos contratuais originários;

c) quando necessária a modificação da forma de pagamento, por imposição de circunstâncias supervenientes, mantido o valor inicial atualizado, vedada a antecipação do pagamento, com relação ao cronograma financeiro fixado, sem a correspondente contraprestação de fornecimento de bens ou execução de obra ou serviço;

d) para restabelecer a relação que as partes pactuaram inicialmente entre os encargos do contratado e a retribuição da administração para a justa remuneração da obra, serviço ou fornecimento, objetivando a manutenção do equilíbrio econômico-financeiro inicial do contrato, na hipótese de sobrevirem fatos imprevisíveis, ou previsíveis porém de consequências incalculáveis, retardadores ou impeditivos da exe-

cução do ajustado, ou, ainda, em caso de força maior, caso fortuito ou fato do príncipe, configurando álea econômica extraordinária e extracontratual. (Redação dada pela Lei nº 8.883, de 1994)

§ 1º. O contratado fica obrigado a aceitar, nas mesmas condições contratuais, os acréscimos ou supressões que se fizerem nas obras, serviços ou compras, até 25% (vinte e cinco por cento) do valor inicial atualizado do contrato, e, no caso particular de reforma de edifício ou de equipamento, até o limite de 50% (cinquenta por cento) para os seus acréscimos.

§ 2º. Nenhum acréscimo ou supressão poderá exceder os limites estabelecidos no parágrafo anterior, salvo: (Redação dada pela Lei nº 9.648, de 1998)

I - (VETADO) (Incluído pela Lei nº 9.648, de 1998)

II - as supressões resultantes de acordo celebrado entre os contratantes. (Incluído pela Lei nº 9.648, de 1998)

§ 3º. Se no contrato não houverem sido contemplados preços unitários para obras ou serviços, esses serão fixados mediante acordo entre as partes, respeitados os limites estabelecidos no § 1º deste artigo.

§ 4º. No caso de supressão de obras, bens ou serviços, se o contratado já houver adquirido os materiais e posto no local dos trabalhos, estes deverão ser pagos pela Administração pelos custos de aquisição regularmente comprovados e monetariamente corrigidos, podendo caber indenização por outros danos eventualmente decorrentes da supressão, desde que regularmente comprovados.

§ 5º. Quaisquer tributos ou encargos legais criados, alterados ou extintos, bem como a superveniência de disposições legais, quando ocorridas após a data da apresentação da proposta, de comprovada repercussão nos preços contratados, implicarão a revisão destes para mais ou para menos, conforme o caso.

§ 6º. Em havendo alteração unilateral do contrato que aumente os encargos do contratado, a Administração deverá restabelecer, por aditamento, o equilíbrio econômico-financeiro inicial.

§ 7º. (VETADO)

§ 8º. A variação do valor contratual para fazer face ao reajuste de preços previsto no próprio contrato, as atualizações, compensações ou penalizações financeiras decorrentes das condições de pagamento nele previstas, bem como o empenho de dotações orçamentárias suplementares até o limite do seu valor corrigido, não caracterizam alteração do mesmo, podendo ser registrados por simples apostila, dispensando a celebração de aditamento.

Seção IV - Da Execução dos Contratos

Art. 66. O contrato deverá ser executado fielmente pelas partes, de acordo com as cláusulas avençadas e as normas desta Lei, respondendo cada uma pelas consequências de sua inexecução total ou parcial.

Art. 66-A. As empresas enquadradas no inciso V do § 2º e no inciso II do § 5º do Art. 3º desta Lei deverão cumprir, durante todo o período de execução do contrato, a reserva de cargos prevista em lei para pessoa com deficiência ou para reabilitado da Previdência Social, bem como as regras de acessibilidade previstas na legislação. (Incluído pela Lei nº 13.146, de 2015)

Parágrafo único. Cabe à administração fiscalizar o cumprimento dos requisitos de acessibilidade nos serviços e nos ambientes de trabalho. (Incluído pela Lei nº 13.146, de 2015)

Art. 67. A execução do contrato deverá ser acompanhada e fiscalizada por um representante da Administração especialmente designado, permitida a contratação de terceiros para assisti-lo e subsidiá-lo de informações pertinentes a essa atribuição.

§ 1º. O representante da Administração anotará em registro próprio todas as ocorrências relacionadas com a execução do contrato, determinando o que for necessário à regularização das faltas ou defeitos observados.

§ 2º. As decisões e providências que ultrapassarem a competência do representante deverão ser solicitadas a seus superiores em tempo hábil para a adoção das medidas convenientes.

Art. 68. O contratado deverá manter preposto, aceito pela Administração, no local da obra ou serviço, para representá-lo na execução do contrato.

Art. 69. O contratado é obrigado a reparar, corrigir, remover, reconstruir ou substituir, às suas expensas, no total ou em parte, o objeto do contrato em que se verificarem vícios, defeitos ou incorreções resultantes da execução ou de materiais empregados.

Art. 70. O contratado é responsável pelos danos causados diretamente à Administração ou a terceiros, decorrentes de sua culpa ou dolo na execução do contrato, não excluindo ou reduzindo essa responsabilidade a fiscalização ou o acompanhamento pelo órgão interessado.

Art. 71. O contratado é responsável pelos encargos trabalhistas, previdenciários, fiscais e comerciais resultantes da execução do contrato.

§ 1º. A inadimplência do contratado, com referência aos encargos trabalhistas, fiscais e comerciais não transfere à Administração Pública a responsabilidade por seu pagamento, nem poderá onerar o objeto do contrato ou restringir a regularização e o uso das obras e edificações, inclusive perante o Registro de Imóveis. (Redação dada pela Lei nº 9.032, de 1995)

§ 2º. A Administração Pública responde solidariamente com o contratado pelos encargos previdenciários resultantes da execução do contrato, nos termos do Art. 31 da Lei nº 8.212, de 24 de julho de 1991. (Redação dada pela Lei nº 9.032, de 1995)

§ 3º. (Vetado). (Incluído pela Lei nº 8.883, de 1994)

Art. 72. O contratado, na execução do contrato, sem prejuízo das responsabilidades contratuais e legais, poderá subcontratar partes da obra, serviço ou fornecimento, até o limite admitido, em cada caso, pela Administração.

Art. 73. Executado o contrato, o seu objeto será recebido:

I - em se tratando de obras e serviços:

a) provisoriamente, pelo responsável por seu acompanhamento e fiscalização, mediante termo circunstanciado, assinado pelas partes em até 15 (quinze) dias da comunicação escrita do contratado;

b) definitivamente, por servidor ou comissão designada pela autoridade competente, mediante termo circunstanciado, assinado pelas partes, após o decurso do prazo de observação, ou vistoria que comprove a adequação do objeto aos termos contratuais, observado o disposto no Art. 69 desta Lei;

II - em se tratando de compras ou de locação de equipamentos:

a) provisoriamente, para efeito de posterior verificação da conformidade do material com a especificação;

b) definitivamente, após a verificação da qualidade e quantidade do material e consequente aceitação.

§ 1º. Nos casos de aquisição de equipamentos de grande vulto, o recebimento far-se-á mediante termo circunstanciado e, nos demais, mediante recibo.

§ 2º. O recebimento provisório ou definitivo não exclui a responsabilidade civil pela solidez e segurança da obra ou do serviço, nem ético-profissional pela perfeita execução do contrato, dentro dos limites estabelecidos pela lei ou pelo contrato.

§ 3º. O prazo a que se refere a alínea "b" do inciso I deste Art. não poderá ser superior a 90 (noventa) dias, salvo em casos excepcionais, devidamente justificados e previstos no edital.

§ 4º. Na hipótese de o termo circunstanciado ou a verificação a que se refere este Art. não serem, respectivamente, lavrado ou procedida dentro dos prazos fixados, reputar-se-ão como realizados, desde que comunicados à Administração nos 15 (quinze) dias anteriores à exaustão dos mesmos.

Art. 74. Poderá ser dispensado o recebimento provisório nos seguintes casos:

I - gêneros perecíveis e alimentação preparada;

II - serviços profissionais;

III - obras e serviços de valor até o previsto no Art. 23, inciso II, alínea "a", desta Lei, desde que não se componham de aparelhos, equipamentos e instalações sujeitos à verificação de funcionamento e produtividade.

Parágrafo único. Nos casos deste artigo o recebimento será feito mediante recibo.

Art. 75. Salvo disposições em contrário constantes do edital, do convite ou de ato normativo, os ensaios, testes e demais provas exigidos por normas técnicas oficiais para a boa execução do objeto do contrato correm por conta do contratado.

Art. 76. A Administração rejeitará, no todo ou em parte, obra, serviço ou fornecimento executado em desacordo com o contrato.

Seção V - Da Inexecução e da Rescisão dos Contratos

Art. 77. A inexecução total ou parcial do contrato enseja a sua rescisão, com as consequências contratuais e as previstas em lei ou regulamento.

Art. 78. Constituem motivo para rescisão do contrato:

I - o não cumprimento de cláusulas contratuais, especificações, projetos ou prazos;

II - o cumprimento irregular de cláusulas contratuais, especificações, projetos e prazos;

III - a lentidão do seu cumprimento, levando a Administração a comprovar a impossibilidade da conclusão da obra, do serviço ou do fornecimento, nos prazos estipulados;

IV - o atraso injustificado no início da obra, serviço ou fornecimento;

V - a paralisação da obra, do serviço ou do fornecimento, sem justa causa e prévia comunicação à Administração;

VI - a subcontratação total ou parcial do seu objeto, a associação do contratado com outrem, a cessão ou transferência, total ou parcial, bem como a fusão, cisão ou incorporação, não admitidas no edital e no contrato;

VII - o desatendimento das determinações regulares da autoridade designada para acompanhar e fiscalizar a sua execução, assim como as de seus superiores;

VIII - o cometimento reiterado de faltas na sua execução, anotadas na forma do § 1º do Art. 67 desta Lei;

IX - a decretação de falência ou a instauração de insolvência civil;

X - a dissolução da sociedade ou o falecimento do contratado;

XI - a alteração social ou a modificação da finalidade ou da estrutura da empresa, que prejudique a execução do contrato;

XII - razões de interesse público, de alta relevância e amplo conhecimento, justificadas e determinadas pela máxima autoridade da esfera administrativa a que está subordinado o contratante e exaradas no processo administrativo a que se refere o contrato;

XIII - a supressão, por parte da Administração, de obras, serviços ou compras, acarretando modificação do valor inicial do contrato além do limite permitido no § 1º do Art. 65 desta Lei;

XIV - a suspensão de sua execução, por ordem escrita da Administração, por prazo superior a 120 (cento e vinte) dias, salvo em caso de calamidade pública, grave perturbação da ordem interna ou guerra, ou ainda por repetidas suspensões que totalizem o mesmo prazo, independentemente do pagamento obrigatório de indenizações pelas sucessivas e contratualmente imprevistas desmobilizações e mobilizações e outras previstas, assegurado ao contratado, nesses casos, o direito de optar pela suspensão do cumprimento das obrigações assumidas até que seja normalizada a situação;

XV - o atraso superior a 90 (noventa) dias dos pagamentos devidos pela Administração decorrentes de obras, serviços ou fornecimento, ou parcelas destes, já recebidos ou executados, salvo em caso de calamidade pública, grave perturbação da ordem interna ou guerra, assegurado ao contratado o direito de optar pela suspensão do cumprimento de suas obrigações até que seja normalizada a situação;

XVI - a não liberação, por parte da Administração, de área, local ou objeto para execução de obra, serviço ou fornecimento, nos prazos contratuais, bem como das fontes de materiais naturais especificadas no projeto;

XVII - a ocorrência de caso fortuito ou de força maior, regularmente comprovada, impeditiva da execução do contrato.

Parágrafo único. Os casos de rescisão contratual serão formalmente motivados nos autos do processo, assegurado o contraditório e a ampla defesa.

XVIII - descumprimento do disposto no inciso V do Art. 27, sem prejuízo das sanções penais cabíveis. (Incluído pela Lei nº 9.854, de 1999)

Art. 79. A rescisão do contrato poderá ser:

I - determinada por ato unilateral e escrito da Administração, nos casos enumerados nos incisos I a XII e XVII do Art. anterior;

II - amigável, por acordo entre as partes, reduzida a termo no processo da licitação, desde que haja conveniência para a Administração;

III - judicial, nos termos da legislação;

IV - (Vetado). (Redação dada pela Lei nº 8.883, de 1994)

§ 1º. A rescisão administrativa ou amigável deverá ser precedida de autorização escrita e fundamentada da autoridade competente.

§ 2º. Quando a rescisão ocorrer com base nos incisos XII a XVII do Art. anterior, sem que haja culpa do contratado, será este ressarcido dos prejuízos regularmente comprovados que houver sofrido, tendo ainda direito a:

I - devolução de garantia;

II - pagamentos devidos pela execução do contrato até a data da rescisão;

III - pagamento do custo da desmobilização.

§ 3º. (Vetado).(Redação dada pela Lei nº 8.883, de 1994)

§ 4º. (Vetado).(Redação dada pela Lei nº 8.883, de 1994)

§ 5º. Ocorrendo impedimento, paralisação ou sustação do contrato, o cronograma de execução será prorrogado automaticamente por igual tempo.

Art. 80. A rescisão de que trata o inciso I do Art. anterior acarreta as seguintes consequências, sem prejuízo das sanções previstas nesta Lei:

I - assunção imediata do objeto do contrato, no estado e local em que se encontrar, por ato próprio da Administração;

II - ocupação e utilização do local, instalações, equipamentos, material e pessoal empregados na execução do contrato, necessários à sua continuidade, na forma do inciso V do Art. 58 desta Lei;

III - execução da garantia contratual, para ressarcimento da Administração, e dos valores das multas e indenizações a ela devidos;

IV - retenção dos créditos decorrentes do contrato até o limite dos prejuízos causados à Administração.

§ 1º. A aplicação das medidas previstas nos incisos I e II deste Art. fica a critério da Administração, que poderá dar continuidade à obra ou ao serviço por execução direta ou indireta.

§ 2º. É permitido à Administração, no caso de concordata do contratado, manter o contrato, podendo assumir o controle de determinadas atividades de serviços essenciais.

§ 3º. Na hipótese do inciso II deste Art. o ato deverá ser precedido de autorização expressa do Ministro de Estado competente, ou Secretário Estadual ou Municipal, conforme o caso.

§ 4º. A rescisão de que trata o inciso IV do Art. anterior permite à Administração, a seu critério, aplicar a medida prevista no inciso I deste artigo.

Capítulo IV - Das Sanções Administrativas e da Tutela Judicial

Seção I - Disposições Gerais

Art. 81. A recusa injustificada do adjudicatário em assinar o contrato, aceitar ou retirar o instrumento equivalente, dentro do prazo estabelecido pela Administração, caracteriza o descumprimento total da obrigação assumida, sujeitando-o às penalidades legalmente estabelecidas.

Parágrafo único. O disposto neste Art. não se aplica aos licitantes convocados nos termos do Art. 64, § 2º desta Lei, que não aceitarem a contratação, nas mesmas condições propostas pelo primeiro adjudicatário, inclusive quanto ao prazo e preço.

Art. 82. Os agentes administrativos que praticarem atos em desacordo com os preceitos desta Lei ou visando a frustrar os objetivos da licitação sujeitam-se às sanções previstas nesta Lei e nos regulamentos próprios, sem prejuízo das responsabilidades civil e criminal que seu ato ensejar.

Art. 83. Os crimes definidos nesta Lei, ainda que simplesmente tentados, sujeitam os seus autores, quando servidores públicos, além das sanções penais, à perda do cargo, emprego, função ou mandato eletivo.

Art. 84. Considera-se servidor público, para os fins desta Lei, aquele que exerce, mesmo que transitoriamente ou sem remuneração, cargo, função ou emprego público.

§ 1º. Equipara-se a servidor público, para os fins desta Lei, quem exerce cargo, emprego ou função em entidade paraestatal, assim consideradas, além das fundações, empresas públicas e sociedades de economia mista, as demais entidades sob controle, direto ou indireto, do Poder Público.

§ 2º. A pena imposta será acrescida da terça parte, quando os autores dos crimes previstos nesta Lei forem ocupantes de cargo em comissão ou de função de confiança em órgão da Administração direta, autarquia, empresa pública, sociedade de economia mista, fundação pública, ou outra entidade controlada direta ou indiretamente pelo Poder Público.

Art. 85. As infrações penais previstas nesta Lei pertinem às licitações e aos contratos celebrados pela União, Estados, Distrito Federal, Municípios, e respectivas autarquias, empresas públicas, sociedades de economia mista, fundações públicas, e quaisquer outras entidades sob seu controle direto ou indireto.

Seção II - Das Sanções Administrativas

Art. 86. O atraso injustificado na execução do contrato sujeitará o contratado à multa de mora, na forma prevista no instrumento convocatório ou no contrato.

§ 1º. A multa a que alude este artigo não impede que a Administração rescinda unilateralmente o contrato e aplique as outras sanções previstas nesta Lei.

§ 2º. A multa, aplicada após regular processo administrativo, será descontada da garantia do respectivo contratado.

§ 3º. Se a multa for de valor superior ao valor da garantia prestada, além da perda desta, responderá o contratado pela sua diferença, a qual será descontada dos pagamentos eventualmente devidos pela Administração ou ainda, quando for o caso, cobrada judicialmente.

Art. 87. Pela inexecução total ou parcial do contrato a Administração poderá, garantida a prévia defesa, aplicar ao contratado as seguintes sanções:

I - advertência;

II - multa, na forma prevista no instrumento convocatório ou no contrato;

III - suspensão temporária de participação em licitação e impedimento de contratar com a Administração, por prazo não superior a 2 (dois) anos;

IV - declaração de inidoneidade para licitar ou contratar com a Administração Pública enquanto perdurarem os motivos determinantes da punição ou até que seja promovida a reabilitação perante a própria autoridade que aplicou a penalidade, que será concedida sempre que o contratado ressarcir a Administração pelos prejuízos resultantes e após decorrido o prazo da sanção aplicada com base no inciso anterior.

§ 1º. Se a multa aplicada for superior ao valor da garantia prestada, além da perda desta, responderá o contratado pela sua diferença, que será descontada dos pagamentos eventualmente devidos pela Administração ou cobrada judicialmente.

§ 2º. As sanções previstas nos incisos I, III e IV deste artigo poderão ser aplicadas juntamente com a do inciso II, facultada a defesa prévia do interessado, no respectivo processo, no prazo de 5 (cinco) dias úteis.

§ 3º. A sanção estabelecida no inciso IV deste artigo é de competência exclusiva do Ministro de Estado, do Secretário Estadual ou Municipal, conforme o caso, facultada a defesa do interessado no respectivo processo, no prazo de 10 (dez) dias da abertura de vista, podendo a reabilitação ser requerida após 2 (dois) anos de sua aplicação. (Vide art 109 inciso III)

Art. 88. As sanções previstas nos incisos III e IV do artigo anterior poderão também ser aplicadas às empresas ou aos profissionais que, em razão dos contratos regidos por esta Lei:

I - tenham sofrido condenação definitiva por praticarem, por meios dolosos, fraude fiscal no recolhimento de quaisquer tributos;

II - tenham praticado atos ilícitos visando a frustrar os objetivos da licitação;

III - demonstrem não possuir idoneidade para contratar com a Administração em virtude de atos ilícitos praticados.

Seção III - Dos Crimes e das Penas

Art. 89. Dispensar ou inexigir licitação fora das hipóteses previstas em lei, ou deixar de observar as formalidades pertinentes à dispensa ou à inexigibilidade:

Pena - detenção, de 3 (três) a 5 (cinco) anos, e multa.

Parágrafo único. Na mesma pena incorre aquele que, tendo comprovadamente concorrido para a consumação da ilegalidade, beneficiou-se da dispensa ou inexigibilidade ilegal, para celebrar contrato com o Poder Público.

Art. 90. Frustrar ou fraudar, mediante ajuste, combinação ou qualquer outro expediente, o caráter competitivo do procedimento licitatório, com o intuito de obter, para si ou para outrem, vantagem decorrente da adjudicação do objeto da licitação:

Pena - detenção, de 2 (dois) a 4 (quatro) anos, e multa.

Art. 91. Patrocinar, direta ou indiretamente, interesse privado perante a Administração, dando causa à instauração de licitação ou à celebração de contrato, cuja invalidação vier a ser decretada pelo Poder Judiciário:

Pena - detenção, de 6 (seis) meses a 2 (dois) anos, e multa.

Art. 92. Admitir, possibilitar ou dar causa a qualquer modificação ou vantagem, inclusive prorrogação contratual, em favor do adjudicatário, durante a execução dos contratos celebrados com o Poder Público, sem autorização em lei, no ato convocatório da licitação ou nos respectivos instrumentos contratuais, ou, ainda, pagar fatura com preterição da ordem cronológica de sua exigibilidade, observado o disposto no Art. 121 desta Lei: (Redação dada pela Lei nº 8.883, de 1994)

Pena - detenção, de dois a quatro anos, e multa. (Redação dada pela Lei nº 8.883, de 1994)

Parágrafo único. Incide na mesma pena o contratado que, tendo comprovadamente concorrido para a consumação da ilegalidade, obtém vantagem indevida ou se beneficia, injustamente, das modificações ou prorrogações contratuais.

Art. 93. Impedir, perturbar ou fraudar a realização de qualquer ato de procedimento licitatório:

Pena - detenção, de 6 (seis) meses a 2 (dois) anos, e multa.

Art. 94. Devassar o sigilo de proposta apresentada em procedimento licitatório, ou proporcionar a terceiro o ensejo de devassá-lo:

Pena - detenção, de 2 (dois) a 3 (três) anos, e multa.

Art. 95. Afastar ou procura afastar licitante, por meio de violência, grave ameaça, fraude ou oferecimento de vantagem de qualquer tipo:

Pena - detenção, de 2 (dois) a 4 (quatro) anos, e multa, além da pena correspondente à violência.

Parágrafo único. Incorre na mesma pena quem se abstém ou desiste de licitar, em razão da vantagem oferecida.

Art. 96. Fraudar, em prejuízo da Fazenda Pública, licitação instaurada para aquisição ou venda de bens ou mercadorias, ou contrato dela decorrente:

I - elevando arbitrariamente os preços;

II - vendendo, como verdadeira ou perfeita, mercadoria falsificada ou deteriorada;

III - entregando uma mercadoria por outra;

IV - alterando substância, qualidade ou quantidade da mercadoria fornecida;

V - tornando, por qualquer modo, injustamente, mais onerosa a proposta ou a execução do contrato:

Pena - detenção, de 3 (três) a 6 (seis) anos, e multa.

Art. 97. Admitir à licitação ou celebrar contrato com empresa ou profissional declarado inidôneo:

Pena - detenção, de 6 (seis) meses a 2 (dois) anos, e multa.

Parágrafo único. Incide na mesma pena aquele que, declarado inidôneo, venha a licitar ou a contratar com a Administração.

Art. 98. Obstar, impedir ou dificultar, injustamente, a inscrição de qualquer interessado nos registros cadastrais ou promover indevidamente a alteração, suspensão ou cancelamento de registro do inscrito:

Pena - detenção, de 6 (seis) meses a 2 (dois) anos, e multa.

Art. 99. A pena de multa cominada nos arts. 89 a 98 desta Lei consiste no pagamento de quantia fixada na sentença e calculada em índices percentuais, cuja base corresponderá ao valor da vantagem efetivamente obtida ou potencialmente auferível pelo agente.

§ 1º. Os índices a que se refere este Art. não poderão ser inferiores a 2% (dois por cento), nem superiores a 5% (cinco por cento) do valor do contrato licitado ou celebrado com dispensa ou inexigibilidade de licitação.

§ 2º. O produto da arrecadação da multa reverterá, conforme o caso, à Fazenda Federal, Distrital, Estadual ou Municipal.

Seção IV - Do Processo e do Procedimento Judicial

Art. 100. Os crimes definidos nesta Lei são de ação penal pública incondicionada, cabendo ao Ministério Público promovê-la.

Art. 101. Qualquer pessoa poderá provocar, para os efeitos desta Lei, a iniciativa do Ministério Público, fornecendo-lhe, por escrito, informações sobre o fato e sua autoria, bem como as circunstâncias em que se deu a ocorrência.

Parágrafo único. Quando a comunicação for verbal, mandará a autoridade reduzi-la a termo, assinado pelo apresentante e por duas testemunhas.

Art. 102. Quando em autos ou documentos de que conhecerem, os magistrados, os membros dos Tribunais ou Conselhos de Contas ou os titulares dos órgãos integrantes do sistema de controle interno de qualquer dos Poderes verificarem a existência dos crimes definidos nesta Lei, remeterão ao Ministério Público as cópias e os documentos necessários ao oferecimento da denúncia.

Art. 103. Será admitida ação penal privada subsidiária da pública, se esta não for ajuizada no prazo legal, aplicando-se, no que couber, o disposto nos arts. 29 e 30 do Código de Processo Penal.

Art. 104. Recebida a denúncia e citado o réu, terá este o prazo de 10 (dez) dias para apresentação de defesa escrita, contado da data do seu interrogatório, podendo juntar documentos, arrolar as testemunhas que tiver, em número não superior a 5 (cinco), e indicar as demais provas que pretenda produzir.

Art. 105. Ouvidas as testemunhas da acusação e da defesa e praticadas as diligências instrutórias deferidas ou ordenadas pelo juiz, abrir-se-á, sucessivamente, o prazo de 5 (cinco) dias a cada parte para alegações finais.

Art. 106. Decorrido esse prazo, e conclusos os autos dentro de 24 (vinte e quatro) horas, terá o juiz 10 (dez) dias para proferir a sentença.

Art. 107. Da sentença cabe apelação, interponível no prazo de 5 (cinco) dias.

Art. 108. No processamento e julgamento das infrações penais definidas nesta Lei, assim como nos recursos e nas execuções que lhes digam respeito, aplicar-se-ão, subsidiariamente, o Código de Processo Penal e a Lei de Execução Penal.

Seção V - Dos Recursos Administrativos

Art. 109. Dos atos da Administração decorrentes da aplicação desta Lei cabem:

I - recurso, no prazo de 5 (cinco) dias úteis a contar da intimação do ato ou da lavratura da ata, nos casos de:

a) habilitação ou inabilitação do licitante;

b) julgamento das propostas;

c) anulação ou revogação da licitação;

d) indeferimento do pedido de inscrição em registro cadastral, sua alteração ou cancelamento;

e) rescisão do contrato, a que se refere o inciso I do Art. 79 desta Lei; (Redação dada pela Lei nº 8.883, de 1994)

f) aplicação das penas de advertência, suspensão temporária ou de multa;

II - representação, no prazo de 5 (cinco) dias úteis da intimação da decisão relacionada com o objeto da licitação ou do contrato, de que não caiba recurso hierárquico;

III - pedido de reconsideração, de decisão de Ministro de Estado, ou Secretário Estadual ou Municipal, conforme o caso, na hipótese do § 4º do Art. 87 desta Lei, no prazo de 10 (dez) dias úteis da intimação do ato.

§ 1º. A intimação dos atos referidos no inciso I, alíneas "a", "b", "c" e "e", deste Art. excluídos os relativos a advertência e multa de mora, e no inciso III, será feita mediante publicação na imprensa oficial, salvo para os casos previstos nas alíneas "a" e "b", se presentes os prepostos dos licitantes no ato em que foi adotada a decisão, quando poderá ser feita por comunicação direta aos interessados e lavrada em ata.

§ 2º. O recurso previsto nas alíneas "a" e "b" do inciso I deste artigo terá efeito suspensivo, podendo a autoridade competente, motivadamente e presentes razões de interesse público, atribuir ao recurso interposto eficácia suspensiva aos demais recursos.

§ 3º. Interposto, o recurso será comunicado aos demais licitantes, que poderão impugná-lo no prazo de 5 (cinco) dias úteis.

§ 4º. O recurso será dirigido à autoridade superior, por intermédio da que praticou o ato recorrido, a qual poderá reconsiderar sua decisão, no prazo de 5 (cinco) dias úteis, ou, nesse mesmo prazo, fazê-lo subir, devidamente informado, devendo, neste caso, a decisão ser proferida dentro do prazo de 5 (cinco) dias úteis, contado do recebimento do recurso, sob pena de responsabilidade.

§ 5º. Nenhum prazo de recurso, representação ou pedido de reconsideração se inicia ou corre sem que os autos do processo estejam com vista franqueada ao interessado.

§ 6º. Em se tratando de licitações efetuadas na modalidade de "carta convite" os prazos estabelecidos nos incisos I e II e no parágrafo 3º deste Art. serão de dois dias úteis. (Incluído pela Lei nº 8.883, de 1994)

Seção VI - Disposições Finais e Transitórias

Art. 110. Na contagem dos prazos estabelecidos nesta Lei, excluir-se-á o dia do início e incluir-se-á o do vencimento, e considerar-se-ão os dias consecutivos, exceto quando for explicitamente disposto em contrário.

Parágrafo único. Só se iniciam e vencem os prazos referidos neste Art. em dia de expediente no órgão ou na entidade.

Art. 111. A Administração só poderá contratar, pagar, premiar ou receber projeto ou serviço técnico especializado desde que o autor ceda os direitos patrimoniais a ele relativos e a Administração possa utilizá-lo de acordo com o previsto no regulamento de concurso ou no ajuste para sua elaboração.

Parágrafo único. Quando o projeto referir-se a obra imaterial de caráter tecnológico, insuscetível de privilégio, a cessão dos direitos incluirá o fornecimento de todos os dados, documentos e elementos de informação pertinentes à tecnologia de concepção, desenvolvimento, fixação em suporte físico de qualquer natureza e aplicação da obra.

Art. 112. Quando o objeto do contrato interessar a mais de uma entidade pública, caberá ao órgão contratante, perante a entidade interessada, responder pela sua boa execução, fiscalização e pagamento.

§ 1º. Os consórcios públicos poderão realizar licitação da qual, nos termos do edital, decorram contratos administrativos celebrados por órgãos ou entidades dos entes da Federação consorciados. (Incluído pela Lei nº 11.107, de 2005)

§ 2º. É facultado à entidade interessada o acompanhamento da licitação e da execução do contrato. (Incluído pela Lei nº 11.107, de 2005)

Art. 113. O controle das despesas decorrentes dos contratos e demais instrumentos regidos por esta Lei será feito pelo Tribunal de Contas competente, na forma da legislação pertinente, ficando os órgãos interessados da Administração responsáveis pela demonstração da legalidade e regularidade da despesa e execução, nos termos da Constituição e sem prejuízo do sistema de controle interno nela previsto.

§ 1º. Qualquer licitante, contratado ou pessoa física ou jurídica poderá representar ao Tribunal de Contas ou aos órgãos integrantes do sistema de controle interno contra irregularidades na aplicação desta Lei, para os fins do disposto neste artigo.

§ 2º. Os Tribunais de Contas e os órgãos integrantes do sistema de controle interno poderão solicitar para exame, até o dia útil imediatamente anterior à data de recebimento das propostas, cópia de edital de licitação já publicado, obrigando-se os órgãos ou entidades da Administração interessada à adoção de medidas corretivas pertinentes que, em função desse exame, lhes forem determinadas. (Redação dada pela Lei nº 8.883, de 1994)

Art. 114. O sistema instituído nesta Lei não impede a pré-qualificação de licitantes nas concorrências, a ser procedida sempre que o objeto da licitação recomende análise mais detida da qualificação técnica dos interessados.

§ 1º. A adoção do procedimento de pré-qualificação será feita mediante proposta da autoridade competente, aprovada pela imediatamente superior.

§ 2º. Na pré-qualificação serão observadas as exigências desta Lei relativas à concorrência, à convocação dos interessados, ao procedimento e à analise da documentação.

Art. 115. Os órgãos da Administração poderão expedir normas relativas aos procedimentos operacionais a serem observados na execução das licitações, no âmbito de sua competência, observadas as disposições desta Lei.

Parágrafo único. As normas a que se refere este artigo após aprovação da autoridade competente, deverão ser publicadas na imprensa oficial.

Art. 116. Aplicam-se as disposições desta Lei, no que couber, aos convênios, acordos, ajustes e outros instrumentos congêneres celebrados por órgãos e entidades da Administração.

§ 1º. A celebração de convênio, acordo ou ajuste pelos órgãos ou entidades da Administração Pública depende de prévia aprovação de competente plano de trabalho proposto pela organização interessada, o qual deverá conter, no mínimo, as seguintes informações:

I - identificação do objeto a ser executado;

II - metas a serem atingidas;

III - etapas ou fases de execução;

IV - plano de aplicação dos recursos financeiros;

V - cronograma de desembolso;

VI - previsão de início e fim da execução do objeto, bem assim da conclusão das etapas ou fases programadas;

VII - se o ajuste compreender obra ou serviço de engenharia, comprovação de que os recursos próprios para complementar a execução do objeto estão devidamente assegurados, salvo se o custo total do empreendimento recair sobre a entidade ou órgão descentralizador.

§ 2º. Assinado o convênio, a entidade ou órgão repassador dará ciência do mesmo à Assembleia Legislativa ou à Câmara Municipal respectiva.

§ 3º. As parcelas do convênio serão liberadas em estrita conformidade com o plano de aplicação aprovado, exceto nos casos a seguir, em que as mesmas ficarão retidas até o saneamento das impropriedades ocorrentes:

I - quando não tiver havido comprovação da boa e regular aplicação da parcela anteriormente recebida, na forma da legislação aplicável, inclusive mediante procedimentos de fiscalização local, realizados periodicamente pela entidade ou órgão descentralizador dos recursos ou pelo órgão competente do sistema de controle interno da Administração Pública;

II - quando verificado desvio de finalidade na aplicação dos recursos, atrasos não justificados no cumprimento das etapas ou fases programadas, práticas atentatórias aos princípios fundamentais de Administração Pública nas contratações e demais atos praticados na execução do convênio, ou o inadimplemento do executor com relação a outras cláusulas conveniais básicas;

III - quando o executor deixar de adotar as medidas saneadoras apontadas pelo partícipe repassador dos recursos ou por integrantes do respectivo sistema de controle interno.

§ 4º. Os saldos de convênio, enquanto não utilizados, serão obrigatoriamente aplicados em cadernetas de poupança de instituição financeira oficial se a previsão de seu uso for igual ou superior a um mês, ou em fundo de aplicação financeira de curto prazo ou operação de mercado aberto lastreada em títulos da dívida pública, quando a utilização dos mesmos verificar-se em prazos menores que um mês.

§ 5º. As receitas financeiras auferidas na forma do parágrafo anterior serão obrigatoriamente computadas a crédito do convênio e aplicadas, exclusivamente, no objeto de sua finalidade, devendo constar de demonstrativo específico que integrará as prestações de contas do ajuste.

§ 6º. Quando da conclusão, denúncia, rescisão ou extinção do convênio, acordo ou ajuste, os saldos financeiros remanescentes, inclusive os provenientes das receitas obtidas das aplicações financeiras realizadas, serão devolvidos à entidade ou órgão repassador dos recursos, no prazo improrrogável de 30 (trinta) dias do evento, sob pena da imediata instauração de tomada de contas especial do responsável, providenciada pela autoridade competente do órgão ou entidade titular dos recursos.

Art. 117. As obras, serviços, compras e alienações realizados pelos órgãos dos Poderes Legislativo e Judiciário e do Tribunal de Contas regem-se pelas normas desta Lei, no que couber, nas três esferas administrativas.

Art. 118. Os Estados, o Distrito Federal, os Municípios e as entidades da administração indireta deverão adaptar suas normas sobre licitações e contratos ao disposto nesta Lei.

Art. 119. As sociedades de economia mista, empresas e fundações públicas e demais entidades controladas direta ou indiretamente pela União e pelas entidades referidas no Art. anterior editarão regulamentos próprios devidamente publicados, ficando sujeitas às disposições desta Lei.

Parágrafo único. Os regulamentos a que se refere este Art. no âmbito da Administração Pública, após aprovados pela autoridade de nível superior a que estiverem vinculados os respectivos órgãos, sociedades e entidades, deverão ser publicados na imprensa oficial.

Art. 120. Os valores fixados por esta Lei poderão ser anualmente revistos pelo Poder Executivo Federal, que os fará publicar no Diário Oficial da União, observando como limite superior a variação geral dos preços do mercado, no período. (Redação dada pela Lei nº 9.648, de 1998)

Art. 121. O disposto nesta Lei não se aplica às licitações instauradas e aos contratos assinados anteriormente à sua vigência, ressalvado o disposto no Art. 57, nos parágrafos 1º, 2º e 8º do Art. 65, no inciso XV do Art. 78, bem assim o disposto no "caput" do Art. 5º, com relação ao pagamento das obrigações na ordem cronológica, podendo esta ser observada, no prazo de noventa dias contados da vigência desta Lei, separadamente para as obrigações relativas aos contratos regidos por legislação anterior à Lei no 8.666, de 21 de junho de 1993. (Redação dada pela Lei nº 8.883, de 1994)

Parágrafo único. Os contratos relativos a imóveis do patrimônio da União continuam a reger-se pelas disposições do Decreto-lei no 9.760, de 5 de setembro de 1946, com suas alterações, e os relativos a operações de crédito interno ou externo celebrados pela União ou a concessão de garantia do Tesouro Nacional continuam regidos pela legislação pertinente, aplicando-se esta Lei, no que couber.

Art. 122. Nas concessões de linhas aéreas, observar-se-á procedimento licitatório específico, a ser estabelecido no Código Brasileiro de Aeronáutica.

Art. 123. Em suas licitações e contratações administrativas, as repartições sediadas no exterior observarão as peculiaridades locais e os princípios básicos desta Lei, na forma de regulamentação específica.

Art. 124. Aplicam-se às licitações e aos contratos para permissão ou concessão de serviços públicos os dispositivos desta Lei que não conflitem com a legislação específica sobre o assunto. (Redação dada pela Lei nº 8.883, de 1994)

Parágrafo único. As exigências contidas nos incisos II a IV do § 2º do Art. 7º serão dispensadas nas licitações para concessão de serviços com execução prévia de obras em que não foram previstos desembolso por parte da Administração Pública concedente. (Incluído pela Lei nº 8.883, de 1994)

Art. 125. Esta Lei entra em vigor na data de sua publicação. (Renumerado por força do disposto no Art. 3º da Lei nº 8.883, de 1994)

Art. 126. Revogam-se as disposições em contrário, especialmente os Decretos-leis nos 2.300, de 21 de novembro de 1986, 2.348, de 24 de julho de 1987, 2.360, de 16 de setembro de 1987, a Lei nº 8.220, de 4 de setembro de 1991, e o Art. 83 da Lei no 5.194, de 24 de dezembro de 1966.(Renumerado por força do disposto no Art. 3º da Lei nº 8.883, de 1994)

Lei nº 9.784, de 29 de Janeiro de 1999

Capítulo I - Das Disposições Gerais

Art. 1º Esta Lei estabelece normas básicas sobre o processo administrativo no âmbito da Administração Federal direta e indireta, visando, em especial, à proteção dos direitos dos administrados e ao melhor cumprimento dos fins da Administração.

§ 1º. Os preceitos desta Lei também se aplicam aos órgãos dos Poderes Legislativo e Judiciário da União, quando no desempenho de função administrativa.

§ 2º. Para os fins desta Lei, consideram-se:

I - órgão - a unidade de atuação integrante da estrutura da Administração direta e da estrutura da Administração indireta;

II - entidade - a unidade de atuação dotada de personalidade jurídica;

III - autoridade - o servidor ou agente público dotado de poder de decisão.

Art. 2º A Administração Pública obedecerá, dentre outros, aos princípios da legalidade, finalidade, motivação, razoabilidade, proporcionalidade, moralidade, ampla defesa, contraditório, segurança jurídica, interesse público e eficiência.

Parágrafo único. Nos processos administrativos serão observados, entre outros, os critérios de:

I - atuação conforme a lei e o Direito;

II - atendimento a fins de interesse geral, vedada a renúncia total ou parcial de poderes ou competências, salvo autorização em lei;

III - objetividade no atendimento do interesse público, vedada a promoção pessoal de agentes ou autoridades;

IV - atuação segundo padrões éticos de probidade, decoro e boa-fé;

V - divulgação oficial dos atos administrativos, ressalvadas as hipóteses de sigilo previstas na Constituição;

VI - adequação entre meios e fins, vedada a imposição de obrigações, restrições e sanções em medida superior àquelas estritamente necessárias ao atendimento do interesse público;

VII - indicação dos pressupostos de fato e de direito que determinarem a decisão;

VIII – observância das formalidades essenciais à garantia dos direitos dos administrados;

IX - adoção de formas simples, suficientes para propiciar adequado grau de certeza, segurança e respeito aos direitos dos administrados;

X - garantia dos direitos à comunicação, à apresentação de alegações finais, à produção de provas e à interposição de recursos, nos processos de que possam resultar sanções e nas situações de litígio;

XI - proibição de cobrança de despesas processuais, ressalvadas as previstas em lei;

XII - impulsão, de ofício, do processo administrativo, sem prejuízo da atuação dos interessados;

XIII - interpretação da norma administrativa da forma que melhor garanta o atendimento do fim público a que se dirige, vedada aplicação retroativa de nova interpretação.

Capítulo II - Dos Direitos dos Administrados

Art. 3º O administrado tem os seguintes direitos perante a Administração, sem prejuízo de outros que lhe sejam assegurados:

I - ser tratado com respeito pelas autoridades e servidores, que deverão facilitar o exercício de seus direitos e o cumprimento de suas obrigações;

II - ter ciência da tramitação dos processos administrativos em que tenha a condição de interessado, ter vista dos autos, obter cópias de documentos neles contidos e conhecer as decisões proferidas;

III - formular alegações e apresentar documentos antes da decisão, os quais serão objeto de consideração pelo órgão competente;

IV - fazer-se assistir, facultativamente, por advogado, salvo quando obrigatória a representação, por força de lei.

Capítulo III - Dos Deveres do Administrado

Art. 4º São deveres do administrado perante a Administração, sem prejuízo de outros previstos em ato normativo:

I - expor os fatos conforme a verdade;

II - proceder com lealdade, urbanidade e boa-fé;

III - não agir de modo temerário;

IV - prestar as informações que lhe forem solicitadas e colaborar para o esclarecimento dos fatos.

Capítulo IV - Do Início do Processo

Art. 5º O processo administrativo pode iniciar-se de ofício ou a pedido de interessado.

Art. 6º O requerimento inicial do interessado, salvo casos em que for admitida solicitação oral, deve ser formulado por escrito e conter os seguintes dados:

I - órgão ou autoridade administrativa a que se dirige;

II - identificação do interessado ou de quem o represente;

III - domicílio do requerente ou local para recebimento de comunicações;

IV - formulação do pedido, com exposição dos fatos e de seus fundamentos;

V - data e assinatura do requerente ou de seu representante.

Parágrafo único. É vedada à Administração a recusa imotivada de recebimento de documentos, devendo o servidor orientar o interessado quanto ao suprimento de eventuais falhas.

Art. 7º Os órgãos e entidades administrativas deverão elaborar modelos ou formulários padronizados para assuntos que importem pretensões equivalentes.

Art. 8º Quando os pedidos de uma pluralidade de interessados tiverem conteúdo e fundamentos idênticos, poderão ser formulados em um único requerimento, salvo preceito legal em contrário.

Capítulo V - Dos Interessados

Art. 9º São legitimados como interessados no processo administrativo:

I - pessoas físicas ou jurídicas que o iniciem como titulares de direitos ou interesses individuais ou no exercício do direito de representação;

II - aqueles que, sem terem iniciado o processo, têm direitos ou interesses que possam ser afetados pela decisão a ser adotada;

III - as organizações e associações representativas, no tocante a direitos e interesses coletivos;

IV - as pessoas ou as associações legalmente constituídas quanto a direitos ou interesses difusos.

Art. 10. São capazes, para fins de processo administrativo, os maiores de dezoito anos, ressalvada previsão especial em ato normativo próprio.

Capítulo VI - Da Competência

Art. 11. A competência é irrenunciável e se exerce pelos órgãos administrativos a que foi atribuída como própria, salvo os casos de delegação e avocação legalmente admitidos.

Art. 12. Um órgão administrativo e seu titular poderão, se não houver impedimento legal, delegar parte da sua competência a outros órgãos ou titulares, ainda que estes não lhe sejam hierarquicamente subordinados, quando for conveniente, em razão de circunstâncias de índole técnica, social, econômica, jurídica ou territorial.

Parágrafo único. O disposto no caput deste Art. aplica-se à delegação de competência dos órgãos colegiados aos respectivos presidentes.

Art. 13. Não podem ser objeto de delegação:

I - a edição de atos de caráter normativo;

II - a decisão de recursos administrativos;

III - as matérias de competência exclusiva do órgão ou autoridade.

Art. 14. O ato de delegação e sua revogação deverão ser publicados no meio oficial.

§ 1º. O ato de delegação especificará as matérias e poderes transferidos, os limites da atuação do delegado, a duração e os objetivos da delegação e o recurso cabível, podendo conter ressalva de exercício da atribuição delegada.

§ 2º. O ato de delegação é revogável a qualquer tempo pela autoridade delegante.

§ 3º. As decisões adotadas por delegação devem mencionar explicitamente esta qualidade e considerar-se-ão editadas pelo delegado.

Art. 15. Será permitida, em caráter excepcional e por motivos relevantes devidamente justificados, a avocação temporária de competência atribuída a órgão hierarquicamente inferior.

Art. 16. Os órgãos e entidades administrativas divulgarão publicamente os locais das respectivas sedes e, quando conveniente, a unidade fundacional competente em matéria de interesse especial.

Art. 17. Inexistindo competência legal específica, o processo administrativo deverá ser iniciado perante a autoridade de menor grau hierárquico para decidir.

Capítulo VII - Dos Impedimentos e da Suspeição

Art. 18. É impedido de atuar em processo administrativo o servidor ou autoridade que:

I - tenha interesse direto ou indireto na matéria;

II - tenha participado ou venha a participar como perito, testemunha ou representante, ou se tais situações ocorrem quanto ao cônjuge, companheiro ou parente e afins até o terceiro grau;

III - esteja litigando judicial ou administrativamente com o interessado ou respectivo cônjuge ou companheiro.

Art. 19. A autoridade ou servidor que incorrer em impedimento deve comunicar o fato à autoridade competente, abstendo-se de atuar.

Parágrafo único. A omissão do dever de comunicar o impedimento constitui falta grave, para efeitos disciplinares.

Art. 20. Pode ser arguida a suspeição de autoridade ou servidor que tenha amizade íntima ou inimizade notória com algum dos interessados ou com os respectivos cônjuges, companheiros, parentes e afins até o terceiro grau.

Art. 21. O indeferimento de alegação de suspeição poderá ser objeto de recurso, sem efeito suspensivo.

Capítulo VIII - Da Forma, Tempo e Lugar dos Atos do Processo

Art. 22. Os atos do processo administrativo não dependem de forma determinada senão quando a lei expressamente a exigir.

§ 1º. Os atos do processo devem ser produzidos por escrito, em vernáculo, com a data e o local de sua realização e a assinatura da autoridade responsável.

§ 2º. Salvo imposição legal, o reconhecimento de firma somente será exigido quando houver dúvida de autenticidade.

§ 3º. A autenticação de documentos exigidos em cópia poderá ser feita pelo órgão administrativo.

§ 4º. O processo deverá ter suas páginas numeradas sequencialmente e rubricadas.

Art. 23. Os atos do processo devem realizar-se em dias úteis, no horário normal de funcionamento da repartição na qual tramitar o processo.

Parágrafo único. Serão concluídos depois do horário normal os atos já iniciados, cujo adiamento prejudique o curso regular do procedimento ou cause dano ao interessado ou à Administração.

Art. 24. Inexistindo disposição específica, os atos do órgão ou autoridade responsável pelo processo e dos administrados que dele participem devem ser praticados no prazo de cinco dias, salvo motivo de força maior.

Parágrafo único. O prazo previsto neste Art. pode ser dilatado até o dobro, mediante comprovada justificação.

Art. 25. Os atos do processo devem realizar-se preferencialmente na sede do órgão, cientificando-se o interessado se outro for o local de realização.

Capítulo IX - Da Comunicação dos Atos

Art. 26. O órgão competente perante o qual tramita o processo administrativo determinará a intimação do interessado para ciência de decisão ou a efetivação de diligências.

§ 1º. A intimação deverá conter:

I - identificação do intimado e nome do órgão ou entidade administrativa;

II - finalidade da intimação;

III - data, hora e local em que deve comparecer;

IV - se o intimado deve comparecer pessoalmente, ou fazer-se representar;

V - informação da continuidade do processo independentemente do seu comparecimento;

VI - indicação dos fatos e fundamentos legais pertinentes.

§ 2º. A intimação observará a antecedência mínima de três dias úteis quanto à data de comparecimento.

§ 3º. A intimação pode ser efetuada por ciência no processo, por via postal com aviso de recebimento, por telegrama ou outro meio que assegure a certeza da ciência do interessado.

§ 4º. No caso de interessados indeterminados, desconhecidos ou com domicílio indefinido, a intimação deve ser efetuada por meio de publicação oficial.

§ 5º. As intimações serão nulas quando feitas sem observância das prescrições legais, mas o comparecimento do administrado supre sua falta ou irregularidade.

Art. 27. O desatendimento da intimação não importa o reconhecimento da verdade dos fatos, nem a renúncia a direito pelo administrado.

Parágrafo único. No prosseguimento do processo, será garantido direito de ampla defesa ao interessado.

Art. 28. Devem ser objeto de intimação os atos do processo que resultem para o interessado em imposição de deveres, ônus, sanções ou restrição ao exercício de direitos e atividades e os atos de outra natureza, de seu interesse.

Capítulo X - Da Instrução

Art. 29. As atividades de instrução destinadas a averiguar e comprovar os dados necessários à tomada de decisão realizam-se de ofício ou mediante impulsão do órgão responsável pelo processo, sem prejuízo do direito dos interessados de propor atuações probatórias.

§ 1º. O órgão competente para a instrução fará constar dos autos os dados necessários à decisão do processo.

§ 2º. Os atos de instrução que exijam a atuação dos interessados devem realizar-se do modo menos oneroso para estes.

Art. 30. São inadmissíveis no processo administrativo as provas obtidas por meios ilícitos.

Art. 31. Quando a matéria do processo envolver assunto de interesse geral, o órgão competente poderá, mediante despacho motivado, abrir período de consulta pública para manifestação de terceiros, antes da decisão do pedido, se não houver prejuízo para a parte interessada.

§ 1º. A abertura da consulta pública será objeto de divulgação pelos meios oficiais, a fim de que pessoas físicas ou jurídicas possam examinar os autos, fixando-se prazo para oferecimento de alegações escritas.

§ 2º. O comparecimento à consulta pública não confere, por si, a condição de interessado do processo, mas confere o direito de obter da Administração resposta fundamentada, que poderá ser comum a todas as alegações substancialmente iguais.

Art. 32. Antes da tomada de decisão, a juízo da autoridade, diante da relevância da questão, poderá ser realizada audiência pública para debates sobre a matéria do processo.

Art. 33. Os órgãos e entidades administrativas, em matéria relevante, poderão estabelecer outros meios de participação de administrados, diretamente ou por meio de organizações e associações legalmente reconhecidas.

Art. 34. Os resultados da consulta e audiência pública e de outros meios de participação de administrados deverão ser apresentados com a indicação do procedimento adotado.

Art. 35. Quando necessária à instrução do processo, a audiência de outros órgãos ou entidades administrativas poderá ser realizada em reunião conjunta, com a participação de titulares ou representantes dos órgãos competentes, lavrando-se a respectiva ata, a ser juntada aos autos.

Art. 36. Cabe ao interessado a prova dos fatos que tenha alegado, sem prejuízo do dever atribuído ao órgão competente para a instrução e do disposto no art. 37 desta Lei.

Art. 37. Quando o interessado declarar que fatos e dados estão registrados em documentos existentes na própria Administração responsável pelo processo ou em outro órgão administrativo, o órgão competente para a instrução proverá, de ofício, à obtenção dos documentos ou das respectivas cópias.

Art. 38. O interessado poderá, na fase instrutória e antes da tomada da decisão, juntar documentos e pareceres, requerer diligências e perícias, bem como aduzir alegações referentes à matéria objeto do processo.

§ 1º. Os elementos probatórios deverão ser considerados na motivação do relatório e da decisão.

§ 2º. Somente poderão ser recusadas, mediante decisão fundamentada, as provas propostas pelos interessados quando sejam ilícitas, impertinentes, desnecessárias ou protelatórias.

Art. 39. Quando for necessária a prestação de informações ou a apresentação de provas pelos interessados ou terceiros, serão expedidas intimações para esse fim, mencionando-se data, prazo, forma e condições de atendimento.

Parágrafo único. Não sendo atendida a intimação, poderá o órgão competente, se entender relevante a matéria, suprir de ofício a omissão, não se eximindo de proferir a decisão.

Art. 40. Quando dados, atuações ou documentos solicitados ao interessado forem necessários à apreciação de pedido formulado, o não atendimento no prazo fixado pela Administração para a respectiva apresentação implicará arquivamento do processo.

Art. 41. Os interessados serão intimados de prova ou diligência ordenada, com antecedência mínima de três dias úteis, mencionando-se data, hora e local de realização.

Art. 42. Quando deva ser obrigatoriamente ouvido um órgão consultivo, o parecer deverá ser emitido no prazo máximo de quinze dias, salvo norma especial ou comprovada necessidade de maior prazo.

§ 1º. Se um parecer obrigatório e vinculante deixar de ser emitido no prazo fixado, o processo não terá seguimento até a respectiva apresentação, responsabilizando-se quem der causa ao atraso.

§ 2º. Se um parecer obrigatório e não vinculante deixar de ser emitido no prazo fixado, o processo poderá ter prosseguimento e ser decidido com sua dispensa, sem prejuízo da responsabilidade de quem se omitiu no atendimento.

Art. 43. Quando por disposição de ato normativo devam ser previamente obtidos laudos técnicos de órgãos administrativos e estes não cumprirem o encargo no prazo assinalado, o órgão responsável pela instrução deverá solicitar laudo técnico de outro órgão dotado de qualificação e capacidade técnica equivalentes.

Art. 44. Encerrada a instrução, o interessado terá o direito de manifestar-se no prazo máximo de dez dias, salvo se outro prazo for legalmente fixado.

Art. 45. Em caso de risco iminente, a Administração Pública poderá motivadamente adotar providências acauteladoras sem a prévia manifestação do interessado.

Art. 46. Os interessados têm direito à vista do processo e a obter certidões ou cópias reprográficas dos dados e documentos que o integram, ressalvados os dados e documentos de terceiros protegidos por sigilo ou pelo direito à privacidade, à honra e à imagem.

Art. 47. O órgão de instrução que não for competente para emitir a decisão final elaborará relatório indicando o pedido inicial, o conteúdo das fases do procedimento e formulará proposta de decisão, objetivamente justificada, encaminhando o processo à autoridade competente.

Capítulo XI - Do Dever de Decidir

Art. 48. A Administração tem o dever de explicitamente emitir decisão nos processos administrativos e sobre solicitações ou reclamações, em matéria de sua competência.

Art. 49. Concluída a instrução de processo administrativo, a Administração tem o prazo de até trinta dias para decidir, salvo prorrogação por igual período expressamente motivada.

Capítulo XII - Da Motivação

Art. 50. Os atos administrativos deverão ser motivados, com indicação dos fatos e dos fundamentos jurídicos, quando:

I - neguem, limitem ou afetem direitos ou interesses;

II - imponham ou agravem deveres, encargos ou sanções;

III - decidam processos administrativos de concurso ou seleção pública;

IV - dispensem ou declarem a inexigibilidade de processo licitatório;

V - decidam recursos administrativos;

VI - decorram de reexame de ofício;

VII - deixem de aplicar jurisprudência firmada sobre a questão ou discrepem de pareceres, laudos, propostas e relatórios oficiais;

VIII - importem anulação, revogação, suspensão ou convalidação de ato administrativo.

§ 1º. A motivação deve ser explícita, clara e congruente, podendo consistir em declaração de concordância com fundamentos de anteriores pareceres, informações, decisões ou propostas, que, neste caso, serão parte integrante do ato.

§ 2º. Na solução de vários assuntos da mesma natureza, pode ser utilizado meio mecânico que reproduza os fundamentos das decisões, desde que não prejudique direito ou garantia dos interessados.

§ 3º. A motivação das decisões de órgãos colegiados e comissões ou de decisões orais constará da respectiva ata ou de termo escrito.

Capítulo XIII - Da Desistência e Outros Casos de Extinção do Processo

Art. 51. O interessado poderá, mediante manifestação escrita, desistir total ou parcialmente do pedido formulado ou, ainda, renunciar a direitos disponíveis.

§ 1º. Havendo vários interessados, a desistência ou renúncia atinge somente quem a tenha formulado.

§ 2º. A desistência ou renúncia do interessado, conforme o caso, não prejudica o prosseguimento do processo, se a Administração considerar que o interesse público assim o exige.

Art. 52. O órgão competente poderá declarar extinto o processo quando exaurida sua finalidade ou o objeto da decisão se tornar impossível, inútil ou prejudicado por fato superveniente.

Capítulo XIV - Da Anulação, Revogação e Convalidação

Art. 53. A Administração deve anular seus próprios atos, quando eivados de vício de legalidade, e pode revogá-los por motivo de conveniência ou oportunidade, respeitados os direitos adquiridos.

Art. 54. O direito da Administração de anular os atos administrativos de que decorram efeitos favoráveis para os destinatários decai em cinco anos, contados da data em que foram praticados, salvo comprovada má-fé.

§ 1º. No caso de efeitos patrimoniais contínuos, o prazo de decadência contar-se-á da percepção do primeiro pagamento.

§ 2º. Considera-se exercício do direito de anular qualquer medida de autoridade administrativa que importe impugnação à validade do ato.

Art. 55. Em decisão na qual se evidencie não acarretarem lesão ao interesse público nem prejuízo a terceiros, os atos que apresentarem defeitos sanáveis poderão ser convalidados pela própria Administração.

Capítulo XV - Do Recurso Administrativo e da Revisão

Art. 56. Das decisões administrativas cabe recurso, em face de razões de legalidade e de mérito.

§ 1º. O recurso será dirigido à autoridade que proferiu a decisão, a qual, se não a reconsiderar no prazo de cinco dias, o encaminhará à autoridade superior.

§ 2º. Salvo exigência legal, a interposição de recurso administrativo independe de caução.

§ 3º. Se o recorrente alegar que a decisão administrativa contraria enunciado da Súmula vinculante, caberá à autoridade prolatora da decisão impugnada, se não a reconsiderar, explicitar, antes de encaminhar o recurso à autoridade superior, as razões da aplicabilidade ou inaplicabilidade da súmula, conforme o caso. (Incluído pela Lei nº 11.417, de 2006). Vigência

Art. 57. O recurso administrativo tramitará no máximo por três instâncias administrativas, salvo disposição legal diversa.

Art. 58. Têm legitimidade para interpor recurso administrativo:

I - os titulares de direitos e interesses que forem parte no processo;

II - aqueles cujos direitos ou interesses forem indiretamente afetados pela decisão recorrida;

III - as organizações e associações representativas, no tocante a direitos e interesses coletivos;

IV - os cidadãos ou associações, quanto a direitos ou interesses difusos.

Art. 59. Salvo disposição legal específica, é de dez dias o prazo para interposição de recurso administrativo, contado a partir da ciência ou divulgação oficial da decisão recorrida.

§ 1º. Quando a lei não fixar prazo diferente, o recurso administrativo deverá ser decidido no prazo máximo de trinta dias, a partir do recebimento dos autos pelo órgão competente.

§ 2º. O prazo mencionado no parágrafo anterior poderá ser prorrogado por igual período, ante justificativa explícita.

Art. 60. O recurso interpõe-se por meio de requerimento no qual o recorrente deverá expor os fundamentos do pedido de reexame, podendo juntar os documentos que julgar convenientes.

Art. 61. Salvo disposição legal em contrário, o recurso não tem efeito suspensivo.

Parágrafo único. Havendo justo receio de prejuízo de difícil ou incerta reparação decorrente da execução, a autoridade recorrida ou a imediatamente superior poderá, de ofício ou a pedido, dar efeito suspensivo ao recurso.

Art. 62. Interposto o recurso, o órgão competente para dele conhecer deverá intimar os demais interessados para que, no prazo de cinco dias úteis, apresentem alegações.

Art. 63. O recurso não será conhecido quando interposto:

I - fora do prazo;

II - perante órgão incompetente;

III - por quem não seja legitimado;

IV - após exaurida a esfera administrativa.

§ 1º Na hipótese do inciso II, será indicada ao recorrente a autoridade competente, sendo-lhe devolvido o prazo para recurso.

§ 2º O não conhecimento do recurso não impede a Administração de rever de ofício o ato ilegal, desde que não ocorrida preclusão administrativa.

Art. 64. O órgão competente para decidir o recurso poderá confirmar, modificar, anular ou revogar, total ou parcialmente, a decisão recorrida, se a matéria for de sua competência.

Parágrafo único. Se da aplicação do disposto neste Art. puder decorrer gravame à situação do recorrente, este deverá ser cientificado para que formule suas alegações antes da decisão.

Art. 64-A. Se o recorrente alegar violação de enunciado da Súmula vinculante, o órgão competente para decidir o recurso explicitará as razões da aplicabilidade ou inaplicabilidade da súmula, conforme o caso. (Incluído pela Lei nº 11.417, de 2006). Vigência

Art. 64-B. Acolhida pelo Supremo Tribunal Federal a reclamação fundada em violação de enunciado da Súmula vinculante, dar-se-á ciência à autoridade prolatora e ao órgão competente para o julgamento do recurso, que deverão adequar as futuras decisões administrativas em casos semelhantes, sob pena de responsabilização pessoal nas esferas cível, administrativa e penal. (Incluído pela Lei nº 11.417, de 2006). Vigência

Art. 65. Os processos administrativos de que resultem sanções poderão ser revistos, a qualquer tempo, a pedido ou de ofício, quando surgirem fatos novos ou circunstâncias relevantes suscetíveis de justificar a inadequação da sanção aplicada.

Parágrafo único. Da revisão do processo não poderá resultar agravamento da sanção.

Capítulo XVI - Dos Prazos

Art. 66. Os prazos começam a correr a partir da data da cientificação oficial, excluindo-se da contagem o dia do começo e incluindo-se o do vencimento.

§ 1º Considera-se prorrogado o prazo até o primeiro dia útil seguinte se o vencimento cair em dia em que não houver expediente ou este for encerrado antes da hora normal.

§ 2º Os prazos expressos em dias contam-se de modo contínuo.

§ 3º Os prazos fixados em meses ou anos contam-se de data a data. Se no mês do vencimento não houver o dia equivalente àquele do início do prazo, tem-se como termo o último dia do mês.

Art. 67. Salvo motivo de força maior devidamente comprovado, os prazos processuais não se suspendem.

Capítulo XVII - Das Sanções

Art. 68. As sanções, a serem aplicadas por autoridade competente, terão natureza pecuniária ou consistirão em obrigação de fazer ou de não fazer, assegurado sempre o direito de defesa.

Capítulo XVIII - Das Disposições Finais

Art. 69. Os processos administrativos específicos continuarão a reger-se por lei própria, aplicando-se-lhes apenas subsidiariamente os preceitos desta Lei.

Art. 69-A. Terão prioridade na tramitação, em qualquer órgão ou instância, os procedimentos administrativos em que figure como parte ou interessado: (Incluído pela Lei nº 12.008, de 2009).

I - pessoa com idade igual ou superior a 60 (sessenta) anos; (Incluído pela Lei nº 12.008, de 2009).

II - pessoa portadora de deficiência, física ou mental; (Incluído pela Lei nº 12.008, de 2009).

III – (VETADO) (Incluído pela Lei nº 12.008, de 2009).

IV - pessoa portadora de tuberculose ativa, esclerose múltipla, neoplasia maligna, hanseníase, paralisia irreversível e incapacitante, cardiopatia grave, doença de Parkinson, espondiloartrose anquilosante, nefropatia grave, hepatopatia grave, estados avançados da doença de Paget (osteíte deformante), contaminação por radiação, síndrome de imunodeficiência adquirida, ou outra doença grave, com base em conclusão da medicina especializada, mesmo que a doença tenha sido contraída após o início do processo. (Incluído pela Lei nº 12.008, de 2009).

§ 1º A pessoa interessada na obtenção do benefício, juntando prova de sua condição, deverá requerê-lo à autoridade administrativa competente, que determinará as providências a serem cumpridas. (Incluído pela Lei nº 12.008, de 2009).

§ 2º Deferida a prioridade, os autos receberão identificação própria que evidencie o regime de tramitação prioritária. (Incluído pela Lei nº 12.008, de 2009).

§ 3º (VETADO) (Incluído pela Lei nº 12.008, de 2009).

§ 4º (VETADO) (Incluído pela Lei nº 12.008, de 2009).

Art. 70. Esta Lei entra em vigor na data de sua publicação.

Anotações

Anotações

Anotações

CÓDIGO DE ACESSO

AlfaCon

Passo 1: acesse o site: **www.alfaconcursos.com.br/codigo**
Digite o código abaixo e clique em resgatar

CÓDIGO DE ACESSO

DATE BGAECABI RESGATAR

Passo 2: faça seu **login** ou **cadastre-se**

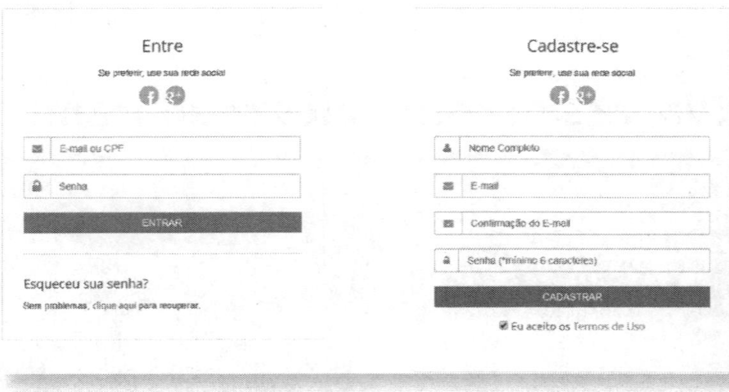

Passo 3: Aqui você tem acesso a **erratas, atualizações** e **material complementar**.